KB160692

고려시대 군사제도 연구

고려시대 군사제도 연구

권 영 국

경인문화사

서문

우리 역사상 군사(軍事)에 관한 기록을 남긴 삼국시대 이후로 군사제도의 역사는 중요한 비중을 차지해 왔다. 신라의 경우 중앙의 여러 정치기구 가운데 가장 먼저 설치된 관부(官府)가 병부(兵部)였을 정도로 역사상 군사부분이 중요한 위치에 있었다. 고려시대에도 국가 통치에 필요한 제도를 서술한 『고려사(高麗史)』의 지(志) 항목에서 병지(兵志)가 4번째에 위치할 만큼 중요하게 취급되었다.

특히 고려시대는 거란·여진·몽골 등 이민족과의 전쟁이 많았던 시기였기 때문에 군사와 관련된 문제는 더욱 중요하였다. 또한 군사 조직, 군대의 동원과 지휘, 병권의 소재 등을 주제로 하는 군사제도는 한 사회의 정치적·사회적 변동과 밀접한 관련을 갖는 것이므로, 군사제도사는 단순히 군사적 측면에서만이 아니라 정치·경제·사회의 전 분야에 걸쳐 중요한 위치를 차지하는 것이다.

본서는 고려시대 군제사를 주제로 그동안 연구한 성과들을 정리한 것이다. 『고려후기 군제사 연구』라는 제목으로 박사논문을 발표한 이후에 작성한 고려전기 부분의 군제사와 관련된 논문들을 모아 종합한 것이다. 새로운 문제의식과 자료해석을 통해 그동안 제대로 연구되지 않았던 건국 초기 군정기구로서의 병부와 군령기구로서의 순군부·중추원 등의 군사기구, 2군6위 중앙군의 성격 논쟁, 동북면지역의 영역 변천과 방어체제, 무신집권기에서 고려 말에 이르기까지 군사제도의 변천, 그리고 고려시대 군역제의 성립과 변화 등의 주제를 중심으로 기존 연구의 부족한 부분을 보완하고, 특히 논쟁이 전개되고 있는 주제에 대해서는 나름의 견해를 제시하고자 하였다. 본서에서 다루고자 한 내용은 다음과 같다.

 제1장의 1·2절에서는 건국초의 군사기구 가운데 순군부(徇軍部)와 병부(兵部)를 비교 검토하였다. 순군부는 건국 초기의 전체 중앙기구 가운데 서열 3위, 군사관련 기구 가운데 서열 1위를 차지할 정도로 정치적·군사적으로 중요한 위치에 있었다. 한편 병부는 신라시대의 중앙 정치기구 가운데서 가장 먼저 설치되어 군사행정을 담당하였고, 신라 말까지 집사부(執事部)와 더불어 서열 1~2위를 다투면서 3성6부제(3省6部制)가 도입되기 이전까지 높은 지위를 유지하였다. 여기서는 군정(軍政)을 담당한 병부보다 서열이 앞서는 순군부가 병권(兵權)의 한축을 이루는 군령(軍令)을 담당한 기구로 주목하고 병부와의 비교를 통해 그 설치 배경과 기능 등을 살펴보고자 하였다.

 3절에서는 중국식 무관직제(武官職制)가 도입되기 이전인 건국 초기의 장군직(將軍職)에 대해서 정리하였다. 상·대장군(上·大將軍) 이하 대정(隊正)·교위(校尉)에 이르는 무관직제가 정비되는 성종 대 이전, 즉 궁예(弓裔)의 태봉(泰封)시기를 포함한 건국 초기 장군직의 설치와 기능, 그리고 그 지위와 성격 등을 검토하였다.

 제2장의 1절에서는 건국초의 대표적 군사기구인 순군부와 병부가 3성6부제가 수용되면서 정비되는 과정을 살펴보았다. 성종 대에 3성6부제가 실시되면서 병부는 상서성(尙書省) 아래 6부(部)의 하나로 편제되었다. 그러나 순군부는 광종 대에 군부(軍部)로 개편된 이후 경종 대까지 존속하였지만 이후 그 존재는 보이지 않는다. 군정(軍政)업무와 군령(軍令)업무는 어느 하나라도 소홀히 할 수 없는 것으로, 역사상 군사업무가 일반 행정업무와 분리된 이후 병권의 집중을 방지하기 위해 두 업무는 서로 분리되어 왔다. 따라서 3성6부제가 수용된 이후에도 순군부의 기능을 계승한 새로운 기구가 당연히 설치되었을 것으로 생각된다. 원래 3성6부체제에는 군령업무를 담당하는 군령기구가 존재하지 않았다. 따라서 순군부의 군령기능을 이어받은 기구로 성종10년에 송의 추밀원(樞密院)제도를 본 따 설치되는 중추원(中樞院)을 주목하였다.

2절에서는 고려시대의 군제사 연구에서 가장 논쟁이 활발했던 주제인 2군6위 중앙군의 사회적 성격 문제, 즉 군인의 구성 신분을 농민층으로 보는 부병제론(府兵制論)과 군반씨족(軍班氏族)이라는 특수한 계층으로 보는 군반제론(軍班制論), 그리고 부병제론과 군반제론을 절충한 이른바 이원적 구성론 사이의 쟁점을 검토하고 필자의 견해를 제시하였다.

3절에서는 주현군(州縣軍)의 동원과 지휘체제의 문제를 살펴보았다. 지방 세력이 강했던 고려시대에 지방 세력의 통제와 관련하여 군현제(郡縣制)를 비롯한 지방 통치제도와 함께 지방군의 지휘체계나 동원체제 등 해명되지 않은 문제들이 남아있다. 특히 고려시대에는 외관(外官)과 함께 경(京)·목(牧)·도호부(都護府) 지역에는 판관(判官)·사록참군사(司錄參軍事) 등의 속관(屬官)이 파견되었는데, 이들은 지방의 군사행정과 관련하여 주목되는 존재이다. 이들 속관의 기능이나 성격 등을 중국의 그것과 비교함으로써 특히 지방 군사행정의 측면에서 속관들의 역할과 성격을 밝히고자 하였다.

4절에서는 고려시대 동북면(東北面)지역의 영역 변동과 방어체제(防禦體制)를 검토하였다. 고려시대의 양계지역(兩界地域)에 관한 연구는 서북면지역의 연구가 중심을 이루었고, 역사적·지리적 조건의 차이나 특성이 있음에도 불구하고 동북면지역에 대한 연구는 차별성 없이 부수적으로 다루어졌다. 고려 건국 이후 동북면지역의 개척과 주진(州鎭)의 설치, 영역의 변화, 그리고 동해안지역을 포함하는 동북면지역의 방어체제를 정리하였다.

제3장에서는 고려전기의 군역제(軍役制)의 성격과 관련된 제 문제들을 살펴보았다. 그동안 고려전기 군역제의 성격을 군반씨족제로 이해하는 것이 거의 통설처럼 되어왔다. 그러나 군반제로 이해할 때 많은 문제점들이 제기되고 있어 새로운 관점에서 군역제의 성격문제를 다시 검토할 필요가 있다. 여기서는 이러한 문제의식을 가지고 고려 군

역제의 성립과 운영, 그리고 그 변화 과정을 당시의 사회적, 경제적, 정치적 제 조건과 연관시킨 검토를 통해 군역제의 성격에 대한 필자 나름의 견해를 제시하였다. 아울러 고려시대 군인들의 군복무, 즉 '어떤 사람들이 군대에 갔고, 복무 기간은 얼마 동안이었으며, 군량과 무기 등은 어떻게 마련하였을까' 등의 여러 궁금증을 오늘날의 군대 생활과 비교하면서 쉽게 정리하였다.

제4장에서는 무신정변(武臣政變) 이후 정치적·사회적 변동에 따른 군사제도의 변화를 살펴보았다. 무신정변에 의한 정치적 지배세력의 변동은 정권유지의 무력 기반인 군사제도의 변화에 큰 영향을 미쳤으며, 그 중에서도 정치권력과 보다 밀착된 왕실 숙위군(宿衛軍)이나 도성(都城) 시위군(侍衛軍) 등의 중앙군제도에 더 많은 영향을 미쳤다. 그리고 강화천도(江華遷都) 이후부터 산성(山城) 등의 요새를 중심으로 하는 방어전으로 전술(戰術)을 변화시킴에 따라 이후의 전쟁과정에서는 지방군이 중요한 역할을 수행하였다. 여기서는 무신집권기의 사회변동에 따라 큰 변화를 겪는 군사제도를 중앙군과 지방군으로 나누어 정리하였다.

제5장에서는 몽골과의 강화 이후 1세기에 이르는 원(元) 간섭기 동안 고려의 군사력에 대한 원의 통제정책과 그로 인한 고려 군사제도의 변화상을 살펴보았다. 원의 간섭 하에서 고려의 군사제도는 원의 강력한 군사적 견제와 통제에 의해 왜곡되거나 변질되었고, 고려의 독자적인 군사력 유지는 불가능하였다. 뿐만 아니라 오랫동안 유지된 원과의 특수한 친선관계는 대몽전쟁 이후 붕괴된 고려의 독자적인 군사조직의 정비나 군사력의 강화를 어렵게 만들었다. 원 간섭기 동안 군사적인 측면에서 원의 지배력이 어떤 방법을 통해서 어느 정도로 고려에 관철되었는가를 검토하고, 아울러 이 시기 고려 군사제도의 변화 내용을 정리하였다.

제6장에서는 원의 간섭에서 벗어난 공민왕대 이후 대외적으로 홍건

적(紅巾賊)과 왜구(倭寇)의 침입, 원(元)-명(明)의 교체와 대내적으로 정치·경제·사회의 전 분야에 걸친 격심한 사회 변동 속에서 군사력 강화를 위한 군사조직의 개편과 군역제의 정비, 그리고 그것이 갖는 의미를 살펴보았다. 공민왕의 반원운동(反元運動)과 개혁정치(改革政治)는 군사제도를 재편하는 중대한 전기가 되었다. 군제(軍制) 정비의 방향은 관제(官制)를 비롯한 다른 제도의 개혁에서와 마찬가지로 원 간섭기를 거치면서 붕괴되고 왜곡된 것을 이전의 제도, 즉 이상적인 군제로 생각했던 전기의 부병제를 복구하려는 것이었다. 그러나 부병제의 실시를 가능하게 했던 제반 사회경제적 토대가 변화한 상태에서 부병제 복구 시도는 성공을 거두지 못하였다. 이 장에서는 중앙의 숙위군제(宿衛軍制)와 시위군제(侍衛軍制)의 개편, 국방의 주력으로 자리를 잡아가는 지방군제의 정비, 그리고 의무군인의 군역(軍役)을 중심으로 고려후기 군역제의 변화와 그것이 갖는 의미를 검토하였다.

마지막 보론(補論)에서는 일제강점기에 우리의 영토와 국경(國境) 문제에 대해 저술을 남긴 식민사학자(植民史學者)들의 연구 성과를 중심으로, 먼저 그들이 조선의 지리와 국경·영토 문제에 관심을 가지고 연구하게 된 배경을 살피고, 나아가 고려시대 동북면지역의 영토와 국경에 대한 그들의 인식, 그리고 그들의 연구와 오늘날의 연구와의 차이 등을 비교 검토하였다.

처음에 가졌던 의욕과 달리 노력이나 능력의 부족으로 의도했던 성과를 거두지 못한 부분이 많은 것으로 생각된다. 자료가 부족하여 구체적인 내용의 해명이 어려운 경우에는 고려에 많은 영향을 주었을 것으로 생각되는 당(唐)·송(宋)·원(元) 등 중국의 제도를 많이 참고하였는데, 이 과정에서 본의 아니게 견강부회(牽强附會)한 부분도 많으리라 염려된다. 부족하나마 본 연구가 고려시대 군사제도에 대한 이해를 심화시킬 수 있는 계기를 제공하고, 나아가 고려시대사 전반의 체계적 인식에도 도움을 줄 수 있기를 기대한다. 그리고 이러한 성과를 낼 수 있게 그동안 많은 도움을 주신 선배·동료·후배 연구자들께 감사드리고, 이 책의 출판을 위해 힘써 주신 경인문화사 한사장님을 비롯한 여러 선생님께도 고마움을 표한다.

2019년 12월 11일

목 차

서문

Ⅰ. 건국초의 군사기구

제1절 순군부

제2절 병부

제3절 건국초의 장군직

Ⅱ. 전기의 군사기구와 군사조직

제1절 성종대 군정·군령기구의 정비

제2절 2군6위 군인의 성격

제3절 주현군의 동원과 지휘

제4절 고려전기 동북면지역의 방어체제

V. 원의 간섭과 군사제도의 변화

VI. 고려 말의 군사제도

제1절 중앙 군사제도의 정비

제2절 지방군제의 개편

제3절 후기 군역제도의 변화

VII. 보론

일제 식민사학자의 고려시대 동북면의 국경·영토 인식

I. 건국초의 군사기구

제1절 순군부

1. 머리말

고려시대의 군사제도에서 군령(軍令)체계와 군령기구의 내용이 어떠하였는지 아직 명확하게 밝혀지지 않은 상태이다. 흔히 중추원(中樞院), 도병마사(都兵馬使), 중방(重房), 2군(軍)6위(衛) 등이 군령과 관련된 기구로 지적되고 있는데 군령체계상 이들이 횡적 또는 종적으로 어떠한 관계를 맺고 있었는지 등의 문제가 아직 제대로 파악되지 못한 실정이다.[1]

선초의 기록에 의하면 고려에서 군령권이 집행되는 계통이 국왕을 정점으로 하여 발명권자(發命權者)인 재상(宰相), 발병권자(發兵權者)인 추밀(樞密), 그리고 장병권자(掌兵權者)인 무관의 상하관계로 체계화되었던 것으로 이해되고 있다.[2] 이러한 사실을 통해 볼 때 고려에서는 추밀원(樞密院), 즉 중추원이 군령체계상 발병업무를 담당하였던 기구임을 알 수 있다.[3]

---

1) 閔賢九, 1968「제1장 제4절 軍令 軍政機關의 整備」『韓國軍制史』근세조선전기편, 육군본부
2) 『定宗實錄』권4, 定宗2년 4월 辛丑
3) 중추원의 기능에 대한 견해들을 정리하면 다음과 같다.
　① 고려전기 중추원은 왕명출납과 숙위, 禮司로서의 역할을 수행했을 뿐 군정기구로서의 기능을 부정적으로 보는 견해
　　周藤吉之, 1974「高麗初期の官吏制度」『東洋大學大學院紀要』11; 1980『高麗官僚制の研究』法政大出版局
　　周藤吉之, 1986「高麗初期の中樞院, 後の樞密院の成立とその構成-唐末·

고려에서 중추원이 처음 설치되는 시기는 성종 대이므로 그 이전에
도 군령관련 업무를 담당한 기구가 존재하였을 것이다. 이와 관련하여
건국초기에 군사관계 기구로서 병부와 함께 등장하는 순군부(徇軍部)
의 존재가 주목된다. 병부가 군사행정 업무를 관장하는 군정기관이었
으므로 병부보다 서열이 앞서는 순군부가 군정과 대비되는 군령기관
이었을 것으로 생각된다.[4]

지금까지 순군부에 대한 연구는 고려 건국초기의 정치제도나 군사
제도를 다루는 연구에서 부수적으로 취급한 논문[5]과 순군부 자체를
주제로 한 논문[6]들이 있다. 그동안의 연구에서 쟁점이 되었던 것은 순

　　　五代·宋初の樞密院との關連において」『朝鮮學報』119
　　　朴龍雲, 1976「高麗의 中樞院 硏究」『韓國史硏究』12; 2001『高麗時代 中
　　　樞院 硏究』고대민족문화연구소
　　　邊太燮, 1976「高麗의 中樞院」『震檀學報』41
　　　金炅希, 1990「高麗前期 中樞院 承宣硏究」『梨大史苑』24·25합
　　② 禁軍에 한정되는 것이기는 하지만 군령·군정기구로 보는 견해
　　　宋寅州, 1999「高麗時代의 禁軍과 樞密院」『한국중세사연구』7
　　③ 초기에는 왕명출납과 왕의 신변보호 기능을 하였으나 점차 軍機로까지 확
　　　대되었다고 보는 견해
　　　이정훈, 2006「고려전기 중주원의 설치와 職掌의 변화」『東方學志』134
　4) 순군부를 군령 기구로 보는 연구는 다음과 같다.
　　　邊太燮, 1981「高麗初期의 政治制度」『韓㳓劤博士停年紀念史學論叢』
　　　鄭景鉉, 1987「高麗 太祖代의 徇軍部에 대하여」『韓國學報』48
　　　鄭景鉉, 1991「高麗初期 京軍의 統帥體系-徇軍部의 兵權에 대한 재해석을 겸
　　　하여」『韓國學報』62
　　　趙仁成, 1991『泰封의 弓裔政權 硏究』서강대박사학위논문
　5) 李基白, 1956「高麗京軍考」『李丙燾博士華甲紀念論叢』; 1968『高麗兵制史硏
　　　究』일조각
　　　李泰鎭, 1972「高麗宰府의 成立」『歷史學報』56
　　　邊太燮, 1981「高麗初期의 政治制度」『韓㳓劤博士停年紀念史學論叢』지식산
　　　업사
　　　趙仁成, 1991『泰封의 弓裔政權 硏究』서강대박사학위논문
　6) 鄭景鉉, 1987「高麗 太祖代의 徇軍部에 대하여」『韓國學報』48

군부의 기능과 성격에 관한 문제였다. 즉 순군부가 호족들의 군사지휘권을 효율적으로 관리하기 위한 협의체적인 군사지휘권의 통수부였다는 견해와 호족과의 관련성을 부정하고 병권을 관장한 국왕직속의 군통수기관이었다는 견해이다. 이 절에서는 순군부 설치 당시의 정치적·군사적 상황과 관련하여 순군부가 설치되는 배경과 기능 및 성격, 그리고 이후의 변화과정을 검토하고자 한다.

2. 순군부의 설치

고려시대에 군령체계상 발병업무를 담당한 기구인 중추원이 설치된 것은 성종 대인데, 그 이전인 건국 초에도 군령관련 업무를 담당하는 기구가 존재했을 것으로 생각된다. 왕건은 즉위 직후 태봉의 관제를 참용하여 광평성이하 12개 관부에 대한 인사 조치를 단행하였는데[7], 이때 나타나는 관서 가운데 군사업무와 관련된 기구는 순군부·병부·내군(內軍) 등이 있다.

이 중에서 병부는 신라의 병부를 계승한 것으로 무선(武選)·군무(軍務)·의위(儀衛)·우역(郵驛) 등의 업무를 관장하는 군정기관이었다.[8] 신

鄭景鉉, 1991 「高麗初期 京軍의 統帥體系-徇軍部의 兵權에 대한 재해석을 겸하여」『한국학보』62

崔圭成, 1993 「徇軍部考」『祥明史學』1

韓永哲, 1996 「泰封末 高麗初 徇軍部의 政治的 性格」 서강대석사학위논문

전경숙, 2002 「高麗初의 徇軍部」『한국중세사연구』12

7) "詔曰 設官分職 爲國所先 化俗安民 用賢爲急 誠無官曠 何有政荒 朕知人不明 審官多失 寢興疚懷 職此而已 內外庶僚 各稱其職 今時致理 後世稱休 宜其登庸列辟 歷試群公 用懋精選 咸使僉諧 自中及外 具悉朕懷 遂以金行濤爲廣評侍中 黔剛爲內奉令 林明弼爲徇軍部令 林曦爲兵部令 陳原爲倉部令 閣萇爲義刑臺令 歸評爲都航司令 孫逈爲物藏省令 秦勁爲內泉部令 秦靖爲珍閣省令 是皆稟性端方 處事平允 創業之始 推戴有功者也"(『高麗史節要』권1, 태조원년 6월)

라의 병부는 본격적으로 영역을 확장해 나가던 법흥왕 때 설치된 기구
로,[9] 일반적인 군사행정 업무를 담당하였다.[10] 그리고 내군은 그 명칭
과 후대에 장위부(掌衛府)로 개편되는 것으로 보아 국왕의 신변과 왕실
의 경호를 담당하는 친위군과 같은 기구로 이해할 수 있다.[11]

한편 순군부는 여러 중앙관서 가운데 서열 3위를 차지할 뿐만 아니
라 병부보다 앞에 위치하여 병부보다 우위에 있는 중요한 기구임을 짐
작할 수 있다. 이처럼 순군부가 군사행정을 담당한 병부보다 서열상
앞에 위치하는 기구였다면 그것은 군정과 더불어 병권의 또 한축을 구
성하는 군령과 관계된 기구였을 것이다. 특히 군사관련 기구 중에서는
서열 1위를 차지하는 중요한 기구인 만큼 순군부의 설치와 관련하여
설치 당시의 정치적·군사적 상황에 주목해야 할 것이다.

순군부의 설치시기에 대해서는 여러 추정들, 즉 궁예가 천도를 위해
철원과 부양 등지를 둘러보던 903년에서 청주에 사민(徙民)이 이루어진
904년 8월 사이에 사민업무를 담당하기 위해 설치한 것으로 보는 견
해[12], 909년에 궁예가 왕권강화를 위한 핵심세력으로 청주세력을 대거
등용하면서 이에 대한 반발세력을 통제하고 군부를 장악하기 위해 설
치한 것으로 보는 견해[13], 914년에 연호를 정개(正開)로 바꾼 무렵 신라
구영토의 태반을 차지하고 후백제와의 경쟁에서 유리한 입장에 서게
되면서 광대한 영토를 효율적으로 통치하기 위해 설치한 것으로 보는
견해[14]등이 있지만, 국호를 태봉(泰封)으로 고친 911년 무렵이 아닌가

---

8) "掌武選軍務儀衛郵驛之政"(『高麗史』 권76, 百官1, 兵曹)

9) 李仁哲, 1993 「제1편 제1장 新羅 中央行政官府의 組織과 運營」 『新羅政治制
   度史研究』 일지사

10) 軍政은 물론 軍令 업무까지 담당하던 관부로 추정하는 견해도 있다.(趙仁成,
    1996 「Ⅲ장 3절 태봉」 『한국사』 11, 국사편찬위원회)

11) 李基白, 1956 「高麗京軍考」 『李丙燾博士華甲紀念論叢』; 1968 『高麗兵制史研
    究』 일조각

12) 전경숙, 2002 「高麗初의 徇軍部」 『한국중세사연구』 12

13) 韓永哲, 1996 「泰封末 高麗初 徇軍部의 政治的 性格」 서강대석사학위논문

한다.

이 무렵을 전후하여 태봉의 정복지역이 확대되고 궁예 휘하로 귀부하는 호족들이 크게 늘어나고 있었다. 궁예의 정복사업은 898년에 패서도(浿西道) 및 한산주 관내의 공암·검포·혈구 등 30여 성을 취하고, 송악군에 도읍하면서 본격적으로 시작되었다.[15] 900년에는 한수(漢水) 남쪽의 국원·청주·괴양 등이 궁예에 투항하였고[16], 903년에는 왕건을 보내어 금성 등 10여 군을 취하였다.[17] 이어 904년에는 궁예가 상주를 침략하여 30여 주현을 취하였고, 같은 해에 후백제의 공주장군 홍기가 궁예에게 내항하였으며[18], 패서도의 10여 주현이 항복하였다.[19]

그리하여 905년에는 새로 점령한 패서지역에 13진을 설치하였고, 이어서 평양성주 등이 항복하였으며[20], 남으로 신라의 변방 고을을 침략하여 영토가 죽령 동북지역까지 이르게 되었다.[21] 나아가 909년에는 후백제의 후방지역인 진도군과 고이도를 함락하여[22] 전라도 남해안까

---

14) 崔圭成, 1993「徇軍部考」『祥明史學』1
15) "弓裔取浿西道 及漢山州管內三十餘城 逐都於松岳郡"(『三國史記』권12, 新羅本紀52, 孝恭王2년 추7월)
16) "國原菁州槐壤賊帥淸吉莘萱等 擧城投於弓裔"(『三國史記』권12, 新羅本紀52, 孝恭王4년 10월)
    "裔命太祖 伐廣忠靑三州 及唐城槐壤等郡縣 皆平之 以功授阿粲"(『高麗史』권1, 태조, 唐 光化3년 庚申)
17) "率舟師 自西海抵光州界 攻錦城郡拔之 擊取十餘郡縣 仍改錦城爲羅州 分軍戍之 而還"(『高麗史』권1, 태조, 唐 天福3년 癸亥 3월)
18) "伐取尙州等三十餘州縣 公州將軍弘奇 來降"(『三國史記』권50, 弓裔, 天祐원년 추7월)
19) "浿西道十餘州縣 降於弓裔"(『三國史記』권12, 新羅本紀52, 孝恭王8년)
20) "入新京 修葺觀闕樓臺 窮奢極侈 改武泰爲聖冊元年 分定浿西十三鎭 平壤城主將軍黔用降 甑城赤衣黃衣賊明貴等歸服"(『三國史記』권50, 弓裔, 天佑2년 乙丑)
21) "弓裔行兵 侵奪我邊邑 以至竹嶺東北"(『三國史記』권12, 新羅本紀52, 孝恭王9년 8월)
22) "弓裔命將領兵船 降珍島郡 又破皐夷島城"(『三國史記』권12, 新羅本紀52, 孝恭王13년 하6월)

지 진출하였다. 궁예의 초기 세력기반은 영월·명주·철원 등 강원도 일부 지역이었으나, 896년 이후 왕건 집안과 평산 박씨 등 패서지역 호족들과 연합하여 강화와 김포 등 경기도지역을 통합하였고, 이후 충주·청주·공주 등 충청도지역과 상주·죽령 등 경상도 북부 일대까지 진출함으로써 그 지배영역을 크게 확대하였다.[23)]

이처럼 영토 확장을 위한 정복 전쟁이 계속됨에 따라 군대를 동원하고 지휘·통솔하는 등 군령관련 업무가 대폭 늘어나게 되었고, 또한 새로이 궁예 휘하로 들어온 호족들의 군사력에 대한 효율적인 통제가 중요한 과제로 대두하였을 것이다. 그에 따라 911년에 국호를 고치고 관제를 정비하면서 군령관련 업무를 담당할 기구로서 순군부를 설치하였던 것이라 생각된다.

그렇다면 그 이전까지 군령권을 장악하고 행사한 주체는 어디였을까. 그동안의 연구에 의하면 신라의 경우 5세기 후반까지 군대를 동원하고 지휘 통솔하는 군령권을 국왕이 직접 장악하여 행사하였던 것으로 알려지고 있다. 즉 5세기 마립간(麻立干) 시대까지 국왕이 직접 군대를 거느리고 전투를 수행하는 경우가 많았는데 이는 국왕이 군의 최고 지휘관으로서 장병권(掌兵權)까지 직접 행사하였음을 보여주는 것이라 하였다.[24)]

그러나 5세기 후반 이후가 되면 국왕이 직접 군대를 지휘하거나 통솔하는 모습은 보이지 않고 대신 지병마사·장군·군주·병부령 등의 관직이 설치되어 군대를 지휘하는 기록이 나타나고 있는데, 이는 장병권이 전문 지휘관에게 이양되었음을 의미하는 것으로, 이러한 변화는 왕권 강화의 결과 국왕의 위상이 초월적인 지위로 상승하였고, 군령체계가 제도적으로 성립하였기 때문이라는 것이다.[25)] 이처럼 신라시대에

---

23) 趙仁成, 1993 「弓裔의 勢力形成과 建國」『震檀學報』75
24) 이문기, 1997 「제4장 중고기의 군령체계와 군령기구」『신라병제사연구』일조각
25) 위와 같음

군령권의 최하위 권한인 장병권도 국왕이 직접 행사했다면 그보다 상위 권한인 발명권과 발병권도 당연히 국왕이 장악하였을 것으로 생각된다.

중국의 경우 당나라 말까지 황제가 친히 군령권을 장악하고 있었다. 그 때문에 군정업무를 담당한 병부(兵部)는 설치되었으나 따로 군령업무를 담당한 기구는 존재하지 않았다. 한 대(漢代)에 처음으로 군사업무가 일반 행정업무와 분리되어 이를 전담하는 관직인 태위(太尉)가 출현한 이후, 태위가 최고 군사 장관이었지만 단지 군사행정의 책임을 맡아 무관에 대한 인사를 담당할 뿐이었고, 군령권은 황제의 수중에 있었다. 당나라 말까지도 병부는 군사업무를 처리하는 군정기구였고, 군사지휘권 등 군령권은 여전히 황제가 친히 장악하고 있었다, 즉 황제는 실제적인 최고통수자로서 군대는 엄격하게 황제의 수중에서 통제되었던 것이다.[26]

당나라 말기에 추밀원(樞密院)이 설치되면서 군령업무를 관장하는 기구가 되었다. 본래 추밀원은 아래로부터 표주(表奏)를 받아 황제에게 올리고, 황제의 처분이 있으면 중서문하(中書門下)에 내려 시행하게 하는 국왕 측근의 연락기구에 불과하였다. 그러나 전쟁이 빈번한 5대에 이르러 추밀원은 국왕 측근의 비서기구로서 점차 중요한 군사문제를 관장하게 되면서 중앙 최고의 군사통어기구가 된 것이다.[27]

태봉의 경우도 통일전쟁이 격화됨에 따라 군대의 동원이나 지휘 등 군령과 관련된 업무가 크게 늘어났고, 또한 귀부(歸附)나 내항(來降)을 통해 많은 호족들이 궁예의 휘하로 들어오면서 그들의 군사력을 감독하고 통제할 기구가 필요하였다. 바로 이러한 상황에서 호족 휘하의 군대를 비롯한 태봉의 모든 군대를 동원하고 지휘하는 등의 군령업무를 담당하는 기구로서 순군부가 설치되었던 것으로 생각된다.

---

26) 중국군사사 편사조, 2006『중국역대군사제도』해방군출판사
27) 위와 같음

3. 순군부의 기능과 성격

지금까지의 순군부에 관한 연구에서 특히 쟁점이 되었던 것은 그 기능과 성격 문제였다. 즉 고려 초 군대 장악의 권한이 호족들에게 개인적으로 분산되어 있는 상태에서 여러 호족의 군사력을 효율적으로 관리하기 위한 호족 협의체적인 군사지휘권의 통수부로 보거나[28], 아니면 호족과의 관련성를 부정하고 병권을 담당한 국왕직속의 군통수기관으로 보았다.[29]

순군부가 호족군사력의 협의체라는 견해는 이미 기존의 연구들이 비판한 것처럼 많은 문제점을 안고 있다. 즉 순군부는 병부와 함께 전제적 성격이 강한 궁예정권 때에 설치된 기구이므로 호족군사력의 협의체라는 주장은 성립되기 어렵고, 실제로 병마권이란 군대의 동원이나 지휘 등과 관련된 병권으로 최고 통수권자인 국왕의 고유 권한이므로 독립적인 여러 호족세력에게 위임한다는 것은 있을 수 없는 일이었다. 또한 건국 직후 중앙과 지방에 독자적인 군사력을 거느린 공신이나 호족세력이 광범하게 존재하던 시기에는 병마통수권을 행사하는 국왕 직속기구의 설치가 절실하였을 것이다.

이처럼 순군부의 성격에 대해서는 견해 차이를 보이지만 그 기능에 대해서는 대체로 군정기구인 병부와 대비되는 군령기구로 보는 견해가 우세하다. 그렇다면 당시 순군부가 담당하였던 군령업무는 어떤 것

---

28) 李基白, 1956 「高麗京軍考」『李丙燾博士華甲紀念論叢』; 1968『高麗兵制史研究』일조각
    李泰鎭, 1972 「高麗 宰府의 成立」『歷史學報』 56
29) 邊太燮, 1981 「高麗初期의 政治制度」『韓㳰劤博士停年紀念史學論叢』지식산업사
    鄭景鉉, 1987 「高麗 太祖代의 徇軍部에 대하여」『韓國學報』 48
    鄭景鉉, 1991 「高麗初期 京軍의 統帥體系-徇軍部의 兵權에 대한 재해석을 겸하여」『韓國學報』 62
    趙仁成, 1996 「Ⅲ장 3절 태봉」『한국사』 11, 국사편찬위원회

이었는지 구체적인 내용은 알 수 없으나 대체로 다음과 같은 기능을
수행하였던 것으로 생각된다.

우선 군령기구로서 가장 중요한 업무인 군대의 동원, 즉 발병에 관
한 업무이다.30) 고려 초 기록에 의하면 순군부가 병권을 장악한 기구
로 알려지고 있으나31) 병권의 내용에 대해서는 구체적인 설명이 없다.
다만 고려시대의 제도를 언급한 조선 초의 기록을 통해 그 내용을 유
추할 수 있을 뿐이다.

　　신 등이 삼가 상고하건대, 예전에 병법을 설치함에 발명(發命)·발병(發
　兵)·장병(掌兵)의 차이가 있었습니다. 발명자는 재상이고, 발병자는 중간
　에 있는 총제(摠制)이며, 장병자는 명령을 받아서 행하는 자였습니다. 재
　상은 임금의 명령을 받지 아니하면 발명하지 못하고, 총제는 재상의 명령
　이 있지 않으면 발병하지 못하며, 장병자는 총제의 명령이 없으면 실행할
　수가 없었습니다. 상하가 서로 유지되어 체통이 문란하지 않았으므로, 비
　록 변을 꾸미고자 하더라도 스스로 움직일 수가 없었으니 이것이 정해진
　법이었습니다. 고려의 옛 제도는 당·송의 제도를 본받아, 성재(省宰)는 나
　라의 정치와 군국의 일을 맡아서 통속하지 않은 바가 없었으므로 곧 발
　명자이고, 중추(中樞)는 군기(軍機)를 맡아 곧 총제하였으니 발병자이며,
　제위(諸衛)의 상·대장군 이하는 부병을 전장(專掌)하여 숙위를 담당하였
　는데, 작은 변이 있으면 낭·중낭장을 보내고, 큰 변이 있으면 장군 이상
　을 보내어 적에 대응하게 해서 일찍이 패배한 적이 없었으니, 이것이 장
　병자입니다.32)

30) 邊太燮, 1981「高麗初期의 政治制度」『韓㳓劤博士停年紀念史學論叢』지식산
　　업사
　　鄭景鉉, 1991「高麗初期 京軍의 통수체계-徇軍部의 兵權에 대한 재해석을 겸
　　하여」『韓國學報』62
31) "以青州人玄律爲徇軍郎中 馬軍將軍玄慶崇謙等言 往者林春吉爲徇軍吏 圖不
　　軌 事泄伏辜 此乃典兵權 而以青州爲恃也 今又以玄律爲徇軍郎中 臣等竊惑之
　　王曰善 乃改授兵部郎中"(『高麗史節要』권1, 太祖원년 9월)
32) "臣等謹按 古者兵法之設 有發命發兵掌兵之差 發命者宰相也 發兵者居中摠制
　　也 掌兵者受命以行者也 宰相非稟君上之命 不得發命 摠制非有宰相之命 不得

위의 기록을 통해 조선 초에 관제 정비를 주도하던 관료들은 예로부터 군령권은 발명권·발병권·장병권으로 구성되었고, 당과 송의 제도를 본받은 고려에서 군령권의 집행은 발명-발병-장병의 상하관계로 체계화되었던 것으로 이해하고 있었음을 알 수 있다. 즉 다양한 군사조직을 실제로 움직여 나가는 지휘·명령계통인 군령체계가 국왕을 정점으로 하여 발명권자인 재상, 발병권자인 추밀, 그리고 장병권자인 상·대장군 이하 무관의 상하관계로 체계화되어 있었던 것이다.

군령체계상 발병업무를 담당하였던 중추원은 성종 대에 설치되었으므로 그 이전에 발병과 같은 군사업무를 담당했던 기구로 추정할 수 있는 것은 병부보다 서열이 앞서는 순군부이다. 이미 앞에서 서술한 것처럼 많은 새로운 지역들이 정복되고 호족들이 귀부함으로써 태봉의 지배영역이 크게 확대되는 시기에 순군부가 설치되는 것으로 추정된다.

전체적으로 크게 증가한 군사력의 동원과 지휘는 물론 궁예 휘하로 들어온 호족들의 군사력에 대한 감독과 통제 등이 중요한 과제로 대두하였을 것이다. 귀부한 호족들 중에는 개경으로 올라와 중앙의 관인으로 편입되는 자들도 있었지만 그대로 지방에 머무르는 자들도 많았다. 특히 통일전쟁이 종식되기 이전에는 인질의 성격을 띤 일부 친족이나 휘하 세력만을 중앙으로 보내고 호족 자신은 그대로 지방에 머무는 경우가 많았다. 명주의 호족인 김순식이 대표적인 사례이다.

명주장군 순식은 처음에는 왕건에게 비협조적인 태도를 보였으나 그의 부친인 허월(許越)에게 회유되어 태조5년에 장남 수원을 보내 귀부(歸附) 의사를 밝혔고[33], 이어 태조10년에는 아들 장명에게 군사 600

發遣 掌兵者非有擁制之命 不得以行 上下相維 體統不亂 雖欲爲變 莫能自動 此定法也 前朝舊制 取法唐宋 省宰掌邦治 軍國之事 無所不統 卽發命者也 中樞掌軍機 卽擁制發兵者也 諸衛上大將軍已下 專掌府兵 以當宿衛 有變小則遣郞中郞將 大則遣將軍已上 出而應敵 未嘗敗衄 此則掌兵者也"(『定宗實錄』 권 4, 定宗2년 4월 辛丑)

명을 주어 왕건의 숙위를 담당하게 하였다.[34] 그리고 다음해에 순식이
직접 무리를 이끌고 친조하자 태조는 순식에게 왕씨 성과 대광(大匡)이
라는 관계(官階)를 수여하고 아들 장명에게도 이름과 관계를 하사하는
등의 후한 대우를 하였다.[35]

　처음에 순식이 왕건에게 귀부했을 때 아들만을 개경으로 보내고 자
신은 여전히 명주에 남아있었다. 당시 순식은 아들 장명에게 군사 600
명을 주어 왕건의 숙위를 담당하게 하였는데 이들은 왕건 직속의 중앙
군에 편입되었을 것이다.[36] 그러나 순식에게는 여전히 많은 군사력이
명주에 남아 있었다.[37] 이처럼 귀부한 이후에도 여전히 지방에 남아
있는 호족들의 군사력에 대해 중앙의 국왕은 일정한 통제책을 마련하
지 않으면 안 되었다. 국왕에게 귀부한 이상 호족들이 거느리던 군대
에 대한 통수권은 당연히 중앙으로 귀속되어 국왕의 통제 하에 놓이게
되었을 것이다.

　호족의 귀부에 대해 서로 상반된 해석이 있지만[38] 기본적으로 귀부

---

33) "溟州將軍順式降附 初王以順式不服 患之 侍郞權說曰 父而詔子 兄而訓弟 天
　　理也 順式父許越 今爲僧在內院 宜遣往誘之 王從之 順式遂遣長子守元 歸款
　　賜姓王 給田宅"(『高麗史節要』 권1, 太祖5년 7월)
34) "溟州將軍順式 遣子長命 以卒六百 入宿衛"(『高麗史節要』 권1, 太祖10년 8월)
35) "溟州順式 率衆入朝 賜姓王 拜大匡 其子長命 賜名廉 拜元甫 小將官景 亦賜姓
　　王 拜大丞"(『高麗史節要』 권1, 太祖11년 정월)
36) 鄭景鉉, 1991 「高麗初期 京軍의 統帥體系-徇軍部의 兵權에 대한 재해석을 겸
　　하여」 『한국학보』 62
　　그러나 이를 장명이 직접 지휘하는 私兵으로 보는 견해도 있다.(河炫綱, 1987
　　「고려왕조의 성립과 호족연합정권」 『한국사』 4, 국사편찬위원회)
37) 후백제와의 최후 결전 당시 군사를 이끌고 참전한 왕순식에게 태조가 한 꿈 이
　　야기 가운데 "꿈에 이상한 중이 갑옷 입은 병사 3천을 거느리고 온 것을 보았
　　는데 다음날 그대가 군대를 거느리고 와서 도와 주었으니 이것이 바로 그의 감
　　응이다"라고 한 기록을 통해 당시 명주에 있던 왕순식 휘하에는 3천여 명 정도
　　의 군대가 있었을 것으로 추측된다.(『高麗史』 권92, 열전 王順式)
38) 국왕과 귀부 호족과의 관계를 호혜적 또는 협조적 관계로 보는 견해와 군신적
　　상하관계로 보는 견해로 나뉘어져 있다.

는 국왕에게 신속(臣屬)하는 것을 의미하는 것이라 생각된다. 보통 호
족은 귀부와 함께 개경에 인질을 보내게 되는데 이는 지방세력에 대한
견제책으로서 사실상 국왕의 필요에 의해 강요된 것으로 볼 수 있
다.[39] 귀부는 국왕에 신속하여 국가의 공적인 지배체제 내로 편입되는
것으로, 그동안 호족들이 독자적으로 행사해오던 출신지역에 대한 행
정·재정·사법·군사 등 일체의 지배권이 국왕에게 귀속되는 것을 의미
하는 것이었다. 그러나 귀부는 자발적인 신속을 의미하였으므로 국가
는 귀부한 호족들에게 관계를 수여하여 공적인 질서체계 속에 편입시
키는 한편 그들이 행사해온 출신지에 대한 지배권 중 일정 부분은 그
대로 위임하였을 것으로 생각된다.[40]

   이렇게 위임된 지배권의 내용은 귀부 이전에 호족이 행사하였던 것
과는 큰 차이가 있었을 것이다. 그중에서도 가장 큰 차이는 군사에 관
한 권한이라 생각된다. 그동안 호족들은 자신의 지배 영역 내에서 군
사를 징발하고 동원하고 지휘하는 등의 일체의 병권을 독자적으로 행
사해왔다. 그러나 국왕에게 귀부함으로써 그동안 독자적으로 행사해
오던 일체의 병권은 일단 국왕에게 귀속되었고, 특히 군사의 징발이나
동원과 같은 중요한 군사적 권한은 중앙 정부의 통제 하에 놓이게 되
었을 것이다.

   다만 후백제와의 전쟁이 계속되고 있던 시기였으므로 지휘의 효율
성을 위해 호족들에게는 휘하 군대에 대한 지휘권은 그대로 위임되었
을 것으로 생각된다. 그러나 그 지휘권의 행사도 오로지 국왕의 명령
에 의해서만 가능한 것이었다. 따라서 그동안 호족들이 자의적으로 동
원하고 통솔하던 군대는 이제 최고 통수권자인 국왕의 명령에 의해서
만 움직일 수 있게 된 것이다.

---

39) 朴菖熙, 1984 「고려초기 豪族聯合政權說에 대한 검토-歸附 豪族의 정치적 성
    격을 중심으로-」『한국사의 시각』연신문화사
40) 金日宇, 1989 「고려초기 郡縣의 主屬關係 형성과 지방통치」『민족문화』12

즉 종래 호족이 장악하고 있던 일체의 병권은 일단 중앙으로 귀속되었고, 호족에게는 휘하 군사를 지휘할 수 있는 일부 권한만이 위임된 것이다. 후백제와의 최후 결전 당시 왕순식 등 여러 호족들이 휘하 군대를 인솔하고 와서 전투에 참여하였는데[41], 이들 군대는 호족들이 자의적으로 동원한 것이라기보다는 국왕의 명령에 따라 동원된 것으로 보아야 할 것이다.

군령체계상 최고 통수권자인 국왕의 명령에 따라 호족들의 군대를 비롯한 전체 군대의 동원과 지휘 등 발병업무를 수행한 것이 바로 순군부였던 것이다. 순군부가 발병업무를 담당하였다는 구체적인 증거는 보이지 않는다. 그러나 다음의 자료를 통해 순군부의 기능을 간접적으로나마 유추할 수 있을 것으로 생각된다.

⑦ 9월에 마군장군 복지겸이 아뢰기를, "순군리(徇軍吏) 임춘길이 그의 고향인 청주 사람 배총규, 계천 사람 강길과 아차귀, 매곡 사람 경종과 함께 반역을 모의했습니다."라고 하였다. 왕이 사람을 시켜 잡아서 신문하니 모두 자백하므로 그들의 목을 베게 명령하였으나 총규는 도망하여 죽음을 면하였다.[42]

㉯ 청주 사람 현율을 순군낭중으로 삼으니 마군장군 현경과 숭겸 등이 말하기를, "지난번에 임춘길이 순군리가 되어 반역을 꾀하다가 일이 누설되어 죽음을 당하였는데, 이것은 곧 병권을 맡고 청주를 후원으로 믿었기 때문입니다. 그런데 이제 또 현율을 순군낭중(徇軍郎中)으로 삼으니 신들은 의아하게 여깁니다."라고 하니, 왕이 옳다고 여겨 곧 현율을 병부낭중(兵部郎中)으로 고쳐 임명하였다.[43]

---

41) 『高麗史』 권2, 세가 太祖19년 9월
42) "馬軍將軍卜智謙奏曰 徇軍吏林春吉 與其鄕靑州人裴悤規 季川人康吉阿次貴, 昧谷人景琮 謀叛, 王使人 執而訊之 皆伏 命誅之 悤規逃免"(『高麗史節要』 권1, 太祖원년 9월)
43) 『高麗史節要』 권1, 太祖원년 9월

㉣ 여름 5월에 정남대장군(征南大將軍) 유금필이 의성부를 지키는데 왕이 사신을 보내어 이르기를, "나는 신라가 후백제에게 침략당할 까 염려하여 일찍이 장수를 보내어 지키게 하였는데, 지금 후백제 가 혜산성과 아불진 등을 위협하고 약탈한다고 하니, 만약 신라의 국도까지 침공하거든 경이 마땅히 가서 구원하라."고 하였다. 금필 이 드디어 장사 80명을 뽑아 달려갔다.[44]

㉮는 태조 때에 순군리였던 임춘길의 반역 모의사건에 관한 기록인 데, 임춘길이 출신지인 청주의 군사력을 믿고 불궤를 도모한 사실은 당시 순군부가 갖는 기능과 관련이 있었던 것이 아닌가 한다. 즉 청주 출신인 임춘길이 발병 업무를 담당한 순군부의 관리로서 본주의 군대 를 동원할 수 있는 권한을 이용하여 반역을 도모한 것이라 생각된다.

㉯의 자료에서 태조가 청주인 현율을 순군낭중으로 임명하자 마군 장군 배현경과 신숭겸 등이 임춘길 사건을 예로 들면서 순군낭중은 병 권을 맡은 직책이라 하여 반대하였다고 했는데, 여기서 병권이라 함은 군대의 동원과 관련된 이른바 발병권을 의미하는 것이라 생각된다.[45] 순군부가 군대를 동원할 수 있는 발병권을 가진 기구였기 때문에 청주 사람인 현율을 순군낭중으로 임명하는 것을 반대하였던 것이다.

㉣는 후백제의 침략 위협에 대응하여 태조가 유금필에게 사신을 보 내어 신라를 구원하게 하였다는 기록이다. 이때 태조가 유금필에게 보 낸 사신이 어떤 직책을 가진 인물인지 알 수 없으나, 아마도 국왕의 명 령을 받들어 의성부에 주둔하고 있던 유금필의 군대를 경주로 출동하 게 하는, 즉 발병의 업무를 수행하는 순군부의 관리였을 것으로 생각 된다. 이처럼 순군부는 최고 군통수권자인 국왕의 명령을 받들어 지방 호족의 군대나 중앙에서 파견되어 지방에 주둔하고 있는 군대를 동원

---

44) 『高麗史節要』 권1, 太祖16년 하5월
45) 병권을 군사지휘권을 가리키는 것으로 보는 연구도 있다.(조인성, 1991 『泰封의 弓裔政權 硏究』 서강대박사학위논문)

하는 발병업무를 담당하였던 것이다.

또한 순군부는 지방을 순행(巡行)하면서 호족 휘하 군사력에 대한 감독이나 통제 등의 업무도 수행하였던 것으로 보인다. 새로 정복된 지역이나 귀부를 통해 고려에 편입된 지역이라 하더라도, 이들 지역에 지방관을 파견하거나 통치기구를 설치하는 것이 쉬운 일이 아니었다. 통일 후 60여 년이 지난 성종 대에 이르러 비로소 지방관이 파견되기 시작한 것은 당시의 이러한 사정을 잘 보여주는 것이다.

특히 지방 호족들 중에는 정세의 변화에 따라 거취를 달리하는 자들이 수시로 나타나는 상황에서 이들 호족들의 군사력에 대한 견제나 감독은 절대적으로 필요하였다. 따라서 지방을 순행하면서 호족들의 군사력을 감독하는 것도 순군부 업무의 하나였던 것으로 생각된다. 이 시기에 귀부한 지역이나 변방 고을에 관리를 파견하여 순시하거나 백성들을 위무하는 기록들이 보이는데 아마도 이는 호족 휘하 군사력에 대한 순군부의 감독 업무와 관련된 것이 아닌가 한다.

> ㉣ 강주의 장군 윤웅이 그 아들 일강을 보내어 볼모로 삼게 하니, 일강을 아찬으로 임명하고, 경 행훈의 누이동생을 아내로 삼게 하였으며, 낭중 춘양을 보내어 강주를 위유하였다.[46]

> ㉤ 가을 9월에 낭중 찬행을 보내어 변방 고을을 순시하고 백성을 위무하게 하였다.[47]

㉣는 귀부한 강주(康州)에 낭중 춘양을 보내어 위유했다는 기록이고, ㉤는 변방 고을에 낭중 찬행을 보내어 순시하고 위무하게 했다는 기록인데, 이때 파견된 사신은 모두 낭중이라는 직함을 가진 관리였다. 국초의 낭중은 광평낭중·내봉낭중·순군낭중·병부낭중 등이 있었는데 이

---

46) 『高麗史節要』 권1, 太祖3년 정월
47) 『高麗史節要』 권1, 太祖4년 9월

들 가운데 광평성과 내봉성은 정치적 업무를 관장하고 순군부와 병부
는 군사적 업무를 담당한 기구였다.

광평성은 서열이 가장 앞서고 수상에 해당하는 시중이 있는 것으로
보아 조정에서 널리 정치를 평의하는 최고 정책기관이고, 내봉성은 명
칭상으로 국왕 측근에서 왕명을 받들어 시행하는 집행기관이었다.[48)
이처럼 이들 두 기관은 각각 중앙에서 정책결정과 행정집행을 담당하
는 기관이었으므로 이들 두 기관에 속한 낭중이 지방민의 위무를 위해
파견된 것으로 보기는 어렵다.

낭중을 파견한 목적이 명목상으로는 지방민의 위무와 순시라고 하
였으나 실질적으로는 이들 지역을 순행하면서 군사력을 감찰하는 것
으로 생각된다. 즉 귀부한 지방이나 중앙에서 멀리 떨어진 변경지역의
군사력에 대한 감독에 더 큰 목적이 있었을 것이다. 그렇다면 파견된
낭중은 군사적인 임무를 띤 것으로 순군낭중이나 병부낭중 가운데 하
나로 볼 수 있다. 이미 앞에서 본 것처럼 병부는 군사행정을 담당한 기
구이므로 지방에 파견되어 지방 군사력을 감독하는 기능은 순군부의
업무와 관련이 있는 것이다. 따라서 위 기록에서의 낭중은 순군부 소
속의 낭중으로 볼 수 있을 것이다.

순(徇)이란 글자에 '군령을 내리다'는 뜻은 물론 '순행하다'는 의미도
포함되어 있으므로[49), 순군부는 고려의 지배체제 내로 편입된 지방을
순행하면서 호족 휘하의 군사력을 감독하는 기능도 수행하였던 것으

---

48) 邊太燮, 1981「高麗初期의 政治制度」『韓㳓劤博士停年紀念史學論叢』 지식산
    업사
    이에 대해 광평성은 호족세력에 의한 정책결정 기관이고, 내봉성은 왕권을 배
    경으로 정책을 시행하는 집행기관이라 하여 양자를 대립시켜 보는 견해도 있
    다.(李泰鎭, 1972「高麗宰府의 成立」『歷史學報』 56 및 李基白, 1975「귀족적
    정치기구의 성립」『한국사』 5, 국사편찬위원회)

49) 徇이 순행이란 의미로 사용된 사례를 찾을 수 있다.("王徇康州 行過高思葛伊城
    城主興達 先遣其子歸款 是於百濟 所置守城官吏 亦皆降附 王嘉之"『高麗史節
    要』 권1, 태조10년 8월)

로 보인다.[50] 앞에서 언급했듯이 귀부한 호족들에게 그동안 행사해온
병권 가운데 군대의 지휘권 등 일부가 위임된 상태였으므로 순군부는
지방의 순행을 통해 그들의 군사력에 대한 견제나 감독이 필요하였던
것이다.

순군부는 궁예정권에서 처음 설치되었지만 왕건에게도 여전히 필요
한 존재였기 때문에 왕건이 즉위한 이후에도 그대로 존속하였다. 만약
순군부가 궁예 개인의 정치적·군사적 필요에 의해 설치된 기구였다면
궁예의 몰락과 함께 폐지되거나 변질되었을 것이다. 그러나 왕건 즉위
이후에도 순군부는 여전히 같은 기능을 수행하면서 계속 존속하였다.

태조가 즉위한 이후에도 궁예 집권 때와 마찬가지로 호족들의 귀부
가 계속되고 정복지역이 확대되었다. 태조원년 9월에 상주수 아자개가
내부하였고, 태조3년 정월에는 강주장군 윤웅이 귀부하였으며[51], 태조
5년 6월에는 하지현장군 원봉[52], 7월에 명주장군 순식[53], 11월에는 진
보성주 홍술[54] 등이 연이어 귀부하였다. 태조6년 3월에는 명지성장군
성달과 그 동생 이달·단림 등이 내부하였고[55], 8월에는 벽진군장군 양
문이[56], 태조8년 9월에는 매조성장군 능현이[57], 10월에는 고울부장군
능문이 내항하였다.[58]

---

50) 순군부를 왕권을 보위하기 위하여 중앙의 여러 병력들의 동태를 순행 감시하던
   일종의 보안기구였다고 보는 견해도 있으나(鄭景鉉, 1987「高麗 太祖代의 徇軍
   部에 대하여」『韓國學報』48) 당시로서는 중앙 무장세력의 병력보다는 오히려
   지방 호족 휘하 군사력에 대한 순행 감찰이 더 절실하고 중요한 기능이었을 것
   으로 생각된다.
51)『高麗史節要』권1, 太祖3년 정월
52)『高麗史節要』권1, 太祖5년 6월
53)『高麗史節要』권1, 太祖5년 추7월
54)『高麗史節要』권1, 太祖5년 11월
55)『高麗史節要』권1, 太祖6년 3월
56)『高麗史節要』권1, 太祖6년 8월
57)『高麗史節要』권1, 太祖8년 9월
58)『高麗史節要』권1, 太祖8년 11월

태조13년 정월에는 재암성장군 선필이 귀순하였고[59], 2월에는 동해
안의 여러 주군이 귀순하여 고려의 영역이 명주에서 흥례부까지 이르
게 되자 왕건은 경주 북쪽 50리 되는 곳에 일어진(신광진)을 설치하고
몸소 이곳을 순행하기도 하였다.[60] 이처럼 왕건이 즉위한 이후에도 고
려의 지배 영역은 계속 확대되었고, 이들 지역의 호족 군사력에 대한
동원과 감독은 여전히 필요하였으므로 순군부는 그대로 존속하였던
것이다.

통일신라에서 처음 설치된 병부는 본래의 업무인 군정업무만을 담
당하였고, 그동안 군령권은 국왕이 장악하여 행사하였으나 군령관련
업무가 크게 늘어난 궁예 때에 이르러 순군부를 설치하여 군령업무를
전담하게 한 것이다.[61] 이처럼 병부와 별개로 순군부를 설치한 것은
군정업무와 군령업무의 분리를 통한 병권의 독점 방지와 군사업무 수
행의 효율화, 그리고 군통수체계상의 진전을 의미하는 것으로 이해할
수 있을 것이다.[62]

---

59) 『高麗史節要』 권1, 太祖13년 정월
60) 『高麗史節要』 권1, 太祖13년 2월
61) 이밖에 순군부 설치 배경에 대해 다음과 같은 견해도 있다.
　　① 궁예정권이 광대한 국토를 효율적으로 통치하고 지방세력의 동요를 사전에
　　　방지할 필요성에서 설치한 지방통치 전담기구라는 견해
　　　崔圭成, 1993 「徇軍部考」 『祥明史學』 1
　　② 904년 이후 909년 무렵까지 청주인들이 궁예정권의 핵심 지지세력이 되는
　　　과정에서 패서지역을 중심으로 한 기존 호족세력들의 반발과 정치적 진출
　　　을 견제하기 위해 설치한 기구라는 견해
　　　韓永哲, 1996 「泰封末 高麗初 徇軍部의 政治的 性格」 서강대석사학위논문
　　③ 905년에 궁예가 자신의 군사적 기반을 마련하기 위해 청주인을 철원으로
　　　徙民할 때 사민 업무를 관장하기 위해 설치한 기구라는 견해
　　　전경숙, 2002 「高麗初의 徇軍部」 『한국중세사연구』 12
62) 필자의 이전 연구에서는 그동안 兵部가 담당하던 군사업무 가운데 軍政업무를
　　제외한 군령관련 업무를 분리하여 이를 담당할 기구로서 순군부를 설치하였던
　　것으로 이해하였으나(권영국, 2006 「고려초 순군부의 설치와 기능의 변화」 『한
　　국사연구』 135) 이글을 통해 종래의 견해를 수정하였다.

4. 순군부에서 군부로의 개편

광종 대에 들어와 순군부는 군부로 개편되었는데 그 기구의 명칭에서 순자가 없어진 것이다.[63] 이러한 변화에 대해 기존 연구에서는 대체로 순군부 권한이나 기능의 약화로 이해하였다. 즉 군부로의 개편은 왕권의 집권화를 위한 병권의 집중과 관련을 갖는 것으로서 과거 병권장악의 최고기관이며 무장들의 아성인 순군부 권한의 약화를 의미하는 것으로 보거나[64], 후삼국 통일과 함께 왕권과 중앙정부의 권한이 강화되면서 그동안 순군부가 가지고 있던 다양한 기능이 변화하여 지방세력의 반란에 대처해서 신속하게 진압할 수 있는 기동타격대와 같은 성격을 가진 군단으로 축소되고 대부분의 업무는 병부나 기타 유관부서로 이관됨으로써 그 명칭도 단순히 군부로 바뀌게 되었다고 보았다.[65]

그러나 이와 반대로 순군부의 개편은 광종의 전제적인 왕권강화책의 일환으로서 그 기능이나 조직이 한층 강화되었을 것으로 보는 견해도 있다. 즉 경종원년의 김부고서(金傳誥書)에 군부의 장관과 차관이 각 1명씩 늘어난 것을 근거로 들어 광종의 전제적인 왕권강화 정책들이 추진되는 가운데 다시금 그 기능과 조직이 증강된 것으로 보거나[66], 왕권강화를 구상한 광종이 순군부를 군부로 개편하고 시위군을 이용해 훈신숙장을 제거하는 역할을 담당하게 하였는데, 이는 순군부가 종래의 군정적 업무뿐만 아니라 시위군의 통솔이라는 군령적 업무도 담당하게 된 것을 의미하는 것으로 이해하였다.[67]

---

63) "太祖元年有徇軍部令郎中 十六年有兵禁官郎中史 光宗十一年改徇軍部爲軍部 其職掌未詳 疑皆是掌兵之官 後並廢之"(『高麗史』권77, 百官1, 兵曹)

64) 李基白, 1956「高麗京軍考」『李丙燾博士華甲紀念論叢』; 1968『高麗兵制史研究』일조각

65) 崔圭成, 1993「徇軍部考」『祥明史學』1

66) 鄭景鉉, 1987「高麗 太祖代의 徇軍部에 대하여」『韓國學報』48

67) 전경숙, 2002「高麗初의 徇軍部」『한국중세사연구』12

이처럼 기존의 연구를 통해 알 수 있듯이 순군부의 군부로의 개편은
단순한 명칭상의 변경이 아니라 기능의 변화도 포함하는 것이었다. 이
미 앞에서 언급하였듯이 순자는 순행의 의미를 포함하기 때문에 명칭
에서 순자가 없어졌다는 것은 더 이상의 순행(巡行)이 필요하지 않게
된 상황을 반영하는 것이 아닐까 한다. 즉 통일이후 지방의 호족들이
중앙귀족이나 관료로 편입되고, 지방호족의 군사력이 국가에 귀속되는
등 병권이 중앙으로 집중됨에 따라 호족의 군사력을 감독하기 위한 순
행의 기능이 더 이상 필요하지 않게 된 결과로 생각된다.[68]

주지하듯이 광종 대에 들어와 시위군을 비롯한 군사제도가 본격적
으로 정비되었다. 우선 광종은 지금까지 호족들의 휘하에 있던 군사력
을 회수하여 군적에 올리고 국가의 군대로 귀속시키고자 하였다. 광종
은 즉위와 함께 주현 세공(歲貢)의 액수를 정하였는데[69] 이때 액수의
산정을 위해 그 기준이 되는 주현의 호구와 토지의 조사가 당연히 실
시되었을 것이다. 호구조사와 양전사업은 요역이나 군역징발의 토대가
되는 것으로서 이미 태조 대 이후 여러 차례에 걸쳐 실시되었다.[70] 이
러한 호구 파악과 양전은 종래 호족들에게 맡겨져 있던 지방에 대한
지배권을 중앙으로 회수하는 계기가 되었을 것이다.

그동안 지방 호족들은 자신이 지배하는 영역의 통치를 위해 독자적
으로 행정조직을 갖추어 운영하였다.[71] 즉 주·부·군·현에는 호부·병

---

68) 광종대의 개혁이 왕권에 대립하는 중앙귀족 세력의 제거에 바빴기 때문에 순군
   부와 내군 등 중앙군사기구의 정비에 한정되고, 지방의 군사적 세력에 대해서
   는 조금도 손을 대지 못했다고 보는 견해도 있다.(이기백, 1956 「高麗京軍考」
   『李丙燾博士華甲紀念論叢』; 1968 『高麗兵制史研究』 일조각)

69) 『高麗史』 권78, 食貨1, 田制, 貢賦, 光宗즉위년

70) 光宗6년에 見州양전(『高麗史』 권78, 食貨1, 經理, 文宗13년 2월), 7년에 若木郡
   양전(李基白編, 1987 「若木郡淨兜寺五層石塔造成形止記」 『韓國上代古文書資
   料集成』 일지사)이 실시된 기록이 있다.

71) "改州府郡縣吏職 以兵部爲司兵 倉部爲司倉 堂大等爲戶長 大等爲副戶長 郎中
   爲戶正 員外郎爲副戶正 執事爲史 兵部卿爲兵正 筵上爲副兵正 維乃爲兵史 倉

부·창부 등의 행정조직이 있어 지방의 호적·토지·군사·조세 등의 업무를 담당하였다. 호족들은 이들 행정조직을 이용하여 자신의 지배영역 내에서 독자적으로 군인을 징발하고 동원하고 지휘하는 등의 병권을 행사하였다. 즉 군적작성이나 군인징발과 같은 군사적 실무는 병부 소속의 병부경(兵部卿)·연상(筵上)·유내(維乃) 등의 이직(吏職)이 담당하였을 것으로 생각된다.

호족들이 귀부하면서 그동안 호족이 장악했던 병권은 일단 중앙으로 귀속되었다. 그러나 중앙에서 아직 지방관을 파견하지 못하고, 전국적인 호구조사와 호적작성 등이 용이하지 않았던 초기에는 군적작성이나 군인징발 등의 업무는 여전히 호족들에게 맡겨졌을 것으로 생각된다. 이후 집권화가 추진됨에 따라 그동안 호족들에게 맡겨졌던 병권을 완전히 회수하려는 작업이 진행되었다.

국초에 행해진 군적작성[72]은 지방호족들에게 맡겨져 있던 징병권을 중앙정부가 회수하기 위한 조치였다. 그러나 혜종과 정종대의 여러 정치 상황으로 보아 전국에 걸친 군적 작성은 이루어지기 어려웠고, 따라서 호족들의 수중에 맡겨져 있던 징병권을 국가가 완전히 회수하지는 못하였을 것이다. 정종대에 거란의 침입에 대비하여 30만의 광군이 조직되었는데, 이를 중앙정부의 징병에 의한 것이라고 보기 어렵기 때문이다. 즉 광군은 중앙정부의 의도에 의해 조직된 것이지는 하지만 그것이 중앙정부의 직접적인 징병에 의한 것이 아니고 당시 사실상 지방 통치를 담당하고 있던 호족들의 징병에 의해 조직된 것이라 할 수 있다.[73]

部卿爲倉正"(『高麗史』 권76, 選擧3, 銓注, 鄕職, 成宗2년)

72) "武班年老無子孫 自癸卯年 錄軍籍者 皆放還鄕里"(『高麗史節要』 권2, 성종7년 10월) 여기서 계묘년은 혜종 즉위년으로 이 이후에 군적에 올린 자라 하였으니 이미 그 이전에도 군적이 작성되었음을 알 수 있다.(李基白, 1968 「高麗京軍考」 『高麗兵制史硏究』 일조각)

73) 李基白, 1965 「高麗光軍考」 『歷史學報』 27; 1968 『高麗兵制史硏究』 일조각

광종11년에 이르러 왕권강화를 위한 일련의 개혁과 함께 군제의 정비가 시작되었다. 광종 대에 행해진 일련의 개혁에는 중국 오대의 마지막 왕조인 후주(後周)의 영향이 크게 작용한 것으로 보인다. 광종 대에는 후주와 긴밀한 외교활동을 전개하였는데, 특히 광종대의 군제개혁과 관련하여 주목되는 것은 후주의 세종(世宗)이 행한 군제개혁이다.

당시 후주의 세종은 군사력의 핵심을 이루는 중앙 금군(禁軍)의 군사력이 크게 약화된 상황에서 현덕원년(광종5년)에 군제개혁을 단행하였다. 후진·후한 이래 중앙의 금군은 오랫동안 황제를 수행하면서 점차 나태하고 교만해져, 거란의 원조를 받은 북한(北漢)과의 고평전투에서 크게 고전하였다. 이에 세종은 우선 군법을 엄히 하고 고평전투에서 패전한 군관들을 참하여 교만한 장수와 나태한 병졸로 하여금 두려움을 알게 하였으며, '무정불무다(務精不務多)'의 원칙에 의거하여 금군에 대한 개혁을 진행하였다. 금군에서 노약자와 연장자를 도태시키고 정예병만을 선발하였으며, 천하의 호걸을 모집하여 전전제반(殿前諸班)에 분속시키는 등 금군을 강화하였다.[74]

이러한 군제개혁으로 금군의 군사력은 크게 강화된 반면 번진(藩鎭)의 군사력은 약화되어 중앙집권이 강화되었다. 세종은 강성해진 금군의 무력을 활용하여 절도사의 횡포를 억제함으로써 당말 이래의 족중두경(足重頭輕)의 국면을 변화시키고 강남 여러 나라와 북방의 거란에 대하여 적극적 정책으로 맞서게 되었던 것이다.[75]

이러한 군제개혁을 행한 후주와의 빈번한 사신 왕래나 후주인의 귀화 등은 고려 광종의 군제개혁에도 적지 않은 영향을 미쳤을 것이다.[76] 특히 고려에서 군제개혁이 이루어지기 1년 전인 광종10년에 양

---

74) 中國軍事史編史組, 2006 『中國歷代軍事制度』 解放軍出版社
75) 栗原益男, 2001 「五代十國의 추이와 節度使체제」 『중국의 역사』 수당오대편, 혜안
76) 광종2년 정월에 광평시랑 서봉 등 97인의 대규모 사신단을 후주에 보내 조공한 것을 시작으로 이후 고려에서 후주로 파견한 사행이 6회, 후주에서 고려로 파

국 간의 사행이 많았는데, 후주에서 온 사신 가운데 좌효위(左驍衛)대
장군의 존재가 주목된다. 당시 후주에서 제위의 장군직은 무신을 우대
하기 위한 일종의 명예직이었지만[77] 이 시기에 무관 직함을 가진 자가
고려에 사신으로 파견되었다는 사실은 어떤 형태로든 광종11년의 군
제개혁에 영향을 주었을 것으로 생각된다.

이처럼 광종11년의 군제개혁은 후주 세종의 그것을 본뜬 것이었다.
번진세력이 발호했던 후주의 상황과 마찬가지로 당시 고려에서는 개
국공신이나 호족세력이 강성하여 양국의 사정이 서로 통하는 바가 있
었던 것이다.[78] 광종 역시 후주의 세종과 마찬가지로 주현에서 풍채있
는 자들을 뽑아서 시위군을 강화하고[79], 장상들에 대한 숙청작업을 단
행하였다.[80] 그리고 이와 때를 같이하여 순군부를 군부로[81], 내군을 장
위부로 개편하는[82] 군사기구의 정비를 실시하였다.

순군부가 군부로 개편된 것은 단순히 명칭만이 바뀐 것이 아니라 그

견한 사행이 4회에 이르렀다.(李基白, 1960 「高麗 初期 五代와의 關係」『韓國
文化硏究院論叢』1, 한국문화연구원; 1990 『高麗貴族社會의 形成』일조각)

77) 諸衛의 武官職은 唐朝 중후기에 諸衛제도가 유명무실화하면서 단지 職官의 명
목만 존재하고 실제 職掌이 없는 虛衛이 되어 무신을 安置하는 데 많이 이용되
었고 五代에도 역시 그러하였다.(宋衍申主編, 1998 『兩五代史辭典』山東敎育
出版社)

78) 李基白, 1960 「高麗 初期 五代와의 關係」『韓國文化硏究院論叢』1, 한국문화
연구원; 1990 『高麗貴族社會의 形成』일조각

79) "正匡崔承老上書曰 我朝侍衛軍卒 在太祖時 但充侍衛宮城 其數不多 及光宗信
讒 誅責將相 自生疑惑 簡選州郡 有風彩者入侍 時議以爲繁而無益"(『高麗史』
권83, 兵2, 宿衛 成宗원년 6월)

80) "評農書史權信 譖大相俊弘 佐丞王同等 謀逆貶之 自是讒佞得志 誣陷忠良 奴
訴其主 子讒其父 囹圄常溢 別置假獄 無罪而被戮者相繼 猜忌日甚 宗族多不得
保 雖一子仇 亦自疑阻 不使親近 人人畏懼 莫敢偶語"(『高麗史』권2, 세가 光
宗11년 3월)

81) "光宗十一年 改徇軍部爲軍部 其職掌未詳 疑皆是掌兵之官 後並廢之"(『高麗史』
권77, 百官1, 兵曹)

82) "光宗十一年 改內軍爲掌衛部 後稱司衛寺"(『高麗史』권76, 백관1, 尙書省 衛尉寺)

기능의 일부가 변화한 것과 관련이 있다. 군적작성이나 광군조직을 통해 지방호족 휘하의 군사력이 중앙에 장악됨에 따라 그동안 지방을 순행하면서 호족들의 군사력을 견제하고 감독하던 기능이 불필요하게 된 결과 그 명칭에서 순행을 의미하는 순(徇)자가 없어지게 된 것이라 생각된다.[83]

이처럼 그 기능의 일부가 축소되었다 하더라도 군부는 군령업무를 담당한 기구로서 여전히 중요시되어 군정업무를 맡은 병부보다 상위에 위치하였다. 즉 978년에 경순왕이 죽자 그를 상부(尙父)로 책봉하였는데 그 고문(誥文)에 시중-내봉령-군부령-병부령-광평시랑-내봉시랑-군부경-병부경 등의 순서로 서명을 한 것으로 볼 때 여전히 군부가 병부보다 상위에 있었음을 알 수 있다.[84]

이후 군부의 기능은 중추원(中樞院)으로 계승된 것으로 보인다. 광종대 이후 군부의 존재가 더 이상 나타나지 않고, 성종 대에 송의 추밀원제도를 받아들여 중추원을 설치하였는데 아마도 중추원이 군부를 계승하여 이후 군령업무를 담당하였을 것이다.[85] 중추원 이외에 군령관

---

83) 종래 연구에서는 순군부가 군부로 고쳐진 것을 과거 병권 장악의 최고기관이요 무장들의 아성이었을 것으로 생각되는 순군부의 권한이 약화되었기 때문이라고 보았다.(李基白, 1956 「高麗京軍考」『李丙燾博士華甲紀念論叢』; 1968 『高麗兵制史研究』일조각)

84) "開寶八年十月日 侍中署 侍中署 內奉令署 軍部令署 軍部令無署 兵部令無署 兵部令署 廣坪侍郎署 廣坪侍郎無署 內奉侍郎無署 內奉侍郎署 軍部卿無署 軍部卿署 兵部卿無署 兵部卿署 告推忠愼義崇德守節功臣尙父都省令上柱國樂浪都王食邑一萬戶金傅"(『三國遺事』권56, 金傅大王2, 紀異2)

85) (1) 중추원의 군령기구로서 기능에 대해 부정적인 견해
周藤吉之, 1974 「高麗初期の官吏制度」『東洋大學大學院紀要』 11; 1980 『高麗官僚制の研究』法政大出版局
周藤吉之, 1986 「高麗初期の中樞院, 後の樞密院の成立とその構成 ─ 唐末・五代・宋初の樞密院との關連において」『朝鮮學報』119
朴龍雲, 1976 「高麗의 中樞院 研究」『韓國史研究』12; 2001 『高麗時代 中樞院 研究』고대민족문화연구소

계 업무를 담당한 기구의 존재가 보이지 않고, 발명-발병-장병의 상하 관계에 의해 규제되는 군령계통의 이론이 고려에 영향을 미쳐, 고려에 서의 군령계통이 성재(省宰)-중추(中樞)-상·대장군으로 체계화되었다는 선초의 이해를 통해 볼 때도 군령기구로서 중추원의 존재를 부정하기 는 어려울 것으로 생각된다.[86]

　고려시대의 군사관계 업무에서 병부가 담당한 것은 무반의 인사·군 사관계 일반 업무·의장·교통 등 군사행정에 국한되었고, 그 장관인 상 서(尙書)가 3품에 불과하였던 만큼 군령관계 업무를 담당하였던 것은 중서문하성(中書門下省)과 더불어 재추(宰樞) 양부(兩府)라 불리었던 중 추원이었다고 할 수 있을 것이다.[87]

　　邊太燮, 1976 「高麗의 中樞院」『震檀學報』 41
　　金炅希, 1990 「高麗前期 中樞院 承宣研究」『梨大史苑』 24·25합
　(2) 중추원의 군령기능을 인정하는 견해
　① 禁軍을 관할한 것에 한정하여 군령·군정기구로 보는 견해
　　宋寅州, 1999 「高麗時代의 禁軍과 樞密院」『한국중세사연구』 7
　② 초기의 왕명출납과 왕의 신변보호 기능에서 점차 軍機로까지 확대되었다고
　　보는 견해
　　이정훈, 2006 「고려전기 중주원의 설치와 職掌의 변화」『東方學志』 134
　③ 초기부터 군령기능을 가졌을 것으로 보는 견해
　　閔賢九, 1968 「제1장 제4절 軍令·軍政機關의 整備」『韓國軍制史』 근세조
　　선전기편, 육군본부
　　矢木毅, 1998 「高麗における軍令權의 構造とその變質」『東方學報』 70
　　전경숙, 2007 『고려전기 군사기구 연구』숙명여대박사논문
　　유주희, 2009 「고려전기 중추원의 설치와 그 성격」『역사와 현실』 73
86) 이기백교수는 병부보다 우위에 있던 순군부가 광종 때에 군부로 변경되었다가 성종 또는 목종 때에 폐지되고 重房이 출현하는데 중방이 비록 그 조직의 성격 이 다르다 하더라도 순군부의 계통을 이어나간 것으로 추정하였다.(1956 「高麗 京軍考」『李丙燾博士華甲紀念論叢』; 1968 『高麗兵制史研究』 일조각)
87) 閔賢九, 1968 「제4장 軍令·軍政機關의 整備」『韓國軍制史』 근세조선전기편, 육군본부

5. 맺음말

순군부가 설치된 시기는 궁예가 국호를 태봉으로 고친 911년 무렵으로 국호의 개정과 함께 새로이 관제를 정비하면서 그동안 국왕이 직접 장악했던 군령업무를 담당하게 하기 위해 설치한 것이었다. 순군부는 태봉의 정복지역이 확대되고 귀부하는 호족들이 크게 늘어나는 시기에 설치되었다. 궁예의 초기 세력기반은 강원도 일부 지역이었으나 이후 그 지배영역이 크게 확대됨에 따라 군령관련 업무가 크게 늘어났고, 또한 새로 궁예 휘하로 들어온 호족들의 군사력에 대한 통제가 절실한 상황에서 순군부가 설치되었다.

순군부의 중요한 업무는 군대의 동원과 지휘 등 발병에 관한 업무였다. 그동안 호족들은 자신의 무력기반인 군대를 징발하고, 동원·지휘하는 등의 병권을 독자적으로 행사해왔다. 그러나 궁예에게 귀부함으로써 일체의 병권은 국왕에게 귀속되었고, 순군부는 최고 통수권자인 국왕의 명령을 받들어 중앙의 군대는 물론 지방 호족 휘하 군대의 징발이나 동원 등의 업무를 담당하였던 것이다.

또한 순군부는 지방 호족들의 군사력에 대한 순행·감독 업무도 수행하였다. 정세의 변화에 따라 향배를 달리하는 호족들이 나타나는 상황이었으므로 이들 호족들의 군사력에 대한 감독은 절대적으로 필요하였고, 지방을 순행하면서 호족들의 군사력을 감독하는 것이 순군부 또 다른 업무였다.

광종 대에 들어와 순군부는 군부로 개편되면서 그 기능의 일부가 변화하였다. 통일 이후 군적작성이나 광군조직을 통해 지방호족 휘하의 군사력이 중앙에 장악되었고, 시위군의 강화 등으로 개국공신이나 무장들이 가졌던 군사적인 권한이 박탈되어 병권이 중앙으로 집중됨에 따라 그동안 지방을 순행하면서 호족들의 군사력을 감독하고 견제하던 기능이 더 이상 불필요하게 된 결과 순행을 의미하는 순자가 없어지게 된 것이다.

이처럼 군부가 순군부에 비해 그 기능의 일부가 축소되었다 하더라도 군령업무를 담당한 기구로서 여전히 중요시되어 군정업무를 맡은 병부보다 상위에 위치하였다. 이후 군부는 성종대에 송의 제도를 받아들여 설치된 중추원으로 대체되었다. 고려시대 군사관계 업무에서 병부가 담당한 것은 군사행정에 국한되었고, 군령관계 업무를 담당하였던 것은 순군부를 계승한 중추원이었다.

제2절 병부

1. 머리말

3성6부를 중심으로 하는 고려의 중앙정치제도는 당의 6전체제(六典體制)를 모범으로 한 것으로 건국 후 60여년이 지난 성종 대에 정비되었다. 성종 대 이전, 즉 건국 이후 성종 대에 이르는 시기의 정치제도는 3성(省)·6부(部)·9시(寺)를 기본으로 하는 당제와는 많은 차이가 있었다. 태조 즉위 직후 행해진 인사에서 광평성(廣評省)을 비롯한 12개 관부가 등장하는데, 이들 가운데 순군부와 병부는 각각 서열 3위와 4위를 차지할 정도로 중요한 위치에 있었다. 당시 중앙 정치기구 내에서 순군부와 병부는 모두 군사관계 업무를 담당하는 기구로서 동시에 두 기구가 설치되었던 것은 담당한 업무가 서로 달랐기 때문이다.

일반적으로 병권 또는 군통수권이라 함은 군령권과 군정권을 통틀어 일컫는 것으로 국가의 최고 통치권자가 장악하여 행사하는 권한이다. 역사상 군사업무는 일반 행정업무와 하나로 통합되어 운영되었으나 전쟁규모의 확대, 전쟁방식의 변화, 군사력의 증가 등 원인으로 점차 분리되어 이를 담당하는 전문적인 기구와 관직이 출현하게 되었다.[88]

우리 역사상 군사관련 업무를 담당한 기구가 처음 설치된 것은 신라 법흥왕대인데, 중앙 정치기구 가운데서 가장 먼저 설치된 것은 병부였다. 이는 병부가 그 만큼 중요한 기구였음을 의미하는 것이다. 이후에도 병부는 신라 말까지 집사부(執事部)와 더불어 서열 1위 또는 2위를 다투었고, 궁예의 마진(摩震) 때에는 2위, 고려 초기에도 4위의 지위를 차지하여, 3성6부제가 도입되는 성종대 이전까지 중앙 정치기구에서 중요한 위치에 있었다.

---

88) 中國軍事史編史組, 2006 『中國歷代軍事制度』 解放軍出版社

고려 초기의 기록에 등장하는 병부와 순군부가 군사행정과 군령 등의 군사업무를 담당하였을 것으로 생각된다. 그동안 순군부에 관한 연구들은 있으나, 병부에 대해서는 고려 건국초기의 정치제도나 군사제도를 다루는 글에서 부수적으로 취급한 연구만 있을 뿐이다.[89] 이 절에서는 고려 건국 이후 당제에 따른 3성6부제가 실시되는 성종 대에 이르기까지의 병부에 대하여 그 설치 배경, 조직 및 기능, 그리고 중앙정치기구 속에서 병부가 차지하는 위치를 밝히고, 아울러 고려 초 중앙정치제도가 갖는 특성의 일면을 구명하고자 한다.

2. 병부의 설치

병부의 설치와 관련하여 『고려사』 백관지 병부조[90]에는 태조원년에 병부령·경·낭중을 설치한 것으로 되어 있다.[91] 병부는 이미 궁예 정권 때부터 설치되었고, 고려는 태봉을 계승한 국가이므로 건국초의 병부역시 태봉 때의 병부를 그대로 이어받은 것이다. 따라서 태조원년에는 이미 존재하던 병부의 관원을 조정하거나 명칭을 고친 것으로 볼 수

---

89) ① 徇軍部에 대한 연구
　　 邊太燮, 1981 「高麗初期의 政治制度」 『韓㳰劜博士停年紀念史學論叢』
　　 鄭景鉉, 1987 「高麗 太祖代의 徇軍部에 대하여」 『韓國學報』 48
　　 정경현, 1991 「高麗初期 京軍의 統帥體系-徇軍部의 兵權에 대한 재해석을 겸하여」 『韓國學報』 62
　　 趙仁成, 1991 『泰封의 弓裔政權 硏究』 서강대박사학위논문
　　 권영국, 2006 「고려초 徇軍部의 설치와 기능의 변화」 『한국사연구』 135
　　 ② 兵部에 대한 연구
　　 전경숙, 2003 「고려 전기의 兵部」 『숙명한국사론』 3
90) 『高麗史』 권76, 百官1, 兵曹
91) 이 기록에 대해 병부를 설치하고 아울러 병부령·경·낭중 등 관원을 둔 것으로 해석하기도 하고 그 관원만 설치하였던 것으로 해석하기도 한다.

있다.

『삼국사기』에 의하면 904년에 나라를 세운 궁예는 국호를 마진(摩震), 연호를 무태(武泰)로 정하고 처음으로 광평성(廣評省)을 설치하여 관원들을 두었으며, 또 병부를 비롯한 여러 관부를 설치한 것으로 되어있다.92) 그러나 그 당시에 모든 관부가 일시에 설치되었다고 볼 수 없을 것이다.93) 궁예는 이미 894년 무렵에 정복지역이 크게 확대되고, 군사적 기반이 강화되자 스스로 '개국칭군' 할 수 있다고 생각하고 내외의 관직을 설치하기 시작하였는데94), 아마 병부도 이 무렵에 설치된 것이 아닌가 한다. 당시는 후백제와의 전쟁이 계속되는 상황이었으므로 국가의 여러 업무 가운데서 시급하고 중요한 군사업무를 담당하는 기구가 다른 관부들보다 우선적으로 설치되었을 것이다.

신라의 경우도 국가로의 발전과정에서 여러 정치기구들이 설치되었는데 그 가운데서 가장 먼저 설치된 관부가 병부였다. 즉 법흥왕3년에 처음으로 병부령(兵部令) 1인을 두었고95), 이어서 다음해에 병부를 설치하였다.96) 병부령이란 한식(漢式) 명칭의 관직이 설치되는 것은 법흥왕3년이지만 이미 그 이전에 군사관계 업무를 전담하는 신라 고유의 관직이 설치되어 있었을 것으로 보는 견해도 있다.

---

92) "天祐元年甲子 立國號爲摩震 年號爲武泰 始置廣評省 備員匡治奈(今侍中) 徐事(今侍郎) 外書(今員外郎) 又置兵部 大龍部(謂倉部) 壽春部(今禮部) 奉賓部(今禮賓省) 義刑臺(今刑部) 納貨府(今大府寺) 調位府(今三司) 內奉省(今都省) 禁書省(今秘書省) 南廂壇(今將作監) 水壇(今水部) 元鳳省(今翰林院) 飛龍省(今太僕寺) 物藏省(今少府監) 又置史臺(掌習諸譯語) 殖貨府(掌栽植菓樹) 障繕府(掌修理城隍) 珠淘省(掌造成器物)"(『三國史記』권50, 列傳10 弓裔)

93) 조인성, 1996「Ⅲ 후삼국의 정립」『한국사』11, 국사편찬위원회

94) "乾寧元年 入溟州 有衆三千五百人 分爲十四隊 … 於是 擊破猪足狌川夫若金城鐵圓等城 軍聲甚盛 浿西賊寇 來降者衆多 善宗自以爲衆大 可以開國稱君 始設內外官職"(『三國史記』권50, 列傳10 弓裔)

95) "兵部令一人 法興王三年始置 眞興王五年 加一人 太宗王六年 又加一人 位自大阿湌 至太大角干爲之"(『三國史記』권38, 職官上, 신라, 병부)

96) "四年夏四月 始置兵部"(『三國史記』권4, 新羅本紀23, 法興王)

즉 보통 고위 관직자들의 범칭인 대등(大等)이 특정업무를 분장하여 관직적 성격을 가질 때 □□대등으로 불리었던 것처럼 군사업무를 분장하여 □□대등이라 불리던 관직이 법흥왕3년에 중국식 칭호인 병부령으로 개칭되고, 병부령 이외에 그 하위에 실무를 담당하는 관직도 설치된 것으로 보았다.[97]

이처럼 관부보다 관직이 먼저 설치되는 것은 국가 성립 초기에 나타나는 일반적인 현상으로서[98], 국가체제의 정비 과정에서 특정 업무를 담당하는 관직이 먼저 설치되고 점차 업무가 증대되고 전문화하여 관직수가 확대됨에 따라 이들 관직을 통괄하는 관부가 설치되었기 때문이라 생각된다.[99]

병부가 설치되기 이전에는 상고시기의 부족장이며 군국정사를 총괄했던 수상인 대보(大輔)가 국왕을 보좌하여 일반 행정업무와 군사업무를 담당하였다.[100] 율령(律令)반포, 공복(公服)제정, 불교공인 등 고대국가의 체제 정비를 단행한 법흥왕 대에 이르러 병부가 설치되고 이어서 상대등(上大等)이 신설되는 것은 일반 행정과 군사행정의 분리를 의미하는 것이었다.[101] 즉 지증왕·소지왕대에 이르러 신라사회가 경제적으로 크게 성장하고 영토가 확장됨에 따라 일반 행정과 군사업무를 분리시켜 통치제제를 정비할 필요성에서 병부가 설치된 것이다.

병부란 명칭은 한식 표현으로서 중국에서 병부란 관부명이 처음 등장하는 것은 수(隋)나라 때였다.[102] 수나라 이전의 위(魏)나라에서 처음

---

97) 이문기, 1997 「제4장 中古期의 軍令체계와 軍令기구」『新羅兵制史硏究』 일조각
98) 신형식, 1984 「제3장 제1절 신라의 국가적 성장과 兵部令」『한국고대사의 신연구』 일조각
99) 중국의 경우에도 초기에는 軍務를 관장하는 장관으로서 司馬라는 관원(관직)만 두었고 관부는 설치되지 않았다.(中國軍事史編史組, 2006 『中國歷代軍事制度』 解放軍出版社)
100) 신형식, 1984 「제3장 제1절 신라의 국가적 성장과 兵部令」『한국고대사의 신연구』 일조각
101) 李明植, 1988 「新羅 統一期의 軍事組織」『韓國古代史硏究』 1

으로 군사 업무를 담당하는 기구인 5병(兵)을 설치하였는데, 그 후에 5
병 또는 7병으로 변화를 거치다가 수나라 때에 처음으로 병부가 되었
고, 당에서 병부란 명칭으로 정착되었다.103)

그런데 신라에서는 수나라보다 70여 년이나 앞서서 병부령과 병부
가 설치되었다. 법흥왕대 이르러 일반 행정과 군사업무를 분리시키면
서 병사(兵事)를 담당하는 부서라는 의미에서 병부라는 명칭을 붙인 것
으로 보인다. 따라서 이때의 병부는 후에 수용되는 당 6전제(六典制)의
병부와는 무관한 신라 고유의 것으로 그 조직이나 관직의 명칭 및 구
성이 6전제하의 병부와 전혀 달랐다.

우선 6전체제를 갖춘 당에서 병부는 상서성 아래 6부의 하나이며, 병
부(兵部)·직방(職方)·가부(駕部)·고부(庫部) 등 속사(屬司)가 설치되었고,
관원으로는 장관과 차관인 상서와 시랑, 그리고 그 아래에 낭중·원외
랑·주사 등이 있었다.104) 한편 신라의 병부는 상서성과 같은 상위 관부
에 소속되지 않았고 속사가 없었으며, 관원은 병부령을 비롯하여 대감
(大監)·제감(弟監)·노사지(弩舍知)·사(使) 등이 있어 관직체계는 당의 병
부와 유사하나 관직의 명칭이나 정원은 전혀 달랐다.105)

---

102) "魏五兵尙書 至後魏 有七兵尙書 隋曰兵部 大唐嘗爲司戎太常伯 或爲夏官 或
爲武部 又爲兵部"(『通典』 권19, 職官1, 要略 設官沿革)

103) "兵部尙書一人 正三品 周官夏官卿也 漢置五曹 未有主兵之任也 魏始置五兵
尙書 謂中兵外兵騎兵別兵都兵也 晉太始中 省五兵尙書 太康中 又置七兵尙
書 以舊五兵尙書 中兵外兵分 爲左右 東晉及宋 又爲五兵 孝武大明二年 又省
之 順帝昇明元年 又置 歷齊梁陳後魏北齊 皆置五兵尙書 後周依周官 置大司
馬卿一人 隋改爲兵部尙書 皇朝因之 龍朔二年 改爲司戎太常伯 咸亨元年 復
爲兵部尙書"(『唐六典』 권5, 상서병부, 병부상서)

104) "兵部尙書侍郎之職 掌天下軍衛武官選授之政令 凡軍師卒成之籍 山川要害之
圖 廐牧甲仗之數 悉以咨之 其屬有四 一曰兵部 二曰職方 三曰駕部 四曰庫部
尙書侍郎惣其職務 而奉行其制命"(『唐六典』 권5, 尙書兵部, 兵部尙書職任)
"郎中二人 從五品上 … 員外郎二人 從六品上 … 主事四人 從八品下"(『唐六
典』 권5, 尙書兵部, 郎中)

105) "兵部令一人 … 大監二人 … 弟監二人 … 弩舍知一人 … 史十二人 … 弩幢

또한 이들 관직도 일시에 설치된 것이 아니고 오랜 시차를 두고 하나씩 설치되었다. 즉 장관인 병부령은 법흥왕3년에 처음 설치되었고, 이후 진흥왕5년에 1인이 증치되었으며, 태종왕6년에 또 1인이 증치되었다. 차관 이하의 관직도 진흥왕11년에 제감 2인, 진평왕45년에 대감 2인이 설치되었다.106) 이러한 사실은 신라의 병부가 중국 제도의 모방이나 수용이 아니었음을 말해주는 것이라 생각된다.

궁예가 개국할 당시에도 병부는 여러 관부들 중에서 우선적으로 설치된 관부 중 하나였을 것이다. 궁예는 개국과 함께 국가체제를 정비하면서 일시에 모든 관부를 설치한 것이 아니라 시급하고 중요한 관부부터 설치하여 점차로 전체적인 관부체제를 갖추어 나갔다. 특히 후백제와 치열한 전쟁 상황이었으므로 다른 어떤 관부보다도 군사관련 기구의 설치가 시급하였을 것이다. 관부들의 기재순서에서 병부가 최고 관부인 광평성 바로 다음에 위치한 것은 그만큼 병부의 중요성을 말해주는 것이라 생각된다.

이후에 병부는 병관(兵官)107)으로 개칭되었는데108), 그 시기는 정확히 알 수 없으나 성종원년에 상서성의 전신인 어사도성(御事都省)109)이 설치되는 것으로 보아110) 성종원년 무렵이 아닌가 한다. 이때 어사도성의 하부조직으로 선관(選官)·병관(兵官)·민관(民官)·형관(刑官)·예관(禮官)·공관(工官)

一人"(『三國史記』 권38, 職官上, 신라, 병부)

106) 『三國史記』 권38, 職官上, 신라, 병부

107) 6官의 명칭에서 官이란 호칭은 北周 6부의 명칭, 즉 天官府·地官府·春官府·夏官府·秋官府·冬官府에서 따 온 것으로 보인다.(『唐六典』 권2, 尙書吏部)

108) "太祖元年 置兵部令卿郎中 後稱兵官 有御事侍郎郎中員外郎 其屬有庫曹"(『高麗史』 권76, 백관1, 兵曹)

109) 廣評省이 御事都省으로 고쳐진 것이라는 견해와 內奉省이 어사도성으로 고쳐진 것이라는 견해가 있다.

110) "尙書省 太祖仍泰封之制 置廣評省 總領百官 有侍中侍郎郎中員外郎(太祖時又有內奉省 三國史云 內奉省卽今都省 沿革與此不同) 成宗元年 改廣評省 爲御事都省"(『高麗史』 권76, 百官1, 尙書省)

등 6관이 설치되고, 병관에는 어사(御事)·시랑(侍郞)·낭중(郞中)·원외랑(員外郞) 등의 관원의 두어졌다.[111] 태조 이래의 병부가 태봉의 제도, 나아가 신라의 제도를 계승한 것인데 비해 성종원년의 병관은 당의 제도를 수용한 것이었다. 그동안 병부는 광평성·내봉성 등과 병렬적 위치에 있는 존재였으나 당제의 수용 이후에는 어사도성 아래에 있는 6관의 하나로 편입되었다.

3. 병부의 조직

고려 초기 병부의 조직에 대해서는 자세한 내용을 알 수 없고, 여러 인사 기록 등을 통해 병부령(兵部令)·경(卿)·낭중(郞中) 등 관원이 설치되었다는 사실 정도만 알 수 있다. 성종원년에 어사도성이 설치되고 그 하부조직으로 어사(御事) 6관이 설치되면서 병부가 병관으로 개칭되고 관직의 명칭도 어사(御事)·시랑(侍郞)·낭중(郞中)·원외랑(員外郞) 등으로 바뀌었으며 속사(屬司)로 고조(庫曹)가 설치되었다.[112] 관직의 명칭이 당 병부의 상서·시랑·낭중·원외랑과 거의 같아지고, 이전에 없던 속사가 설치되어 당제에 보다 가까워졌다.[113] 이러한 사실은 태조 이래의 병부가 태봉의 제도를 계승한 것인데 비해 성종 원년의 병관은 당의 제도를 수용한 것을 의미하는 것이다.[114]

고려가 모범으로 삼은 당의 병부는 병부본사(兵部本司)를 비롯해 직방(職方)·가부(駕部)·고부(庫部) 등의 속사로 구성되었는데 비해, 고려에서는 이들 속사 가운데 본사인 병부 이외에 고부만을 설치하였다. 이처럼 고려가 당의 제도를 수용하면서도 그대로 모방한 것이 아니라 고

---

111) 兵官御事의 임명 기록이 처음으로 나타나는 것은 성종2년 5월이다.(『高麗史』 권3, 世家3 成宗2년 5월)
112) 『高麗史』 권76, 百官1, 兵曹
113) 『唐六典』 권5, 尙書兵部
114) 崔貞煥, 2006 『譯註高麗史百官志』 경인문화사

려의 실정에 맞게 변용하였음을 알 수 있다. 여러 속사 가운데 하나만
둔 것은 중국과 같이 모든 속사를 설치할 필요성이 없었기 때문일 것
이다. 즉 광대한 영토와 인구를 가진 중국과 비교해 볼 때 4개의 속사
가 분장할 정도로 업무의 양이 많지 않았던 것이다.

그러면 직방·가부·고부 등 속사 가운데 국가의 융기(戎器)·의장(儀
仗) 등을 관장하는 고조(庫曹)115)만을 설치한 이유는 무엇일까. 융기란
병사(兵事)에 사용되는 물품을 총칭하는 것으로 기물(器物)·병기(兵器)·
정기(旌旗)·번치(幡幟)·예악용기(禮樂用器) 등을 가리키며, 융기 중에서
도 병기는 투구·갑옷·창·쇠뇌·활과 화살 등이었다.116) 그리고 의장은
길례와 흉례의 의식이나 여러 문에 세우는 창 등을 일컬었다.117) 요컨
대 고조가 담당한 업무는 각종 병기나 의장용 기기를 관장하는 것이었다.

이 시기는 거란과의 긴장관계가 계속되던 때였으므로 병부의 여러
업무 가운데서 특히 무기의 관리에 관한 업무가 많았을 것이다. 즉 고
려는 건국 초부터 발해를 멸망시킨 거란에 대해 적대관계를 취하였는
데 거란의 세력이 점차 커지면서 고려는 군사적으로 위기 상황에 처하
게 되었다. 또한 성종 대에는 제도의 정비와 함께 각종 의례도 정비되
었으므로 그에 따른 의장용 기기의 수요도 증대하였을 것이다. 이처럼
각종 병기나 의장용 기기를 관장하는 업무가 특히 많았으므로 속사 가
운데 고부만이 설치되었던 것이 아닌가 한다.

성종14년에는 병관을 상서병부로 고치고 아울러 속사인 고조도 상서
고부로 고쳤다.118) 그러나 현종2년에는 6부의 다른 속사들과 함께 병부의

---

115) "庫部郞中員外郞 掌邦國軍州之戎器儀仗 及(凡)冬至元正之陳設 竝祠祭喪葬
之羽儀 諸軍州之甲仗 皆辨其出入之數 量其繕造之功 以分給焉"(『唐六典』
권5, 尙書兵部)
116) 병기는 다시 私家에서 소유해도 되는 활과 화살·칼·방패·짧은 창 등의 병기
와 사가에서 소유해서 안되는 갑옷·쇠뇌·긴 창·말안장 등의 병기로 구분되
었다.(『唐律疏議』 권16, 擅興律 20條 私有禁兵器)
117) 『唐律疏議』 권27, 雜律56조, 停留請受軍器
118) "成宗十四年 改兵官 爲尙書兵部 仍改庫曹 爲尙書庫部"(『高麗史』 권76, 百官

속사인 고부도 폐지되었다.[119] 속사의 폐지는 3성6부제 도입 이후 시(寺)와 감(監) 등의 하부기구가 정비되면서 그동안 6부가 담당하던 업무의 일부가 이들 하부기구로 이관되는 것과 관련이 있는 것으로 보인다.[120]

고조의 폐지와 관련하여 주목되는 것은 군기감(軍器監)과 위위시(衛尉寺)의 등장이다. 군기감은 무기의 제조를 관장하는 관부로서 목종 대에 군기감으로 불리다가 후에 군기시(軍器寺)로 개칭되었다.[121] 군기감이 목종 때에 처음 설치된 것인지 아니면 그 이전부터 있었던 것인지 확실하지 않으나, 목종원년의 개정전시과에 '군기소경(軍器少卿), 산군기감(散軍器監), 군기소감(軍器少監)' 등의 관직이 나타나는 것으로 보아[122] 군기감은 아마 성종14년 이후 목종 이전의 어느 시기에 설치되었을 것으로 추측된다.

한편 위위시는 태조대의 내군(內軍)이 광종11년에 장위부(掌衛府)로 고쳐졌다가 후에 사위부(司衛府)라 칭해졌고, 다시 성종14년에 위위시로 고쳐진 것이다.[123] 내군은 원래 국왕의 신변과 왕실의 경호 및 의장을 담당하는 기구였으나, 성종 대에 위위시로 고쳐지면서 그 기능에도 변화가 나타난 것으로 보인다. 즉 성종 대에 들어와 중앙군제가 정비되면서 국왕과 왕실의 경호를 담당하는 친위군의 기능은 2군6위로 옮겨가고, 위위시는 의장과 관련된 업무를 맡게 되었을 것이다.

1, 尙書省 兵曹)

119) "顯宗二年 罷庫部"(『高麗史』 권76, 百官1, 尙書省 兵曹)

120) 屬司의 폐지에 대해서 성종 대 3성6부제가 도입된 이후 강화된 6부의 권한을 축소시켜 국왕의 통제 아래에 두기 위한 조처로 보는 견해도 있다. 즉 속사들을 폐지하고 시와 감 등 각사를 설치하여 그 업무를 분담하게 하게 하였다고 본다.(이정훈, 2004『高麗前期 三省六部制와 各司의 運營』연세대박사학위논문)

121) "軍器寺 掌營造兵器 穆宗朝 有軍器監 監少監丞主簿"(『高麗史』 권76, 百官1, 尙書省 軍器寺)

122) 『高麗史』 권78, 食貨1, 田制 田柴科

123) "掌儀物器械 太祖元年 置內軍卿 光宗十一年 改內軍爲掌衛府 後稱司衛府 成宗十四年 改衛尉寺"(『高麗史』 권76, 百官1, 衛尉寺)

　군기감이 무기의 제조와 관리 등의 업무를 담당했다면 위위시는 무기
이외의 의장 관련 물품을 관장하였을 것이다. 『고려사』에 위위시는 의물
기계(儀物器械)를 관장했다고 하였는데, 의물기계가 무엇을 가리키는 것
인지 분명하지 않다. 당의 위위시가 "방국의 기계(器械)와 문물에 관한
정령을 관장하고, 대제사(大祭祀)와 대조회(大朝會) 때에 우의(羽儀)[124]·절
월(節鉞)[125]·금고(金鼓)[126]·유역(帷帟)[127]·인석(茵席)[128] 등을 공급한다고
한 것으로 보아[129] 고려의 위위시 역시 당과 비슷한 의장 관련 업무를
담당하였을 것이다. 원래 무기의 제조와 관리 등의 업무는 병부의 속사인
고조에서 담당하던 것이었으나 새로 군기감이 설치되어 그 업무를 이어받
게 되면서 고조는 폐지된 것으로 생각된다.[130]

4. 병부의 기능

　당의 3성6부체제가 수용된 성종 대에 설치된 병부의 기능에 대해서

---

124) 儀仗 행렬에서 새의 깃털로 장식한 깃대[旌旄]의 일종
125) 符節과 斧鉞. 節은 旄牛의 꼬리털로 장식한 符信으로 符節이라고도 하고, 斧
　　鉞은 도끼로서 의장용의 상징물
126) 軍中에서 사용하는 鐘과 鼓로, 군사를 진격시킬 때에는 鼓를 사용하고 멈추게
　　할 때에는 鐘을 사용하였다.
127) 수레에 치는 휘장과 장막
128) 수레에 까는 자리
129) "衛尉卿之職 掌邦國器械文物之政令 總武庫武器守宮三署之官屬 少卿爲之貳
　　凡天下兵器 入京師者 皆籍其名數而藏之 凡大祭祀大朝會 則供其羽儀節鉞金
　　鼓帷帟茵席之屬 其應供宿衛者 每歲二時閱之 其有損弊者 則移于少府監及金
　　吾修之"(『唐六典』 권16, 衛尉寺)
130) 한편 당에서는 속사와 함께 군기감도 설치되었다. 즉 병부에 속사인 庫部가
　　있음에도 불구하고 5監의 하나로 군기감이 설치되었는데 이는 庫部의 업무와
　　군기감의 업무가 서로 달랐기 때문이라 생각된다. 즉 군기감은 무기의 제조
　　및 비축을 담당하였고, 고부는 군기감으로부터 납품되는 군기의 출납·관리·
　　수선 등의 업무를 담당하였다.(『唐六典』 권22, 小府監·軍器監)

는『고려사』백관지에 "병조는 무선(武選)·군무(軍務)·의위(儀衛)·우역
(郵驛)의 업무를 관장하였다"고 하여 무관의 선발, 군사관계 업무, 국왕
에 대한 의장, 관원들의 왕래를 위한 역참 관계 등 교통 업무를 관장하
였음을 알 수 있다. 성종 대에 설치된 병부의 구체적인 업무나 기능에
관해서는 기왕의 연구가 있으므로[131] 여기서는 건국 초기 병부에 대해
서 당시 병부와 병존했던 또 하나의 군사기구인 순군부와의 비교를 통
해 병부의 기능과 성격을 밝히고자 한다.

  백관지에 보이는 병부의 업무는 모두 군사행정에 관한 것으로 성종
대에 3성6부제가 도입된 이후의 내용을 기록한 것이다. 이미 살펴본 바
와 같이 건국 초기의 병부는 태봉의 병부를 계승하였고 태봉의 병부는
신라의 제도에 의거한 것이므로[132] 먼저 신라시대의 병부에 대한 검토
가 필요하다.

  신라시대 병부의 기능에 대해서는『삼국사기』에 "이사부(異斯夫)를
병부령으로 임명하여 내외 병마에 관한 일을 관장하게 하였다"고 하
여[133], 병부의 장관인 병부령이 내외 병마사를 관장하였음을 알 수 있
다. 그런데 '병마사(兵馬事)'의 내용을 둘러싸고 그 동안의 연구는 군정
업무와 군령업무 모두를 포함하는 것으로 보는 견해[134]와 군정업무만

---

131) 전경숙, 2003「고려 전기의 兵部」『숙명한국사론』3
132) "弓裔設百官 依新羅制(所制官號 雖因羅制 多有異者)國號摩震 年號武
    泰"(『三國史記』권11, 孝恭王8년)
133) "拜異斯夫爲兵部令 掌內外兵馬事"(『三國史記』권4, 新羅本紀24, 眞興王2년
    춘3월)
134) ① 병부령은 왕권강화나 고대국가의 확립과정에 나타난 병부의 장으로서 만
      이 아니라 실질적인 병마권의 담당자"라 하여 병부를 군사행정뿐만 아니
      라 군령업무까지 담당한 기구로 이해하는 연구
      申瀅植, 1984「제3장 제1절 신라의 국가적 성장과 병부령」『韓國古代史의
      新硏究』일조각
    ② 신라의 병부가 당의 병부와 마찬가지로 무관에 대한 인사·병력의 징발·성
      곽·봉수·부대배치 등에 관한 사항, 군부대에 대한 명령에 관한 권한, 요컨
      대 군사행정과 군령에 관한 모든 兵馬權을 장악한 기구로 보는 연구

을 가리키는 것으로 보는 견해[135]로 나뉘어져 병부의 군령업무 담당
여부가 쟁점이 되고 있다.

　군령업무란 군대의 동원·용병·작전·지휘 등에 관한 것이며 이른바
군령권은 발명권(發命權)·발병권(發兵權)·장병권(掌兵權) 등으로 나누어
졌다.[136] 이들 군령권 가운데 군대를 지휘 통솔하는 장병권은 일찍부
터 무장들에게 위임되었다.

　중국의 경우 춘추시대 이전에는 각국의 국군(國君)이 최고의 통수권
자로서 군대를 친솔하여 출전하였고, 경과 대부 등 귀족은 평시에는
정무를 관장하고 전시에는 군대를 통수하여 문무의 구분이 없이 장(將)
과 상(相)이 합일되어 있었다. 그러나 전국시대에 이르러 정치와 군사
의 업무가 증가하면서 국군 아래에 상과 장을 우두머리로 하는 통치기
구가 설치되고, 전문적인 군장(軍將)과 독립적인 군사계통이 출현하였
다. 그리고 점차 왕권이 강화됨에 따라 군권도 국왕의 수중으로 집중
되어 군사를 통수하는 군장은 단지 장병권만 가질 뿐이고 용병과 군대
를 동원하는 권한은 갖지 못하였다. 군대의 동원은 반드시 국왕의 명
령이 있어야 가능하였고, 만약 국왕의 명령이 없으면 어느 누구도 마
음대로 군대를 동원할 수 없었다. 그리고 출정하는 주장(主將)에게는
상황에 따라 군무를 처리할 수 있도록 일정한 자주적인 지휘권을 주는
제도를 시행하였다.[137]

　신라에서도 군령권은 국왕이 직접 장악하였고, 장군 등 지휘관에게
는 유사시에 군대를 지휘할 수 있는 장병권 만이 주어졌을 것으로 생

　　　李仁哲, 1991「제1편 제1장 신라 중앙행정관부의 조직과 운영」『新羅政治
　　　制度史硏究』 일지사
　　③ 병부는 군정권과 군령권을 보유한 관부이며, 그 장관인 병부령은 군정 및
　　　군령 체계상 최상위의 지위 차지한 존재로 보는 연구
　　　朱甫暾, 1987「新羅 中古期 6停에 대한 몇 가지 문제」『신라문화』 3·4합집
135) 李文基, 1997「제4장 中古期의 軍令체계와 軍令기구」『新羅兵制史硏究』 일조각
136)『定宗實錄』 권4, 定宗2년 4월 辛丑
137) 中國軍事史編史組, 2006『中國歷代軍事制度』解放軍出版社

각된다. 왜냐하면 신라시대 병부의 업무 가운데 군대의 동원이나 작전·지휘 등에 관한 내용이 전혀 보이지 않기 때문이다.[138] 병부의 장관인 병부령이 정복전쟁의 수행과정에서 병권의 지휘자로서 군사지휘권을 통일적으로 관장하였다고 한 연구[139]나 병부가 군대에 대한 명령의 권한을 가졌다고 본 연구[140]는 모두 구체적인 근거가 없는 추정에 불과하다.

간혹 병부령이 직접 군대를 지휘·통솔하는 예를 볼 수 있는데 이는 군령권자로서가 아니라 여러 지휘자 가운데 1인으로서 장병권을 행사한 것으로 보아야 할 것이다.[141] 물론 이때의 지휘권은 최고 통수권자인 국왕으로부터 위임받은 것이었다. 신라에서는 군정업무를 담당한 병부 이외에 따로 발명이나 발병 등 군령업무를 담당한 기구가 보이지 않는데 이는 국왕이 군령권을 직접 장악하고 있었기 때문이라 생각된다.

중국에서도 군정업무는 일찍부터 일반 행정업무와 분리되어 병부가 담당하였으나, 군대의 동원 및 지휘·통솔과 관련된 군령업무는 추밀원이 등장하는 당말 오대에 이르기까지 황제가 친히 장악하고 있었다. 따라서 군대는 엄격하게 황제의 수중에서 통제되었고, 군대를 직접 통솔하는 장군에게는 단지 지휘권만이 부여되었던 것이다.[142]

궁예정권에서의 병부도 신라시대와 마찬가지로 최고 관부인 광평성 다음의 관부로 나타나고 있다. 마진(摩震)의 관제는 기본적으로 신라의

---

138) 그 동안의 연구에 의하면 신라시대의 병부가 무관의 선발, 일반 병졸집단의 충원과 편성·관리, 병기의 생산과 관리 등 군사행정업무만 담당하였을 뿐이었지 군대의 지휘와 통솔 등 군령권을 행사한 흔적을 찾을 수 없다고 한다.(李文基, 1997「제4장 中古期의 軍令체계와 軍令기구」『新羅兵制史研究』일조각)

139) 申瀅植, 1984「제3장 제1절 신라의 국가적 성장과 병부령」『韓國古代史의 新研究』일조각

140) 李仁哲, 1991「제1편 제1장 신라 중앙행정관부의 조직과 운영」『新羅政治制度史研究』일지사

141) 李文基, 1997『新羅兵制史研究』일조각

142) 中國軍事史編史組, 2006『中國歷代軍事制度』解放軍出版社

제도에 의거한 것이므로 병부 역시 신라시대와 마찬가지로 군정업무
만을 수행한 것으로 생각된다. 마진 때에 설치된 여러 관부 가운데 병
부 이외에 다른 군사관계 관부가 보이지 않으므로 군령기구가 아직 설
치되지 않았다고 볼 수 있다.

왕건은 즉위 직후 광평성(廣評省)·내봉성(內奉省)·순군부(徇軍部)·병
부(兵部)·창부(倉部)·의형대(義刑臺)·도항사(都航司)·물장성(物藏省)·내
천부(內泉府)·진각성(珍閣省)·백서성(白書省)·내군(內軍) 등 12개 관부에
대한 인사를 단행하였는데[143], 이때 군사업무와 관련된 기구로 순군
부·병부·내군 등이 등장한다. 여기서 주목되는 것은 궁예정권 초기까
지도 보이지 않던 순군부와 내군 등 새로운 군사관계 기구들의 출현이
다. 내군은 그 명칭으로 보나 후대에 장위부(掌衛府)로 개편되는 것으
로 보아 국왕의 신변과 왕실의 경호 및 의장 등을 담당하는 기구로 이
해할 수 있다.[144]

한편 순군부는 중앙관서 가운데 서열 3위를 차지하여 4위인 병부보
다 중요한 기구임을 알 수 있다. 순군부가 군사행정을 담당한 병부보
다 서열상 앞서는 기구였다면 그것은 군정과 더불어 병권의 또 한 축
을 이루는 군령과 관계된 기구였을 것으로 생각된다. 이처럼 건국 초
기의 순군부는 전체 중앙기구 가운데 서열 3위, 군사관련 기구 가운데
최고의 지위를 차지할 정도로 중요한 기구였다.

순군부는 정복지역이 확대되고 휘하로 귀부하는 호족들이 늘어나게
되자 궁예 직속의 군사력을 비롯한 호족 휘하의 군사력을 통일전쟁에
효율적으로 동원하고, 이를 지휘·감독하는 업무를 관장하기 위해 설치
된 기구였다.[145] 그동안 군령권은 국왕이 친히 장악하였으나 영역의
확대로 군령업무가 크게 늘어나면서, 군령업무의 일부를 담당할 기구

---

143) 『高麗史』 권1, 世家 太祖원년 하6월
144) 李基白, 1956「高麗京軍考」『李丙燾博士華甲紀念論叢』; 1968『高麗兵制史研
    究』 일조각
145) 권영국, 2006「고려 초 徇軍部의 설치와 기능의 변화」『한국사연구』 135

로서 순군부를 설치하였던 것으로 생각된다.

순군부의 가장 중요한 기능은 군대의 동원, 즉 발병에 관한 업무였다. 그동안 호족들은 무력기반인 군대를 징발·동원하고 지휘·통솔하는 등 일체의 병권을 독자적으로 행사해왔다. 그러나 중앙의 왕권에 귀부함으로써 그동안 독자적으로 행사해 오던 병권은 국왕에게 귀속되었고, 호족들에게는 오직 국왕의 명에 의해 휘하 군사를 지휘할 수 있는 일부 권한, 즉 장병권 만이 위임되었을 것이다. 따라서 호족들이 거느리던 군대는 이제 국왕의 명령에 의해서만 동원하고 지휘·통솔할 수 있게 되었는데, 바로 순군부가 최고 통수권자인 국왕의 명령을 받들어 군대의 동원과 관련된 발병업무를 수행하였던 것이다.

순군부의 설치는 군령업무의 증대에 따라 그동안 국왕이 장악하여 행사하던 군령권의 일부를 위임하는 것이었으나 그것이 곧 국왕의 군령권 상실을 의미하는 것은 아니었다. 국왕은 여전히 일체의 병권을 장악한 최고의 통수권자였다. 다만 그동안 국왕이 직접 행사해 오던 군령권 가운데 일부인 발병권을 순군부를 통해 간접적으로 행사하게 된 것이다. 이처럼 순군부가 설치됨으로써 군정을 담당한 병부와 군령을 담당한 순군부가 군사기구의 두 축을 이루게 되었는데 이는 군사업무 수행의 효율화와 통수체계상의 발전을 의미하는 것이라 생각된다.

5. 병부의 지위 변화

신라시대의 중앙통치조직에서 핵심적인 기구는 병부(兵部)·예부(禮部)·집사부(執事部)·창부(倉部)의 4부를 비롯하여 사정부(司正府)·위화부(位和府)·조부(調府)·승부(乘府)·영객부(領客府)·좌이방부(左理方府)·우이방부(右理方府)·선부(船府)·공장부(工匠府)·예작부(例作府)의 10부 등 14개의 관부였다. 이 가운데서 병부는 집사부와 더불어 서열 1~2위를 다투는 중요한 위치에 있었다. 이처럼 병부가 중요한 지위를 차지했던 것은 우선 병부의 기능에서 찾을 수 있을 것이다.

신라에서 병부가 설치된 것은 법흥왕 대였다. 지증왕에서 법흥왕 대에 이르는 시기에 신라 사회는 고대국가 체제를 완성하고 이를 기반으로 정복국가로 발전하였다. 그 결과 진흥왕대에는 한강유역을 장악하고, 가야지역을 병합하였으며 나아가 북으로 함경도지방까지 진출하여 장차 삼국통일의 기반을 닦을 수 있었다. 이처럼 진흥왕대 이후 신라가 정복국가로 발전하는 과정에서 중요한 요소 중 하나는 전쟁에 동원할 수 있는 인적·물적 자원의 확보였다.

정복전쟁이 본격화됨에 따라 전국적 규모의 군사력 징발, 무기제조, 축성사업 등의 군사적 업무가 크게 늘어났고, 이러한 전문적인 군사업무를 담당하기 위해 설치된 기구가 병부였다. 병부가 설치되는 법흥왕대에는 삼국 간에 경쟁이 치열해지는 시기로서 국가의 존망과 관련되는 군사문제가 가장 중요하였고, 따라서 정치기구 가운데 병부의 정치적 위상이나 비중이 높을 수밖에 없었다.

다음 관원의 구성상에서도 병부가 중앙정치기구에서 차지하는 비중의 중요성을 짐작할 수 있다. 중앙의 14개 중요 관부의 장관 수나 전체 관원의 수를 비교해 볼 때 병부가 다른 관부들 보다 많은 것으로 보아 집사부·창부와 더불어 당시에 실질적으로 최고의 관부라 할 수 있다. 즉 장관의 수는 병부와 위화부가 3인, 조부·창부·예부·승부·영객부·이방부가 2인, 집사부·사정부·예작부·선부가 1인이었고. 전체 관원의 수도 창부가 38명, 집사부와 병부가 각 27명이었다. 그리고 장관의 지위에서도 병부의 장관인 병부령의 정치적 위상이 높았다. 집사부의 시중이 기밀사무를 맡는 수상의 지위였지만 병부를 관장하는 상급기관이 아니었고, 승진의 경우 대부분 시중을 거쳐 병부령이 된 반면 병부령을 거쳐 시중이 된 예는 없었다.[146]

---

146) 申瀅植, 1984, 「제3장 제1절 신라의 국가적 성장과 병부령」 『韓國古代史의 新

이러한 사실을 통해 볼 때 신라 말까지도 집사부와 병부는 그 서열이 갖거나 오히려 병부가 집사부보다 상위의 관부였음을 알 수 있다. 그리고 이러한 신라의 독자적인 관직체제는 경덕왕대의 한화정책(漢化政策) 이후에도 그대로 유지되었고, 당의 문물을 받아들여 관제를 정비한 이후에도 중국의 전통적인 6전체제(六典體制)와는 달리 병부가 상위의 관부로서 지위를 차지하였다.

904년에 궁예는 백관을 설치하고 국호를 마진(摩震), 연호를 무태(武泰)로 정하고 광평성을 비롯한 여러 관부를 설치하였는데 이때에도 병부는 광평성 다음에 위치하는 서열 2위의 관부였다.[147] 광평성의 기능이나 지위에 대해서는 여러 견해들이 있지만, 일반적으로 신라의 집사부(執事部)에 대응되는 기구로서 국정 전반을 관장하는 최고의 관부로 이해되고 있다.[148] 건국 직후는 주변의 호족세력들을 통합하고, 나아가 선발국가인 후백제와 경쟁해야 하는 중요한 시기였다. 따라서 효과적인 전쟁자원의 동원과 전쟁수행을 위한 군사업무를 담당하는 병부가 서열 2위를 차지할 정도로 중요한 위치에 있었던 것이다.

그러나 태조 즉위 이후에 중앙 정치기구상에 큰 변화가 나타나면서 서열 2위이던 병부가 4위로 격하되었다. 이러한 변화는 9위이던 내봉성(內奉省)이 2위로 승격하고, 새로 설치된 순군부(徇軍部)가 3위의 지위를 차지함에 따라 나타난 것이었다. 태조즉위 6일 만에 행해진 인사조처에서[149] 마진 때에 9위이던 내봉성이 2위로 부상하였는데 이러한 서

---

147) "天祐元年甲子 立國號爲摩震 年號爲武泰 始置廣評省 … 又置兵部大龍部(謂倉部)壽春部(今禮部)奉賓部(今禮賓省)義刑臺(今刑部)納貨府(今大府寺)調位府(今三司)內奉省(今都省)禁書省(今秘書省)南廂壇(今將作監)水壇(今水部)元鳳省(今翰林院)飛龍省(今太僕寺)物藏省(今少府監)"(『三國史記』 권50, 弓裔)

148) 李泰鎭, 1972「고려 宰府의 성립」『歷史學報』56
邊太燮, 1981「高麗初期의 政治制度」『한우근박사정년기념사학논총』일조각
조인성, 1996「Ⅲ. 후삼국의 정립」『신편한국사』11, 국사편찬위원회

149) 『高麗史』 권1, 世家 太祖원년 6월 辛酉

열의 변화가 갑자기 나타난 것으로 생각되지는 않는다.

태조가 즉위한 이후 불과 6일 사이에 종래 서열 9위의 기구가 2위로 상승했다고 보기 어렵기 때문이다. 따라서 이러한 서열의 변화가 나타난 시기는 태조즉위 이전150), 즉 마진 성립 이후 국호를 태봉으로 변경한 무렵이 아닐까 한다. 이때에는 단순히 국호만 변경된 것이 아니라 관부의 명칭이나 관부 서열의 변화 등을 포함하는 정치체제의 재정비도 있었을 것으로 추측된다.151)

내봉성이 2위의 지위로 부상하였다는 것은 그 정치적 비중이 커진 것을 의미하는 것으로. 아마 기능이나 조직상의 변화가 수반되었을 것이다. 내봉성에 대해서는 국왕 측근에서 봉명실천(奉命實踐)하는 기관이라는 견해152), 인사 전담기구로서 신라의 위화부(位和府)에 비정하는 견해153), 그리고 국왕 측근의 근시기구(近侍機構)로서 국왕에 대한 시종뿐만 아니라 조서(詔書)와 고신(告身)을 전장(專掌)하는 등 궁중의 사무를 처리하는 신라의 중사성(中事省)이나 선교성(宣敎省) 계통의 관부로 추정하는 견해154) 등이 있다.

내봉성은 그 명칭에서 볼 수 있듯이 궁중에서 국왕의 명령을 받드는 관부로서 일찍부터 궁예 측근에서 사적인 비서기관의 역할을 하던 기구였을 것으로 생각된다. 그러나 점차 국가로서의 체제가 정비되고 업무가 확대되면서 초기의 사적인 성격의 기구가 공적인 기구로 전환하게 되었을 것이다. 즉 태봉으로 국호를 변경하는 시기를 전후해서 인

---

150) 이러한 서열의 변화가 태조즉위 이후의 인사조치 때 이루어진 것으로 보는 견해도 있다.(李泰鎭, 1972「고려 宰府의 성립」『歷史學報』56)

151) 조인성, 1996「Ⅲ. 후삼국의 정립」『신편한국사』11, 국사편찬위원회

152) 邊太燮, 1971「고려시대 중앙정치기구의 행정체계」『高麗政治制度史研究』 일조각
    李基白, 1975「귀족적 정치기구의 성립」『한국사』5, 국사편찬위원회

153) 李泰鎭, 1972「고려 宰府의 성립」『歷史學報』56

154) 李基東, 1984「제4장 나말여초 近侍기구와 文翰기구의 확장」『新羅 骨品制社會와 花郞徒』일조각

사기능이나 감찰기능 등이 보다 확대되고 체계화되면서 그동안 국정 전반을 관장하던 광평성과 함께 국정을 분담하는 정책기구의 하나로 부상한 것이다.

다음 순군부는 전체 중앙기구 가운데 서열 3위, 군사관련 기구 가운데 최고의 지위를 차지할 정도로 정치적·군사적으로 중요한 관부였다. 이미 앞에서 언급한 바와 같이 순군부는 궁예의 정복지역이 확대되고 귀부하는 호족들이 크게 늘어나는 시기에 설치되었다. 즉 중앙의 군사력은 물론 지방 호족 휘하의 군사력이나 지방에 배치된 군대의 동원과 지휘·통솔 등 군령 업무가 증대됨에 따라 그동안 국왕이 장악하고 있던 군령기능의 일부를 분리시켜 이를 담당하게 하기 위해 설치된 기구가 순군부였다.[155]

후삼국시대와 같은 전쟁 시기에는 전체 군사업무에서 군정업무보다 군령업무가 훨씬 중요하였다. 따라서 군령업무를 담당한 순군부가 군정업무를 담당한 병부보다 서열상 앞에 위치한 것이다. 이처럼 국가체제가 재정비되는 태봉 대에 이르러 내봉성의 지위가 상승하고 순군부가 새로 설치되는 정치적 변화 속에서 병부는 종래 서열 2위에서 4위의 지위로 격하된 것이다.

이러한 병부의 지위는 3성6부제가 도입되는 성종 대 이전까지 그대로 유지되었다. 태조13년 이후 광평성과 내봉성 이외에 새로이 내의성(內議省)이 등장하였고, 광종 대에는 이들 3성의 서열이 내의성-내봉성-광평성의 순서로 변화하였다.[156]

---

155) 권영국, 2006 「고려 초 徇軍部의 설치와 기능의 변화」『한국사연구』 135
156) 변화한 이유에 대한 제 견해
    ① 왕권 강화책의 일환으로 호족세력의 출사 자리인 광평성을 격하시켰기 때문이라는 견해
    李泰鎭, 1972, 「고려 宰府의 성립」『歷史學報』 56
    ② 왕권강화를 뒷받침하는 학사출신의 儒臣세력이 포진하고 있던 내의성을 최고관부로 하고 왕명을 집행하는 내봉성을 그 다음의 관부로 한 결과로

그러나 병부는 이들 정책기구와 병렬적인 위치에 있는 군사기구로서 여전히 상위 서열을 유지하였다. 즉 경종즉위년에 작성된 김부고서(金傅誥書)에 광평성-내봉성-군부-병부의 순서로 장관과 차관이 서명에 참여하고 있는데[157] 바로 이들 4관부의 순서가 당시 중앙 관부의 서열을 보여주는 것이라 생각된다. 한편 군부는 광종 대에 순군부가 개편된 것으로, 이는 그 기능의 일부가 변화한 것일 뿐 그 지위에 변동이 있었던 것은 아니었다.[158] 즉 군부는 여전히 군령업무를 담당한 기구로서 군정을 맡은 병부보다 상위에 위치하였다.

성종 대에는 3성6부를 중심으로 하는 6전체제가 본격적으로 수용되면서 병부의 지위에 커다란 변화가 나타났다. 그동안 광평성·내봉성 등과 병렬적인 위치에 있던 병부는 3성6부제의 도입으로 상서성 아래 6부의 하나로 편제되었다. 이는 신라 이래의 전통적인 관제가 3성6부를 중심으로 하는 중국식 관제로 개편되면서 나타난 변화였다.

그러나 6부의 순서에서 당의 이-호-예-병-형-공과 달리 고려에서는 이-병-호-형-예-공의 순으로 병부가 2위의 자리에 위치하였다. 이는 신라시대에 군사업무가 일반 행정업무와 분리되면서 최초의 관부로 설치된 병부가 집사부와 더불어 최고의 지위를 차지하였고, 이후에도 중앙정치기구에서 계속 중요한 위치를 유지해온 역사적 전통이 반영된 것이라 생각된다. 그리고 이것은 고려가 모범으로 삼은 당의 6부제와 다른 고려 6부제의 특징이라 할 수 있을 것이다.

해석하는 견해
　　張東翼, 1982「金傅의 册尙父誥에 대한 일 검토」『역사교육논집』 3
157)『高麗史』권2, 世家 景宗즉위년 10월 및『三國遺事』紀異2, 金傅大王
158) 권영국, 2006「고려 초 徇軍部의 설치와 기능의 변화」『한국사연구』 135

6. 맺음말

고려 국초의 병부는 태봉의 제도를 그대로 이어받은 것이고, 태봉의 병부는 신라의 제도에 의거한 것이었다. 신라의 병부는 고대국가의 체제정비를 단행한 법흥왕 대에 이르러 일반 행정업무와 군사업무를 분리시키면서 여러 관부 중에서 가장 먼저 설치되었다. 이때의 병부는 비록 명칭은 한식(漢式)이지만 후에 수용되는 6전제하의 병부와는 무관한 신라 고유의 것이었다. 궁예가 개국하여 여러 관부들을 설치할 때에도 병부가 우선적으로 설치되었는데, 당시는 후백제와의 경쟁이 치열하여 군사 관련 업무가 무엇보다도 시급하고 중요했기 때문이다.

고려 초기 병부의 조직에 대해서는 자세한 내용을 알 수 없으나 성종원년에 어사도성이 설치되면서 병관이 그 하부조직이 되고 이전에 없던 속사가 설치되어 보다 당제의 원형에 가까워졌다. 이는 태조 이래의 병부가 태봉의 제도를 계승한 것인데 비해 성종원년의 병관은 당제를 수용한 것을 의미하는 것이다. 그러나 당과 달리 여러 속사 가운데 고조 하나만을 두었는데 이는 고려가 당의 제도를 그대로 모방한 것이 아니라 고려의 실정에 맞게 변용하였음을 보여주는 것이다.

그 후 성종14년에는 보다 완성된 3성6부제에 따라 병관을 상서병부로 고치고 아울러 속사인 고조도 상서고부로 고쳤다. 이어 현종2년에 속사를 폐지하였는데 이는 3성6부 아래 시와 감 등의 하부기구가 정비되면서 그동안 6부가 담당하던 업무의 일부가 이들 하부기구로 이관되는 것과 관련이 있는 것이었다.

병부의 기능은 무관의 선발, 군사관계 일반 업무, 국왕에 대한 의장, 역참 등 군사행정과 관련된 업무였다. 한편 군대의 동원과 용병·작전 등 중요한 군령업무는 궁예 때에 순군부가 설치될 때까지 국왕이 친히 장악하였다. 그러나 궁예 때에 이르러 계속되는 전쟁과 정복지역의 확대로 군령관련 업무가 크게 늘어나면서 이를 담당할 기구로 순군부를 설치하였던 것이다. 이로써 군정을 담당한 병부와 군령을 담당한 순군부가 군사기구의 두 축을 이루면서 각각의 역할을 수행하게 된 것이다.

신라시대에 처음 설치된 병부는 집사부(執事部)와 더불어 서열 1~2위를 차지하였고, 마진(摩震) 때까지도 2위의 지위를 유지하였으나 태봉(泰封) 대에 이르러 4위의 지위로 하락하였다. 이러한 서열의 변화는 국가체제가 재정비되는 태봉 대에 내봉성(內奉省)의 기능과 기구가 확대되면서 그동안 국정 전반을 관장하던 광평성(廣評省)과 함께 국정을 분담하는 정책기구의 하나로 부상하고, 또 군령기구로서 순군부가 새로 설치하는 정치적 변화 속에서 나타난 것이었다.

이러한 병부의 지위는 성종대 이전까지 계속 유지되었으나 3성6부를 중심으로 하는 6전제(六典制)가 본격적으로 수용되면서 그 지위가 하락하였다. 즉 그동안 광평성·내봉성 등 정책기구와 병렬적인 위치에 있던 병부는 상서성 아래 6부의 하나로 편제된 것이다. 그러나 6부의 순서가 당의 이-호-예-병-형-공과 달리 이-병-호-형-예-공으로서, 6부 가운데 병부가 2위의 자리에 위치하였는데, 이는 병부가 처음 설치된 신라시대 이래 중앙 정치기구상에서 중요한 위치를 차지해온 역사적 전통이 반영된 것으로 고려 6부제의 특징이라 할 수 있을 것이다.

이처럼 병부의 변화 과정을 통해 볼 때, 6전제가 본격적으로 수용되기 이전의 고려 초기 관제는 부분적으로 중국의 영향을 받기는 하였으나 기본적으로 신라의 전통이 태봉을 거쳐 그대로 계승된 것임을 알 수 있다. 성종 대에 3성6부제가 수용되면서 기존의 제도는 중국식으로 변화해 갔지만 신라 이래의 전통적인 제도를 바탕으로 당·송의 제도를 받아들여 고려의 실정에 맞게 변용시켰기 때문에 고려의 관제 속에는 여러 요소들이 혼합되었던 것이다.

제3절 건국초의 장군직

1. 머리말

건국 초기에는 후백제와의 전쟁이 계속되는 상황이었으므로 군사조직이나 지휘체제가 제대로 갖추어지지 못하였다. 따라서 후대의 중앙군인 2군6위, 지방군인 주현군과 주진군 같이 체계적이고 정연한 군사조직을 갖출 수 없었다. 뿐만 아니라 중앙군과 지방군의 구별도 명확하지 않았다. 건국초의 중앙군이라 할 수 있는 것은 왕건이 송악의 성주(城主) 시절부터 거느리던 사병을 주축으로 하여 궁예로부터 이어받은 군대, 그리고 왕건에게 귀부하여 중앙으로 올라온 여러 호족의 군대 등으로 구성되었을 것이다.[159]

이처럼 다양한 요소로 구성된 중앙군의 조직이나 지휘체계 등에 대해서 자세한 내용은 알 수 없다. 특히 귀부한 호족들이 거느리던 개별부대들에 대한 지휘나 통솔관계가 어떠하였는지, 다시 말해 조직이나지휘·통솔체계에서 독자성을 상실하고 중앙군 조직의 일부로 편제되었는지 아니면 종래의 독자적인 조직과 지휘·통솔체계를 그대로 유지한 채로 중앙군에 편제되어 일종의 연합군의 형태로 운영되었는지 알수 없다.[160]

---

159) 이기백, 1956「고려 경군고」『이병도박사화갑기념논총』: 1968『고려병제사연구』일조각
160) 이기백교수는 부대의 통솔 권한은 장군 각자에게 거의 반독립적으로 맡겨져있었고, 각 장군은 왕건에 대한 그들 개인의 충성심으로 인하여 통일된 중앙군을 편성하였다고 보았다. 즉 통일 후 光宗代까지 중앙에서 私兵의 존재를 강하게 주장할 수는 없다 하더라도 적어도 군대 장악의 권한이 상당히 개인적으로 분산되어 있는 상태였으며, 이러한 장군들의 권한을 대변하여 주던 것이 徇軍部라고 이해하였다.(이기백, 1968「고려 경군고」『고려병제사연구』일조각)

본격적으로 군사제도가 정비되는 성종 대 이전에는 각종 장군(將軍) 칭호를 가진 자와 관계(官階)를 가진 자들이 군대의 지휘를 담당하였고, 성종 대 이후 정비되는 상장군·대장군 이하 교위·대정에 이르는 체계적인 지휘계통 같은 것은 보이지 않는다. 건국 초에 왕건은 신라의 관제를 따른다고 하였지만[161] 실제 군대의 지휘체계에서 신라시대의 무관직과 같은 것은 전혀 나타나지 않는다. 통일신라의 중앙군 조직인 9서당(誓幢)과 시위부(侍衛府)에는 최고지휘관으로 장군이 있었고, 그 아래에 각기 소속부대를 지휘 통솔하는 대관대감(大官大監)·대대감(隊大監) 이하 여러 무관직이 있었으나[162] 고려 초 군사지휘관으로는 오직 장군직만이 보일 뿐이다.[163]

이 절에서는 상·대장군 이하 대정·교위에 이르는 중국식 무관직제가 도입되기 이전, 즉 궁예의 태봉시기를 포함한 고려 초기에 군사지휘관으로 등장하는 장군직에 대해서 그 설치, 여러 장군 칭호와 기능, 그리고 당시 지휘체계 속에서 장군직이 차지하는 지위와 성격 등을 살펴보고자 한다.

---

161) "전 임금이 신라의 품계·관직과 군읍의 이름이 모두 비루하다고 하여 신제로 고치고 이를 시행한 지 여러 해가 되었으나 오히려 백성들이 익혀 알지 못하고 惑亂하게 되었으니 이제 모두 신라의 제도를 따르되 그 명의를 알기 쉬운 것만은 신제를 따르도록 하라고 하였다."(『高麗史』권1, 세가 태조원년 6월 戊辰)

162) 신라시대의 무관직은 9誓幢과 6停의 將軍·大官大監·隊大監·弟監·監舍知·少監·火尺 등으로 구성되는 계통과 10停·五州誓의 隊大監·少監·火尺 등으로 구성되는 2계통이 있었다.(이인철, 1993 「제3장 신라의 군관직과 군사조직의 편제」『신라정치제도사연구』일지사)

163) 장군직 이외에 군사지휘관으로 보이는 것으로는 精騎大監이 유일한 예이다. 즉 898년에 왕건을 精騎大監에 임명한 사례가 있는데("裔移都松嶽 太祖來見 授精騎大監"『고려사』권1, 세가 太祖 光化元年 戊午) 대감은 신라시대의 상급 지휘관에 해당하는 무관직의 하나로 9서당과 6정에서는 장군직 바로 다음의 군관이었고, 10停과 五州誓에서는 최고의 군관이었다.(이인철, 1993 「제3장 신라의 군관직과 군사조직의 편제」『신라정치제도사연구』일지사)

2. 장군직의 설치

고려 초기의 무관직에 대해서『고려사』백관지에 "태조 초에 마군장군·대장군이라는 것이 있었는데 이들은 모두 무직(無職)이었다."라고 하여164) 선초의『고려사』편찬자들도 국초의 무관직에 대해서는 자세한 내용을 파악하지 못하였다. 국초에는 이들 마군장군이나 대장군 이외에 정조(正朝)·원윤(元尹)·원보(元甫)·대상(大相)·대광(大匡) 등의 관계(官階)를 가진 자들도 군대를 지휘하였다. 따라서 백관지의 언급처럼 마군장군이나 대장군만을 무직으로 볼 수 없을 것이다.

고려는 태봉을 계승한 국가이므로 국초의 장군직 역시 다른 제도와 마찬가지로 태봉의 제도를 이어받았을 것으로 추측된다. 기록상 궁예 정권에서 장군직이 처음 출현하는 것은 906년 무렵이다.165) 904년에 마진(摩震)을 건국하기 이전까지 궁예는 자신만이 유일하게 장군 칭호를 사용하였다. 양길 휘하에 있던 궁예는 894년에 명주(溟州)를 정복한 후 장군으로 추대되었는데166), 궁예 이외에 장군직에 임명되거나 장군직을 가지고 활동하는 예는 전혀 보이지 않는다. 당시 궁예 휘하에서 활약하던 김대검·모흔·장귀평·장일 등 지휘관들은 모두 부장(部將)을 의미하는 사상(舍上)이라는 직을 가지고 있었다.167)

궁예는 894년에 이르러 '개국칭군(開國稱君)'할 수 있다고 생각하여 내외관직을 설치하고 이어서 901년에는 왕을 칭하였지만, 그 이후에도

---

164) "太祖初 有馬軍將軍大將軍 是武職也"(『高麗史』권77, 百官2, 西班)

165) "裔命太祖 率精騎將軍黔式等 領兵三千 攻尙州沙火鎭 與甄萱累戰 克之"(『高麗史』권1, 世家 太祖 天佑3년 丙寅)

166) "乾寧元年 入溟州 … 與士卒同甘苦勞逸 至於予奪 公而不私 是以衆心畏愛 推爲將軍"(『三國史記』권50, 弓裔)
　　"弓裔自北原 入何瑟羅 衆至六百餘人 自稱將軍"(『三國史記』권11, 新羅本紀 51, 眞聖王8년 동10월) → 신라본기에는 궁예가 스스로 장군을 칭한 것으로 되어 있다.

167)『三國史記』권50, 弓裔

한동안 장군직의 존재는 보이지 않는다. 그 후 904년에 나라를 세워 국호를 마진이라 하고 광평성을 비롯한 여러 관부와 관계를 설치하였는데[168], 아마도 이 무렵을 전후하여 장군직이 두어진 것이 아닌가 한다.

906년에 궁예가 왕건에게 명해 상주 사화진을 공격하게 할 때 처음으로 정기장군(精騎將軍)이라는 장군직이 등장하였다.[169] 이때 이후로 장군직의 임명 기록이 계속 나타나는 것으로 보아 궁예정권에서 장군직이 설치되는 것은 마진 건국 이후로 볼 수 있다. 이전에는 군사지휘관에게 관계만이 주어졌으나[170] 이 무렵에 이르러서는 관계와 함께 장군직이 수여되었다.

예컨대 909년 6월에 왕건이 나주를 진무(鎭撫)한 공을 세우자 궁예는 왕건을 한찬(韓粲)해군대장군으로 임명하였고[171], 911년에는 금성을 정벌하고 나주를 설치한 공으로 대아찬(大阿湌)장군으로 임명하였다.[172] 그 후에 다시 나주를 진무하고 귀환한 왕건을 백강(百舡)장군으로 삼았는데[173], 이때 왕건은 파진찬(波珍湌)으로 백강장군에 임명된 것으로 보인다.

이처럼 궁예는 마진 건국과 함께 관부를 설치하고 관직체계를 정비하면서 비로소 장군직을 설치하였다. 이는 신라시대에 지방군단인 정(停)과 중앙군단인 시위부(侍衛府)·9서당(誓幢) 등의 최고 지휘관인 장군 직제를 받아들인 것이다. 신라에서 전문적 군사지휘관으로서 장군

---

168) "天祐元年甲子 立國號爲摩震 年號爲武泰 始置廣評省 …"(『三國史記』 권50, 弓裔)

169) 『高麗史』 권1, 世家 太祖 天佑3年 丙寅

170) 예컨대 900년에 廣州·忠州·靑州와 당성·괴양 등의 군현을 쳐서 평정한 왕건을 阿湌으로 삼았고,(『高麗史』 권1, 世家1, 太祖, 光化3년 庚申) 903년에 금성 정벌 후 나주를 설치하고 귀환하여 안변척경책을 올린 왕건에게 閼粲을 수여하였다.(『高麗史』 권1, 世家 太祖 天復3년 癸亥)

171) 『高麗史』 권1, 世家 太祖 梁開平3년 己巳

172) 『三國史記』 권50, 弓裔, 朱梁 乾化원년 辛未

173) 『三國史記』 권50, 弓裔, 朱梁 乾化3년 癸酉

직이 처음 출현한 것은 5세기 후반인 자비·소지왕대 무렵이다.[174] 이때는 신라가 내부의 발전을 토대로 고구려의 세력 하에서 벗어나 적극적인 대외 팽창정책을 추진하기 시작한 때였다. 자비왕대 이후 좌·우장군[175] 또는 장군직을 가진 인물들이 활동하는 기록들을 볼 수 있는데[176] 이는 장군이 관직으로 제도화되었음을 의미하는 것이다.[177] 이처럼 5세기 후반에 이르러 장군직이 설치된 것은 전문적 군사지휘관의 필요성 때문이었다.

신라의 장군직은 중국 제도의 영향을 받은 것으로 추측되는데 중국에서 장군직이 처음 출현한 것은 전국(戰國)시대이다. 춘추시대 이전에는 각국의 국군(國君)이 최고의 통수로서 군대를 친솔하여 출전하였고, 경(卿)·대부(大夫) 등 귀족은 평시에는 정무를 수행하고 전시에는 군대를 통수하여 문·무의 구분이 없었다. 그러나 전국시대에 이르러 정치와 군사업무가 증가하면서 국군 아래에 상(相)과 장(將)을 우두머리로하는 통치기구가 설치되고, 전문직의 군장(軍將)과 독립적인 군사계통이 출현하였다.[178] 그 결과 전국시대의 여러 나라에서 무관의 장으로

---

174) 지금까지 고구려나 백제의 장군직에 대한 연구가 없으므로 이글에서는 신라의 장군(직)과 관련된 연구성과를 주로 참고하였다.
   鄭敬淑, 1985 「신라시대의 장군의 성립과 변천」, 『한국사연구』 48
   李文基, 1984 「신라시대의 겸직제」, 『대구사학』 24
   이인철, 1993 「신라의 군관직과 군사조직의 편제」, 『신라정치제도사연구』 일지사
   그동안의 연구에서는 이때의 장군을 군사권을 전담하는 존재로 파악하거나 (鄭敬淑, 앞논문, 4쪽) 국왕의 군령권을 대행하는 존재로 파악하였다.(이문기, 1984 「신라시대의 겸직제」, 『대구사학』 24)
175) "以阿湌伐智級湌德智 爲左右將軍"(『三國史記』 권3, 신라본기20, 慈悲麻立干 16년 춘정월)
176) "倭人侵東邊 王命將軍德智擊敗之 殺虜二百餘人"(『三國史記』 권3, 慈悲麻立干19년 夏6월)
   "高句麗圍百濟雉壤城 百濟請救 王命將軍德智 率兵以救之"(『三國史記』 권3, 炤知麻立干17년 秋8월)
177) 이문기, 1997 『신라병제사연구』 일조각

서 장군직을 설치하였다.[179]

신라에서 장군직은 5세기 후반에 대외정벌을 위해 설치한 좌·우장군의 2인으로 출발하였으나 이후 본격적인 정복활동이 전개되는 진흥왕대에 이르러 비약적으로 영토를 확장하여 그 점령지에 주(州)를 설치하고, 군단인 정(停)을 배치하여 그 장으로서 장군을 두었다.[180] 또한 중앙 군단인 시위부와 9서당에도 최고지휘관으로서 장군이 설치되었다. 국왕의 호종과 경호, 궁성 숙위 등을 담당한 시위부의 최고지휘관이 장군이었고[181], 신라인을 비롯하여 고구려·백제·말갈·보덕국 등 출신 국가별로 편성된 9서당의 최고지휘관 역시 장군이었다.[182]

이처럼 신라시대의 장군직은 설치 초기에는 대외정벌을 위해 임시로 임명된 총사령관이었으나 이후 중앙과 지방의 군사조직이 정비됨에 따라 지방군단인 정과 중앙군단인 시위부와 9서당의 최고 지휘관도 장군이 되었던 것이다.[183] 또한 신라 하대에는 지방군의 지휘관이나 지휘관을 겸한 지방관도 장군 칭호를 사용하였다.

---

178) 中國軍事史編史組, 2006 『中國歷代軍事制度』 解放軍出版社, 북경
179) 대장군·상장군 등의 장군직도 설치되었는데 지위는 모두 장군직의 위에 있었다. 그 후 秦에서는 전·후·좌·우장군이 있어 정벌을 담당하였고, 대장군·상장군·비장군 등도 있었다.(兪鹿年편저, 1992 『중국관제대사전』 하, 흑룡강인민출판사)
180) 정경숙, 1985 「신라시대의 장군의 성립과 변천」, 『한국사연구』 48
181) "眞德王五年 置將軍六人 神文王元年 罷監置將軍 位自級湌 至阿湌爲之 大監六人 位自奈麻阿湌爲之 隊頭十五人 位自舍知沙湌爲之 項三十六人 位自舍知大奈麻爲之 卒百十七人 位自先沮知 至大舍爲之"(『三國史記』 권40, 職官下, 武官, 侍衛府)
182) 9서당의 무관직은 각 서당 마다 약간의 차이가 있으나 대개 將軍(2인), 大官大監(4인), 隊大監(領步兵 2인, 領騎兵 3인), 弟監(4인), 監舍知(1인), 少監(屬大官 13인, 영보병 4인, 영기병 6인), 火尺(속대관 10인, 영보병 4인, 영기병 6인) 등으로 구성되었다.(이인철, 1993 「제2장 신라 골품체제사회의 병제」 『신라정치제도사연구』 일지사)
183) 이인철, 1993 「제3장 신라의 군관직과 군사조직의 편제」 『신라정치제도사연구』 일지사

신라시대의 지방에는 주의 치소에 도독(都督), 소경(小京)에 사신(仕臣), 군에 태수(太守)와 외사정(外司正), 현에 소수(少守) 또는 현령이 파견되었는데[184], 이들 지방관들은 각각 독자적인 지휘권을 보유하여 통치지역 내의 지방민으로 편성된 군대를 거느렸다.[185] 신라 말에 이르러 당(幢)이나 정(停)의 공병조직이 무너지고 중앙의 통제력이 약화되자 이들 지방관들의 일부는 그들이 거느리던 군대를 점차 사병화 하고. 자신이 지배하는 영역의 자위를 위해 군사력을 확대하면서 스스로 장군을 칭하였다.[186]

신라 말 지방에서 초적이 일어났을 때 여러 주군의 도독과 태수에게 명하게 이들을 잡게 하였는데[187] 그 무렵에는 이미 정이나 당과 같은 기존의 군사조직이 붕괴한 상태였으므로 주의 도독이나 군의 태수가 거느린 군대는 공병이 아니라 그들의 사병이었을 것이다. 지방 곳곳에서 반란군이 일어남에 따라 군 태수나 현령 등은 독립된 사병 소유자로서 군장(軍將)의 의미를 가진 성주를 칭하거나 종래 중앙이나 지방군단의 최고지휘관에 해당하는 군관직인 장군을 칭하게 되었던 것이다.[188]

또한 이러한 추세 속에서 견훤이나 궁예처럼 유민(流民)이나 도적의 무리를 모아 사병화 하고, 이를 바탕으로 세력을 확장하여 일정한 영역에서 독자적으로 지배권을 확보한 각종 지방세력들도 스스로 장군을 칭하거나 장군으로 추대되기도 하였다. 이처럼 신라 말에 지방에서 등장한 장군은 국가의 지배체제 밖의 존재로서 신라 중앙정부와 연결되기도 하고, 견훤이나 궁예 또는 왕건과 연결되기도 하였다. 이들에

---

184) 이인철, 1993 「제2장 신라 통일기의 지방통치체제」『신라정치제도사연구』일지사
185) 이문기, 1997 「경덕왕대 군제개혁의 실태와 신군제의 운용」『신라병제사연구』일조각
186) 이기백, 1957 「신라사병고」『신라정치사회사연구』일조각
187) "草賊遍起 命諸州郡都督太守 捕捉之"(『三國史記』권10, 신라본기41, 憲德王 11년 3월)
188) 이기백, 1957 「신라사병고」『신라정치사회사연구』일조각

대해 중앙 정부에서는 장군의 지위를 인정하거나[189] 그들을 새로이 장
군으로 임명하기도 하였다.[190]

왕건이 궁예를 몰아내고 고려를 건국한 이후에도 다른 여러 제도들
과 마찬가지로 장군직 역시 태봉대의 것을 그대로 이어받았다. 태조
즉위 직후인 918년에만 기장(騎將)·마군장군·마군장·내군장군·마군대
장군 등의 장군직이 보이는데 이들은 모두 태봉 대에 궁예에 의해 임
명된 직이었다. 그리고 이들 장군직은 성종 대 이후 당의 제도를 받아
들여 정비되는 무관직의 하나인 장군직과는 그 계통이 다른 것으로서
바로 신라시대의 장군직에 그 기원을 둔 것이었다.

3. 장군직의 칭호와 기능

장군은 전문적인 군사지휘관이므로 군대의 지휘와 통솔이 기본적인
기능이다. 다시 말해 최고통수권자인 국왕의 군령권 실행에서 장군은
국왕으로부터 위임받은 군대의 지휘권을 행사하는 존재였으므로 장군
직의 기본적인 기능은 각기 주어진 임무에 따라 휘하 군대를 지휘·통
솔하는 것이었다. 건국 초기에는 각종 장군호(將軍號)가 등장하는데 이
를 정리하면 다음과 같다.

---

189) 선필의 경우 '재암성장군'이 아니라 '신라재암성장군'이라 칭하였는데, 이는
　　선필이 신라 정부로부터 재암성장군으로 임명되었거나 선필이 이미 자칭하던
　　장군의 지위를 신라 정부로부터 인정받았기 때문이라 생각된다.(『高麗史』권
　　92, 列傳5, 王順式)
190) 이총언이 왕건에게 귀부하자 왕건은 그를 본읍(벽진군)장군으로 임명하였
　　다.("恩言奉書甚喜 遣其子永 率兵從太祖征討 永時年十八 太祖以大匡思道貴
　　女妻之 拜恩言本邑將軍"『高麗史』권92, 列傳5, 王順式)

1) 정기장군·마군(대)장군·기장·보장

정기(精騎)장군·[191]기장(騎將)[192]·마군(대)장군[193] 등은 칭호로 보아
기병 또는 마병으로 편성된 부대의 지휘자를 가리키는 것이다. 여러
기록들에서 배현경·신숭겸·복지겸 등이 기장으로도 표기되고[194], 마군
장군으로도 표기되는 것으로 보아[195] 기장과 마군장군은 같은 기능의
장군 칭호였음을 알 수 있다.

한편 보장(步將)[196]은 마군장군과 대비되는 보군장군을 의미하는 것
이다. 기병장군을 기장으로 줄여 쓴 것처럼 보장은 보군장군의 약칭이
었다. 기록에는 단순히 장군으로만 표기된 경우가 많은데, 이들의 대부
분은 보군장군을 가리키는 것이었다고 생각된다. 전체 병력에서 보군
이 다수의 비중을 차지하였기 때문에 굳이 보군장군이라 칭하지 않고,
단순히 장군으로만 표기하였기 때문이 아닌가 한다.[197] 이를 통해 당

---

191) "裔命太祖 率精騎將軍黔式等 領兵三千 攻尙州沙火鎭"(『高麗史』 권1, 세가
　　太祖 天祐3년 병인)

192) "騎將洪儒裴玄慶申崇謙卜智謙等 密謀 夜詣太祖第 將言推戴之意"(『高麗史節
　　要』 권1, 太祖원년 6월 을묘)

193) 馬軍將軍의 사례는 다음과 같다.
　　"馬軍將軍桓宣吉 馬軍大將軍伊昕巖"(『高麗史』 권1, 世家 太祖원년)
　　"馬軍將軍卜智謙, 馬軍將軍玄慶崇謙"(『高麗史節要』 권1, 태조원년 9월)
　　"庾黔弼平州人 事太祖爲馬軍將軍 累轉大匡"(『高麗史』 권92, 列傳5, 庾黔弼)

194) 『高麗史節要』 권1, 太祖원년 6월 을묘

195) 『高麗史節要』 권1, 태조원년 9월

196) "裔大笑曰 卿可謂直也 卽以金銀粧鞍轡賜之曰 卿勿復誑我 遂以步將康瑄詰
　　黑湘金材瑗等 副太祖"(『高麗史』 권1, 世家 太祖원년)

197) 오늘날도 육군·해군·공군 등의 병종이 있는데 그 가운데서 공군이나 해군 병
　　사는 각각 공군, 해군이라 부르지만 육군 병사는 굳이 육군이라 부르지 않고
　　단순히 군인이라고 칭하는 것과 같은 경우라 생각된다.
　　한편 병종의 표시가 없는 장군직에 대해서는 이를 중앙의 무장이 지방의 진수
　　임무를 맡고 파견될 때 부여받는 직함으로 통일 전쟁기에 일종의 지방관의 성
　　격을 띤 직함으로 보는 견해도 있다(정경현, 1988 「고려전기 무직체계의 성립」

시의 군종은 육군의 경우 보군과 마군 등의 병종으로 구분되었음을 알
수 있다.

한편 마군장군과 마군대장군의 구분은 마군장군 가운데서 지휘 서
열의 고하에 따른 구분이었을 것이다. 이처럼 장군의 칭호가 마군장군,
보군장군 등 병종에 따라 붙여진 것으로 보아 고려 초기의 군사조직은
주로 병종에 따라 편제되었던 것으로 추측된다.

2) 해군(대)장군·백강장군

해군(대)장군[198]과 백강(百舡)장군[199]은 바다나 강에서 군사 활동을
하는 해군 또는 수군의 지휘관이다. 태봉시대를 포함한 고려초기에는
해군이란 명칭과 함께 수군[200]이란 명칭도 사용되었다. 태봉과 고려는
해군 군사력을 바탕으로 서해의 제해권을 확보하고 나아가 후백제의
후방인 나주를 차지하여 후백제와 중국 간의 외교와 무역에 큰 타격을
주었다.

궁예가 해군력을 보유하게 되는 것은 왕건 일가를 비롯한 패서(浿西)
지역 호족들이 궁예 휘하로 들어온 이후로 생각된다. 즉 송악 일대의

『한국사론』 19, 서울대국사학과)

198) 海軍將軍의 사례로 다음의 기록들이 보인다.
　　"太祖見裔日以驕虐 復有志於閫外 適裔以羅州爲憂 遂令太祖往鎭之 進階爲
　　韓粲海軍大將軍"(『高麗史』권1, 世家 太祖 梁 開平3년 己巳)
　　"遣海軍將軍英昌能式等 率舟師往擊康州 下轉伊山老浦平西山突山等四鄕 虜
　　人物而還"(『高麗史』권1, 世家 太祖10년 4월 壬戌)
199) "改水德萬歲 爲政開元年 以太祖爲百舡將軍"(『三國史記』권50, 列傳10, 弓裔
　　朱梁 乾化四年 甲戌)
200) "以太祖屢著邊功 累階爲波珍粲兼侍中 以召之 水軍之務 盡委副將金言等 而
　　征討之事 必令稟太祖行之"(『高麗史』권1, 世家 太祖 乾化3년 癸酉)
　　"裔又謂水軍帥賤 不足以威敵 乃解太祖侍中 使復領水軍 就貞州浦口 理戰艦
　　七十餘艘 載兵士二千人 往至羅州"(『高麗史』권1, 世家 太祖 乾化4년 甲戌)

패서지역에는 해상무역을 통해 경제력을 축적한 호족세력이 다수 존재하였기 때문에 이들이 보유하고 있던 선단을 기반으로 하여 해군을 편성하였을 것이다.[201] 궁예 휘하에서 왕건이 해군대장군이나 백선(百船)장군 등에 임명되어 해군을 지휘하였던 것도 바로 이러한 배경에서 이해할 수 있다.

당시 궁예 휘하에 있던 왕건의 해군 활동은 903년에서 914년 사이의 약 10여 년간에 걸쳐 정주(定州)를 중심으로 광주계(光州界)의 나주와 진도 등 서남해안에서 전개되었는데[202], 이는 당시 태봉 해군의 활동이 후백제의 배후지인 나주지역의 확보를 주요 목표로 하였음을 보여주는 것이다. 914년에 태조가 나주를 공격할 때 거느린 병력이 전함 70여 척, 군사 2,000여 명인 것으로 보아[203], 당시 태봉의 전체 해군 병력은 이보다 약간 많은 규모였을 것으로 생각된다. 당시에 육군과 해군의 구분이 명확했었는지 알 수 없으나, 2,000여 명의 군사 가운데에는 육군에 해당하는 병력도 상당 수 포함되었을 것이다.[204] 이처럼 태봉의 해군은 상당한 전함을 소유한 군사력으로 성장하여 독자적인 편제를 가지고 있었으며[205], 이후 고려의 해군으로 계승되었다.

이처럼 육군과 해군의 병종이 구분되고 해군장군 영창·능식 등과 같이 일부 전문적인 지휘관이 있었으나, 육군과 해군 지휘관의 구분은 엄격하지 않았던 것으로 보인다. 왕건의 경우 궁예 휘하에서 보군이나 마군 등 육군을 지휘하기도 하고[206], 해군을 지휘하기도 하였다.[207] 유

---

201) 이창섭, 2005 「고려 전기 수군의 운영」 『사총』 60
202) 『高麗史』 권1, 世家 太祖 天復3년~乾化3년
203) 乃解太祖侍中 使復領水軍 就貞州浦口 理戰艦七十餘艘 載兵士二千人 往至 羅州『高麗史』 권1, 世家 太祖 乾化4년 갑술
204) 당시의 해군은 유사시 전투에 투입되는 선단을 구성하는 전체 인원을 일컫는 것이지 독립된 병종으로서 해군만을 가리키는 것이 아니었던 것으로 생각된다.(이창섭, 2005 「고려 전기 수군의 운영」 『사총』 60)
205) 김남규, 1983 「고려의 수군제도」 『고려군제사』 육군본부
206) "詔命太祖 率精騎將軍黔式等 領兵三千 攻尙州沙火鎭 與甄萱累戰克之"(『高

금필도 마군장군으로 출발하였으나, 935년 4월에 도통대장군(都統大將軍)의 직함을 가지고 예성강을 출발하여 해로를 통해 나주를 경략하였고[208], 같은 해 6월에 나주로 피신한 견훤을 호송하기 위해 해로를 통해 견훤을 맞이하러 갔는데[209] 이 때 지휘한 부대 가운데에는 해군도 포함되었을 것이다. 이러한 사실을 통해 볼 때 당시 해군이 육군과 구분되어 하나의 독립된 병종을 구성하고 있었으나 해군을 구성하는 병사나 지휘관이 후대와 같이 서로 분화되고 전문화되지는 못했을 것으로 생각된다.

이처럼 해군은 마군이나 보군 등 육군과 함께 군종의 하나로 독립적인 체계를 갖추고 있었고, 그 지휘관 역시 해군대장군·해군장군·백강장군 등의 칭호를 사용하였는데 이들은 출정하는 선단의 최고지휘관을 의미하는 것이었다. 또한 해군장군과 해군대장군의 차이는 마군의 경우와 같이 해군장군 가운데서 지휘 서열에 따른 구분이었을 것이다.

3) 내군장군

내군(內軍)장군[210]은 내군이라는 군사조직의 최고지휘관이었다. 내

麗史』권1, 세가 太祖 天祐3년 丙寅)

207) "太祖見裔日以驕虐 復有志於閫外 適裔以羅州爲憂 遂令太祖往鎭之 進階爲
韓粲海軍大將軍"(『高麗史』권1, 世家 太祖 梁 開平3년 己巳)

208) "以黔弼爲都統大將軍 送至禮成江 賜御船而遣之 黔弼往羅州 經略而還"(『高
麗史節要』권1, 太祖18년 4월)

209) "甄萱與季男能乂 女子哀福 嬖妾姑比等 奔羅州 請入朝 遣將軍庾黔弼 大匡萬
歲 元甫香乂吳淡能宣忠質等 由海路迎之"(『高麗史節要』권1, 太祖18년 6월)

210) 內軍將軍의 사례는 다음과 같다.
"以蘇判宗侃 少爲僧 務行姦詐 內軍將軍狄鈇 幼爲髠鉗 巧言取容 皆得幸弓
裔"(『高麗史』권1, 世家 太祖원년 6월 壬戌)
"以白書省孔目直晟爲白書郎中 徇軍郎中閔剛爲內軍將軍"(『高麗史』권1, 世
家 太祖원년 11월 戊辰)

군은 그 명칭으로 보아 국왕과 왕실의 경호 및 의장 기능을 맡은 친위
군으로 볼 수 있다.[211] 태조대의 내군은 광종11년에 장위부(掌衛府)로
고쳐졌다가 성종14년에 다시 위위시(衛尉寺)로 개칭되었다.[212] 이러한
변화는 성종 대에 중앙군제가 정비되면서 내군이 담당하던 친위군의
기능은 국왕과 왕실을 경호하는 금군(禁軍)인 궁성숙위군으로 흡수되
고, 의장 관련 기능은 위위시가 맡게 되었기 때문이라 생각된다.[213] 당
시 여러 칭호의 장군직들 가운데 임시로 임명되는 직들이 많았던 것과
는 달리 내군은 상설 군사조직이었으므로 내군장군은 상설직에 속하
였을 것이다.

4) 정서대장군·정남대장군·도통대장군

정서(征西)대장군과 정남(征南)대장군은 그 명칭으로 볼 때 출정 시
에 맡은 임무에 따른 구분이었을 것이다. 정서대장군[214]은 수도 개경
을 기준으로 서쪽 지방인 충청지방의 정벌 임무를 맡은 지휘관, 정남
대장군[215]은 경상지방의 정벌 임무를 맡은 지휘관을 가리키는 것으로
보인다.

다음 도통(都統)대장군[216]은 대규모의 출정군이 조직되어 여러 명의
장군이 지휘관으로 임명될 때 전체 출정군을 총괄하는 최고지휘관을

---

211) 이기백, 1968 「고려경군고」『고려병제사연구』
    한편 내군을 국왕의 신변 경호 이외에 군 내부에 대한 감찰 업무를 담당하였
    던 기구로 보는 견해도 있다(조인성, 1991 『태봉의 궁예정권 연구』서강대박
    사학위논문).
212) "掌儀物器械 太祖元年 置內軍卿 光宗十一年 改內軍爲掌衛府 後稱司衛府 成
    宗十四年 改衛尉寺"(『高麗史』권76, 百官1, 衛尉寺)
213) 권영국, 2007 「고려 초기 兵部의 기능과 지위」『사학연구』88
214) '征西大將軍庾黔弼'(『高麗史』권1, 世家 太祖원년 8월)
215) '征南大將軍庾黔弼'(『高麗史』권1, 世家 太祖16년)
216) '都統大將軍庾黔弼'(『高麗史』권1, 世家 太祖18년)

가리키는 칭호라 생각된다. 요컨대 이들 장군직은 특정한 정벌 임무를 위해 편성된 출정군의 최고지휘관에 주어진 칭호라 할 수 있다.

　이밖에도 우장군[217]이나 좌장군 등의 칭호도 보이는데 이는 출정군 내에서 각기 담당하는 방면에 따라 붙여진 장군호로 볼 수 있다. 고려 시대에 출정군은 5군 또는 3군으로 편제되었는데, 5군일 경우에는 중군을 중심으로 전군·후군·좌군·우군으로, 3군일 경우에는 중군을 중심으로 좌군·우군 또는 상군·하군 등으로 편성되었다. 따라서 좌장군이나 우장군 등은 출정군 조직에서 좌군 또는 우군의 지휘자를 가리키는 것이었다.[218] 이처럼 장군직에 임명되는 인물이 가진 관계의 고하에 따라 장군의 칭호가 구분되었던 것이 아니라 담당하는 임무의 중요성이나 지휘체계상 서열에 따라 칭호가 구분되었던 것이다.

　한편 후백제와의 최후 결전인 일리천(一利川) 전투 당시에 중군을 중심으로 좌강(左綱)과 우강(右綱)의 3군으로 출정군이 편성되었다. 출정군의 지휘관으로 지천군(支天軍)대장군·보천군(補天軍)대장군·우천군(祐天軍)대장군·천무군(天武軍)대장군·간천군(杆天軍)대장군 등이 있었는데[219], 부대 명칭에 국왕을 의미하는 천자가 들어간 것으로 보아 이들 5군은 당시 왕건이 직접 통솔하는 군대였던 것으로 생각된다.

　이처럼 고려 건국 초에는 장군직이 처음 출현한 신라 때보다 많은

---

217) ‘右將軍庾黔弼’(『高麗史』권1, 世家 太祖17년)
218) 중국의 경우 漢代의 장군은 그 職權이나 군공에 따라 등급을 나누었는데 최고 위급은 대장군이었고, 그 아래에는 차례로 驃騎將軍·車騎將軍·衛將軍 이하 전·후·좌·우장군 등이 설치되었으며, 때때로 전략목표에 따라 장군의 칭호가 정해지기도 하였다.(중국군사사 편사조, 2006「제2장 西漢的軍制 三.西漢指揮體制和軍隊編制」『중국역대군사제도』해방군출판사, 북경)
219) “王率三軍至天安府 合兵進次一善郡 … 支天軍大將軍元尹能達奇言韓順明昕岳 … 補天軍大將軍元尹三順俊良 … 祐天軍大將軍元尹貞順 … 天武軍大將軍元尹宗熙 … 杆天軍大將軍金克宗 又以大將軍大相公萱 元尹能弼 將軍王含允等 領騎兵三百 諸城軍一萬四千七百 爲三軍援兵”(『高麗史』권2, 世家 太祖19년 秋9월)

종류의 장군직이 나타나고 있다. 즉 육군과 해군(수군), 친위군과 일반군, 보군과 마군(기병) 등 기능이나 병종에 따른 구분, 대장군·장군·부장 등 지휘 서열에 따른 구분, 정서대장군·정남대장군 등 출전 방면에 따른 구분 등이다. 이는 같은 장군직이라도 전시대에 비해 병종·서열·기능 등에 따라 지휘체계가 더욱 분화되고 체계화되었음을 의미하는 것이라 생각된다.

4. 장군직의 지위와 성격

1) 장군직의 지위

고려 초 관직체계상에서 장군직의 지위가 어떠했는가를 파악하기 위해서는 먼저 장군직에 임명된 자들의 관계(官階)를 살펴볼 필요가 있다. 관계는 태조 초부터 사용하기 시작하였는데, 태조원년 6월 이전에는 신라식 위계제(位階制)인 관등제(官等制)와 함께 태봉의 관계가 사용되었으나 그 이후에는 고려의 관계로 이행하였다. 후대와 같이 체계적이고 정연한 관직체계가 마련되지 않았던 건국 초의 관계는 고려왕조의 유일한 공적 질서체계로 운용되었다.[220]

건국 초기에 군사지휘관들이 보유한 관계는 마군의 경우 대광(大匡)·대상(大相)·원보(元甫)·원윤(元尹) 등 원윤[221] 이상이었고, 보군의 경우는 원윤(元尹)·정조(正朝) 등 원윤 이하였다. 그런데 이들 지휘관들에게는 관계만 있고 관직명은 보이지 않는다. 중국식 무관직제가 수용되기 이전의 고려 초에는 관계가 관료간의 위계질서를 구분하는 역할을 함과 동시에 관직의 역할도 수행하였기 때문이라 생각된다.

---

220) 武田幸男, 1966 「高麗初期の官階」 『朝鮮學報』 41
221) 16등급 중 10등급

장군직 보유자 가운데에서 관계가 표시되지 않은 경우도 있고, 관계와 장군직이 동시에 표시된 경우도 있다. 관계가 표시되지 않은 경우 실제로 관계가 없었던 것인지, 아니면 관계가 있었으나 표시되지 않은 것인지 분명하지 않다. 그러나 당시 고려왕조의 지배체제하로 들어온 모든 관료들에게 관계가 주어졌으므로 관계가 표시되지 않은 장군도 실제로는 관계를 보유했을 것으로 생각된다.

예컨대 일리천 전투에 참전한 지휘자 가운데 공훤의 경우 원래 직함은 '대장군대상'이었으나 관계가 표기되지 않고 '대장군' 또는 '장군'으로만 기록되기도 하였다. 또한 박술희나 유금필의 직함도 경우에 따라 '장군'으로 표기되거나 '대상'으로 표기되었다. 이러한 사실을 통해 볼 때 원래 정식 직함은 '장군대상'처럼 장군직과 관계를 함께 표시하는 것이었으나 경우에 따라 둘 중 하나만 표기한 사례도 많았던 것으로 보인다.

당시 장군직에 임명된 자들의 관계가 표시된 자료는 거의 보이지 않으나 일리천 전투에 참전한 지휘관 가운데에서 장군직과 관계가 동시에 표시된 사례들이 나타난다. 즉 보군을 거느린 지천군대장군 원윤 능달, 보천군대장군 원윤 삼순, 우천군대장군 원윤 정순, 천무군대장군 원윤 종희, 대장군 대상 공훤 등인데, 이들 5명의 대장군 가운데 4명의 관계는 원윤이었고 나머지 1명은 대상이었다.[222]

또한 태조18년 6월에 후백제를 탈출하는 견훤을 맞이하기 위해 장군 유금필을 비롯해 대광 만세, 원보 향예·오담·능선·충질 등을 파견하였는데[223] 여기서 대광 만세와 원보 향애 등보다 앞에 위치한 장군 유금필의 관계는 적어도 대광이거나 그보다 높았을 것이다. 백제가 신라를

---

222) 『高麗史』 권2, 世家 太祖19년 3월

223) "甄萱與季男能乂女哀福嬖妾姑比等 奔羅州請入朝 遣將軍庾黔弼大匡萬歲 元甫香乂吳淡能宣忠質等 領軍船四十餘艘 由海路迎之"(『高麗史』 권2, 世家 太祖18년 6월)

침공했을 때 이를 진압한 박수경은 원윤의 관계를 가지고 장군에 임명되었다.224)

이처럼 같은 장군직을 가졌다고 하더라도 서로의 관계는 같지 않았다. 그러나 장군직에 임명된 자는 대체로 원윤 이상의 관계를 가진 자였다. 이러한 사실을 통해 볼 때 고려 초 장군직이나 대장군직에는 대체로 원윤 이상의 관계를 가진 자가 임명되었으며, 장군직과 특정한 관계가 서로 대응되는 것은 아니었음을 알 수 있다.

중국에서도 장군직이 설치된 초기에는 맡은 임무에 따라 그 품계가 달랐다. 한나라 말기에 대란으로 인해 군사적 활동이 빈번해지면서 .도독(都督)과 결합된 장군호가 출현하여, 군대를 통솔하는 자는 반드시 장군 관함을 갖게 되었다. 도독과 초기의 장군호는 서로 같았고, 모두 고정된 품계가 없었기 때문에 관료체계에서의 지위는 연계된 장군호에 따라 정해졌다. 즉 같은 도독이라 하여도 연계된 장군호가 다르면 품계 상 차이가 있었고, 단지 군대를 통솔하는 지휘자라는 의미에서는 일치하였다.225)

전한(前漢) 때에 정벌에 종사하였던 장군은 그 직권이나 군공을 살펴 구분하였으므로 등급이 같지 않았고226), 삼국의 위나라에서도 위(衛)장군·4정(征)장군·4진(鎭)장군 등 2품에 속하는 장군과 4안(安)장군, 4평(平)장군, 전·후·좌·우장군 등 3품에 속하는 장군, 그리고 4~5품에 속하는 장군도 각기 명호가 있어서 그 품질(品秩)이 2품에서 5품까지 고르지 않았다.227)

신라시대에도 장군직에 임명될 수 있는 자격은 여러 관등에 걸치도

---

224) "朴守卿平州人 … 事太祖爲元尹 百濟數侵新羅 太祖命守卿爲將軍 往鎭之" (『高麗史』 권92, 列傳5, 朴守卿)

225) 王德權, 1991 「試論唐代散官制度的成立過程-魏晉이래의 장군호」 『唐代文化研討會論文集』 文史哲出版社, 臺北市

226) 중국군사사 편사조, 2006 『중국역대군사제도』 해방군출판사, 북경

227) 兪鹿年편저, 1992 『중국관제대사전』 하, 흑룡강인민출판사

록 규정되었다. 6정의 장군에 임명될 수 있는 관등은 진골의 상당(上堂)
에서 상신(上臣)까지, 9서당의 장군은 진골의 급찬(級湌)에서 각간(角干)
까지였다.228) 상당은 9위인 급찬에서 6위인 아찬(阿湌)을 가리키는 관
위명이고, 상신은 상대등(上大等)의 이칭이므로 6정과 9서당의 장군은
관위 상으로 급찬에서 각간(伊伐湌)에 이르는 진골신분에 한정되었
다.229) 이것은 고위 신분층이 정치적 경륜과 관계없이 높은 관직에 취
임할 수 있도록 한 제도적 장치였다고 생각된다.230)

　고려 초기 역시 장군직에 특정한 관계가 대응되지 않았는데 이러한
현상이 어떠한 배경에서 비롯되었는지 정확히 알 수 없지만, 관계 수
여 대상자의 기득권 내지 정치적 위상이 일차적으로 고려되면서 관계
가 수여되었던 것과 관련이 있었을 것으로 생각된다. 후삼국시대에는
골품제가 해체되고 있었으므로 장군직의 임명 자격에서 특별히 신분
적인 제약은 없었을 것이다. 특히 국가 간 군사적 대결이 치열하였던
당시에 장군직의 임명자격으로는 신분보다는 지휘관으로서의 자질이
나 능력이 더욱 중요시 되었을 것이다.

　예컨대 당시 장군직에 임명되었던 인물 가운데 마군대장군 이흔암
은 궁마(弓馬)를 업으로 삼았고231), 마군장군 환선길은 재주와 힘이 남
보다 뛰어난 인물이었다.232) 또한 항오(行伍)에서 발신하여 군공을 통

---

228) 『三國史記』 권40, 雜志9, 職官下
229) 정경숙, 1985 「신라시대의 장군의 성립과 변천」 『한국사연구』 48
　　　이문기, 1997 「중고기의 군령체계와 군정기구」 『신라병제사연구』 일조각
230) 전덕재, 2002 『한국고대사회의 왕경인과 지방민』 태학사
　　　노중국, 2003 「三國의 官等制」 『강좌 한국고대사』 2권, 가락국사적개발연구원
　　　하일식, 2006 『신라 집권 관료제 연구』 혜안
231) "伊昕巖業弓馬 無他才識 見利躁求 事弓裔 以鉤距 得見任用"(『高麗史』 권
　　　127, 列傳40, 叛逆1, 伊昕巖)
232) "桓宣吉與其弟香寔 俱事太祖 有翊戴功 太祖拜宣吉馬軍將軍 委以腹心 常令
　　　率精銳宿衛 其妻謂曰 子才力過人 士卒服從 又有大功 而政柄在人 可不懊
　　　乎"(『高麗史』 권127, 列傳40, 叛逆1, 桓宣吉)

해 장군직에 오른 배현경 역시 남보다 담력이 뛰어났고233), 기병장군
인 신숭겸은 장대하고 무용이 있는 인물로 묘사되고 있다.234) 마군장
군에 임명되어 군사적으로 커다란 공로를 세운 유금필도 장수로서의
지략이 있는 인물이었고235), 태조를 섬겨 원윤이 되었다가 후에 장군
직에 임명된 박수경도 용감하고 사나우며 임기응변의 지략을 갖춘 인
물로 기록되어 있다.236)

　이처럼 고려 초 장군직에 임명된 인물들의 사례를 통해 볼 때 장군
직의 임명 조건이나 자격은 신분이나 출신보다는 전문적인 군사 지휘
관으로서의 자질이나 무적인 능력이 더 중요하였음을 알 수 있다. 고
려 초기의 장군직은 단위 부대의 최고지휘자 또는 최고통솔자를 의미
하는 것으로 당시 관계체계 내에서 대체로 원윤 이상의 관계를 가진
자가 임명되었으므로 장군직이 일정한 관계와 대응되는 것이 아니었
다. 그러나 성종 대 이후 무관직제가 정비되면서 장군직 가운데 상장
군은 정3품, 대장군은 종3품, 그리고 장군은 정4품으로 그 품계가 고정
되었다.237)

2) 장군직의 성격

　고려 초기의 장군직은 신라의 장군직에 기원을 둔 것이므로 그 성격

---

233) "玄慶初名白玉衫慶州人 膽力過人 起行伍 累進大匡"(『高麗史』 권92, 列傳5,
　　洪儒)
234) "崇謙初名能山光海州人 長大有武勇"(『高麗史』 권92, 列傳5, 洪儒)
235) "庾黔弼平州人 事太祖爲馬軍將軍 累轉大匡 … 黔弼有將略得士心"(『高麗史』
　　권92, 列傳5, 庾黔弼)
236) "朴守卿平州人 父大匡尉遲胤 守卿性勇烈多權智 事太祖爲元尹 百濟數侵新
　　羅 太祖命守卿爲將軍 往鎭之"(『高麗史』 권92, 列傳5, 朴守卿)
237) "一領軍置 上將軍一人 正三品 大將軍一人 從三品 領置 將軍一人 正四品"
　　(『高麗史』 권76, 百官2, 西班, 二軍 鷹揚軍)

역시 신라시대의 장군직과 비슷하였을 것이라 생각된다. 지금까지의 연구에 의하면 신라시대의 장군에게는 용병·작전 등의 일반적인 지휘권과 더불어 상벌의 권한까지 포함한 군령권이 주어진 것으로 알려지고 있다.[238] 여기서 군령권이란 군령체계상 최고 통수권자인 국왕으로부터 위임받은 권한을 가리키는 것이다.

중국의 경우 전국시대 이후 왕권이 강화됨에 따라 병권이 점차 국왕의 수중으로 집중되어 장군은 단지 지휘권, 즉 장병권만을 가질 뿐이고 용병과 군대를 동원하는 권한은 갖지 못하였다. 군대의 동원은 반드시 국왕의 명령이 있어야 가능하였고, 만약 국왕의 명령이 없으면 어느 누구도 마음대로 군대를 동원할 수 없었다. 그리고 출정하는 주장(主將)에게는 상황에 따라 자주적으로 군무를 처리할 수 있도록 일정한 지휘권을 주었다.[239]

그동안 신라의 장군에 관한 연구에서 장군은 출정 시에 용병·작전 등 일반적인 지휘권과 함께 상벌의 권한까지 포함한 군령권을 위임받은 존재, 즉 출정시에는 상벌권을 오로지하는 존재로서 국왕이 위임한 군령권인 편의종사권(便宜從事權)을 행사하였고, 임명시에는 부월(斧鉞)의 수여와 같은 군례(軍禮)가 행해졌으며, 임명 이후에도 군례라는 특수규범에 의한 행위가 허용된 존재라고 보았다.[240] 그러나 중국에서와 마찬가지로 장군에게는 유사시에 군사를 지휘할 수 있는 장병권만이 주어졌고, 군대의 동원이나 용병 등의 권한은 국왕이 직접 장악하였을 것으로 생각된다.[241]

---

238) 이문기, 1997 「제4장 중고기의 군령체계와 군정기구」, 『신라병제사연구』 일조각
239) 中國軍事史編史組, 2006 『中國歷代軍事制度』 解放軍出版社, 북경
240) 이문기, 1997 「제4장 중고기의 군령체계와 군정기구」, 『신라병제사연구』 일조각
241) 중국 역사상 한대에 처음으로 일반 정무에서 군사업무가 분리되어 이를 전담하는 관직인 태위가 출현한 이후 태위가 최고 군사장관이었지만 단지 군사행정의 책임을 맡아 무관에 대한 인사를 담당할 뿐이었고, 군령권은 황제의 수중에 있었다. 당대까지도 병부는 군사사무를 처리하는 군정기구였고, 장군에게는 단지 군대를 직접 통솔하는 지휘권만이 부여되었을 뿐 군대의 동원권은

고려 초에 출전이나 축성 등을 위해 군대를 동원하는 경우 국왕의 명에 의해 동원되는 군사의 수와 지휘자가 정해졌다. 예컨대 반역의 움직임이 있는 청주를 후원하기 위해 마군장군 홍유와 유금필 등으로 하여금 1,500의 군사를 거느리고 가서 진압하게 하였는데242) 이때 홍유 등이 거느린 군사는 왕건의 명령에 따라 동원된 것이었다.243) 즉 국왕은 최고 통수권자로서 마군장군 홍유와 유금필 등에게 이들 병력에 대한 지휘·통솔권을 위임해 준 것이었다. 따라서 이들이 임무를 완수하고 돌아오면 그동안 지휘했던 군대의 지휘권은 환수되었을 것이다. 이처럼 장군의 지휘권은 출전시마다 국왕의 명령에 따라 주어지는 것이었다.

국초의 장군직은 정4품으로 고정된 성종대 이후의 장군직과 같이 일정한 품계와 대응하지 않는 무직이었다. 또한 군사지휘관에 대한 장군직 수여는 그들에 대한 일종의 우대 표시로서 명예의 의미를 가진 것이었다. 이미 앞에서 살펴본 것처럼 장군직에 임명된 자들의 지위가 특정한 관계에 대응하지 않고 대체로 원윤 이상의 관계를 가진 자들 가운데에서 임명되었던 것을 통해서도 알 수 있다.

이처럼 고려 초기에는 특정한 고유 업무를 담당하는 관직과 관리들의 위계질서인 관계가 분화되지 않은 상황에서 국왕의 군령권을 대행하는 지휘자나 지휘체계가 제도적으로 성립되어 있지 않아 유사시에는 그때마다 지휘자로서 자격을 갖춘 인물에게 지휘권을 부여하여 임시적인 군령체제를 운용하였던 것이다.

추밀원이 설치될 때까지 여전히 황제가 친히 장악하였다.(中國軍事史編史組, 2006『中國歷代軍事制度』解放軍出版社, 북경)
242)『高麗史節要』권1, 太祖원년 7월
243) 마군장군 홍유와 유금필 등으로 하여금 거느리게 한 군사의 수가 임의의 숫자가 아니고 1,500명이었다는 사실은 이들 군사가 국왕의 명에 따라 동원된 국가의 군대였음 의미하는 것이라 생각된다.

5. 맺음말

고려 건국 초기의 장군직 역시 다른 여러 제도들과 마찬가지로 태봉 대의 것을 그대로 이어받았다. 태조 즉위 직후인 918년에 여러 명칭의 장군직이 보이는데 이들은 모두 궁예에 의해 임명된 것이었다. 904년 에 마진을 건국하기 이전까지는 궁예만이 장군 칭호를 사용하였으나 마진 건국 이후 관직체계를 정비하면서 비로소 장군직이 설치되었다. 이때의 장군직은 신라시대의 중앙과 지방군단인의 최고 지휘관이었던 장군 직제를 받아들인 것이라 생각된다.

신라시대의 장군직은 5세기 후반에 설치된 좌·우장군에서 출발하였 다. 이후 진흥왕대에 이르러 점령지에 주를 설치하고 정을 배치하여 그 장을 장군이라 하였고, 또한 중앙 군단인 시위부와 9서당의 최고지 휘관도 장군이라 하였다. 그러나 신라 말에 이르러 중앙의 통제력이 약화되자 지방군의 지휘관이나 지휘관을 겸한 지방관들의 일부는 그 들이 거느리던 군대를 사병화 하고, 스스로 장군이라 칭하였다.

이러한 추세 속에서 견훤이나 궁예처럼 일정한 영역에서 독자적으 로 지배권을 확보한 각종 지방세력들도 스스로 장군을 칭하거나 장군 으로 추대되었다. 이처럼 신라 말에 등장한 장군은 국가의 지배체제 밖의 존재로서 신라 중앙정부와 연결되기도 하고 견훤이나 궁예 또는 왕건과 연결되기도 하였다.

장군은 최고통수권자인 국왕으로부터 위임받은 군대의 지휘·통솔권 을 행사하는 존재였으므로 그 기본적인 기능은 주어진 임무에 따라 휘 하 군대를 지휘하는 것이었다. 고려 초에는 군대의 기능이나 병종, 지 휘 서열, 출전 방면 등에 따라 다양한 장군호가 등장하였는데, 이는 신 라시대에 비해 병종·서열·기능 등에 따라 지휘체계가 더욱 분화되고 체계화되었음을 의미하는 것이다.

고려 초기에는 이미 골품제가 해체되고 있었고, 후백제와 군사적 대결이 치열한 상황이었으므로 장군직의 임명에는 신분이나 출신보다는 전문적인 군사지휘관으로서의 자질이나 능력이 중요시 되었다. 당시의 관계체계 내에서 장군직의 임명 자격은 특정한 관계와 대응되지 않고 대체로 원윤 이상의 지위에 있는 자가 임명되었다.

즉 국왕의 군령권을 대행하는 지휘자나 지휘체계가 제도적으로 확립되어 있지 않았던 건국 초기의 장군직은 원윤 이상의 관계를 가진 자 중에서 임명되는 무직이었다. 따라서 유사시에는 지휘자로서 자격을 갖춘 인물에게 장군직을 주어 지휘권을 부여하는 형식으로 임시적인 군령체제를 운용하였던 것이다.

II. 전기의 군사기구와 군사조직

제1절 성종대 군정·군령기구의 정비

1. 머리말

당나라 제도를 기본으로 하는 고려의 정치제도가 확립되는 것은 성종 대 이후이다. 건국초기에는 태봉의 제도를 계승한 광평성(廣評省)·내봉성(內奉省)·순군부(徇軍部)·병부(兵部)·창부(倉部) 등이 중요한 정치기구로서 국정을 분담하였다. 이후 3성6부제가 수용되면서 국초의 정치기구들은 기구간 기능의 분리나 통합을 통해 3성6부체제로 개편된 것으로 보인다.

특히 국초의 여러 정치기구들 가운데 순군부와 병부는 각각 군령업무와 군정업무를 담당한 군사기구로서 서열 3위와 4위를 차지하는 중요한 위치에 있었다.[1] 성종 대에 3성6부제가 실시되면서 병부는 상서성(尙書省) 아래 6부의 하나로 편제되었다. 한편 순군부는 광종 대에 군부로 개편된 이후 경종대까지도 존속하였지만 이후 그 존재는 보이지 않는다.

후삼국 통일전쟁이 끝나면서 군령기능을 가진 순군부의 지위가 변화했을 가능성은 있지만 병부 등의 다른 기구에 통합되거나 폐지된 것으로 보기는 어렵다. 군사업무의 두 축을 이루는 군정(軍政)업무와 군령(軍令)업무는 어느 하나라도 소홀히 할 수 없는 것으로, 역사상 군사

---

1) 권영국, 2006 「고려 초 徇軍部의 설치와 기능의 변화」『한국사연구』135
    _____, 2007 「고려 초기 兵部의 기능과 지위」『사학연구』88

업무가 일반 행정업무와 분리된 이후 병권의 집중을 방지하기 위해 군정업무와 군령업무는 서로 분리되어 왔기 때문이다. 따라서 3성6부제가 수용된 이후에도 순군부의 군령기능을 담당할 새로운 기구가 설치되었을 것으로 생각된다.

이 절에서는 성종10년에 송의 추밀원제도를 본 따 설치되는 중추원이 순군부의 기능을 이어받은 기구로 주목하려 한다. 아울러 성종 대 이후에 절충부(折衝府)·선군도감(選軍都監)·양계병마사·도병마사 등 군사관련 기구들이 등장하는데, 특히 군령업무와 관련하여 이들 기구들의 기능 및 성격, 그리고 상호 관계 등에 대해서도 살펴보고자 한다.[2]

2. 병부의 정비

1) 군역제의 정비와 병부

고려의 체계적인 군역제도는 통일 이후에 정비되지만 그 이전에도 나름대로의 징병체제를 갖추고 있었을 것으로 생각된다. 그러나 후삼국이 대치하는 비상시에 많은 군사력과 전쟁물자가 필요하였으므로 가능한 많은 장정들을 동원하기 위해 규정된 징병원칙이 제대로 지켜지지 못했을 것이다. 따라서 일정한 징발기준이나 원칙에 따라 전 국민을 대상으로 하는 군역제 정비는 통일 이후에야 비로소 가능하였을 것이다.

군역제의 정비작업은 통일 직후인 태조23년에 실시된 군현제 정비와 함께 시작된 것으로 보인다.[3] 세역제(稅役制)의 정비는 지방제도의

---

2) 이 분야의 연구 성과에 대한 정리는 전경숙, 2007 『고려전기 군사기구 연구』 숙명여대박사학위논문 참조
3) 그동안의 연구에서는 태조23년에 단순한 주군 명호의 개칭만이 아니라 실질적

정비가 전제되어야 하므로 이때의 군현제 정비는 군역제의 측면에서
도 중요하였다. 지방제도의 정비를 통해 파악되는 호구와 토지는 군역
징발의 토대가 되기 때문이다.[4]

혜종 대에는 태조 때에 시작된 군현제 정비의 토대 위에서 군적(軍
籍)이 작성되었다. 즉 성종7년에 계묘년(癸卯年) 이래 군적에 오른 자를
모두 방환하는 조치가 취해졌는데[5], 계묘년은 혜종 즉위년으로서 이때
부터 군적이 작성되었음을 알 수 있다. 고려는 바로 전 해인 태조25년
에 발해를 멸망시킨 거란에 대해 교빙을 단절하고 거란의 사신을 귀양
보냈으며, 거란이 보낸 낙타를 굶어죽게 하는 등 강경한 조처를 취하
였다.[6]

이러한 대거란 적대정책으로 인해 양국 사이에는 긴장관계가 조성
되고, 거란의 보복이 예상되는 상황에서 군적작성이 이루어진 것이다.
이때 군적을 작성한 목적은 거란 침략에 대비하여 많은 군사력을 확보
하려는 것이었고, 당시 군적에 오른 주 대상은 그동안 공신이나 호족
들의 휘하에 있던 군사들이었을 것으로 생각된다.

통일전쟁 중에 왕건에 협력한 공신이나 호족들 가운데에는 통일 이
후에도 여전히 사병적 성격의 군사를 거느리고 있는 자들이 많았다.
그러나 통일 후 중앙집권화가 진행됨에 따라 국가는 이들의 군사력을
파악하여 국가의 군대로 귀속시키고자 하였을 것이다. 따라서 이때의

인 군현제의 정비가 이루어졌던 것으로 이해하고 있다.

박종기, 1988「고려 태조23년 군현개편에 관한 연구」『한국사론』19 서울대

구산우, 1988「고려전기 향촌지배체제의 성립」『한국사론』20; 2003『고려전기
향촌지배체제연구』혜안

윤경진, 1996「고려 태조대 군현제개편의 성격」『역사와 현실』22

4) 군현제 정비과정에서 호구와 토지 결수의 다과가 주·부·군·현의 등급을 정하
   는 중요한 요소가 되었다.(『新增東國輿地勝覽』권16, 京畿道 驪州牧 古跡 登神莊)

5) "王旣受冊 赦絞罪以下 文班從仕年深者 改服 武班年老無子孫 自癸卯年錄軍籍
   者 皆放還鄕里 兩班並加恩"(『고려사』권3, 세가 성종7년 10월)

6)『高麗史節要』권1, 太祖25년 10월

군적 작성은 그동안 호족들의 수중에 있던 군사력을 중앙정부가 회수하기 위한 조치였다고 생각된다. 이로부터 4년 후인 정종(定宗)2년에 거란의 침입에 대비해 30만이나 되는 대규모 광군(光軍)을 조직하였는데[7], 이는 바로 혜종 즉위년 이래의 군적 작성이 토대가 되었던 것이다.

성종7년에는 통일 이후 계속되어온 군역제 정비과정에서 획기적인 조처가 취해졌다. 즉 혜종 즉위년 이래 연로(年老)하고 자손이 없는데도 군적에 오른 자들을 모두 향리(鄕里)로 방환하는 조치였다. 후삼국 쟁란기에 경쟁적으로 많은 군사를 확보하고자 했던 호족들은 군역부담 능력과 관계없이 가능한 많은 군인을 징발하였는데, 그 중에는 징발 대상이 될 수 없는 자들도 상당수 포함되어 있었을 것이다.

당시의 기록에서 '남자들은 모두 전쟁에 나아가고 심지어 부녀자들도 역을 부담했다'[8]고 했을 정도로 거의 대부분의 남정(男丁)이 군역에 동원된 상황이었다. 성종7년의 조치는 사실상 군역의 대상이 될 수 없음에도 불구하고 군인으로 징발되어 군적에 올라있던 자들을 귀향시키고 새로이 군적을 정비한 것으로 볼 수 있다.[9]

성종 대에는 중앙과 지방제도는 등 여러 부문에서 당의 제도를 수용하였으므로 군역제 역시 당 부병제의 영향을 받았을 것으로 추측된다. 바로 이 무렵에 당 부병제의 중심 기구인 절충부(折衝府)와 관련한 관직들이 나타나고 있다. 즉 성종9년에 절충부별장(折衝府別將)[10], 그리고 목종

---

7) 『高麗史』 권92, 列傳5, 崔彦撝

8) 『高麗史』 권2, 세가 태조17년 5월 을사

9) 이기백교수는 이때 방환된 군인은 태조와 함께 통일전쟁에 참여했던 병사와 그 자손을 제외한 모든 자로서 이 중에는 광종 때 시위군 증액을 위해 주군에서 뽑아 올린 자도 포함되었으며, 군인을 감소 정리했다는 것은 군반씨족의 형성을 의미하는 것이라고 보았다.(1956, 「고려경군고」 『이병도박사환갑기념논총』; 1968 『고려병제사연구』)

10) "折衝府別將趙英 葬母家園 朝夕祀之"(『高麗史』 권3, 世家 成宗9년 9월 丙子 敎)

원년에 개정된 전시과의 과전지급 대상자로 9과에 절충도위(折衝都尉), 10과에 절충과의(折衝果毅), 13과에 산절충도위(散折衝都尉), 14과에 산절충과의(散折衝果毅) 등 절충부 장·차관의 실직(實職)과 산직(散職)이 등장하고 있어[11], 적어도 성종9년 이전에 이미 절충부가 설치되었음을 추측하게 한다.[12]

당의 절충부는 지방에 설치된 군부(軍府)로서 중앙과 변경지역에 대한 병력의 공급과 지방의 치안을 담당하였고, 장관인 절충도위와 차관인 좌·우과의도위를 비롯하여 별장·장사(長史)·병조참군(兵曹參軍) 등이 설치되어 관련 군무를 분장하였다. 또한 절충부에 속한 부병을 통할하기 위해 300인을 단(團)으로 하여 교위(校尉)를, 50인을 대(隊)로 삼아 대정(隊正)을, 10인을 화(火)로 하여 화장(火長)을 두었다.[13]

절충부의 기능에서 중요한 것 중의 하나가 부병을 간점(簡點)하는 것이었다. 즉 절충부는 주현의 호적에 등재된 담세호(擔稅戶) 중에서 정남(丁男)을 대상으로 위사장(衛士帳)이라 불리는 군적을 작성하여 매년 병부에 보고하면, 중앙에서는 이 군적을 토대로 병마수를 파악하고 그것에 기초하여 동원계획을 세웠다.[14]

고려에 설치된 절충부의 배치지역에 대해서 그 내용을 알 수 없으나, 절충부 소속 부병의 지휘관인 절충부별장이란 존재로 보아 절충부는 당시에 지방관이 파견된 12주(州)를 중심으로 설치되었던 것이 아닌가 한다. 절충부 부병의 지휘관인 별장이 후에 정비되는 주현군에도 똑같이 존재하는데, 이는 절충부의 지휘체계가 주현군의 지휘체계로 그대로 계승되었기 때문이라 생각된다. 즉 별장·교위·대정 등이 지방

---

11) 『高麗史』 권78, 食貨1, 전시과 목종원년 12월
12) 절충부의 설치를 인정하는 연구로는 다음의 논문이 있다.
    홍원기, 2001 「6위의 성립과 그 성격」 『고려전기군사제도연구』 혜안
    전경숙, 2007 『고려전기 군사기구 연구』 숙명여대박사학위논문
13) 중국군사사 편사조, 2006 『중국역대군사제도』 해방군출판사, 북경
14) 菊池英夫, 1960 「唐代府兵制度拾遺」 『史林』 43

관이 파견된 주현(主縣)을 단위로 한 군목도(軍目道)에 배치된 주현군의
지휘관이었으므로, 절충부 역시 주현을 단위로 설치되었을 것이다.[15]

지방에 설치된 절충부의 가장 중요한 기능은 징병업무였을 것이다.
당의 부병제에서 군인의 간점과 동원은 절충부 장관인 절충도위와 주
자사(州刺史)가 협력하여 책임을 분담하였다. 절충부 성립 이전의 당
초기에는 3년마다 실시되는 대모집시(簡年)에는 중앙으로부터 간점사
가 파견되었고. 매년 실시되는 주현의 소모집(團貌) 때에는 자사와 현
령에게 간점업무가 위임되었다. 그러나 부병제가 확립된 이후에는 간
점이 자사와 현령에게 맡겨졌고, 군적 작성의 실무는 지방의 장사·병
조참군사·녹사(錄事)·부사(府使) 등이 담당하였다.[16]

고려 역시 당과 마찬가지로 절충부가 징병업무를 담당하였고, 군적
작성 등 실제적인 행정업무는 지방관부의 협조로 가능하였을 것이다.
성종2년에 그동안 지방호족들이 운영하던 당대등(堂大等)·대등을 비롯
한 이직(吏職)과 병부·창부 등 행정조직의 명칭을 호장(戶長)·부호장(副
戶長)과 사병(司兵)·사창(司倉) 등으로 고쳐[17] 중앙의 기구와 구분하고,
그 격을 낮추는 동시에 국가의 지배체제하로 편입시키는 조처를 취했
는데, 바로 병정(兵正)·부병정·병사(兵史) 등이 속한 사병에서 군인의
징발과 군적작성 등 군사관련 업무를 수행하였을 것으로 생각된다.[18]

이때 정비된 군역제 역시 구체적인 내용을 알 수 없다. 균전농민(均
田農民)을 대상으로 군인을 징발한 당에서는 균전제를 실시하였음에도
불구하고 호의 경제력에 차이에 있었기 때문에 담세호 중에서 호등(戶

---

15) "諸州一品別將 則以副戶長以上 校尉 則以兵倉正戶正食祿正公須正 隊正 則以
副兵倉正副戶正諸壇正 試選弓科 而差充"(『高麗史』 권81, 兵1, 兵制 연혁 文宗
23年 3月判)
16) 菊池英夫, 1960「唐代府兵制度拾遺」『史林』 43
17) "改州府郡縣吏職 以兵部爲司兵 倉部爲司倉 堂大等爲戶長 大等爲副戶長 郎中
爲戶正 員外郎爲副戶正 執事爲史 兵部卿爲兵正 筵上爲副兵正 維乃爲兵史 倉
部卿爲倉正"(『고려사』 권75, 선거3, 銓注 鄕職 성종2년)
18) 권영국, 1999「고려전기 군역제의 성격과 운영」『국사관논총』 87

等)의 고하, 호내의 정수, 장정의 신체적 조건 등을 고려하여 군인을 징발하였다.[19]

균전제가 실시되지 않은 고려에서는 모든 양인농민을 군역대상으로 삼을 수 없었다. 따라서 양인농민 가운데 군역을 감당할 수 있는 경제력을 갖춘 이른바 정호층(丁戶層)을 대상으로 군역을 징발하고, 그 자손이나 친족으로 하여금 군역을 이어가게 하는 형태의 군역제를 실시하였다.[20] 이러한 군역제 정비를 바탕으로, 마침내 성종9년에는 6위(衛)의 모체가 되는 좌·우군영이 설치되었고[21], 이후 6위체제를 중심으로 하는 중앙군과 주현군·주진군 등의 지방군이 정비되었던 것이다.[22]

현종 대에는 성종12년에 이어 2차례에 걸쳐 거란족의 침입이 있었다. 특히 현종원년의 2차 침입 때에는 개경이 함락되고 국왕이 나주까지 피난하는 등 피해가 막대하였다. 이후에도 거란은 6여 년 동안 강동 6주 지역에 대한 파상적인 공격을 반복하였고, 현종9년 12월에는 재차 침입하여 개경 부근까지 이르기도 하였다. 전쟁이후 현종은 개경의 성곽 복구, 서경성의 보수와 황성 축조, 서북계 제진의 방어시설 보수 등 전후 복구사업을 실시함과 동시에 군사력 확충을 위해 군역제를 정비하였다.

현종원년의 거란 침입 이후에 군인의 수효를 크게 늘렸다고 한 기록[23]을 통해 볼 때 군액을 크게 증강시킨 것을 알 수 있다. 이때 정비된 군역제는 이 무렵을 전후하여 등장하는 선군도감(選軍都監)과 관계가 있는 것으로 생각된다. 정종(靖宗)7년에 선군과 관련된 기록이 처음으로 나타나고 있어[24] 선군도감은 이미 그 이전에 설치되었던 것으로

---

19) 菊池英夫, 1960「唐代府兵制度拾遺」『史林』43
20) 『高麗史』권81, 兵1, 兵制 연혁 恭愍王5年 6月
21) "置左右軍營"(『高麗史』권81, 兵1, 兵制 연혁 성종9년 10월)
22) 이기백, 1968『고려병제사연구』일조각
23) "自庚戌用兵以來 增置軍額 由是百官祿俸不足 兪義等建議 奪京軍永業田 以充 祿俸 武官頗懷不平"(『高麗史節要』권3, 현종5년 11월 계미)

볼 수 있다.[25] 아마 현종 대에 거란과 2차례에 걸친 전쟁이후 군액을 확대하는 과정에서 설치된 것이 아닌가 한다.

선군도감은 군인을 선발하고 선발된 군인에게 군역에 필요한 토지를 지급하는 기구였다. 원칙적으로 군역을 감당할 경제력을 갖춘 자들만을 선발하여 군역을 지게하고 자손이나 친족으로 하여금 군역을 이어가게 하였으나, 현종대 이후 부족한 군액을 확보하기 위해 경제력을 갖추지 못한 자들까지 징발대상을 확대하고 대신 토지를 지급하게 되면서 관련 업무를 담당하는 기구로 선군도감을 설치한 것으로 보인다.[26]

이로써 국초에 병부가 직접 담당하던 징병업무는 성종 대에 병부의 업무로부터 분리되어 절충부가 일시 담당하였으나, 현종 대 이후에는 선군도감이 설치되어 그 업무를 담당하게 되었다.[27] 선군이 담당한 징병은 병부와 관계되는 군사업무이고 급전은 호부와 관계되는 경제업무이므로, 선군은 병부나 호부의 어디에도 속하지 않는 독립적인 기구가 된 것으로 보인다.

2) 병부 속사의 치폐와 기능의 변화

고려 초기의 병부는 후에 병관(兵官)이라 불리었는데, 그 시기는 병관에 설치된 어사직(御事職)의 존재로 보아[28] 성종원년 무렵으로 추측

---

24) "尙書兵部奏 選軍別監選取文武班七品以上員子弟 除業文赴擧外 並充軍伍 此雖安不忘危之慮"(『고려사』 권6, 세가 정종7년 9월 정미)

25) 전경숙, 2007 『고려전기 군사기구 연구』 숙명여대박사학위논문

26) 선군·선군사·선군도감 등 여러 명칭이 나타나는데 이에 대한 정리는 전경숙의 논문 참조 (2007 『고려전기 군사기구 연구』 숙명여대박사학위논문)

27) 홍원기, 2001 「제4장 주현군·주진군의 성립과 육위의 보승·정용」 『고려전기군제연구』 혜안

28) "太祖元年 置兵部令卿郎中 後稱兵官 有御事侍郎郎中員外郎 其屬有庫曹"(『高麗史』 권76, 백관1 兵曹) 병관 등 6官의 명칭에서 官이란 호칭은 北周시대의 6부인 天官府·地官府·春官府·夏官府·秋官府·冬官府의 명칭에서 따 온 것으

된다. 즉 성종원년에 광평성(廣評省)이 상서성(尙書省)의 전신인 어사도성(御事都省)으로 바뀌고[29], 그 하부조직으로 6관(官)이 설치되면서 병관에는 어사(御事)·시랑(侍郎)·낭중(郎中)·원외랑(員外郎) 등의 관원의 두어졌기 때문이다.[30] 관직의 명칭이 당의 그것과 거의 같아지고 이전에 없던 속사(屬司)가 설치된 것은 당제의 원형에 가까워진 것이다. 이는 태조 이래 국초의 병부가 태봉의 제도를 계승한 것인데 비해 성종원년의 병관은 당의 제도를 수용한 것을 의미하는 것이다.[31]

그러나 병부의 서열이나 속사의 수에서는 당제와 차이가 있었다. 당의 상서성은 상서도성이 중심에 위치하고 상서도성의 동쪽에 이부(吏部)·호부(戶部)·예부(禮部)의 3부가, 서쪽에 병부(兵部)·형부(刑部)·공부(工部)의 3부가 배치되어 이부와 병부가 전행, 호부와 형부가 중행, 예부와 공부가 후행이 되었다. 당에서 6부의 서열은 『무덕령(武德令)』에서 이-예-병-민-형-공의 순이었고, 『정관령(貞觀令)』에서는 이-예-민-병-형-공의 순서였으나, 무후(武后) 광택(光宅)원년 9월에 『주례』6관에 준하여 이-호-예-병-형-공의 순으로 고친 이후 청조에 이르기까지 그대로 답습하였다.[32]

이처럼 당에서 6부 중 병부의 지위는 이부-호부-예부 다음에 위치했으나[33], 고려에서는 이부 바로 다음에 위치하였다. 즉 고려에서는 전행-중행-후행의 순서로 6부의 서열을 정한 셈이다. 이처럼 당의 제도를 받아들였음에도 불구하고 당과 6부의 서열이 달랐던 이유는 아마도 중앙 정치기구의 성립과 발전 과정상에서 병부가 차지한 위상과 관련이

로 보인다.(『唐六典』 권2, 尙書吏部)

29) "改廣評省爲御事都省"(『高麗史』 권76, 百官1, 尙書省 성종원년)

30) 兵官御事의 임명 기록이 처음으로 나타나는 것은 성종2년 5월이다.("以佐丞徐熙爲兵官御事 大相鄭謙儒爲工官御事"『高麗史』 권3, 세가 成宗2년 5월 무오)

31) 崔貞煥, 2006『譯註高麗史百官志』 경인문화사

32) 王超, 2005『中國歷代中央官制史』 상해인민출판사

33) "其屬有六尙書 一曰吏部 二曰戶部 三曰禮部 四曰兵部 五曰刑部 六曰工部 凡庶務 皆會而決之"(『舊唐書』 권43, 職官2, 尙書都省)

있는 것이 아닌가 한다.

신라시대에 처음 설치된 병부는 집사부(執事部)와 더불어 서열 1~2위를 다투었고, 궁예의 마진(摩震) 때에도 2위의 지위를 유지하였다. 그 후 태봉(泰封) 대에 이르러 내봉성(內奉省)이 부상하고 순군부(徇軍部)가 설치됨으로써 4위의 지위로 밀려났지만 여전히 높은 지위를 차지하였다. 역사상 이러한 병부의 위상이 성종 대에 당의 3성6부제를 수용할 때 6부의 서열에 반영된 것이라 생각된다.[34)]

다음 속사의 경우 고려가 모델로 삼은 당의 병부는 병부본사(本司)를 비롯하여 직방(職方)·가부(駕部)·고부(庫部) 등의 속사로 구성되었는데[35)] 비해 고려에서는 병부본사 이외에 고부(庫曹) 하나만이 설치되었다. 고려에서는 병부의 업무량이 많지 않아 당과 같은 규모로 속사를 설치할 필요성이 없었기 때문일 것이다.

국초의 병부는 광평성·내봉성·순군부 등과 동렬적 위치에 있는 기구로서 그들 사이에 서열의 차이는 있었지만 상하관계가 성립된 것은 아니었다. 이는 집사부를 비롯한 병부(兵部)·조부(調府)·창부(倉部)·예부(禮部)·사정부(司正府)·위화부(位和府) 등 13개 기구가 병렬적으로 나열되어 독립적으로 운영되었던 신라시대의 전통과 연결되는 것으로[36)], 고려 초기까지도 정책기구와 정무기구의 구분이나 상하관계가 명확하지 않았다. 그러나 성종 대에 3성6부제가 수용되면서 병부는 어사도성 아래 6관의 하나로 편입되었다. 즉 내사문하성(內史門下省)의 정책기구와 어사도성의 정무기구가 분리되고, 병부는 어사도성 아래의 6관의 하나로 편제됨으로써 그들 사이에 비로소 상하관계가 성립된 것이다.

---

34) 권영국, 2007 「고려전기 병부의 기능과 지위」 『사학연구』 88
35) "兵部尚書侍郎之職 掌天下軍衛武官選授之政令 凡軍師卒戍之籍 山川要害之圖 厩牧甲仗之數 悉以咨之 其屬有四 一曰兵部 二曰職方 三曰駕部 四曰庫部"(『唐六典』 권5, 尚書兵部 兵部尚書職任)
36) 이기동, 1980 「신라중대의 관료제와 골품제」 『진단학보』 50; 1984 『신라골품제 사회와 화랑도』

그리고 성종14년에는 보다 원형에 가까운 3성6부제를 실시하면서 병관은 상서병부로, 그 속사인 고조(庫曹)는 상서고부(尙書庫部)로 바뀌었다.[37] 이어서 현종 대에는 속사인 고부가 폐지되고, 6부의 판사(判事)·지사제(知事制)가 실시되는 변화가 있었다. 먼저 속사의 폐지는 시(寺)와 감(監) 등의 하부기구가 정비되면서 그동안 6부가 담당하던 업무의 일부가 시나 감으로 이관되는 것과 관련이 있는 것으로 보인다.[38] 즉 고조가 폐지되고 그 업무가 군기감(軍器監)과 위위시(衛尉寺) 등으로 옮겨 간 것이다.

군기감은 무기의 제조를 관장하는 관부로서[39] 목종 대에 군기감으로 불리다가[40] 후에 군기시(軍器寺)로 개칭되었다. 목종원년의 개정전시과에 '군기소경·산군기감·군기소감' 등의 관직이 나타나는 것으로 보아[41] 성종 대의 제도정비 과정에서 설치된 것으로 보인다.

고려와 달리 당에서는 병부의 속사인 고부와 함께 군기감도 설치되었다.[42] 군기감은 갑옷과 궁노 등의 무기를 제작하고, 그 품명과 종류를 분별하여 때에 맞게 무기고에 납입하는 등의 업무를 담당하였으

---

37) "改兵官爲尙書兵部 仍改庫曹爲尙書庫部"(『고려사』 권76, 백관1, 尙書省 兵曹 成宗14년)
38) 속사의 폐지를 성종 대에 3성6부제가 도입된 이후 강화된 6부의 권한을 축소시켜 국왕의 통제 아래에 두기 위한 조처로 보는 연구도 있다. 즉 속사들을 폐지하고 각사를 설치하여 그 업무를 분담하게 하게 하였다고 한다.(이정훈, 2004 『고려전기 3성6부제와 각사의 운영』 연세대박사학위논문; 2007 『고려전기 정치제도 연구』 혜안)
39) 군기감에는 皮甲匠·牟匠·和匠·白甲匠·長刀匠·角弓匠·漆匠·鍊匠·弩筒副匠·箭匠·箭頭匠·皮匠 등 무기제조 관련 장인들이 소속되었다.(『高麗史』 권81, 食貨3, 祿俸 諸衙門工匠別賜 문종30년)
40) "軍器寺 掌營造兵器 穆宗朝有軍器監 監少監丞主簿"(『高麗史』 권76, 百官1, 軍器寺)
41) 『高麗史』 권78, 食貨1, 田制 田柴科
42) "開元初 分甲鎧弓弩 別置軍器監 十一年省軍器監 其作並歸少府 尋又於北都 置軍器監"(『唐六典』 권22, 少府監)

며43), 고부는 융기와 의장의 출납·관리·수선 등의 업무를 담당하였다.44) 당의 제도를 그대로 수용한 초기에는 당과 마찬가지로 군기감과 고부가 각각의 업무를 분담하였으나, 두 개의 기구가 분담할 정도로 업무가 많지 않았기 때문에 고부를 폐지하고 그 업무를 군기감에 통합한 것이 아닌가 한다.

한편 위위시는 태조 대의 내군(內軍)이 광종11년에 장위부(掌衛府)로 되었다가 후에 사위부(司衛府)로 개칭되고, 다시 성종14년에 위위시로 고쳐진 것이다.45) 내군은 원래 국왕의 신변과 왕실의 경호 및 의장을 담당하는 기구였으나46) 성종 대에 위위시로 고쳐지면서 그 기능도 변화한 것으로 보인다. 즉 성종 대 이후 중앙군제가 정비되면서 국왕과 왕실의 경호 등 친위군의 기능은 중앙군에서 담당하고, 의장 관련 기능은 위위시가 맡게 된 것이다.

군기감이 무기의 제조를 담당했다면 위위시는 무기 이외의 의장 관련 물품을 관장하였다. 기록에 위위시는 '의물기계를 관장했다'고 하였는데 여기서 의물기계가 무엇을 가리키는 것인지 분명하지 않다. 당의 위위시가 기계와 문물에 관한 정령을 관장하며, 천하의 병기가 경사(京師)로 들어오는 경우 그 명목과 숫자를 장부에 기록하여 보관하고, 대제사(大祭祀)와 대조회(大朝會)가 있을 경우 의식에 필요한 각종 물품을 공급하는 등의 업무를 관장하였다.47) 고려에서도 위위시가 의장과 관

---

43) "開元初令少府監置軍器監 十六年移向北都 … 軍器監掌繕造甲弩之屬 辨其名 物 審其制度 以時納于武庫"(『唐六典』권22, 北都軍器監)

44) "庫部郎中員外郎 掌邦國軍州之戎器儀仗 及冬至元正之陳設 並祠祭喪葬之羽 儀 諸軍州之甲仗 皆辨其出入之數 量其繕造之功 以分給焉"(『唐六典』권5, 尚 書兵部 庫部郎中)

45) "掌儀物器械 太祖元年 置內軍卿 光宗十一年 改內軍爲掌衛府 後稱司衛府 成 宗十四年 改衛尉寺"(『高麗史』권76, 百官1, 衛尉寺)

46) 이기백, 1956「고려경군고」『이병도박사환갑기념논총』; 1968『고려병제사연구』 일조각

47) "衛尉卿之職 掌邦國器械文物之政令 總武庫武器守宮三署之官屬 少卿爲之貳

계되는 업무를 담당한 기록이 있는 것으로 보아48) 고려의 위위시 역시 의장에 필요한 물품을 관장하는 업무를 수행하였을 것이다.

또한 현종 대에는 속사의 폐지와 함께 상서6부에 판사나 지사가 본 격적으로 임명되는 변화가 나타났다. 판사·지사제는 송의 제도를 수용한 것으로, 당의 6부에는 상서와 시랑이 각각 장관과 차관으로 설치되었을 뿐 판사나 지사직은 존재하지 않았다. 그런데 고려에서는 6부의 상서와 시랑 이외에 상서직의 위에 판사가 설치되거나 아래에 지사가 설치되었다.

고려에서 6부의 판사나 지사직이 처음 등장하는 것은 현종12년의 판상서이부사(判尙書吏部事)와 지이부사(知吏部事)의 사례이다.49) 그러나 그보다 앞서 성종 대에 한언공이 지예관사(知禮官事)에 임명된 기록이 있는 것으로 보아50), 고려에서 6부의 판사·지사제는 3성6부제가 수용되는 성종 대부터 이미 실시되었던 것이 아닌가 한다. 그러나 판사나 지사가 본격적으로 임명되는 것은 현종12년 이후부터이다.51)

지금까지의 연구에서는 상서 위에 판사가, 상서와 시랑 사이에 지사가 동시에 모두 설치된 것으로 이해하여 왔다.52) 그리고 상서 위에 설

凡天下兵器入京師者 皆籍其名數而藏之 凡大祭祀大朝會 則供其羽儀節鉞金鼓
帷帟茵席之屬 其應供宿衛者, 每歲二時閱之, 其有損弊者, 則移于少府監及金
吾修之"(『唐六典』 권16, 衛尉寺)

48) "禮司奏 王太子鹵簿 隊伏鼓吹 當減大駕之半 乞令衛尉寺 分隷詹事府 從之"
(『高麗史節要』 권4, 문종10년 6월)

49) "以庚方爲內史侍郎平章事 朱德明爲尙書左僕射 金玄涉爲刑部尙書 朴訥嵒爲
工部尙書 徐訥爲國子祭酒知吏部事"(『高麗史』 권4, 世家 顯宗12년 3월 壬午)
"以崔士威判尙書吏部事 金猛爲吏部侍郎"(『高麗史』 권4, 世家 顯宗12년 12월
戊午)

50) "成宗時 … 於是始設中樞院 置使副各二人 以彦恭爲副使 俄轉爲使殿中監知禮
官事 進叅知政事上柱國"(『高麗史』 권93, 열전6, 韓彦恭)

51) 권영국, 2010 「고려전기 상서6부의 판사·지사제」 『역사와 현실』 76

52) 변태섭, 1967 「고려 재상고」 『역사학보』 35·6합집; 1971 『고려정치제도사연구』
일조각

치된 판사는 주로 중서문하성의 재신 중 반차에 따라 제1위의 수상은
이부, 제2위의 아상은 병부, 3재는 호부, 4재는 예부, 5재는 형부, 6재는
공부를 겸임하였고[53], 지사는 반차가 상서 아래 시랑 위였기 때문에
상서와 시랑의 품계를 고려하여 정3품이나 종3품에 해당되는 관원이
겸임하는 경우가 많았다고 보았다.[54]

그런데 실제로 임명된 사례들을 살펴보면 6부의 판사·상서·지사의
3직이 동시에 임명된 예는 전혀 보이지 않는다. 언제나 3직 가운데 판
사와 상서, 상서와 지사의 두 직이 임명되거나 때로 상서만 2인이 임명
되는 경우가 있고[55], 판사와 지사 2직만 임명된 예는 전혀 없다. 이러

박용운, 2000 「고려시대의 6부판사제에 대한 고찰」 『고려시대연구』 II
이정훈, 2007 「제3장 현종대 지배체제의 개편과 3성6부제의 변화」 『고려전기
　　정치제도 연구』 혜안
53) 변태섭, 1967 「고려 재상고」 『역사학보』 35·6합집; 1971 『고려정치제도사연구』
　　일조각
　　박용운, 2000 「고려시대의 6부판사제에 대한 고찰」 『고려시대연구』 II
54) 이정훈, 2007 「제3장 현종대 지배체제의 개편과 3성6부제의 변화」 『고려전기
　　정치제도 연구』 혜안
55) 2명의 상서가 동시에 임명되거나 같은 시기에 2명의 상서가 재임한 경우가 상
　　당히 많이 보이는데 그 중 몇 사례만 제시하면 다음과 같다.
　　① 병부상서; 김덕진은 예종원년 3월에 병부상서에 임명되었고, 동왕2년 12월
　　　여진 정벌시에 병부상서로 우군병마사가 되었다.(『高麗史』 권96, 列傳9, 尹
　　　瓘 및 『고려사절요』 권7, 예종2년 12월 참조) 그런데 동왕원년 8월에 또 다
　　　른 병부상서인 최유정이 중군병마사에 임명되고 있어 당시 김덕진과 최유
　　　정 2인이 병부상서로 재직한 것이다.(『高麗史』 권4, 세가 顯宗9년 3월 甲辰
　　　및 『高麗史』 권12, 세가 睿宗원년 3월 戊午, 8월 戊寅)
　　② 공부상서; 『高麗史』 권5, 世家 德宗3년 7월 丙申
　　③ 예부상서; 현종13년 10월에 주저가 예부상서로 임명되고 동왕15년 5월에 예
　　　부상서로 사망하였는데, 동왕15년 정월에 유경필이 또 예부상서로 임명되
　　　고 있어 15년 정월부터 주저가 죽은 5월까지는 2인의 예부상서가 재직한 것
　　　이다.(『高麗史』 권4, 세가 顯宗13년 10월 辛酉 및 『高麗史』 권5, 세가 顯宗15
　　　년 정월 甲寅, 5월 庚戌)
　　④ 호부상서; 숙종8년 5월 신사일에 김경용이 호부상서에 임명되었는데 6일 후

한 사실을 통해 볼 때 6부에는 장관인 상서를 중심으로 그 위와 아래에 판사직과 지사직이 동시에 모두 임명된 것이 아니라, 판사직이나 지사직 가운데 1직만 임명된 것임을 알 수 있다.[56]

중국의 경우 판사직과 지사직은 차견관(差遣官)으로서 타부서의 관직을 겸하는 경우 본직(本職)의 관계(官階)가 겸직(兼職)의 관계보다 높은 경우에는 판□□이라 칭하고, 대등한 경우에는 지□□라 칭하였다.[57] 고려에서는 6부의 관직을 겸하는 타관이 상서보다 관품(官品)이나 반차(班次)가 높은 경우에는 판□□사라 칭하고, 상서보다 관품이나 반차가 낮은 경우에는 지□□사라 칭하였다.[58]

당제나 송제에서 판사직은 차견직으로서 겸직한 관부의 문서를 주판(主判)하고 주결(主決)하는 중요한 역할을 하였는데[59], 이는 판사가

인 정묘일에 최저가 또 호부상서에 임명되었다. 6일 사이에 김경용이 호부상서직을 그만두거나 관직을 옮긴 기록이 보이지 않고, 또 임명 후 불과 6일 만에 교체한 것으로도 보기 어려우므로 2인의 호부상서가 임명되었던 것으로 볼 수 있다.(『高麗史』 권12, 세가 肅宗8년 5월 辛巳 및 丁卯)

⑤ 형부상서; 예종즉위년 11월 무술일에 이위가 형부상서에 임명되었고, 바로 다음날인 기해일에 고의화가 또 형부상서에 임명되어 동시에 2인의 형부상서가 재임하였다.(『高麗史』 권12, 세가 睿宗즉위년 11월 戊戌 및 己亥)

56) 권영국, 2010 「고려전기 상서6부의 판사·지사제」 『역사와 현실』 76

57) 관리임용 유형의 하나인 判事職은 중국에서는 당대부터 존재하던 것으로 檢校·試·攝·知와 더불어 모두 정식으로 주어지는 관직이 아니라 勅旨로 임명된 差遣官으로 그 본래의 官階가 차견 직무보다 높은 것은 判이라 칭하고 직무가 대등한 것은 知라 칭하였다.(兪鹿年編著, 1992 『중국관제대사전』 직관관리제도 任用類別, 흑룡강인민출판사)

58) "以文正爲長淵縣開國伯 崔奭爲吏部尙書叅知政事 金良鑑叅知政事判尙書兵部事 王錫爲戶部尙書知吏部事"(『高麗史』 권9, 세가 文宗35년 정월 丁酉)

"明年 以兵部尙書知吏部事 朝往兵部 晝入吏部 注擬文武官 又出入禁闥 以兵自衛"(『高麗史』 권129, 列傳42, 叛逆3 崔忠獻)

위의 사례에서 보는 것처럼 김양감은 종2품인 참지정사로서 병부상서를 겸하였기 때문에 판병부사라 칭하였고, 왕석과 최충헌은 같은 관품이지만 반차가 낮은 병부상서로서 이부상서를 겸하였으므로 지이부사라 칭하였던 것이다.

59) 당제에서 "判"은 대개 문서를 主決하는 것과 관련이 있는 것으로, "判某事"란

해당 관부의 중요 업무를 판단하고 결정한다는 의미이다. 판사직은 대부분 상서보다 관품이 높은 재신들이 6부의 업무를 겸한 것이므로 그 관부의 중요 사항을 결정하고 총괄하는 역할을 한 것이다.[60]

한편 지사는 상서보다 그 품계가 낮은 타관이 겸한 관직이었으며, 지사라 칭한 이유는 그 소임 관직이 본래 그 일과 무관하기 때문이었다. 당제에는 지사직 역시 판사직과 마찬가지로 칙지(勅旨) 규정으로 임용하는 관직으로, 지성사(知省事)·지대사(知臺事)·지제고(知制誥)·지공거(知貢擧)·지주사(知州事)·지부사(知府事)·지군사(知郡事) 등의 관직이 있었는데 모두 칙에 따라 임명된 것이었고, 당제를 계승한 송에서는 경조관(京朝官)을 파견하여 부·주·군 등 지방정무를 관장하게 하고, 지부(知府)·지주(知州)·지군(知郡)이라 칭하였다.[61]

지사직의 설치 배경을 6부의 속사 폐지 이후 늘어난 업무 처리와 6부와 각사간의 업무 교류를 위한 것으로 보는 연구도 있다. 즉 속사의 폐지로 인해 속사의 업무 중 일부는 각사로 이관되었지만 일부는 주사(主司)인 6부가 담당하게 됨에 따라 6부의 업무가 늘어나 이를 처리하기 위해 설치된 것이라 하였다.[62] 그런데 지사직은 6부만이 아닌 중추원 등의 다른 기구에도 설치되고 있으므로[63] 이러한 설명은 설득력이 약한 것으로 보인다.

어떤 관부를 거치는 文書簿籍을 主判하는 것을 의미하였다. 송초에도 관직 명칭만 있고 직사를 맡지 못하는 尙書·侍郎과 卿·少卿·監·少監 등을 타관이 典領하여 判·知某官署라 하였는데, 判禮儀院·判太常寺·判國子監·知審官院·知審刑院 등이 그것이었다.(兪鹿年編著, 1992『중국관제대사전』직관관리제도 任用類別, 흑룡강인민출판사)

60) 변태섭, 1967「고려 재상고」『역사학보』35·6합집; 1971『고려정치제도사연구』일조각

박용운, 2000「고려시대의 6부판사제에 대한 고찰」『고려시대연구』Ⅱ

61) 兪鹿年編著, 1992『중국관제대사전』직관관리제도 任用類別, 흑룡강인민출판사

62) 이정훈, 2007『고려전기 정치제도 연구』혜안

63) "以金殷傅知中樞事"(『高麗史』권4, 세가 현종6년 5월 계묘)

또한 6부와 각사가 서로 독립적인 구조로 운영되었기 때문에 6부와 각사 사이에 업무교류가 되지 않는 문제가 발생하므로 이를 해결하기 위하여, 즉 6부의 지부사에는 시·감계열 관청의 장·차관이 많이 임명되고, 시·감의 판사에는 6부상서가 임명되는 예가 많은 것은 6부와 각사간의 교류를 통해 업무에 대한 이해를 위한 것이었다는 설명도 있으나[64] 이 역시 동의하기 어렵다. 만약 양자 간의 업무 교류나 이해를 위한 것이라면 상호 업무가 관련이 있는 부서 간에 판사나 지사가 임명되었을 것이지만 실제로 전혀 업무가 무관한 기구 간에 판사나 지사직에 임명되는 사례도 많이 있기 때문이다.[65]

이미 앞에서 설명한 바와 같이 6부의 지부사는 상서보다 관품이나 반차가 낮은 타관직이 겸했기 때문에 지사라 칭한 것이다. 지병부사의 경우 2사례가 보이는데 명종 때에 이의방은 위위경흥위위섭대장군(衛尉卿興威衛攝大將軍)으로 지병부사(知兵事)를 겸하였고[66], 정균은 상장군으로 지병부사를 겸하였다.[67] 병부 이외의 6부 지사직도 마찬가지로 정3품이나 종3품직이 겸하고 있는 것을 볼 수 있다.[68] 지부사 역시 판사나 상서와 같은 기능을 수행하였을 것으로 생각된다.[69]

---

64) 이정훈, 2007 『고려전기 정치제도 연구』 혜안
65) 예컨대 徐訥은 國子祭酒로 知吏部事를 겸직(『高麗史』 권4, 세가 현종12년 3월 임오), 王錫은 戶部尙書로 知吏部事를 겸직(『高麗史』 권9, 세가 문종35년 정월 정축), 李瑋는 秘書監으로 知尙書吏部事를 겸직(『고려사』 권12, 세가 숙종10년 윤정월 정축)하는 등의 사례를 들 수 있다.
66) "以李義方爲衛尉卿興威衛攝大將軍知兵部事"(『高麗史節要』 권12, 명종3년 10월)
67) "仲夫子知兵馬事上將軍筠 密誘僧宗旵 欲殺義方兄弟"(『高麗史』 권128, 열전 41, 반역2, 정중부)
68) 예컨대 종3품의 國子祭酒로 지이부사를 겸직하거나(『高麗史』 권4, 세가 현종 12년 3월 임오) 반차가 낮은 호부상서로 지이부사를 겸직하거나(『고려사』 권9, 세가 문종35년 정월 정축) 종3품인 秘書監으로 지상서이부사를 겸직하는 사례(『고려사』 권12, 세가 숙종10년 윤정월 정축) 등이다.
69) "以左承宣知兵部事鄭筠 知都省事 筠久知兵部 掌奏西班 請謁紛如 頗厭之 屢

이처럼 현종대 이후 본격적으로 임명되기 시작한 6부의 판사와 지사는 본직의 품계나 반차가 겸직하는 6부의 상서보다 높을 때에는 판사라 칭하였고, 낮을 때에는 지사라 칭하였다. 그리고 판사와 지사는 장관인 상서와 동일하게 해당부서의 인사와 같은 중요한 업무를 총괄하는 기능을 수행하였다.

판사와 지사제는 상서성의 6부뿐만 아니라 거의 모든 관직에서 실시되었는데 그 배경에 대해서 자세한 내용은 알 수 없다. 그동안의 연구에서 6부의 판사제에 대해서는 중서문하성의 재신들이 판사제를 통하여 6부에 대한 통할권을 장악한 것으로 이해하였다.[70] 그러나 대개의 경우 6부의 상서가 참지정사나 평장사 등의 직을 겸직하여 재신이 되고, 나아가 재신직을 바탕으로 타 부서의 판사직을 겸하는 경우가 대부분이었다.

따라서 타관에서 겸하는 6부의 판사·지사제도는 6부의 장관인 상서를 견제하는 제도적 장치였다고 생각된다. 특히 인사 문제나 중요한 정책 결정시에 타관에서 겸하는 판사 또는 지사가 상서를 견제하게 함으로써 장관의 독주와 전횡을 막는 한편, 신료들의 권한을 분산시켜 왕권을 강화하려 하였던 것이다.[71]

3. 순군부의 폐지와 중추원의 설치

성종 대에는 3성6부를 중심으로 하는 중앙 정치기구의 정비와 함께

求免不允"(『高麗史節要』 권12, 명종9년 5월) 지병부사인 정균이 서반 관직자의 임명을 상주한 것은 무관의 전선을 담당하였기 때문이다. 이러한 사실을 통해 지부사 역시 장관인 상서나 판사와 같이 人事와 같은 중요한 업무를 수행하였음을 알 수 있다.

70) 박용운, 2000 「고려시대의 6부판사제에 대한 고찰」 『고려시대연구』 II
71) 권영국, 2010 「고려전기 상서6부의 판사·지사제」 『역사와 현실』 76

군사기구들이 정비되었다. 3성6부제 도입으로 국초의 광평성·내봉성 이하 여러 관부들이 모두 3성6부 중심의 새로운 기구로 개편되었다. 그러나 병부와 함께 중요한 군사기구의 하나였던 순군부의 존재는 보이지 않는다.

궁예정권 때에 처음 설치된 순군부는 군령업무를 담당한 서열 3위의 기구로서 병부보다 우위에 있었고, 광종 대에 군부로 개편된 이후 경종 대까지도 여전히 그 지위를 유지하였다.[72] 그러나 성종 대 이후에는 그 모습이 보이지 않는데 3성6부제가 도입되면서 폐지된 것인지 아니면 그대로 존속하였으나 기록에 남지 않은 것인지 알 수 없다. 만약 군부가 폐지되고 그 기능이 다른 기구에 통합되었다면 군사업무를 담당하는 병부가 그 업무를 담당했을 가능성이 크다. 그러나 역사상 군정기능과 군령기능이 한 기구에 통합되어 운영된 예가 없으므로 군부가 병부에 통합된 것으로 볼 수 없다.

중국에서도 일찍이 국정 전반으로부터 군정이 분리된 이후 5대에 이르러 추밀원이 군령기능을 담당할 때까지 발명(發命)과 발병(發兵) 등의 군령권은 황제가 친히 장악하였다.[73] 군정기능과 군령기능을 분리시킨 것은 어느 한 곳에 병권이 집중되는 것을 방지하기 위한 것이었다. 실제로도 성종 대 이후 병부가 군령에 관한 업무를 담당한 기록은 보이지 않는다. 따라서 군부의 군령기능을 병부가 담당한 것으로 볼 수 없다. 이와 관련해 성종 대에 새로 설치되는 중추원의 존재가 주목된다.

조선 초의 관료들은 고려에서 군령권이 집행되는 계통을 국왕을 정점으로 하여 발명권자인 재상, 발병권자인 추밀, 그리고 장병권자인 무관의 상하관계로 체계화되었던 것으로 이해하였다.[74] 이러한 사실을

---

72) 978년에 경순왕이 죽자 그를 尙父로 책봉하였는데 그 誥文에 (광평)시중·내봉령·군부령·병부령·광평시랑·내봉시랑·군부경·병부경의 순서로 서명한 것을 볼 때 여전히 군부가 상위 서열에 있었음 알 수 있다.(『三國遺事』 권56, 紀異2, 金傅大王)

73) 중국군사사 편사조, 2006 『중국역대군사제도』 해방군출판사

통해 볼 때 고려에서는 중추원이 군령체계상에서 발병 기능을 담당한 기구였음을 알 수 있다.[75]

성종10년에 송에 사신으로 파견되었던 한언공의 건의에 따라 설치된 중추원은 이전의 직숙원리(直宿員吏)의 직과 같은 것이라 하였으나[76] 국왕 측근기구로서 왕명출납이나 숙위만이 아니라 보다 중요한 군사기밀 사항인 군령업무를 담당하였을 것으로 생각된다. 이미 목종대부터 중서문하성과 더불어 재추라 일컬어질 정도로[77] 중요한 지위를 차지했던 것은 중추원이 군기(軍機)라는 군령업무를 수행하는 기구였기 때문일 것이다. 단순한 왕명출납이나 숙위 등의 비서기능만으로 당시 최고의 통치기구인 재부와 더불어 재추라 불릴 정도로 중추원의 지위가 높을 수는 없었을 것이다.

고려가 모범으로 삼은 송의 추밀원은 군기사무를 주관하는 최고 기관으로서 중서성과 더불어 동서 2부라 칭해졌다. 당나라 말기에 설치된 추밀원은 처음에는 아래로부터 표주(表奏)를 받아 황제에게 올리고, 황제의 처분이 있으면 중서문하에 내려 시행하게 하는 연락기구에 불

---

74) 『定宗實錄』 권4, 定宗2년 4월 辛丑
75) 지금까지의 연구에서 중추원의 군령기능을 인정하는 연구는 다음과 같다.
　① 禁軍을 관할한 것에 한정하여 군령·군정기구로 보는 견해
　　宋寅州, 1999 「高麗時代의 禁軍과 樞密院」 『한국중세사연구』 7
　② 초기의 왕명출납과 왕의 신변보호 기능에서 점차 軍機로까지 확대되었다고 보는 견해
　　이정훈, 2006 「고려전기 중주원의 설치와 職掌의 변화」 『東方學志』 134
　③ 초기부터 군령기능을 가졌던 것으로 보는 견해
　　전경숙, 2007 『고려전기 군사기구 연구』 숙명여대박사논문
　　유주희, 2009 「고려전기 중추원의 설치와 그 성격」 『역사와 현실』 73
76) "韓彦恭奏 宋樞密院 卽我朝宿直員吏之職 於是 始置中樞院"(『高麗史節要』 권2, 성종10년 10월)
77) 기록상 재추라는 용어가 처음 등장하는 것은 목종12년 무렵으로("一日 王召宰樞 忠順入臥內 辟左右" 『高麗史節要』 권2, 목종12년 정월) 실제로 재추라 불리기 시작한 것은 이보다 이전 시기였을 것으로 생각된다.

과하였다. 그러나 그러한 지위는 권력을 장악할 수 있는 유리한 조건
을 제공하여 전쟁이 빈번한 5대에 이르러 중요한 군사문제를 관장하게
되면서 추밀원은 중앙 최고의 군사통어기구가 되었다.[78]

추밀원은 군국기무·병방(兵防)·변비(邊備)·융마(戎馬)의 정령을 담당
하였고, 황제의 밀명을 출납하였으며, 시위제반직(侍衛諸班職)과 내외
금병(禁兵)의 초모(招募)·열시(閱視)·선보(選補)·둔수(屯守)·상벌(賞罰)의
일을 모두 관장하였다. 한편 상서성에 병부가 설치되었으나, 주요한 직
권은 추밀원에 모두 소속되었고, 병부는 다만 군사에 관련되는 구체적
인 실무만 관장할 뿐이었다.[79] 이처럼 당 말까지는 황제가 군령권을
친히 장악하였기 때문에 군정업무를 담당하는 병부는 설치되었으나
군령업무를 담당한 기구는 따로 존재하지 않았다.[80]

고려가 수용한 3성6부체제에는 군령업무를 담당하는 기구가 없었기
때문에 새로이 송의 추밀원제도를 받아들여 국초에 군령업무를 관장
하던 순군부를 대신하게 하였던 것으로 생각된다.[81] 고려 초기에 군령
업무를 담당한 순군부가 중앙 통치기구들 가운데 상위 서열에 있었듯
이 순군부를 계승한 중추원 역시 중서문하성과 더불어 재추라 일컬어
지는 중요한 기구가 되었던 것이다.

---

78) 중국군사사 편사조, 2006 『중국역대군사제도』 해방군출판사
79) 위와 같음
80) 당에서는 병부를 군사사무를 처리하는 중추기구로 삼고, 군사지휘권 등 군령권
   은 황제가 친히 장악하고 있었다.(중국군사사 편사조, 2006 『중국역대군사제도』
   해방군출판사)
81) 순군부의 계통을 잇는 기구에 대한 연구
   ① 重房이라고 보는 견해
     이기백, 1959 「고려경군고」 『진단학보』 21; 1968 『고려병제사연구』
   ② 選軍이라고 보는 견해
     전경숙, 2007 『고려전기 군사기구 연구』 숙명여대박사학위논문

4. 동·서북면병마사와 군령체계

성종8년 3월에 남방의 도제와는 달리 서북면·동북면 또는 북계·동계라 불리는 양계지역에는 그 장관으로서 남도의 안찰사에 비견되는 병마사가 설치되었다. 병마사기구는 1인의 병마사 밑에 지병마사·병마부사·병마판관·병마녹사 등으로 구성되었고[82], 이들 병마사직은 모두 문신들이 임명되었다.[83]

양계병마사의 기능은 관할 지역을 행정적으로 통치하는 것뿐만 아니라 군사적으로 방위하는 것이었다. 그동안의 연구에서는 이 두 가지 기능 중 양계의 지역적 특성상 군사적 기능이 보다 중요시 되었다는 견해[84]와 일반 외관과 근본적인 차이가 없었다는 견해[85] 등이 있다.

국왕은 양계에 파견되는 병마사에게 친히 부월(斧鉞)을 주어 변방을 전제(專制)하게 하였는데[86], 이는 관할지역에서의 군무(軍務)를 임의로

---

82) "始置東西北面兵馬使 以門下侍中中書令尙書令爲判事 又兵馬使知兵馬事各一人 並三品 副使二人 判官三人 錄事四人"(『高麗史節要』권2, 성종8년 3월)

83) 邊太燮, 1961 「高麗朝의 文班과 武班」『史學硏究』11; 1971 『高麗政治制度史研究』일조각

84) 末松保和, 1956 「高麗兵馬使考」『東洋學報』39-1
   邊太燮, 1971 「高麗兩界의 支配組織」『高麗政治制度史研究』일조각

85) 金南奎, 1969 「高麗 兩界 兵馬使에 대하여」『李弘稙回甲紀念韓國史學論叢』신구문화사
   이정기, 2008, 「고려시기 양계 병마사의 성립과 기능」『한국중세사연구』24
   무신집권 이전의 병마사 기능은 일반 外官과 차이가 없었다고 본다. 즉 明宗代부터 남도 按察使도 군사적의 직무를 수행하는 사례가 자주 보이기 때문에 비록 연대의 흐름에 따라 그 기능의 변화가 인정되기는 하나 직접적인 군사활동 면에서는 양계의 병마사와 남도의 안찰사는 그 兵力差에 상응할 만한 본질적인 차이는 찾아보기 어렵고, 따라서 양계병마사의 가장 중요한 기능은 중앙정부에 대해 극히 위협적인 존재가 될 수 있는 지방군사력의 집중지인 양계 주진에 대한 감독·감시였다고 한다.

86) "始置東西北面兵馬使 … 兵馬使赴鎭 親授鈇鉞 使專制閫外"(『高麗史節要』권2, 성종8년 3월)

처리할 수 있게 위임했다는 의미로 해석된다. 여기서 병마사로 하여금 임의로 처리하게 한 군무의 내용이 무엇인지 분명하지 않으나 아마도 발병이나 장병 등 군령과 관계된 업무가 아니었을까 한다.

많은 병력이 배치된 양계지역에서는 군대를 동원하고 통솔하는 등 의 군령업무가 훨씬 중요하였다. 따라서 병마사에게 전제하게 한 군무 는 관할지역 내의 군사행정 업무는 물론 발병이나 장병 등 군령업무까 지 포함된 것이었다고 생각된다.

양계는 거란이나 여진 등 이민족과 접경한 지역으로 유사시에 신속 한 군사적 대응이 필요하였다. 즉 군대의 동원이 필요할 경우 군령체 계상 중앙으로부터 발병 명령을 받아 군대를 동원하는 것이 원칙이었 지만, 변경이라는 지역적 특성상 비상시에는 중앙의 명령을 기다리지 않고 곧바로 대응해야 할 때가 있었다. 이러한 경우에 한해 국왕은 병 마사에게 관할지역 내의 군대를 동원하고 통솔할 수 있는 발병권과 장 병권 등의 군령권을 위임하였을 것으로 생각된다.

이처럼 남도지역과 달리 양계 병마사에게는 군령권의 일부가 위임 되었으므로, 병마사의 군사적 권한이 막중하였다. 따라서 병마사의 자 의적인 병권 행사를 견제하기 위해 여러 가지 제도적인 장치를 마련하 지 않을 수 없었다.

우선 병마사에게 위임된 권한의 범위를 벗어난 군령권 행사에 대해 서는 군법을 어긴 죄로 탄핵이나 처벌을 하였다. 예컨대 고종13년에 서 북면병마부사 김희제가 군사 1만여 명을 동원하여 여진족을 토벌한 일 이 있었는데, 이때 유사가 김희제의 자의적인 군사동원에 대해 탄핵하 려고 하였으나, 발병시에 김희제가 은밀히 편지로 최우에게 고했기 때 문에 탄핵하지 못하였다고 한다.[87]

---

87) "西北面兵馬副使將軍金希磾 與兵馬判官禮部員外郎孫襲卿 監察御史宋國瞻 議
日 亏哥下背我國恩 入我封疆 掠我人民 而莫有禦者 國之恥也 宜同力追討以雪
國恥 遂選步騎一萬餘人 希磾將中軍 襲卿將左軍 國瞻將右軍 賫二十日糧 往討

이러한 사실을 통해 볼 때 대규모 군사 동원과 같은 군령권 행사는 원칙적으로 중앙의 명령에 따라 이루어졌고, 비상시의 신속한 대응이나 소규모 군사동원 등 극히 제한적인 경우에 한해 자의적인 군령권 행사가 가능하였을 것이라 생각된다.

이밖에도 중앙에서 양계병마사를 통령하기 위해 도병마사(都兵馬使)를 설치하였고[88], 병마사의 지휘권을 분산시키고 토착민들로 조직된 주진군을 견제하기 위해 중앙에서 주요 주진에 분도장군(分道將軍)을 파견하였다.[89] 또한 양계지역의 군사적 감찰을 위해 도순검사(都巡檢使)를 파견하였다. 도순검사는 목종 대 이후 무신집권기 이전까지 양계 지역에만 파견되었는데 이들이 어떤 역할을 했는지 구체적인 내용은 알 수 없다.

중국에서 순검사는 5대에 처음 설치되어 순찰이나 포도(捕盜) 등 치안유지 기능을 한 것은 물론 지방의 동향을 감시하여 조정의 이목과 같은 역할을 하였고, 송대에는 군사를 거느리고 지방에 파견되어 순찰·방범·소방·정보수집 등의 역할을 담당하였다.[90]

이러한 사실을 통해 볼 때 양계에 파견된 고려의 도순검사도 관할지역에 대한 순찰이나 동향감시, 정보수집 등 군사적 감찰 기능을 하였을 것으로 생각된다. 또한 거란 침입 시나 여진 정벌 시에 도순검사가 군대를 거느리고 전투에 참여한 기록이 있는 것으로 보아[91], 외적 침입 시에는 전투에도 참가하였던 것으로 생각된다.

石城 亐哥下遣兵救之 希磾等奮擊大敗之 … 初希磾將發兵 密以書 告崔瑀 及還 有司欲劾其擅興師旅 聞瑀知之 遂寢"(『高麗史節要』권15, 고종13년 정월)

88) 변태섭, 1969「高麗都堂考」『역사교육』11·12합; 1971『고려정치제도사연구』 김갑동, 1994「고려시대의 都兵馬使」『역사학보』141

89) 권영국, 1992「武臣執權期 地方軍制의 변화」『國史館論叢』31

90) 京師와 陪都에 설치한 것은 도순검 혹은 도순검사라 칭하고 기타 지방에 설치한 것은 순검 혹은 순검사라 칭하였다.(兪鹿年編著, 1992『중국관제대사전』흑룡강인민출판사)

91)『高麗史節要』권3, 현종원년 11월·12월. 권4, 정종12년 11월. 권7, 예종3년 5월 등

5. 맺음말

고려 초기에 군령업무와 군정업무를 담당한 기구는 태봉의 제도를 계승한 순군부와 병부였다. 그 후 성종 대에 당의 3성6부제가 수용되면서 병부는 어사도성 아래 6관의 하나로 편제되었다. 이로써 장·차관 이하 관직명이 당의 그것과 거의 같아지고 속사도 설치되었다. 그러나 6부 중의 병부의 서열이나 속사의 수에서는 당제와 차이가 있었다.

국초의 병부는 광평성·내봉성·군부 등과 동렬적 위치에 있는 기구로서 그들 사이에 서열의 차이는 있었지만 상하관계가 성립되지 않았다. 그러나 성종 대 이후에는 내사문하성의 정책기구와 어사도성의 정무기구가 분리되고 병부는 어사도성 아래의 6관의 하나가 되어 그들 사이에 상하관계가 성립되었다.

후삼국 통일이후에는 군역제와 함께 병부를 중심으로 한 군정기구가 정비되었다. 성종7년 무렵에는 절충부가 설치되어 당의 부병제와 유사한 군역제가 일시적으로 시행되었던 것으로 보인다. 절충부의 중요한 기능의 하나가 부병을 간점하는 것이었으므로 고려에 설치된 절충부 역시 징병업무를 수행하였을 것으로 생각된다. 균전제가 실시되지 않은 고려에서는 당과 달리 군역부담자의 능력을 고려하여 일정한 경제력을 갖춘 자를 군인으로 징발하고, 그 자손친족으로 하여금 군역을 이어가게 한 이른바 군호연립제를 실시하였다.

2차에 걸친 거란과의 전쟁이후 복구사업과 함께 군역제를 재정비한 현종대에는 많은 군액을 확보하기 위해 군역수행에 필요한 경제력을 갖추지 못한 자들까지 징병대상을 확대하고 대신 토지를 지급하는 선군급전제를 실시하였다. 이처럼 군인을 선발하고 토지를 지급하게 되면서 선군과 급전 업무를 담당할 기구로 새로이 선군도감이 설치되었던 것이다.

군정기구의 정비와 함께 군령기구도 정비되었다. 국초에 군대의 동원이나 지휘 등 군령업무를 담당한 순군부는 광종 대에 군부로 개편된 이후 경종 대까지 유지되었다. 성종 대에 3성6부제가 도입되면서 기존의 관부들이 3성6부를 중심으로 개편되었으나 순군부는 송의 추밀원을 본 따 설치되는 중추원으로 계승되었다. 중추원은 설치 초기부터 중서문하성과 더불어 재추 양부라 일컬어질 정도로 중요한 지위를 차지하였는데 이는 국왕의 측근기구로서 왕명출납이나 숙위뿐만 아니라 군사적으로 중요한 군령업무를 담당하였기 때문이다.

성종8년에는 양계지역에 병마사가 설치되었는데 그 기능은 관할지역을 행정적으로 통치하는 것뿐만 아니라 군사적으로 방위하는 것이었다. 이민족과 접한 양계지역은 일반적인 군정업무는 물론 발병이나 장병 등의 군령업무가 중요하였다. 국경이라는 지역적 특성상 신속하게 군사적 대응을 해야 할 비상시에는 중앙으로부터 발병 명령을 기다리지 않고 관할지역 내의 군대를 동원할 수 있는 군령권이 병마사에게 주어졌다. 이처럼 양계 병마사에게는 제한된 범위이기는 하지만 군령권의 일부가 위임되어 군사적 권한이 막중하였으므로, 중앙에서 이들을 군사적으로 견제하기 위해 도병마사제나 분도장군제 등 여러 제도적 장치들을 마련하였던 것이다.

제2절 2군6위 군인의 성격

1. 머리말

고려의 군사조직은 중앙의 2군6위와 남도지역의 주현군, 양계지역의 주진군으로 구성되어 있었다. 중앙군인 2군6위는 45개의 령(領)이라는 단위로 구성되었으며 그 중에 2군에 3령, 6위에 42령이 속해 있었다. 1령의 편제상 정원이 1,000명씩이므로 2군6위의 총 군액은 45,000명인 셈이다. 2군6위 가운데 2군은 국왕과 궁실을 호위하는 친위부대였고, 6위는 개경을 방어하는 수도 경비부대였다.

그동안 고려시대 군사제도 연구에서는 중앙군인 2군6위를 구성하는 군인의 신분이나 사회적 성격을 둘러싸고 논쟁이 진행되어 왔다.[92] 즉 군인의 구성신분을 농민층으로 보는 부병제론(府兵制論)[93]과 군반씨족(軍班氏族)이라는 특수한 계층으로 보는 군반제론(軍班制論)[94] 사이의

---

92) 이에 대한 정리는 다음의 글이 참고 된다.
  鄭景鉉, 1993 「Ⅲ. 군사조직 1.경군」『신편한국사』13, 국사편찬위원회
  洪元基, 2001 『고려전기 군제연구』혜안
  吳英善, 1992 「고려전기 군인층의 구성과 圍宿軍의 성격」『韓國史論』28
93) 府兵制로 보는 연구
  內藤雋輔, 1934 「高麗兵制管見」『靑丘學叢』15·16합; 1961 『滿鮮史硏究』
  白南雲, 1937 「第11篇 高麗의 兵制」『朝鮮封建社會經濟史』
  한우근, 1958 「고려 족정고」『역사학보』10
  末松保和, 1962 「朝鮮三國 高麗의 軍事組織」『古代史硏究』5
  姜晉哲, 1963 「高麗 初期의 軍人田」『淑明女大論文集』3
  李佑成, 1965 「高麗의 永業田」『歷史學報』28
  권영국, 1999 「고려전기 군역제의 성격과 운영」『국사관논총』87
94) 軍班制로 보는 연구
  千寬宇, 1958 「閑人考」『社會科學』2
  金鐘國, 1959 「高麗의 府兵에 대하여」『立正史學』23

논쟁이다. 그리고 부병제론과 군반제론을 절충한 이른바 이원적 구성
론도 제시되었다.[95]

고려 말 조준이나 정도전을 비롯한 일련의 개혁론자들은 정치제도·
토지제도·군사제도 등 각 부문에 걸쳐 일대 개혁을 주장하였다. 이들
의 개혁은 대체로 역대 중국의 제도와 전 왕조인 고려 제도의 장단점
을 참고하여, 그 장점을 취하려는 것이었다. 군사제도의 개혁에서도 이
들은 고려의 제도를 참고하였다. 당나라의 부병제를 이상적인 군제로
생각하고 이를 군제개혁의 목표로 삼았던 조준이나 정도전 등은 고려
전성기 때의 군제를 당의 부병제와 같은 것으로 인식하고 자못 볼만한
것이 있었다고 높이 평가하였다.[96]

조선 초『고려사』병지(兵志) 편찬자들 역시 고려의 군제를 부병제로
이해하였다. 즉 병지의 서문에 "고려 태조가 삼한을 통일하고 처음 6위

李基白, 1968『高麗兵制史硏究』일조각
閔賢九, 1983「高麗後期의 軍制」『高麗軍制史』육군본부
洪承基, 1983「高麗 初期 中央軍의 組織과 役割」『高麗軍制史』육군본부
徐日范, 1987「試論高麗前期兵制與唐朝府兵制的主要區別」『朝鮮歷史硏究論
叢』延邊大出版社
95) 이원적 구성으로 보는 연구
김당택, 1983「고려초기 지방군의 형성과 구조」『고려군제사』육군본부
장동익, 1986「고려전기의 선군」『고려사의 제문제』삼영사
홍원기, 1990「고려 2군6위제의 성격」『한국사연구』68
마종락, 1990「고려시대의 군인과 군인전」『백산학보』36
정경현, 1992『고려전기 2군6위제연구』서울대박사학위논문
오영선, 1992「고려전기 군인층의 구성과 圍宿軍의 성격」『韓國史論』28
이혜옥, 1993「고려전기의 군역제」『국사관논총』46, 국사편찬위원회
최종석, 2011「고려전기 보승·정용군의 성격과 지방군 구성에 대한 재검토」
『역사와 담론』58
96)『高麗史』권81, 병1, 병제 공양왕원년 12월 및 2년 12월
『三峰集』권6, 경제문감 하, 위병
『高麗史』권118, 열전 조준
『高麗史』권78, 식화1, 전제 우왕14년 7월

를 설치하였다. 위에는 38령이 있고, 영은 각각 1,000인인데 상하가 서
로 연결되고 체통이 서로 이어지니 대개 당나라의 부위제도와 유사하
였다"라고 하였고[97], 또한 주현군조 서문에서도 "고려의 병제는 대체
로 당나라의 부위제도를 모방하였다"라고 하여[98], 고려의 병제를 당나
라의 부위제도 내지 그와 유사한 제도로 이해하였다. 이처럼 고려의
병제를 부병제로 이해하는 이른바 부병제론은 일제강점기를 거쳐 1960
년대 초까지 고려시대 연구자들에게 그대로 받아들여졌다.

  그러나 50년대 말 이기백 교수가 처음 부병제를 비판하는 반론을 제
기함과 함께 새로이 군반제론을 주장하였다.[99] 그 후 군반제론은 거의
정설처럼 받아들여져 각종 개설서와 교과서에 그대로 수용되었다. 한
편 80년대 후반이후에는 군반제론과 부병제론의 문제점을 모두 비판
하면서 두 요소의 존재를 모두 인정하는 이른바 '이원적 구성론'이 등
장하였다. 이원적구성론에 대해서는 이를 비판하고 다시 군반제론을
옹호하는 연구가 있는가 하면[100], 일단 이원적 구성 자체는 인정하면
서도 기본적으로 부병제의 틀을 벗어나는 것은 아니라는 연구도 있
다.[101]

---

97) "高麗太祖統一三韓 始置六衛 衛有三十八領 領各千人 上下相維 體統相屬 庶
   幾乎唐府衛之制矣"(『高麗史』권81, 병1, 서문)
98) "高麗兵制 大抵皆倣唐之府衛 則兵之散在州縣者 意亦皆屬乎六衛 非六衛外
   別有州縣軍也"(『高麗史』권83, 병3, 주현군)
99) 이기백, 1956「고려 경군고」『이병도박사화갑기념논총』
100) 홍승기, 1994「고려초기 경군의 이원적구성론에 대하여」『이기백선생고희기
   념논총』상, 일조각
101) 권영국, 1999「고려전기 군역제의 성격과 운영」『국사관논총』87

2. 부병제론과 군반제론

1) 부병제론

부병제론자는 균전제가 실시되지 않은 고려는 당과 역사적 여건이 달랐지만, 군인은 농민으로서 병농일치(兵農一致) 내지 군민일치(軍民一致)의 제도가 시행되었고, 또 농민들은 상번(上番)과 비번(非番)으로 나뉘어 교대로 수도로 번상하였다는 점에서 고려의 군제는 본질적으로 당의 부병제와 동일한 성격의 것으로 파악하였다.

지방의 주현군은 보승(保勝)·정용(精勇)·일품군(一品軍)으로 편제되었는데 주현군의 기간 병력을 이룬 것은 보승군과 정용군이었다. 주현군의 보승·정용군 가운데에는 경군의 비번 휴한의 보승·정용군이 포함되어, 경군의 보승·정용군의 편제는 상번군과 비번군으로 조직되는 당의 부병제와 매우 흡사한 것으로 보았다.[102]

군인이 농민이었다는 점에서 고려의 병제는 당 부병제와 비슷한 성격을 가졌지만 그 경제적 기반에서는 차이가 있었다. 당의 부병제는 국가적인 급전을 받는 균전농민(均田農民)을 대상으로 하는 것이었기 때문에 조(租)·용(庸)·조(調)의 면제를 조건으로 부병을 확보할 수 있었으나 고려의 경우에는 당과 같은 균전제가 실시되지 않았으므로 부병을 확보하기 위해서는 별도로 군인전(軍人田)을 설치하지 않을 수 없다고 하였다.[103]

부병제란 중국의 서위에서 창시되어 북주(北周)와 수나라를 거쳐 당나라 초에 완성된 징병제이다. 군대의 통할기구상 궁성과 도성의 경비를 담당하는 중앙군과 변경의 방비를 담당한 진수군(鎭戍軍), 그리고

---

102) 강진철, 1980 「제4장 사전지배의제유형, Ⅳ군인전」『고려토지제도사연구』고려대학교출판부
103) 위와 같음

병력공급원으로서 지방 치안의 중심을 이루는 지방 군부(軍府)라는 3조직, 3요소가 중앙 정부의 인사권, 감독지휘·명령권을 축으로 하나로 결합되어 운용되는 것이 부병제의 본래 의미이다. 또한 상비군사력의 구성요소에서도 특정 집단을 군호(軍戶)로 삼아 세습적인 병력 공급원으로 하는 것이 아니라 일반 민정으로부터 정원수만큼 선정하는 것이다.[104]

이러한 두 가지 요소가 조합을 이룰 때 중앙·지방·변경의 군대를 등질의 기반 위에서 통일적으로 운용하고자 하는 부병제의 특색이 분명해지는 것이다. 그리고 그것은 이른바 수·당제국의 전국 통일의 상징이었다. 반면 중앙·지방·변경의 3요소의 분리 내지 이질화는 곧 통일제국의 해체였다고 일컬어진다. 그래서 부병제는 지방과 중앙을 결합하는 통일의 유대로서 단순한 군사적 의의 이상의 정치적 의미를 갖는 것이었다. 따라서 진정한 의미에서 부병제의 성립이란 중앙·지방·변경의 3요소가 결합된 시점을 가리키며, 또 그 병력 공급원이 오로지 지방 군부가 파악하는 토착농민의 번상역(番上役)으로 일원화된 때를 일컫는다.[105]

부병제의 특징을 병력 구성상 단순히 농민병이라는 점이나 징발 방식만을 주목한다면 수·당 이전에도 또 그 이후에도 그와 같은 제도가 존재하였다. 지금까지 고려시대 군사제도 연구에서 사용되어온 부병제란 용어는 군인의 사회적 신분이 농민이라는 점에 초점을 맞춘 것이었다. 물론 부병제가 기본적으로는 병농일치제를 기반으로 하고 있지만 병농일치의 군제가 곧 부병제는 아니다.

예컨대 부병제가 실시되기 이전인 한나라의 병제도 모든 농민이 병사인 병농일치제였다. 따라서 병농일치제를 곧 부병제와 동일시하는 것은 부병제 본래의 의미와 차이가 있는 것이다. 당의 부병제는 농민

104) 菊池英夫, 1970「府兵制度의 展開」『암파강좌 世界歷史』5
105) 위와 같음

의 의무병역에 의해 구성되는 국가 상비군제도였다. 농민은 균전제를 기반으로 국가로부터 토지를 지급받았으며 국가는 이들 균전농민을 대상으로 조·용·조를 징수하거나 군역을 부과하였다. 요컨대 부병은 군역을 부담하는 대신 조·용·조의 의무가 면제되었던 것이다.[106]

2) 군반제론

군반제론이란 2군6위를 구성한 군인들이 일반농민이 아니라 군반씨족의 적에 올라 대대로 군인직을 세습하는 전문적 군인으로 보는 견해이다. 그리고 이러한 군반제는 전체 농민을 대상으로 하는 징병제의 실시가 어려운 후삼국의 혼란기에 등장한 제도로 이해하였다.

신라 말 중앙의 귀족이나 지방의 호족들은 각기 사병을 거느리고 있었는데 이들은 대체로 농민을 징발한 것이거나 유민(流民)을 모집한 것으로서 처음엔 전문적인 병사라고 할 수 없었다. 그러나 후삼국의 전란이 길어져 군사적 복무가 장기화됨에 따라 전문적 군인의 성격을 지니게 되고 신분도 향상되어 갔다.[107] 이러한 역사적 배경 속에서 이른바 군반씨족이라는 독특한 군인 신분이 형성되고, 특수 신분층으로서 이들만이 대대로 경군을 이어 갔으므로 이들이 전문적인 군인이 되었다는 것이다.[108]

군인은 귀족·향리·농민과 별도로 씨족을 단위로 작성되는 군적에 편입되었고, 이에 의해 군인의 자손이나 친족이 후계자로 군역을 세습하였다. 세습할 자손이나 친족이 없는 경우에는 선군제에 의해 보충하였고, 따라서 선군제의 존재는 군반제론의 입장에서 고려의 군제가 당의 부병제와는 다른 특수한 것이었음을 보여주는 증거의 하나로 중요

---

106) 錢穆, 1955 「3.당대의 정치 4) 唐代의 兵役制度」『中國政治制度史論』南窓社
107) 이기백, 1957 「신라 사병고」『역사학보』9
108) 이기백, 1956 「고려 경군고」『이병도박사기념논총』

시된다.[109] 군역의 대가로 지급되는 군인전은 관리들에게 지급하는 전시과와 같은 성격의 토지로서 군호에게 할당된 2인의 양호(養戶)에 의해 경작되어 그 조(租)가 군호에 납입되었던 것으로 본다.[110]

이처럼 군반제론에서 군역은 일반 농민의 조·용·조와는 다른 차원에서 파악되고 있다. 즉 군역은 향리가 부담하는 향역(鄕役)과 함께 직역(職役)이라 불리었고, 직역을 부담하는 계층은 지배층인 귀족관료와 피지배층인 농민과의 중간에 위치하는 신분층으로 이해한다.

3) 이원적구성론

이른바 이원적 구성론이란 2군6위의 중앙군을 구성하는 군인은 농민층이나 군반씨족층의 어느 한 요소로만 이루어진 것이 아니라 두 요소가 모두 포함된 것으로 보는 견해이다. 이러한 견해는 지금까지 부병제론이나 군반제론에서 2군6위의 중앙군 전체를 병농일치의 농민군 또는 군반씨족이라는 전문적인 군인으로 간주하고 그 내부에 성격을 달리하는 이원적 구성의 가능성을 고려하지 않았다는 다음과 같은 비판에서 나온 것이다.[111]

첫째, 기존의 부병제론과 군반제론은 2군6위의 군인 전체가 전시과 규정의 토지를 지급받는 것으로 이해하여 군인전으로 필요한 토지 결수가 전국의 모든 토지로도 지급할 수 없을 정도로 지나치게 많다는 것이다. 이는 지금까지 전시과의 군인전 지급대상자로 이해되어온 2군6위의 군인 모두가 전시과 군인전의 지급대상이 될 수 없음을 보여주

---

109) 이기백, 1968 「고려 군반제하의 군인」, 『고려병제사연구』 일조각

110) 이기백, 1968 「고려 군역고」, 『고려병제사연구』 일조각

111) 장동익, 1986 「고려전기의 선군」, 『고려사의 제문제』 삼영사

　　　홍원기, 1990 「고려 2군6위제의 성격」 『한국사연구』 68

　　　정경현, 1992 『고려전기 2군6위제연구』 서울대박사학위논문

는 것이라 하였다. 따라서 2군6위의 중앙군 가운데는 전시과의 군인전
을 지급받는 군인과 그렇지 않은 군인의 구별이 있을 수밖에 없다고
본다.

둘째, 군반제론의 주장처럼 2군6위 중앙군 전체를 개경에 거주하는
전문군인으로 볼 때 당시 개경의 전체 인구수에 비추어 군인 및 그 가
족이 차지하는 비중이 너무 크다는 것이다.

셋째, 2군과 6위의 임무 차이를 통해 중앙군의 구성을 이원적으로 파
악할 수 있다고 본다. 즉 2군6위는 국왕과 왕실을 호위하는 친위부대와
수도를 경비하고 국경을 방수하는 부대로 구분되는데, 전자는 수도에
거주하는 전업적 군인이 수행해야 할 임무이고 후자는 다수의 농민군
이 교대로 수행해야 하는 임무라는 것이다.

이러한 비판 위에서 2군6위 중앙군의 성격을 이질적인 두 요소, 대체
로 2군의 군인은 군반씨족으로 6위의 군인은 농민 번상군으로 보거나,
2군6위 가운데 보승군과 정용군은 농민 번상군으로 나머지는 전업적
군인으로 보는 등 신분이 다른 2요소로 구성된 것으로 파악하였다.

이들 견해는 2군6위를 구성하는 군인의 구분 기준이나 구분의 구체
적인 내용에서는 차이가 있지만 기본적으로 2군6위의 중앙군이 두 요
소, 즉 군반제적 요소와 부병제적 요소로 이루어졌다고 이해하는 점에
서는 공통적이다. 대체로 2군6위 내의 보승·정용군은 의무병인 농민군
으로서 지방에서 개경으로 번상하여 6위의 군사력을 이루고, 나머지는
개경에 거주하는 전업적인 군인으로 본다.

두 요소 가운데 군반제적 요소는 군반제론자의 주장처럼 신라 말 대
두한 호족들의 사병에서 비롯된 것으로 보았다. 즉 후삼국 통일 후 호
족들에 대한 숙청으로 호족들의 군사기반이 해체되면서 전문군인의
성격은 국왕의 친위군에서만 남게 되었는데 이 국왕의 친위군이 군반
씨족인 2군을 이루게 되었다는 것이다. 한편 부병제적 요소는 호족들
이 거느리던 사병이 국가 통제 하에 직접 편제되어 6위로 정비되는 과

정에서 당의 부병제를 수용한 것으로 이는 통치질서를 정비하고 중
앙 집권력을 확대하려는 고려 정부의 목적에 부합하는 것이었다고
한다.[112]

3. 부병제론과 군반제론의 쟁점

1) 주현군의 번상 여부

지방 주현군 소속의 보승군과 정용군이 번상하여 2군6위 소속의 보
승군과 정용군을 구성하였는가의 문제이다. 먼저 부병제론에서는 『고
려사』 병지 주현군조에서 "고려의 병제는 대체로 모두 당의 부위제를
모방한 것으로서 주현에 흩어져 있는 병사는 역시 모두 6위에 속하였
다."고 한 기록에 근거하여 주현의 보승·정용군이 번상하여 2군6위의
보승·정용군을 구성하였다고 본다.[113]

그 근거의 하나는 남도 주현군의 보승·정용과 2군6위의 보승·정용
의 명칭이 같다는 점이다.[114] 『고려사』 병지 주현군조에는 남방 5도 주
현의 병종별 군액이 기록되어 있는데[115] 군액이 파악된 주현은 모두
지방관이 파견된 곳으로 군사도 또는 군목도(軍目道)라 불린다. 부병제
론에서는 바로 남도 주현의 보승·정용군이 교대로 번상하여 2군6위의
보승·정용군을 구성한 것으로 보는 것이다.

다음으로 "겨울옷을 가지러 귀향했다가 오랫동안 번상하지 않는 군
인들에게 빨리 서울로 올라오도록 명령하였다." 라든가[116] "제위(諸衛)

112) 홍원기, 1990 「고려 2군6위제의 성격」 『한국사연구』 68
113) 李佑成, 1965 「高麗의 永業田」 『歷史學報』 28
114) 강진철, 1980 『고려토지제도사연구』 고려대학교출판부
115) 『高麗史』 권83, 병3, 주현군

의 군사들은 국가의 조아(爪牙)이니 마땅히 농한기에 훈련을 시켜야한다"라고 한 기록에서 볼 수 있는 것처럼[117] 2군6위 제위의 군사들은 지방에서 번상입역(番上入役)하는 농민군이라는 것이다.

또한 『고려도경(高麗圖經)』에 "(고려의) 제도는 민이 16세 이상이면 군역에 충당하도록 되어 있다. 그 6군 상위(上衛)는 관부에 항상 머물렀으며 나머지 군인은 토지를 받아 농사를 지었는데 경고(警告)가 있으면 무기를 가지고 적진에 나아가고 일이 생기면 도구를 가지고 노역에 나아갔으며 일이 끝나면 토지로 복귀하였으니 마치 예전의 향민제(鄕民制)와 같았다. … 왕성에 머물러 호위하는 군대는 통상 3만 명인데 교대로 번을 나누어 지켰다."라고 한 기록[118]이나 『송사(宋史)』 고려전에 "6군 3위6군 3위는 항상 관부에 머물렀으며 3년마다 선발되어 서북계를 방수하였는데 반년마다 교대하였다. 경고가 있으면 무기를 잡고 일이 생기면 노역에 복무하였으며 일이 끝나면 농사에 복귀하였다."고 한 기록[119] 등에서 6군 3위 이외의 나머지 군인을 6군 가운데 상번이 아닌 비번의 군인으로 주현에 남아있는 지방군을 가리키는 것으로 보았다.[120]

이러한 부병제론의 주장에 대해 군반제론에서는 다음과 같은 근거

---

116) "遣使於安東慶州晉陝州尙州靈岩羅州全州揚廣州淸州忠州等十道 督諸州土貢 又軍士有因取冬衣 請告歸鄕 久不番上者 督令赴京"(『高麗史』 권22, 세가 高宗4년 19월)

117) "都兵馬使王寵之奏 … 又曰 無恃敵之不來 恃吾有備 故國家每當仲秋 召會東南班貝吏於郊外 敎習射御 而況諸衛軍士 國之爪牙 宜於農隙 敎金鼓旌旗坐作之"(『高麗史』 권81, 병1, 병제. 연혁 文宗4년 10월)

118) "其制 民十六以上 充軍役 其六軍上衛 常留官府 餘軍皆給田受業 有警則執兵赴敵 任事則執役服勞 事已則復歸田畝 偶合前古鄕民之制 … 其留衛王城 常三萬人 迭分番以守"(『宣和奉使高麗圖經』 권11, 仗衛1)

119) "國無私田 民計口授業 十六以上則充軍 六軍三衛 常留官府 三歲以選戍西北半歲而更 有警則執兵 任事則服勞 事已復歸農畝"(『宋史』 권487, 列傳246, 外國3 高麗)

120) 이우성, 1965 「고려의 영업전」, 『역사학보』 28

를 들어 주현군의 번상을 인정하지 않는다. 첫째, 2군6위 보승·정용군
의 군액과 주현군의 보승·정용군의 군액이 일치하지 않는다는 점이다.
만일 주현군 소속의 보승·정용군이 6위의 보승·정용의 비번 재향 군인
이라면 주현군의 보승·정용군의 군액은 원칙적으로 6위의 그것보다
많거나 최소한 같아야 하는데 주현군의 보승·정용군의 합계 28,355명
은 6위 소속 보승·정용군의 38,000명에 비해 그 수가 너무 적다는 것
이다.[121]

둘째, 경군과 주현군에서 차지하는 보승군과 정용군의 상호 비례 상
경군의 보승은 22,000명인데, 주현군의 보승은 8,601명이고, 경군의 정
용군은 16,000명인데 대하여 주현군의 정용은 19,754명으로 특히 보승
군의 차가 너무 심하다는 것이다. 따라서 주현군의 보승군과 정용군이
상경하여 2군6위의 보승군과 정용군을 구성하였다고 보기 어렵다고
하였다.[122]

군반제론의 이러한 비판에 대해 부병제론에서의 해명은 다음과 같
다. 첫째, 2군6위 보승·정용군의 군액과 주현군의 그것의 차이는 중앙
군이 편제상 완비·충족되었을 경우와 현실적으로 확보되어 있는 실제
상의 군액의 차이, 즉 중앙군 내부의 만성적인 병역의 기피나 도주로
인해 많은 결원이 생긴 결과로 볼 수 있다는 것이다.[123]

다음, 비율상 경군의 보승이 22,000명인 것에 대하여 주현군의 보승
이 불과 8,601명이며, 경군의 정용이 16,000명인 것에 대하여 주현군의
그것이 19,754명으로 차이가 심한데 이는 경군 38령의 편성관계를 전하
는 사료와 병지 주현군의 기록 사이에 개재하는 오랜 연대의 차이에서
기인하는 것이라고 본다. 즉 시간의 경과에 따라 군대편성에서 보승과

---

121) 이기백, 1965「고려 주현군고」『역사학보』29; 1968『고려병제사연구』
122) 이기백, 1968「고려 군인고-末松氏의 高麗 42都府考略을 읽고」『고려병제사
연구』
123) 강진철, 1980「제4장 사전 지배의 제유형, Ⅳ 군인전」『고려토지제도사연구』
고려대출판부

정용의 군액은 군사적·사회적인 요인으로 크게 변화할 수 있다는 것이다.[124]

한편 지방으로부터 주현군의 번상을 부정하는 군반제론에서는 대부분의 중앙군이 개경에 거주하였던 것으로 이해한다. 그렇다면 3만 내지 4만 5천에 달하는 군인과 10만 이상의 가족이 대부분 개경에 거주하였다는 셈이다. 몽골의 침입으로 고려가 강화도로 천도하였을 당시 개경의 인구가 약 10만 명 정도로 추산되었고, 세종대에 한양을 중심으로 한 수도권의 인구도 2만호(9만명)을 넘지 못하였으며, 1940년대의 개경 인구도 1만 6천여 호, 약 7만 2천명 정도였다는 점을 들어 고려시대에 개경 인구가 그 이상이었다는 것은 납득하기 곤란하다는 비판이 제시되었다.[125]

그러나 군반제를 옹호하는 측에서는, 선초에는 중앙 집권력의 한계로 호구파악이 제대로 이루어지지 못하였고, 고려와 조선의 수도권 범위가 달라 양자를 평면적으로 비교할 수 없으며 고려시대의 도읍으로서의 개경과 더 이상 수도가 아닌 1940년대의 개경을 비교하는 자체가 무리라는 반론을 제기하기도 하였다.[126]

중앙군이 전업적 군인과 농민 의무병으로 구성되었다고 주장하는 이원적 구성론 역시 부병제론과 마찬가지로 2군6위의 중앙군 모두가 군반씨족의 전문군인으로 개경에 거주했다는 군반제론을 비판하지만, 한편 부병제론과는 달리 2군6위 군인 가운데서 소수의 전업군인은 개경에 거주하였고, 대부분의 보승·정용군은 그 가족과 생활기반이 지방에 있는 것으로 보았다.[127]

---

124) 위와 같음
125) 강진철, 1980 「제4장 사전 지배의 제유형, Ⅳ 군인전」『고려토지제도사연구』 고려대출판부
   정경현, 1992 『고려전기 2군6위제연구』서울대박사학위논문
126) 홍승기, 1994 「고려초기 경군의 이원적구성론에 대하여」『이기백선생고희기념논총』상, 일조각

주현군의 번상과 관련한 중요한 문제의 하나는 당의 절충부(折衝府)
와 같은 지방 군부의 존재여부이다. 성종 때에 절충부별장이라는 존재
가 보이고[128], 목종원년의 전시과 규정에서도 절충도위·과의와 같은
절충부의 장관과 차관의 관직명이 나타나고 있다.[129]

이에 대해 군반제론에서는 절충부를 지방군부가 아닌 일종의 부대
명으로 보거나[130] 중국의 제도를 받아들이는데 열심이었던 성종이 당
부병제를 받아들이려는 의도를 가지고 있었으나 계획으로만 그치고
말았다고 보았다.[131] 즉 성종은 지방 호족들이 거느리고 있던 군대를
부병제를 통해 중앙정부의 지배하에 두기 위해 동왕14년에 중앙으로
부터 지방관을 대폭적으로 파견하고 6위를 완성시켰으나 부병제의 수
용은 결국 계획으로 끝나고 말았다는 것이다. 목종8년에 행해진 지방
관의 대폭적인 감축이 그것을 시사하는 것으로 현종 대에는 이미 절충
부의 존재가 사라지게 되었다는 것이다.[132]

중앙군 가운데 2군을 국왕의 친위군에서 비롯된 군반씨족의 전문군
인으로, 6위를 호족들의 사병이 고려왕조의 중앙집권화 과정에서 당
부병제 원리에 따라 재편성된 병농일치의 군인으로 보는 이원적구성
론에서는 부병제 원리에 입각한 6위제의 운영을 위해 절충부와 같이
교대번상을 유지·관장할 수 있는 군부가 필요하였고, 따라서 성종 대
에 등장하는 절충부가 6위의 번상을 실질적으로 담당하였다고 본다.
그러나 목종 대 이후 절충부의 존재가 보이지 않는 것은 부병의 번상
을 관장하는 기관이 선군도감(選軍都監)으로 바뀌었기 때문일 것으로

---

127) 洪元基, 1990 「高麗 二軍六衛制의 性格」 『韓國史研究』 68
　　　정경현, 1992 『고려전기 2군6위제연구』 서울대박사학위논문
　　　吳英善, 1992 「高麗前期 軍人層의 構成과 圍宿軍의 성격」 『韓國史論』 8
128) "折衝府別將趙英 葬母家園 朝夕祀之"(『高麗史』 권3, 세가 成宗9년 9월 丙子 教)
129) 『高麗史』 권78, 식화1, 전시과 목종원년 12월
130) 이기백, 1960 「고려 군인고」 『진단학보』 21; 1968 『고려병제사연구』 일조각
131) 이기백, 1968 「고려 부병제설의 비판」 『고려병제사연구』
132) 위와 같음

추측하였다.133)

2) 중앙군의 신분과 사회적 지위

부병제론에서는 중앙군의 신분을 농민으로 보는 데 반해 군반제론에서는 군반씨족(軍班氏族)이라는 특수한 계층으로 파악한다. 군반씨족이라는 용어는 『고려사』에 있는 다음의 기록에서 유일하게 발견된다. 즉 "병부에서 이뢰기를 '군반씨족의 적을 만든 지가 이미 오래되어 좀먹고 썩어 군액이 분명하지 않으니 옛 방식에 의거하여 다시 장적을 고쳐 만들기를 청합니다'라고 하니 그에 따랐다"라는 기록이다.134)

군반제론은 군반씨족의 적에 올라있는 군인이 중앙군을 구성한 군인들로서 농민군이 아니라 대대로 군인직을 세습하는 전문적 군인이라고 본다. 군반씨족의 기원은 후삼국시대의 호족들의 사병들로서, 그 근본은 대부분 농민이었지만 오랜 통일전쟁에 종사하게 됨에 따라 농민과 다른 군적에 등록되고 군역을 세습하는 가운데 자연히 군인으로서 특수한 신분층을 이루게 되었으며, 이렇게 형성된 특수 신분층으로서 군반씨족만이 대대로 전문적인 군인이 되었다는 것이다.135)

또한 중앙군은 전시과 체제 속에 포함된 군인전을 지급받는 존재로서 핵심적 지배층인 관인체제 속에 들지는 못했지만 말단 관료체제 내에 포함되는 중간계층으로 보았다. 그러나 군역의 부담이 무거운 것이었고 군인에 대한 국가의 처우가 규정대로 되지 못해 점차 지위가 저하되어 간 것으로 이해하였다.136)

---

133) 홍원기, 2001 「제4장 주현군·주진군의 성립과 6위의 보승·정용」 『고려전기군제연구』 혜안

134) "兵部奏 軍班氏族成籍旣久 蠹損朽爛 由此軍額不明 請依舊式 改成帳籍 從之"(『高麗史』 권8, 세가 문종18년 윤5월 신미)

135) 이기백, 1968 「고려 군반제하의 군인」 『고려병제사연구』 일조각

136) 위와 같음

이러한 군반제론의 주장에 대해 부병제론에서는 군인이 국가로부터 토지를 지급받았다는 이유만으로 향리나 이속에 견주어 관료체계의 말단에 포함시키는 것은 납득하기 어려우며, 또한 군역이 천인의 역은 아닐지라도 천역(賤役)으로 인식되는 가혹한 육체노동인 것이 분명한 데, 이러한 천역에 종사하는 군인과 국가권력을 농민에게 강제하는 권력의 행사자인 향리 등속과 서로 같은 것으로 취급하는 것은 큰 문제라고 비판하였다. 향리는 비록 말단이지만 국가권력을 집행하는 특권적인 위치에 있었지만 군인에게는 이러한 특권이 전혀 수반되지 않았다는 것이다.[137]

이처럼 부병제론에서는 중앙군을 농민으로 파악하지만 전체 농민층을 군역 대상으로 보지는 않았다. 즉 중앙군의 군역은 원칙적으로 군반씨족이라는 특수층의 정인(丁人)을 대상으로 편성되었으며, 군호를 설정할 경우 군역을 부담할 수 있는 충분한 경제적 기반을 갖춘 부농을 먼저 선정의 대상으로 삼았을 것이라고 하였다.[138]

한편 이원적 구성론에서는 2군6위 군인을 신분이 다른 두 요소로 구성되었던 것으로 이해한다. 즉 군반씨족의 특정 군인층과 주현의 번상 농민병[139], 2군의 군반씨족과 6위의 부병[140], 사전(私田)소유 군인과 공전(公田)소유 군인[141], 상급 군인층과 하급 군인층[142], 전업적 군인인 경군과 자영농민군인 외군[143] 등의 두 부류로 구성된 것으로 파악하

---

137) 강진철, 1980 「제4장 사전 지배의 제유형, Ⅳ 군인전」, 『고려토지제도사연구』 고려대출판부
138) 위와 같음
139) 張東翼, 1986 「高麗前期의 選軍」, 『高麗史의 諸問題』 삼영사
140) 洪元基, 1990 「高麗 二軍六衛制의 性格」, 『韓國史研究』 68
141) 馬宗樂, 1989 「高麗時代의 軍人과 軍人田」, 『白山學報』 36
142) 상급 군인층은 二軍과 諸衛 소속의 특수부대로 兩班과 軍班氏族으로 구성되었고, 하급 군인층은 농민으로 구성되었다고 본다.(吳英善, 1991 「高麗前期 軍人層의 二元的 構成에 관한 硏究」, 서울대석사학위논문)
143) 鄭景鉉, 1992 『高麗前期 二軍六衛制 硏究』 서울대박사학위논문

였다.

3) 군인전의 내용과 성격

균전제가 실시되지 않았던 고려에서 군역을 부담하는 대가로 지급
된 군인전에 대해서 그 내용과 성격을 둘러싸고 견해의 차이가 많다.
그러나 군반제론과 부병제론 모두 군인전을 전시과 규정에 따라 지급
된 토지, 즉 전시과(田柴科) 계열의 토지로 보는 점에서는 서로 일치
한다.

먼저 군반제론의 경우 중앙군은 군인직을 전문으로 하는 특수 신분
층으로서 중앙의 지배체제 내에 포함되어 관리와 마찬가지로 전시과
의 규정에 의해 토지를 지급받은 것으로 보았다. 부병제론 역시 전시
과 규정에 나타나는 마군(馬軍), 역·보군(役·步軍), 감문군(監門軍)을 부
병 중의 어떤 특수층을 의미하는 것인지 의문이 여지가 있다고 전제하
면서 이들을 부병 일반으로 간주하여 이들에게는 전시과에 규정된 군
인전이 지급된 것으로 이해하였다.[144]

그러나 지급된 군인전의 지배 내용이나 경작 등에 대해서는 서로 견
해가 다르다. 먼저 군반제론에서는 타인 소유 토지에 대해 수조권(收租
權)이 지급된 것, 즉 군인은 지급받은 토지를 수조지로 소유하여 수조
권을 행사한 것으로 본다. 군인전이 중앙의 지배체제 속에 포함되는
자에게만 지급되는 전시과 내에 포함되어 있는 것도 바로 수조권이 지
급된 토지였기 때문이라는 것이다.[145]

반면 부병제론에서는 군인 자신의 소유 토지에 군인전이 설정되어
일종의 면세권이 주어지는 것으로 이해한다. 즉 농민들이 본래 소유하

---

144) 강진철, 1980 「제4장 사전 지배의 제유형, Ⅳ 군인전」『고려토지제도사연구』
　　　고려대출판부
145) 이기백, 1968 「고려 군역고」『고려병제사연구』 일조각

고 있던 민전(民田)에 대해 조세 면제를 조건으로 군인전을 설정하여 지급이라는 의제적인 절차를 취한 것이었다고 한다. 다만 소유지가 적어 군호로서의 구실을 못하는 경우에는 국가가 일정 면적의 공전을 더 지급하였으며, 이 때 지급되는 공전은 타인의 민전이었다고 본다. 요컨대 군인전이 군호 소유의 토지 위에 설정되었을 경우에는 조세를 면제해 주는 형식을 취하는 것이었고, 타인의 민전 위에 설정된 경우에는 그 조세를 국가 대신 군호가 수취하는 형식이었다는 것이다.[146]

이처럼 각 입장에 따라 군인전의 지배 내용에 차이가 있기 때문에 군인전의 경작 방식에서도 차이가 나타난다. 먼저 군반제론의 경우 군인은 그들 자신이 직접 군인전을 경작하지 않고 군호에게 할당된 2인의 양호에게 경작시켜 그 조를 수취한 것으로 본다.[147] 이에 반해 부병제론에서는 군호 소유 군인전의 경우 군인 가족과 이들을 돕는 양호의 노동력에 의해 경작된 것으로 보기 때문에 군호는 양반과는 달리 수조권을 지급받아 좌식하는 존재가 아니라 군인 및 그 가족이 직접 토지 경작에 종사한 농민이었다고 한다.[148]

그런데 군반제론의 경우 군인에게 지급된 토지가 구체적으로 어떤 토지였는지 분명하지 않다. 문맥상으로 전후관계를 살펴보면 양호의 토지에 대해 수조권을 지급한 것으로 해석된다. 이처럼 양호의 토지에 대해 수조권을 지급한 것이라면 군인에게 본래의 소유 토지가 있는 경우 이 토지에 대한 조세는 어떻게 처리되었을까 의문이다.

군인 자신의 소유 토지가 있음에도 불구하고 따로 양호의 토지에 대해 수조권을 지급했다고 본다면, 군인 자신의 토지는 국가에 조세를 납부하고 대신 국가로부터 수조권을 위임받은 양호의 토지에서 수조

---

146) 강진철, 1980 「제4장 사전 지배의 제유형, Ⅳ 군인전」 『고려토지제도사연구』 고려대 출판부
147) 이기백, 1968 「고려 군역고」 『고려병제사연구』 일조각
148) 강진철, 1980 「제4장 사전 지배의 제유형, Ⅳ 군인전」 『고려토지제도사연구』 고려대 출판부

하는 형태가 된다. 과연 그와 같이 복잡한 형태로 군인전제도를 운영
하였을지 의문이다. 따라서 군반제와 부병제를 막론하고 군인전 지급
의 내용은 모두 같은 것으로 이해해야 하지 않을까 한다. 즉 군반제에
서 말하는 수조권 지급이라는 것도 원칙적으로는 군인 소유의 민전 위
에 수조권이 주어지는 것으로서 결국은 군인이 국가에 납부해야 할 조
세를 면제해주는 형태였을 것이기 때문이다.

이원적 구성론에서는 중앙군의 구성을 이원적으로 파악하기 때문에
군역에 대한 대가도 이원적으로 파악한다. 즉 전업군인은 전시과에 규
정된 군인전을 수조지로 지급받았으나, 지방의 농민 번상군은 입역하
는 기간 동안 군인호의 농경 보조자로서 양호를 지급받았다고 보거
나149) 전업군인과 달리 본래부터 소유하고 있던 민전이 군인전으로 설
정되어 조세의 면제를 받은 것으로 보기도 하여150) 이원적구성론 내부
에서도 견해 차이가 있다.

특히 후자의 경우는 고려시대 국가의 토지 분급제를 두 가지 방식,
즉 전시과(田柴科) 계열의 토지와 족정·반정(足丁·半丁)의 계열의 토지
로 나누고, 전시과 계열의 군인전은 수조권이 지급된 것이며 족정·반
정 계열의 군인전은 자기 소유 토지에 대해 면조권이 지급된 것으로
이해하였다. 이와 같이 군인전을 성격이 다른 두 부류로 구분한다고
하여도 전체 토지에서 차지하는 군인전 총액의 과다성 문제는 여전히
해결되지 않는다.

---

149) 鄭景鉉, 1992 『高麗前期 二軍六衛制 研究』 서울대박사학위논문
150) 홍원기, 2001 「제4장 주현군·주진군의 성립과 6위의 보승·정용」 『고려전기군
    제연구』 혜안

4. 군제사상 부병제와 군반제의 위치

군반제론에서는 역사상 병제의 발전과정을 핵심적인 부대의 인적 구성과 그들이 짊어지는 군역의 성격 변화를 기준으로 씨족 및 부족사회 단계의 부족군제, 삼국에서 통일신라기의 명망군제(名望軍制), 신라 말 고려전기의 군반제, 고려후기 이후의 병농일치제로 구분하였다.[151]

먼저 군역을 담당하는 계층면에서 볼 때 부족군제에서는 부족과 분리된 군사조직이 따로 없는 완전한 개병제였으나, 삼국의 명망군제에 이르러 왕경(王京)에 거주하는 왕경인이 정치적인 지배자인 동시에 국가 병력의 주된 구성원이 되었고, 고려전기의 군반제에서 전국 호구 중의 일정한 군반씨족 혹은 군호로 확대되었으며, 고려후기 이후 병농일치제가 되면서 전체 농민으로 확대되는 것으로 파악하였다.

다음 군역의 성격면에서 초기의 군역은 명예로운 권리였으나 점차 의무로 변화한 것으로 보았다. 즉 군반제가 실시되는 초기까지의 군역은 명예로운 권리로서의 잔영이 남아 있었으나 병농일치제 이후 군역은 완전히 의무적인 것으로 변화하였다고 본다. 결론적으로 군반제는 명망군제와 병농일치제 사이에 존재했던 군제로, 군역이 전체 농민으로 확대되기 전단계의 군제인 동시에 군역이 괴로운 의무가 되기 전단계의 군제로 이해하는 것이다.

이러한 군반제는 중국의 서진(西晉)에서 남북조시대에 걸쳐 실시된 병호제(兵戶制)와 비슷한 성격의 군제로 볼 수 있다. 즉 병호제란 병사와 그 가족을 일반 민적에 넣지 않고 병호 또는 군호로 특별히 취급하여 호 내의 남정에 대해 대대로 병역의무를 지우는 제도였다. 중국에서는 춘추전국시대에 일반민을 상비군으로 징발하기 시작하여, 진한시대에 이르러서는 모든 서민층이 징병의 모체가 되었으나 후한 말 삼국시대에 이르러 일반 서민을 징병의 대상으로 삼을 수 없게 되었다. 후

───────────────

151) 이기백, 1977 「한국의 전통사회와 병제」『한국학보』 6, 일지사

한 중엽 이래 한 왕실이 붕괴되고 군웅할거의 상태가 됨에 따라 민의 피폐와 유망이 심화되어 토착민을 징병의 모체로 삼을 수 없게 되었고, 한편 유망하지 않은 토착민들도 전화로부터 자신을 보호하기 위해 지방 유력자 아래로 들어가 징병이 용이하지 않았다.[152]

이처럼 후한 말 삼국시대에 상비군의 모체를 토착민에서 구하는 것이 곤란하게 된 상황에서 이에 대한 대응책으로 군인과 그 가족을 자신의 근거지에 안집시켜 일정 정도의 생활보장을 해주는 대신 병호로 삼아 대대로 병역의무를 부과하는 군제가 바로 병호제였다. 즉 병호제는 농민의 유망이나 몰락으로 인해 전체 농민을 대상으로 하는 징병제의 실시가 불가능한 왕조의 분열기에 일시적으로 나타난 과도기적인 성격의 군제였던 것이다.

우리 역사상에서도 중국의 후한 말 남북조와 비슷한 사회변동을 경험한 후삼국시대에 군사력 확보의 어려움 때문에 중국의 병호제와 비슷한 성격의 군반제가 실시되었을 가능성이 있다. 그러나 후삼국을 통합하고 전국을 일원적으로 지배할 수 있는 집권체제를 확립한 이후에도 계속해서 군반제를 유지할 필요성이 있었는지는 의문이다.

또한 군반제는 국가 재정적인 측면에서 볼 때 그 유지에 막대한 경비를 필요로 하였다. 즉 토착농민을 징발대상으로 할 수 없는 상황에서 출현한 군반제는 군인과 그 가족을 안집시키고 생활보장책을 마련해 주어야 하는 제도였다. 이에 반해 병농일치의 부병제는 병력의 충원 기반을 자영농민층에 둠으로써 군사를 기르는 데 필요한 경비를 절약할 수 있을 뿐만 아니라 동시에 농업생산의 성장도 가져올 수 있는 제도였다. 후삼국의 통합으로 부병제를 실시할 수 있는 사회적·경제적 조건을 갖추게 된 고려왕조가 막대한 유지비를 필요로 하는 군반제와 같은 병제를 계속 유지할 이유가 없었을 것으로 생각된다.

---

152) 濱口重國, 1940「後漢末·曹操時代에 있어서 兵民의 분리에 대하여」『東方學
報』11; 1966『秦漢隋唐史의 硏究』

이원적 구성론에서 고려전기 군제의 역사적 위치에 대해 언급한 연구는 보이지 않는다. 다만 고려전기의 군제를 전통적인 군반씨족제와 당 부병제의 혼합으로 이루어진 독특한 형태로 파악하려는 연구가 있을 뿐이다. 즉 2군은 군반씨족제가, 6위의 보승·정용은 부병제의 원리가 적용되었는데 그 가운데 군반씨족제는 전통적 성격이 농후한 병제로, 부병제는 당의 병제로 보아 병제사상 고려전기는 전통적인 것과 당제적인 것의 혼합이 일어나는 시기로 이해하였다. 나아가 당 부병제의 채용은 보다 중앙집권적인 정치질서의 확립에 기여한 것이며, 또한 고려의 통치 질서를 한 차원 높여준 조치로서 이후 전통 병제를 청산하고 국민개병제로 넘어가는 데서 나타나는 과도적인 군제라는 점에 역사적 의의가 있다고 평가하였다.[153]

그런데 과연 군반제를 고려만의 독특한 전통적 성격의 병제로 볼 수 있는 것인지 의문이다. 이미 앞에서 언급했듯이 군반제는 중국 군제사상 토착농민을 군역징발의 대상으로 할 수 없는 통일왕조의 분열기인 남북조시대에 나타난 병호제와 같은 성격의 군제이다. 따라서 군반제와 부병제를 군제 발전과정상 선후의 단계적 차이가 있는 군제로 이해할 수 있는 것인지 의문이다.

5. 논쟁의 의미

고려 군사력의 주력을 이루는 중앙군의 구성을 둘러싼 논쟁, 즉 중앙군이 농민층 일반으로 구성되었나, 아니면 일부 특수 계층인 군반층으로 구성되었나를 둘러싼 논쟁은 군역 담당층의 성장 정도나 국가 집권력의 발전 정도와 관련된 중요한 문제이다. 특히 군반제론에서는 고려전기까지 농민층 일반이 군역 담당층으로 성장하지 못한 것으로 이

---

153) 홍원기, 2001 「고려군제의 특징과 그 변화」『고려전기군제연구』혜안

해하며, 또한 국가 집권력의 측면에서도 국가가 전체 인민을 일원적이고 통일적으로 지배할 수 있을 만큼 중앙의 집권력이 발달하지 못한 단계로 인식한다.

그러나 그동안의 연구에서는 삼국 통일전쟁이 본격화되는 6세기 무렵부터 일반민이 군역 담당자로 징발되기 시작하여 통일신라시대에는 병농일치의 병제가 실시된 것으로 이해하고 있다.[154] 삼국간의 전쟁이 장기전화 함에 따라 왕·귀족·왕경민 등 지배세력 중심의 전쟁에서 점차 지방민을 포함한 전 구성원의 전쟁으로 확대되어 갔고, 또한 전쟁이 장기화되고 총력전의 양상을 띠면서 집권층은 재정이나 군사력 확보의 필요성에서 피지배층 일반을 적극적으로 동원하게 되었다.

그 결과 삼국시대 후반에 이르러 일반민들은 전쟁의 비용을 부담하고 노동력을 제공할 뿐만 아니라 군인으로 징발되어 전투를 담당하게 되었다. 왕경민들은 이미 일찍부터 군사로 동원되기 시작하였으며 점차 지방의 유력층, 나아가 일반 지방민에 대한 군사동원도 이루어지게 되었다. 일반민의 군역 동원은 그들의 지위가 전 단계에 비해 상승되었음을 보여 주는 것이다.

일반민이 군역에 동원되었다고 해서 물론 모든 농민이 군역을 진 것은 아니었다. 고려전기에 국역 부담상 정호층과 백정층의 구분에서 볼수 있듯이 병농일치의 군제가 실시된 초기에는 비교적 부유한 농민층이 군역을 담당했을 것이다. 즉 경제적으로 군역을 감당할 수 있는 능력을 가진 상층농민이 주된 징발 대상이 되었다. 이들 상층농민도 어디까지나 신분적으로 농민이며 피지배층이었다. 물론 전체 군인 가운데 특수 신분으로 구성된 전문적인 군인도 포함되었으나 그들 전문적인 군인이 차지하는 비중은 일부에 불과하였고 대다수 군인은 농민 출신의 의무병이었다.

의무병인 농민 번상병은 교대로 복무하므로 중앙집권이나 왕권보호

---

154) 김기홍, 1990 『삼국 및 통일신라기 세제의 연구』 서울대박사학위논문

에 불리하였다. 그 때문에 국가에서는 신분에 관계없이 무예에 능한 자
를 뽑아서 친위군을 조직하여 국왕과 왕실의 숙위 역량을 강화하였던
것이다. 병농일치의 부병제를 실시한 당에서도 농민병으로 구성된 부병
이외의 우림군(羽林軍)과 같이 전문병사로 조직된 친위군이 부병제와 조
합을 이루어 각각의 기능을 분담하였던 것이다.

또한 병권의 중앙집중이라는 측면에서 볼 때 후삼국을 통합한 고려왕
조의 정치적 과제의 하나는 호족들에게 분산되어 있던 병권을 중앙으로
집중시키는 것이었다. 이와 관련하여 주목되는 것이 군대 통할 상 부병
제가 갖는 중앙집권적인 특징이다 즉 부병제는 군대의 통할에서 궁성과
도성의 경비를 담당하는 중앙군, 변경을 방비하는 진수군, 병력공급원으
로서 지방 치안의 중심을 이루는 지방군이라는 3요소가 중앙 정부의 인사
권, 감독지휘권, 명령권을 축으로 하나로 결합되어 운용되는 병제였다.[155]

고려에서 당과 똑같은 형태의 부병제가 실시되었는지는 의문이지
만 적어도 부병제의 기본적인 특성의 하나인 중앙군·지방군·변경군
의 3요소의 통일이라는 관점에서 볼 때 부병제의 특징을 갖는 군제로
이해할 수 있지 않을까 한다. 먼저 2군6위의 중앙군 가운데 소수의 전
문적 군인층을 제외한 대다수의 보승·정용군은 주현에서 교대로 번
상하는 지방군에 그 기반을 두고 있었고, 양계의 변경군 역시 토착
주민들로 조직된 주진군 이외에 주현으로부터 번상한 군인들로 충원
된 방수군은 남도 지방군에 그 기반을 둔 것이었다.

이처럼 고려 전기의 중앙군과 양계의 변경군, 그리고 남도 주현군
의 3조직은 같은 기반위에서 중앙 정부가 장악한 병권을 축으로 하나
로 결합되어 운용되었다. 이는 후삼국 통일 후 왕권확립과 중앙집권
화 과정에서 호족 휘하의 사병적인 성격의 군사력을 지방군으로 흡
수하고 분산된 병권을 중앙으로 집중하여 전국적 군사통할 기구의
집중과 일원화 과정 속에서 나타난 귀결이었던 것이다.

---

155) 菊池英夫, 1970「府兵制度의 展開」『岩波講座 世界歷史』5

제3절 주현군의 동원과 지휘

1. 머리말

고려시대의 군제사 연구는 중앙군, 즉 2군6위제에 관한 연구가 중심을 이루었다. 이에 비해 남도지역의 주현군과 양계지역의 주진군 등 지방군에 관한 연구는 상대적으로 부족한 편이다. 이러한 중앙군 중심의 연구는 고려시대 군사력의 중심을 중앙군에 두고 중앙군은 군반씨족이라는 특수한 계층으로 구성되었다고 이해하는 이른바 군반제론의 강한 영향 때문이라고 생각된다.

그러나 최근에는 고려 중앙군의 구성을 군반제적인 요소와 부병제적인 요소가 결합된 것으로 파악하려는 이원적 구성론이 그 입지를 확대해가고 있다. 이러한 새로운 관점에서 보면 종래 군반제론의 주장과 달리 고려의 전체 군사력에서 지방군이 차지하는 비중이 상대적으로 높아지고, 따라서 지방군제 연구의 중요성도 그만큼 커지게 되는 것이다.

그동안 고려시대 지방군제 연구에서는 고려 초 집권체제의 정비와 함께 지방 호족의 군사력이 국가 지배하의 지방군으로 흡수되는 과정과 지방군의 조직·배치·임무·구성원·대우 등 지방군에 관한 여러 가지 기본적이고 중요한 사실들이 밝혀졌다. 그러나 지방 호족세력이 강했던 고려시대에 지방세력의 통제와 관련하여 군현제를 비롯한 지방통치제도와 함께 지방군의 지휘체계나 동원체제 등 구체적인 사실을 밝히는 것도 지방군제 연구의 중요한 과제의 하나이다.

이 절에서는 고려왕조 성립기부터 전기의 군사제도가 결정적으로 붕괴하는 대몽전쟁기에 이르는 시기를 대상으로 하여 남도 주현군과 중앙군의 관계, 주현군의 동원과 지휘체계 등의 문제를 정리하고자 한

다. 특히 고려시대 지방지배의 한 특징인 외관 속관제와 향리직제를
통한 주현군의 동원과 지휘체계 등을 살피고자 한다.

　당시 외관과 함께 경·목·도호부 지역에는 판관·사록참군사 등의 속
관들이 파견되었는데, 이들은 지방의 군사행정과 관련하여 주목되는
존재이다. 이러한 속관의 기능이나 성격 등을 중국의 그것과 비교함으
로써 특히 지방 군사행정의 측면에서 속관들의 역할과 성격을 밝힐 수
있을 것으로 생각한다. 아울러 주현군 지휘자인 향리와 무산계제도와
의 관계 등도 검토하려 한다.

2. 주현군과 2군6위와의 관계

　주현군과 2군6위와의 관계에서 가장 중요한 논점은 주현군 가운데
보승·정용군이 번상하여 6위 소속의 보승·정용군을 구성했는가의 문
제이다. 고려 말 조준과 정도전을 비롯한 일련의 개혁론자들은 고려
전성기 때의 군제를 당의 부병제와 같은 것으로 인식하였고[156], 조선
초의『고려사』편찬자들 역시 고려의 군제를 당나라의 부위제도(府衛
制度) 내지 그와 유사한 제도로 이해하였다.[157] 이처럼 고려의 군제를
부병제로 이해하는 이른바 부병제론은 1960년대 초까지 고려시기 연구

---

156) “憲司上疏 … 本朝五軍四十二都府 盖漢之南北軍 唐之府衛兵也”(『高麗史』
　　　권81, 兵1, 兵制, 沿革 공양왕원년 12월)
　　　“本朝府兵之制 大抵承前朝之舊 然前朝盛時 唯府兵外 無他軍號 北有大遼 東
　　　有女眞 侵略於外 又有草賊 往往竊發於中 外攻內守 傳至四百餘年 當時府兵
　　　之盛可知 無事則肄習兵法 有事小則遣郎將別將平之 大則遣上大將軍將軍禦
　　　之 當時府將之盛 亦可知矣”(『三峰集』 권10, 經濟文鑑 下, 衛兵, 本朝府兵)
157) “高麗太祖統一三韓 始置六衛衛 有三十八領 領各千人 上下相維 體統相屬 庶
　　　幾乎唐府衛之制矣”(『高麗史』 권81, 兵1, 序)
　　　“高麗兵制 大抵皆倣唐之府衛 則兵之散在州縣者 意亦皆屬乎六衛 非六衛外
　　　別有州縣軍也”(『高麗史』 권83, 兵3, 州縣軍)

자들에게 그대로 수용되었다.

이러한 부병제론을 인정하는 입장에서는 당연히 주현의 보승·정용 군이 교대로 번상하여 6위의 보승·정용군을 구성한 것으로 보았다.[158] 그 근거로는 우선 남도 주현군의 보승·정용과 6위의 보승·정용의 명칭 이 같다는 점이다.[159] 『고려사』 병지 주현군조에는 남방 5도 주현의 병 종별 군액이 군사도(군목도)별로 기록되어 있는데, 부병제론에서는 바 로 남도 주현의 보승·정용군이 교대로 번상하여 6위의 보승·정용군을 구성한 것으로 이해한다.[160]

다음 "겨울옷을 가지러 귀향했다가 오랫동안 번상하지 않는 군인들 에게 빨리 서울로 올라오도록 명령하였다." 라든가[161] "제위의 군사들 은 국가의 조아(爪牙)이니 마땅히 농한기에 훈련을 시켜야한다"라고 한 고려사 기록에서[162] 볼 수 있는 것처럼 중앙 제위의 군사들은 지방에

---

158) 李佑成, 1965 「高麗의 永業田」 『歷史學報』 28

159) 강진철, 1980 「군인전」 『고려토지제도사연구』 고려대출판부

160) 주현군과 중앙 2군6위와의 관계에 대한 연구
　① 주현군이 배치된 곳은 軍事道라고 할 수 있는 軍目道인데 이 44개의 군목 도가 6위중 監門衛와 千牛衛를 제외한 4위 소속 보승·정용의 38領에 각기 분속되어 그곳으로부터 侍衛軍이 番上하는 형태의 府兵制가 실시되었을 가능성이 있다고 보는 견해
　　末松保和, 1959 「高麗四十二都府考略」 『朝鮮學報』 14
　② 중앙 2군6위 소속의 領 가운데 2군의 3領을 제외한 6衛의 42領과 지방의 군목도의 수가 일치하지 않고, 또 양자 사이의 보승·정용의 군액이 다르다 는 점 등을 근거로 이러한 가능성을 부정하는 견해
　　李基白, 1960 「高麗軍人考」 『震檀學報』
　　그러나 주현군의 番上체제 정비 후 지방 軍目道의 수가 변동했거나 또는 軍目道 중 중앙군으로의 番上에서 제외되는 곳이 있었거나 아니면 1領에 2개 이상의 軍目道가 소속되었을 가능성도 고려할 수 있을 것이다.

161) "遣使於安東慶州晉陜州尙州靈岩羅州全州揚廣州淸州忠州等十道 督諸州土貢 又軍士有因取冬衣 請告歸鄕 久不番上者 督令赴京"(『高麗史』 권22, 세가 고 종4년 10월)

162) "都兵馬使王寵之奏 傳曰安不忘危 又曰 無恃敵之不來 恃吾有備 故國家每當 仲秋 召會東南班員吏 於郊外 敎習射御 而況諸衛軍士 國之爪牙 宜於農隙 敎

서 번상입역하는 농민군이라는 것이다. 또한『고려도경』의 6군 상위 이외의 나머지 군인이나[163]『송사』의 6군 3위 이외의 군인[164]을 6군 가운데 상번이 아닌 비번의 군인으로 주현에 남아있는 지방군을 가리키는 것으로 보았다.

그러나 1950년대 말 이기백교수가 처음 부병제를 비판하는 반론을 제기함과 함께 새로이 군반제론을 주장하였다.[165] 군반제론이란 2군6위의 중앙군을 구성한 군인들은 일반농민이 아니라 군반씨족의 호적에 올라 대대로 군인직을 세습하는 전문적 군인으로 보는 견해이다. 이러한 군반제론에서는 2군6위의 보승·정용군의 군액과 주현군의 보승·정용군의 군액이 일치하지 않고[166], 6위의 보승·정용과 주현군에서 차지하는 보승·정용군의 상호 비례상 액수의 차이가 심하다는 이유로[167] 주현군의 번상을 인정하지 않는다.

논란이 되고 있는 주현군의 개경 번상과 관련한 중요한 문제의 하나는 지방 군부, 즉 절충부(折衝府)의 존재여부이다. 고려 군제에 큰 영향

金鼓旌旗 坐作之節"(『高麗史』권81, 병1, 병제 연혁 문종4년 10월)

163) "其制 民十六以上 充軍役 其六軍上衛 常留官府 餘軍 皆給田受業 有警則執兵赴敵 任事則執役服勞 事已則復歸田畝 偶合前古鄕民之制"(『高麗圖經』권11, 仗衛 序)

164) "十六以上則充軍 六軍三衛 常留官府 三歲以選戍西北 半歲而更 有警則執兵 任事則服勞 事已復歸農畝"(『宋史』권487, 高麗傳)

165) 李基白, 1968『高麗兵制史研究』일조각

166) 만일 주현군 소속의 보승·정용군이 중앙 6위의 보승·정용의 非番 在鄕 군인이라면 주현군의 보승·정용군의 군액은 원칙적으로 6위의 그것보다 많거나 최소한 같아야 하는데 주현군의 보승·정용군의 합계 28,355명은 6위 소속 보승·정용군의 38,000명에 비해 그 수가 너무 적다는 것이다.(李基白, 1960「高麗軍人考」『震檀學報』21; 1968『高麗兵制史研究』일조각)

167) 6위의 보승은 22,000명인데, 주현군의 그것은 8,601명이고, 6위의 정용은 16,000명인데 대하여 주현군의 그것은 19,754명으로 특히 보승군의 차가 너무 심하기 때문에 주현군의 보승·정용군이 상경하여 6위의 보승·정용군을 구성하였다고 보기 어렵다고 한다.(李基白, 1965「高麗州縣軍考」『歷史學報』29; 1968『高麗兵制史研究』일조각)

을 준 것으로 보이는 당의 절충부는 병사의 간점(簡點), 훈련 및 번상, 동원 등의 제반 사무를 관장하기 위해 지방에 설치된 군부였다. 절충부는 모두 중앙의 제위(諸衛) 또는 제솔부(諸率府)에 분속되었으며 일반 민정을 관할하는 지방관청과는 통속관계가 없었다.168)

절충부에는 장관인 절충도위(折衝都尉)와 차관인 과의도위(果毅都尉), 그리고 그 아래에 별장(別將)·교위(校尉)·여수(旅帥)·대정(隊正)·화장(火長) 등의 군관이 있어 평상시에는 관내 병사의 관리와 훈련을 담당하였고, 번상 또는 변방의 방수에 병사를 차점하는 경우나 출정·토벌 때에는 군액의 다소에 따라 절충도위·과의도위 또는 별장 이하의 군관이 인솔하였다. 군관 이외에 장사(長史)·녹사(錄事)·병조참군(兵曹參軍) 등의 문관이 있어 병기·군량 등의 관리 및 군인의 징발·동원 등의 사무에 관여하였다.169)

절충부의 병사가 자신의 절충부가 예속된 제위 또는 제솔부에 번상하면 제위·제솔부는 그들 병사를 금군(禁軍)으로 편성하여 천자 또는 동궁의 숙위(宿衛)·의장(儀仗)·도성 내외의 경비 등에 충당함과 동시에 일부는 경사의 여러 관청 또는 친왕부 등을 경비하는 위사(衛士)에 배속시켰다. 그리고 매년 동계의 농한기에는 자신이 속한 절충부에 집합하여 절충도위 이하 제군관의 지휘 하에서 전투훈련에 참가하였다.170)

고려의 경우 당과 같은 기능을 갖는 절충부가 설치되었는가가 문제이다. 성종 때에 절충부별장의 존재가 보이고171), 목종원년의 전시과에서도 절충도위·과의·별장 등 절충부 소속 장관·차관·보좌관의 관직명

---

168) 菊池英夫, 1960「唐代 府兵制度拾遺」『史林』43
169) 절충부에서는 매년 부병의 장적인 衛士帳을 작성하여 중앙의 병부에 보고하면 병부는 이에 의거하여 전국의 군액을 파악하고 동원계획을 수립하였는데, 이때 절충부에서 번상 병사의 명부, 防人의 명부, 在府者의 教習簿, 매년 考課簿 등의 문서 작성을 담당하는 것은 長史(또는 司馬)·兵曹參軍事·錄事 등이었다.(菊池英夫, 1960「唐代 府兵制度拾遺」『史林』43)
170) 浜口重國, 1930「府兵制로부터 新兵制로」『秦漢隋唐史의 연구』
171) "折衝府別將趙英 葬母家園 朝夕祀之"(『高麗史』권3, 세가 成宗9년 9월 丙子 敎)

이 나타나고 있다.[172] 이에 대해 군반제론에서는 중국의 제도를 받아
들이는데 열심이었던 성종이 당의 부병제를 받아들이려는 의도를 가
지고 있었으나 계획으로만 그치고 말았다고 이해한다.

즉 성종은 지방 호족들이 거느리고 있던 군대를 부병제를 통해 중앙
정부의 지배하에 두기 위해 그 14년에 중앙으로부터 지방관을 대폭적
으로 파견하고 6위를 완성시켰으나 부병제의 수용은 결국 계획으로 끝
나고 말았다는 것이다. 목종8년에 행해진 지방관의 대폭적인 감축이
그것을 시사하는 것으로 현종 대에는 이미 절충부의 존재가 사라지게
된다고 하였다.[173]

한편 6위 소속 군인을 고려왕조의 중앙집권화 과정에서 호족들의 사
병이 당 부병제 원리에 따라 재편성된 병농일치의 군인으로 보는 이원
적구성론에서는 6위제의 운영을 위해 절충부와 같이 교대 번상을 관장
할 수 있는 군부가 필요하였고, 그에 따라 성종 대에 등장하는 절충부
가 6위의 번상을 실질적으로 담당한 것으로 본다. 그러나 목종 대 이후
절충부의 존재가 보이지 않는 것은 부병의 번상을 관장하는 기관이 선
군도감으로 바뀌었기 때문일 것으로 추측하였다.[174]

이미 여러 연구들에서 지적했듯이 성종 대에 절충부가 설치되었을
가능성은 충분히 있다. 성종 대에는 중앙의 정치제도를 비롯해 10도제
와 절도사제 등 여러 면에서 중국의 제도를 그대로 수용하였다. 그러
나 이후 폐지되거나 개편되는 다른 제도들과 마찬가지로 성종대에 수

---

172) 『高麗史』 권78, 食貨1, 田制, 田柴科 목종원년 12월
173) 이기백교수는 성종14년에 이루어진 光軍의 개편을 당의 부병제를 이식하려는
    조처로 보았다. 즉 光軍司를 光軍都監으로 전환한 것은 광군을 개편하여 중앙
    6위 소속의 지방 절충부로 만드는 일을 관장하기 위한 것이었으나 현종2년에
    光軍都監이 다시 光軍司로 복구되었는데 이는 성종14년에 의도했던 부병제
    실시가 실패로 돌아간 것을 나타내는 것이라 하였다.(1968 「高麗 光軍考」 및
    「高麗 지방제도의 정비와 州縣軍의 성립」, 『高麗兵制史硏究』)
174) 洪元基, 1990 「高麗 二軍六衛制의 性格」 『韓國史硏究』 68; 2001 『高麗前期軍
    制硏究』 혜안

용되었던 절충부제 역시 이후 고려의 실정에 맞게 변용되었을 것으로
생각된다.

원래 당의 절충부는 일반 주현제와 관할 영역이 다를 뿐 아니라 관
원도 외관과 별개로 설치되었다. 일반 행정구획으로서의 주현은 인구
를 큰 요소로 하는 동시에 일정한 영역을 갖는 것이다. 따라서 주현 경
계의 결정에는 각 주현 면적의 균등이라는 요소가 고려되고, 또한 산
천 등의 자연적 경계도 이용되어 결과적으로 인호의 거주상태와 완전
히 적합한 경계를 갖는 것은 아니었다.[175]

절충부는 대개 800~1,200인의 장정을 간점(簡點)하여 군액을 확보하
는 것이 제일의 목적이었으므로, 절충부의 설치는 공간적으로 보아 주
의 경계 내에 평균적으로 분포하지 않고 모두 인구 본위로 주내의 인
호의 정주 상태에 따라 배치되었다. 그 결과 지방 행정구획으로서 주
현이 관할하는 영역과 절충부가 관할하는 군정의 거주구역은 복잡한
관계를 갖게 되어 큰 주인 경우에는 1주 내에 여러 개의 절충부가 설치
되기도 하였다.[176]

중국에 비해 영토나 인구 면에서 큰 차이가 있는 고려의 경우 일반
행정조직과 별개의 지방 군부를 설치할 필요성이 크지 않았을 것이다.
따라서 처음에는 지방관이 파견된 일부 주현을 단위로 절충부가 설치
되었다가 현종대 이후 지방제도가 정비되면서 절충부를 대신하여 일
종의 군사도라고 할 수 있는 군목도(軍目道)체제가 성립된 것이라 생각
된다.

군목도는 유수관·도호부사·목사·지사·방어사·현령 등 지방관이 파
견된 경·주·부·군·현이 단위로 되어 있고, 속군현은 제외되어 있다. 즉
군목도는 지방관이 파견되는 주현(主縣)을 단위로 설정된 것이다.[177]

---

175) 菊池英夫, 1960「唐代 府兵制度拾遺」『史林』43
176) 위와 같음
177) 속군현이 아닌 主縣 가운데서 군목도가 설정되지 않은 곳도 있는데 양광도의
    天安府와 富城縣, 경상도의 東京과 禮州, 전라도의 金堤縣·金溝縣·長興府·

따라서 지방관이 파견된 주현은 일반 행정업무 이외에 군목도로서의 군사적 업무까지 겸하였던 것이다.

고려에 비해 지방지배가 철저하였던 조선시대에도 시행되지 않았던 속관제(屬官制)가 고려시대에 실시되었던 것은 주현-속현체제라는 광역 행정체제를 가진 군현제의 원활한 운영을 위한 것인 동시에 군목도로서 수행해야 할 군사적 업무까지 겸하였기 때문이 아닌가 한다.

3. 주현군의 간점과 징발

1) 주현군의 간점

군사의 징발은 수도 개경의 경비와 변방의 방수를 위해 정기적으로 이루어지는 것과 외적의 침입이나 반란 등 유사시에 수시로 이루어지는 것이 있었다. 국가는 군사의 동원을 위해 평상시에 군역대상자를 파악하여 군적을 작성하였는데, 바로 주현의 호적을 토대로 군역대상자를 선발하는 과정이 간점(簡點)이다. 고려시대에 군사의 징발은 이미 작성된 군적을 토대로 이루어졌을 것으로 생각되나 징발을 위한 군인의 간점에 대해서 구체적인 절차는 밝혀져 있지 않다.

고려가 모범으로 삼은 당의 부병제에서는 지방 절충부에서 위사장(衛士帳)이라 불리는 군적을 작성하여 매년 중앙의 병부에 보고하면 중앙에서는 이 군적으로 현재의 병마수를 파악하고 이것에 기초하여 동원계획을 세웠는데, 여기서의 위사장은 주현의 호적을 기초로 하여 간

靈岩郡·海陽縣·珍島縣·陵城縣·耽羅縣, 서해도의 平州와 白翎鎭 등이다. 이들 지방은 군사적으로 특별히 취급되었을 가능성이 있고, 또 전라도 지역이 많은 것은 이 지역에 대해 지리지의 기록이 不備한 것과 관련이 있는 것으로 보는 견해도 있다.(이기백, 1965 「高麗 州縣軍考」『歷史學報』29)

점에 의해 작성된 군적이었다.[178]

고려 역시 당과 마찬가지로 매년 주현에서 작성하여 호부에 올린 호적을 바탕으로 군적을 작성하였다.[179] 이때 군인의 간점 업무를 위해 중앙에서 점군사(點軍使)나 선군사(選軍使) 등의 관리가 파견되었으며, 점군 또는 선군으로 불리는 간점은 호적을 바탕으로 군인을 뽑아 군적에 올리는 과정이었던 것으로 생각된다.[180]

당의 경우 군인의 간점과 군사의 동원은 절충부 장관인 절충도위와 주자사(州刺史)가 협력하여 책임을 분담하였다. 절충부 성립 이전의 당 초기에는 3년마다 실시되는 대모집시에는 중앙으로부터 간점사가 파견되었고, 매년 실시되는 주현의 소모집 때에는 자사와 현령에게 간점 업무가 위임되었다. 그러나 부병제가 확립된 후에는 간점이 자사와 현령에게 맡겨졌고, 군적작성의 실무는 지방의 장사(長史)를 비롯한 녹사(錄事)·병조참군(兵曹參軍)·부사(府使) 등이 담당하였다.[181]

고려에서는 중앙에서 파견되는 점군사나 선군사가 군목도 장관을 겸한 지방관의 협조를 얻어 군인의 간점업무를 담당하였을 것으로 생각된다. 점군사와 선군사는 주현의 호적을 토대로 호내의 장정 수, 장정의 신체조건과 경제적 능력 등을 참작하여 군인을 간점하였을 것이다.

그리고 군적작성 등 구체적인 실무는 지방관의 속관인 사록참군사(司祿參軍事)를 비롯해 주현의 향리직인 사병(司兵) 소속의 병정(兵正)·부병정(副兵正)·병사(兵史) 등이 담당하였을 것으로 생각된다.[182] 사록참군사는 중국에서 부(府)와 주(州) 등 상급 지방행정단위에 설치된 속

---

178) 菊池英夫, 1960「唐代府兵制度拾遺」『史林』43

179) "國制 民年十六爲丁 始服國役 六十爲老而免役 州郡每歲計口籍民 貢于戶部 凡徵兵調役 以戶籍抄定"(『高麗史』권79, 식화2, 호구)

180) 권영국, 1999「고려전기 軍役制의 성격과 운영」『國史館論叢』87

181) 菊池英夫, 앞논문

182) "改州府郡縣吏職 以兵部爲司兵 倉部爲司倉 堂大等爲戶長 大等爲副戶長 郎中爲戶正 員外郎爲副戶正 執事爲史 兵部卿爲兵正 筵上爲副兵正 維乃爲兵史 倉部卿爲倉正"(『高麗史』권75, 選擧3, 銓注, 鄕職 성종2년)

관으로 수와 당에서는 녹사참군(錄事參軍)으로 불리었다. 사록참군 아래에 공로를 선서(選署)하는 사공(司功)참군, 창고업무를 관장한 사창(司倉)참군, 군사를 관장한 사병(司兵)참군, 진역과 교량 등 토목공사를 관장한 사토(司土)참군 등이 있었는데. 사록참군은 이들 제조의 장을 지휘하여 해당 부서의 업무를 통제하거나 조정하는 역할을 하였다.[183]

중국의 사록참군사가 사병참군이나 사창참군 등을 지휘하여 지방의 행정실무를 관장한 것과 같이 고려의 사록참군사 역시 조세징수와 역역징발 등의 행정실무를 수행하였을 것이다.[184] 따라서 사록참군의 임무 가운데 역역의 징발과 관련하여 당연히 군인의 간점과 관련된 업무도 포함되었을 것으로 생각된다.

이처럼 중앙에서 파견된 사록참군사의 지휘와 통제를 받아 실제적으로 행정실무를 담당한 것은 주·부·군·현에 설치된 향리직이었다.[185] 고려의 향리직은 성종2년에 종래의 호부·병부·창부가 사호·사병·사창으로 개칭된 것으로[186] 해당 군현의 향리층이 담당하였다. 그 중에서

---

183) 後漢 말 軍事가 번잡할 때 군사에 관계되는 기능을 가진 관직을 參丞相軍事라 불렀는데 이것이 參軍의 시작이다. 정식으로 官名化한 것은 남북조시대로 참모에 참여한 것을 諮議參謀라 칭하였고, 또 文書官을 記室參軍이라 칭하였으며, 親王府·將軍府·都督府 등의 府內에도 이 관직을 많이 설치하였다. 수·당대에는 지방관청의 府尹이나 州刺史의 屬官으로 參軍事(약칭 참군)의 관직이 설치되었다. 府에는 錄事參軍·司錄參軍 등이 있고, 그 아래에 功曹參軍事를 비롯해 각조 참군사의 관직이 설치되어 부내의 각 사무를 분장하였다. 또 각 州에도 주자사의 속관으로서 각조의 참군사가 설치되어 주의 업무를 분장하였다. 그 후 송대에도 당제를 모방하여 知州事의 속관으로 別駕·長史의 하부기구로 錄事參軍의 관직이 두어졌는데 모두 하급사무 문관이었다.(日中民族科學硏究所編, 1980 『中國歷代職官辭典』)
184) 朴宗基, 1992 「고려시대 外官屬官制 연구」 『震檀學報』 74 및 1997 「고려시대의 地方官員들」 『역사와 현실』 24
185) 『고려사』에는 주·부·군·현의 이직(향리직)을 향직조에 수록하였다.(『高麗史』 권75, 選擧3, 銓注 鄕職 성종2년)
186) "改州府郡縣吏職 以兵部爲司兵 倉部爲司倉 堂大等爲戶長 大等爲副戶長 郎中爲戶正 員外郎爲副戶正 執事爲史 兵部卿爲兵正 筵上爲副兵正 維乃爲兵

병부는 이전부터 지방에서 군인의 간점과 군적의 작성 등과 관련한 행정실무를 담당하였고, 성종2년에 사병으로 개편된 이후에도 이전과 같은 업무를 수행하였을 것으로 생각된다.187)

2) 주현군의 징발

군사의 징발은 국가나 정권의 안위에 관계되는 중요한 사안인 만큼 미리 정해진 규정에 따라 여러 가지 절차와 과정을 거쳤을 것이다. 주현군의 징발은 개경으로의 번상을 위해 정기적으로 이루어지는 경우와 외적의 방어나 반란의 진압을 위해 유사시에 수시로 이루어지는 경우가 있었다.

먼저 개경으로의 번상과 같이 정기적으로 이루어지는 징발의 경우 그 구체적인 절차가 밝혀져 있지 않다. 고려가 모범으로 삼은 당 부병제의 경우 번상병의 징발은 절충부 장관인 절충도위와 주자사가 협력하여 역할을 분담하였다. 위사장이라 불리는 군적에 의거하여 번상병을 징발하였는데 이 때 절충부 관원은 군적에 기재된 군인의 사정을 참작하여 불공평이 없도록 하였다. 즉 부자형제를 동시에 같이 동원하거나 늙거나 병든 부모나 조부모가 있는 호 내의 여정(餘丁)이 없는 경우에 차출하는 것을 피하였다.188)

고려 역시 매년 주현에서 호부에 올린 호적을 바탕으로 작성된 군적189)을 토대로 번상병을 징발하였을 것이다. 즉 군목도 장관을 겸한

史 倉部卿爲倉正"(『高麗史』 권75, 選擧3, 銓注 鄕職 성종2년)

187) 唐에서의 司兵은 州郡의 佐吏로서 주현의 등급에 따라 府에서는 兵曹參軍, 州에서는 司兵參軍, 현에서는 司兵 등으로 불리었으며 軍防·門禁·田獵·驛傳·儀仗 등의 군사업무를 주관하였다.(李成華編著, 1988 『中國古代職官辭典』 常春樹書坊)

188) 菊池英夫, 1960 「唐代府兵制度拾遺」 『史林』 43

189) 『高麗史』 권79, 식화2, 호구

지방관의 지휘 하에 속관을 비롯한 주현의 향직인 사병 소속의 향리들
이 번상병의 징발업무를 담당하였을 것으로 생각된다.

번상병의 징발은 군적을 토대로 군인의 사정을 참작하여 미리 정해
진 순차에 따라 이루어졌을 것이다. 주현군의 번상 연차에 대해서는
자료의 결핍으로 자세한 내용을 알 수 없다. 당나라의 경우도 정설이
확립되지 못하여 매년 동원이 실시되었다는 견해190), 3년에 1번씩 실시
되었다는 견해191), 6년에 1번씩 실시되었다는 견해192) 등이 제시되어
있다. 고려에서는 매 3년에 1번 번상하는 것을 원칙으로 했을 것으로
생각되지만 현실적으로 제대로 지켜지지 못했을 것으로 추측된다.

다음으로 유사시, 즉 전쟁이 발발하거나 반란이 일어나 대규모 병력
동원이 필요한 경우 어떤 방식으로 군사의 징발이 이루어지는지 구체
적 사례를 통해 그 과정이나 절차를 살펴보기로 한다.

① 재추들이 최우의 집에 모여 의논하기를, "남방 주현의 정용·보승군
을 징발하여 의주·화주·철관 등 요해지에 성을 쌓아 몽고의 침입에
대비하자"고 하였다. 지주사 김중귀가 말하기를, "근래에 주군이 거
란병의 침략을 받아 백성들이 모두 유망하였습니다. 지금 급한 경
보도 없는데 갑자기 또 징발하여 백성들의 힘을 수고롭게 하면 나
라의 근본이 단단하지 못할 것이니 장차 어떻게 되겠습니까."라고
했으나 최우가 끝내 듣지 않았다.193)

---

190) 군인으로서의 최적임자를 항상 定數 정도로 확보해야 할 필요성에서 간점은
　　 매년 실시되었으며 武后期 이후 전쟁의 빈발과 함께 군인수가 증가함에 따라
　　 간점의 간격도 단축되어 갔다고 본다.(唐長孺, 1957『新唐書兵志箋正』北京)
191) 매년 간점은 실시가 번잡하여 불가능했을 것이므로 매년 간점을 목표로 하면
　　 서도 당시 실정으로 볼 때 매 3년마다 간점이 행해졌을 것이라고 본다.(菊池
　　 英夫, 1960「唐代府兵制度拾遺」『史林』43)
192) 처음에는 매 3년마다 簡點이 행해졌으나 武后 이후 기강의 문란과 함께 부병
　　 의 징발도 원칙적인 실행이 곤란해져 6년에 1간점으로 변경되었다고 본다.(浜
　　 口重國, 1930「府兵制로부터 新兵制로」『史學雜誌』1편, 11-12호)
193) "宰樞會崔瑀第 議發南方州縣精勇保勝軍 城宜州和州鐵關等 要害之地 以備

② 이달에 도적이 서해도에서 일어났다. 호부원외랑 박소를 파견하여
주현의 군사를 징발하여 적을 토벌하게 하였다.[194]

③ (김부식은) 여러 장수에게 명해 … 서남지방의 주현병 23,200명과
승도 550명을 징발하여 흙과 돌을 운반하고 목재를 수집하게 하였
으며 장군 의보·방재·노충·적선에게 정예병 4,200명과 북계 주진의
전졸 3,900명을 거느리고 유격군을 편성하여 적의 약탈을 방비하게
하였다.[195]

④ 우부승선 김중구를 보내 남도의 병마를 거느리고 가서 거란군을 격
퇴하게 하였다.[196]

⑤ 충주 관노들이 난을 일으키자, 재추가 최우의 집에서 군사의 징발
을 의논하였다. 충주의 판관 유홍익이 관리를 보내 회유하기를 청하
므로 곧 주서 박문수, 전봉어 김공정 등을 임시로 내시에 소속시켜
안무별감으로 삼아 파견하였다.[197]

①은 몽골의 침략에 대비하고자 재추가 남방 주현의 정용·보승군을
징발하여 북방 요해지에 성을 축조하자는 회의를 하였다는 내용이고,

蒙古 知奏事金仲龜曰 比來州郡被丹兵侵掠 民皆流亡 今無警急 而遽又徵發
以勞其力 則邦本不固 將若之何 瑀竟不聽"(『高麗史節要』권15, 고종8년 윤
12월)

194) "是月 盜起西海道 遣戶部員外郎朴紹 發州縣兵討之"(『高麗史』권19, 세가 명
종7년 2월)

195) "命諸將 … 發西南界州縣卒 二萬三千二百 僧徒五百五十 負土石 集材木 分
命將軍義甫方宰盧沖積 先 將精卒四千二百 及北界州鎭戰卒 三千九百爲遊軍
以備剽掠"(『高麗史』권98, 열전 김부식 인종13년)

196) "遣右副承宣金仲龜 以南道兵馬 往擊丹兵"(『高麗史』권22, 세가 고종4년 정월
병신)

197) "忠州官奴作亂 宰樞會崔瑀第 議發兵 州之判官庾洪翼 請遣使撫諭 即以注書
朴文秀 前奉御金公鼎 假屬內侍 爲安撫別監 以遣之"(『高麗史』권 23, 세가
고종19년 정월 병신)

⑤는 충주에서 관노들이 난을 일으키자 재추에서 발병, 즉 군사의 징발을 논의하였다는 내용이다. 이들의 사례를 통해 주현군의 징발은 재추회의에서 논의되어 결정되었고, 동시에 징발 지역과 징발할 병력의 규모 등이 정해졌음을 알 수 있다. 이렇게 재추회의에서 발병이 결정되면 최종적으로 통수권자인 국왕이 특정인에게 발병할 수 있는 권한을 위임하여 파견하였다.

②는 서해도에서 일어난 도적을 토벌하기 위해 호부원외랑(戶部員外郞)을 보내 주현병을 징발하게 하였다는 내용인데, 중앙에서 파견한 호부원외랑에게 주현의 군사를 징발할 수 있는 권한을 부여하였음을 알 수 있다.

③은 조위총 난 때 반란군을 토벌하기 위해 5군의 최고지휘자인 김부식이 서남지방 주현의 병사와 승도를 징발하고, 또한 장군들에게 군사를 나누어 주어 적을 방비하게 하였다는 기록이다. 이처럼 김부식이 주현의 군사를 징발하고 그 지휘권을 휘하 장군들에게 부여한 것은 김부식이 국왕으로부터 출정군에 대한 통수권을 위임받았기 때문에 가능했을 것이다.

④는 우부승선(右副承宣)을 보내어 남도의 병마를 거느리고 거란병을 격퇴하게 하였다는 내용인데 이는 중앙에서 파견한 우부승선에게 남도의 군사를 징발하고, 또 징발한 군사를 지휘하는 권한을 부여하였음을 보여주는 것이다. 대부분의 경우 군사의 징발 권한을 위임받은 자에게 징발한 군사에 대한 지휘권도 함께 부여하였음을 알 수 있다.

이처럼 국왕으로부터 군사의 징발을 위임받은 자가 해당 지역으로 파견되어 군사를 징발하였는데 징발 절차에 관한 구체적인 내용은 알 수 없다. 당나라의 경우 유사시 출병을 필요로 할 때는 국왕이 군사의 동원을 명하는 칙서(勅書)와 동어부(銅魚符)를 사자(使者)에게 주어 해당 지역으로 파견하였다. 동어부란 물고기 모양의 동제부(銅製符)로서 절충부의 명칭과 그 절충부를 관할하는 중앙의 위(衛) 또는 솔부명(率府

名)이 새겨져 있었다. 절충부마다 좌·우동형의 동어부의 좌를 여러 장, 우를 1장씩 제작하여 좌부는 모두 문하성(門下省)의 부보랑(符寶郞)으로 하여금 보관시키고 우부 한 장은 미리 절충부에 보관하였다가 일단 유사시에 중앙에서 사자가 칙서와 함께 좌부를 가지고 동원할 절충부로 가면 절충부에서는 주자사의 입회하에 사자가 지참한 칙서를 조사하고 또 동어부의 좌부와 절충부에 비치해둔 우부가 일치하는가를 살펴 틀림이 없으면 칙서의 지령에 따라 군사를 동원하였다.[198]

고려에서도 군사의 징발에 필요한 동어부와 같은 징표의 존재는 확인할 수 없으나 아마 이와 비슷한 과정과 절차를 거쳐 군사의 징발이 이루어졌을 것으로 생각된다.

4. 주현군의 지휘체계

1) 향리의 지휘

후삼국 통일 이후에도 그동안 지방호족들이 거느리던 군사들은 한동안 호족들의 지휘 하에 있었을 것이다. 고려 왕조가 국가체제를 정비하고 지방에 대한 집권력을 강화하면서 호족들 휘하에 있던 군사들을 국가의 지배 하로 귀속시켰다.[199]

---

198) 浜口重國, 1930 「府兵制度より新兵制へ」『史學雜誌』제41편 11·12호
199) 우선 통일 직후인 태조23년에 주군의 칭호 개정이 이루어졌는데 이러한 군현제 정비는 군역제도를 정비하는 토대가 되었다. 즉 지방제도의 정비를 통해 군현의 호구와 토지가 파악되기 시작하였고, 특히 호구 파악을 통해 그동안 호족들의 지배하에 있던 군사들이 국가의 군적에 편입되었을 것이다. 혜종 대의 군적작성은 태조 때에 실시된 군제 정비의 토대 위에서 가능한 것이었다. 정종 때에 거란의 침입에 대비해 30만이나 되는 대규모 광군(光軍)을 조직할 수 있었던 것은 혜종 때의 군적작성이 기반이 된 것이었다.

이처럼 지방호족의 군사력을 중앙으로 귀속시킨 데 이어 성종 대에
는 주요 거점을 중심으로 지방관을 파견하고 그동안 호족들의 지배 하
에서 행정과 군사업무를 담당하던 기구를 개혁하였다. 즉 성종2년에
당대등(堂大等)·대등을 호장(戶長)·부호장으로 개칭하고, 병부·창부 등
의 기구를 사병·사창으로 고쳐 그 지위를 격하시키는 조치를 단행하
였다.200)

이어 동왕7년에는 통일이후 계속되어온 군역제 정비가 일단락되는
군적의 정리 작업이 이루어졌다.201) 즉 이때의 조치는 사실상 군역의
징발대상이 될 수 없는 부적격자로서 군적에 올라있던 자들을 귀향시
키고 새로운 징병기준에 의해 군적을 정리한 것으로 볼 수 있다. 이처
럼 성종7년에 군역제가 정비됨에 따라 이를 바탕으로 지방군의 조직과
지휘체계가 갖추어져, 이후 주현에는 중앙 2군6위의 말단 지휘관과 같
은 명칭의 대정(隊正)이란 존재가 출현하게 된다.

현종 초에 조성된 예천의 '개심사석탑기(開心寺石塔記)'202)에 보이는

---

200) "改州府郡縣史職 以兵部爲司兵 倉部爲司倉 堂大等爲戶長 大等爲副戶長 郎
中爲戶正 員外郎爲副戶正 執事爲史 兵部卿爲兵正 筵上爲副兵正 維乃爲兵
史 倉部卿爲倉正"(『高麗史』 권75, 選擧3, 銓注 鄕職 성종2년)

201) "王旣受冊 赦絞罪以下 文班從仕年深者改服 武班年老無子孫 自癸卯年錄軍
籍者 皆放還鄕里 兩班並加恩"(『高麗史』 권3, 세가 성종7년 10월)

202) "上元甲子四十七 統和二十七庚戌年二月一日 正骨開心寺到 石析 三月三日
光軍사(〃+寸)六隊 車十八 牛一千 以十間入矣
僧俗娘合一萬人了入 彌勒香徒 上祉(禾+上)神廉長 長司正順 行典福宣金由工
達孝順 位剛香
德貞嵩等사(三+丨)六人 椎香徒上祉京成 仙郎 (光+金叶) 阿志 大舍香式金
哀 位奉楊寸(能廉等)四十人 (隊正邦祐)·其豆·昕京 位剛(亻+品)平(矣典)次衣
等五十人
棟梁戶長陪戎校尉(崔祐 林長富)母主 副棟梁□□邦祐
四弘爲身心 上報之佛恩 爲國正功德 普及於一切 辛亥四月八日立"
이태진교수의 「醴泉 開心寺 石塔記의 분석」(1986 『한국사회사연구』 지식산
업사)에 실린 記文을 그대로 인용한 것이다.

대정이란 존재를 통해 당시 지방군의 지휘체제를 유추할 수 있을 것으로 생각된다. 석탑기에는 석탑의 기공(起工)과 완공 연월일, 역사에 동원된 노동력, 역사에 참가한 총인원, 역사의 동량(棟梁)과 부동량(副棟梁) 등에 관한 내용이 기록되어 있다.

이 석탑은 현종즉위년에 시공되어 현종2년에 완공된 것으로[203], 석탑기를 통해 광군(光軍)이 석탑 조성과 같은 역사에 동원되었음을 알 수 있다. 특히 여기서 주목할 것은 역사에 동원된 광군과 3인의 대정이다. 광군은 정종(定宗) 때에 거란의 침입에 대비해서 편성된 군대이고, 대정은 석탑 조성 공사에 동원된 광군의 지휘자로 추정된다.

다음은 문종23년에 주현군에 속한 1품군(一品軍)의 별장·교위·대정 등 장교직에 임명될 수 있는 향리의 자격을 규정한 판문(判文)이다.

　　판문에 "여러 주의 1품군 별장은 부호장 이상으로, 교위는 병창정·호정·식록정·공수정으로, 대정은 부병창정·부호정과 여러 단정으로 하되, 궁과(弓科) 시험으로 선발하여 보충하라"고 하였다.[204]

즉 1품군의 별장은 부호장 이상, 교위는 병창정(兵倉正)·호정(戶正)·식

---

203) 석탑 공사가 시작된 이듬해인 현종원년은 거란의 2차 침입이 있던 해이다. 현종원년(1010) 10월에 요의 성종은 대군을 거느리고 동경 요양부를 떠나 고려의 국경 관문인 保州(義州)로 진군하였다, 11월 초순경 압록강을 건넌 요나라 군대는 흥화진을 비롯한 압록강 동안의 제성을 점령하였으나. 이후 12월 초까지 20여 일간 고려군의 완강한 저항에 부딪혀 개경으로의 남진 계획이 차질을 빚다가 현종2년 정월에 이르러 성종이 이끄는 요군(거란군)의 본대가 개경을 함락하였다. 이후 요군은 양국 간에 강화가 체결되기까지 10여 일간 개경 일대의 수도권을 약탈하며 초토화하였다. 그럼에도 불구하고 개심사의 석탑 조성이 가능하였던 것은 거란군의 침략이 개경까지만 미쳐 그 이남 지역은 직접적인 전쟁의 화를 피할 수 있었기 때문이었다고 생각된다.

204) "諸州一品 別將則以副戶長以上 校尉則以兵倉正戶正食祿正公須正 隊正則以副兵倉正副戶正諸壇正 試選弓科而差充"(『高麗史』 권81, 병1, 五軍 문종23년 3월 判)

록정(食祿正)·공수정(公須正), 대정은 부병창정·부호정·제단정(諸壇正) 가운데 궁술을 시험하여 선발하도록 하였다. 이러한 향리의 장교직 겸임 규정은 문종 대에 만들어졌지만 '개심사석탑기'에 보이는 것처럼 이미 그 이전부터 향리들이 지방군의 지휘를 맡고 있었을 것으로 생각된다. 다만 문종대의 규정은 각 급의 장교직을 맡을 수 있는 향리의 자격을 명확하게 규정한 것이었다. 즉 향리층 내에도 여러 계층이 있었으므로 그 가운데서 각 급의 지휘관을 맡을 수 있는 향리직의 범위를 정한 것이다.

석탑 조성에 동원에 광군은 모두 46대(隊)인데, 2군6위의 경우 1대의 편제가 25명이므로 광군은 모두 1,150명이 된다. 25명으로 편성된 대의 지휘자인 대정의 수가 3인에 불과하므로 1,150명의 광군은 일시에 동원된 인원으로 볼 수 없을 것이다. 또한 석탑 조성시기보다 후대에 작성되었을 것으로 추정되는『고려사』병지에 기록된 예천군의 주현군 군액[205]과 비교해 볼 때에도 매번 동원된 인원으로 보기에는 그 수가 너무 많다.

병지 주현군조에 의하면 당시 예천[206]이 소속되었던 군목도인 안동 대도호도(安東大都護道)의 군액은 보승군 591명, 정용군 953명, 1품군 1,018명으로 총 2,562명이었다.[207] 안동대도호부에 속한 군현은 군이 3

---

205) 주현군조에 기록된 군액의 파악 시기에 대해서 다음과 같은 견해들이 있다.
　　① 인종14년에서 인종21년 사이; 江原正昭, 1963「고려의 州縣軍에 관한 일
　　　　고찰」『朝鮮學報』28
　　② 인종14년 이후; 末松保和, 1962「高麗式目形止案에 대하여」『朝鮮學
　　　　報』25
　　③ 신종7년에서 고종2년 사이; 千寬宇, 1958「閑人考」『사회과학』2
206) 예천은 원래 신라의 水酒縣인데 경덕왕 때 예천군으로 고쳤다가, 고려 초에
　　다시 甫州로 이름을 고쳤다. 현종9년에 안동부에 來屬되었다. 명종2년에 태자
　　의 태를 묻고 基陽縣으로 개명하였다.(『高麗史』권57, 지리2, 경상도 安東府
　　基陽縣) 석탑이 조성되던 현종 초에는 甫州로 불리었고 당시 보주는 상주목
　　관하에 편입되어 있었을 것이다.
207)『高麗史』권83, 병3, 주현군, 경상도 안동대도호도

개, 현이 11개였으므로[208], 1읍 당 평균 군액은 보승·정용·1품군의 3병종을 모두 합쳐 평균 183명 정도이다. 그리고 석탑 조성과 같은 역사에 동원된 것은 노동부대인 1품군이었을 것이므로 예천군에서 석탑 조성에 동원된 광군 46대 1,150여 명은 한 번에 동원된 인원이 아니라 석탑의 기공에서 완공 시까지 참여한 연인원으로 보아야 할 것이다.

또한 대정 이외에 다른 지휘관은 보이지 않지만 교위와 별장 등 상급 지휘체제도 갖추어져 있었을 것으로 생각된다. 그들의 존재가 보이지 않는 것은 매번의 역사에 동원된 군인의 수가 3인의 대정이 지휘할수 있을 정도의 규모였기 때문일 것이다.

이후 현종10년 무렵이 되면 광군 대신 1품군이 등장하는데, 그 구체적인 사례는 현종22년에 작성된 '정두사오층석탑조성형지기(淨兜寺五層石塔造成形止記)'를 통해 확인할 수 있다.[209] 정두사는 경북 칠곡군 약목면에 있는 사찰로, 현종10년부터 22년까지 13년간에 걸친 석탑의 건립과정을 기록한 형지기에 1품군의 지휘와 관련이 있는 것으로 생각되는 인물로 군사호장(郡司戶長) 인용교위(仁勇校尉) 이원민, 군사호장 별장 유경, 산원 적선, 대정 숭암·식영 등이 있다.

먼저 두 사람의 호장 중 이원민은 인용교위라는 무산계(武散階)를, 유경은 별장이라는 장교직을 가지고 있었다. 유경은 호장으로 별장직을 겸하고 있었으므로 당연히 1품군을 지휘하였을 것이다. 문제는 인

---

208) 『高麗史』 권57, 지리2, 안동부
209) "郡司戶長仁勇校尉李元敏　副戶長應律李成稟柔神彦　戶正宏運　副戶正成憲官史光策等　太平三年癸亥六月日　淨兜寺良中安置 … 郡司戶長別將柳瓊　攝戶長金甫　戶正成允　副戶正李希　書者承福等　太平十年歲次庚午十二月七日牒以寺代內應爲處　迫于立是　白戶味了在乎等用良　同日三寶內庭中乙　定爲在乎事是等　以月十二日　正位剛隊正嵩喦式英　一品軍作隣等(二十)一人　亦堀取五尺　石築十尺方良中排立令是　白內乎矣 … 般若寺主光田　戶長柳瓊　散員積宣　磧川寺主人幸僧等　各麻壹邊 … 隊正式漢四齋" 이 부분은 신호철교수의 「고려 현종대의 淨兜寺五層石塔造成形止記 주해」에서 판독한 자료를 인용한 것이다.(1994 『李基白先生古稀紀念 韓國史學論叢』 일조각)

용교위라는 무산계를 가진 호장 이원민의 1품군 지휘 여부이다.

무산계는 노병(老兵)·향리·탐라 왕족·여진 추장·공장(工匠)·악인(樂人) 등 여러 계층에게 지급된 관계(官階)였다. 향리에게도 무산계가 주어졌지만 향리 전원에 대해 지급된 것은 아니었다. 그동안의 연구에 의하면 향리로서 무산계의 지위를 가졌던 것은 호장뿐이다.[210] 같은 호장이라도 배융교위(陪戎校尉)·어모부위(禦侮副尉)·진위부위(振武副尉) 등 무산계의 등급에 차이가 있었다. 처음 지급 때부터 차이가 있었는지 아니면 승급으로 인해 후에 차이가 생긴 것인지 분명하지 않지만 같은 호장이라도 무산계에 차이가 있었던 것은 명백하다.

무산계를 가진 호장은 대부분 8~9품 해당되는 어모교위(禦侮校尉)·동부위(同副尉), 인용교위·동부위, 배융교위·동부위 등의 무산계를 가졌다. 한편 무산계를 갖지 않은 호장이나 상호장(上戶長)이 있었지만, 호장보다 하급 향리가 무산계를 가진 경우는 없었다. 아마도 상층 향리 가운데 무산계를 가진 향리가 1품군 장교직을 겸하였고, 따라서 무산계를 가진 호장 역시 1품군을 지휘하였을 것으로 생각된다.

다음 산원 적선과 대정 숭암·식영 등은 향리직이 표시되지 않았으나 이들 역시 향리로서 장교직을 맡아 1품군을 지휘하여 공사를 진행하였을 것이다. 석탑 공사에 동원된 1품군은 주현군을 구성하는 병종의 하나로서 주로 역사에 동원되는 노동부대였기 때문에[211] 1품군과 함께 공사에 참여한 대정은 바로 1품군을 지휘하는 주현군 장교였을 것이다. 그러나 대정 이외에 별장 유경과 산원 적선이 1품군의 지휘자였는지 알 수 없으나 1품군이 동원된 역사에 등장하고 있으므로 이들 역시 1품군 장교로 볼 수 있을 것이다.

---

210) 旗田巍, 1961「高麗の武散階」『朝鮮學報』21·22합집
211) 주현군체제가 정비되면서 이전의 광군은 신체적 조건, 경제력, 연령 등 군역 부담 능력에 따라 보승군·정용군·1품군 등의 병종으로 구분되었을 것으로 생각된다.

그러나 향리가 1품군의 장교직만 맡은 것이 아니라 보승·정용군 장교직도 맡았다.『고려사』병지(兵志)에는 향리가 맡을 수 있는 장교직을 1품군 장교로 규정하고 있으나[212] 선거지(選擧志)에 있는 같은 내용의 판문에는 1품군으로만 한정하지 않았고[213], 또한 향리가 주현군의 보승·정용 장교직을 맡고 있는 다른 기록들을 볼 수 있다.

『안동권씨성화보』에 실려있는 권씨의 계보를 보면 시조인 권행으로부터 7대손인 권중시까지는 부호장으로서 보승군 별장과 향직인 중윤을 겸하였고, 중시의 4자인 권수홍의 2녀의 남편인 권양준은 호장으로서 2품군 별장직을 가졌으며, 이밖에도 권응화가 1품군 별장, 응화의 자 공황이 호장으로서 보승군 별장을 겸하였다.[214] 1품군 별장과 2품군 별장은 물론 부호장으로 겸임한 보승군 별장, 호장으로 겸임한 정용군 별장은 모두 주현군의 최고 지휘관직이었다. 이러한 사례를 통해 향리는 노동부대인 1품군이나 2품군 뿐만 아니라 보승군과 정용군의 장교직도 겸하였음을 알 수 있다.[215]

이처럼 향리 가운데에서 궁술 등 무예에 능한 중상층 이상의 향리가 주현군 장교로 선발되었다. 이러한 장교직은 전임직이 아니라 겸임직이었고, 향리의 지위에 따라 각기 맡는 장교직이 구분되었다. 이미 앞에서 본 개심사 석탑공사, 정두사 석탑공사에서처럼 향리는 평상시에는 주현에서 주로 역사에 동원되는 1품군을 지휘하였다.

---

212) "諸州一品 別將則以副戶長以上 校尉則以兵倉正戶正食祿正公須正 隊正則以副兵倉正副戶正諸壇正 試選弓科而差充"(『高麗史』 권81, 병1, 五軍 문종23년 3월 判)

213) "別將則副戶長以上 校尉則兵倉正戶正食祿正 隊正則副兵倉正副戶正諸壇正 並弓科試選兼差"(『高麗史』 권75, 선거3, 銓注, 鄕職 문종23년 3월 判)

214) 李樹健, 1989「高麗時代 邑司연구」,『國史館論叢』3 및 1994「麗末鮮初 土姓吏族의 성장과 분화」『李基白先生古稀紀念 韓國史學論叢』상

215) 이기백교수는 평상시 주현 보승·정용군의 지휘는 주현군이 설치된 단위행정구획의 장관, 즉 지방관들이 맡은 것으로 보았다.(1965「高麗州縣軍考」『歷史學報』29)

그러나 유사시에는 장교직을 겸한 향리들이 주현군을 지휘하여 전투에 참여하기도 하였다. 다음 기록은 북계에 속한 통주(通州)의 사례이지만 남도 주현군의 상황도 같았을 것으로 생각된다.

통주의 진위부위(振威副尉) 호장 김거(金巨)와 별장 수견(守堅)은 경술년에 거란이 침략했을 때에 성을 굳게 지켰고, 또 그 대부(大夫) 마수(馬首)를 사로잡았으므로 김거에게는 낭장을 가직(加職)하고 수견에게는 낭장을 증직하였다.[216]

위 기록은 통주의 진위부위 호장 김거와 별장 수견이 현종원년의 2차 거란침략 시에 세운 전공으로 각각 낭장직의 가직(加職)과 증직(贈職)이 이루어졌다는 내용이다. 김거는 진위부위라는 무산계를 가진 호장이었고, 수견은 별장이었던 것으로 보아 부호장 이상의 지위를 가진 향리였을 것으로 추측된다.

즉 김거에게는 낭장직을 가직하고 수견에게는 낭장직을 증직하였는데. 증직은 사후에 이루어지는 것이므로 포상이 이루어진 덕종원년 당시에 수견은 이미 사망한 상태였음을 알 수 있다. 보통 공로에 의해 관직을 승진시킬 경우 대개 1단계 상위의 직을 제수하므로 별장이었던 수견은 물론 김거의 본래 직은 통주 주진군의 별장이었을 것으로 추측된다.

통주[217]는 본래 안화군(安化郡)이었는데 고려 초에 통주로 고쳤다가 현종21년에 선주방어사(宣州防禦使)라 칭하였으므로[218], 김거 등 2인에 대한 포상이 이루어진 덕종원년에 통주는 선주라 불리었다. 선주의 주진군에는 도령중랑장 1인, 중랑장 2인, 낭장 6인, 별장 12인, 교위 25인,

---

216) "以通州振威副尉戶長金巨 別將守堅 當庚戌丹兵之來 堅壁固守 又禽其大夫馬首 加金巨郎將 守堅贈郎將"(『高麗史』 권5, 세가 덕종원년 2월)
217) 지금의 평안북도 宣川이다.
218) 『高麗史』 권58, 지리3, 安北大都護府 宣州

대정 50인의 장교가 있었는데[219], 김거와 수견은 12인의 별장 중의 2인이었을 것이다. 이처럼 지방군 장교직을 겸한 향리는 유사시에는 지방군을 지휘하여 전투에도 참여하였던 것이다.

후기가 되면 주현군 장교층 내에 도령(都領)이라는 존재가 출현한다. 본래 도령은 양계 주진군의 최고지휘관으로 주진의 크기에 따라 주진내의 최상위 장교인 중낭장 또는 낭장이 도령에 임명되었다.[220] 각 주진군에 1명씩 배치된 도령은[221] 기록상으로 명종 대에 처음 나타난다.[222]

남부 주현의 경우도 양계 지역과 비슷한 시기인 신종(神宗)5년에 적도(賊徒)도령[223], 고종19년에 노군(奴軍)도령[224] 등이 보인다. 그러나 이들 도령은 모두 반란을 일으킨 무리의 우두머리를 가리키는 것으로서 주현군의 지휘자와는 관계가 없는 것이다.

주현군 지휘자와 관련되는 것으로 보이는 도령은 고종 대에 처음 나타난다.

안찰사 전의가 수연과 문재를 사로잡고, 또 상주로 공문을 보내어 송절 등을 잡아다 모두 죽였다. 최우가 이를 듣고 가상하게 여겨 전의를 시켜 나머지 무리를 잡아 모두 처분하게 했다. 전의가 최우의 뜻에 영합하여 이들을 무고하기를 '예산·결성·여양·대흥 등 7현의 감무가 처음에는

---

219) 『高麗史』 권83, 병3, 북계, 宣州

220) 李基白, 1968 「고려 兩界의 州鎭軍」 『高麗兵制史研究』 일조각

221) 제도상 각 주진에 1명씩 배치되어 있었지만 일부 주진에서는 복수의 도령이 있었다고 보는 견해도 있다(金南奎, 1989 「明宗代 兩界 都令의 성격과 활동」 『高麗兩界地方史研究』 새문사)

222) "御便殿 引見東西兩界諸城上長都領 賜上長匹段 都領錦衣金帶馬一匹 傔人布十匹"(『高麗史』 권19, 세가 明宗8년 11월 戊子)

223) "一日賊徒都領利備父子 至祠潛禱 覡謂曰 都領擧兵 將復新羅 吾屬喜之久矣 今幸得見 請獻一盃"(『高麗史』 권100, 열전13 丁彦眞)

224) "安撫別監朴文秀還自忠州 金公鼎留州 以待平定 奴軍都領令史池光守 僧牛本等赴京"(『高麗史』 권23, 세가 高宗19년 정월 정미)

(최)항과 더불어 통모했다가 일이 실패하자 도리어 격문을 전한 자를 잡아 자기 죄를 면하려 했다'고 하여 그 현의 상장(上長)·도령·조문(詔文) 등을 구금하고 국문하니 다 거짓으로 자백하여 일곱 현의 감무를 모두 죽였다.[225]

이 기록은 최우의 동생 최항이 홍주로 귀양을 가서 난을 일으켰을 때 안찰사 전의가 이를 진압하면서 최우의 뜻을 맞추기 위해 예산 등 7현의 감무(監務)를 무고하여 처형한 사건이다. 이때 현의 상장(上長)·도령(都領)·조문(詔文) 등이 감무와 함께 국문을 당하였는데 이들은 모두 해당 현의 향리였다.[226]

여기서 상장은 상호장(上戶長)의 약칭으로 여러 호장 가운데 최상위 위치에 있는 호장이었다. 기존 연구에 의하면 상호장은 고려중기 이후 중앙집권화 과정에서 정부의 향리 통제정책의 일환으로 마련된 직제로서 다수의 호장을 비롯한 향리들을 효과적으로 통제하려는 중앙정부의 필요성에 의해 설치된 것으로 이해되고 있다.[227]

조문기관(詔文記官) 역시 고려중기 이후 설치되어 행정실무를 분장하던 여러 기관들을 총관하고 통제하는 직제로서 호장층보다 격이 낮은 기관층 가운데에서 임명되었다. 이전까지 상호장을 통하여 지방행정을 관장하던 방식에서 벗어나 외관이 조문기관을 시켜서 행정실무를 직접 관장하는 것으로 변화하는 것을 의미하는 것이다.[228]

---

225) "按察使全懿 獲高延文梓 又移文尙州 捕松節等皆殺之 瑀聞而嘉之 使懿窮捕 餘黨 一切處分 懿希瑀意 誣以禮山結城麗陽大興等 七縣監務 始與珦通謀 及 事敗 反捕傳檄者 規免己罪 乃拘其縣上長都領詔文等鞫之 皆誣服 七縣官皆 死"(『高麗史節要』 권16, 高宗17년 추7월)
226) 『高麗史』 권129, 열전 崔怡
227) 李勛相, 1985「고려중기 鄕吏制度의 변화에 대한 일고찰」『동아연구』 6
228) 위와 같음. 그러나 상호장직은 고려 초부터 설정되었으며 보직의 형태로 돌려가며 담당하는 식으로 운영된 것으로 보는 견해도 있다.(윤경진, 1997「고려전기 鄕吏制의 구조와 戶長의 職制」『한국문화』 20)

상호장이나 조문기관과 같이 도령은 장교층 가운데 최고지휘자를 의미하는 것이었다. 도령 역시 상호장이 설치되는 것과 같은 배경에서 출현한 것으로 추측된다. 즉 주현군에서 최고 장교직인 별장은 호장층에서 임명되었는데 각 주현에는 다수의 호장이 있었으므로 다수의 별장이 임명될 수 있었고, 따라서 이들 사이에 지휘체계상 위계질서가 필요하였다. 이에 여러 별장 가운데 1인을 최고지휘자인 도령으로 임명하여 상하의 지휘체계를 수립하였을 것이다. 이러한 변화는 그동안의 집단적인 지배체제가 점차 일원적인 지배체제로 나아가는 과정과 관련이 있는 것으로 생각된다.[229]

2) 지방관의 지휘

고려시대에는 지방관이 파견되지 않은 속군현(屬郡縣)의 수가 더 많았으나 경·목·도호부를 비롯한 큰 고을에는 행정책임자로서 지방관을 파견하였다. 이들 지방관은 자신이 파견된 군현은 물론 그 군현에 예속된 속군현들을 통치하였다. 따라서 속군현 소속의 군사들도 당연히 주현에 파견된 지방관의 지휘 하에 두어졌고, 속군현의 장교직을 겸한 향리들도 군사적으로 지방관의 지휘와 통제 하에 있었을 것이다.

다음 기록은 고려시대에 수령의 주현군 지휘를 보여주는 사례이다.

(이문저는) 의종 천덕(天德)4년[230]에 홍주의 수령으로 나가게 되었는데, 이에 앞서 이 주의 속현의 여러 □산골짜기에서 도적이 벌떼같이 일어나 해가 □심하였다. 공이 부임하자 군교에게 힘써 경계하여 모두 잡거나 쫓

---

229) 이훈상교수는 고려중기 이후 상호장과 조문기관이 신설되면서 도령과 함께 이 3인을 首位로 하여 직장을 분화시켜 운영하는 삼반체제의 성립을 중앙집권화를 위한 제도적 발전으로 평가하였다.(李勛相, 1985「고려중기 鄕吏制度의 변화에 대한 일고찰」『동아연구』6)
230) 의종6년(1152년)이며 천덕은 金 帝亮의 연호(1149~1152)이다.

아내니, 경내의 백성들이 편안하고 즐겁게 업을 이어가게 되었고 밖으로
부터의 근심도 없어졌다.[231]

　이 기록은 이문저묘지의 일부인데, 의종6년에 홍주지사로 나간 이문
저가 홍주의 속현에 도적의 피해가 심하다는 말을 듣고 군교(軍校)로
하여금 모두 잡게 하였다는 내용이다. 여기서 군교는 주현군의 장교를
가리키는 것이고, 도적의 토벌을 위해 동원한 군사는 홍주도(洪州道)
관내 주현군이었을 것이다.

　홍주는 외관이 파견된 주로서 보승군 338명, 정용군 497명, 일품군
713명이 배치된 군목도였다.[232] 군목도는 유수관·도호부사·목사·지사·
방어사·현령 등 지방관이 파견된 경·주·부·군·현을 단위로 설치되었는
데[233], 이문저는 홍주의 수령인 동시에 군목도 장관으로서 자신의 지휘
하에 있는 군교로 하여금 관내 주현군을 동원하여 도적을 잡게 하였다.
이처럼 지방관은 주현의 최고 행정 책임자인 동시에 군목도 장관으로
서 관내 군사에 대한 지휘권을 행사하였던 것이다.[234]

　한편 대규모 외적의 침략이나 반란 등으로 일시에 많은 병력이 필요

---

231) “毅廟天德四年　出守洪州　先是此州屬縣　諸□谷間　盜賊蜂起　爲害□甚　公下車
　　飭戒軍校　盡捕逐之　境內之民　安土樂業　無外顧之憂”(『朝鮮金石總覽』상, 李
　　文著墓誌)
232) “洪州道內　保勝三百三十八人　精勇四百九十七人　一品七百十三人”(『高麗史』
　　권83, 병3, 주현군 양광도)
233) 主縣 가운데 양광도의 天安府·富城縣, 경상도의 東京·禮州, 전라도의 金堤
　　縣·金溝縣·長興府·靈岩郡·海陽縣·珍島縣·陵城縣·耽羅縣, 서해도의 平州·
　　白翎鎭 등은 군목도에서 빠져 있는데 아마도 기록상 착오나 누락 때문으로
　　보인다.
234) 고려시대에 지방관에게는 군사행정 또는 군사지휘에 대한 임무가 공식적으로
　　주어지지 않았다고 보는 견해도 있다. 즉 지방관은 주로 행정·군정을 일반적
　　으로 통제하는 위치에 있었고, 실권은 향리들이 차지하였으며, 각 도 按察使
　　가 지방관보다 더 많은 권한을 가지고 있었다고 한다.(문병우, 1987 「고려시기
　　지방군의 지휘체계」『역사과학』제1호)

한 경우에는 여러 군현의 병력이 동원되어 방어군이나 진압군이 편성
되었고, 이때에는 중앙에서 파견된 지휘관들이 지휘를 맡았다. 예컨대
현종원년의 2차 거란침입 시에 30만 명의 방어군이 조직되고, 중앙의
관리들이 도통사(都統使)·병마사(兵馬使)·통군사(統軍使) 등의 지휘관으
로 임명되었는데235), 이때 경군을 비롯하여 전국에서 동원된 주현군들
이 방어군에 편성되었을 것이다.

고려시대에는 지방 주현에 외관과 함께 이들을 행정적으로 보좌하
기 위해 판관(判官)·사록참군사(司祿參軍事)·장서기(掌書記) 등의 속관
들이 파견되었다. 이미 앞에서 언급했듯이 속관제는 고려시대 군현제
에서만 볼 수 있는 특이한 제도로서 그 이전이나 이후에는 시행된 예
가 없었던 것으로 알려지고 있다.236) 속관들 역시 수령을 보좌하는 위
치에서, 또 수령 부재시 수령의 직무를 대행하는 위치에서 지방군을
지휘하기도 하였다.

다음은 후기의 자료들이지만 속관들의 지방군 지휘와 관련된 사실
을 보여주는 사례들이다.

⑥ 밀성군인 방보·계년·박평·박공·박경순·박경기 등이 군민들을 모
   아 장차 진도와 내응하기 위하여 부사 이이를 죽이고 드디어 공국
   병마사라 칭하였다. … 안찰사 이오(일명 이숙진)가 금주방어사 김
   훤, 경주판관 엄수안과 함께 군대를 인솔하고 갑자기 이르니 조천
   등이 방보 등을 죽이고 항복하여 적이 마침내 평정되었다.237)

---

235) 『高麗史節要』 권3, 顯宗원년 10월
236) 朴宗基, 1992 「고려시대 外官屬官制 연구」, 『震檀學報』 74 및 1997 「고려시대
    의 지방관원들」, 『역사와 현실』 24
237) "密城郡人方甫桂年朴平朴公朴慶純慶祺等 嘯聚郡人 將應珍島 乃殺副使李頤
    逐稱攻國兵馬使 … 按察使李敖[一作李淑眞] 與金州防禦使金晅 慶州判官嚴
    守安 領兵奄至 阡等斬方甫等降 賊逐平"(『高麗史』 권27, 세가 元宗12년 정월
    병술)

⑦ 서해도 병선 20척이 가야소도에 이르렀을 때에 큰 바람을 만나 침
   몰하였다. 남경판관 임순, 인주부사 이석, 녹사 배숙 및 초공·수수
   등 115명이 익사하였고, 경상도 전함 27척도 침몰하였다.[238]

⑧ 상주판관 조진이 병사 1,400 명을 이끌고 오자 대장군 김득제로 하
   여금 그 군사를 거느리게 하였다.[239]

⑨ 처음에 전주사록 진대유가 자못 자신의 청렴함을 자부하며 형벌을
   가혹하게 하니 주민들이 많이 고통스럽게 여겼다. 나라에서 정용·
   보승군을 보내어 관선을 건조하게 하자 대유가 상호장 이택민 등과
   감독을 몹시 가혹하게 하여 기두 죽동 등 6명이 난을 일으켰다.[240]

⑩ 원종11년에 나주사록이 되었다. 그때 삼별초가 반란을 일으켜 진도
   를 근거지로 하고 있었는데 기세가 몹시 성하였다. … 나주부사 박
   부도 결정하지 못하고 주저하고 있었는데 상호장 정지려가 분개하
   여 말하기를 " … 고을의 우두머리 관리가 되어 무슨 면목으로 나
   라를 배반하고 적에게 복종하겠는가" 라고 하니 김응덕이 그 말을
   듣고 즉시로 성을 고수할 것을 결의하였다.[241]

　⑥⑦⑧은 지방에 파견된 속관들 가운데 판관의 지방군 지휘를 보여
주는 사례들이고, ⑨⑩는 사록의 지방군 지휘와 관련한 사례들이다.

---

238) "西海道戰艦二十艘 至伽耶召島 遇大風敗沒 南京判官任恂 仁州副使李奭 錄
   事裴淑 及梢工水手等一百十五人溺死 慶尙道戰艦二十七艘 亦敗沒"(『高麗史』
   권27, 세가 元宗14년 3월 기묘)
239) "尙州判官趙縉 以兵千四百來 使大將軍金得齊 領之"(『高麗史』 권39, 세가 恭
   愍王10년 11월 戊辰)
240) "初全州司錄陳大有 頗負淸介 用刑極酷 民多苦之 及國家遣精勇保勝軍 造官
   船 大有與上戶長李澤民等 督役甚苛 旗頭竹同等六人作亂"(『高麗史』 권20,
   세가 明宗12년 3월 경인)
241) "元宗十一年 爲羅州司錄 時三別抄反 據珍島 勢甚熾 … 羅州副使朴琈等 首
   鼠未決 上戶長鄭之呂慨然曰 … 爲州首吏 何面目背國 從賊乎 應德聞其言 卽
   決意守城"(『高麗史』 권103, 열전 金應德)

⑥은 밀성군민들이 삼별초정부에 호응하기 위해 난을 일으키자 안찰사와 금주방어사가 경주판관과 함께 인근 주현에서 군사를 동원하여 토벌하였다는 내용으로 경주판관이 지방군을 지휘하였음을 보여준다.

⑦은 서해도의 전함 20척이 바다에 침몰하여 남경판관, 인주부사와 녹사 등이 초공(梢工)·수수(水手) 등과 함께 익사했다는 기록이다. 침몰한 배가 전함이었으므로 익사한 인원의 대부분은 군인들이었을 것이고, 함께 전함에 승선한 남경판관과 인주부사, 녹사 등은 이들의 지휘관이었을 것이다.

⑧은 홍건적 침입으로 공민왕이 안동으로 피난하는 도중에 상주판관이 군사 1,400명을 거느리고 오자 대장군으로 하여금 지휘하게 하였다는 내용이다. 상주판관이 군사를 거느리고 왔다는 것은 평시에 판관이 관내 주현군을 지휘할 수 있는 위치에 있었기 때문일 것이다.

⑨는 전주사록이 상호장과 함께 국가가 보낸 보승·정용군이 관선을 제조하는 역을 감독하였다는 기록이다. 우선 여기서 문제가 되는 것은 관선 제조를 위해 국가가 보냈다는 보승·정용군의 소속 문제이다. 이들이 중앙의 6위에서 파견된 군인인지 아니면 전주도 관내 주현군에 속한 군인인지 명확하지 않다. 지방의 역사에 2군6위의 군사가 동원된 사례가 없고, 이들의 지휘를 전주사록과 상호장이 한 것으로 보아 전주 관내 주현군 소속의 보승·정용군으로 보아야 할 것이다. 따라서 이 기록은 속관인 사록이 주현군의 보승·정용군을 지휘하였음을 보여주는 것이라 생각된다.

⑩은 합단적이 나주에 침입했을 때 나주부사가 먼저 도망하여 숨자 나주사록이 성을 지키기로 결의하였다는 기록이다. 나주의 수령은 목사인데 목사의 존재가 보이지 않는 것으로 보아 당시 나주에서는 목사 대신 부사가 파견되었던 것으로 보인다. 부사는 나주지역 행정의 최고 책임자일 뿐만 아니라 나주도 관내 주현군의 최고지휘관으로서 주현의 방어를 담당하는 위치에 있었다. 그런데 부사가 먼저 도망해 버리

자 속관으로서 그를 보좌하는 위치에 있던 사록이 상호장과 함께 성을 지키기로 결의한 것이다. 이는 최고 지휘자인 수령이 없는 비상시에 속관인 사록이 그 임무를 대행한 것으로 볼 수 있다.

그러나 ⑨의 예에서 보는 것처럼 사록이 평시에 주현군을 지휘하는 위치에 있었기 때문에 가능했던 것이라 생각된다. 만약 사록에게 평시에 군사지휘권이 주어지지 않았다면 아무리 비상시라 하더라도 장병권과 같은 중요한 병권을 사록이 마음대로 대행할 수 없을 것이기 때문이다.

판관은 해당 군현의 수령을 보좌하여 군현내의 모든 행정업무를 총괄하는 2인자의 위치였다, 즉 각 부서간의 업무를 조절하고 통제하며, 그것을 수령에게 보고하고 지시를 받아 수행하는 역할을 담당하였다. 사록은 판관 바로 아래에 있는 직으로 역역징발과 조세수취 등 군현내의 행정업무를 실질적으로 수행하였던 향리들을 행정적으로 장악하고 통제하는 역할을 수행하였다.242) 이처럼 판관은 수령을 보좌하고 행정업무를 총괄하는 2인자로서, 그리고 사록은 향리들을 행정적으로 장악 통제하는 위치에서 행정적으로 뿐만 아니라 군사적으로 관내 주현군을 지휘하는 위치에 있었던 것이다.

다음은 지방 통치기구의 최상단에 위치하는 도의 장관인 안찰사(按察使)의 지방군 지휘에 대해 살펴보기로 한다. 양광도·경상도·전라도·교주도·서해도 등 5도제는 예종 대에 성립하였으며, 이러한 5도의 구성은 그 후 부분적인 변동을 겪지만 그 원형은 대체로 후기까지 유지되었다. 5도는 중앙정부와 군현 사이의 중간 행정기구이고, 그 장관인 안찰사는 수령을 통할하는 상급행정관이었다.

그러나 안찰사가 도의 장관으로서 기능하는 시기에 대해서는 연구자들 간에 견해의 차이가 있다. 일찍부터 5도 안찰사가 수령과 같은 행

---

242) 박종기, 1992 「고려시대 외관속관제 연구」『진단학보』74 및 1997 「고려시대
    의 지방관원들」『역사와 현실』24

정관의 기능을 행사하였다고 보는 견해가 있는가 하면[243]), 예종 대에
성립한 5도 안찰사제를 부정하고 고려의 도가 행정기구의 기능을 갖게
된 것은 고려후기에 이르러서였다는 주장도 있다.[244] 안찰사의 직무는
수령의 현부를 가려 출척하는 것, 민생의 질고를 살피는 것, 형옥을 다
스리는 것, 조세를 수취하여 개경으로 운송하는 것뿐만 아니라 군사를
통솔하는 것 등이었다.[245]

다음은 안찰사의 군사 지휘와 관련된 사례들이다.

⑪ 처음에 전주사록 진대유가 자못 자신의 청렴한 기개를 믿고 형벌을
몹시 가혹하게 하니 주민이 매우 고통스럽게 여겼다. 나라에서 정
용·보승군을 보내어 관선을 건조하였는데 대유와 상호장 이택민
등이 감독을 심히 가혹하게 하자 기두 죽동 등 6명이 난을 일으켰
다. … 안찰사 박유보가 전주로 들어오자 반란군은 군사 대오를 성
대히 갖추고 대유의 불법 행위를 호소하였다. 안찰사는 마지못해
대유에게 형틀을 씌워 서울로 압송하는 한편 반란군을 화복으로 회
유하였으나 따르지 않았다. 이에 도내의 군사를 모두 징발하여 그
들을 토벌하니 반란군은 성문을 닫고 굳게 지켰다.[246]

⑫ (국왕이) 여러 도의 안찰사에게 명해 각기 관내의 군사를 거느리고
3군에 나아가 우익이 되게 하였다. 3군 역시 기다려서 지원을 받고
자 하였다.[247]

243) 邊太燮, 1968「高麗按察使考」『歷史學報』40
244) 河炫綱, 1977『高麗地方制度의 研究』한국연구원
245) 邊太燮, 1968「高麗按察使考」『歷史學報』40
246) "初全州司錄陳大有 頗負淸介 用刑極酷 民多苦之 及國家遣精勇保勝軍 造官
    船 大有與上戶長李澤民等 督役甚苛 旗頭竹同等六人作亂 … 及按察使朴惟
    甫入州 賊盛陳兵伍 訴列大有不汰狀 按察不獲 已械大有送京師 因諭賊以禍
    福 不從 於是悉發道內兵討之 賊閉城固守"(『高麗史』권20, 세가 명종12년 3월
    경인)
247) "勅諸道按察使 各率管內軍士 赴三軍 爲羽翼 三軍亦欲待以爲援"(『東國李相
    國集』권36, 李績 墓誌)

⑪은 전주에서 사록과 상호장 등이 관선(官船) 제조에 동원된 보승·
정용군을 가혹하게 사역하자 기두(旗頭) 죽동 등이 난을 일으켰는데,
이에 안찰사가 도내의 군사를 모두 동원해 토벌하였다는 기록이고, ⑫
는 고종4년의 거란 침입 시에 제도 안찰사들로 하여금 관내의 군사를
거느리고 3군에 나아가 우익(羽翼)이 되게 하였다는 기록이다.

고려시대의 안찰사는 전임관으로서 외직이 아니라 춘추로 나누어 6
개월마다 교대로 파견되는 사명지임(使命之任)이었다. 그들은 일종의
사행(使行)이기 때문에 정식으로 제수되지 않고 경직(京職)을 가진 채
파견되었으며 사무조직이나 기구도 갖추지 못하였다. 안찰사 박유보도
전라도 관내의 다른 주현을 순행하다가 전주에서 난이 일어나자 이곳
으로 옮겨왔을 것으로 생각된다. 이때 동원된 도내병은 당연히 전라도
관내 주현의 군사들이었고, 안찰사 박유보는 이들을 지휘하여 난을 토
벌하였던 것이다. 이러한 사실을 통해 안찰사는 자신이 관할하는 도내
의 군사들에 대한 지휘권을 가지고 있었음을 알 수 있다.

이처럼 안찰사는 도의 장관으로서 관할 도내의 병력에 대한 지휘권
을 행사하였다. 그러나 안찰사는 경관을 구전(口傳)으로 임명하는 비전
임관이었고 공식적인 군직도 가지지 않았다. 또한 춘추로 교대하는 임
기 6개월의 사행으로서 사무기구도 없었다. 따라서 안찰사의 관할 도
내 병력에 대한 지휘권은 유사시에만 행사되었고, 평시에 실질적인 지
휘권은 군목도 장관인 지방관과 주현군의 장교직을 겸한 향리들이 행
사하였을 것으로 생각된다.

다음 기록에서 볼 수 있듯이 행정구획의 하나인 조창(漕倉)의 판관
(判官)도 지방군을 지휘하였다

합단적이 … 온갖 계략을 써서 성을 공격하니 … 성이 거의 함락할 지
경에 놓였다. 홍원창판관 조신이 성 밖으로 나가 싸우자, 충갑이 갑자기
동쪽 봉우리에 올라가 적 한 명을 베니 적이 조금 혼란해졌다. 별장 강백
송이 노비 도니 등 30여 명과 함께 싸움을 돕고, 주의 향리 원현·부행란·

원종수가 국학의 양정재생 안수정 등 100여 명과 함께 서쪽 봉우리로부터 내려가서 합세하여 공격하였다.[248]

위 기록은 합단적이 원주에 침입했을 때 성이 함락되려 하자 흥원창 판관(興元倉判官) 조신이 성을 나와 싸웠다는 내용이다. 이때 별장 강백송과 주리(州吏) 원현 등이 판관 조신을 도와 함께 싸웠는데 이들은 원주의 향리로서 주병(州兵)으로 표현된 주현군을 지휘하였고, 흥원창판관이 거느렸던 군사 역시 원주도(原州道) 관내의 주현군이었을 것이다.

고려시대에 조창은 지방 군현에서 거두어들인 조세를 집적하고 이를 왕경으로 수송하는 기능을 담당한 기구로서 서·남해 해안과 한강 연안 등 12곳에 설치되었다. 흥원창은 한강 연안에 설치된 2개의 조창 가운데 하나로 원주 관내에 있었다.[249] 판관은 지방행정관이 아닌 조창의 감독관으로 조창에 상주하면서 색전(色典)이라 불리는 향리들을 지휘하여 세곡을 수납하고 조운하는 직임을 담당하였다. 조창은 단순한 창고가 아니라 기본적으로 군현과 같은 존재로서 관할영역과 주민, 치소와 행정기구를 가진 일종의 행정구획이었으므로[250], 그곳에 파견된 판관 역시 일종의 지방관으로서 관내의 주현군을 지휘할 수 있었던 것이다.

이상 주현군이 배치된 군목도의 경우 지방관은 그를 보좌하는 속관과 함께 군목도 관내의 모든 병력을 지휘하였다. 특히 판관·사록 등 속관은 수령을 보좌하거나 수령 궐위시에 수령을 대행하여 지휘권을 행사하였다. 대정·교위·별장 등 주현군의 장교직을 겸한 향리는 자신이

---

248) "賊(哈丹) … 百計攻之 … 城(原州)幾陷 興元倉判官曺愼 出城與戰 沖甲突上 東峰 斬賊一級 賊稍亂 別將康伯松 與奴道尼等三十餘人助之 州吏元玄傅行 蘭元鍾秀 與國學養正齋生安守貞等百餘人 下自西峯合擊"(『高麗史節要』 권 21, 충렬왕17년 정월 경신)

249) 지금의 原城郡 관내이다.

250) 北村秀人, 1979 「高麗時代の漕倉制について」『朝鮮歷史論集』上

거느리는 부대, 예컨대 대정은 25명, 교위는 50명, 별장은 200명으로 구성된 단위부대의 지휘를 맡았을 것으로 생각된다. 이처럼 고려시대에는 안찰사를 비롯하여 군현의 수령과 속관, 그리고 조창의 판관에 이르기까지 주현군에 대한 지휘권을 행사하였음을 알 수 있다.

3) 중앙 파견 관리의 지휘

대규모 외적의 침입이나 반란이 일어나는 경우 이에 대응하기 위해 많은 수의 병력이 필요하였고, 따라서 여러 군현이나 도에 걸쳐 병력을 동원하지 않으면 안되었다. 이처럼 일시에 대규모 병력이 필요할 때에는 중앙에서 관리나 2군6위의 지휘관을 파견하여 군사를 징발하거나 징발된 군사를 지휘하게 하였다.

구체적인 사례들을 통해 대규모 군사 동원시의 지휘체계를 살펴보고자 한다.

⑬ (김부식은) 여러 장군들에게 명해 양명포 산 아래에 토산을 쌓고, 목책을 세워 병영을 설치하고 전군을 이동시켜 그곳을 지키게 하였다. 서남계 주현의 병사 23,200명과 승도 550명을 징발하여 흙과 돌을 운반하고 재목을 수집하게 하였다. 장군 의보·방재·노충·적선에게 정예 병사 4,200명과 북계 주진의 전졸 3,900명을 유격군으로 삼아 적의 약탈에 대비하게 하였다.[251]

⑭ 이달에 서해도에서 도적이 일어났다. 호부원외랑 박소를 보내 주현의 군사를 징발하여 토벌하게 하였다.[252]

---

251) "命諸將 起土山於楊命浦山下 竪柵列營 移前軍據之 發西南界州縣卒二萬三千二百 僧徒五百五十 負土石 集材木 分命將軍義甫方宰盧沖積 先將精卒四千二百 及北界州鎭戰卒三千九百爲遊軍 以備剽掠"(『高麗史』권98, 열전 김부식)
252) "是月 盜起西海道 遣戶部員外郎朴紹 發州縣兵討之"(『高麗史』권19, 세가 명

⑮ 우부승선 김중구를 보내어 남도의 군사로 거란 군을 치게 하였
다.253)

⑯ 대장군 지윤심을 양광충청도방어사로 임명하여 도내의 군사와 승
군을 거느리고 거란 적을 방어하게 하였다.254)

⑬은 조위총 난을 진압하기 위해 여러 장군들로 하여금 서남지방 주
현의 군사들을 징발하고 지휘하게 하였다는 내용이다. 전군(前軍)이란
존재로 보아 토벌군은 3군(軍) 내지 5군으로 편성되었고, 여러 장군은
중앙군에서 파견한 지휘관들이었을 것이다. 서남계(西南界) 주현이란
양광도와 전라도 관내의 주현을 가리키는 것으로, 23,200명의 병력은
『고려사』 병지에 기록된 양광도와 전라도의 주현군 군액과 비슷한 숫
자이다.255)

⑭는 서해도에서 도적이 일어나자 중앙에서 호부원외랑(戶部員外郞)
을 파견하여 주현군을 징발하여 토벌하게 하였다는 내용이다. 호부원
외랑은 정6품의 문관직이며, 박소는 서해도 관내 여러 군현에서 동원
한 주현군을 지휘하였을 것이다.

⑮는 거란 유종(遺種)의 침입 시에 우부승선 김중귀를 파견하여 남도
의 병마로 거란병을 격퇴하게 하였다는 내용이다. 우부승선은 정3품의
문관직이며, 남도의 병마란 경상·전라·양광도 등에서 동원한 군사들일
것이다. 김중귀는 이들 제도에서 동원된 군사들을 지휘하여 거란 격퇴에
참여한 것이다.

⑯ 역시 거란 유종의 침입 시에 대장군 지윤심을 양광충청도방어사

___

종7년 2월)
253) "遣右副承宣金仲龜 以南道兵馬 往擊丹兵"(『高麗史』 권22, 세가 고종4년 정월
병신)
254) "以大將軍池允深 爲楊廣忠淸道防禦使 率道內兵及僧軍 以禦丹賊"(『高麗史』
권22, 세가 고종4년 5월 갑신)
255) 양광도가 12,336명이고 전라도가 13,140명이다.

로 삼아 도내병을 거느리고 거란병을 막게 하였다는 내용이다. 방어사
는 유사시 외적 격퇴의 임무를 띠고 중앙에서 파견되는 임시직이며,
지윤심이 지휘한 도내병은 양광충청도에서 동원된 군사들이었을 것이다.
　위의 사례들을 통해 대규모 병력동원이 필요한 경우에는 여러 지역
에 걸쳐 군사의 동원이 이루어졌고, 이렇게 동원된 대병력의 지휘는
중앙에서 파견한 관리나 중앙군의 지휘관들이 맡았음을 알 수 있다.
지휘관 중에는 장군이나 대장군 등 무관뿐만 아니라 호부원외랑이나
승선 같은 문관 출신도 있었는데, 이는 국초에 양반제도가 도입된 이
래 아직 문관과 무관의 분화가 명확하게 이루어지지 못한 상황에서 비
롯된 현상으로 보인다.256) 그 결과 문·무의 구별이 뚜렷하지 못하였고,
따라서 문관 출신의 관리가 군사를 지휘하는 경우가 많았던 것이다.

5. 맺음말

　고려 중앙군인 2군6위 군인의 구성을 군반제적인 요소와 부병제적
인 요소가 결합된 것으로 파악하는 연구가 우세해지고 있다. 이처럼
고려의 중앙군이 두 요소로 구성되었다고 하더라도 전체 병력 가운데
에서 농민 의무병이 압도적으로 많은 비중을 차지하였으므로, 고려의 병제
는 기본적으로 병농일치의 부병제적인 군제로 이해할 수 있을 것이다.257)
　이처럼 부병제론의 관점에서 농민 의무병인 주현의 보승·정용이 번
상하여 중앙 6위의 보승·정용을 구성하였다고 이해할 때 중요한 문제
의 하나는 병사의 간점, 훈련 및 번상, 동원 등의 제반 사무를 관장하는

---

256) 권영국, 1997 「무신집권기의 중앙군제」『숭실사학』 10
257) 물론 부병제와 다른 군반제적인 요소도 포함되어 있었지만 기본적으로 부병
　　제의 틀을 벗어나는 것으로 볼 수는 없다. 전형적인 병농일치제였던 당나라의
　　부병제에서 조차도 부병제와 다른 성격의 군제, 즉 군호제(병호제)적인 요소
　　가 포함되어 있었기 때문이다.

기구, 즉 당의 절충부와 같은 지방 군부의 존재여부이다. 고려의 경우 성종대에 절충도위·과의·별장 등 절충부 소속 관직명이 나타나는 것으로 보아, 일단 절충부가 설치되었을 가능성이 있는 것으로 보인다. 그러나 이후 고려의 실정에 맞지 않는 여러 제도들이 폐지되거나 개편되었듯이, 절충부제 역시 고려의 실정에 맞게 고쳤을 것으로 생각된다.

고려의 경우 중국과 달리 일반 행정조직과 별개의 지방 군부를 설치할 필요성이 크지 않았으므로 처음에 수용했던 절충부제 대신에 지방 행정조직을 그대로 이용하는 방법을 취하였고, 그 결과 출현한 것이 군목도체제라 생각된다. 즉 군목도는 지방관이 파견되는 군현을 단위로 설정되어 절충부가 수행해야 하는 군사적 업무를 겸하였던 것이다. 고려시대 군현제의 특징인 속관제가 실시되었던 것은 주·속현체제라는 광역 행정체제의 원활한 운영과 동시에 군목도가 수행해야 할 군사적 업무까지 담당하였기 때문이 아닌가 한다.

국가는 군인을 징발하기 위해 미리 작성된 호적을 바탕으로 군역대상자를 간점하였다. 군인의 간점은 중앙에서 파견된 점군사나 선군사 등이 담당하였는데, 이들은 주현의 호적을 토대로 징발할 호의 장정수, 장정의 신체 조건, 경제적 능력 등을 고려하여 군인을 징발하였을 것으로 생각된다.

주현군의 징발은 간점 과정을 거쳐 이미 군적에 올라있는 군인들을 대상으로 하였다. 상경 시위를 위해 정기적으로 이루어지는 징발은 군적을 토대로 미리 정해진 번상 순차에 따라 이루어졌고, 이러한 징발 업무는 지방관의 지휘하에 속관인 사록참군사를 비롯해 주현의 향리직인 사병 소속의 병정·부병정·병사 등이 담당하였다.

주현군의 지휘는 먼저 군목도가 설치된 군현의 경우 지방관이 속관과 함께 관내의 병력을 지휘하였다. 특히 속관 중 판관과 사록은 수령을 보좌하거나 수령 궐위 시에 수령을 대행하여 군사지휘권 행사하였다. 대정·교위·별장 등 주현군의 장교직을 겸한 향리는 지위에 따라 단위부대의 지휘를 맡았을 것이다.

고려후기가 되면 주현군 장교층 내에 도령이라는 존재가 출현하는데, 이는 중기 이후 향리직의 호장층에서 상호장이 등장하는 것과 관련이 있는 것이다. 즉 주현에는 호장층이 담당하는 장교직인 별장이 다수였으므로 지휘체계상 최고책임자가 필요하게 되었고 그 결과 도령이라는 최고지휘자가 출현하게 된 것이다. 그리고 이러한 변화는 호장층의 집단적인 지배체제가 점차 일원적인 지배체제로 나아가는 과정으로 이해된다.

안찰사는 도장관으로서 관할 도내의 병력에 대한 지휘권을 가지고 있었으나 전임관이 아니라 6개월마다 교대되는 사명지임이었고, 공식적인 군직도 가지지 않았다. 따라서 평상시에도 군사지휘권을 갖는 수령과 달리 안찰사의 군사지휘권은 군사 동원이 필요한 유사시에만 주로 행사되었다. 이처럼 고려시대에는 안찰사를 비롯하여 수령과 그 속관, 그리고 조창의 판관에 이르기까지 중앙에서 파견된 대부분의 지방관은 군사지휘권을 행사하였다.

한편 대규모 병력이 필요한 유사시에는 여러 군현과 도에 걸쳐서 군사가 동원되었는데 이 때에는 중앙에서 지휘관으로서의 능력이 있는 문관 또는 무관이 파견되었다. 이처럼 지휘에 문관과 무관의 구분이 명확하지 않았던 것은 아직 문·무의 분화가 완전하지 못했기 때문이라 생각된다. 이때 전체 병력을 총지휘한 것은 중앙에서 파견된 지휘관이었지만 하부 단위부대의 지휘는 군목도 장관인 수령과 향리들이 맡았을 것이다.

그리고 일이 끝나면 중앙에서 파견된 지휘관은 중앙으로 귀환하고 동원된 군사들은 각기 소속 군현으로 돌아갔다. 이처럼 대규모 병력 동원 시에 지휘관을 미리 정해두지 않았던 것은 지휘관과 군사들의 결합을 막고 나아가 휘하 군사들의 사병화를 방지하기 위한 제도적 장치의 하나였던 것으로 생각된다.

제4절 고려전기 동북면지역의 방어체제

1. 머리말

고려는 전국을 남도와 양계[258]로 나누어 이원적으로 지배하였다. 변경인 양계는 군사적으로 중요한 지역이었으므로 일찍부터 남도와 다른 지배체제를 구축하였다.[259] 남도의 주군현제(州郡縣制)와 달리 군사적 성격이 강한 주진제(州鎭制)를 실시하였고, 지방관도 안찰사(按察使)가 아닌 병마사(兵馬使)를 파견하였다. 뿐만 아니라 남도지역에서 볼 수 없는 감창사제(監倉使)와 분도장군제(分道將軍制) 등의 특수한 제도가 실시되었다.

그동안 고려의 양계, 즉 북계와 동계에 관한 연구는 주로 지방제도, 대외관계. 군사적 측면에서 이루어졌는데, 그 중에서도 서북면에 관한 연구가 중심을 이루었다. 그 이유는 서북면은 중국으로 통하는 길목에 위치하여 외교적으로 뿐만 아니라 군사적으로 중요한 위치를 차지하였고, 특히 고구려의 옛 수도인 평양이 북진정책의 전진기지로서 일찍

---

258) 고려시대에 양계지역이 남부와 같이 道라는 행정구역으로 편제되지 못하고 양계 또는 동·서북면이라 불린 이유는 국초 이래 영토의 확장이 계속되면서 남부의 도와 같이 일정한 영역이 확정되지 못하였기 때문이라 생각된다.
259) 양계의 성립시기에 대한 제 견해
　① 성종8년에 동서북면병마사가 처음으로 설치되었다는 기록에 근거하여 성종대로 보는 견해
　　이기백, 1968「고려 兩界의 州鎭軍」『고려병제사연구』
　　김남규, 1989「兩界의 兵馬使와 그 기능」『고려양계지방사연구』
　② 양계의 분리가 이루어지는 현종대로 보는 견해
　　변태섭, 1971「고려 양계의 지배조직」『고려정치제도사연구』
　　최정환, 2002「고려 양계의 성립과정과 그 시기」『고려 정치제도와 녹봉제연구』

부터 주목되었기 때문이다. 또한 발해 멸망 이후 거란과 여진 등의 북방민족이 만주를 포함한 중국 북방을 차지하여 고려와 국경을 접하게 되면서 군사적으로 긴장관계가 계속되었다.

그에 비해 동북면지역은 숙종 대에 여진정벌을 단행할 때까지 이민족과 대규모의 군사적 충돌이 없이 비교적 평온한 상태가 유지되었다. 따라서 동북면지역이 갖는 역사적·지리적 조건의 차이나 특성이 있음에도 불구하고 그에 대한 연구는 서북면지역과 차별성이 없이 부수적으로 다루어졌다.

또한 동계의 동해안지역은 신라시대부터 육로나 해로를 통해 말갈족이나 왜구의 침략이 잦아 군사적으로 중요하였다. 따라서 신라시대에도 군사적으로 중요시되어 요지마다 관방과 군진이 설치되었다. 즉 진흥왕 때에는 새로 확보한 동해안지역을 비열홀주(比列忽州)로 편제하고 안변에 비열홀정(比列忽停)을 두어 군사 거점으로 삼았으며, 문무왕 때에는 하서정(河西停)·이화혜정(伊火兮停)·하서주서(河西州誓)·만보당(萬步幢)을, 신문왕 때에는 삼변수당(三邊守幢) 등을 설치하여 방어체제를 갖추었다. 또한 주요 거점에 많은 성곽을 쌓아 방어 및 전진기지로 삼았다.[260)]

이 절에서는 고려 건국 이후 북방지역이 개척되면서 새로이 고려의 영토로 편입되는 지역 가운데 동북면 국경지역의 개척과 주진의 설치, 영역의 변화, 그리고 이들 국경지역과 그 이남의 동해안지역을 방어하기 위한 국방체제를 정리하고자 한다. 여기서 동북면 국경지역과 동해안은 행정구역상 동계의 영역에 대부분 포함되지만 편의상 동북면은 고려 건국 이후 개척하여 새로이 고려의 영토로 편입된 지역을, 동해안은 울릉도를 포함한 동계 영역내의 동해안지역과 그 이남의 동해 남부 해안지역을 가리키는 것으로 구분하기로 한다.

---

260) 김정숙, 2005 「고대 각국의 동해안 운영과 방어체계」『전근대 동해안지역사회의 운용과 양상』경인문화사

2. 동북면의 개척과 영역의 변동

1) 동북면의 개척과 주진의 설치

고려는 건국 초부터 북방의 국경지대에 국방을 위해 군사주둔지인 진(鎭)을 설치하였다. 태조 대에 북방지역의 축성은 기존 고려의 영역에서 가까운 곳에 거점을 확보한 후 주변 지역으로 축성을 진행하는 방식으로 진행되어[261] 서경과 안북부를 기본 축으로 하여 대동강 이북에서 청천강 이남지역에 집중되었다.[262] 태조 대에 북방에서 진이 설치된 곳은 안북부(安北府)·통덕진(通德鎭)·안정진(安定鎭)·안수진(安水鎭)·흥덕진(興德鎭)·마산진(馬山鎭)·강덕진(剛德鎭)·통해진(通海鎭)등이었다.[263]

북방지역에서 진을 설치하는 방식은 기존의 성을 진으로 개편하는 경우와 새로 확보한 지역에 축성을 하고 진을 설치하는 경우가 있었는데, 대부분 축성과 진의 설치는 동시에 이루어졌다.[264] 이처럼 태조 대의 북방 개척은 서경을 거점으로 주로 서북면 지역에서 진행되었지만 동북면 지역에도 주진이 설치되었다. 태조 대에 동북면지역에서 가장 먼저 설치된 진은 골암진(鶻巖鎭)이다. 안변 인근으로 추정되는[265] 골암진은 처음에 윤선이란 지방호족이 웅거하는 독립된 성이었으나[266]

---

261) 신안식, 2004「고려전기의 북방정책과 성곽체제」『역사교육』89
　　　송용덕, 2005「고려전기 국경지역의 주진성편제」『한국사론』51
　　　윤경진, 2010「고려 태조-광종대 북방개척과 주진 설치」『규장각』37
262) 고려시대에 양계지역의 축성은 180여 건인데, 그 중에서 태조 대에 축성된 것이 30여 건이다. 또 태조 대에 이루어진 전체 축성이 35건인데 그 중에서 양계지역의 축성이 80%를 차지하며 그 모두가 서북면지역에서 이루어진 것이다. (최종석, 2007『고려시대 治所城 연구』서울대박사논문)
263)『高麗史』권82, 병2, 鎭戍
264) 이기백, 1958「고려 태조 시의 鎭」『歷史學報』10
265) 골암진의 위치는 안변 新岱里로 추정된다.(이기백, 1958「고려 태조 시의 鎭」『歷史學報』10)

고려 왕조에 귀부한 후 진으로 개편되고, 중앙으로부터 개정군(開定軍)이 파견된 곳이다.[267]

동북면지역에서 골암진 이외에 태조 대에 설치된 것으로 추정되는 주진으로 화주(和州)와 용진진(龍津鎭)이 있다. 화주는 원래 고구려의 땅으로서 장령진(長嶺鎭), 당문(唐文) 또는 박평군(博平郡)이라 불리었는데 고려 초에 화주가 되었다.[268] 기록에 고려 초로 표기된 경우 일부를 제외하고 대부분은 그 연대를 알 수 없으나 기존의 연구에서는 고려 초로 표기된 군현개편은 대체로 태조 대에 이루어진 것으로 추정하고 있다.[269]

덕원(德源) 인근에 위치한 용진진은 원래 호포(狐浦)라 불리었는데 고려 초에 용진진으로 개명하였다.[270] 이때 단순한 개명만이 아니라 진수(鎭戍)를 위해 군대를 배치하고 진으로 개편한 것으로 추측된다. 즉 골암진의 경우와 같이 이 지역이 고려의 영역으로 편입되면서 군대를 파견하여 진수하게 하였을 것이다.[271] 북방 대부분의 진들은 축성과 함께 설치되었지만 용진진의 경우는 태조 대에 진이 먼저 설치되고 이후 목종9년에 이르러 축성이 이루어졌다.[272]

이후 광종 대에는 장평진(長平鎭)과 고주(高州)가 설치되었다. 영흥 동쪽에 위치한 장평진은 광종20년에 성을 쌓고 진장(鎭將)을 배치하였

---

266) 『高麗史』 권92, 列傳5, 王順式 附 尹瑄
267) 『高麗史』 권92, 列傳5, 庾黔弼
268) 『高麗史』 권58, 地里3, 和州
269) 박종기, 1988 「고려 태조23년 군현개편에 관한 연구」 『한국사론』 19, 서울대 국사학과
270) 『高麗史』 권58, 地里3, 龍津鎭
271) "我國家統三以來 士卒未得安枕 糧餉未免糜費者 以西北隣於戎狄 而防戍之所多也 以馬歇灘爲界 太祖之志也 鴨江邊石城爲界 大朝之所定也 乞擇要害 以定疆域 選土人能射御者 充其防戍 又選偏將 以統領之 則京軍免更戍之勞 蒭粟 省飛輓之費."(『高麗史』 권82, 兵2, 鎭戍 成宗원년 6월 正匡崔承老上書)
272) "龍津鎭 古狐浦 高麗初 改今名爲鎭 穆宗九年築城 後屬文州"(『高麗史』 권58, 地里3, 龍津鎭)

다.[273] 고주는 옛날의 덕녕진(德寧鎭)으로 광종24년에 성을 쌓았다는 기록이 있는 것으로 보아[274], 축성과 함께 주가 설치되었음을 알 수 있다. 그 후 현종19년에 봉화산 남쪽에 성을 쌓고 주의 소재지를 그 곳으로 옮겼으며 성종24년에 방어사주(防禦使州)가 되었다.[275]

성종 대에 설치된 주진은 문주(文州)와 애수진(隘守鎭)이다. 문주는 옛날에 수성(洙城)이라고 불리었는데 성종8년에 문주방어사라 하였다.[276] 애수진은 성종2년에 성을 쌓은 것으로 되어 있는데[277] 이때 고려의 영역으로 편입되면서 축성과 함께 애수진으로 개편된 것으로 보인다.

목종4년에는 영풍진(永豐鎭)이 설치되었고[278], 현종 대에는 지방제도의 정비가 이루어지면서 동북면에도 많은 주진이 설치되었다. 현종3년에 장주(長州)와 요덕진(耀德鎭)[279], 6년에 운림진(雲林鎭)[280], 22년에 영인진(寧仁鎭)[281]과 정변진(靜邊鎭)[282] 등의 주진이 설치되었다. 장주는 현종9년에 방어사가 설치었는데[283] 동왕3년에 축성이 이루어진 것으로 보아[284] 주는 3년에 설치된 것으로 추측된다, 진명현(鎭溟縣)은 원산현(圓山縣) 또는 수강(水江)이라 불리었는데 현종9년에 현령관으로 개명되었고 후에 의주(宜州)에 소속되었다.[285] 그런데 이미 목종8년에 진

---

273) 『高麗史』 권58, 地里3, 長平鎭
274) 『高麗史』 권82, 兵2, 城堡 光宗24年
275) 『高麗史』 권58, 地里3, 高州
276) 『高麗史』 권58, 地里3, 文州
277) 『高麗史』 권58, 地里3, 隘守鎭
278) 『高麗史』 권58, 地里3, 永豐鎭
279) 『高麗史』 권58, 地里3, 耀德鎭
280) 『高麗史』 권58, 地里3, 雲林鎭
281) 『高麗史』 권58, 地里3, 寧仁鎭
282) 『高麗史』 권58, 地里3, 靜邊鎭
283) 『高麗史』 권58, 地里3, 長州
284) 『高麗史』 권82, 兵2, 城堡 顯宗3年
285) 『高麗史』 권58, 地里3, 鎭溟縣

명현에 축성 기록이 있는 것으로 보아[286] 진명현은 이전부터 존재하였음을 알 수 있다.

진명현은 진으로 표기된 곳도 있으나 대부분의 기록에서 현으로 표기되어 있고[287], 또한 안변과 인접한 곳에 위치한 진명현을 신라의 영토였던 의주에 속하게 한 것으로 보아[288] 진명현은 본래 신라의 영토였기 때문에 진이라 하지 않고 현이라 칭하게 된 것이 아닌가 한다. 왜냐하면 고려 왕조에 들어와 개척되어 새로이 고려의 영토로 편입된 지역은 모두 군사적 성격의 방어주 또는 진을 설치하였고, 이전의 신라의 영토였던 지역에는 주나 현을 설치하였기 때문이다.

특히 현종 대에는 거란과의 전쟁이 끝나면서 동북면지역에서 적극적으로 축성을 추진하였다. 거란의 침입을 경험하면서 북방의 변경을 효과적으로 방어하기 위한 장성(長城)의 필요성을 절실하게 느낀 고려는 전쟁 이후 장성의 축조 사업을 추진한 것이다.

고려는 국초부터 거란과 여진의 침략에 대비하여 군사적 요충지에 축성을 해왔는데 덕종 대에 이르러 이들 성들을 연결하는 장성의 축조를 본격적으로 시작하였다. 12년이나 걸린 장성은 서해안의 압록강 입구에서 시작하여 위원(威遠)·흥화(興化)·정주(靜州)·영해(寧海)·영덕(寧德)·영삭(寧朔)·정융(定戎)·영원(寧遠) 및 그 부근의 평로(平虜)·맹주(孟州), 그리고 삭주(朔州)·운주(雲州)·안수(安水)·청새(淸塞) 등 14성을 거쳐 동북면의 요덕(耀德)·정변(靜邊)·화주(和州)로 연결되었다.[289]

또한 정종(靖宗)은 동북로병마사 김령기에게 명하여 장주(長州)와 정주(定州), 그리고 원흥진(元興鎭)에도 성을 쌓게 하였다.[290] 장주는 현종

---

286) 『高麗史』 권82, 兵2, 城堡 穆宗8年
287) 『高麗史』의 모든 기록에는 진명현으로 표기되어 있으나 식화지 外官祿條의
    한 곳에는 진명진(진명진장)으로, 다른 한 곳에는 진명현(진명현위)으로 표기
    되어 있다.(『高麗史』 권80, 食貨3, 外官祿·州鎭將相將校祿)
288) 『高麗史』 권58, 地里3, 鎭溟縣
289) 『高麗史』 권82, 兵2, 城堡 德宗2년

3년에 축성과 함께 주가 설치된 곳이고, 정주는 정종7년에 정주방어사
가 된 곳이며[291], 원흥진은 정종10년에 생천(桎川)에 성을 쌓고 진으로
만들어 진사를 배치한 곳이다.[292] 정종은 이들 성들을 장성과 연결함
으로써 동북면지역의 장성은 정평(定平)까지 연결되었다. 문종 대에는
동북 여진과의 관계가 복잡하게 되자 동왕9년에 선덕진(宣德鎭)[293]에 성
을 쌓아 장성을 도련포(都連浦)까지 연장하였다.[294]

지금까지 살펴본 것처럼 고려가 동북면지역의 개척에 가장 노력을
기울인 시기는 현종 대부터 문종 대까지였다. 신개척지에 설치된 주진
은 군사적 성격이 강한 행정구역으로서 주에는 방어사, 진에는 진장이
파견되었다. 한편 동계에서 주진 이외에 현령관이 파견된 현도 다수
있었는데 이들은 모두 안변이남 지역으로서 본래의 신라 영토였던 곳
이다. 주진의 설치 과정에서 본 것처럼 대부분의 주와 진은 축성과 함
께 설치되었다. 따라서 주진은 모두 성곽에 의해 둘러싸인 무장도시라
는 특징을 가지고 있었고, 성이라고도 불리었다.[295]

여진정벌이 단행되는 숙종과 예종 이전까지 동북면지역에서 주진이
설치된 곳은 등주(登州) 이북에서 정주(定州) 이남의 동해안지역을 중심
으로 서쪽으로 낭림산맥에 이르는 지역이었다. 따라서 고려 초에는 화
주(和州)가 동북 여진과 교섭을 하던 최일선의 창구 역할을 하였다. 현
종원년 5월에 여진인 95명이 고려에 내조(來朝)하려고 화주관(和州關)에
이르렀는데 화주방어낭중 유종이 이들을 모두 죽여 고려와 여진의 관
계가 크게 악화된 사건[296]이나 동왕3년 윤10월에 여진의 모일라(毛逸

290) 『高麗史』 권82, 兵2, 城堡 靖宗10년
291) 『高麗史』 권58, 地里3, 定州
292) 『高麗史』 권58, 地里3, 元興鎭, 『高麗史』 권95, 列傳8, 王寵之
293) 후에 덕주방어사가 됨(『高麗史』 권58, 地里3, 德州)
294) 『高麗史』 권82, 兵2, 城堡
295) 이기백, 1958 「고려 태조 시의 鎭」 『歷史學報』 10
296) 『高麗史』 권4, 世家 顯宗원년 5월

羅)·서을두(鉏乙頭) 등이 삼살촌(북청)에 거주하는 30성의 주민들을 이끌고 화주에 와서 맹약을 청한 사건[297] 등을 통해 볼 때 동북 여진과 고려의 교섭 창구가 화주였음을 알 수 있다.

그러나 정종(靖宗)10년에 이르러 고려의 영역이 북으로 확장됨에 따라[298] 화주로부터 더 북상한 곳에 위치한 정주(定州)가 새로운 대여진 교섭 창구가 되었다. 즉 문종6년에 동여진 집단이 정주 관외에 들어와 편호(編戶)가 되기를 청한 사건이 있었는데[299] 이는 정주가 여진과 교섭하는 새로운 창구가 되었음을 보여주는 것이다. 이처럼 국초 이래 동북면지역의 개척과 새로운 주진의 설치로 영토가 확장되었고, 그에 따라 고려와 동북 여진과의 교섭 창구도 시기에 따라 변화하였음을 알 수 있다.

2) 예종대의 여진정벌과 동북면 영역의 변동

동북면지역에서 고려의 대여진 정책은 대체로 숙종 대 이전까지는 회유와 복속에 주력하여 궁극적으로는 여진을 동화시켜 편호로 만들고 그들의 거주지를 고려의 주군으로 편입시키는 것이었다. 그 결과 동여진 일부가 집단으로 고려에 이주하여 고려의 편호가 되거나[300] 장성 밖 원근에 거주하는 여진 촌락들이 스스로 고려에 칭신(稱臣)하고 고려의 주군으로 편입해 줄 것을 요청하는 사례들이 빈번하게 나타났다.[301]

이에 고려 정부는 지속적인 축성 사업과 함께 귀부하는 여진 지역에 고려식 주군을 설치하는 기미주(羈縻州) 확대정책을 시행하였다.[302] 기

---

297) 『高麗史』 권4, 世家 顯宗3년 윤10월
298) 『高麗史』 권82, 兵2, 城堡 靖宗10년
299) 『高麗史』 권9, 世家 文宗6년 정월
300) 위와 같음
301) 『高麗史』 권9, 世家 文宗27년 6월 乙未, 7월 丙午, 9月 甲辰

미주란 고려에 귀부한 여진 촌락에 주명(州名)을 내려주고 여진 추장을 도령(都領)으로 임명하여 다스리게 하는 귀순 여진인의 자치주이다. 문종 대에서 예종 대에 이르기까지 천리장성 너머로의 영토 확장은 이러한 기미주의 바탕 위에서 추진된 것이다. 고려에 복속하여 귀화한 여진의 땅을 화내(化內)라 하여 여진의 거주와 자치를 허용하였다.303)

이처럼 고려와 여진은 비교적 평온한 관계를 유지하였으나 숙종 말기에 여진의 신흥세력인 완안부(完顏部)가 등장하여 남하하면서 동북면지역은 긴장상태를 맞게 되었다. 여진의 여러 부족 가운데 완안부가 두각을 나타나게 된 것은 추장 오고내(烏古迺) 때부터이지만 고려와 직접적인 관계를 갖게 되는 것은 그의 아들인 영가(盈歌) 때부터였다. 완안부의 기초를 확립한 오고내의 뒤를 이어 추장이 된 영가는 주변의 부족을 통일하고 남하하여 갈라전(曷懶甸)지역까지 세력을 미치게 되었다.304)

갈라전은 두만강유역부터 천리장성의 동북지역에 이르는 광범위한 지역으로305) 이를 방어하려는 고려와 완안부세력이 충돌하게 된 것이다. 고려와 완안부가 정면으로 충돌하게 된 것은 영가의 조카인 석적환(石適歡)이 고려에 침입하는 숙종9년이었다. 석적환의 군대가 갈라전 일대를 침략하며 고려에 복속해 있던 여진 촌락을 점령하고 정평(定平)의 장성 부근까지 쳐들어오자 고려는 임간을 판동북면행영병마사(判東

---

302) 최규성, 1995 「북방민족과의 관계」『한국사』15
303) 金九鎭, 1976 「公嶮鎭과 先春嶺碑」『백산학보』21
304) 최규성, 1995 「북방민족과의 관계」『한국사』15
305) 갈라전의 위치와 관련하여 다음과 같은 연구가 있다.
　　① 함흥평야로 비정하는 연구
　　　地內宏, 1937 「完顏氏의 葛懶甸經略과 尹瓘의 九城役」『滿鮮史硏究』중세 2책, 吉川弘文館
　　　津田左右吉, 1913 「尹瓘征略地域考」『朝鮮歷史地理』2
　　② 연길이나 훈춘 등 두만강 중하류 일대로 비정하는 연구
　　　김육불, 2007 『東北通史』하, 동북아역사재단 번역

北面行營兵馬使)로 삼고, 이위를 서북면행영병마사로 삼아 대비하게 하였다.306)

그러나 임간 등은 서둘러 공을 세우기 위해 훈련되지 않은 군사를 동원하여 석적환의 군사를 치다가 크게 패하였다.307) 숙종은 다시 윤관을 동북면행영병마도통으로 삼아308) 출정시켰으나 또다시 대패하였다.309) 거듭된 패전으로 정평 장성 밖의 여진 촌락은 모두 완안부의 지배 하로 들어가게 되었다. 숙종은 기병 중심의 여진에 대항하기 위해 신기군(神騎軍)·신보군(神步軍)·항마군(降魔軍) 등으로 편성된 별무반(別武班)을 조직하여 설욕을 준비하였으나310) 뜻을 이루지 못하였다.

숙종의 뒤를 이은 예종은 동왕2년 10월에 윤관을 원수로, 오연총을 부원수로 하는 17만의 정벌군을 조직하여 동여진을 치게 하였다.311) 고려군은 연전연승하며 대승을 거두었고, 윤관은 점령한 지역의 요지에 함주(咸州)312)를 비롯하여 영주(英州)313)·웅주(雄州)314)·길주(吉州)315)·복주(福州)316)·공험진(公嶮鎭)317)·통태진(通泰鎭)318)·숭녕진(崇寧鎭)319)·진양진(眞陽鎭)320) 등 9성을 축조한 다음 남방의 민호를 사민(徙民)하였다.321)

---

306) 『高麗史』 권12, 世家, 肅宗9년 정월 癸未
307) 『高麗史』 권12, 世家, 肅宗9년 2월 壬子
308) 『高麗史』 권12, 世家, 肅宗9년 2월 乙丑
309) 『高麗史』 권12, 世家, 肅宗9년 3월 丁丑
310) 『高麗史』 권81, 兵1, 兵制, 沿革肅宗9년 12월
311) 『高麗史』 권12, 世家, 睿宗2년 윤10월 壬寅 및 『高麗史』 권58, 地理3, 九城
312) 『高麗史』 권58, 地理3, 咸州大都護府
313) 『高麗史』 권58, 地理3, 英州
314) 『高麗史』 권58, 地理3, 雄州
315) 『高麗史』 권58, 地理3, 吉州
316) 『高麗史』 권58, 地理3, 福州
317) 『高麗史』 권58, 地理3, 公嶮鎭
318) 『高麗史』 권58, 地理3, 通泰鎭
319) 『高麗史』 권58, 地理3, 崇寧鎭
320) 『高麗史』 권58, 地理3, 眞陽鎭

이때 설치된 9성의 위치를 둘러싸고 여러 견해들이 분분하다. 첫째 두만강 북쪽 700리 지점에서 정평까지의 함경도 일대로 보는 견해[322], 둘째 길주 또는 마운령 이남에서 정평까지 함흥평야 일대로 보는 견해[323] 등이다. 특히 고려의 기미주에 대한 연구를 통해 9성의 위치를 비정한 최근의 연구는 기미주가 설치되었던 지역에 살고 있던 30도(徒) 또는 30성(姓) 여진 가운데 두만강 하류에서 수분하(綏芬河) 일대까지의 연해주에서 어로생활을 하던 골간적합(骨看狄哈)의 거주지에 바로 공험진이 설치되었으며 함흥에서 두만강유역까지의 해안평야를 따라 함주·영주·복주·웅주·길주 등이 설치되었다고 본다.[324] 고려는 새로 확보한 9성 지역에 6만 9천여 호의 남방 주민을 사민시키면서 안정적인 지배를 시도하였다.[325]

그러나 완안부세력을 끌어들인 토착여진의 완강한 저항에 부딪혀 9성지역의 지배는 오래 유지되지 못하였다. 갈라전지역의 회복을 목표로 한 완안부의 반격전은 윤관의 개선을 전후로 시작되었는데, 특히 웅주와 길주에 대한 공격이 심하였다.[326] 윤관이 재차 정벌군을 거느리고 출정하였으나[327] 1년여에 걸쳐 일진일퇴를 거듭할 뿐이었다.

예종4년 5월에 이르러 길주와 공험진의 2성이 함락 직전에 이르고 이를 구원하러 갔던 오연총의 군대도 도중에서 여진의 습격을 받아 대

---

321) 『高麗史』 권58, 地里3, 九城 및 『東文選』 권44, 表箋("伐女眞取其地 築設城池 實入丁戶 訖獻功表")
322) 『高麗史』 권58, 地里3, 九城, 『세종실록』 지리지, 『신증동국여지승람』
323) 陳田左右吉, 1913 「尹瓘征略地域考」 『滿鮮歷史地理』 2
    地內宏, 1923 「完顏氏의 曷懶甸經略과 尹瓘의 九城役」 『滿鮮地理歷史研究報告』 9
    稻葉岩吉, 1931 「高麗尹瓘九城考」 『史林』 16-1·2
324) 金九鎭, 1976 「公嶮鎭과 先春嶺碑」 『백산학보』 21
    方東仁, 1980 「고려의 동북지방경역에 관한 연구」 『영동문화』 창간호
325) 『高麗史』 권58, 地里3, 九城
326) 『高麗史』 권13, 世家 睿宗4년 3월 乙卯 및 4년 8월
327) 『高麗史』 권13, 世家 睿宗4년 5월 乙丑

패하면서 전세는 점차 불리하게 전개되었다.[328] 한편 길주와 공험진을 함락시킨 여진은 9성 환부를 조건으로 화친을 요구해 왔다.[329] 이에 더 이상 장기전을 감당하기 어려웠던 고려는 예종4년 7월에 9성의 환부를 결정하고[330] 군대와 백성을 철수시켰다.[331]

이처럼 예종 대에 단행된 여진정벌과 9성의 설치로 동북면지역의 영역이 한때 장성 이북의 함흥평야에서 두만강 일대까지 확대되었으나, 곧 9성을 돌려줌으로써 새로 확보한 영토를 상실하였고, 나아가 이전에 고려의 지배력이 미치던 장성 이북의 기미주마저 잃게 되어 동북면지역에서 고려의 영역은 오히려 축소되었다. 반면 완안부 여진은 갈라전지역을 확보하게 되었음은 물론 이 지역의 여진족을 단합시켜 대국으로의 발전을 꾀하는 계기를 마련하였다.

3. 동북면의 방어체제

1) 주진군의 조직

양계는 국경지역으로 남도의 일반 행정구역과는 달리 군사적 역할이 특히 중요한 지역이었다. 따라서 남도와는 다른 특수한 행정조직과 군사조직을 갖추고 있었다.[332] 행정조직상 양계지역은 방어주와 방어

---

328) 『高麗史』 권13, 世家 睿宗4년 5월 庚申
329) 『高麗史』 권13, 世家 睿宗4년 6월 庚子
330) 『高麗史』 권13, 世家 睿宗4년 7월 丙午
331) 『高麗史』 권13, 世家 睿宗4년 7월 辛酉
332) 兩界의 支配組織에 대해서는 다음의 연구들이 있다.
　　　末松保和, 1956 「高麗兵馬使考」 『東洋學報』 39-1
　　　李基白, 1968 「高麗 兩界의 州鎭軍」 『高麗兵制史研究』 일조각
　　　金南奎, 1969 「兩界兵馬使에 대하여」 『李弘稙回甲紀念韓國史學論叢』 신구

진이 설치되어 군사적인 주진체제로 편성되었고, 하나의 주목(州牧)을 중심으로 수령이 파견된 몇 개의 영군(領郡)과 속군현(屬郡縣)이 여기에 관령(管領) 또는 예속되는 조직을 갖추고 있던 남도지역과 달리 양계는 주목과 영군이 일원적인 영속관계를 이루는 한편 극히 일부지역을 제외한 대부분의 지역에 지방관이 파견되었다.[333] 이러한 행정조직상의 특징은 양계지역의 군사적인 중요성에서 비롯된 것으로 특히 군사적인 면에서도 지역적인 차이가 크게 나타나고 있다.

고려 초 북방 변경으로 영토가 확장되어 주진이 설치되면서 점차 주진군조직이 정비되었을 것으로 보인다. 주진이 설치된 초기에는 중앙에서 개정군(開定軍)과 같은 군대가 파견되어 진수(鎭戍)를 담당하였으나 성종 대에 최승로의 건의에서 보는 것처럼 점차 현지의 토착민으로 구성되는 주진군이 조직되었다.[334]

『고려사』 병지에 의하면 양계의 주진군은 남도의 주현군과 비교해 병종이 다양하고, 또 병력수도 훨씬 많을 뿐 아니라 지휘관인 장교들의 군액도 상세히 파악되어 있다. 또한 군사조직에서도 남도지역의 주현(主縣) 중심의 군목도(軍目道) 편성과는 달리 양계지역은 모든 주진이 주진군의 편성단위가 되었다. 이러한 사실들은 주진군이 주현군에 비해 보다 조직적으로 편성되고 파악되었음을 보여주는 것이다.[335]

동계지역 주진군의 병종은 초군(抄軍)·좌군(左軍)·우군(右軍)·영새(寧塞)와 공장(工匠)·전장(田匠)·투화(投化)·생천군(鉎川軍)·사공(沙工) 등으로 구성되어 초군(抄軍)·정용(精勇)·좌군(左軍)·우군(右軍)·보창(保昌)과

문화사

邊太燮, 1971 「高麗 兩界의 支配組織」 『高麗政治制度史研究』 일조각

小見山春生, 1983 「高麗前期 兵馬使機構에 관한 一考察」 『朝鮮史研究會論文集』 20

333) 邊太燮, 1971 「高麗兩界의 支配組織」 『高麗政治制度史研究』 일조각

334) 『高麗史』 권82, 兵2, 鎭戍

335) 李基白, 1968 「高麗 兩界의 州鎭軍」 『高麗兵制史研究』 일조각

신기(神騎)·보반(步班)·백정(白丁) 등으로 구성된 북계의 주진군과는 약
간의 차이가 있었다. 여러 병종 가운데 초군·좌군·우군·영새 등이 주
진군의 중심 병력을 이루었으며 그 군액은 11,500여 명이었고, 지휘관
인 장교는 780여 명이었다. 한편 북계의 경우 기간 병력인 초군(정용)·
좌군·우군·보창 등은 40,000여 명으로 동계의 4배에 달하였다.336)

주진에 거주하는 모든 주민은 주진군에 편제되어 평상시에는 일부
가 교대로 동원되다가 유사시에는 전 병력이 동원되었다. 고려는 국초
부터 북방 변경지역으로 영토를 개척하면서 남도로부터 주민을 이주
시켰는데 이렇게 사민으로 정착하게 된 주민들이 주진군의 주요 구성
원이 되었고, 또한 고려에 투화(投化)한 거란이나 여진 등 이민족들도
일부 포함되었을 것이다.

주진군의 지휘는 중낭장 이하 대정까지의 장교가 담당하였는데 이
들은 남도 주현의 향리와 같이 양계 주진의 토착 세력가였다. 최고 지
휘자를 도령(都領)이라 하였으며 주진군의 규모에 따라 중낭장 또는 낭
장이 도령에 임명되었다.337)

동북면의 국경지역 역시 서북면과 마찬가지로 이민족과 접한 변경
이므로 주진군의 가장 중요한 기능은 국경의 방어였다. 주진군의 전통
적인 전술은 이른바 견벽고수(堅壁固守)로서 일단 강한 적의 침략을 받
으면 성을 굳게 지키다가 적의 헛점을 틈타 성문을 열고 나가 기습 공
격하는 방식이었다. 이러한 전술로 인해 보급로 차단이 두려운 적은
양계지역의 모든 성들을 함락시키지 않고서는 내륙 깊숙이 침입할 수
없었다. 주진의 성들은 일반적인 산성과 달리 주진의 치소(治所)와 주
변의 산을 연결하여 쌓은 성으로서 거주와 방어의 기능을 동시에 갖춘
것이었다.338)

---

336) 『高麗史』 권83, 兵3, 州縣軍
337) 위와 같음
338) 李基白, 1968「高麗 兩界의 州鎭軍」『高麗兵制史研究』 일조각

주진의 성과 함께 군사 요지에는 전방 초소의 성격을 지닌 수(戍)가 설치되었다. 소규모 방어시설인 수는 특히 장성이 지나가는 국경지역과 동해안의 요지에 위치한 주진에 주로 설치되었다. 특히 등주(안변) 이북의 새로 개척한 동북면지역에 설치된 수 가운데 기록상 확인되는 것은 장주(長州)의 정북(靜北)·고령(高嶺)·소흥(掃興)·소번(掃蕃)·염천(厭川)·정원(定遠)의 6개, 정주(定州)에 방수(防戍)·압호(押胡)·홍화(弘化)·대화(大化)·안륙(安陸)의 5개, 원흥진(元興鎭)에 내항(來降)·압로(壓虜)·해문(海門)·도안(道安) 등 4개의 수가 있으나[339], 이밖에도 더 많은 수가 설치되었을 것으로 생각된다. 이들 수에는 좌군·우군·영새 등이 1~2대, 지휘관인 대정과 교위가 각 1~2인 정도인 소규모 병력이 주둔하였다.[340]

2) 방수군의 파견

양계 주진에는 토착주민으로 조직된 주진군 이외에 남도 주현으로부터 번상한 방수군(防戍軍)이 주둔하였다. 방수군은 남도의 각 군목도(軍目道)에서 개경으로 번상하여 6위의 보승·정용을 구성한 38령(領) 가운데 일부가 장군의 인솔 하에 교대로 양계 주진에 들어가 방수를 담당하였으므로 주진입거군인(州鎭入居軍人)이라고도 불리었다.[341]

---

339) 『高麗史』 권82, 兵2, 城堡 靖宗10년
340) 『高麗史』 권83, 兵3, 東界 翼谷縣 鐵垣戍 및 霜陰縣 禾登戍
341) 지금까지 양계 주진의 군사조직에 대해서는 두개의 다른 견해가 있다.
　　① 양계 주진에 대한 방수를 위해 중앙에서 파견된 군인과 주진에 토착해 사는 주민, 그리고 원주지인 본관에 가족을 남겨두고 주진에 입거한 군인이 모두 주진군 내에 소속되어 하나의 조직을 이루고 있었다는 견해
　　李基白, 1968 「高麗 兩界의 州鎭軍」 『高麗兵制史研究』 일조각
　　② 지휘계통이 다른 두개의 군사조직, 즉 州鎭將相將校의 지휘를 받는 주진군과 중앙에서 파견되는 방수장군이 지휘하는 방수군이 서로 조직을 달리하는 구성이었다는 견해

(문장필은) 경인년(毅宗24)에 … 명종이 번저(蕃邸)로부터 들어와 즉위
하자 중낭장에 임명되었다, 상서공부낭중으로 어(御)□□행(行)□□이 되
었다. 왕태자부지유로 옮겼다가 몇 년이 되지 않아 금오위정용차장군겸
어사잡단□□부사로서 본군(本軍)을 거느리고 북변을 방수하였는데 창주
를 분도(分道)하였다.342)

위의 자료는 중앙군 중 일부가 장군의 지휘 하에 변방의 방수에 동
원된 사실을 보여준다. 즉 문장필은 명종 초에 금오위(金吾衛) 소속 정
용군의 차장군으로서 본군(本軍)을 거느리고 북계를 방수하였는데 창
주를 분도하였다. 여기서 본군이란 각 영의 최고지휘자인 장군이 거느
리는 휘하의 군대를 의미하는 것으로서 본령군(本領軍)으로도 불리었
다.343) 또 창주를 분도하였다는 것은 창주 분도장군이 되었다는 의미
로 방수(防戍)장군과 분도(分道)장군은 같은 존재였음을 알 수 있다.

위 기록에서 창주의 방수군으로 파견된 것은 6위 중 하나인 금오위
소속의 정용군이었음을 알 수 있다. 금오위에는 6령의 정용군이 있었
는데 이 가운데 1령이었을 것으로 생각된다. 이처럼 방수군은 지방 주
현에서 개경으로 번상하여 6위를 구성한 보승과 정용의 38령 중에서
일부가 교대로 동원된 것이었다. 방수군은 양계의 모든 주진에 파견된
것이 아니라 일부 주진에만 파견되었던 것으로 보인다. 앞에서 살펴본
것처럼 방수장군 또는 분도장군이 배치되었던 주진이 곧 방수군이 파
견된 주진이었을 것이다.

趙仁成, 1983「高麗 兩界의 國防體制」『高麗軍制史』육군본부
權寧國, 1992「무신집권기 지방군제의 변화」『國史館論叢』31, 국사편찬
위원회
342) "庚寅歲□□ 上由蕃邸 入卽大位 擢授中郎將 □尙書工部郎中 爲御□□行□
□ 移王太子府指諭 未數歲 以金吾衛精勇借將軍 兼御史雜端□□副使 領本
軍防□北邊 分道昌州"(『韓國金石文追補』文章弼 墓誌)
343) "將軍奇允偉 率本領軍 及神騎二班 與忠淸按察使 追捕南賊"(『高麗史節要』
권15, 高宗4년 정월)

그런데 조선 초 인물인 이선제(李先齊)가 「고려식목형지안(高麗式目形止案)」을 가지고 고려 전성기 때 양계 제성의 방어제도를 소개하였는데, 거기에서는 북계의 모든 성에 방수장군이 배치되었던 것처럼 설명하고 있다.

> 지금 고려식목형지안을 가지고 제성의 방어제도를 살펴보니 중국 제위의 법에 약간 부합됩니다. 우선 몇 읍의 군제를 들어 아뢰겠습니다. …
> 1성 내에는 사(使)·부사(副使)·판관(判官)·법조(法曹)가 있는데 이는 민사를 다스리는 관이고, 방수장군과 중낭장·낭장·교위·대정이 있는데 이는 군무를 다스리는 직임으로 각기 통속이 있어 부오(部伍)가 엄정하였습니다. 일이 있으면 장수에게 명해 출사하게 하고 적이 쳐들어오면 각기 읍성을 지켜 패몰함이 드물었습니다.[344]

즉 각각의 성에는 군무를 다스리는 직임으로 방수장군과 중낭장 이하 대정이 있었던 것처럼 설명하고 있다. 여기서 방수장군은 중앙에서 방수군을 거느리고 파견된 지휘관이고 중낭장 이하 대정까지의 장교는 토착인으로 임명된 주진군의 지휘관이었다.

『고려사』 병지에 기록된 양계 주진의 장교구성을 보면 방수장군이나 분도장군의 존재는 보이지 않고 중낭장 이하 대정까지의 장교만 있을 뿐이다. 이러한 사실은 방수장군, 즉 분도장군이 주진의 토착 지휘관이 아니라 중앙에서 파견된 지휘관임을 의미하는 것이라 생각된다.[345]

만약 이선제의 설명과 같이 모든 성에 방수장군이 배치되었다면 서북면 주진의 수만 40여 개이므로 적어도 40여명 이상의 방수장군이 파견되어야 할 것이다. 동북면의 주진 20여 개까지 포함할 경우 주진의 수는 더욱 많아진다. 방수장군으로 파견될 수 있는 중앙의 장군직 수는 상장군과 대장군을 포함하여 모두 60여 직에 불과한데[346], 중앙군의

---

344) 『文宗實錄』 권4, 文宗즉위년 10월 庚辰 藝文館提學 李先齊上書
345) 趙仁成, 1983 「高麗 兩界의 國防體制」 『高麗軍制史』 육군본부

모든 장군이 방수장군으로 파견될 수는 없었을 것이다. 따라서 방수장
군은 양계의 일부 주진에만 파견되었을 것으로 추측된다.

　기록을 통해 볼 때 방수장군이 파견되지 않은 주진을 많이 찾을 수
있다. 예컨대 조위총 난 당시 유일하게 조위총 군에 호응하지 않았던
연주(延州)의 경우 주진군 최고지휘관인 도령이나 주장(主將)347) 이외
에 방수장군의 존재는 보이지 않는데348) 이는 연주에는 방수장군이 파
견되지 않았음을 의미하는 것이다. 당시의 기록들에서 방수장군의 존
재를 확인할 수 있는 북계의 주진은 의주(義州)349)·인주(麟州)350)·정주
(靜州)351)·선주(宣州)352)·삭주(朔州)353)·창주(昌州)354) 등이고, 동계의 주
진은 정주(定州)355)와 장주(長州)·선덕(宣德)356) 등이다.

　방수장군이 파견된 주진이 곧 군사적 분도로, 군사상 요지인 큰 주
(州)를 중심으로 그 주위에 있는 몇 개의 주진을 예속시킨 형태였다. 방
수장군이 파견된 주진은 대부분 대륙에서 한반도로 통하는 교통로에
위치하는 요지로서 외적 침략 시에 통로이자 국방상 요충지에 해당되
는 곳이었다. 거란이나 몽고의 침입도 바로 이들 주진의 공격으로부터
시작되었다.357)

　주진군과 방수군은 별개의 지휘체계에서 각각 주진장상장교와 방수
장군(분도장군)의 지휘를 받았으나 주진군의 지휘관은 중앙에서 파견

---

346) 中央軍인 2軍6衛에 소속된 將軍이상 上·大將軍의 수는 모두 60여 명이다.
347) 州鎭軍의 지휘관을 가리키는 것이라 생각된다.
348) 『高麗史節要』 明宗 4년 9월
349) 『高麗史節要』 明宗 9년 6월, 11년 3월. 高宗 6년 10월, 10년 5월, 18년 8월
350) 『高麗史節要』 明宗 6년 3월. 高宗 9년 정월
351) 『高麗史節要』 高宗 9년 7월, 18년 9월
352) 『高麗史節要』 高宗 4년 12월
353) 『高麗史節要』 明宗 11년 3월 및 高宗 3년 8월, 9월, 18년 9월
354) 『高麗史節要』 明宗 11년 3월 및 高宗 3년 8월, 18년 9월
355) 『高麗史』권22, 세가 高宗 4년 2월
356) 『高麗史』권12, 세가 睿宗 즉위년 12월
357) 權寧國, 1992「무인집권기 지방군제의 변화」『國史館論叢』31

된 방수장군의 지휘 하에 있었다. 예컨대 고종4년에 대장군 오수기를 보내 보졸 수천으로 동계를 방수하게 하고 아울러 그 계(界)의 제군을 거느리게 하였다는 기록이 있는데358), 이를 통해 양계의 방수장군은 중앙에서 거느리고 간 방수군은 물론 담당한 분도의 주진군까지도 지휘하였음을 알 수 있다.

즉 주진장상장교의 최고 지휘관이 중낭장 또는 낭장이었으므로 이들은 중앙의 장군직을 가지고 파견된 분도장군(방수장군)의 지휘를 받았던 것이다. 군사적 분도제는 양계병마사에게 집중된 병권을 견제하는 역할도 하였던 것으로 생각된다.

3) 도부서의 설치

양계지역에는 육수군(陸守軍)인 주진군 이외에 수군(船兵)과 관련된 기구로 4개의 도부서(都部署)가 설치되었다. 기록상 확인되는 도부서는 북계와 동계에 각각 2곳인데, 동북면에는 진명도부서(鎭溟都部署)와 원흥도부서(元興都部署)가 설치되었다.359)

진명도부서가 사서(史書)에 가장 먼저 등장하는 것은 현종6년 3월로 '여진이 배 20척으로 구두포(狗頭浦)에 침략하자 진명도도부서가 이를 격파했다'는 기록이다.360) 따라서 진명도부서가 설치되는 것은 현종6년 이전 시기로 볼 수 있다. 목종8년 정월에 동여진이 진명현 인근의 등주에 침략하였고361), 같은 해에 진명현에 축성했다는 기록362)이 있

---

358) 『高麗史節要』 권15, 高宗4년 정월
359) 진명도부서는 진명선병도부서로도 표기되었다.(『高麗史』 권4, 世家 顯宗10년 4월 丙辰)
   진명도부서의 위치는 현재의 元山 인근, 원흥도부서는 定平郡 靑柳面으로 추정되고 있다.(김남규, 1989 「都部署의 성격」 『고려양계지방사연구』 1989)
360) 『高麗史』 권4, 世家 顯宗6년 3월
361) 『高麗史』 권3, 世家 穆宗8년 정월

는 것으로 보아 여진의 침략에 대한 대응으로 진명현에 성을 쌓고, 곧이어 현종즉위년에는 진명현 해안에 75척의 병선을 배치하여 동북 해적을 방비하게 한 것으로 보인다.[363] 따라서 진명도부서가 설치되는 것은 축성과 병선 배치를 전후한 시기였음을 알 수 있다.

한편 원흥도부서는 정종(靖宗)10년에 생천(椵川)에 성을 쌓고 원흥진으로 만들어 진사(鎭使)를 배치하였고[364], 그 후 문종3년 10월에 해적이 진명현의 병선을 탈취해 가자 병마녹사가 원흥도부서판관과 함께 적의 소굴까지 추격하여 소탕한 기록이 있는 것으로 보아[365] 원흥도부서는 정종10년 이후 문종3년 사이에 설치된 것임을 알 수 있다.

각 도부서에 소속된 전함과 선병의 정확한 규모는 알 수 없다. 현종초에 진명도부서에 배치한 과선(戈船)이 75척이었고[366], 문종 대에 동번(東蕃) 해적이 동경 관할 하의 파잠부곡(波潛部曲)에 침입했을 때 원흥진도부서 군장이 전함 수십 척을 거느리고 싸웠다는 기록[367] 등을 통해 볼 때 각 도부서가 보유한 병선은 수십 척에서 100여 척 이내의 규모가 아니었을까 한다. 또한 윤관의 여진 정벌 시 동원된 진명·원흥 두 도부서의 선병 규모가 2,600명이었던 것으로 보아[368] 각 도부서에 속한 선병의 병력은 1,000-2,000여 명 정도의 규모였을 것으로 추측된다.[369]

특히 원흥진에 배치된 주진군에는 다른 주진에는 없는 사공(沙工) 4

---

362) "城鎭溟縣 五百一十間門五"(『高麗史』 권82, 兵2, 城堡 穆宗8년)
363) "造戈船七十五艘 泊鎭溟口 以禦東北海賊"(『高麗史』 권82, 兵2, 鎭戌 顯宗즉위년)
364) "城椵川爲鎭 有鎭使"(『高麗史』 권58, 地里3, 元興鎭)
365) 『高麗史』 권7, 世家 文宗4년 정월
366) 『高麗史』 권82, 兵2, 鎭戌 顯宗즉위년
367) 『高麗史』 권9, 世家 文宗27년 6월 丙申 兵馬使奏
368) 『高麗史』 권96, 列傳9 尹瓘
369) 병선이나 선병의 규모로 보아 동계 관할 하에 있는 동해안 각지의 선병은 모두 원흥과 진명의 양 도부서에 소속되었던 것으로 생각된다.

대가 있는데370), 아마도 이는 전투병이 아니라 노젓기와 같은 병선의
운행을 담당하는 병종이었을 것으로 생각된다. 한편 진명현의 주진군
에는 사공이란 병종이 보이지 않는데 기록의 누락이 아닌가 한다. 도
부서가 설치된 진명현과 원흥진의 주진군조에는 병선이나 수군에 대
한 내용이 없는 것으로 보아 육군인 주진군과 수군인 도부서의 병력은
각각 별개로 파악되는 조직과 지휘체계를 가졌던 것으로 생각된다.

도부서에 속한 병선과 선병의 지휘는 도부서의 사371), 부사372), 판
관373) 등이 담당하였다. 한편 이들 이외의 지휘자로 도부서군장(都部署
軍將) 또는 도부서장군(都部署將軍)이라는 존재도 보인다.

> 병마사가 보고하기를, "동번 해적이 동경 관할 하의 파잠부곡에 침입
> 하여 민구를 약탈하자 원흥진도부서군장이 전함 수십 척을 거느리고 초
> 도에 나아가 싸워서 12급을 참하고 포로 16인을 빼앗아 왔습니다."라고
> 하니, 왕이 기뻐하여 지병마사비서감 이성미와 영군도부서장군 염한 등
> 에게 은약합 한 벌씩 주고 그 나머지 공이 있는 장리(將吏)에게는 상직을
> 차등있게 주었다.374)

위의 기록은 동번 해적이 침범했을 때 원흥진도부서 군장이 전공을
세워 왕이 상을 내렸다는 내용이다. 도부서장군 염한이 동북면지병마

---

370) "都領一 郎將二 別將五 校尉十三 隊正二十九 抄軍左軍各九隊 右軍四隊 寧
塞四隊 沙工四隊"(『高麗史』 권83, 兵3, 東界 元興鎭)
371) "鎭溟都部署使文州防禦判官李順蹂等 與海賊戰敗之 斬首十七級"(『高麗史』
권11, 世家 肅宗원년 6월 甲戌)
372) "鎭溟都部署副使金敬應 率舟師 擊海賊三艘于烈島 敗之 斬數十級以獻 沒溺
者甚衆 命有司論賞"(『高麗史』 권7, 世家 文宗4년 11월 己酉)
373) " 女眞賊船三十餘艘 來寇東鄙 船兵都部署判官趙閏貞 擊走之"(『高麗史』 권5,
世家 顯宗20년 윤2월 己亥)
374) "兵馬使奏 東蕃海賊 寇東京轄下波潛部曲 奪掠民口 元興鎭都部署軍將 率戰
艦數十艘 出椒島 與戰斬十二級 奪俘十六人 王喜 賜知兵馬事祕書監李成美
領軍都部署將軍廉漢等 銀藥合各一事 其餘有功將吏 職賞有差"(『高麗史』
권9, 世家 文宗27년 6월 丙申)

사 이성미와 함께 상을 받은 것으로 보아 도부서군장은 동북면지병마
사의 지휘 하에 전투에 참여한 것임을 알 수 있다. 여기서 도부서군장
이 도부서장군으로도 표기된 것으로 보아 군장과 장군은 같은 존재임
을 알 수 있다. 원래 장군은 관직체계상 정4품의 무관이지만 여기서는
도부서의 지휘관을 가리키는 것이라 생각된다.

그런데 도부서군장이 도부서사·부사·판관 등과 별개의 지휘체계에
있는 지휘관이었는지 아니면 그들을 가리키는 것인지 알 수 없다. 여
러 기록들에서 도부서 선병의 지휘관으로 도부서사·부사·판관375) 이
외의 다른 지휘자의 존재를 찾을 수 없으므로, 도부서군장이란 도부서
의 최고 지휘관인 도부서사의 다른 표현이 아닌가 한다. 나머지 유공
지휘자들은 장리(將吏)로 표현되고 있는데, 장리 역시 도부서사 휘하의
부사와 판관 등의 지휘자를 가리키는 것으로 생각된다.

병마판관과 병마녹사 등이 도부서사나 판관 등과 공동으로 작전을
수행하는 사례들을 통해 병마사와 도부서 사이의 지휘체계를 살펴보
기로 한다.

⑰ 동계병마사가 보고하기를, "판관 임희열, 도부서부사 배행지, 원흥
진부사 석수규 등이 또 초도를 순행하다가 밤에 염라포에 이르러
적선 8척을 만나 3척을 격파하였는데, 남은 적이 해안에 상륙하여
흩어져 달아나니 추격하여 30여 급을 참살했습니다."라고 하였
다.376)

⑱ 동북면도병마사 박성걸이 보고하기를, "작년 10월에 해적이 진명(도
부서의) 병선 2척을 빼앗아 갔으므로 병마녹사 문양렬이 곧 병선을
거느리고 원흥도부서판관 송제한과 더불어 적의 소굴까지 추격하

375) 都部署使는 6품, 都部署副使는 7품직이었다.
376) "東界兵馬使奏 判官任希悅 都部署副使裵行之 元興鎭副使石秀珪等 又巡椒
島 夜至閻羅浦 遇賊船八艘 擊破三艘 餘賊登岸奔潰 追斬三十餘級"(『高麗史』
권8, 世家 文宗22년 7월 丁酉)

여 막사를 불사르고 20급을 베고 돌아왔으니 그 공이 상 줄만 합니다."라고 하였다.[377]

⑰은 동계병마판관이 (원흥)도부서부사, 원흥진부사 등과 함께 순행하다 만난 적선을 격파했다는 내용이고, ⑱은 동북면병마녹사가 원흥도부서판관과 병선을 거느리고 적의 소굴을 소탕했다는 내용이다. 동북면병마사의 판관과 녹사 등이 산하에 있는 원흥진부사, 원흥진도부서의 부사와 판관 등을 거느리고 전투에 참여했다는 사실을 통해 볼 때, 도부서는 주진군과 마찬가지로 동북면병마사의 지휘를 받았던 것을 알 수 있다.

즉 공동작전을 수행하는 기록에서 도부서보다 병마사기구의 지휘관이 앞에 기록되어 있고, 또 동계병마사가 이들의 군공을 국왕에 보고하는 것으로 보아 도부서는 지휘체계상 병마사의 지휘 하에 있었던 것이다.

그러나 외적의 방어나 원정 등을 위해 원흥·진명 두 도부서의 선병을 모두 동원할 경우에 그 지휘는 중앙에서 파견된 관리가 담당한 것으로 보인다. 예컨대 윤관의 여진 정벌 시에 17만 명의 육수군과 함께 선병이 동원되었는데 당시 중앙에서 파견된 이부원외랑이 선병별감(船兵別監)이 되어 원흥도부서사·진명도부서부사 등과 함께 2,600명의 선병을 지휘하였다.[378]

이미 앞에서 본 바와 같이 이들 도부서의 기능은 동해를 통해 침입하는 동여진 해적을 방비하는 것이었다. 여진과의 접경지대인 동북면

---

377) "東北面都兵馬使朴成傑奏 上年十月 海賊奪鎭溟兵船二艘而去 兵馬錄事文揚烈 卽率兵船 與元興都部署判官宋齊罕 追至賊穴 焚蕩廬舍 斬馘二十級而還 其功可賞"(『高麗史』권7, 世家 文宗4년 정월 己丑)

378) "瓘自以五萬三千人出定州大和門 中軍兵馬使左僕射金漢忠 以三萬六千七百人 出安陸成 … 船兵別監吏部員外郎梁惟竦 元興都部署使鄭崇用 鎭溟都部署副使甄應圖等 以船兵二千六百 出道鱗浦"(『高麗史』권96, 列傳9, 尹瓘)

지역에는 국초 이래 축성과 함께 주진이 설치되어 방어체제가 정비되고 있었으므로 육로로의 침입은 쉽지 않았을 것이다. 또한 당시 고려의 동북 국경과 인접한 함흥평야 일대에 거주하는 여진은 화주나 정주 등을 통해 고려와 교통하면서 우호적인 관계를 유지하였다.

따라서 해로를 통해 고려의 동해안지역을 침략한 여진은 두만강하구 북쪽과 연해주 남쪽에 거주하는 여진이었다. 이 지역의 여진은 발해시대 이래 연해주 남단의 뽀시엣만 지역에서 유지해 오던 해상활동에 기반하여 해로를 통해 동해안 일대를 침략하였던 것이다.[379]

도부서의 설치는 소극적인 육지에서의 방어보다 해상에서 적극적인 방어를 위한 것이라 할 수 있다. 즉 해적의 상륙을 사전에 차단하기 위해 해상을 순행하거나[380], 침입한 적을 해상이나 도서지역에서 격퇴하거나[381], 보다 적극적으로 적을 추격하여 본거지를 토벌하기도 하였다.[382]

4. 동해안지역의 방어체제

1) 축성과 수의 설치

여진과 인접한 동북면지역에 주진이 설치되고 주진군이 배치되는 등 방어체제가 갖추어지면서 육로를 통한 침입이 어려워진 동여진은 해로를 통해 그 이남의 동해안지역에 침입하였다. 이에 고려는 국초부터 군사적으로 중요한 동해안의 군현에 축성을 하고, 연해 요지에 수

---

379) 정요근, 2012 「11세기 동여진 해적의 실체와 그 침략 추이」『사학연구』107
380) 『高麗史』권8, 世家 文宗22년 7월 丁酉
381) 『高麗史』권7, 世家 文宗4년 10월 己酉
382) 『高麗史』권7, 世家 文宗4년 정월

(戍)와 농장(農場)을 설치하여[383] 동여진 해적의 침입에 대비하였다.

동해안 군현에 대한 축성으로 가장 먼저 나타나는 것은 정종(定宗)2년에 삼척에 성을 쌓은 기록이다.[384] 당시 대부분의 축성이 서북면지역에서 이루어지고 있는 것을 볼 때 삼척은 신라시대부터 북방 교통로에 위치하여 군사적으로도 중요한 지역이었으므로[385] 일찍부터 축성이 이루어졌음을 알 수 있다. 이어 목종8년에는 진명현과 금양현(통천)[386], 9년에는 용진진(문천)[387], 10년에는 울진과 익령현(양양)[388], 그리고 11년에는 등주[389] 등지에 성을 쌓았다. 이는 목종8년 정월에 동여진이 등주에 쳐들어와 주진의 부락을 불태운 사건과 관련이 있는 것으로 보인다.[390] 즉 이들 지역의 축성은 동여진의 재침에 대비하여 이루어진 것이다.

목종 대 이전의 축성은 대부분 서북면지역에서 이루어졌으나[391] 목종8년 이후에는 동북면과 동해안지역의 축성이 많아지는 변화를 보인다. 이는 동여진 해적의 침입과 관련이 있는 것이다. 즉 현종2년에는 동여진의 해적선 100여 척이 경주에 침입하였고[392], 다음해 5월에는 청하·영일·장기

---

383) "遣兵部郎中金瓊 自東海至南海 築沿邊城堡農場 以扼海賊之衝"(『高麗史』 권82, 兵2, 城堡 文宗즉위년)
384) "城德昌鎭 又築西京王城 及鐵甕三陟通德等城"(『高麗史』 권82, 兵2, 城堡 定宗2년)
385) 김정숙, 2005 「고대 각국의 동해안 운영과 방어체계」『전근대 동해안지역사회의 운용과 양상』 경인문화사
386) "城鎭溟縣五百一十間 門五 城金壤縣七百六十八間 門六"(『高麗史』 권82, 兵2, 城堡 穆宗8년)
387) "城龍津鎭五百一間 門六"(『高麗史』 권82, 兵2, 城堡 穆宗9년)
388) "城興化鎭蔚珍 又城翼嶺縣三百四十八間 門四"(『高麗史』 권82, 兵2, 城堡 穆宗10년)
389) "城登州六百二間 門十四 水口二"(『高麗史』 권82, 兵2, 城堡 穆宗11년)
390) "東女眞寇登州 燒州鎭部落三十餘所 遣將禦之"(『高麗史』 권3, 世家 穆宗8년 정월)
391) 태조 대에서 성종 대까지 양계지역에서 축성된 곳이 모두 66곳인데 그 중 54곳이 북계지역이고 8곳이 동계지역이었다.(이창섭, 2008 「11세기 초 동여진 해적에 대한 고려의 대응」『한국사학보』 30)

현에 침입하였다.393) 이들은 동해 남부에 위치한 주현들로서 동여진의
침략 범위가 동해안의 남부지역까지 확대되고 있음을 볼 수 있다.

현종 대 말에도 동여진의 침략은 계속되어 19년 10월에는 고성394)과
용진진에395), 그리고 20년 3월에는 명주에396), 5월에는 동산현에 침입
하였다.397) 그리고 이 무렵을 전후하여 삭방도의 등주·명주 관내의 삼
척·상음·학포·파천·흡곡·금양·벽산·임도·운암·환가·고성·안창·열
산·간성·익령·동산·연곡·우계 등 19현이 번적의 침입을 받아 이들 군
현에 대해 조세를 감면하는 조치를 취하기도 하였다.398) 즉 삼척 이북
의 동해안 지역에 위치한 거의 대부분 군현이 침략을 받은 것이다.

이러한 동여진의 침략에 대응하여 동해안의 군현에 축성이 계속되
었다. 즉 현종2년에는 청하·흥해·영일·울주·장기에399), 3년에는 경주·
장주(長州)·금양(金壤)에400), 7년에는 의주(宜州)에401), 14년에는 요덕진
에402), 16년에는 상음현에403), 18년에는 현덕진(顯德鎭)404)에 새로운 성

---

392) "東女眞百餘艘 寇慶州"(『高麗史』 권4, 世家 顯宗2년 8월)
393) "東女眞寇淸河迎日長髻縣 遣都部署文演姜民瞻李仁澤曹子奇 督州郡兵 擊走
    之"(『高麗史』 권4, 世家 顯宗3년 5월 己巳)
394) "東女眞賊船十五艘 寇高城"(『高麗史』 권5, 世家 顯宗19년 10월 丁亥)
395) "(東女眞賊船)侵龍津鎭 虜中郎將朴興彦等七十餘人"(『高麗史』 권5, 世家 顯
    宗19년 10월 己丑)
396) "東女眞賊船十艘 寇溟州 兵馬判官金厚 擊却之"(『高麗史』 권5, 世家 顯宗20
    년 3월 庚辰)
397) "東女眞四百餘人 寇洞山縣"(『高麗史』 권5, 世家 顯宗20년 5월 乙丑)
398) "以朔方道登溟州管內 三陟霜陰鶴浦派川歙谷金壤碧山臨道雲岩豢猳高城安昌
    列山杆城翼嶺洞山連谷羽溪等十九縣 並被蕃賊侵擾 特蠲租賦"(『高麗史』 권
    80, 食貨3, 災免之制 顯宗20년 7월)
399) "城淸河興海迎日蔚州長髻"(『高麗史』 권82, 兵2, 城堡 顯宗2년)
400) "城慶州長州金壤 又城弓兀山"(『高麗史』 권82, 兵2, 城堡 顯宗3년)
401) "城宜州六百五十二間 門五"(『高麗史』 권82, 兵2, 城堡 顯宗7년)
402) "城耀德鎭六百三十四間 門六"(『高麗史』 권82, 兵2, 城堡 顯宗14년)
403) "城霜陰縣"(『高麗史』 권82, 兵2, 城堡 顯宗16년)
404) "城東北界顯德鎭"(『高麗史』 권82, 兵2, 城堡 顯宗18년)

을 축조하였고, 19년에는 동여진의 침략을 받았던 용진진성을 수리하
였다.405)

한편 덕종 대와 정종 대에는 이전에 비해 비교적 소규모 동번 해적
들이 출몰하였고 침략 횟수도 줄어들었다. 덕종2년 3월에 간성현에406),
4월에 삼척현에 침입하였고407), 정종 대에는 2년에 삼척현 동진수(桐津
戍)에408), 8년에 열산현(烈山縣) 영파수(寧波戍)에409), 9년에는 서곡현(瑞
谷縣)에 침입하였다.410) 이러한 동번 해적의 침략에 대응하여 침략을
받은 간성현에 곧바로 축성을 하고411), 삼척현을 거느린 명주성을 수
리하여412) 재침에 대비하였다. 그리고 이미 앞에서 본 것처럼 덕종 대
에는 동여진과 인접한 동북면지역에 요덕진·정변진·화주를 잇는 천리
장성을 축조하였고, 정종 대에는 장주·정주·원흥진·선덕진 등에 성을
쌓기도 하였다.

그 후 문종 대에 이르면 이전에 비해 규모는 작아졌지만 또다시 동
번의 침략이 빈번해졌다. 이에 문종은 즉위 직후 병부낭중 김경을 보
내 동해에서 남해까지의 연안에 성보(城堡)와 농장(農場)을 축조해서 해
적의 침입을 막게 하였다.413) 그동안 동여진 해적의 침입에 대응하여
동해안 군현에 새로운 성을 쌓거나 기존의 성을 수리하면서 방어체제

---

405) "修龍津鎭城"(『高麗史』 권82, 兵2, 城堡 顯宗19년)
406) "海賊寇杆城縣白石浦 擒獲五十人 以獻"(『高麗史』 권5, 世家 德宗2년 3월)
407) "海賊寇三陟縣 擒獲四十餘人"(『高麗史』 권5, 世家 德宗2년 4월 壬戌)
408) "東蕃賊船 寇三陟縣桐津戍 摽略人民 守將設伏草莽 伺賊還 鼓譟掩擊 俘斬四
　　十餘級"(『高麗史』 권6, 世家 靖宗2년 2월 辛未)
409) "都兵馬使奏 東路烈山縣寧波戍 隊正簡弘 與賊鬪 衆寡不敵 矢盡力窮而死 請
　　追加職賞 從之"(『高麗史』 권6, 世家 靖宗8년 6월 丙戌)
410) "東蕃賊以船八艘 寇瑞谷縣 虜四十餘人 以不謹備防 罪其將卒"(『高麗史』 권6,
　　世家 靖宗9년 11월 丙寅)
411) "城安戎鎭杆城縣"(『高麗史』 권82, 兵2, 城堡 德宗2년)
412) "修溟州城"(『高麗史』 권82, 兵2, 城堡 德宗3년)
413) "遣兵部郎中金瓊 自東海至南海 築沿邊城堡農場 以扼海賊之衝"(『高麗史』 권
　　82, 兵2, 城堡 文宗즉위년)

를 정비해 왔다. 그러나 아직도 방어상 취약한 지역이 남아 있었고, 따라서 그러한 지역에 성보를 쌓고 농장을 설치하게 한 것이라 생각된다. 성보와 함께 축조된 농장은 군량 조달을 위한 둔전(屯田)으로[414], 그 방어를 위해 주위에 성이 축조되고[415], 수졸(戍卒)이 배치되었던 것으로 보인다.[416]

이어 문종원년에는 상음과 학포 2현의 연해에 군수(軍戍)를 설치하여 번적의 침입을 막게 하였다.[417] 상음현과 학포현에는 이미 성이 축조되고 주진군이 배치되어 있었으나 동해 연안에 해적이 침입이 빈번해지자 전방 초소의 기능을 하는 수를 설치하여 해안지역의 방어를 강화한 것이다.

『고려사』병지 주진군조에 의하면 상음현에는 교위와 대정 등 지휘관과 좌군과 우군 각 1대, 영새 1대가 있고, 또 그 관내의 화등수(禾登戍)에는 좌·우군 각 1대와 영색 5인이 배치되어 있는 것을 볼 수 있는데[418] 아마도 화등수는 이때에 설치된 것이 아닌가 한다. 학포현(鶴浦縣)에도 별장·교위·대정 등 지휘관 아래에 초군 2대, 좌우군 각각 1대, 영새 1대가 배치되어 있고, 그 관내의 압융수(壓戎戍)에는 교위와 대정 등 지휘관과 좌우군 각각 1대, 영새 7명이 배치되었는데[419] 압융수 역시 화등수와 같은 시기에 설치되었을 것으로 생각된다.

---

414) 위은숙, 2005「고려전기 동계지역의 지배체제와 재정구조」『전근대 동해안지역사회의 운용과 양상』경인문화사
415) "城安義鎭榛子農場 爲寧朔鎭 以扼蕃賊"(『高麗史』권82, 兵2, 城堡 文宗4년)
416) "東女眞寇興海郡母山津農場 戍卒擊敗之 擒五人"(『高麗史』권10, 世家 宣宗 원년 6월 壬午
417) "霜陰鶴浦兩縣 沿海處 設置軍戍 以扼蕃賊之衝"(『高麗史』권82, 兵2, 鎭戍 문종원년 정월 制)
418) "霜陰縣 校尉一 隊正二 左右軍各一隊 寧塞一隊 禾登戍 左右軍各一隊 寧塞五人"(『高麗史』권83, 兵3, 東界 霜陰縣)
419) "鶴浦縣 別將一 校尉二 隊正四 抄軍二隊 左右軍各一隊 寧塞一隊 壓戎戍 校尉一 隊正二 左右軍各一隊 寧塞七人"(『高麗史』권83, 兵3, 東界 鶴浦縣)

이들 이외에도 동북면 아래의 동해안지역에는 많은 수들이 설치되었는데, 수는 적의 동태를 탐지하여 그 정보를 본진에 통보하고 소규모 침입에 대해서는 직접 격퇴하는 등의 기능을 수행하였다.[420] 기록상 확인되는 것은 익곡현(翼谷縣)의 철원수(鐵垣戍)[421], 삼척현의 동진수(桐津戍)[422]와 임원수(臨遠戍)[423], 열산현의 영파수(寧波戍)[424], 운암현의 천정수(泉井戍)[425], 금양현의 관해수(觀海戍), 고성현의 환가수(豢猳戍), 간성현의 죽도수(竹島戍)[426], 명주의 영평수(寧平戍)·해령수(海令戍)·화파수(化坡戍)·사화수(沙火戍)·철옹수(鐵瓮戍)[427] 등으로, 이들은 모두 동여진 해적의 침략이 잦은 동해안의 요충지에 위치하고 있다.

이러한 대비에도 불구하고 문종2년에는 환가현에[428], 3년 6월에는 임도현[429]과 천정수에 침입하였으며[430] 7월에는 금양현에 침입하였

---

420) 이기백, 1968「고려 양계의 주진군」『고려병제사연구』일조각

421) "翼谷縣 校尉一 左軍一隊 寧塞一隊 鐵垣戍 右軍寧塞 各一隊"(『高麗史』 권83, 兵3, 東界 翼谷縣)

422) "東蕃賊船 寇三陟縣桐津戍 摽略人民 守將設伏草莽 伺賊還 鼓譟掩 擊俘斬四十餘級"(『高麗史』 권6, 世家 靖宗2년 2월 辛未)

423) "東女眞高之問等 航海來攻三陟縣臨遠戍 守將河周呂率兵出城 徇于軍"(『高麗史』 권7, 世家 文宗6년6월 己卯)

424) "都兵馬使奏 東路烈山縣寧波戍 隊正簡弘 與賊鬪 衆寡不敵 矢盡力 窮而死 請追加職賞 從之"(『高麗史』 권6, 世家 靖宗8년 6월 丙戌)

425) "東北路兵馬使奏 雲嵒縣折衝軍隊正惟古等十一人 夜巡行 到泉井戍 有蕃賊四十餘人 突入屯中 軍卒皆奔匿 惟古挺身奮 擊賊遂潰走 請量功授職"(『高麗史』 권7, 世家 文宗3년 6월 壬申)

426) "東路金壤縣管內觀海戍 高城縣管內豢猳戍 扞城縣管內竹島戍灾 責罷軍官見任 設道場于各縣 禳之"(『高麗史』 권53, 五行1, 火 宣宗원년 2월 戊戌)

427) 『新增東國輿地勝覽』 권44, 江陵大都護府 古跡

428) "東北面兵馬使奏 豢猳縣 曾於戊子年 被東藩海賊攻劫 殺傷男女百餘人"(『高麗史』 권8, 世家 文宗18년 7월 丁卯)

429) "東蕃海賊 寇臨道縣 擄十七人"(『高麗史』 권7, 世家 文宗3년 6월 戊辰)

430) "東北路兵馬使奏 雲嵒縣折衝軍隊正惟古等十一人 夜巡行到泉井戍 有蕃賊四十餘人 突入屯中 軍卒皆奔匿 惟古挺身奮擊 賊遂潰走 請量功授職"(『高麗史』 권7, 世家 文宗3년 6월 壬申)

다.431) 계속되는 동번 해적의 침입으로 동북면 연해지역 군민들의 생활이 안정되지 못하자 중앙에서는 이들 연해 군민의 안정과 회유를 위해 적합한 인물을 뽑아 병마사를 삼도록 하였다.432)

그 후에도 동번 해적의 침입은 계속되어 문종4년 6월에는 열산현의 영파수에433), 7월에는 파천현(派川縣)에434), 9월에는 열산현에435), 6년 6월에는 삼척현의 임원수에 침입하였다.436) 이처럼 동번적이 변경을 자주 침범하자 중앙에서는 장주방어사를 역임하였던 김단437)을 파견하여 3군을 거느리고 토벌하게 하여 동번이 주둔하는 부락 20여 곳을 격파하고 무기와 가축을 노획하는 성과를 거두었다.438)

이후 한동안 동여진 해적의 침략은 소강상태를 보이다가 다시 문종 18년에는 평해군 남포에439), 22년에는 초도(椒島)에440), 문종27년에는

---

431) "東蕃海賊 寇金壤縣 擄二十人"(『高麗史』 권7, 世家 文宗3년 7월 丁酉)

432) "制東北界沿海城堡軍民 未獲安業 欲懷遠人 莫如愼簡元帥 宜以兵部尙書楊
鑑 爲今秋冬番兵馬使"(『高麗史』 권7, 世家 文宗4년 6월 己卯)

433) "東蕃海賊 寇烈山縣寧波戍 掠男女十八人"(『高麗史』 권7, 世家 文宗4년 6월
戊辰)

434) "東蕃賊寇派川縣"(『高麗史』 권7, 世家 文宗4년 7월 丙戌)

435) "東北面兵馬使奏 海賊寇掠烈山縣 遣兵馬錄事文揚烈 以戰艦二十三艘 追至
椒子島 奮擊大敗之 斬九級 焚其部落屋舍三十餘所 毁戰艦八艘 獲兵器以百
數 請賞其功 從之"(『高麗史』 권7, 世家 文宗4년 9월 己亥)

436) "東女眞高之問等 航海來攻 三陟縣臨遠戍 守將河周呂 率兵出城"(『高麗史』
권7, 世家 文宗6년 6월 己卯)

437) "東北面兵馬使奏 蕃賊寇邊 遣兵馬錄事尹甫敬忠 長州防禦使金旦等 追擊斬
二十餘級"(『高麗史』 권7, 世家 文宗5년 10월 丁亥)

438) "以東蕃賊屢侵邊境 遣東路馬兵貳師侍御史金旦 往討之 旦誓衆曰 臨敵忘家
以身 徇國分也 我生死正在今日 三軍感激 奮勵勇氣自倍 破其屯落二十餘所
賊大潰 獲兵仗羊馬無筭"(『高麗史』 권7, 世家 文宗10년 7월 丁酉)

439) "東女眞賊首麻叱盖等百餘人 航海寇平海郡南浦 燒民家 擄男女九人"(『高麗史』
권8, 世家 文宗18년 윤5월 戊辰)

440) "東界兵馬使奏 判官任希悅 錄事鄭申 將軍巨興等 乘戰艦巡行椒島 遇賊船十
艘 與戰敗之 獲七艘 俘斬甚多"(『高麗史』 권8, 世家 文宗22년 6월 庚申)
"東界兵馬使奏 判官任希悅 都部署副使裴行之 元興鎭副使石秀珪等 又巡椒

동경 관할 하의 파잠부곡에 침입하였다.[441] 특히 동경관할하의 파잠부곡이 평지에 있어 자주 침략을 당하자 문종32년 9월에는 성[442]을 옮기도록 하였다.[443] 그리고 문종34년에는 동번이 난을 일으키자 중서시랑평장사 문정을 판행영병마사로, 동지중추원사 최석과 병부상서 염한을 병마사로, 좌승선 이의를 병마부사로 삼아 보병과 기병 3만을 거느리고 가서 치게 하였다.[444] 기록의 미비로 당시 동번이 반란을 일으킨 이유나 규모를 알 수 없으나 3만이나 되는 대규모 토벌군을 파견하여 사로잡거나 벤 것이 430여 급인 것으로 보아 반란의 규모가 매우 컸던 것으로 보인다.

문종34년의 대규모 정벌 이후 숙종과 예종 대의 여진 정벌이 단행될 때까지 동번 해적의 침입은 간헐적으로 계속되었지만 그 규모도 작았고 고려측이 입은 피해도 그다지 크지 않았다. 이는 문종34년의 대규모 정벌로 동여진 세력이 큰 타격을 입었고, 또한 그동안 해적의 침입에 대응하여 동해안 주진에 새로운 성을 쌓거나 수축하였고, 해안 요충지에는 수를 설치하였으며, 군량확보를 위한 농장을 설치하여 안정적인 방어체제를 갖추었기 때문이라 생각된다.

島 夜至閣羅浦 遇賊船八艘 擊破三艘 餘賊登岸奔潰 追斬三十餘級 王厚加爵賞"(『高麗史』 권8, 世家 文宗22년 7월 丁酉)

441) "兵馬使奏 東蕃海賊 寇東京轄下波潛部曲 奪掠民口 元興鎭都部署軍將 率戰艦數十艘 出椒島 與戰斬十二級 奪俘十六人"(『高麗史』 권8, 世家 文宗27년 6월 丙申)

442) 『新增東國輿地勝覽』 권21, 경주부 古跡條에는 팔조부곡(경주 동쪽 45리)으로, 『고려사』에는 팔조음부곡으로 기록되어 있는데(『高麗史』 권9, 世家 文宗32년 9월 甲午) 모두 파잠부곡으로 추정된다.(정요근, 2012 「11세기 동여진 해적의 실체와 세력 변화」 『사학연구』 107)

443) "都兵馬使奏 八助音部曲城 在海濱平地 屢被東路海賊來侵 民不安居 請徙其城 制從之"(『高麗史』 권9, 世家 文宗32년 9월 甲午)

444) "東蕃作亂 以中書侍郎平章事文正 判行營兵馬事 同知中樞院事崔奭 兵部尙書廉漢 爲兵馬使 左承宣李顗 爲兵馬副使 將步騎三萬 分道往擊之 擒斬四百三十一級"(『高麗史』 권9, 世家 文宗34년 12월)

2) 동남해도부서의 설치

태조가 신라와 후백제를 통합한 후 두 나라가 있던 지역을 동남해도라 칭하고 도부서사를 두었으며[445], 그 관사는 경주에 설치하였다.[446] 그리고 예종 대에[447] 동남해도가 넓으니 3도로 나누자는 도부서사 한충의 보고에 따라 처음으로 경상진안동도안렴사(慶尙晉安東道按廉使)를 설치하였다.[448] 동남해도부서사의 본영은 태조22년에 경주에 설치되었으나[449] 그 후 문종32년에는 김해로 옮겨져 명종20년까지 유지되다가 그 후 고려 말까지 여러 차례에 걸쳐 혁파와 복구를 거듭하였다.[450]

동남해도를 3도로 나누고 안렴사(按廉使)를 파견했던 사실로 보아 동남해도부서는 안렴사가 설치되기 이전의 동남해도, 즉 경상·전라·양광 지역을 관할하는 기구였음을 알 수 있다. 즉 예종대에 3도로 분할되기 전까지 도부서사는 안렴사와 비슷한 기능을 수행하였다고 볼 수 있다.

동남해도라 칭한 것은 남도의 내륙지역뿐만 아니라 동해와 남해까지 포함한 영역을 가리키는 것으로 고려의 통치력이 동해와 남해까지 미쳤음을 의미하는 것이다. 이처럼 동남해도부서는 안렴사가 설치되기

---

445) "道在高麗初 合慶尙楊廣全羅等三道 稱爲東南海道 置一都部署使"(『慶尙道地理誌』序)

446) "慶尙道 在三韓爲辰韓 在三國爲新羅 及太祖幷新羅百濟 置東南道都部署使 置司慶州"(『高麗史』권57, 地里2, 慶尙道)

447) 한충의 활동 시기로 미루어 예종대로 추정된다.(『高麗史』권13, 世家 睿宗8년 11월)

448) "後以都部署使韓忠所報 東南海道廣 分爲三道 始置慶尙晉安東道按廉使"(『慶尙道地理誌』序)

449) "唐淸泰三年 末王金傅降附於高麗太祖 以國都爲慶州 天福己亥 改爲安東大都護府 邑號慶州司 始爲東南海都府署使本營"(『慶尙道地理誌』慶州道 慶州府)

450) "文宗大康戊午 爲東南海都部署使本營 明宗泰定庚戌罷本營 神宗泰和壬戌 還爲本營 元宗至元庚午 改爲金寧都護府 忠烈王癸巳罷本營 … 恭愍王至正戊申 還爲本營 僞朝洪武戊午 罷本營"(『慶尙道地理誌』晉州道 金海都護府)

이전에 동남해도의 지방통치기구였으므로 그 기능 역시 안렴사와 비슷한 지방관의 감독을 비롯한 일반 행정·사법·군사 등 여러 업무를 관장하였을 것으로 생각된다.451)

특히 기록에 많이 나타나는 동남해도부서의 역할은 군사적인 것과 외교적인 것이다. 먼저 군사적인 활동으로 가장 먼저 보이는 기록은 현종3년 5월에 동여진이 청하·영일·장기 등 동해안 군현에 침입하자 도부서의 문연과 강민첨 등을 보내 주군병(州郡兵)을 독려하여 적을 격퇴하게 한 사실이다.452) 동여진의 침략지역이 경주 인근의 동해안 군현이었으므로 이때 파견된 것은 경주에 설치된 동남도도부서 소속의 지휘관들이었을 것이다.

도부서가 주군의 병사, 즉 주현군을 독려하여 적을 격퇴한 것으로 보아 외적의 방어가 도부서 기능 중의 하나였음을 알 수 있다. 또한 동남해도부서는 동남해선병도부서(東南海船兵都部署)로도 표기되었는데453), 이는 동남해도부서 역시 양계지역에 설치된 도부서들과 마찬가지로 선병(수군)을 지휘하여 동해와 남해의 방어 임무를 수행하였기 때문이다.

인종원년 6월에 동남해도부서사가 여진 병선 30척이 변경을 침략한다는 보고를 하자 중앙에서 가발병마판관(加發兵馬判官)을 파견하여 방어하게 하였던 사실454)은 동남해도부서가 동해의 방어와 관련이 있었기 때문일 것이다. 즉 동해 북부 영해의 방어는 동계에 설치된 진명도부서와 원흥도부서가 담당했다면 동해와 남해의 방어는 동남해도부서가 담당하였던 것이다.

---

451) "判 外獄囚 西京則分臺 東西州鎭則各界兵馬使 關內西道則按察使 東南海則都部署 其餘各界首官 判官以上 無時監行 推檢 輕罪量決 重囚則所囚年月 具錄申奏 如有滯獄官吏 科罪論奏"(『高麗史』 권84, 刑法1, 職制)
452) "東女眞寇淸河迎日長鬐縣 遣都部署文演姜民瞻李仁澤曹子奇 督州郡兵 擊走之"(『高麗史』 권4, 世家 顯宗3년 5월 己巳)
453) "東南海船兵都部署司奏 …"(『高麗史』 권7, 世家 文宗3년 11월 戊午)
454) "東南海都部署使朴景麟 錯報女眞兵船三十艘來犯境 遣加發兵馬判官楊齊寶等 禦之 至慶州 不見虜而還"(『高麗史』 권15, 世家 仁宗원년 6월 乙酉)

동남해도부서의 또 하나의 역할은 일본과의 외교업무 담당하는 것
이었다. 우선 지리상 일본과 가까운 동남해도에 위치한 도부서는 고려
의 중앙 정부와 일본 대마도 사이에서 외교적인 업무를 담당하였다.
일본 대마도관(對馬島官)에서 수령(首領)을 보내 고려의 표류인을 압송
한 사실을 국왕에 보고하여 처리하는가 하면455) 외교문서의 수발업무
도 담당하였다.

즉 의종 대에 일본국 대마도의 관인이 변방의 일로 문서를 동남해도
부서에 보내오자 도부서가 결정하지 못하고 조정에 보고하니, 양부에
서 의논하여 상서도성으로 하여금 그 문서에 대하여 회답하라고 하였
다. 그러나 이문탁이 대마도의 관인은 변방의 관리인데 상서도성으로
하여금 문서를 회답하도록 하는 것은 체통을 잃는 일이니 도부서로 하
여금 돌려주게 하라456)고 한 사실이 있었던 것으로 보아 당시 동남해
도부서는 일본에서 보내온 외교문서를 중앙에 보고하거나 중앙의 명
을 받아 처리하는 등의 외교업무를 담당하였음을 알 수 있다.

이처럼 동남해도부서는 외교문서의 수발 업무 이외에 표류인 송환
문제457), 일본 사신의 공물 진상458)과 관련한 업무도 수행하였다. 요컨
대 동남해도부서는 동남해도지역에서 안렴사와 같은 기능을 수행하였
지만 이외에도 중앙의 조정과 일본 사이에서 외교업무를 담당하였고,
동남해선병도부서로서 선병을 지휘하여 동해와 남해를 방어하는 군사
적인 기능까지 담당하였던 것이다.

---

455) "東南海船兵都部署司奏 日本對馬島官 遣首領明任等 押送我國飄風人金孝等
    二十人 到金州 賜明任等 例物有差"(『高麗史』 권7, 世家 文宗3년 11월 戊午)
456) "時□日本國對馬島官人 以邊事移牒東南海都部署 都部署不敢□決 馳馹聞諸
    朝 兩府議卽 欲以尙書都省牒回示 公聞之 謂承制李公升曰 彼對馬島官人邊
    吏也 今以尙書都省牒回示 失體之甚 宜都部署□回公文 承制李公驚曰 微子
    之言 幾失國家之體 自此明公之達識"(김용선, 2001 『역주 고려묘지명집성』 李
    文鐸 묘지명)
457) 『高麗史』 권7, 世家 文宗3년 11월 戊午 및 14년 7월 癸丑
458) 『高麗史』 권9, 世家 文宗27년 7월 및 권10, 世家 宣宗4년 7월 庚午

3) 고려의 울릉도 지배정책

동해에 위치한 울릉도와 독도가 처음 신라의 지배 아래로 들어온 것은 지증왕13년 6월이었다. 지증왕은 이찬 이사부를 하슬라주 군주로 삼아 우산국을 정벌하여 귀복하게 하였으며 이때부터 우산국은 해마다 토산물을 공물로 바쳤다.459) 이때에 울릉도만이 아니라 독도 역시 신라의 지배내로 들어온 것으로 보인다. 『고려사』 지리지 울진현조에

울릉도가 있다(이 현의 정동쪽 바다 가운데 있다. 신라 때에는 우산국, 무릉 또는 우릉이라고 불렀는데 이 섬의 주위는 100리이며 지증왕12년에 귀복하였다. … 혹자는 말하기를 우산과 무릉은 본래 2개의 섬인데 서로 거리가 멀지 않아 바람이 불어 맑은 날에는 바라다 볼 수 있다고 한다).460)

고 하여 우산과 무릉은 본래 2개의 섬으로 거리가 멀지 않아 바람이 부는 청명한 날이면 볼 수 있다고 하였는데 여기서 무릉은 울릉도, 우산은 독도를 가리키는 것으로 볼 수 있다. 울릉도 인근의 동해에는 가장 큰 섬인 울릉도를 비롯해 독도, 그리고 일본 오키시마(隱岐島)의 3개의 섬밖에 없다. 울릉도 바로 주위에는 몇 개의 바위섬이 있지만 이들은 날씨가 청명하지 않아도 잘 보이는 가까운 거리에 있다. 따라서 울릉도에서 청명할 때에만 잘 보이는 섬은 독도이고 오키시마는 멀어서 보이지 않는다.461) 『세종실록』 지리지에도 이와 거의 같은 내용이 수록되어 있다.462)

---

459) 『三國史記』 권4, 新羅本紀22, 智證麻立干13년 6월
    『三國遺事』 권29, 紀異2, 第二十二智哲老王
460) "有鬱陵島[在縣正東海中 新羅時稱于山國 一云武陵 一云羽陵 地方百里 智證王十二年來降 … 一云于山武陵本二島 相距不遠 風日淸明則可望見]"(『高麗史』 권58, 地里3, 蔚珍縣)
461) 울릉도와 독도의 거리는 87.4Km, 독도와 오키시마의 거리는 157.5Km이다.
462) "于山武陵二島 在縣正東海中(二島相距不遠 風日淸明 則可望見 新羅時稱于

울릉도와 독도가 지증왕13년에 처음으로 신라의 지배하로 들어왔으
나 이후 신라 조정에서는 이들 섬에 대해 어떤 방식으로 지배력을 행
사하였는지 알 수 없다. 고려 태조13년 8월에 울릉도에서 백길(白吉)과
토두(土豆) 2인을 보내어 방물을 바치자 백길에게는 정위(正位), 토두에
게는 정조(正朝)라는 관계(官階)를 주었다.463) 그런데 태조13년은 바로
전해인 12년 12월에 고창군전투에서 왕건이 견훤에게 승리함으로써 그
동안 군사적으로 후백제보다 열세에 있던 고려가 우위를 차지하게 되
는 해였다.

지증왕 때에 우산국이 복속당한 이후 우산국의 동향에 관한 기록이
전혀 보이지 않다가 이때에 울릉도에서 고려에 공물을 바치러 왔다는
기록이 나타나는 것은 매우 의미있는 사실이다. 아마도 중앙의 통제력
이 약화되는 신라 하대에 이르러 우산국도 다른 지역들과 마찬가지로
중앙정부에 대해 독립적인 자세를 취하다가 고창군전투를 계기로 고
려가 새로운 강자로 부상하자 신라와의 관계를 청산하고 고려왕조와
관계를 맺으려 했던 것으로 보인다.

울릉도에서 보낸 백길과 토두에게 준 정조와 정위 등의 관계는 중국
식 관계가 수용되기 이전인 국초에 주어지던 위계(位階)로서 성종14년
이후 향직(鄕職)으로 변하였다. 향직은 관리를 대상으로 하는 중국식
문·무산계와는 계통이 다른 고려적 질서체계로서 고려 고유의 영역뿐
만 아니라 여진의 추장이나 탐라의 왕족과 같이 고려 영역 밖의 주변
사회까지도 포괄하는 것이었다.464)

정조와 정위는 전체 9품의 위계 가운데 7품에 해당되는 비교적 하위
에 속하는 관계이다.465) 상위 관계들이 대부분 태조와 혼인관계를 맺

山國 一云鬱陵島"(『세종실록』 권153, 지리지 울진현)

463) "芋陵島遣白吉土豆 貢方物 拜白吉爲正位 土豆爲正朝"(『高麗史』 권1, 世家
태조13년 8월 丙午)

464) 武田幸男, 1964「高麗時代の鄕職」『東洋學報』 47-2
김갑동, 1997「고려초의 官階와 鄕職」『국사관논총』 78

은 호족들이나 개국공신, 후삼국 통일에서 큰 역할을 했던 인물들에게
주어졌다면 하위 관계는 고려에 귀부한 지방의 군소호족들이나 태조
휘하에서 활약한 인물 중 상대적으로 지위가 낮은 자들에게 주어졌다.

즉 향직은 고려왕조를 중심으로 한 보편적인 공적 질서체계로서 지
방의 호족을 비롯한 대내외의 여러 세력들을 끌어들이는 과정에서 주
어진 것이다. 태조가 우산국에서 보낸 백길과 토두에게 정조와 정위의
낮은 관계를 수여한 것은 여타 지역의 군소 호족들과 같은 급의 대우
를 한 것으로 볼 수 있다.

이후 우산국은 현종대까지도 그 호칭이 그대로 사용되었다. 즉 현종
9년 11월에 우산국이 동북여진의 침략을 받아 농업이 폐했으므로 농기
구를 내려주게 하였다는 기록466)이나 우산국 민호로서 일찍이 여진에
게 잡혔다가 도망쳐온 자를 모두 고향으로 돌아가게 했다는 기록467)
등에서 볼 수 있듯이 고려 정부는 우산국을 지방 군현으로 편입시키지
않고 그대로 유지시킨 채 간접적인 지배를 꾀했던 것으로 보인다.

현종13년 7월에 여진의 침략을 받아 도망해 온 우산국민을 예주(禮
州)에 정착하게 하여 영원히 편호(編戶)로 삼게 하였는데468) 이처럼 우
산국민을 고려의 군현의 호적에 편적하여 비로소 고려의 백성이 되게
하였다는 것은 이전에는 우산국이 고려의 군현으로 편입되지 않았다
는 의미이다. 그러나 농업이 피폐해진 우산국에 농기구를 하사한 조치

---

465) 『高麗史』 권75, 選擧3, 銓注, 鄕職

품	1품	2품	3품	4품	5품	6품	7품	8품	9품
官階 (鄕職)	三重大匡 重大匡	大匡 正匡	大丞 佐丞	大相 元甫	正甫	元尹 佐尹	正朝 正位	甫尹	軍尹 中尹

466) "以于山國 被東北女眞所寇 廢農業 遣李元龜 賜農器"(『高麗史』 권4, 世家 顯
宗9년 11월 丙寅)

467) "于山國民戶 曾被女眞虜掠 來奔者 悉令歸之"(『高麗史』 권4, 世家 顯宗10년
7월 己卯)

468) "都兵馬使奏 于山國民被女眞虜掠 逃來者 處之禮州 官給資糧 永爲編戶 從
之"(『高麗史』 권4, 世家 顯宗13년 7월 丙子)

등은 고려 정부가 다른 군현들에 대해 취하는 조치들과 차이가 없는
것으로, 비록 울릉도를 군현에 직접 편입시키지는 않았지만 다른 군현
과 마찬가지로 울릉도에 대해 일정한 통치력을 행사한 것으로 볼 수
있다.[469]

덕종 대부터는 우산국이란 호칭 대신에 우릉도 또는 울릉도란 호칭
이 등장한다. 즉 덕종원년 11월에 우릉성주가 그 아들 부어잉다랑(夫於
仍多郞)을 보내 토산물을 바쳤다는 기록에서 볼 수 있듯이[470] 종래의
우산국 대신에 우릉성이라는 칭호가 사용되었다. 그러나 우릉성주라는
칭호를 사용하였고, 또 그 아들로 하여금 토산물을 바치게 하였다는
것으로 보아 신라 말의 호족처럼 고려 조정에 대해 여전히 반독립적인
지위를 유지하고 있음을 알 수 있다.

인종19년 7월에 명주도감창사(溟州道監倉使) 이양실이 울릉도에 사람
을 보내 이상한 과실 종자와 나뭇잎을 가져다 왕에게 바친 일이 있었
던 것으로 보아[471], 울릉도가 고려의 군현과 같은 지배를 받게 되는 것
은 인종 대 무렵부터로 추측되고 있다.[472] 감창사는 양계지역에서 군
량으로 사용하기 위해 중앙으로 운반하지 않고 창고에 저장한 조세의
관리와 감독 등의 업무를 담당한 관리였다. 명주도감창사가 울릉도에
사람을 보냈다는 것은 조세 업무와 관련하여 울릉도가 명주도 감창사
의 관할 하에 있었다는 의미이다.

이어 의종 대에도 명주도감창사가 울릉도에 파견되었다. 즉 의종이
동해 가운데 있는 우릉도는 지역이 넓고 땅이 비옥하며 옛날에는 주현

---

469) 김윤곤, 1998 「우산국과 신라, 고려의 관계」『울릉도 독도의 종합적 연구』영
    남대민족문화연구소
470) "羽陵城主遣子夫於仍多郞 來獻土物"(『高麗史』 권5, 世家 德宗원년 11월
    丙子)
471) "溟州道監倉使李陽實 遣人入蔚陵島 取菓核木葉異常者 以獻"(『高麗史』 권17,
    世家 仁宗19년 7월 己亥)
472) 한국근대사자료연구협의회, 1985 「제2장 울릉도 독도 영유의 역사적 배경」
    『독도연구』

을 두었던 적이 있어서 백성들이 살 만하다는 말을 듣고 명주도감창사
김유립을 시켜 가보게 하였는데 그곳에는 암석이 많아서 백성들이 살
수 없다고 아뢰어 그 의논이 잠잠하여졌다고 한다.[473] 옛날에 주현이
있었다고 하였으나 적어도 고려시대에는 주현이 설치되었던 사실이
확인되지 않는다. 아마 주현이 설치되었다면 우산국을 정복했던 지증
왕 대 이후 어느 시기였을 가능성이 있다.

촌락의 터가 7개소 있고, 석불·철종·석탑 등이 있었다는 감창사의
보고를 통해 울릉도에 사찰도 건립되었음을 알 수 있다.[474] 또한 1997
년에 발표된 울릉도 지표조사보고서[475]를 통해서도 통일신라시대에
사원이 건립되었음을 확인할 수 있다. 그러므로 통일신라시대에 울릉
도가 본토에 있는 주현의 일부로 편입되었거나 울릉도에 주현이 설치
되었을 가능성도 있다.

인종·의종 대에 이르러 감창사를 보내어 울릉도의 상황을 살피게 하
였다는 것은 주민의 거주에 적합하다면 다시 주현을 설치할 의도가 있
었음을 보여주는 것이다. 당시 고려 정부가 울릉도를 고려의 영토로
인식은 했지만 백성의 거주에 적합하지 않아 주현으로 편입시켜 직접
지배하에 두지는 않았던 것으로 보인다.

고려 정부는 울릉도를 직접 지배하에 두지는 않았지만 관심을 가지

---

473) "王聞 東海中有羽陵島 地廣土肥 舊有州縣 可以居民 遣溟州道監倉殿中內給
　　事金柔立 往視 柔立回奏 土多巖石 民不可居 遂寢其議"(『高麗史』 권18, 世家
　　毅宗11년 5월 丙子)
474) "王聞鬱陵地廣土肥 舊有州縣 可以居民 遣溟州道監倉金柔立 往視 柔立回奏
　　云 島中有大山 從山頂 向東行至海 一萬余步 向西行一萬三千余步 向南行一
　　萬五千余步 向北行八千余步 有村落基址七所 有石佛鐵鍾石塔 多生柴胡藁本
　　石南草 然多岩石 民不可居 遂寢其議"(『高麗史』 권58, 地里3, 蔚珍縣 毅宗
　　11년)
475) '현포동의 고분군 주변에 사찰 터로 전해져 오는 곳이 있고, 또 통일신라시대
　　의 금동불상의 존재가 확인되었다'는 내용이다.(서울대박물관, 1997 「울릉도
　　지표조사보고서」 1, 서울대박물관학술총서 6)

고 계속 사민(徙民)을 시도하였다. 즉 무신집권기에 최이가 울릉도의 토양이 비옥하고 진기한 나무와 해산물이 많이 산출되므로 사람을 보내어 시찰하게 하였더니 집터와 깨진 초석 등이 남아 있다고 하여 동쪽지방의 군민을 이주시키고자 하였으나 풍랑으로 익사자가 많아 그만두게 한 일도 있었다.[476)]

이처럼 울릉도는 신라 지증왕 대에 이사부가 정벌하여 신라 영토로 편입된 이후 통일신라시대에 주현이 설치되었거나 본토 주현의 일부로 편입되었다가 신라 말 혼란기에 본토의 다른 지방과 마찬가지로 중앙정부에 대해 독립적인 자세를 취하였다. 그러나 고창군전투를 계기로 고려가 새로운 강자로 부상하자 신라와의 관계를 청산하고 고려왕조와 관계를 맺게 된 것이다.

이후에도 덕종 대까지 우산국이나 우산성주 등의 칭호가 이어지는 것으로 보아 울릉도는 고려 조정에 대해 여전히 반독립적인 지위를 유지하고 있음을 알 수 있다.[477)] 그러나 12세기 중반 인종·의종대에 이르면 명주도감창사를 파견하거나 사민을 시도하는 등 고려 정부는 울릉도를 직접 군현으로 편입시키지는 않았지만 본토의 다른 군현과 같은 지배나 대우를 하면서 계속 지배력을 행사하였던 것이다.

5. 맺음말

고려는 건국초부터 북방의 국경지대에 군사주둔지인 진을 설치하였다. 국초의 북방 개척은 서경을 거점으로 주로 서북면 지역에서 진행

---

476) "(고종30년)東海中有島 名蔚陵 地膏沃 多珍木海錯 以水程遠 絶往來者久 怡 遣人視之 有屋基破礎宛然 於是移東郡民實之 後以風濤險惡 人多溺死 罷其 居民"(『高麗史』 권129, 列傳, 崔忠獻傳 附 崔怡)

477) 신용하, 1991 「한국의 고유영토로서의 독도 영유에 대한 역사적 연구」『사회와 역사』 27, 한국사회사학회

되었지만 동북면 지역에도 많은 주진이 설치되었다. 고려가 동북면지역의 개척에 가장 노력을 기울인 시기는 동여진의 침략이 빈번했던 현종 대에서 문종 대까지였다. 여진 정벌이 단행되는 예종 이전까지 동북면지역에서 주진이 설치된 곳은 등주 이북에서 정주 이남의 동해안지역을 중심으로 서쪽으로 낭림산맥에 이르는 지역이었다.

동북면에서 고려의 대여진 정책은 대체로 숙종대 이전까지는 회유와 복속에 주력하였다. 고려 정부는 지속적인 축성사업과 함께 귀부하는 여진촌락들을 고려의 주군으로 편입하거나 장성 밖 원근에 거주하는 여진지역에 고려식 주군을 설치하는 기미주 확대정책을 시행하였다. 문종 대에서 예종 대에 이르기까지 천리장성 너머로의 영토확장은 이러한 기미주를 바탕으로 하여 추진된 것이다. 고려와 여진은 비교적 평온한 관계를 유지하였으나 숙종 말기에 여진의 신흥세력인 완안부가 등장하여 남하하면서 동북면지역은 긴장상태를 맞게 되고 마침내 여진정벌이 단행되었다.

예종대의 여진정벌과 9성의 설치로 동북면의 영역이 한때 장성 이북의 함흥평야에서 두만강 일대까지 확대되었다. 그러나 곧 9성을 돌려줌으로써 새로 확보한 영토를 상실하였고, 나아가 이전에 고려의 지배력이 미치던 장성 이북의 기미주마저 잃게 되어 고려의 영역은 오히려 축소되었다.

양계 주진에는 국방을 위해 토착주민으로 구성된 주진군이 조직되고 남도에서 번상하는 방수군이 파견되었다. 동계 주진군의 병종은 초군·좌군·우군·영새와 공장·전장·투화·생천군·사공 등으로 구성되었으며 이 중에서 초군·좌군·우군·영새 등이 중심 병력을 이루었다. 전체 군액은 11,500여 명으로 북계의 40,000여 명에 비해 1/4 정도의 규모였다. 방수군은 남도의 각 군목도에서 개경으로 번상하여 6위의 보승·정용을 구성한 38령 가운데 일부가 교대로 양계 주진에 파견되었으며 주진입거군인이라고도 불리었다.

　동북면지역에 주진이 설치되고 주진군이 배치되는 등 방어체제가
갖추어지면서 동여진은 육로를 통한 침입이 어려워지자 해로를 통해
동해안지역에 침입하였다. 이에 대응하여 고려는 수군(선병)과 관련된
기구로 진명도부서와 원흥도부서를 설치하였다. 도부서는 동해를 통해
침입하는 동여진 해적을 해상에서 방어하기 위해 설치된 기구였다. 또
한 군사적으로 중요한 동해안의 주진에 새로운 성을 쌓거나 수축하였
고, 해안 요충지에는 수를 설치하였으며, 군량확보를 위한 농장을 설치
하여 안정적인 방어체제를 갖추었다.

　한편 동해 남부지역의 해상방어는 국초부터 설치된 동남해도부서가
담당하였다. 동남해도부서는 안렴사가 설치되기 이전에 동남해도의 지
방통치기구인데, 동남해선병도부서로도 표기되는 것으로 보아 양계지
역에 설치된 도부서들과 마찬가지로 선병(수군)을 지휘하여 동남해의
방어하는 기능을 수행하였을 것으로 추측된다. 동해 북부의 방어는 동
계에 설치된 진명·원흥도부서가 담당하였다면 동해 남부의 방어는 동
남해도부서가 담당하였던 것이다.

　동해에 위치한 울릉도와 독도는 신라 지증왕대에 신라의 영토로 편
입된 이후 통일신라시대에 주현이 설치되었거나 본토 주현의 일부로
편입되었을 것으로 추측된다. 그 후 신라말 혼란기에 본토의 다른 지
방과 마찬가지로 중앙정부에 대해 독립적인 자세를 취하다가 고창군
전투를 계기로 신라와의 관계를 청산하고 고려왕조와 관계를 맺게 되
었다.

　이후 덕종대까지 우산국이나 우산성주 등의 칭호가 계속되는 것으
로 보아 고려 조정에 대해 여전히 반독립적인 지위를 유지하였음을 알
수 있다. 그러나 인종·의종대에 이르면 울릉도에 감창사를 파견하거나
사민을 시도하는 등 본토의 다른 군현들과 별다른 차이가 없는 지배정
책을 실시하고 있음을 볼 수 있다.

Ⅲ. 전기의 군역제도와 군인

제1절 전기의 군역제도

1. 머리말

그동안 고려전기 군역제의 성격을 군반씨족제로 이해하는 것이 거의 통설처럼 되어왔다. 그러나 전기의 군역제를 군반제로 이해할 때 나타나는 문제점, 예컨대 군반제 유지에 가장 필수적 조건인 군역의 대가로 2군6위의 군인들에게 지급된 군인전 총액의 과다성 문제라든가 당시 개경의 인구와 도시 규모로 볼 때 과연 개경에 5만여 명의 군인과 그 가족들이 거주하고 있었을까 하는 문제 등에 대해서는 그동안 많은 비판이 있었다.[1] 따라서 이 절에서는 당시의 사회적·경제적·정치적 제 조건과 관련하여 고려전기 군역제를 둘러싼 여러 문제들을 정리하고 아울러 그 성격을 살펴보고자 한다.

2. 군역제의 성립

고려의 군역제도는 통일 이후에 비로소 정비되지만 그 이전에도 나름대로의 징발체제를 갖추고 있었을 것으로 생각된다. 통일이전에 조

---

1) 洪元基, 1990「高麗 二軍六衛制의 성격」『韓國史硏究』68
   吳英善, 1992「고려전기 군인층의 구성과 圍宿軍의 성격」『韓國史論』28
   鄭景鉉, 1992『高麗前期 二軍六衛制 硏究』서울대박사학위논문

세정부(租稅征賦)의 수취가 구법에 따라 이루어지고 있었던 사실[2] 등을 통해 볼 때 군역 역시 일단 이전 태봉시기의 군역제를 계승했을 것이다. 그러나 당시는 후백제와 대치하는 비상시로서 정상적인 징발체계에 의한 군역의 징발은 불가능하였다. 즉 많은 군사력과 전쟁물자가 필요한 총동원체제였으므로 규정된 징발기준을 지키지 못하고 가능한 많은 장정들을 동원하였을 것이다.

다음은 통일직전의 상황을 전하는 기록으로 약간의 과장이 있겠지만 당시의 실정을 잘 보여주는 것으로 생각된다.

예산진에 행차하여 조서를 내리기를 ⋯ 짐이 위태로운 뒤를 이어받아 이 새 나라를 이룩했으니 상처받은 백성을 힘들게 하는 것이 어떻게 짐의 본뜻일 수 있겠는가. 다만 나라를 창건한 때여서 어찌할 수 없는 일이다. ⋯ 이 때문에 남자는 모두 전쟁에 동원되고 부녀자들도 오히려 공역에 나아가게 되니 고통을 참지 못하여 혹은 산림으로 도망가 숨거나 혹은 관부에 호소하는 자가 부지기수다.[3]

위 기록을 통해 볼 때 남자들은 모두 전쟁에 나아가고 심지어 부녀자들도 역을 부담했다고 했을 정도로 거의 대부분의 남정이 군역에 동원되었음을 알 수 있다. 따라서 전 영역에 걸쳐 전 국민을 대상으로 하는 군역제의 정비는 신라와 후백제지역이 완전히 고려의 영토에 편입되는 통일 이후에 비로소 가능하게 되었을 것이다.

우선 통일 직후인 태조23년에 주군의 칭호가 개정되었는데 이때에 단순히 주군의 명칭만을 고친 것이 아니라 실질적인 군현제 정비가 이루어졌던 것으로 이해되고 있다.[4] 이러한 군현제 정비를 토대로 군역제의 정비작업이 시작된 것으로 생각된다. 즉 지방제도의 정비를 통해

---

2) 『高麗史』 권78, 食貨1, 田制 租稅 태조원년 7월
3) 『高麗史』 권2, 世家 태조17년 5월 을사
4) 박종기, 1988 「고려 태조23년 군현개편에 관한 연구」 『한국사론』 19, 서울대

군현의 호구와 토지가 파악되기 시작했을 것이다.[5] 고려시대의 징병은
주군(州郡)에서 작성한 호적을 바탕으로 하였다. 즉 매년 주군에서 작
성하여 올린 호적을 바탕으로 징병과 조역이 이루어졌다.[6] 태조23년의
군현제 정비는 호구와 토지를 대상으로 하는 세역제(稅役制)와 밀접한
관련이 있는 것으로 군역제 정비의 측면에서도 중요하였다.

그리고 혜종은 즉위년부터 호족들의 휘하에 있던 군사력을 파악하
여 군적에 올렸다.[7] 이때의 군적작성은 그동안 호족들 수중에 남아있
던 군사력을 회수하여 국가의 군대로 귀속시키기 위한 조치였다고 생
각된다. 정종(定宗) 때에 거란의 침입에 대비해 30만이나 되는 대규모
광군을 조직할 수 있었던 것[8]은 이러한 군적작성이 토대가 된 것이
었다.

이어 광종은 즉위와 함께 주현 세공(歲貢)의 액수를 정하였다.[9] 세공
의 액수를 정하는 기준이 된 것은 주현의 호구와 토지의 다과였을 것
이다. 따라서 세공의 액수를 결정하기 위한 호구조사와 양전이 태조
이래 계속 진행되어 왔음을 알 수 있다. 광종 대에도 6년의 견주(見州)
양전[10]과 7년에 약목군(若木郡) 양전[11] 등 여러 차례에 걸쳐 양전사업
이 진행되었다.

그리고 광종11년에는 왕권강화를 위한 일련의 개혁과 함께 군사기
구의 정비가 이루어졌다. 우선 병권의 집중을 목적으로 중앙의 장상(將

---

5) 주·부·군·현의 등급을 정할 때 호구와 토지결수의 다과가 중요한 요소가 되었다.
   (『新增東國輿地勝覽』 권16, 京畿道 驪州牧 古跡 登神莊)
6) "國制 民年十六爲丁 始服國役 六十爲老而免役 州郡每歲計口籍民 貢于戶部
   凡徵兵調役 以戶籍抄定"(『高麗史』 권79, 식화2, 호구)
7) "王旣受册 赦絞罪以下 文班從仕年深者改服 武班年老無子孫 自癸卯年錄軍籍
   者 皆放還鄕里 兩班並加恩"(『高麗史』 권3, 세가 성종7년 10월)
8) 『高麗史』 권81, 병지1, 병제, 연혁 靖宗2년
9) 『高麗史』 권78, 식화1, 전제, 공부 定宗4년 및 光宗즉위년
10) 『高麗史』 권78, 식화1, 경리 문종13년 2월
11) 「若木郡淨兜寺五層石塔造成形止記」 『韓國上代古文書資料集成』 이기백 편

相)들에 대한 숙청작업이 단행되었고[12], 또한 순군부(徇軍部)를 군부
(軍部)로, 내군(內軍)을 장위부(掌衛部)로 개편하는 등 군사기구도 정비
되었다.[13]

건국 초에 군사(軍事)와 관련된 기구로 순군부와 병부가 있었는데,
특히 순군부의 기능과 성격에 대해서 여러 견해들이 제시되었다. 즉
순군부는 병부보다 중요한 기관으로서 병권을 장악한 군사지휘권의
통수부[14] 또는 여러 호족의 군사력을 효율적으로 운용하는 협의체적
인 군사지휘권의 통수부로 보는 견해[15]와 왕권을 보위하기 위해 중앙
의 여러 병력들의 동태를 순행, 감시하는 일종의 보안기구로 보는 견
해[16] 등이다.

순(徇)의 의미에 군령을 내리다, 순행하다는 등의 뜻이 있는 것으로
보아 순군부는 군대의 동원이나 지휘 등 군령업무와 함께 지방을 순행
하면서 호족들의 군사력을 감시하고 동원하는 업무를 수행하는 기구
였던 것으로 생각된다.[17] 태조 때에 임춘길이 자기 출신지인 청주의
군사력을 믿고 불궤를 도모한 사실[18]은 당시 순군부가 갖는 군령기능
과 관련이 있었던 것이 아닌가 한다. 즉 임춘길은 청주 출신으로 본주
의 군사력을 감시하고 동원하는 임무를 띤 순군리(徇軍吏)가 된 기회를
이용하여 반역을 도모한 것으로 생각된다.

광종대에 순군부가 군부로 개편되어 순자가 없어졌는데 이는 호족
의 군사력이 국가에 귀속되는 등 병권이 중앙으로 집중됨에 따라 지방
호족들의 군사력에 대한 순행 기능이 더 이상 필요하지 않게 된 결과

---

12) 『高麗史』 권2, 세가 광종11년 3월
13) 『高麗史』 권76, 백관1, 병조
14) 이기백, 1968 「고려경군고」 『고려병제사연구』 일조각
15) 이태진, 1972 「고려 재부의 성립」 『역사학보』 56
16) 정경현, 1987 「고려 태조대의 순군부에 대하여」 『한국학보』 48
17) 순군부가 장악한 병권은 병권을 구성하는 3요소인 발명권·발병권·장병권 가운
　　데 군대의 동원과 관련된 발병권이었을 것이다.
18) 『高麗史』 권92, 열전 洪儒 附裵玄慶

로 생각된다.[19] 이처럼 광종은 호족들이 국초에 가졌던 군사적인 권한을 박탈하는 한편 시위군의 강화를 꾀하였는데, 내군(內軍)이 장위부(掌衛部)로 개편된 것은 왕권 호위를 위한 시위군의 강화와 밀접한 관계가 있는 것이었다.[20]

이어 성종대에는 지방관을 파견하고 지방의 이직(吏職)을 개편하였다. 당시 향호(鄕豪)들이 공무를 가탁하여 백성들을 침폭하고 있었는데[21] 성종2년에 외관의 파견을 통해 그동안 지방세력에게 맡겨졌던 세역 징수권 등을 회수하여 그 세력을 약화시키고 민생을 안정시키고자하였다. 그리고 같은 해에 지방에서 행정과 군사실무를 담당하는 기구도 개편하였다.

> 주·부·군·현의 향리 직제를 개정하여 병부를 사병으로, 창부를 사창으로, 당대등을 호장으로, 대등을 부호장으로, 낭중을 호정으로, 원외랑을 부호정으로, 집사를 사로, 병부경을 병정으로, 연상을 부병정으로, 유내를 병사로, 창부경을 창정으로 하였다.[22]

즉 병부(兵部)·창부(倉部) 등의 기구를 사병(司兵)·사창(司倉)으로 고치는 한편, 당대등(堂大等)·대등(大等)을 비롯한 각 부서의 이직(吏職) 명칭을 개정하였다. 이러한 행정조직은 통일신라시대에도 지방통치를 위해 존재하던 것이었으나 신라 말에 이르러 중앙의 통제로부터 벗어

---

19) 광종대의 개혁은 왕권에 대립하는 중앙귀족 세력의 제거에 바빴기 때문에 순군부와 내군 등 중앙군사기구의 정비에 한정되고, 지방의 군사적 세력에 대해서는 조금도 손을 대지 못했다고 보는 견해도 있다.(이기백, 1956 「고려경군고」 『이병도박사회갑기념논총』; 1968 『고려병제사연구』 일조각)

20) 李基白, 1956 「高麗京軍考」 『이병도박사회갑기념논총』: 1968 『高麗兵制史研究』 일조각

21) 『高麗史』 권93, 열전 최승로

22) "改州府郡縣吏職 以兵部爲司兵 倉部爲司倉 堂大等爲戶長 大等爲副戶長 郎中爲戶正 員外郎爲副戶正 執事爲史 兵部卿爲兵正 筵乃爲副兵正 維乃爲兵史 倉部卿爲倉正"(『高麗史』 권75, 선거3, 전주, 향직 성종2년)

난 지방호족들이 그 명칭을 중앙기구와 대등한 것으로 고치고 독립성을 강화하였을 것으로 생각된다.

이때의 개편에서는 이직과 행정기구의 명칭만이 고쳐졌고, 조직이나 기능 자체의 변화는 없었던 것으로 보인다.[23] 원래 병부 소속의 병부경(兵部卿)·연상(筵上)·유내(維乃) 등 이직은 지방에서 군적의 작성, 군인의 징발·동원 등 군사적인 행정실무를 담당하였는데, 성종2년에 병정(兵正)·부병정(副兵正)·병사(兵史) 등으로 개칭된 이후에도 역시 이전과 같은 업무를 수행하였을 것이다. 사병으로 명칭을 개정하여 중앙기구인 병부와 구분하고 그 격을 낮추는 동시에 그동안 독립적으로 운영되던 행정조직을 국가의 지배체제하로 편입시키고자 한 것이다.

또한 성종2년에는 주·부·군·현·관(館)·역(驛) 등에 공해전(公廨田)이 지급되었다.[24] 공해전은 주·부·군·현의 정수(丁數)에 따라 지급되었는데 군현별로 정수가 파악되었다는 것은 정수 산정의 토대가 되는 호구조사와 양전이 이루어졌음을 뜻하는 것이다. 정수에 따른 군현의 등급 결정은 태조 이래 광종 대를 걸쳐 계속되어온 호구조사와 양전이 어느 정도 마무리되었음을 의미한다. 후술하는 바와 같이 군역을 비롯한 각종 세역의 징수는 군현별 정수를 토대로 하였으므로 성종2년의 지방관 파견과 정수에 따른 군현의 등급 구분은 군역제 정비과정에서 중요한 의미를 갖는 것이다.

성종3년에는 군인의 복색(服色)이 제정되었는데[25], 이는 부대를 규격화하여 부대 내부에 개별적인 통수권을 부인하고 복색에 따라 그들의

---

23) 이기백교수는 주·부·군·현의 이직 개편에서 지방의 병권을 장악한 병부가 司兵으로 고쳐진 것은 단순한 명칭의 변경이 아니라 질적인 변화, 즉 지방정권의 한 부로부터 국가의 향리직으로 전화하는 것을 의미하는 것으로 지방정권의 독립성을 말살하는 제일보라고 보았다.(1956「고려경군고」『이병도박사회갑기념논총』)

24) 『高麗史』권78, 식화1, 공해전시 성종2년 6월

25) 『高麗史』권3, 세가 성종3년

임무를 표시하고자 한 것이다.[26] 이어 6년에는 주현의 병기를 거두어 들여 농기구를 주조하였다.[27] 이러한 조처는 통일전쟁 기간 중에 과잉 생산된 무기를 회수하고 농기구를 제조함으로써 지방 호족 휘하의 잔존 군사력에 대한 완전한 무장해제와 피폐한 농업의 진흥을 꾀하려는 것이었다.[28]

그리고 성종7년에는 통일이후 계속되어온 군역제 정비가 일단락되는 획기적인 조치로서 군적의 정리가 이루어졌다.

왕이 이미 책명을 받고 교죄 이하를 사면했으며 문반으로서 종사한 지 오래 된 자는 개복하게 하고 무반으로서 나이 많고 자손이 없는 자로서 계묘년부터 군적에 등록된 자는 모두 향리로 돌려보내고 양반에게도 은 전을 더했다.[29]

위 기록에 나오는 계묘년은 혜종 즉위년을 가리키는 것으로서, 이때부터 군적에 오른 자들을 모두 향리로 방환하는 조치를 취하였는데, 당시에 향리로 방환된 무반은 일반군인을 포함하는 넓은 의미의 무반으로 대부분은 하층군인을 가리키는 것으로 생각된다.

혜종 즉위년 이래의 군적 작성은 앞에서 언급했듯이 통일이후 중앙집권화가 진행되면서 종래 호족들의 수중에 있던 군사력을 국가가 거두어들이기 위한 조처였다. 당시에 군적에 오른 군인의 대부분 공신이나 호족들 휘하의 군사들이었을 것이다. 전쟁 중에 가능한 많은 군사력을 확보하고자 했던 호족들은 군역부담 능력과 관계없이 많은 장정들을 징발하였고, 따라서 평상시라면 징발대상이 될 수 없는 미자격자

---

26) 이기백, 1956 「고려경군고」 『이병도박사회갑기념논총』
27) 『高麗史』 권79, 식화2, 農桑 성종6년 6월
28) 이기백, 1956 「고려경군고」 『이병도박사회갑기념논총』
29) "王旣受冊 赦絞罪以下 文班從仕年深者改服 武班年老無子孫 自癸卯年錄軍籍者 皆放還鄉里 兩班並加恩"(『高麗史』 권3, 세가 성종7년 10월)

들도 많이 포함되었을 것이다.

성종7년의 조치는 혜종 즉위년 이후 과도기적으로 운영되던 군역제에서 사실상 군역의 징발대상이 될 수 없는 자, 즉 나이가 많거나 자손이 없는데도 군적에 올라있던 자들을 정리하고 새롭게 군적을 작성한 것으로 보아야 할 것이다.[30] 이러한 과정을 거쳐 성종9년에는 6위의 모체가 되는 좌우군영이 설치되었고[31], 이후 6위체제[32]를 중심으로 하는 중앙군과 지방군조직이 정비된 것이다.[33]

3. 군역제의 운영

1) 군역의 징발

(1) 군역의 징발대상과 기준

전 국민을 국역의 부담여부에 따라 양인과 천인으로 구분하는 양천제가 실시되었던 고려시대에는 원칙적으로 천인을 제외한 모든 양인이 군역의 징발대상이 되었다. 즉 위로는 양반에서부터 아래로 농민에이르는 모든 양인신분이 징발대상이었던 것이다. 그러나 모든 양인이

---

30) 이때 방환된 군인은 태조와 함께 통일전쟁에 참여했던 병사와 그 자손을 제외한 모든 자로서 이 속에는 광종 때 시위군 증액을 위해 주군에서 뽑아 올린자도 포함되었으며 군인을 감소 정리했다는 것은 군반씨족의 형성의 일단을 의미하는 것으로 보는 견해도 있다.(이기백, 1956 「고려경군고」 『이병도박사회갑기념논총』)

31) 『高麗史』 권81, 병1, 병제, 연혁 성종9년 10월

32) 6위체제는 이미 성종 이전부터 그 틀이 갖추어졌으나 그 병력 충원을 위한 군역제가 정비되는 성종대에 완성되는 것으로 생각된다.

33) 이기백, 1956 「고려경군고」 『이병도박사회갑기념논총』

다 군역에 동원된 것은 아니었다. 양인층 가운데서 현직의 문무관료를 비롯한 각종 공역(公役)종사자, 유음품관(有蔭品官)의 자 등은 제외되었다.[34] 따라서 군역의 주된 징발대상은 양인층 가운데서도 농민층이었다. 그렇다고 모든 농민이 다 징발대상이 되는 완전한 농민개병제(農民皆兵制)는 아니었다.

균전제가 실시되지 않았던 고려에서 군역을 징발할 때에 군역의 부담능력과 관련된 징발대상자의 경제력이 중요한 요소가 되었다. 양인농민 중에서도 군역을 감당할 수 있는 경제력을 가진 농민층, 이른바 정호층(丁戶層)이 주된 징발대상이 되었다. 그러나 경제력이 미약하여 군역의 징발에서 제외된 백정(白丁)농민도 당차역자(當差役者)로서 언제든지 군역에 징발될 가능성이 있는 존재였다.[35] 백정농민이 군역에 동원될 경우 국가로부터 토지가 지급되는 것이 원칙이었다.[36]

당나라의 경우 균전제가 실시되었음에도 불구하고 균전농민의 경제력이 고르지 못하여 호의 빈부에 따라 9등호로 편제하고, 편제된 호등제를 토대로 군역을 징발하였다. 즉 상상호(上上戶)에서 하하호(下下戶)에 이르는 9호등 가운데서 중·상등호 이상의 호에서 군역을 징발하였던 것이다. 또한 군역징발 시 호내 정수의 다소를 고려하여 부실다정(富實多丁)을 먼저하고 빈가소정(貧家小丁)을 나중에 하였으며, 대체로 동일 호내의 3정 가운데서 1정을 징발하는 것이 원칙이었다.[37]

이처럼 동일 호내의 3정에서 1인의 군인을 선발하는 점병율(點兵率)

---

34) "揭榜云 … 比經禍亂 丁人多闕 … 今國家大平 人物如古 宜令一領 各補一二百名 京中五部坊里 除各司從公令史主事記官有蔭品官子有役賤口外 其餘兩班及內外白丁人者 十五歲以上 五十歲以下 選出充補 令選軍別監 依前田丁連立"(『高麗史』 권81, 병1, 병제, 靖宗11년 5월)

35) "白丁代田 百姓付籍 當差役者 戶給田一結 不許納租 其在公私賤人 當差役者 亦許給之 明白書籍"(『高麗史』 권78, 食貨1, 祿科田 辛禑14년 6월 趙浚1次上疏)

36) 『高麗史』 권81, 병지1, 병제, 연혁 睿宗4년 判

37) 菊池英夫, 1960 「唐代府兵制度拾遺」『史林』 43

이 있었지만 이러한 원칙은 점병율의 최대한을 규정한 것일 뿐 실제로
각 절충부(折衝府)에서 매 3년마다 이루어지는 점병은 정원 내에서 3년
동안에 사망했거나 노인이 되었거나 병이 든 자 만큼의 결원을 보충하
는 것이 일반적이었다. 한편 결원 보충 시에 정이 된 건장한 자가 부족
하면 점병을 면한 연상(年上)의 백정도 간취(簡取)되었다.[38]

　　당 부병제의 영향을 받은 고려의 군역제 역시 이와 유사한 방식으로
운영되었을 것으로 생각되지만 자료의 결핍으로 자세한 내용을 알 수
없다. 따라서 고려 군역제에 일정한 영향을 주었을 것으로 생각되는
통일신라시대의 군역제부터 살펴보기로 한다. 통일신라시대의 군역징
발과 관련하여 많이 인용되는 자료는 촌락문서의 다음 기록이다.

　　合孔烟十五 計烟四 餘分二. 此中仲下烟一余子 下上烟二余子 下仲烟五竝
余子 下下烟六 以余子五 法私一[39]

　　위의 기록을 둘러싸고 연구자들 간에 견해 차이를 보이고 있는데 우
선 군역의 징발과 관련하여 촌락문서에 보이는 9등호제[40]에 의해 이루

---

38) 浜口重國, 1930 「府兵制로부터 新兵制로」『史學雜誌』41-11·12: 1966『秦漢隋
　　唐史研究』
　　菊池英夫, 1960 「唐代府兵制度拾遺」『史林』43
39) 이기백 편저, 1987 「신라 촌락장적」『한국상대고문서자료집성』
　　이 기록에서 여자(余子)와 법사(法私)는 일반적으로 법당군단(法幢軍團) 중에
　　서 여(余) 혹은 법(法)자가 붙는 부대에 징발되는 연(烟)으로 이해되고 있다.(旗
　　田巍, 1972 「新羅의 村落」『朝鮮中世社會史研究』1972 및 李基白, 1974 「永川
　　菁堤碑 貞元修治記의 考察」『新羅政治社會史研究』일조각)
40) 지금까지 통일신라시대에 실시된 9호등제에 대한 연구 상황은 다음과 같다.
　　(1) 戶等의 구분기준에 대한 견해
　　① 人丁의 다과라는 견해
　　　　旗田巍, 1972 「新羅의 村落」『朝鮮中世社會史의 研究』
　　② 토지의 다과라는 견해
　　　　李仁哲, 1986 「新羅 統一期의 村落支配와 計烟」『韓國史研究』54
　　③ 일차적 기준은 土地이지만 그 외에 牛馬와 奴婢의 數도 포함된다는 견해

어졌다고 보는 견해[41]와 호등제와 무관하게 이루어졌다고 보는 견
해[42]이다.

먼저 전자의 견해에 의하면 통일신라시대의 군역을 비롯한 직역(職
役)은 촌락문서상 계연(計烟)의 수치를 바탕으로 징발되었다고 본다. 여
기서 계연의 수치는 각 촌의 인정수와 토지수를 계산하여 각 촌에서
부담해야 할 직역수와 그에 대한 대가로 수조권을 분급할 수 있는 범
위를 국가에서 제한하기 위해 마련된 것이다.[43]

金基興, 1989「新羅 村落文書에 대한 新考察」『韓國史研究』64
④ 人丁과 土地 모두를 참작한 것이라는 견해
　李泰鎭, 1979「新羅統一期의 村落支配와 孔烟」『韓國史研究』25
　李貞熙, 1993「高麗前期 徭役의 賦課方式」『韓國文化研究』6
(2) 戶等制의 기능에 대한 견해
① 力役징발을 위한 것이라는 견해
　旗田巍, 1972「新羅의 村落」『朝鮮中世社會史의 研究』
② 田租를 제외한 力役과 調布의 징수를 위한 것이라는 견해
　金基興, 1990『三國 및 統一新羅期 稅制의 研究』서울대박사학위논문
　李仁在, 1995『新羅統一期 土地制度研究』연세대박사학위논문
③ 軍役을 비롯한 租·庸·調 등 賦稅 전반의 수취와 관련이 있다는 견해
　李泰鎭, 1979「新羅統一期의 村落支配와 孔烟」『韓國史研究』25
　李仁哲, 1986「新羅 統一期의 村落支配와 計烟」『韓國史研究』54)
　이정희, 1993「高麗前期 徭役의 賦課方式」『韓國文化研究』6
41) 李仁哲, 1986「新羅 統一期의 村落支配와 計烟」『韓國史研究』54; 1993『新羅政治
　制度史研究』
　李仁在, 1995『新羅統一期 土地制度 研究』연세대박사학위논문
42) 金基興, 1990『三國 및 統一新羅期 稅制의 研究』서울대 박사학위논문
　蔡雄錫, 1986「高麗前期 社會構造와 本貫制」『高麗史의 諸問題』三英社
43) 한편 孔烟은 각 촌 자연호의 토지와 호구를 結負制와 戶等制로 파악한 위에
　다시 族類, 隣保人을 중심으로 묶어 上上烟에서 下下烟까지 9등급으로 나눈
　編戶로 본다. 편호의 기준은 전결수와 장정수이며, 하하연에서 상상연까지 9단
　계에 이르는 공연의 등급은 職役을 부담할 수 있는 중상연을 기준으로 하여 나
　눈 것으로 국가는 개별적인 烟戶를 丁數와 토지량을 기준으로 하여 孔烟을 편
　성하고 다시 공연수에 의거하여 計烟數를 정한 것으로 이해하였다.(이인재,
　1995『新羅統一期 土地制度 研究』연세대박사학위논문)

즉 국가는 각 촌을 단위로 전체 장정을 중상연, 즉 6정을 기준으로
장정들을 묶어 1계연으로 삼고 1계연에서 1정을 군인이나 기인(其人)으
로 징발했을 것이라고 추정하였다. 이때 계연 수치 1은 6인의 정남과
18결[44]의 토지를 의미하며[45] 1계연이 6정과 18결을 기준으로 한 것은
경제적으로 안정된 중상호를 군역이나 이역(吏役)에 충당하기 위한 것
이라고 한다.

한편 후자의 견해에 의하면 법사(法私)나 여자(餘子) 등 법당군(法幢
軍)의 징발[46]이 9등호제에 따라 차등적으로 이루어지지 않고 자연촌락
을 단위로 공연(孔烟)별로 일률적으로 이루어졌다고 본다.[47] 즉 통일신
라시대에 9등호제가 실시되고 있었지만 군역은 호등에 관계없이 각 공
연마다 1인씩 균등하게 징발되었다는 것이다. 이처럼 군역의 징발이
호등제에 의하지 않았던 것은 역역이나 군역은 인두적 징발의 속성이

---

44) 기본적인 과세지 6.9결을 포함하면 24.9결이 된다고 하였다.
45) 이인철은 토지 18결과 丁男 6인을 단위로 편성된 計烟 1호당 정남 1인씩이 징
발되었다고 하였다.(1986 「신라통일기의 촌락지배와 계연」『한국사연구』54)
46) 촌락문서에 나오는 4개촌 가운데 유독 1촌에만 여자·법사가 기록되어 있는 것
에 대해 법당조직에 의한 군역의 징발이 3년을 단위로 각 촌별로 교대로 이루
어졌던 것으로 보는 견해(김기흥, 1990 『三國 및 統一新羅期 稅制의 硏究』서
울대 박사학위논문)와 모든 烟이 법당조직에 편성, 즉 餘子로 표기된 烟이 있
는 촌락인 薩下知村과 西原京 관내촌은 小京餘甲幢에 편성되었고, 문서에 특
별한 기록이 없는 沙害漸村과 실명촌은 外法幢에 편성되었으며, 薩下知村에서
法私로 기록된 烟은 외법당에 편성된 촌락에서 이동해 온 연으로 촌락문서 작
성 당시까지도 외법당의 군역을 마치기 못했기 때문에 법사로 기록된 것이라
고 보는 견해(李仁哲, 1988 「신라 法幢軍團과 그 성격」『한국사연구』61·62합:
1993 『신라정치제도사연구』)가 있다.
47) 한편 이러한 주장에 대해 촌락문서의 餘子와 法私의 표시는 烟들이 모두 餘子
와 法私의 역을 짊어지고 있음을 보여주는 것이라는 반론도 있다. 즉 촌락문서
의 기록은 餘子와 法私의 역을 지고있는 인원수를 표시한 것이 아니라 여자와
법사의 역을 짊어지는 烟의 수를 나타내는 것으로 당시 각 공연이 균등하게 역
역을 부담한 것이 아니고 호등에 따라 부담양이 달랐다는 것이다.(李喜寬, 1991
「삼국 및 통일신라시대의 사회경제사를 바라보는 새로운 시각」『歷史學報』130)

있기 때문이라 하였다. 따라서 통일신라기 군역의 징발은 공연에 대하여 동일한 액수를 징발하였다는 것이다.

물론 군역이 개별 인신에 대한 인두적 징발의 성격이 강한 신역이라 하더라도 군역을 수행하기 위한 경제적 토대가 따로 마련되지 않는 이상 모든 공연을 대상으로 한 일률적인 군역의 징발은 불가능한 일이다. 즉 징발당한 군인의 군역수행에 필요한 경비와 군인 가족의 생계가 보장되지 않는 군역체제는 안정적이고 항구적인 제도로서 유지될 수 없는 것이다.[48]

이처럼 통일신라시대의 군역징발에서 인정수와 함께 경제력의 다과가 중요한 기준이 되었으나 고려시대의 기록에 나타나는 호등제는 통일신라시대와는 달리 인정의 다과만을 기준으로 하였다. 다음은 고려시대의 편호방식을 보여주는 자료로서 연대를 알 수 없는 기록이다.

　편호는 인정의 다과에 따라 9등으로 나누어 부역(賦役)을 정하였다. 가장이 가족 수를 누락하거나 장정을 증감하여 과역을 면하였을 때에는 1명에 도형(徒刑) 1년, 2명에 1년 반, 5명에 2년, 7명에 2년 반, 9명에 3년에 처하였다. 만일 증감한 것이 과역을 면하려는 것이 아닐 경우에는 4명을 1명으로 하고 죄는 도형 1년 반으로 하였다.[49]

이 기록을 통해 고려시대에는 인정의 다과를 기준으로 한 9등호제가 실시되었고, 호등제의 기능은 부역을 정하기 위한 것이었음을 알 수 있다. 여기서 부역의 내용에 대해 공부와 역역으로 보는 견해[50]와 요

---

48) 당은 균전제를 실시하였음에도 불구하고 농민들의 경제력이 고르지 못해 군역 징발 시에 농민들의 경제력을 고려하였다. 즉 균전농민을 호의 빈부에 따라 上上戶에서 下下戶에 이르는 9등호로 편제하고, 이를 토대로 중·상등호 이상의 호에서 군역을 징발하였다.(菊池英夫, 1960「唐代府兵制度拾遺」『史林』43)

49) "編戶 以人丁多寡 分爲九等 定其賦役 家長漏口 及增減年壯 免課役者 一口徒一年 二口一年半 五口二年 七口二年半 九口三年 若增減非免課役 四口爲一口 罪至徒一年半"(『高麗史』권84, 형법1, 戶婚)

역으로 보는 견해51)가 있으나 인정이 기준이 된 만큼 요역이나 군역
등 역역과 관련된 것으로 보아야 할 것이다.

이처럼 통일신라시대와 비교해 고려시대 호등제의 기능이 변화한
이유는 무엇일까. 결론부터 말하자면 토지생산력의 발전에 따른 수취
방식의 변화 때문이 아니었을까 한다. 즉 토지생산력이 안정되면서 토
지를 대상으로 부과되는 전세가 토지와 인정의 다소 모두를 반영한 호
등제에서 분리된 결과 나타난 변화로 생각된다.52)

토지로부터의 전세수입이 불안정한 상태에서 국가는 토지와 인정의
다과 모두를 기준으로 한 호등제를 마련하고 그것에 기반을 둔 수취체
제를 운영함으로써 안정적인 재정수입을 확보하려 하였다. 그러나 토
지생산력이 점차 발전되면서 토지만을 대상으로 하는 전세수입의 안
정적인 확보가 가능해지고, 그 결과 전세의 수취는 호등제로부터 분리
된 것이다. 이처럼 통일신라시대에 토지와 인정이 결합되어 운영된 호
등제는 고려시대에 들어와 토지와 인정이 분리되고, 그 결과 토지는
양안으로 파악되어 전세 부과의 대상이 되고, 인정은 호적으로 파악되
어 징병과 조역의 대상이 되었다.

통일신라시대에 역 징발의 기준이 된 계연과 관련하여 고려시대 군
현의 등급을 결정하는 기준으로서, 군현 단위로 그 수가 파악된 정이
주목된다.

> ㉠ 주·부·군·현의 관역전(館驛田)을 정하였다. 1,000정 이상의 주현은
> 공수전(公須田) 300결, 500정 이상은 공수전 150결, 지전(紙田) 15결,
> 장전(長田) 5결로 하고, 200정 이상은 (기록이 누락), 100정 이상은

---

50) 姜晋哲, 1980 「농민의 부담」『高麗土地制度史研究』고려대출판부

51) 李貞熙, 1993 「高麗前期 徭役의 賦課方式」『韓國文化硏究』6

52) 戶等을 정하는 기준 가운데 토지는 量案으로 분리되고 人丁만이 남게 된 것으
로 이해한 연구도 있다.(이인철, 1993 「신라 9등호제의 재론」『신라정치제도사
연구』)

공수전 70결, 지전 10결로 하고 … 향과 부곡은 1,000정 이상은 공수
전 20결, 100정 이상은 공수전 15결, 50정 이하는 공수전 10결, 지전
5결, 장전 2결로 하였다. 대로역(大路驛)은 공수전 60결, 지전 5결,
장전 2결로 하고 … 대로관전(大路館田)은 5결, 중로관전은 4결, 소
로관전은 3결로 하였다.[53]

ⓛ "여러 주·부·군·현의 역로에 공수시지(公須柴地)를 지급하는데,
1,000정 이상은 80결, 500정 이상은 60결, 500정 이하는 40결, 100정
이하는 20결로 한다. 12목은 정의 많고 적음을 논하지 않고 100결
로 하고, 지주사(知州事)는 비록 100정 이하라도 60결을 지급한다.
동서도(東西道)의 대로역은 50결, 중로역은 30결을, 양계는 대로역
은 40결, 중로역은 20결을 지급하고, 동서남북 소로역은 15결을 지
급한다"고 하였다.[54]

ⓒ "무릇 사심관은 500정 이상의 주에는 4명, 300정 이상의 주에는 3명,
그 이하의 주에는 2명을 둔다"고 정하였다.[55]

ⓔ "무릇 주·부·군·현으로 1,000정 이상이면 호장 8인, 부호장 4인, 병
정과 부병정 각 2인, 창정과 부창정 각 2인, 사 20인, 병사와 창사 각
10인, 공수사와 식록사 각 6인, 객사사·약점사·사옥사 각 4인을 둔
다. 500정 이상이면 호장 7인 … 300정 이상이면 호장 5인 … 100정

---

53) "定州府郡縣館驛田 千丁以上州縣 公須田三百結 五百丁以上 公須田一百五十
結 紙田十五結 長田五結 二百丁以上缺 一百丁以上 公須田七十結 紙田十結
… 鄕部曲 千丁以上 公須田二十結 一百丁以上 公須田十五結 五十丁以下 公
須田十結 紙田三結 長田二結 大路驛 公須田六十結 紙田五結 長田二結 …
大路館田五結 中路四結 小路三結"(『高麗史』 권78, 食貨1, 公廨田柴 성종2
년 6월)
54) "給諸州府郡縣驛路公須柴地 千丁以上八十結 五百丁以上六十結 五百丁以下
四十結 一百丁以下二十結 十二牧勿論丁多少一百結 知州事雖百丁以下六十結
東西道大路驛五十結 中路驛三十結 兩界大路驛四十結 中路驛二十結 東西南
北小路驛十五結"(『高麗史』 권78, 食貨1, 公廨田柴 성종12년 8월 判)
55) "定 凡事審官 五百丁以上州四貟 三百丁以上州三貟 以下州二貟"(『高麗史』 권
75, 選擧3, 事審官 성종15년)

이상이면 호장 4인 … 동서의 모든 방어사·진장·현령관은 1,000정
이상이면 호장 6인, 부호장·병정·창정·부병정·부창정 각 2인, 사 10
인, 병사·창사 각 6인, 공수사 각 4인, 객사사·약점사·사옥사 각 2인
을 두며, 100정 이상이면 호장 4인 … 100정 이하면 호장 2인 … 공
수사·객사사·약점사·사옥사 각 2인을 둔다." 고 정하였다.[56]

ⓒ "모든 주·현에서 1,000정 이상인 곳은 세공(歲貢) 3인, 500정 이상은
2인, 그 이하는 1인으로 한다. 계수관으로 하여금 시험으로 선발하
게 하는데 제술업은 오언육운시(五言六韻詩) 한 수로 시험하고 명
경은 오경 각 한 궤机를 시험하여 규정대로 서울로 보낸다. … 만일
계수관이 적임자가 아닌 사람을 천거하였을 경우에는 국자감에서
조사하여 죄를 과한다." 고 하였다.[57]

위의 기록에 보이는 정은 군현의 크기를 나타내는 것으로서 토지 및
호구와 밀접한 관계를 갖고 있었을 것으로 추측되고 있다. 이러한 정
을 인정으로 보는 견해[58], 토지로 보는 견해[59], 그리고 인정과 토지의

56) "定 凡州府郡縣 千丁以上 戶長八人 副戶長四人 兵正副兵正各二人 倉正副倉
正各二人 史二十人 兵倉史各十人 公須食祿史各六人 客史藥店史獄史各四人
五百丁以上 戶長七人 … 三百丁以上 戶長五人 … 百丁以下 戶長四人 … 東
西諸防禦使鎭長縣令官 千丁以上 戶長六人 副戶長兵倉正副兵倉正各二人 史
十人 兵倉史各六人 公須史各四人 客史藥店史獄史各二人 百丁以上 戶長四人
… 百丁以下 戶長二人 … 公須客史藥店史獄史各二人"(『高麗史』 권75, 選擧3,
鄕職 현종9년)

57) "諸州縣 千丁以上 歲貢三人 五百丁以上二人 以下一人 令界首官試選 製述業
則試以五言六韻詩一首 明經則試五經各一机 依例送京 … 如界首官貢非其人
國子監考覈科罪"(『高麗史』 권73, 選擧1, 科目1 현종15년 12월 判)

58) 韓沽劤, 1958 「麗代 足丁考」 『歷史學報』 10
有井智德, 1958 「高麗朝 初期의 公田制」 『朝鮮學報』 13
深谷敏鐵, 1960 「高麗 足丁·半丁考」 『朝鮮學報』 15, 1960

59) 旗田巍, 1957 「高麗時代에 있어서 土地의 嫡長子相續과 奴婢의 子女均分相續」
『東洋文化』 22
金載珍, 1958 「田結制研究-高麗田丁考-」 『慶北大論文集』 3
姜晋哲, 1963 「高麗初期의 軍人田」 『淑大論文集』 3

결합으로 보는 견해60) 등이 있다.61)

위의 각 예들을 통해 주현의 정수 구분의 폭이 경우에 따라 각기 다르게 나타나고 있음을 볼 수 있다. 같은 군현제 영역의 주·부·군·현에서 어떤 경우는 20정 이하까지, 어떤 경우는 500정 이하까지 서로 다르게 구분되고 있다.62) 물론 경우에 따라 구분 범위가 달라질 수 있겠지만 대체로 토지와 관련된 정수와 인정과 관련된 정수 사이에 구분의 차이가 있음을 알 수 있다.

따라서 주현의 정은 각각의 경우에 따라 서로 다른 의미를 가지는 것으로 보아야 하지 않을까 한다. 예컨대 ㉠㉡의 경우처럼 주·부·군·현의 공수전과 공수시지의 지급액수를 정할 때 기준이 되는 정은 모두

武田幸男, 1972「高麗田丁의 再檢討」『朝鮮史研究會論文集』 8

閔賢九, 1971「高麗의 祿科田」『歷史學報』 53·4합집

金容燮, 1975「高麗時期의 量田制」『東方學志』 16

李成茂, 1978「高麗·朝鮮初期 土地所有權에 대한 諸說의 檢討」『省谷論叢』 9

尹漢宅, 1989「고려 전시과체제하의 농민신분」『泰東古典研究』 5

朴京安, 1991「高麗時期 田丁連立의 構造와 存在樣態」『韓國史研究』 75

60) 安秉祐, 1990「高麗前期 公廨田의 設置와 運營」『李載龒博士還曆紀念韓國史學論叢』

金琪燮, 1993『高麗前期 田丁制研究』부산대박사학위논문

李仁在, 1995『新羅統一期 土地制度研究』연세대박사학위논문

61) 이처럼 丁을 人丁과 토지의 결합으로 파악할 때, 다시 말해 17결의 토지와 6정의 인정이 결합되었다고 할 때 구체적으로 어떤 방식으로 토지와 인정이 결합되어 군현의 정수가 산출되는지에 대한 설명이 불분명하다. 예컨대 어느 현의 인정이 100정이고 토지가 2,000결이라고 할 때 이 현의 정수는 어떤 방식으로 산정되는지 알 수 없다.

62) 원칙적으로 향이나 부곡은 토지 결수나 인구수가 일반 군현에 미치지 못하는 것이었다. 향·부곡이 일반 주현과 달리 1,000정 이상과 100정 이상 50정 이하로만 구분되어 있는 것은 향·부곡의 크기가 특수한 경우를 제외하고 대부분 100정 이하였음을 반영하는 것이라 생각된다. 향이나 부곡 가운데 극히 일부는 토지 결수나 호구수로 볼 때 일반 주현이 될 수 있음에도 불구하고 정치적 이유 등 특수한 사정에 의해 강등된 경우에는 1,000정 이상의 향이나 부곡이 나타나게 되었을 것이다.

토지와 관련된 것으로서 이때의 정은 토지로 이해하고, ⓒⓔⓜ의 경우처럼 사심관의 정원, 향리의 정원, 향공진사의 선발 기준이 되는 정은 인정과 관련된 것으로서 인정으로 보아야 할 것으로 생각된다. 이처럼 정을 경우에 따라 각각 인정과 토지로 볼 수 있다고 한다면 이때의 정이 갖는 의미가 어떤 것인지 검토하기로 한다.

인정(人丁)으로서의 정의 의미를 살펴보면 일반적으로 전체 백성 가운데서 국역을 질 수 있는 능력을 가진 인간을 가리키는 것으로 이해할 수 있다.[63] 이때 국역의 대상은 16세에서 59세까지의 성인 남자를 말하며, 국역의 내용은 군역이나 요역 등 각종 역역을 의미한다. 인정의 의미를 이렇게 이해할 때 토지와 관련된 전정(田丁) 역시 이와 비슷한 의미를 가진 것으로 볼 수 있을 것이다. 전체 토지 가운데 세역의 부과가 가능한 토지, 다시 말해 경작이 가능하고 답험대상이 될 정도로 지력이 강성한 부세대상 혹은 단위를 의미하는 것이다.

토지생산력이 안정되지 못한 상태에서 모든 토지가 국가의 수취대상이 될 수 없었을 것이고, 이에 국가는 인정의 경우와 마찬가지로 생산성이 안정되어 세역부과가 가능한 토지만을 전정으로 파악하였다. 그리고 국가는 필요에 따라 인정이나 전정을 일정 단위의 크기로 묶어 여러 용도로 사용하였다. 예컨대 전정의 경우 군인이나 기인 등 직역부담자에게 지급한 족정(足丁)이나 반정(半丁) 등이 그러한 것이다. 인정의 경우도 자세한 내용은 알 수 없지만 일정 크기로 묶어 세역 수취의 단위로 이용했을 것으로 생각된다.

이처럼 토지를 일정 크기로 묶은 것은 직역 수행에 필요한 최소한의 경제력을 보장하고 나아가 직역부담자를 안정적으로 확보하기 위한 것이었다. 즉 직역과 직역수행에 필요한 토지를 결합시킴으로써 안정

---

63) 丁이란 강성한 시기의 복무=징발=조달=부과 대상, 즉 부세의 대상을 의미하는 것으로 파악하는 연구가 참고 된다.(윤한택, 1995 『高麗前期 私田研究』 고려대 박사학위논문)

적으로 직역부담자을 확보하고자 하였던 것이다. 따라서 토지가 상속
되는 경우에도 족정(足丁)이나 반정(半丁)으로 작정(作丁)된 토지는 분
할되지 않고 직역과 함께 그대로 연립되었다.

이 시기에 일반적인 토지대장인 양안과 구별되는 전정장적(田丁帳
籍)이 따로 만들어진 이유도 여기에 있었던 것이다. 즉 일반 양안이 양
전에 의해 조사된 모든 토지의 결수가 기록된 토지대장이라면[64] 전정
장적은 양안에 등재된 전체 토지 가운데서 세역 부과가 가능한 토지만
을 일정 크기로 묶어서 파악한 토지대장이었던 것이다. 따라서 이 전
정의 액수는 인정수와 함께 군현의 실제 부담 능력을 나타내는 지표의
하나로 이용되었을 것이다.

이처럼 고려시대에는 주현별로 파악된 인정수와 전정수를 기준으로
주현의 크기가 정해졌을 뿐만 아니라[65] 각종 세역이 부과되었다. 군역
역시 군현의 전체 정수를 기준으로 징발되었을 것으로 생각된다. 그러
나 이 시기의 점병율(點兵率)에 대한 기록이 없어 자세한 내용은 알 수
없다.

고려후기에는 3정(丁)1호(戶)[66] 또는 3가(家)1호(戶)[67]의 점병율이 적
용되었다. 이처럼 고려후기에 군호 편성의 기준이 3가1호 또는 3정1호
등으로 가와 정이 혼동되고 있는 현상을 볼 수 있는데 이것은 1가가 1
정으로 간주된 때문이라 생각된다. 즉 당시의 3정1호의 편호방식은 1
가에 1정씩만을 인정하여 군호에 편제하고 가내의 나머지 정(率丁)은
무시하는 것이었다.[68] 이는 호 내의 정수 파악이 불완전하여 1가를 1정

---

64) 여말 전제개혁을 위한 양전 시에는 경작중인 實田 이외에 荒遠田도 모두 파악
하였다.
65) "今按 新羅建置州郡時 其田丁戶口 未堪爲縣者 或置鄕 或置部曲 屬于所在之
邑"(『新增東國輿地勝覽』권7, 驪州牧, 古跡 登神莊)
66) 『高麗史』권83, 兵3, 船軍 공양왕3년
67) 『高麗史』권81, 兵1, 兵制, 연혁 辛禑9년 8월
68) 李成茂, 1980「兩班과 軍役編制」『朝鮮初期 兩班研究』일조각

으로 간주하였기 때문으로 생각된다.

군역제의 정비가 시도된 공민왕5년에 3가를 1호로 편호하여 무사할 때는 3가가 교대로 번상하고 유사시에는 가내의 정을 모두 징발하는 원칙이 마련되었던 사정을 고려해 볼 때 상대적으로 농민의 생활이 불안정했던 고려전기의 점병율은 적어도 이보다는 낮았을 것이다. 통일신라시대에 6정의 인정과 18결의 토지가 결합된 계연이 군역부과의 단위가 되었다는 연구69)를 고려한다면 고려전기에서도 이와 비슷한 점병율이 적용되었을 것으로 생각된다.

그러나 실제로 이러한 점병율이 엄격히 적용되지는 않았을 것이다. 여말선초에도 3가1호 또는 3정1호의 군호 편성원칙에 따라 3가에서 1정을 징발하는 것이 원칙이었지만70) 실제로 개별호를 대상으로 하는 군역징발에서는 쌍정(雙丁)에서 1정을 징발하는 것은 물론71) 단정까지 징발하는 경우가 많았다.72)

고려전기의 사정도 이와 비슷했을 것이다. 즉 군현 전체를 단위로 해서는 6정에서 군인 1정을 징발하는 점병율이 적용되었을 것이지만 실제 군현 내부에서 개별 군호에 대한 군역의 징발은 원칙대로 이루어지지 못했을 것이다. 현실적으로 6정 이상의 인정을 가진 호가 많지 않았을 것이기 때문이다.

또한 간점을 맡은 관리들의 부정으로 부유하고 실한 호는 빠지고 빈약한 호가 징발되는 경우가 많았고, 그 결과 개별 민호의 실제 부담능력과는 관계없이 군역징발이 이루어지는 경우가 많았다. 따라서 각 군

---

69) 이인철, 1986 「신라통일기의 촌락지배와 계연」 『한국사연구』 54
70) 恭愍王5년 6월의 下敎(『高麗史』 권81, 병1, 병제 연혁)에서 '雙丁簽一丁'을 부득이한 경우라고 한 것으로 보아 적어도 3정에서 1정을 뽑는 것이 당시 軍役徵發의 기준이었음을 유추할 수 있다.
71) 『高麗史』 권81, 병지1, 병제 공민왕5년 6월
72) 『高麗史』 권82, 병지2, 진수 공민왕5년 6월
    『高麗史』 권84, 형법1, 戶婚 공민왕20년 12월

현의 정수를 토대로 한 군역의 징발은 군현 또는 촌락의 전체 차원에
서는 원칙에 따른 역 부과의 균등성이 보장되지만 실제 개별 호의 차
원에서는 군역부담의 균등성이 보장되지 못하는 경우가 많았을 것으
로 생각된다.

(2) 군역의 징발 과정

국가는 호적과 양안을 토대로 호구와 토지를 파악하고 이를 바탕으
로 각 군현별 인정수와 전정수를 정하였다. 그리고 각 군현의 인정수
를 기준으로 징발할 군인의 수를 책정하였을 것이다. 그러나 구체적인
군인의 징발과정이나 절차는 밝혀져 있지 않다.

고려가 모범으로 삼은 당의 부병제에서는 지방 절충부에서 위사장
(衛士帳)[73]이라 불리는 군적을 작성하여 매년 병부에 보고하면 중앙에
서는 이 군적으로 현재의 병마수를 파악하고 이것에 기초하여 동원계
획을 세웠다. 이 위사장은 주현의 호적을 기초로 하여 간점(簡點)에 의
해 작성된 군적이었다.[74]

고려시대 군역징발의 방식을 보여주는 다음의 자료를 통해 볼 때 고
려 역시 당과 마찬가지로 군인의 간점은 주현의 호적을 바탕으로 하였다.

나라의 제도에 민은 16세가 되면 정이 되어 비로소 국역에 복무하고,
60세가 되면 노(老)가 되어 역에서 면제된다. 주군은 해마다 호구를 헤아
려 호적에 올리고 호부에 바치는데, 무릇 군사의 징발과 역의 부과는 호
적으로 초정(抄定)하였다.[75]

---

73) 衛士帳에서 衛士는 상경시위자만이 아닌 防人을 포함한 모든 부병을 총칭하는
   것이었다.(菊池英夫, 1960「唐代府兵制度拾遺」『史林』43)
74) 菊池英夫, 1960「唐代府兵制度拾遺」『史林』43
75) "國制 民年十六爲丁 始服國役 六十爲老而免役 州郡每歲計口籍民 貢于戶部
   凡徵兵調役 以戶籍抄定"(『高麗史』권79, 식화2, 호구)

이 기록을 통해 알 수 있는 사실은 징병이나 조역 등 노동력 징발은 호적을 바탕으로 하였다는 것이다. 즉 매년 주현에서 작성하여 호부에 올린 호적을 바탕으로 징병대장인 군적을 작성하였다. 이때 군인의 간점 업무를 담당한 관리로 중앙에서 파견되는 점군사(點軍使)와 선군사(選軍使)의 존재가 보이는데, 점군 또는 선군은 군인을 간점하여 군적에 올리는 과정이었던 것으로 생각된다.

당의 경우 간점과 군사의 동원은 절충부 장관인 절충도위(折衝都尉)와 주자사(州刺史)가 협력하여 책임을 분담하였다. 절충부 성립 이전의 당 초기에는 3년마다 실시되는 대모집시(簡年)에는 중앙으로부터 간점사가 파견되었고. 매년 실시되는 주현의 소모집(團貌) 때에는 자사와 현령에게 위임되었으나 부병제가 확립된 후에는 간점이 자사와 현령에게 맡겨졌다. 그리고 군적 작성의 실무는 지방의 장사(長史)[76] 및 병조참군사·녹사·부사(府史) 등이 담당하였다.[77]

고려에서는 중앙에서 파견되는 선군사(選軍使) 또는 점군사(點軍使)가 군인의 간점업무를 담당하였을 것으로 생각된다. 선군사나 점군사는 주현의 호적을 토대로 간점할 호의 장정 수, 장정의 신체조건, 경제적 능력 등을 참작하여 군인을 간점하였을 것이다.

다음은 지방 주현에서 이루어지고 있는 군적 작성의 사례이다.

정중부는 해주인으로 용모가 웅위하고 모난 눈동자에 이마가 넓고 피부가 희고 수염이 아름다웠다. 신장이 7척이나 되었으므로 바라보기에 가히 두려웠다. 처음에 주에서 군적에 올리고 봉비(封臂)하여[78] 서울에 보냈다. 재상 최홍재가 군사를 뽑다가 보고 이상히 여겨 봉비한 것을 풀

---

76) 司馬라고도 불리었다.

77) 菊池英夫, 1960「唐代府兵制度拾遺」『史林』43

78) 封臂란 특별한 기능이나 기술을 함부로 남용하지 못하도록 팔을 묶어 제재를 가하는 것으로, 정중부를 봉비한 것은 특별한 신체적 조건이었던 정중부가 개경으로 가는 도중에 문제를 일으키지 못하도록 하기 위한 것으로 생각된다.

고 위로하여 공학금군(控鶴禁軍)에 충용하였다.[79]

　정중부는 처음에 주에서 군적에 올랐다가 서울로 보내어져 다시 선군되어 공학금군에 충당되었다. 주에서 정중부를 군적에 올렸다는 것은 군역을 질 수 있는 신체적, 경제적 조건 등을 갖춘 정중부가 군인으로 간점된 것을 의미하는 것이다.

　그런데 정중부는 서울에서 다시 선군되어 공학금군이 되었는데, 이는 정중부가 국왕을 호위하는 친위군인 공학금군에 적합한 조건을 갖춘 인물이었기 때문이다. 지방에서 간점되어 군적에 오른 자 가운데서 특수한 군사업무의 수행에 적합한 조건을 갖춘 자를 다시 선발하여 중앙군에 소속시킨 것으로 볼 수 있다. 이처럼 지방에서 군적에 오른 정중부가 다시 선군되어 공학금군에 충당된 것은 처음에 의무군인으로 간점되었다가 다시 선군되어 전업군인이 된 것을 의미하는 것이라 생각된다.

　이 기록을 통해 군적은 지방 주현에서 작성하였음을 알 수 있다. 군인을 간점하여 군적에 올리는 과정이 점군 또는 선군이었고 이러한 작업은 중앙에서 파견된 점군사 또는 선군사가 지방관의 협력을 받아 수행하였을 것이다. 그리고 군적작성 등 구체적인 실무는 지방관의 속관인 사록참군사를 비롯해 주현의 향리직인 사병 소속의 병정·부병정·병사 등이 담당하였을 것으로 생각된다.[80]

　중국에서 사록참군사는 부·주·군 등 상급 지방행정단위에 설치된 속관으로[81], 수와 당에서는 녹사참군(錄事參軍)으로 불리었다.[82] 중국

<hr>

79) "鄭仲夫海州人 容貌雄偉 方瞳廣額 白晳美鬚髯 身長七尺 餘望之可畏 初州上軍籍 封其臂送京 宰相崔弘宰選軍 見而異之 解其封慰免 充控鶴禁軍"(『高麗史』권128, 열전 정중부)

80) "改州府郡縣吏職 以兵部爲司兵 倉部爲司倉 堂大等爲戶長 大等爲副戶長 郎中爲戶正 員外郎爲副戶正 執事爲史 兵部卿爲兵正 筵上爲副兵正 維乃爲兵史 倉部卿爲倉正"(『高麗史』권75, 선거3, 銓注, 鄕職 성종2년)

의 사록참군사가 지방의 행정업무를 관장했듯이 고려의 사록참군사 역시 조세징수와 역역징발 등의 지방행정업무를 수행하였다.[83] 따라서 사록참군의 임무 가운데 역역의 징발과 관련하여 당연히 군역의 징발 업무도 포함되었을 것이다.

한편 중앙에서 파견된 사록참군사의 지휘와 통제를 받아 지방의 행정실무를 담당한 것은 주·부·군·현에 설치된 향리직이었다. 고려의 향리직은 성종2년에 개편되었는데 종래의 호부·병부·창부가 사호·사병·사창으로 개칭되었다. 주현의 향리직 가운데 병부는 이미 이전부터 지방에서 군적의 작성, 군인의 징발·동원 등의 군사적인 행정실무를 담당하였고, 성종2년에 사병으로 개편된 이후에도 업무의 변동은 없었을 것으로 생각된다.

군인을 간점하는 연차(年次)에 대해서는 자료의 결핍으로 자세한 내용을 알 수 없다. 당나라의 경우도 정설이 확립되지 못하여 매년 간점

---

81) 후한말 軍事가 번잡할 때 군사에 관계되는 기능을 수행한 직을 參丞相軍事라 불렀는데 이것이 參軍의 시작이다. 정식으로 官名化한 것은 남북조시대였다. 참모에 참여한 것을 諮議參謀라 칭하였고, 또 文書官을 記室參軍이라 칭하였으며 親王府·將軍府·都督府 등의 府內에도 이들 관직을 많이 설치하였다. 수·당대에는 지방관청의 府尹이나 州刺史의 屬官으로 參軍事(약칭 참군)의 관직이 설치되었다. 府에는 錄事參軍·司錄參軍 등이 있었고, 그 아래에 功曹參軍事를 비롯해 각조 참군사의 관직이 설치되어 부내의 각 사무를 분장하였다. 또 각 州에도 주자사의 속관으로서 각조의 참군사가 설치되어 주의 업무를 분장하였다. 그 후 송대에도 당제를 모방하여 주장관인 知州事의 속관으로 別駕·長史의 하부기구로 錄事參軍의 관직이 설치되었는데 모두 하급사무 문관이었다.(日中民族科學研究所編, 1980 『中國歷代職官辭典』)

82) 사록참군 아래에 공로를 선서(選署)하는 사공참군(司功參軍), 창고업무를 관장한 사창참군(司倉參軍), 군사를 관장한 사병참군(司兵參軍), 진·역과 교량 등 토목공사를 관장한 사토참군(司土參軍) 등이 있었다. 사록참군은 이들 제조의 장을 지휘하여 해당부서의 업무를 통제하거나 조정하는 역할을 하였다.(日中民族科學研究所編, 1980 『中國歷代職官辭典』)

83) 박종기, 1992 「고려시대 외관속관제 연구」, 『진단학보』74 및 1997 「고려시대의 지방관원들」 『역사와 현실』 24

이 실시되었다는 견해[84], 3년에 1번씩 실시되었다는 견해[85], 6년에 1번씩 실시되었다는 견해[86] 등이 제시되고 있다. 고려에서는 수시로 선군사나 점군사가 파견되는 기록이 대부분인 것으로 보아 간점 연차에 대한 규정이 있었는지 의문이다.[87]

2) 군역의 경제기반

당의 부병제는 균전제를 기반으로 하였음에도 불구하고 농민 간에는 경제력의 차이가 심하여 모든 균전농민을 대상으로 하는 일률적인 군역의 징발이 불가능하였다. 그리하여 농민 가호를 경제력에 따라 9등호로 편제하고 그 가운데 중등호 이상의 상층농민만을 군역의 징발 대상으로 삼았다.[88]

이처럼 당에서는 상층농민만을 징발대상으로 하였기 때문에 군인에 대한 특별한 경제적 배려가 없이도 무기와 군량, 기타 군수품 등을 모두 부병 자신이 조달하였다. 즉 당 부병의 군역은 일반 농민의 부담인 조·용·조, 정역(正役), 잡요(雜徭)에 상당하는 것으로서 재역기간 중에

---

84) 군인으로서의 최적임자를 항상 일정수 확보해야 할 필요성에서 簡點은 매년 실시되었고 武后期 이후에 전쟁이 빈발하여 군인수가 증가함에 따라 간점의 간격도 단축되어 갔다. 매년 간점으로부터 비상 간점으로 점병 년차가 단축되어 점병이 강화되는 경향 속에서 부병제의 모순이 격화되어 결국 부병제는 붕괴에 이르게 되었다.(唐長孺, 1957 『新唐書兵志箋正』北京)
85) 매년 간점은 실시가 번잡하여 극히 불가능했을 것이므로 매년 간점을 목표로 하면서도 당시 실정으로 볼 때 매 3년마다 간점이 행해졌을 것이다.(菊池英夫, 1960 「唐代府兵制度拾遺」 『史林』 43)
86) 처음에는 매 3년마다 簡點이 행해졌으나 武后이후 일반적 기강의 문란과 함께 원칙적인 부병의 징발이 곤란해져 6년 1간점으로 변경되었다.(浜口重國, 1930 「府兵制로부터 新兵制로」 『史學雜誌』 1편 11·12호)
87) 그동안의 연구에서 선군은 시기에 관계없이 필요시에 수시로 행해진 것으로 이해하였다.(이기백, 1960 「고려군인고」 『진단학보』 21; 1968 『고려병제사연구』)
88) 錢穆, 1955 「唐代의 兵役制度」 『中國政治制度史論』 南窓社

일체의 다른 세역이 면제되는 대신[89] 군역수행에 필요한 무기를 비롯해 군수품과 군량 등을 부병 각자가 부담하였다.[90]

고려 역시 당과 유사한 병농일치적 군역제를 실시하였지만 균전제가 실시되지 않았기 때문에 당과는 다른 형태로 운영하였다. 즉 고려에서는 군인에게 군역 수행을 위한 경제적 기반으로서 군인전이라는 명목의 토지를 지급하였다. 따라서 당의 부병과 마찬가지로 무기를 비롯한 군수물자는 당연히 군인 자신이 부담하였다.[91]

군인전을 둘러싸고 그 동안의 연구에서는 여러 견해들이 제시되었다. 첫째로, 군인전은 양호(養戶)라 불리는 타인의 소유토지에 수조권이 지급된 토지라고 보는 견해로서 군인은 일반 백성과는 구별되는 특수한 성격을 가진 토지 소유권자층에 속하였다고 한다. 이때 군인전의 경작과 조의 운반은 양호가 담당하며 수조액은 1/2이었고, 예종 때에 양호제에서 전호제로 전환하였는데 이는 국가에 의한 경작자의 배정에서 군인 자신에 의한 경작자 배정으로 바뀐 것을 의미한다고 보았다.[92]

이 경우 군인전의 소유자는 양호라 불리는 농민인 것으로 이해되는데 그렇다면 군인 자신이 소유한 토지에 대한 조세는 어떻게 처리되며, 또한 타인 토지에 대해 수조권을 지급한 것이라면 고려시대 군역의 징발이 일정 규모 이상의 토지를 소유한 정호층을 주 대상으로 하

---

89) 菊池英夫, 1960「唐代府兵制度拾遺」『史林』43

90) 군수품은 부병 각자가 미리 지방 절충부의 창고에 납입해 두고 필요에 따라 다시 지급받았고, 군량은 征行(사신 수행도 포함)과 邊戌 중, 번상 및 변수로부터 귀향할 때에만 국가가 지급하였으며, 경사로의 번상 중, 동계습전, 진수에 도달하는 과정, 절충부로의 상번 때에는 모두 부병이 自辨하였다. 다만 마필의 경우는 국가로부터 배급을 받았지만 그 사육은 부병의 부담이었다.(浜口重國, 1930「府兵制로부터 新兵制로」『史學雜誌』1편 11·12호)

91) "其衣糧器械 皆從田出 故國無養兵之費 祖宗之法 卽三代藏兵於農之遺意也" (『高麗史』권78, 식화1. 전제 辛禑14년 7월 趙浚上書)

92) 李基白, 1968「高麗 軍役考」『高麗兵制史研究』일조각

였던 것을 어떻게 이해해야 할 것인가라는 의문이 남는다.

둘째로, 군인전은 군인으로 징발된 농민이 본래 소유해 오던 토지를 국가가 군인전으로 설정한 것으로 보는 견해로서 토지가 부족한 경우에는 공전(公田)을 가급(加給)한 것으로 보았다. 군호가 소유한 군인전은 극소수의 부유한 호를 제외하고는 규정된 액수에 미치지 못하는 경우가 허다하였고, 타인의 민전에 설정된 공전의 가급도 보편적으로 행해진 것은 아니었다고 본다.[93] 그러나 이 견해는 모든 군인이 농민이었다고 이해하는 데에 따른 문제점을 안고 있다.

셋째로, 고려시대에 직역자(職役者)에게 분급한 토지를 전시과(田柴科) 계열과 족정(足丁) 계열의 두 계통으로 나누어 파악하고, 군인전 역시 두 계통이 있었던 것으로 보는 견해이다. 즉 경군에게는 전시과 계열의 토지가, 주현군의 보승·정용에게는 족정계열의 토지가 지급되었다고 본다.[94] 그러나 이 견해 역시 경군을 모두 전시과 계열의 토지를 받는 전업군인으로, 지방군을 족정 계열의 토지를 받는 의무군인으로 이해한 점은 문제가 있다.

이처럼 여러 주장들은 한편으로 설득력이 있는가 하면 또 다른 한편으로 문제점도 있다. 따라서 결론부터 말하자면 2군6위의 중앙군 가운데 직업군적 성격의 전업군인은 전시과 규정에 따른 군인전을, 주현군에 속하면서 중앙으로 번상하는 보승·정용 등 의무군인은 족정·반정으로 불리는 군인전을 받은 것으로 생각된다.

의무군인에게 지급된 군인전은 관료나 전업군인에게 지급된 전시과의 직전과는 별개의 계열로 취급되어 전정 또는 족정·반정으로 불리었다.[95] 즉 전정계열의 군인전은 군역부담자 자신의 토지 중 족정에 해

---

93) 姜晉哲, 1980「軍人田」『高麗土地制度史研究』고려대출판부
94) 오일순, 1985「고려전기 부곡민에 관한 일시론」『학림』7
95) 고려전기의 軍制를 軍班氏族制로 이해하는 閔賢九교수는 田柴科로 지급되는 토지를 職田계열(兩班 職田)과 田丁계열(軍人田, 閑人田)로 나누고 2군6위의 중앙군을 구성하는 모든 군인은 田丁계열의 군인전을 받은 것으로 보았

당하는 17결에 대해 수조권을 지급하는 형태로 면조의 혜택을 준 것이
었다고 생각된다.[96] 군역제가 성립되는 초기에는 군역을 감당할 수 있
는 경제력을 보유한 상층농민이 우선적으로 징발대상이 되었다.

즉 당시의 토지생산력 수준을 고려하여 군역 부담에 필요한 최저한
의 규모로 생각되는 17결 이상의 토지, 즉 족정을 소유한 상층농민만을
징발하였고, 그 때문에 이들은 후대에 원정족정(元定足丁)이라 불리었
던 것으로 보인다.[97]

그러나 점차 몰락농민이 많아지고 징발해야 할 군인의 수가 늘어나
면서 상층농민만으로 군액의 확보가 불가능하였다. 그리하여 족정인
17결에 미치지 못하는 농민들도 점차 징발대상이 되었고[98], 그 결과 족
정의 반 정도 되는 규모의 토지소유자들도 징발됨에 따라 족정과 반정
의 구별이 나타나게 되었을 것이다. 그리고 마침내는 반정에도 미치지

다.(1971「高麗의 祿科田」『歷史學報』53·54합집)

한편 고려전기에 두 계열의 토지가 존재했었다는 점에서는 의견을 같이 하지
만 田丁계열의 토지를 전시과와 별개의 계열로 파악하는 견해도 있다. 즉 일부
군인전을 포함하는 田丁계열의 토지를 田柴科와는 별개의 계열로 파악하고 그
것을 田丁(丁田)계열의 토지로 보는 견해이다.(吳一純, 11993「高麗時代의 役
制構造와 雜色役」『國史館論叢』46 및 1994「고려후기 토지분급제의 변동과
祿科田」『14세기 고려의 정치와 사회』민음사)

96) 吳一純, 1985「高麗前期 部曲民에 관한 一試論」『學林』7
    金基燮, 1993『高麗前期 田丁制 研究』부산대박사학위논문
97)『高麗史』권78, 식화1, 조세 공민왕11년 密直提學 白文寶箚子
98) "諸衛軍人 家貧而名田不足者頗衆 今邊征戍未息 不可不恤 其令戶部 分公田加
    給"(『高麗史』권81, 靖宗2년 7월 判) 여기서 名田은 군인 본래의 소유지를 의미
    하는 것으로서 군인전으로 지급받아야 할 액수에 미달되는 토지를 소유한 농민
    이 군인으로 징발되었음을 보여주고 있다. 이기백교수는 名田을 군인 명의로
    등기된 토지로, 그리고 토지가 부족한 원인은 국가가 규정대로 지급하지 않았
    기 때문으로 보았다.(1968「고려군역고」『고려병제사연구』일조각) 그렇다면
    군인전 부족과 家貧과는 아무런 관계가 없는 것이 되므로 굳이 家貧을 명시할
    이유가 없는 것이다. 따라서 名田은 군인의 소유 토지이며, 家貧의 원인은 名
    田의 부족 때문으로 보아야 할 것이다.

못하는 백정농민까지 징발되었고, 이들 백정농민은 소유한 토지가 절
대적으로 부족했기 때문에 내외 족친의 토지를 지급받을 수 있도록 하
였다.99) 의무군인에게 주어진 군인전은 전업군인에게 지급된 군인전과
는 달리 비번인 기간을 제외한 상번 기간에만 조세 면제의 혜택이 주
어졌던 것으로 생각된다.100)

　군역의 반대급부로 군인전을 지급한 것은 역제(役制)와 전제(田制)를
결합시켜 군역에 대한 경제적 보장책을 마련함으로써 안정적으로 군
역을 확보하려는 것이었다.101) 이처럼 군역부담자 자신의 소유토지에
면조권(免租權)을 지급하는 것이 원칙이었지만 한편으로 군역부담자가
소유한 토지가 부족하거나 없는 경우 타인의 소유토지에 대해 수조권
을 지급하는 형태의 군인전도 있었을 것이다.

　따라서 선군급전(選軍給田)의 의미는 두 가지로 해석될 수 있다. 하
나는 군역의 대가로 자기소유 토지에 대해 면조권을 지급받는 것이고,
또 하나는 타인의 소유지에 대해 수조권을 지급받는 것이다. 이들 2가
지 형태의 군인전 가운데 자기 소유토지에 대한 면조권 지급이 군역의
징발과 그에 대한 경제적 토대를 동시에 해결할 수 있는 이상적인 제
도였다.

　고려전기의 군역징발은 그 경제적 토대로서의 군인전과 결합되어

---

99) "神步班屬諸白丁 願受內外族親田地者 田雖在他邑 名隷本邑者 許令充補 樂工
　　及犯奸盜者 良賤未辨者 勿許"(『高麗史』권81, 병지1, 병제, 연혁 예종4년 判)
100) 한편 직업군적 성격의 專業軍人에게 지급된 職田은 퇴직 시까지 계속해서 군
　　인자신이나 친족의 토지에 대해 免租權이 주어지거나 타인의 토지에 收租權
　　이 주어진 토지로 생각된다.
101) 이러한 제도는 통일신라시대의 군역운영체계에서 비롯된 것으로 생각된다.
　　즉 6세기 三國간의 통일전쟁 과정에서 국가총동원체제로 전환됨에 따라 국가
　　에서는 일반민을 軍役에 동원하게 되었는데 이 때 가장 중요한 군역징발의 대
　　상과 군역징발에 대한 대가 문제를 신라에서는 役制와 田制를 내부적으로 결
　　합시키는 정책을 수립함으로써 해결하려고 하였다고 본 연구가 참고 된다.(이
　　인재, 1990 「신라통일 전후기 조세제도의 변동」 『역사와 현실』 4)

있었다. 국가는 군역을 감당하는데 필요한 표준적인 토지규모를 설정하고 이를 기준으로 하여 군역부담자의 토지를 그 충족여부에 따라 족정과 반정으로 구분하였으며[102] 그에 따라 군역의 내용을 정하였다. 즉 족정과 반정은 군역부담자가 소유한 전정의 크기에 따른 구분으로서 그 차이에 따라 군역의 내용이 결정되었을 것이다.[103]

2가지 형태의 군인전 가운데서 처음에는 전자의 비중이 우세하였으나 점차 후자의 비중이 커졌다. 정종대(靖宗代) 이후 빈번히 나타나는 선군급전과 관련된 기록은 주로 후자의 군인전 지급을 가리키는 것으로서 이는 정호제가 붕괴되어 가는 추세를 반영하는 것으로 볼 수 있다. 이처럼 군역의 대가로 군인전이 따로 설정되고 군역과 군인전이 결합되어 운영된 것이 고려 군역제가 당의 그것과 다른 특징이었다.

군역과 그 경제적 토대인 군인전은 다음의 기록에서 보는 것처럼 군호연립(軍戶連立)과 전정연립(田丁連立)의 원칙에 따라 자손이나 친족에게 세습되는 것이 원칙이었다.

○ 군인으로서 늙고 병이 있는 사람은 그 자손과 친족으로 대신하는 것을 허락하고 자손과 친족이 없는 사람은 70세가 되기까지 감문위 (監門衛)에 속하게 하며 해군도 이 규례에 의거하기로 한다.[104]

○ 고려의 토지제도는 대체로 당의 제도를 모방하였다. … 다만 부병은 20살이 되면 비로소 (토지를) 받고, 60살이 되면 반환하는데 자손

---

102) 足丁과 半丁의 구분에 대해 족정은 1/10세를 수취하는 민전 위에 설정되고, 반정은 1/4세를 수취하는 국유지인 공전 위에 설정된 것으로 추정하는 새로운 견해(이인철, 1994 「고려시대 족정·반정의 신해석」 『동방학지』 85)도 있으나 국가가 군인에게 지급한 공전은 국유지라기보다는 국가에 수조권이 있는 민전으로 보아야 할 것으로 생각된다.

103) 保勝·精勇軍과 1·2·3品軍 등의 병종은 足丁·半丁의 경제력, 연령, 신체적 조건 등의 차이에 따른 구분으로 추정된다.

104) "軍人年老身病者 許令子孫親族代之 無子孫親族者 年滿七十間 屬監門衛 至於海軍 亦依此例"(『高麗史』 권81, 병1, 병제 연혁 문종23년 10월 判)

이나 친척이 있는 사람은 전정을 물려받게 하고 (자손이나 친척이) 없는 사람은 감문위에 적을 두었다가 70살 후에는 구분전을 지급하고 나머지 토지는 거두어 들였다. 후손이 없이 죽은 사람과 전쟁에서 죽은 사람의 처에게도 역시 구분전을 지급하였다.[105]

위 자료들에서 보듯이 군역의 연립은 원칙적으로 자손과 친족을 대상으로 하였으며 연립 시기는 군인이 연로하거나 신병이 있어서 군역을 감당할 수 있는 조건을 상실한 때였다. 만약 자손이나 친족이 없어서 연립이 불가능한 경우에는 70세까지는 감문위(監門衛)에 소속시키고, 구분전(口分田) 5결만을 지급하였으며 나머지 토지는 거두어 들였다.

또한 군역과 군인전은 이어받을 자손이나 친척이 있을 때에는 우선적으로 자손이나 친족이 체수하고, 없을 때에만 다른 사람이 대신 받을 수 있었다.[106] 즉 군역과 그 대가로 지급되는 군인전이 결합되어 있는 상황에서 가능한 자손이나 친족에게 군역을 계승하게 함으로써 군역과 토지를 분리시키지 않고 군역 담당층을 안정적으로 확보하려 한 것이다.

만약 군역과 군인전이 분리되는 경우 군인전의 수수(授受)가 제대로 이루어지지 않아 군역의 확보는 물론 군인전 탈점의 위험성이 더욱 커질 수 있었기 때문이다. 뿐만 아니라 군역과 군인전의 연립을 통해 군인전을 주고받는 데 따르는 국가 관리상의 번거로움도 피하고자 하였던 것이다.

---

105) "高麗田制 大抵倣唐制 … 唯府兵年滿二十始受 六十而還 有子孫親戚 則遞田丁 無者籍監門衛 七十後給口分田 收餘田 無後身死者 及戰亡者妻 亦皆給口分田"(『高麗史』 권78, 식화1, 田制, 序)

106) "乙未秋(恭愍王4) 以中顯大夫監察執議直寶文閣召至 選軍以田 其法舊矣 命公爲其都監使 一人受田 有子孫 子孫傳之 無則他人代受 有罪當收其田 則人人皆欲得 於是雜然矣 公曰 是爭民施奪也 可乎 於是 與其當得者 一人而至 訟稍簡矣"(『牧隱文藁』 권15, 崔宰 墓誌)

4. 군역제의 성격

종래의 연구에서 고려전기 군역제의 성격을 군반제 또는 부병제로
이해하여 왔다. 물론 고려의 군역제 속에는 군반제적 요소와 부병제적
요소가 모두 포함되어 있다. 그러나 기본적으로 부병제의 틀을 벗어나
는 것은 아니라고 생각된다. 요컨대 군역제가 성립되는 당시의 사회적,
국가 재정적, 정치적 제 조건 등을 고려할 때 고려전기의 군역제는 부
병제의 성격을 가진 것으로 볼 수 있다.

첫째, 군역제 성립의 사회적 조건과 관련한 군역제의 성격문제이다.
중국에서는 토착농민을 군역 징발의 모체로 할 수 없는 사회적 조건에
서 고려의 군반제와 비슷한 성격의 군호제 또는 병호제가 출현하였다.
후한 중엽 이래 천재(天災), 외척과 환관의 횡포, 외적의 침입, 계속된
반란 등으로 농민층의 피폐와 유망이 심해짐에 따라 전 영토에 걸쳐
토착농민을 징병의 모체로 하는 것이 불가능하게 되었다. 또한 유망하
지 않은 토착민들도 한말의 혼란기에 생명과 재산의 안전을 위해 또는
징세·징병의 기피를 위해 대가호족에게 투탁하였다. 여기서 양자 사이
에 사적 지배관계가 성립하게 되었는데, 바로 이러한 사회적 조건이 징
병의 가장 큰 장애요인으로 작용하였다.107)

이처럼 후한 말 삼국시대에 전체 토착농민층을 대상으로 하는 징병
제의 실시가 불가능한 상황에서 대응책으로 출현한 것이 군호제(軍戶
制) 또는 병호제(兵戶制)였다. 군호제란 군인과 그 가족을 자신의 근거
지에 안집시키고 생활보장책을 마련해 주는 대신 그들을 일반 호적에
넣지 않고 군호로 편성하여 부사자대(父死子代)·형사제대(兄死弟代)로
병역의무를 부과하는 제도였다. 이러한 제도하에서 군인은 군호에서만
나오고 일반민은 징병의 대상의 되지 않아 군과 민이 분리되었다. 그

---

107) 濱口重國, 1940「後漢末·曹操時代에 있어서 兵民의 분리에 대하여」『東方學
報』11; 1966『秦漢隋唐史의 硏究』

러나 수·당의 통일 이후 전국이 강력한 중앙집권적인 지배하에 두어지게 됨에 따라 전 국민을 국가가 직접 장악하여 군역을 부과하는 것이 가능해지게 되었다. 이에 국가는 군호제를 폐지하고 전 국민을 징병의 대상으로 하는 병농일치(兵農一致)의 부병제를 성립시켰던 것이다.[108]

우리 역사상에서도 중국의 후한 말 남북조와 비슷한 사회변동을 경험한 후삼국시대에 군사력 확보의 어려움 때문에 중국의 군호제와 비슷한 성격의 군반제가 실시되었을 가능성이 있다. 그러나 후삼국을 통합하고 전국을 일원적으로 지배할 수 있는 집권체제를 확립한 이후에도 군호제를 유지할 필요성이 있었는지 의문이다.

왜냐하면 중국의 경우에서 보았듯이 군호제란 전 영토와 전 국민를 일원적으로 지배할 수 없는 사회적 조건하에서 출현한 제도이기 때문이다. 따라서 통일 후 전 국민을 징발대상으로 하는 군역제를 실시할 수 있는 조건을 갖추게 된 고려에서 계속 군호제를 유지할 필요성이 없었을 것이다.[109]

둘째, 국가의 재정적인 조건과 관련한 군역제의 성격문제이다. 국가 재정적인 측면에서 볼 때 군반제는 그 유지에 막대한 경비를 필요로 하였다. 즉 토착농민을 징발대상으로 할 수 없는 상황에서 출현한 군반제는 군인과 그 가족을 안집시키고 생활보장책을 마련해 주어야 하였다. 이에 반해 병농일치의 부병제는 병력의 충원 기반을 자영농민층에 둠으로써 군사를 기르는데 필요한 경비를 절약할 수 있을 뿐만 아니라 동시에 농업생산의 성장도 가져올 수 있는 제도이다. 후삼국의 통합으로 이러한 조건을 갖추게 된 고려는 당연히 부병제와 같은 병제를 택하였을 것으로 생각된다.

---

108) 위와 같음
109) 이에 대해 성종 이전까지 군제는 軍班氏族制였으나 성종대 이후 府兵制가 실시되면서 文宗代 무렵까지 軍班氏族制와 府兵制가 병존하였던 것으로 보는 견해도 있다.(吳英善, 1992「고려전기 군인층의 구성과 圍宿軍의 성격」『韓國史論』28)

이원적 구성론자들이 주장하는 것처럼 고려의 군역제에는 부병제와 다른 군반제적인 요소도 포함되어 있다. 그렇지만 기본적으로 병농일치의 부병제의 틀을 벗어나는 것은 아니라고 생각된다. 당과 같은 전형적인 부병제에서도 부병제와 다른 이질적인 요소의 군제가 포함되어 있기 때문이다. 전형적인 병농일치의 군역제에서도 군사업무의 전문성과 계속성을 요하는 부분에서는 농민병이 아닌 직업군적 성격의 전업군인[110]이 존재하였다.

예컨대 전농개병(全農皆兵)의 군제였던 한나라에서는 궁성과 도성의 경비를 담당한 남북군은 농민병으로 구성되었지만, 그 밖에 전문적 군인으로 구성된 우림군(羽林軍)과 기문군(期門軍) 등의 친위군을 조직하여 운용하였다.[111] 또한 당의 부병제에서도 부병제 이외의 병제가 부병제와 조합되어 각각의 기능을 분담하였다.[112] 농민 번상병인 부병은 윤번으로 복무하므로 중앙집권이나 황제권 보호에 불리하였기 때문에 국가에서는 양가자제 중에서 무예에 능한 자를 뽑아서 친위군을 조직하여 숙위 역량을 강화하였던 것이다.[113]

그러나 병농일치제라 하여 전농민이 모두 군인이 된 것은 아니었다. 한 대에는 생산집단인 농민 전체가 그대로 무장집단이 되는 전농개병의 병농일치제였지만, 당 대에는 농민층 가운데 일부만이 군역을 부담하는 특별한 형태의 병농일치제였다. 즉 전병=개농이지만 전농≠개병인 병농일치제였던 것이다. 한 대에 비해 영토가 확대되고 인구도 증가한 당 대에는 전 농민을 모두 병사로 동원할 필요성이 없어졌고, 따라서 9등호제에서 상·중등호에 속하는 정만이 군인으로 징발되었던

---

110) 이들 군인은 오늘날의 職業군인과 같은 성격의 군인으로 생각되지만 職業軍人이란 현대적 의미가 강한 용어이므로 이 글에서는 職業的 성격의 軍人 또는 專業軍人 등의 용어를 사용하였다.

111) 徐連達·吳浩坤·趙克堯, 1986『中國通史』上海復旦大出版社

112) 菊池英夫, 1970「府兵制度의 展開」『世界歷史』5

113) 徐連達·吳浩坤·趙克堯, 1986『中國通史』上海復旦大出版社

것이다.114)

고려 역시 당과 비슷한 형태의 병농일치적 부병제를 시행하였을 것
으로 생각된다. 후삼국 통일로 이전에 비해 영토가 크게 확대되고 인
구도 증가한 고려는 전체 농민층 가운데 군역을 감당할 수 있는 경제
력을 소유한 상층농민만을 징발대상으로 삼았다. 그러나 대규모 병력
동원이 필요한 비상시에는 군역에서 제외되어 있던 하층농민층까지도
동원되었다.

셋째, 병권의 중앙 집중이라는 정치적 조건과 관련한 군역제의 성격
문제이다. 후삼국을 통합한 고려왕조의 정치적 과제의 하나는 호족들
에게 분산되어 있던 병권을 중앙으로 집중시키는 것이었다. 병권의 중
앙 집중과 관련한 부병제의 중요한 특징의 하나는 군대의 통할상에서
찾을 수 있다. 즉 궁성과 경사(京師)의 경비를 담당하는 중앙군, 변경을
방비하는 진수군, 병력공급원으로서 지방 치안의 중심을 이루는 지방
군이라는 3조직, 3요소가 중앙 정부의 인사권, 감독지휘권, 명령권을
축으로 하나로 결합되어 운용되는 것이다.

그러므로 진정한 의미에서 부병제의 성립이란 중앙군·지방군·변경
군의 3조직이 결합된 시점을 가리키며, 또 그 군사력이 지방군부(地方
軍府)가 파악하는 토착 민정의 번상역(番上役)으로 일원화 된 때를 말한
다. 수·당의 경우 이것이 수당제국의 통일의 상징이며 동시에 중앙군·
지방군·변경군의 3요소의 분리 내지 이질화가 곧 제국의 해체였다고
일컬어진다. 따라서 부병제는 지방과 중앙을 결합하는 통일의 유대로
서 단순한 군사적 의미 이상으로 정치적 의미를 갖는 것이다.115)

고려에서 당과 같은 똑같은 형태의 부병제가 실시되었는지는 의문
이다. 그러나 부병제의 기본적인 특성의 하나인 중앙군·지방군·변경군
의 3요소의 통일이라는 관점에서 볼 때 부병제로 이해해도 무방할 것

---

114) 錢穆, 1955「唐代의 兵役制度」『中國政治制度史論』南窓社
115) 菊池英夫, 1970「府兵制度의 展開」『世界歷史』5

이라 생각된다. 먼저 2군6위의 중앙군은 소수의 전업군인을 제외한 대다수의 보승·정용군은 남도 주현에서 교대로 번상하는 지방군에 그 기반을 두고 있었고, 양계지역의 변경군 역시 토착 주민들로 조직된 주진군 이외에 남부 주현로부터 번상입진(番上入鎭)한 군인들로 충원되어 지방군에 그 기반을 두었기 때문이다.116)

이처럼 전기에는 중앙군과 양계 변경군, 그리고 남도 지방군의 3조직은 같은 기반위에서 중앙 정부가 장악한 병권을 축으로 하나로 결합되어 운용되었다. 이는 후삼국 통일 후 왕권 강화와 중앙집권화 과정에서 호족 휘하의 사병적 성격의 군사력을 지방군으로 흡수하고 분산된 병권을 중앙으로 집중하고 일원화 하는 과정 속에서 나타난 귀결로 생각된다.

5. 맺음말

고려 군역제의 정비는 통일 직후인 태조23년의 군현제 정비와 함께 시작되어, 혜종 대에는 그동안 호족들 휘하에 남아있던 군사들을 군적에 올려 국가의 군대로 귀속시켰고, 이어 광종 대에는 왕권강화를 위한 일련의 정치개혁과 함께 중앙의 군사기구를 정비하였다.

성종 대에는 지방에 외관을 파견하고 향리직을 개편하여 그동안 반독립적으로 운영되던 지방조직을 완전히 국가의 지배체제하로 편입시켰다. 그리고 성종7년에는 혜종대 이후 군역의 징발대상이 될 수 없는 자들로서 군적에 올라있던 자들을 귀향시키고 군적을 정리함으로써 건국이후 계속되어온 군역제 정비가 일단락되었다.

병농일치적 부병제가 실시된 고려에서는 당과 같은 균전제가 실시되지 않았으므로 군역징발 시에 군역을 감당할 수 있는 경제력이 중요

116) 李惠玉, 1993「高麗前期의 軍役制」『國史館論叢』46

한 징발기준이 되었다. 군역의 주된 담당 계층인 농민층의 경제력이 불균등하였기 때문에 인정의 다과만을 징발의 기준으로 삼을 수는 없었고, 따라서 다른 국역징발과 마찬가지로 군역 담당자의 경제력이 징발의 기준이 되었던 것이다.

이렇게 정비된 군역제는 12세기 이후 농민층의 분화와 함께 변화되어 갔는데, 변화의 직접적인 원인은 농업생산력 발전을 배경으로 한 계층구조의 변화에서 찾을 수 있다. 즉 농업생산력의 발전으로 농민층의 분화가 일어나고 그로 인해 정호층은 물론 백정층의 분해가 촉진되어, 정호층과 백정층의 구분은 의미를 잃게 된 것이다.

즉 고려전기의 백정호는 직역이 없는 호로서 직역을 지고 그 대가로 전정(田丁)을 받는 정호와 구별이 있었으나 정호의 군역이 천역으로 인식되고[117] 전정도 제대로 지급받지 못하는 상황에서 정호와 백정호 간의 구분은 의미를 상실하게 된 것이다.

녹과전(祿科田) 제정 당시에 반정(半丁)이 혁파의 대상이 되었던 것[118]은 정호제가 해체됨에 따라 그 의미를 상실하게 된 반정호의 토지를 녹과전에 충당하고자 한 때문이었다.[119] 이처럼 군역과 결합되었던 토지가 군역과 분리되면서 군역징발의 기준에도 변화가 나타나게 되었다. 이러한 변화가 나타나기 시작하는 초기에는 징발의 기준이 확립되지 못하여 인정의 다과가 기준이 되기도 하고 집의 크기가 기준이 되기도 하였으며, 또한 토지의 다과를 기준으로 하자는 주장이 제시되기도 하였다.[120]

---

117) 이미 靖宗代가 되면 丁人의 役이 賤役視 되어 서로 피하는 현상이 나타나고 있음을 볼 수 있다.(『高麗史』 권81, 병지1, 병제, 靖宗11년 5월 揭榜)
118) 『高麗史』 권78, 식화1, 녹과전, 충목왕원년 8월
119) 役戶로서 半丁戶가 그 기능을 상실하면서 免租의 형태로 收租權을 지급하였던 토지를 兩班收租地로 전환시키고자 하였다.(金基燮, 1993 『高麗前期 田丁制研究』 부산대박사학위논문 및 오일순, 1994 「고려후기 토지분급제의 변동과 祿科田」 『14세기 고려의 정치와 사회』 민음사)
120) 권영국, 1996 「고려후기 군역제의 변화」 『사학연구』 52

제2절 고려시대 군인의 군복무

집 떠나와 열차타고 훈련소로 가는 날
부모님께 큰절하고 대문 밖을 나설 때
가슴 속에 무엇인가 아쉬움이 남지만
풀 한포기 친구 얼굴 모든 것이 새롭다
이제 다시 시작이다 젊은 날의 생이여

친구들아 군대 가면 편지 꼭 해다오
그대들과 즐거웠던 날들을 잊지 않게
열차시간 다가올 때 두 손잡던 뜨거움
기적소리 멀어지면 작아지는 모습들
이제 다시 시작이다 젊은 날의 꿈이여

짧게 잘린 내 머리가 처음에는 우습다가
거울 속에 비친 내 모습이 굳어진다 마음까지
뒷동산에 올라서면 우리 마을 보일런지
나팔소리 고요하게 밤하늘에 퍼지면
이등병에 편지 한 장 고이 접어 보내오
이제 다시 시작이다 젊은 날의 꿈이여

헤어짐의 아쉬움과 우정, 그리고 군복무의 비장한 각오가 표현된
'이등병의 편지'란 노랫말이다. 정들었던 사람들과 헤어져야 하는 안타
까움, 힘든 훈련과 얼차려 등 말로만 듣던 군 생활에 대한 두려움 속에
입대를 앞둔 젊은이들은 이 노래를 합창하며 소주잔을 기울인다.

대부분의 젊은이들은 머리를 짧게 자르고 훈련소로 떠나면서 처음
으로 자신이 살아왔던 세계와의 긴 이별을 경험하게 된다. 젊은이들은
군 입대를 반갑지 않은 인생의 장애물로 생각하는 경우가 많다. 물론
군 생활이 젊은 시절에 새로움을 경험하는 기회가 되기도 하지만, 2년
이라는 기간이 짧은 청년기에서 너무나 길게 느껴지기 때문일 것이다.

지금으로부터 천여 년 전인 고려시대 군인들의 군 생활은 어떠하였을까? '어떤 사람들이 군대에 갔고, 복무 기간은 얼마 동안이었으며, 군량과 무기 등은 어떻게 마련하였을까?' 등의 여러 궁금증을 오늘날과 비교하면서 살펴보기로 한다.

1. 어떤 사람들이 군대에 갔을까

오늘날과 같은 의무병제에서도 권력 있고 돈 있는 사람들은 여러 편법을 동원해 군역의 의무를 회피하는 경우가 많다. 이러한 사실은 사회 권력층이나 부유층 자제들의 현역입영 비율이 일반인에 비해 현저히 낮다는 최근의 국정감사 자료를 통해서도 알 수 있다.

양반·귀족 신분과 평민·천민 신분을 엄격하게 구분했던 고려시대에는 군대에 가는 계층부터 오늘날과는 큰 차이가 있었다. 일단 법제상으로는 양인 남자는 모두 군대에 가도록 규정되어 있었다. 그러나 특권 지배층은 여러 가지 방법을 동원하여 군복무를 하지 않았다. 이들 대부분은 과거나 음서를 통해 관리가 되어 군대에 가지 않았다. 설령 군인으로 동원되는 경우가 있다 하더라도 특별한 군사조직에 편입되거나 장교직으로 진출하여 일반인이 지는 힘든 군역은 면하는 것이 일반적이었다.

그러면 어떤 사람들이 군대에 갔을까? 즉 힘든 군역을 지는 군인은 어떤 신분이었나에 대해서 그 동안 연구자들 사이에 다른 견해가 제시되고 있다. 하나는 중앙군은 군반씨족이라 불리는 특정한 계층이고 지방군은 농민층이라고 보는 견해이고, 다른 하나는 중앙군과 지방군 모두가 농민층이라고 보는 견해이다.

전자는 신라 말 후삼국의 혼란기에 중앙 귀족이나 지방 호족들이 거느리고 있던 사병이 오랜 전란 속에서 점차 전문적인 군인이 되고 아울러 신분도 향상되어 일종의 특수한 신분층을 이루게 되었다고 본다. 따라서 군인은 핵심적 지배세력인 귀족·양반층에 속하지는 못했지만 말단 지배층에 포함되는 중간계층이었다고 이해한다.

한편 후자는 의무적으로 군역을 지는 계층은 농민이며, 이들은 평상시에는 고향에서 농사를 짓다가 자신의 차례가 되면 개경에 올라가 2군6위에 소속되어 도성을 지키거나 변경에 나아가 국경을 방수(防戍)하였다고 본다. 이처럼 지금까지 연구자들은 군인의 신분을 둘러싸고 군반씨족이라는 특수계층 또는 농민층으로 각기 달리 파악해 왔다.

최근에는 고려시대의 군인은 오늘날의 직업군인과 비슷한 성격의 전업군인과 농민출신인 의무군인의 두 부류로 구성되었다고 보는 견해가 제시되어 많은 지지를 얻고 있다. 그러나 서로 다른 두 부류의 군인이 있었다고 하더라도 중앙군과 지방군의 절대 다수를 차지한 것은 농민 출신의 의무군인이었고, 이들이 당시 군사력의 중심을 이루었으므로 결국 고려시대의 군제는 군인과 농민이 일치하는 병농일치제로 볼 수 있다.

이처럼 병농일치적인 군제라고 해서 모든 농민이 다 군인이 된 것은 아니었다. 그 가운데서 군인이 될 수 있는 조건을 갖춘 일부 상층농민만이 군인이 되었다. 고려시대의 군인은 오늘날과 달리 군복무에 필요한 일체의 비용을 스스로 마련해야 했으므로 군역을 감당할 수 있는 경제력을 갖춘 부유한 농민들이 군인으로 징발되었는데 이들을 정호(丁戶)라고 하였다.

이에 반해 경제적으로 어려워 군역을 감당할 수 없는 농민은 직접 군에 나아가는 대신 조·용·조라 불리는 일반적인 국역의 의무를 졌는데 이들을 백정(白丁)이라 하였다. 그러나 백정 농민도 언제든지 군인이 될 수 있는 후보자로서 군인이 부족한 경우나 비상시에는 군인으로 동원되었다. 이 경우에는 국가에서 토지를 지급하여 군복무에 필요한 비용을 조달할 수 있도록 하였다. 이처럼 고려시대에 군인이 된 기본

계층은 농민이었지만, 경우에 따라서는 6품 이하의 양반·향리·노비 등
도 군인으로 동원되었다.

그러나 고려후기로 가면서 점차 모든 농민층이 군역의 징발대상이
되었다. 즉 농업 생산력의 발전으로 농민들의 생활이 전반적으로 안정
되면서 그동안 농민층 내에 존재하던 정호와 백정의 구분이 없어지게
된 것이다. 또한 모든 백성이 군역을 부담해야 한다는 국민개병(國民皆
兵)의 원칙이 점차 강화되면서 그동안 군역을 지지 않았던 양반층의
일부도 군인으로 징발되거나, 간접적인 형태로 군역을 지게 되었다. 뿐
만 아니라 고려 말의 비상시에는 원칙적으로 국역의 의무에서 제외되는
노비의 일부도 군사조직 속에 편입되기도 하였다.

2. 군복무는 얼마 동안 하였을까

오늘날 군인들의 복무기간은 육군이냐, 공군이냐, 해군이냐 또는 현
역이냐 보충역이냐 등의 조건에 따라 차이가 있지만 대체로 2~3년 정
도이며 점차 그 기간이 줄어드는 추세이다. 고려시대 군인의 복무기간
은 원칙적으로 16세에서 59세까지로서, 인생의 거의 전 기간을 군복무
로 보내는 셈이다. 물론 지금도 현역으로 제대한 후에는 예비군이 되
어 1년에 며칠씩 군사훈련을 받아야 하고, 또 예비군으로서의 의무가
끝난 다음에는 민방위에 편성되어 40세에 이르기까지 1년에 몇 차례씩
소집에 응하여야 한다.

고려시대 군인들의 복무기간이 16세에서 59세까지라고 하여도 실제
로 이 기간 내내 군복무를 계속 하였던 것은 아니다. 대체로 3년에 한
번씩 교대로 개경에 올라가 중앙의 2군6위에 편성되어 도성을 지키거
나 양계의 주진에 들어가 방수군으로서 국경을 방어하였다. 따라서 16
세에서 59세에 이르기까지 3년을 단위로 1년에 몇 개월은 군복무를 하

고 2년은 자신의 고향에서 생업에 종사하는 방식으로 군복무를 한 셈이다.

그러나 40여 년이 넘는 긴 기간 동안 이러한 형태의 군복무를 계속하지는 않았을 것이다. 아마도 20~30대의 젊고 건장한 시기에는 교대로 개경에 올라가 도성을 경비하거나 변경에 나아가 국경을 지키는 등 힘든 군복무를 했겠지만, 40~50대의 나이가 되면 비교적 복무가 쉬운 병종이나 예비군과 비슷한 주현의 1·2·3품군에 편입되어 지방의 치안을 담당하거나 노역에 동원되는 정도의 가벼운 군복무를 하였을 것으로 생각된다. 그렇다고 하여도 오늘날의 군복무 기간과 비교하면 엄청나게 긴 기간 동안 군복무를 하여야 했다.

3. 군사 조직과 병력 규모는 어떠하였을까

군사 조직은 크게 중앙군과 지방군으로 나뉘어 있었다. 중앙군은 그 기능에 따라 국왕과 궁성을 호위하는 부대인 2군과 수도 개경을 경비하는 부대인 6위로 구성되었다. 2군6위의 전체 병력은 편제상으로 4만 5천명이었다. 그 가운데 3만 8천여 명은 지방에서 교대로 개경에 올라와 도성을 경비하는 농민 의무병이었으며, 나머지는 오늘날의 직업군과 비슷한 성격의 전업군인이었다.

지방군은 지역에 따라 남방 5도의 주·부·군·현에 배치된 주현군과 국경지역인 양계의 주와 진에 배치된 주진군으로 구분되었다. 주현군은 보승군·정용군·1품군 등 오늘날의 현역병과 같은 성격의 군인과 촌류 2·3품군으로 불리는 예비군적 성격의 군인으로 나뉘었다. 주진군은 동북면과 서북면에 따라 약간의 차이가 있으나 초군(招軍)·좌군(左軍)·우군(右軍)·보창군(保昌軍)·영새군(寧塞軍) 등 기능에 따라 여러 부대로 조직되었다. 특히 국경지역에는 토착주민으로 조직된 주진군 이외에 남도 주현에서 교대로 주진에 들어가는 방수군(진수군)도 주둔하였다.

주현군의 수는 현역병이 약 5만 여 명 정도였고 예비군 성격의 군인은 이보다 훨씬 많았을 것으로 추측되는데 이들은 모두 농민 의무병이었다. 한편 양계는 접경지역이었기 때문에 거의 모든 장정이 주진군에 편입되었고, 그 수는 약 14만여 명 정도였다.

4. 군복무 중에 어떤 일들을 하였을까

고려시대의 군복무는 형식이나 절차, 내용 등에서 오늘날과 많은 차이가 있었다. 오늘날 대부분의 군인들은 전방에 배치되어 휴전선을 지키거나 후방에서 향토를 방위하는 임무를 수행한다. 고려와 같은 왕조 국가에서는 국경을 지키는 것 못지않게 국왕이 거처하는 궁성과 도성을 경비하는 것이 더욱 중요하였다. 따라서 수도인 개경에는 최고의 정예병이라 할 수 있는 많은 수의 군인들이 배치되었다.

군복무의 구체적인 내용은 부대와 병종에 따라 차이가 있었다. 먼저 중앙군인 2군6위의 주된 임무는 왕실과 도성을 경비하는 것이었다. 그 가운데 2군은 국왕의 신변과 궁성을 호위하는 임무를 맡았고, 6위는 개경을 경비하고 도성 안의 치안을 담당하였다.

중앙군의 또 하나의 임무는 양계의 주진에 들어가 국경을 방수하는 것이었다. 6위를 구성하는 병력 중 일부가 교대로 방수군으로 파견되었다. 국경의 방수는 1년을 단위로 교대하였는데 비상시에는 그 기간이 더 길어지기도 하였다. 국경의 방수는 군인의 복무 가운데 가장 고된 것이었고, 방수 기간 중이나 왕래하는 도중에 죽는 군인들도 많았다. 이런 경우에 국가에서는 이들의 시체를 수송해 주고 장례비용을 지급해 주는 등 군인 가족을 위해 최소한의 배려를 하였다.

지방군 역시 병종에 따라 역할에 차이가 있었다. 남도의 주현군 가운데 보승군과 정용군은 교대로 개경에 올라와 6위에 소속되어 수도를 방어하거나 양계 주진에 들어가 국경을 방수하는 임무를 수행하였다. 그리고 주현군 중 일부는 교대로 지방관아 소재지에서 향토의 방위와 치안을 담당하였고, 비번시에는 생업에 종사하였다.

한편 주현에는 1품군과 2·3품군이라는 노동부대가 따로 조직되어 성을 쌓거나 다리를 놓거나 궁궐을 짓거나 제방을 쌓는 등의 각종 노역에 동원되었다. 이들 부대는 전투부대인 보승군과 정용군에 편제될 수 없는 신체조건을 가진 자나 연로한 자들로 조직되었을 것이다. 그러나 대규모 병력이 필요한 비상시에는 이들도 모두 전투에 동원되었다. 품군 이외에 보승군과 정용군도 중앙이나 지방에서 벌어지는 온갖 노역에 동원되었으며 이러한 노역동원에 대한 군인들의 누적된 불만은 무신정변을 일으키는 중요한 원인이 되기도 하였다.

양계지역에 배치된 주진군의 역할은 외적으로부터 국경을 방어하는 것이었다. 외적이 침입하면 이들은 성을 견고히 하여 굳게 지키다가 상대가 허점을 보일 때 성문을 열고 기습하여 보급로를 차단하는 이른바 견벽고수(堅壁固守) 전술을 주로 구사하였다. 고려가 거란·여진·몽고 등 북방민족의 침입을 받으면서 매번 이들을 물리칠 수 있었던 저력은 바로 이러한 전술을 바탕으로 한 주진군의 활약에서 나왔던 것이다.

한편 대규모 외적의 침입이 있을 때에는 이를 방어하기 위해 중앙군과 지방군이 총동원되었는데, 이때에는 중군·좌군·우군·전군·후군의 5군이나 중군·좌군(전군)·우군(후군)의 3군으로 편성된 대규모 출정군이 파견되었다.

5. 군복무에 필요한 물자는 어떻게 조달하였을까

오늘날에는 군에 입대하면 입고 간 옷이나 신발을 비롯한 소지품들을 집으로 돌려보내고 군복무에 필요한 군복·군량·무기 등 군수품 일체를 국가로부터 지급받는다. 많지 않은 액수이지만 월급도 받는다. 그러나 고려시대에는 군복이나 군량은 물론 무기까지도 군인이 스스로 마련해야 하였다. 그러면 그들은 이러한 군수품들을 어떻게 마련하였을까?

『고려사』에서 "국가는 기름진 땅을 나누어 42도부(都府) 갑사(甲士) 10만여 인에게 녹으로 주었다. 그 때문에 그들의 옷과 양식과 무기가 모두 토지에서 나와 국가에서 따로 군사를 양성하는 비용이 없었다"라고 한 것처럼, 국가에서 군량·의복·무기 등 군수품을 지급하는 대신 군인전이라는 명목의 토지를 지급하여 군복무에 필요한 비용을 군인 스스로 조달할 수 있게 하였다.

군인전은 전업군인과 의무군인 모두에게 지급되었는데 양자 사이에는 많은 차이가 있었다. 먼저 전업군인에게 지급된 군인전은 관리에게 지급되는 토지와 마찬가지로 전시과 규정에 따라 지급되었다. 이들의 군역은 문·무양반의 관직과 같은 직업의 성격을 띤 것이므로, 이들의 군인전은 관리에게 지급된 직전(職田)과 같은 것으로 볼 수 있다. 이 군인전은 원칙적으로 군인 자신이 소유한 토지에 대해 수조권을 지급하는 형태로 조세가 면제되는 토지였다. 그러나 토지가 없거나 부족한 경우에는 타인의 토지에서 조세를 수취할 수 있는 수조권이 지급되었다.

다음 의무군인에게 지급된 군인전 역시 전업군인에게 지급된 군인전과 마찬가지로 군인 자신의 소유 토지에 대해 군인전이라는 명목을 붙여 조세를 면제해 주는 것이었다. 다만 양자의 차이는, 전업군인의 군인전은 복무 기간 내내 조세를 면제받았던 반면에, 의무군인의 군인전은 실제 군복무를 하는 기간에 한해 조세를 면제받았던 것으로 생각된다. 즉 의무군인은 개경에 올라가 도성을 경비하거나 변경에 들어가 방수한 기간에 한해서만 군인전으로 지급받은 자신의 소유토지에 대해서 조세를 면제받았던 것이다.

그리고 복무 기간 동안의 군인전 경작과 군량 수송 등을 위해 군인을 도와주는 양호(養戶)가 지급되었다. 따라서 의무군인의 경우 16세에서 59세까지 군역을 지는 기간이라 하더라도 실질적으로 군복무를 하는 기간에 한해서만 군인전을 지급받았고, 나머지 기간에는 일반 농민과 마찬가지로 자신의 토지를 경작하여 조·용·조의 3세를 비롯한 각종 국역을 부담하였다.

군인전의 지급 액수는 지급 시기와 병종에 따라 약간의 차이를 보이지만 전업군인의 경우는 전시과에 규정된 액수인 20결에서 25결 내외를 지급받았던 것으로 보인다. 전시과 규정과 별개로 공민왕 때에 '예전에 국가에서 토지 17결을 1족정(足丁)으로 삼아 군인 1정에게 지급했다'는 기록이 있는데, 이는 전시과 규정에 나타나는 군인전과는 다른 계통의 군인전, 즉 의무군인에게 지급한 군인전에 관한 내용으로 생각된다. 요컨대 의무군인에게는 17결을 1족정으로 하는 군인전을 지급했던 것이 아닌가 한다.

그러나 족정을 소유한 농민만으로 규정된 군액을 채울 수 없었기 때문에 족정의 반 정도 되는 규모인 반정(半丁)을 소유한 농민들도 군인으로 징발되었다. 이처럼 고려시대에는 스스로 군량이나 무기를 마련할 수 있을 정도의 경제력을 가진 비교적 부유한 상층농민만이 군인이 되었던 것이다.

IV. 무신집권기의 군사제도

제1절 중앙군제의 변화

1. 머리말

무신정변은 양반제도의 발전과정에서 필연적으로 일어날 수밖에 없었던 사건으로 고려사회의 전 분야에 걸쳐 커다란 변화를 가져왔다. 특히 정치적인 면에서 종래의 문신 중심의 지배체제를 무너뜨렸다. 관제상 문반과 무반을 구별하는 양반제도가 우리나라에 처음 도입된 것은 고려 초였다. 그동안의 연구에서는 경종대에 하부로부터 문반과 무반의 분화가 진행되었고, 문산계(文散階)와 무산계(武散階)제도가 실시되는 성종대에 이르러 하급에서부터 상급에 이르는 전관리가 법제상 문·무양반으로 완전히 분화되어 양반제도가 성립을 보게 된 것으로 이해하여 왔다.[1]

그러나 과연 고려 초에 문반과 무반이 완전히 분화되어 양반제도가 성립되었다고 볼 수 있는지 의문이다. 국초에는 건국과정에서 공로를 세운 여러 세력집단이 새 왕조의 관료층으로 참여하였으나 이들의 기능이 정치와 군사로 명확히 분리되지 못한 상태였으므로 양반제도가 수용되었다 하더라도 관료들을 문반과 무반으로 구분하는 것이 불가능했을 것이다. 또한 문이 무보다 중시되는 유교적 전통을 가진 당시 사회에서 기존 관료의 대부분은 문반에 속하였을 것이고, 따라서 양반

---

[1] 末松保和, 1953「高麗初期의 兩班에 대하여」『東洋學報』36-2

邊太燮, 1961「高麗朝의 文班과 武班」『史學硏究』11

제도는 정치·경제·사회·교육·과거 등 여러 면에서 문반 중심으로 운영되는 구조를 가질 수밖에 없었을 것이다.

광종대에 백관의 공복(公服)을 제정할 때 문반과 무반의 구별이 없었던 사실[2]과 과거제도 시행에서 무과가 설치되지 않았던 사실, 경종대에 제정된 전시과 규정에서 하급 관리층에서만 문·무의 구별이 나타나고 있는 사실[3], 그리고 성종대에 수용된 문·무산계제도의 시행에서 중국과 다르게 문관과 무관 모두에게 문산계가 주어졌던 사실[4]은 문무의 분화가 완전하지 못하여 양반제도가 문반 중심으로 운영되었음을 보여주는 것이라 생각된다. 문반과 무반 간에 나타나는 관직상·관계상(官階上)·신분상의 차이도 결국은 문·무가 미분화된 문반 중심의 양반제도 운영에서 비롯된 것이었다.

그러나 점차 관료체제가 정비되면서 정치와 군사의 직능이 분화되고, 그에 따라 문반과 무반의 분화도 진행되었을 것이다. 특히 거란이나 여진과의 전쟁을 치르는 동안에 무반의 직능과 위치는 보다 확고해졌고 그 세력도 확대되었다.[5] 이처럼 무반세력이 성장함에 따라 그동안 크게 드러나지 못하고 있던 초기 양반제도의 모순은 점차 노출될 수밖에 없었던 것이다.

문종대를 전후하여 문신 중심의 지배체제가 확립되면서 이들은 자

---

2) 『高麗史節要』 권2, 光宗11년 3월
3) 『高麗史節要』 권2, 景宗원년 11월
4) 원래 唐에서 文散階는 文班의 官階가 되고 武散階는 武班의 관계로 기능하였다. 그러나 이 제도를 받아들인 고려에서 文散階는 문반뿐 아니라 무반의 관계로 기능하였고 武散階는 鄕吏나 耽羅의 왕족·여진의 추장·老兵·工匠·樂人 등에게 영예적인 칭호로 수여되었다. 따라서 고려의 文·武散階는 본래 기능과 다르게 운영되었던 것이다. 그러나 양반제도가 확립되는 조선왕조에서는 본래의 기능대로 운영되었다.(旗田巍, 1961 「高麗の武散階」 『朝鮮學報』 21·22합집 및 朴龍雲, 1981 「高麗時代의 文散階」 『震檀學報』 52)
5) 邊太燮, 1961 「高麗朝의 文班과 武班」 『史學研究』 11; 1971 『高麗政治制度史研究』 일조각

신들의 기득권 유지를 위해 신진세력의 진출을 억제하고 독점적인 지배체제를 확립하려 하였다. 이자겸의 난, 묘청의 난 등은 바로 이러한 과정 속에서 대립되는 보수와 신진의 두 정치세력 간의 모순관계가 폭발하여 나타난 사건이었다. 이들 정치적 사건으로 기존의 문신 중심의 지배체제는 약화되었고, 반면에 상대적으로 열세였던 무신세력은 강화되었다. 무신정변은 바로 이러한 정세의 변화 속에서 일어났고, 또 성공할 수 있었던 것이다.

무신정변은 이미 이전부터 진행되어 오던 고려사회의 변화를 더욱 가속화시키는 역할을 하였다. 군사적인 면에서도 예외는 아니었다. 무신정변 이후 군사제도상 나타난 변화의 요인은 우선 대내적으로 사회경제면의 변화와 정치적 지배세력의 변동, 그리고 대외적으로 30여 년간에 걸친 몽골과의 전쟁이었다.

사회경제면의 변화는 여러 부문에 걸쳐 커다란 변동을 야기하였는데, 특히 군역제도에 큰 변화를 가져왔다. 12세기 이래 대토지소유의 확대는 농민층의 몰락을 촉진시켜 군역 담당층에 변화가 나타나기 시작하였는데 무신정변은 이러한 변화를 더욱 가속화시켰다.

또한 무신정변에 의한 정치적 지배세력의 변동은 정권유지의 무력적 기반인 군사조직의 변화에 큰 영향을 미쳤다. 정권을 장악한 무신집정들은 정권의 유지와 안정을 위해 각기 사병을 조직하였다. 사병의 출현은 왕조권력을 지탱하던 기존 공병체제의 약화를 가져왔고, 특히 정치권력과 밀착된 중앙군제도에 더 큰 영향을 미쳤다. 또한 무신정변 이후 계속된 전국적인 농민항쟁은 군역 담당층의 이탈과 감소를 초래하여 남도 주현군을 병력의 원천으로 삼던 중앙군이나 양계 방수군 체제가 흔들리게 되었다.

특히 몽골과의 전쟁은 무신정변 이후 명목상으로나마 유지되던 고려의 군사조직과 군사력을 결정적으로 붕괴시키는 요인으로 작용하였다. 세계 최강의 군사력을 보유한 몽골과의 전쟁을 통해 2군6위의 중앙군을 비롯한 주현군과 주진군 등 기존의 군사조직이 대부분 와해되었고, 그에 대응하여 별초와 같은 새로운 군사조직이 등장하였다.

2. 궁성숙위군제의 해체

중앙의 2군6위는 그 기능에 따라 국왕과 왕실의 경호, 궁성의 경비, 국가의 행사나 의식에서 의장대의 역할을 수행하는 부대와 수도 개경의 경비와 치안을 담당하는 부대로 구분할 수 있는데 편의상 전자를 궁성숙위군(宮城宿衛軍)6), 후자를 도성시위군(都城侍衛軍)으로 구분하기로 한다.

공학(控鶴)·견룡(牽龍)·내순검(內巡檢)·중금(中禁)·도지(都知)·백갑(白甲) 등의 여러 부대가 이른바 궁성숙위군에 해당되는데, 이들 부대들은 응양과 용호의 2군과 천우위를 비롯한 6위에 소속되었던 것으로 보인다.7) 응양군이나 용호군이 그 자체의 이름으로 군사적 활동을 한 기록이 전혀 보이지 않는 것으로 보아 실제로 견룡군·공학군·중금·도지·백갑 등의 여러 부대들이 2군6위의 응양·용호군과 천우위 등에 소속되

---

6) 『高麗史』 병지2, 숙위조에 宮城宿衛, 禁軍, 侍衛宮城, 禁衛士, 宮闕守衛軍士 등 국왕 측근에서 국왕의 경호와 숙위를 담당한 군사와 부대들이 서술되어 있다. 또한 견룡 등을 숙위군으로 표현한 기록도 있어("牽龍等諸宿衛"『高麗史』 권 82, 兵2, 宿衛 忠烈王8년 5월) 이 글에서는 이들 부대를 통틀어 궁성숙위군 또는 숙위군, 금군, 친위군 등으로 칭하기로 한다.

7) 응양군·용호군과 견룡군·공학군·중금·도지·백갑 등 부대와의 관계에 대한 그 동안의 연구는 다음과 같다.

    ㉠ 견룡군과 공학군을 응양군과 용호군의 별칭으로 보는 견해

      李基白, 1969『高麗兵兵志譯註』

    ㉡ 견룡군·공학군·중금·도지·백갑 등은 2군 또는 2군6위에 소속된 부대라고 보는 견해

      김당택, 1983「무신정권시대의 군제」『고려군제사』 육군본부

      정경현, 1992『고려전기 2군6위제 연구』 서울대박사논문

어 친위군과 의장부대의 기능을 한 것이 아닌가 한다. 공학·중금·도
지·백갑 등은 각종 국가의 행사나 의례에서 의장대 역할을 주로 하였
고, 실질적인 친위군으로서의 중심적인 기능을 한 것은 견룡군과 내순
검군이었던 것으로 생각된다.

　순검군을 친위군으로 보는 견해도 있으나[8] 의종21년에 순검군과 별
개의 내순검군을 조직하여 궁궐 내를 순찰하게 한 것으로 보아[9] 기존
의 순검군은 도성내의 치안을 담당한 도성시위군의 하나로, 내순검군
은 궁성내의 순찰과 경계 등을 담당한 궁성숙위군 또는 친위군의 하나
였던 것으로 생각된다.

　이들 숙위군은 무신정변 이후 정권을 둘러싼 무신들의 대립 과정에
서 정권쟁탈의 도구로 이용되었고, 또한 무신집정이 사병을 조직하면
서 상당부분은 사병조직에 흡수되었다.[10] 무신집권 초기단계에 무신집
정들은 내순검군[11]이나 견룡군 등의 기존 숙위군 조직을 자신들의 무
력기반으로 이용하였다.[12] 이는 무신집정들이 독자적 무력기반으로 사
병을 아직 갖추지 못하였고, 또한 정변의 주체세력이 대부분 숙위군과

---

8) 송인주, 2007 「제2장 금군의 성립과 구성부대」『고려시대 친위군 연구』
9)『高麗史』권82, 병2, 숙위 의종21년 정월
10) "毅明以後 權臣執命 兵柄下移 捍將勁卒 皆屬私家 國有方張之寇 而公無一旅
　　之師"(『高麗史』권81, 兵1, 兵制 序)
11) 순검군과 내순검군은 그 기능이 구분되는 것이나 기록에는 순검군과 내순검군
　　을 엄격히 구분하지 않고 순검군으로 표현한 경우도 많은 것으로 보인다. 내순
　　검군이 순검군의 일부라는 점에서 내순검군을 순검군으로 표기했을 것으로 보
　　는 견해도 있다(김당택, 1987『고려무인정권연구』새문사) 순검군은 도성 내의
　　치안을 담당한 부대로서 비교적 많은 병력을 보유하고 있었고 수시로 도성 내
　　를 순찰하는 부대였기 때문에 유사시 병력 동원이 용이하였을 것으로 생각된
　　다. 따라서 기록상의 순검군 중에는 내순검군이 아닌 수도 개경의 순찰과 경계
　　를 담당한 순검군도 포함되었을 것으로 생각된다.
12) 金鍾國, 1960 「高麗 武臣政權의 特質에 관한 一考察」『朝鮮學報』17
　　邊太燮, 1973 「武臣亂과 崔氏政權의 成立」『한국사』7, 국사편찬위원회
　　旗田巍, 1978 「高麗武人의 政權爭奪의 形態와 私兵의 形成」『古代東아시아史
　　論集』上

관련이 있었으므로 숙위군의 군사력을 자신들의 무력기반으로 이용하기가 용이했기 때문이다.

　예컨대 정중부 난 때에는 정중부와 거사를 모의한 견룡행수산원(牽龍行首散員)인 이의방과 이고가 국왕의 행차에 동행하였던 순검군을 정변에 동원하였는데13), 정중부는 경군으로 선발되어 공학금군(控鶴禁軍)에 충용되었다가 견룡대정 등을 거쳐 정변 당시에는 대장군에 오른 인물이었고14), 이의방과 이고 역시 견룡행수의 지위에 있었다.

　정변과정에서는 무신들의 최고회의기구인 중방(重房)도 순검군을 동원해 일부 문신을 보호하는 등 기존의 친위군을 이용하였다.15) 또한 정변 성공 후에는 정변의 주체세력인 이고와 이의방 등에게 친위군의 최상위 조직인 응양군과 용호군의 중낭장직(中郎將職)이 제수되기도 하였다.16) 그 후 이의방이 이고의 도당을 제거할 때도 역시 순검군을 이용하였다.17)

　순검군은 원래 도성시위군의 하나로 수도 개경의 치안과 경찰을 담당하는 금오위(金吾衛)에 소속된 부대의 하나였다.18) 그런데 무신정변 직전인 의종21년에 왕실의 숙위를 강화하기 위해 기존의 순검군과는 별도로 내순검군을 조직하였다. 내순검군은 의종의 연등회(燃燈會) 행

---

13) "李高義方等 牽巡檢軍 夜抵太子宮 殺行宮別監金居實 員外郎李仁甫等 又入泉洞宅 殺別常員十餘人 使人呼於道曰 凡戴文冠者 雖至胥吏 俾無遺種"(『高麗史節要』권11, 毅宗24년 8월)

14) 『高麗史』권128, 列傳, 叛逆2 鄭仲夫

15) "平章事徐恭卒 恭有膽略 善騎射 六爲兩界兵馬使 士卒樂附 及爲宰相 志益謙遜 深疾文吏驕傲 禮遇武人 故庚寅之亂 重房令巡檢軍二十人 環衛其第 不及於禍"(『高麗史節要』권12, 明宗원년 7월)

16) "王卽拜李高義方 爲鷹楊龍虎軍中郎將"(『高麗史節要』권11, 毅宗24년 8월)

17) "義方素惡高逼己 至是 亦知其謀 與元候高等 至宮門外 卽以鐵鎚 擊殺之 令巡檢軍 分捕其母及黨與 皆誅之"(『高麗史節要』권12, 明宗원년 정월)

18) "陰陽會議所奏 近來僧俗雜類 聚集成群 號萬佛香徒 或念佛讀經 作爲詭誕 或內外寺社僧徒 賣酒鬻蒽 或持兵作惡 踴躍遊戲 可謂亂常敗俗 請令御史臺金吾衛巡檢禁止 從之"(『高麗史節要』권9, 仁宗9년 6월)

차 시에 김돈중의 유시(流矢)사건[19]이 계기가 되어 조직되었는데, 당시
에는 왕실의 숙위가 매우 취약하여 부병을 궁궐에 주둔시켜 비상시에
대비하는 상황이었다. 그리하여 용력자를 선발하여 내순검군을 조직하
고 이를 양번(兩番)으로 나누어 궁성을 숙위하게 하였던 것이다.[20]

이처럼 본래의 순검군은 개경의 치안과 경찰을 담당하는 도성시위
군의 하나였으나 새로 조직된 내순검군은 국왕의 호위[21]와 궁성내의
경계와 순찰을 담당한 궁성숙위군의 하나였다. 무신정변과 이후 무신
들의 권력쟁탈 과정에 동원된 순검군은 대부분 내순검군이었다고 생
각된다.

무신집권 초기에 내순검군과 함께 많이 동원된 또 하나의 친위군은
견룡군이었다. 이의방과 이고는 견룡군의 중간지휘자인 견룡행수(牽龍
行首)로서 정중부와 함께 정변을 주도하면서[22], 자신들 휘하의 견룡군
을 정변에 동원하였을 것으로 생각된다. 또 명종9년에 경대승은 견룡
군을 동원해 정중부를 제거하고 집권한 이후에는 사병인 도방(都房)을
조직하였는데[23] 이후부터 무신집정들은 정권보호를 위해 사병을 조직
하기 시작하였다.[24]

<hr />

19) "燃燈 王如奉恩寺 夜還至觀風樓 左承宣金敦中馬 素不調 聞鉦鼓聲 益驚 突觸
一騎士矢房 矢躍出落輦傍 敦中不自首 王驚愕 以爲流矢 疾馳還宮 宮城戒嚴"
(『高麗史節要』 권11, 毅宗21년 정월)
20) "屯府兵于闕庭 以備不測 自是選取勇力者 號內巡檢 分爲兩番 常著紫衣 持弓
劍 分立仗外 不避雨雪 夜則巡警達曙"(『高麗史節要』 권11, 毅宗21년 정월)
21) "知門下省事白任至卒 任至起於農 初以驍勇被選 携妻子 至京賃居 負薪鬻米
以自給 毅宗選充內巡檢軍 扈駕出入 不離仗側"(『高麗史節要』 권13, 明宗21년
2월)
22) "幸和平齋 時王遊幸無時 每至佳境 輒駐蹕 與近倖文臣 觴詠忘返 扈從將士 疲
困生嗔 大將軍鄭仲夫 出旋 牽龍行首散員李義方李高從之 密語仲夫曰 今日文
臣得意醉飽 武臣皆飢困 是可忍乎 仲夫曾有燃鬚之憾 遂構兇謀"(『高麗史節要』
권11, 毅宗24년 4월)
23) 『高麗史』 권100, 列傳 慶大升
24) 慶大升의 뒤를 이은 李義旼 역시 勇士를 모아 비상시에 대비하였고 또 家童도

이처럼 무신집권 초기에 친위군이 정권쟁탈에 많이 이용되었던 것은 정변에 관여한 무신들이 대부분 친위군의 지휘자 출신이었으므로[25] 그 지휘권의 장악이나 병력동원이 용이했을 뿐만 아니라, 농민의무병이 아닌 전업군인으로 조직된 친위군이 보다 정예군이었기 때문이라 생각된다.

견룡군은 국왕의 최측근 부대였으므로 대부분의 권귀자제들이 견룡군이 되기를 원하였다.[26] 그러나 국왕의 신변호위와 궁성경호를 담당하는 특성 때문에 신체적 조건·무예·용력 등이 중요하였고, 따라서 그러한 조건을 가진 자는 비록 한미한 가문 출신이라 할지라도 견룡군에 충보될 수 있었다.[27] 견룡군은 국왕은 물론 동궁[28]을 비롯한 왕실을 호위하는 궁성숙위군 중에서 가장 핵심부대로서 중금·도지·백갑 등 의장부대와 함께 연등회나 팔관회 등 국가의 각종 행사나 의례에도 참여하였다.[29]

이러한 궁성숙위군은 최충헌집권 이후 사병이 본격적으로 조직되면서 크게 변화하였다. 집권 초기에 장군의 지위에 있던 최충헌은 휘하의 관군조직을 이용하였으나 곧 사병인 도방(都房)을 조직하였다. 도방

동원하였다.(『高麗史』 권128, 列傳 李義旼)

25) 牽龍·內巡檢 등 친위군의 최고지휘자는 指諭인데 지유는 대개 別將級 장교가 맡는 직이었다. 별장은 200명 단위부대의 지휘관이었으므로 견룡군이나 순검군의 병력 규모는 수 백명 정도였던 것으로 추정된다.

26) "牽龍職卑而任寵 權貴子弟 皆願爲之 守平由隊正得補 辭以家貧 親舊曰 此榮選也 率多易妻求富 君若改娶富家 誰不願授室 守平曰 貧富天也 何忍棄二十年糟糠之妻 以求富室"(『高麗史』 권102, 列傳 權守平)

27) 예컨대 牽龍軍에 속했던 鄭仲夫나 權守平 등은 모두 家門이 한미한 인물이었다.(『高麗史』 권128, 列傳 鄭仲夫 및 『高麗史』 권102, 列傳 權守平)

28) 『高麗史節要』 권12, 明宗10년 12월(太子府牽龍)

29) 『高麗史』 권61, 禮3, 吉禮大祀, 景靈殿九親奠儀. 권64, 禮6, 凶禮, 祔太廟儀 및 重刑奏對儀. 권68, 禮10, 嘉禮, 東堂監試放牓儀. 권69, 禮1, 嘉禮雜儀, 上元燃燈會儀 및 仲冬八關會儀. 권72, 輿服1, 冠服, 官報通制 및 儀衛, 法駕衛仗, 燃燈衛仗, 八關衛仗, 西南京巡行衛仗, 西南京巡行奉迎衛仗 및 鹵簿

은 문무관·한량·군졸 중에서 강하고 힘 있는 자를 모집하여 조직한 것
으로 6번(番)으로 나누어 날마다 번갈아 그 집에 숙직시키고 출입할 때
는 번을 합쳐 호위하게 하였다.[30] 이후 기존의 관군조직은 점차 무력
화 하여 고종3년의 거란 유종(遺種) 침입 시에 정벌군을 파견하기 위해
군사를 점검하였는데 날쌔고 용맹스러운 자는 모두 최충헌과 최우의 문
객들이 차지하여 관군은 모두 늙고 파리한 군졸뿐인 상황이 되었다.[31]

최씨 가문에 속한 사병의 수가 엄청나 가병을 사열하는데 개경의 좌
경리(左梗里)에서 우경리(右梗里)까지 군사들이 두서너 겹으로 열을 지
어 2~3리에 이를 정도였고, 또한 최씨는 사병을 유지하고 관리하기 위
해 문객(門客) 중에 관군에 종군하기를 청하는 자가 있으면 즉시 먼 섬
으로 귀양을 보내기도 하였다.[32] 이후에도 사병의 규모는 계속 확대되
어 최우집권기에는 내·외도방으로 확대되었고[33], 최항은 내·외도방을
합해 36번으로 하였다.[34]

이처럼 전기의 궁성숙위군은 무신정변과 이후의 빈번한 정권교체
과정에서 정권쟁탈의 무력기반으로 이용되었고, 또 무신집정의 사병조
직에 흡수됨으로써 크게 약화된 상태였다. 이렇게 약화된 숙위군은 원
간섭기에 들어와 결정적으로 붕괴된 것으로 보인다.

---

30) “忠獻自知縱恣 恐其變生不測 凡文武官閑良軍卒 强有力者 皆招致 分爲六番
　　更日直宿其家 號都房 其出入 合番擁衛 如赴戰陣焉”(『高麗史』권129, 열전42,
　　반역3 최충헌)
31) “宰樞重房奏 勿論太祖苗裔 及文科出身 悉令充軍 王從之 元帥鄭叔瞻趙冲等
　　點兵於順天館 驍勇者 皆爲崔忠獻及子瑀門客 所點官軍 皆老弱羸卒 元帥心
　　懈”(『高麗史節要』권14, 고종3년 11월)
32) “崔忠獻閱家兵 自左梗里 至右梗里 軍士成列數重 連亘二三里 槍竿懸銀瓶 誇
　　示國人 以募來附者 子瑀家兵 自選地橋 過梨嶺 至崇仁門 用旗鼓習戰 門客有
　　請從軍北征者 卽流遠島”(『高麗史節要』권14, 고종3년 12월)
33) “崔怡死 內外都房 皆歸沆家 擁衛沆”(『高麗史節要』권16, 고종36년 11월)
34) “崔沆病篤 王爲放獄囚 沆死 子竩嗣 少卿宣仁烈等 以夜別抄神義軍及書房三番
　　都房三十六番 晝夜擁衛”(『高麗史節要』권17, 고종44년 윤4월)

○ 판의흥삼군부사 정도전 등이 상서하기를 "… 충렬왕이 원을 섬긴
이래 매번 중국의 환시(宦侍)·부녀·봉사자(奉使者)의 청으로 인해
관작이 범람하여 모두 청탁한 사람들에게 부위(府衛)의 직을 제수
하니 권세를 믿고 교만하여 숙위를 하지 않으려 하였습니다. 이로
인해 부위가 무너지기 시작하였으므로 비로소 홀치(忽赤)·충용(忠
勇) 등 애마(愛馬)를 설치하여 임시로 숙위에 대비하였습니다. 위조
(僞朝;우왕·창왕) 때에 법제가 크게 무너져 무릇 부위의 직을 받은
자는 녹봉만 허비하고 맡은 일을 하지 않으니 마침내 나라를 잃는
지경에 이르렀습니다. 이것은 전하께서 친히 보신 바입니다."[35]

○ 병조에서 선지(宣旨)를 받들어 응양위(鷹揚衛)를 폐지하였다. 고려
에서 원나라를 섬긴 이래로 부위의 직은 모두 측근의 청탁으로 제
수되어, 그 맡은 일을 하지 않으려 하므로, 홀치(忽赤)·우달치(亏達
赤) 등 성중애마(成衆愛馬)를 설치하여 숙위에 대비하였다. 국초에
이것을 모두 혁파하고 상왕이 비로소 응양위 4번을 설치했다가 이
때에 또 폐지하였다.[36]

위 기록에서 보는 것처럼 정도전 등 선초의 인물들은 충렬왕대 이
후, 즉 원 간섭기에 들어와 관작(官爵)이 청탁에 의해 제수됨으로써 이
들이 권세를 믿고 숙위를 하지 않아 부위가 무너지게 된 것으로 인식
하였다. 그 결과 홀치·우달치·충용 등 성중애마를 설치하여 숙위에 대
비하게 하였는데 바로 이들 성중애마가 이전의 궁성숙위군, 즉 국왕의
친위군에 해당하는 역할을 하였던 것이다.
무신집권 초기까지 가장 빈번한 활동을 보이던 내순검군은 원 간섭

---

35) "判義興三軍府事鄭道傳等 上書曰 … 自忠烈王事元以來 每因中朝宦寺婦女奉
使者之請 官爵汎濫 皆以所托之人 除衛職 恃勢驕蹇 莫肯宿衛 由是府衛始毁
始置忽赤忠勇等愛馬 姑備宿衛 及僞朝法制大毁 凡受府衛之職者 徒食天祿 不
事其事 遂至失國 此殿下之所親見"(『太祖實錄』 권5, 태조3년 2월 기해)
36) "兵曹奉宣旨 罷鷹揚衛 高麗事元以來 府衛之職 皆近習請托 不肯任職 乃置忽
赤迂達赤等 成衆愛馬 以備宿衛 國初悉罷之 上王始置鷹揚衛四番 至是又罷
之"(『世宗實錄』 권3, 世宗원년 2월 기해)

기 이후에는 그 존재가 보이지 않는다.[37] 국왕의 최측근 친위부대였던 견룡군은 중금·도지·백갑 등 의장부대적 성격의 숙위군과 함께 충렬왕대 초까지 유지되었으나[38] 이후 원나라의 숙위제인 겁설제(怯薜制)가 수용되면서 그것과 대체된 것으로 추측된다.

3. 도성시위군제의 붕괴

좌우위(左右衛)·신호위(神虎衛)·흥위위(興威衛)·금오위(金吾衛)의 보승과 정용을 중심으로 하는[39] 6위의 병력은 수도 개경을 경비하는 도성시위군의 핵심 군사력으로서 제위병(諸衛兵)·부병(府兵)·영병(領兵)·영부병(領府兵)·부위병(府衛兵) 등으로 불리었다. 이들 보승과 정용은 주현으로부터 일정 기간씩 개경으로 번상하는 농민 의무병으로 개경에 거주하는 전업군인과 함께 제위에 소속되었다. 시위군은 1천명을 단위로 편제된 영(領)에 소속되어 장군의 지휘를 받았는데 이렇게 장군 휘

---

37) 원종대까지 기록에 나타나고 있다.(『高麗史』 권89, 열전2, 후비2 忠烈王齊國大長公主)
38) "遣中禁指諭金富允 如元進黃漆"(『高麗史』 권28, 世家 충렬왕2년 11월 계축)
39) 고려에서는 6衛中 監門衛와 千牛衛를 제외한 좌우위·신호위·흥위위·금오위 소속 保勝과 精勇의 38領에 지방의 軍目道(44)들이 각기 분속되어 그곳으로부터 番上하는 형태의 府兵制가 실시되었던 것으로 보인다.(末松保和, 1959「高麗四十二都府考略」『朝鮮學報』14)
한편으로 6衛 소속의 42領(2軍과 6衛를 서로 임무가 다른 조직으로 구분하기 때문에 2軍의 3領을 제외한 6衛의 42領)과 軍事道(44)의 수가 일치하지 않고, 또 양자간의 保勝과 精勇의 軍額이 서로 다르다는 점 등을 근거로 이러한 가능성을 부정하는 견해도 있다.(이기백, 1968「고려 군인고」『고려병제사연구』일조각)
그러나 番上체제가 갖추어진 후에 軍目道의 수가 변동했거나 또는 軍目道 중 番上에서 제외되는 것이 있었거나 또는 1領에 2개 이상의 軍目道가 소속되었을 가능성도 있다.

하에 소속된 군대를 본군(本軍)⁴⁰⁾, 본령(本領)⁴¹⁾ 또는 본령군(本領軍)이
라고 불렀으며⁴²⁾, 외적의 방어, 반란의 진압 등 유사시나 변방의 방수
군으로 입진할 때는 대개 영 단위로 동원되었다.

    ⓐ 참지정사 정숙첨을 행영중군원수로 삼고, 추밀원부사 조충을 부원
       수로 삼고, 승선 이연수를 도지병마사로 삼아 5령의 군마를 이에 소
       속시켰다.⁴³⁾

    ⓑ 최우의 동생 최향이 … 불평한 무리를 모아 난을 일으켰다. … 조정
       에서 변이 났다는 말을 듣고, 병마사 채송년, 지병마사 왕유, 부사
       김의열 등을 보내어 10령의 군사를 거느리고 토벌하게 했다.⁴⁴⁾

    ⓒ (문장필은) 경인년(의종24년)에 □□ 임금이 번저로부터 들어와 즉
       위하자 중랑장으로 발탁되었다가 상서공부낭중으로 □(옮기고?) 어
       (御)□□행(行)□□이 되었다. 왕태자부지유로 옮겼다가 몇 년 되지
       않아 금오위정용차장군 겸어사잡단□□부사(金吾衛精勇借將軍兼御
       史雜端□□副使)로서 본군을 거느리고 북변을 방수하였는데 창주를
       분도하였다.⁴⁵⁾

---

40) "以金吾衛精勇借將軍兼御史雜端□□副使 領本軍防□北邊 分道昌州"(김용선
    편저, 2006『고려묘지명집성』한림대출판부)
41) "崔忠獻欲得武士心 以郎將大集成等五人 爲借將軍 集成等 以無本領 不問僧徒
    及奴隸 脅爲屬卒"(『高麗史節要』권15, 高宗5년 5월)
42) "(振威縣人 叛亂時) 遣將軍奇允偉 率本領軍及神騎二班 與忠淸按察使 追捕南
    賊"(『高麗史節要』권15, 高宗4년 정월)
43) "以參知政事鄭叔瞻 爲行營中軍元帥 樞密院副使趙冲副之 承宣李延壽都知兵
    馬事 以五領軍馬屬焉"(『高麗史節要』권14, 고종3년 10월)
44) "崔瑀弟珦 … 作亂…朝廷聞變 遣兵馬使蔡松年 和兵馬事王猷 副使金毅烈 率
    十領討之(『高麗史節要』권16, 고종17년 7월)
45) "庚寅歲 □□上由蕃邸 入卽大位 擢授中郎將 □尙書工部郎中 爲御□□行□
    □ 移王太子府指諭 未數歲 以金吾衛精勇借將軍兼御史雜端□□副使 領本軍
    防□北邊 分道昌州"(김용선 편저, 2006『고려묘지명집성』한림대출판부)

ⓐ는 고종3년에 몽골군에 쫓겨 고려에 들어온 거란의 유종을 격퇴하기 위해 방어군을 파견하고46) 이어서 5령의 병력을 추가로 동원하였다는 기록이며, ⓑ는 최충헌 사후에 형인 최우를 제거하고 후계자가 되려던 거사가 실패하여 유배되었던 최향이 귀양지인 홍주에서 부사와 판관 등을 죽이고 난을 일으키자 10령의 군대를 보내 토벌하게 하였다는 기록이다.

ⓒ는 명종 초 금오위 소속 정용군의 차장군인 문장필이 자기 휘하의 군대인 본군을 거느리고 북계를 방수하였는데 창주분도의 장군이 되었다는 기록이다. 이때 창주에 파견된 방수군은 금오위에 소속된 6령의 정용 가운데 1령이었을 것으로 생각된다.47) 이처럼 외적의 침략에 대응하기 위한 방어군이나 반란의 진압군, 그리고 변방의 방수군 등을 파견할 때에는 장군이 거느리는 영 단위의 병력이 동원되었음을 알 수 있다.

그 동안의 연구에서는 이처럼 주현으로부터 번상을 통해 충원되는 도성시위군체제가 무신정변을 전후하여 해체되는 것으로 이해하여 왔다. 즉 무신정변 이후 선군급전제의 붕괴로 인해 군액이 감소되었고 그 결과 무신집권기의 부병 중에는 군인전을 지급받지 못한 일반농민과 다를 바 없는 자들이 다수 충당됨으로써 부병이 유명무실한 존재로 전락하게 되었다고 보았다.48)

무신정변 전후 중앙통치체제의 붕괴와 중앙 집권력의 이완, 지방에서의 계속된 농민 봉기와 권세가들의 토지겸병, 국가의 과중한 조세수취, 지배층의 불법적인 수탈 등에 의해 군역의 담당자인 농민층이 몰락하거나 유망함으로써 정상적인 군역징발이 이루어지지 못하였다. 특

---

46) 고종3년 8월에 중군·우군·후군의 3군의 방어군을 편성하여 파견하였고,(『高麗史節要』권14, 고종3년 8월 己巳) 곧이어 9월에는 중군의 청에 의해 전군과 좌군을 추가로 편성하였다.(『高麗史節要』권14, 고종3년 9월)

47) 이처럼 방수군은 주현에서 개경으로 번상하여 2군6위를 구성한 보승·정용의 38령 중에서 일부가 교대로 방수에 동원되었다.

48) 金塘澤, 1983 「武臣政權時代의 軍制」『高麗軍制史』육군본부

히 여진과의 전쟁과정에서 발생하기 시작하여 이후 무신정변을 거치면서 확대 재생산된 농민층의 유망은 군역대상층의 부담가중과 그로 인한 피역을 초래하였으며 그 결과 지방으로부터의 상경시위가 어려워 시위군은 규정된 군액을 채우지 못하는 경우가 많았다.

그러나 몽골과의 전쟁이 본격화하기 전까지 지방에서 일어나는 각종 반란의 토벌군이나 외침에 대한 방어군으로 중앙군이 동원되는 사례들을 볼 때 도성시위군은 외형상으로나마 그 조직이나 기능이 유지되었음을 알 수 있다.

예컨대 명종4년에 조위총의 난을 토벌하기 위해 3군과 5군으로 편성된 진압군이 조직되어 파견되었고[49], 조위총 여중(餘衆)의 난 때에는 제위의 군사 중에서 5령의 군사를 징발하여 파견하였다.[50] 그리고 고종3년에 거란 유종(遺種)인 금산·금시왕자가 침입했을 때[51]와 고종18년에 몽골의 1차 침입 때에도 중군·우군·후군의 출정군을 파견하였고[52], 또한 고종19년에 충주 관노 난을 진압하지 못할 때에도 3군으로 편성된 토벌군을 파견하였다.[53]

이처럼 몽골과의 전쟁이 본격화하기 이전까지 중앙에서 편성된 3군이나 5군의 출정군이 파견되는 사례들이 보이지만, 강화천도 이후부터는 이전과 같이 출정군의 편성되지 못하였다.[54] 다만 몽골의 침략에

---

49) "遣中書侍郞平章事尹鱗瞻 率三軍 以擊位寵 又遣內侍禮部郞中崔均 爲東北路都指揮使 往論諸城"(『高麗史節要』 권12, 명종4년 10월)
"命平章事尹鱗瞻爲元帥 樞密院副使奇卓誠副之 知樞密院事陳俊爲左軍兵馬使 同知樞密院事慶珍爲右軍兵馬使 上將軍崔忠烈爲中軍兵馬使 攝大將軍鄭筠知兵馬事 上將軍趙彦爲前軍兵馬使 攝大軍將文章弼知兵馬事 上將軍李齊晃爲後軍兵馬使 司憲卿河斯淸知兵馬事 復攻西京"(『高麗史節要』 권12, 명종4년 11월)
50) "發五領軍 往捕西賊"(『高麗史節要』 권12, 명종8년 4월)
51) "以上將軍盧元純爲中軍兵馬使 上將軍吳應富爲右軍兵馬使 大將軍金就礪爲後軍兵馬使 禦之(『高麗史』 권22, 세가 高宗3년 8월 己巳)
52) "宰相會崔瑀第 議出三軍 以禦蒙兵 以大將軍蔡松年 爲北界兵馬使 又徵諸道兵"(『高麗史節要』 권16, 高宗18년 9월)
53) "遣三軍兵馬使 討忠州奴賊"(『高麗史節要』 권16, 高宗19년 8월)

대응하여 지방 주현에는 중앙으로부터 산성방호별감(山城防護別監)이
나 야별초(夜別抄)가 파견되었다. 방호별감은 몽골 침략 이전부터 지방
의 요해지에 파견되었는데[55] 특히 몽골의 3차 침입 이후에는 수시로
파견되었다.[56]

　　내륙의 주현에는 산성방호별감[57]이, 해안과 해도(海島)지역에는 수
로방호별감(水路防護別監)[58]이 파견되었는데 요해지에 파견되어 인근
의 몇 개 주현을 관할하였던 것으로 보인다.[59] 방호별감은 지방민을
산성이나 해도로 입보(入保)시키거나[60] 군민을 지휘하여 몽골군과 전
투를 벌였다.[61] 또한 지방에는 야별초가 파견되어 방호별감과 함께 지

---

54) 전·후·좌·우군의 편제 기록이 있는데("命前後左右軍陣主知兵馬事 沿江防戍
　　又令廣州南京 合入江華"(『高麗史節要』권16, 高宗22년 7월) 이는 이전과 같이
　　외적의 방어를 위해 편성된 대규모 출정군이 아니라 강화연안의 방수를 위해
　　조직된 소규모 방어군에 불과한 것이었다.

55) "倭寇金州 防護別監盧旦發兵 捕賊船二艘 斬三十餘級 且獻所獲兵仗"(『高麗史
　　節要』권15, 高宗14년 4월)

56) "分遣諸道山城防護別監"(『高麗史節要』권16, 高宗23년 6월)
　　"分遣諸山城防護別監"(『高麗史節要』권17, 高宗39년 7월)
　　"遣諸城防護別監"(『高麗史節要』권17, 高宗44년 5월)

57) "分遣諸山城防護別監"(『高麗史節要』권17, 高宗39년 7월)

58) "流大將軍宋吉儒于楸子島 吉儒性貪酷 詔事崔沆 嘗爲夜別抄 … 及爲慶尙州道
　　水路防護別監 검찰주현인물입도"(『高麗史節要』권17, 高宗45년 정월)

59) 고종40년에 방호별감이었던 정지린의 경우 원주방호별감으로도 표기되고(『高
　　麗史節要』권17, 高宗40년 10월), 춘주방호별감으로도 표기되어 있는데(『高麗
　　史』권130, 열전43, 반역4, 韓洪甫尹椿) 이는 정지린이 원주와 춘주를 모두 관
　　할하였기 때문이라 생각된다.

60) "蒙兵陷東州山城 先是防護別監白敦明 驅民入保 禁出入"(『高麗史節要』권17,
　　高宗40년 8월)

61) "宋文胄亦從軍龜州者也 以功超授郎將 (高宗)二十三年爲竹州防護別監 蒙古至
　　竹州城諭降 城中士卒出擊走之"(『高麗史』권103, 열전16, 朴犀)
　　"忠州報蒙兵解圍 時被圍凡七十餘日 兵食幾盡 防護別監郎將金允侯 諭屬士衆
　　曰 若能效力 無貴賤悉除官爵 焚官奴簿籍 以示信 又分給所獲牛馬 人皆效死
　　蒙兵稍挫 遂不復南"(『高麗史節要』권17, 高宗 40년 12월)

방민의 산성해도입보를 독려하기도 하고[62] 야별초 단독으로[63] 또는
지방군이나[64] 지방민을 지휘하여[65] 몽골군의 침략에 대응하였다.

몽골군의 침략이 장기화 되어 유린당한 지역이 확대되면서 지방으
로부터 번상이 불가능하게 되었다. 그 결과 도성시위군은 하급장교인
대정·교위와 개경에서 징발된 군인들을 중심으로 운영되었는데 이러
한 현상은 전쟁이 장기화되고 피해가 늘어갈수록 심화되었다.

특히 고종41년부터 6년간 지속된 몽골의 6차 침입 때에는 미처 주민
들의 입보가 이루어지지 못하였고, 또 침략기간도 장기간이었기 때문
에 그 피해는 극심하였다. 그리하여 전쟁이 끝난 직후 지방으로부터의
번상체제는 완전히 붕괴되어 중앙 시위군의 군액은 텅 비고 명목상 군
사조직 만이 남은 상태였다.[66]

이후에도 원종5년 9월에 영령공 준이 몽골에 있으면서 '고려에는 38
령이 있는데 영은 각 1천인으로 모두 3만 8천인이다'고 하자 이장용이
'그것은 태조대의 제도이고 지금은 전쟁과 흉년으로 1천의 수목이 차
지 못합니다'라고 한 것이나[67] 원종9년 10월에 몽골이 사신을 보내와

---

62) "流大將軍宋吉儒于楸子島 吉儒性貪酷 詔事崔沆 嘗爲夜別抄 … 及爲慶尙州道
水路防護別監 檢察州縣人物入島 有不從令者 必撲殺之" (『高麗史節要』 권17,
高宗45년 정월)

63) "夜別抄指諭李林壽朴仁傑 各帥一百餘人 分向蒙兵屯所"(『高麗史節要』 권16,
高宗23년 8월)
"東眞兵入東州境 遣別抄兵禦之 指諭朴天府率別抄 與戰于高城,杆城 皆破之"
(『高麗史節要』 권16, 高宗36년 9월)

64) "蒙兵至价州 京別抄校尉希景 价州中郎將明俊等 伏兵夾擊 殺傷頗多 取鞍馬弓
矢衣服等物"(『高麗史節要』 권16, 高宗23년 7월)

65) "夜別抄與砥平縣人 夜擊蒙兵 殺獲甚多 取馬驢來獻"(『高麗史節要』 권16, 高宗
22년 9월)

66) 몽골과의 강화 직후 개경에 궁궐을 창건하기 위하여 2군6위 전체 병력의 2/3인
30령(3만명)이나 동원되었다는 사실(『高麗史節要』 권17, 高宗46 11월)은 당시
각 령에 소속된 실제의 병력이 규정된 액수에 훨씬 미치지 못하는 상황이었음
을 보여주는 증거라 할 수 있다.

67) 『東史綱目』 권11 上, 元宗5년 9월

군액과 전함을 사열하고 고려로 하여금 4만의 군사를 내어 원의 전쟁
을 돕게 했을 때 이장용이 '예전에는 4만 군사가 있었으나 30년간의 병
화와 역질로 다 죽어서 1백호나 1천호가 있더라도 모두 허명뿐입니다'
라고 한 것[68] 등도 당시의 실제 상황을 그대로 표현한 것으로 전혀 과
장만은 아니었을 것으로 생각된다.

4. 삼별초의 설치

1) 별초의 기원

무신집권기에 들어오면 별초(別抄)라는 새로운 군사조직이 등장하였
다. 별초는 이미 무신집권 초기부터 그 존재가 나타나지만[69] 특히 대
몽전쟁 후반기에 두드러진 활동을 보였다. 별초군에 대해서는 그동안
많은 연구들이 있었는데 그 기원, 조직이나 설치배경 등과 관련하여
견해차를 보이고 있다.

별초군의 조직배경에 대해서 무신정권의 안정이라는 대내적인 사정
을 강조하는 견해가 있는가 하면[70], 몽골 침략에 대한 대응이라는 대
외적인 사정을 강조하는 견해가 있고[71], 별초군의 성격에 대해서도 사
병이라는 견해[72]와 공병이라는 견해[73]가 있고, 임시적으로 편성된 특

---

68) 『高麗史節要』 권18, 元宗9년 6월
69) 최초의 사례는 명종4년에 최충헌이 別抄都領에 임명된 기록이다(『高麗史』 권
    129, 반역3, 최충헌)
70) 金潤坤, 1981 「三別抄의 對蒙抗戰과 地方郡縣民」 『東洋文化』 20·21합
    劉璟娥, 1988 「高麗 高宗·元宗時代의 民亂의 性格」 『梨大史苑』 23·24합
71) 申安湜, 1989 「高麗中期의 別抄軍」 『建大史學』 7
72) 閔丙河, 1973 「崔氏政權의 支配機構」 『한국사』 7 국사편찬위원회
73) 池內宏, 1926 「高麗의 三別抄에 대하여」 『史學雜誌』 37-9
    金庠基, 1939-41 「三別抄와 그 亂에 대하여」 『震檀學報』 9·10·13

별부대라는 견해[74]와 상비군이다는 견해[75] 등이 있다.

별초군의 기원에 대해 그동안의 연구에서는 기존의 전투편제가 유명무실해진 상황에서 그것을 대체하는 전시동원체제로 등장한 군사조직으로서 용맹한 자들을 대상으로 조직된 양계 주진군의 초군(招軍)에서 그 기원을 찾았고, 또한 주진군의 전투편제를 모방하였던 별무반(別武班)의 전투편제 및 전시동원체제의 영향을 받은 것으로 보았다.[76]

한편 최근에는 별초군을 만주지역 유목민의 전사단(戰士團)과 연결시키는 연구가 있어 주목된다. 전사단은 제국의 건설과정에서 지도자를 추종하였던 충성스러운 유목 전사집단으로, 12세기 후반 동북아시아형 전사단의 전통을 가꾸어 온 여진이 발흥하면서 전사단적 존재들이 한반도에 출현하여 전사단 전통이 보편적 군사운영 및 군조직의 편성 원리로 정착한 것으로 보았다. 특히 최충헌 집권기를 전후하여 전사단적 요소들이 출현하기 시작하는데 대표적 존재가 별초군이라는 것이다.[77]

요컨대 북방민족과의 교류가 많았던 시기인 무신집권기에 동북 아시아적 영향이 한반도 미쳐 유목민의 전사단과 같은 별초군이 출현하였다는 것인데, 유목민족과 사회적·경제적 기반이 전혀 다른 고려에서 등장한 별초가 그 조직이나 운영원리 상에서 유목민족의 전사단과 같은 성격의 것으로 볼 수 있을지 의문이다.

삼별초의 설치 배경에 대해서는 무신정권의 안정이라는 차원에서 무신정권의 무력기반을 양성하기 위한 것이라는 견해[78]와 몽골침략에

申安湜, 1989 「高麗中期의 別抄軍」『建大史學』 7
尹龍爀, 1977 「崔氏武臣政權의 對蒙抗戰姿勢」, 『史叢』 21·22 합
74) 池內宏, 1926 「高麗의 三別抄에 대하여」, 『史學雜誌』 37-9
金庠基, 1939-41 「三別抄와 그 亂에 대하여」, 『震檀學報』 9·10·13
75) 金塘澤, 1983 「武臣政權時代의 軍制」 「高麗軍制史」 陸軍本部
申安湜, 1989 「高麗中期의 別抄軍」『建大史學』 7
76) 신안식, 1989 「고려 중기의 별초군」, 『건대사학』 7
77) Remco Breuker, 2017 「13세기 한반도의 전사단」 「고려 역사상의 탐색」 집문당

대비하여 최씨정권의 무력기반을 조성하기 위한 것이라는 견해[79], 그리고 공적인 임무를 표방한 야별초를 조직하여 국가의 군사력을 사병화하고 이들로써 시위를 담당하게 함으로써 국왕의 호위를 최씨정권의 군사력에 의존하게 하기 위한 것이라는 견해 등이 제시되었다.[80]

무신집권기에 농민이나 천민층은 무신들의 지배하에서 이전보다 더심한 억압과 수탈을 당하였고[81], 따라서 이들은 무신정권에 대해 가장적대적인 불만세력이 되었다. 또한 국왕의 전통적 권위가 최고로 받들어지는 왕조체제하에서 정변을 통해 집권한 무신정권의 정당성은 쉽게 인정받기 어려웠다. 이러한 무신들의 지배체제에 반대하여 무신집권기 초기에 전국적으로 빈번하게 발생했던 봉기의 주력은 바로 이들 농민과 천민들이었다.

무신정권은 반정권적인 세력들을 억누르고 통제하기 위한 군사적 기반이 필요하였다. 물론 도방(都房)과 같은 사병조직이 존재하였지만 이것만으로는 전국적인 통제가 어려웠고, 또 왕실의 전통적 권위가 유지되는 상황에서 사병의 운영에는 명분상으로도 많은 제약이 따랐을 것이다. 따라서 이러한 상황에 대응하기 위해 조직된 것이 삼별초였다. 이처럼 삼별초는 무신정권 성립 이후에 나타나서 무신정권과 운명을 같이 한 군사조직이었다.

도방이 집정무신의 순수한 사적 무력기반이었다면 삼별초는 무신정권의 안정과 유지를 위한 공적 무력기반이었다고 할 수 있다. 무신정권은 삼별초 조직을 통해서 자신의 무력기반을 강화함과 동시에 사실상 공병조직까지 장악할 수 있게 되었다. 물론 무신정권 성립이후에도 국왕을 정점으로 하는 왕조지배체제가 그대로 유지되었기 때문에 국

78) 劉璟娥, 1988「高麗 高宗·元宗時代의 民亂의 性格」『梨大史苑』22·23
79) 関丙河, 1973「崔氏政權의 支配機構」『한국사』7, 국사편찬위원회
80) 金塘澤, 1983「武臣政權時代의 軍制」『高麗軍制史』
81) 邊太燮, 1984「農民·賤民의 亂」『한국사』7
    尹龍爀, 1991「高麗 對蒙抗爭期의 民亂」『高麗對蒙抗爭史研究』일지사

왕의 군대, 왕조의 군대로서 기존의 군사조직은 명목상으로나마 존속
하였으나 2군6위를 중심으로 하는 국왕의 군사기반은 크게 약화되
었다.[82]

2) 삼별초와 경별초

삼별초와 경별초(京別抄)와의 관계에 대해 중앙의 삼별초(야별초)를
경별초로 보는 견해[83]와 양자를 별개의 존재로 보는 견해가 있다. 양
자를 별개의 존재로 보는 경우에도 경별초를 경군 중에서 가려 뽑은
군인으로 보고 삼별초와 구분하는 견해[84]와 삼별초가 해체된 뒤 그와
대체된 별초군으로 보는 견해[85]로 나누어진다.

경별초라는 용어가 기록상 가장 먼저 나타나는 것은 고종23년 7월인
데 '개주(价州)[86]에 몽골군이 이르자 경별초 교위 희경이 개주 중낭장
과 함께 몽골군을 협격했다'는 기록이다.[87] 이후에도 경별초의 존재는
동북면의 죽도, 북계의 애도와 갈도, 서북면의 가도 등 양계에서 입보
한 해도지역에서 주로 나타난다.[88] 몽골 침략 이후 기존의 방어체제가

---

82) 金塘澤, 1983「武臣政權時代의 軍制」『高麗軍制史』
83) 閔丙河, 1984「崔氏政權의 지배기구」『한국사』7, 국사편찬위원회
84) 金塘澤, 1983「武臣政權時代의 軍制」『高麗軍制史』육군본부
85) 申安湜, 1989「高麗中期의 別抄軍」『建大史學』7
86) 평안남도 개천
87) "蒙兵至价州 京別抄校尉希景 价州中郎將明俊等 伏兵夾擊 殺傷頗多 取鞍馬弓
　　矢衣服等物"(『高麗史節要』권16, 高宗23년 7월)
88) "蒙古散吉大王等 領兵來屯古和州之地 愼執平自僑寓竹島 糧儲乏少 分遣別抄
　　請粟於朝廷 催運他道 守備稍懈 龍津縣人趙暉 定州人卓靑等 與朔方道登文州
　　諸城人合謀 引蒙兵 乘虛殺執平 登州副使朴仁起 和州副使金宣甫 及京別抄等
　　遂攻高城 焚燒廬舍 殺掠人民 遂以和州迤北 附于蒙古 蒙古乃置雙城摠管府于
　　和州 以暉爲摠管 靑爲千戶"(『高麗史節要』권17, 高宗45년 12월)
　　"北界艾葛二島合入各驛人 殺京別抄七人 投蒙古"(『高麗史節要』권17, 高宗46
　　년 3월)

무너진 당시 지방에는 몽골군을 방어하거나 주민들의 산성해도입보를 독려하기 위해 중앙에서 야별초가 파견되었는데 특히 몽골군의 침입 통로에 위치한 양계지역에 우선적으로 파견되었던 것으로 보인다.

경별초는 외별초(外別抄)[89]에 대응되는 명칭이다. 몽골 침입 이후 지방 곳곳에 중앙의 야별초가 파견되어 몽골군에 대응하면서[90] 지방에 파견된 야별초가 지방별초[91]와 구분되어 경별초라 불린 것으로 보인다. 그러나 다음 기록에서 보는 것처럼 몽골 침략 이전부터 이미 지방에서 도둑을 잡는다는 명목으로 중앙에서 야별초가 파견되고 있었다.

삼별초를 파하였다. 처음에 최우가 나라에 도적이 많음을 근심하여 용사들을 모아서 밤마다 순행(巡行)하여 난폭함을 금지하게 하였는데 이로 인해 야별초라 불렀다. 도적이 여러 도에서 일어나자 별초를 나누어 보내 잡게 하였다. 별초군의 수가 매우 많아져서 마침내 좌·우별초로 나누었다.[92]

"西北面兵馬使記官崔坦韓愼 三和縣人前校尉李延齡 定遠都護郎將柱文庇 延州人玄孝哲等 以誅林衍爲名嘯聚龍岡咸從三和人 殺咸從縣令崔元 夜入椵島營 殺分司御史沈元濬 監會朴守奕 京別抄等以叛 洎以李君伯爲北界安撫使 玄文革爲防護將軍 率軍一百五十人遣之"(『高麗史節要』권18, 元宗10년 10월)

89) "敎曰 向者討耽羅時 京外別抄亡命者多 不可不懲故 收其田丁 今天文屢變 欲修德弭災 所收田丁 可悉還之"(『高麗史節要』권19, 元宗14년 10월)

90) "夜別抄指諭李林壽朴仁傑 各帥一百餘人 分向蒙兵屯所"(『高麗史節要』권16, 高宗23년 8월)
"夜別抄朴仁傑等 遇蒙兵於公州孝加洞 與戰 死者十六人"(『高麗史節要』권16, 高宗23년 12월)
"東眞兵入東州境 遣別抄兵禦之 指諭朴天府 率別抄 與戰于高城杆城 皆破之"(『高麗史節要』권16, 高宗36년 9월)

91) 지방 주현에도 경주별초, 扶寧別抄, 牛峯別抄, 喬桐別抄, 登州別抄, 大府島別抄, 충주별초, 原州別抄 등 주현명이 붙은 별초가 존재하였다.

92) "罷三別抄 初崔瑀憂國中多盜 聚勇士 每夜巡行禁暴 因名夜別抄 及盜起諸道 分遣別抄以捕之 其軍甚衆 遂分爲左右"(『高麗史』권81, 兵1, 兵制, 연혁 元宗11년 5월)

즉 여러 도에서 도적이 일어나자 야별초를 보내 잡게 하였다는 것인데, 여기서 도적이란 문자 그대로의 단순한 도둑만을 가리키는 것이 아니라 무신정변 이후 빈번하게 봉기한 반정부적인 지방민을 의미하는 것이다.[93] 그러나 중앙의 삼별초가 본격적으로 지방에 파견되는 것은 몽골침략 이후이다. 몽골의 1차 침략 때까지만 하더라도 종래와 마찬가지로 중앙에서 조직된 방어군이 파견되거나 양계 주진의 방수군과 주진군이 몽골군에 대응하였다. 그러나 몽골의 1차 침략을 겪으면서 양계지역의 방어체제는 거의 파괴되었고, 이후에는 중앙에서 방어군을 편성하는 것도 불가능하게 되었다.[94]

이에 따라 몽골의 2차 침입 때부터는 몽골군과 정면대결을 피하고 지방의 요새를 중심으로 견벽고수(堅壁固守)하는 방식으로 대응하는 전술상에 변화가 나타났다. 또한 중앙에서 삼별초를 파견하여 지방민의 산성해도입보(山城海島入保)를 독려하거나[95] 지방의 군민과 협력하여 몽골군에 대항하게 하였는데, 이러한 과정에서 지방에 파견된 삼별초는 이미 이전부터 지방에 존재하던 외별초와 구분하여 경별초라 부르게 된 것으로 보인다.

3) 삼별초의 구성

삼별초가 처음 조직될 때의 구성원은 용사를 모집한 것이라 하였는데[96] 이 용사의 실체에 대해서 기존 군인층 가운데서 선발된 용맹한

---

93) 金潤坤, 1981 「三別抄의 對蒙抗戰과 地方郡縣民」『東洋文化』20·21
　　金塘澤, 1983 「武臣政權時代의 軍制」『高麗軍制史』육군본부
　　劉璟娥, 1988 「高麗 高宗 元宗時代의 民亂의 性格」『梨大史苑』22·23
94) 權寧國, 1992 「武臣執權期 地方軍制의 변화」『國史館論叢』31
95) 『高麗史節要』권17, 고종45년 정월
96) "罷三別抄 初崔瑀憂國中多盜 聚勇士 每夜巡行禁暴 因名夜別抄"(『高麗史』권81, 兵1, 兵制, 연혁 元宗11년 5월)

자라고 보는 것에는 이론이 없다.[97] 아마도 삼별초가 처음 조직될 때
는 기존의 군사조직, 특히 중앙의 2군6위로부터 정예한 군사력의 상당
부분을 흡수하였을 것으로 생각된다.

그러나 강화천도 이후 수천 명 이상의 규모로 크게 증가한 것으로
보이는 삼별초의 군사력이 어떻게 충원되고 유지되었는지는 알 수 없
다. 이미 무신정변 이전부터 사회경제적 변동에 따라 군역의 주된 담
당층인 농민층이 몰락하였고, 무신집권 이후 계속된 농민항쟁을 거치
면서 많은 농민들이 군역체제로부터 이탈한 상황에서 종래와 같은 징
발기준이나 원칙에 의한 동원은 불가능하였을 것이다.

따라서 중앙의 삼별초를 비롯한 지방별초는 종군 가능한 자들을 중
심으로 필요에 따라 수시로 초모(招募)하였던 것으로 생각된다. 고종3
년에 거란이 침입한 비상 상황에서 부족한 군액을 충당하기 위해 태조
묘예(太祖苗裔)[98], 관직의 유무에 관계없이 종군 가능한 자와 승려[99],
그리고 공사노비까지 충군하기도 하였다.[100]

지방별초의 경우 충주별초의 양반과 노군잡류(奴軍雜類)[101], 원주별

---

97) 金塘澤, 1983「武臣政權時代의 軍制」『高麗軍制史』
　　申安湜, 1989「高麗中期의 別抄軍」『建大史學』7
　　金潤坤, 1993「별초군의 조직」『한국사』18 국사편찬위원회
98) "宰樞重房奏 勿論太祖苗裔 及文科出身 悉令充軍 王從之"(『高麗史節要』권
　　14, 고종3년 11월)
99) "以參知政事鄭叔瞻 爲行營中軍元帥 樞密院副使趙冲 副之 承宣李延壽 都知
　　兵馬事 以五領軍馬屬焉 又括京都人 不論職之有無 凡可從軍者 皆屬部伍 又
　　抄僧爲軍 共數萬"(『高麗史節要』권14, 고종3년 10월)
100) "前軍右軍敗績 以大將軍任輔 爲東南道加發兵馬使 選城中公私奴隷 以充部
　　伍"(『高麗史節要』권15, 고종4년 5월)
101) "忠州官奴作亂 宰樞會崔瑀第 議發兵 州判官庾洪翼 請遣使撫諭 卽以注書朴
　　文秀 前奉御金公鼎 假爲安撫別監 以遣之 先是 州副使于宗柱 每於薄書間 與
　　洪翼有隙 聞蒙兵將至 議城守 有異同 宗柱帥兩班別抄 洪翼 率奴軍雜類別抄
　　互相猜忌 及蒙兵至 宗柱洪翼與兩班等 皆棄城走 唯奴軍雜類 合力擊逐之"
　　(『高麗史節要』권19, 고종19년 1월)

초의 향공진사(鄕貢進士)[102], 부령별초의 의업거인(醫業擧人)[103] 등의 사
례를 통해 볼 때 다양한 신분이 별초에 소속되었음을 알 수 있다. 이처
럼 충군 대상이 크게 확대되어 양인농민층 이외에 종래 군역대상에서
사실상 제외되었던 양반층이나 노비층까지 별초군 조직에 포함되기에
이르렀던 것이다.

4) 삼별초에 대한 대우

삼별초의 경우 군역에 대한 반대급부로서 녹봉(祿俸)이나 토지의 지
급이 있었고, 이 밖에 무신집정들에 의한 사적인 시혜도 있었다. 먼저
삼별초에게 지급된 녹봉에 대해서는 다음의 기록이 주목된다.

> 별초군의 수가 매우 많아져서 마침내 좌·우별초로 나누었다. 또 고려
> 사람으로 몽골에서 도망해 온 사람들로 한 부대를 만들어 신의군이라 하
> 였는데, 이것이 삼별초가 되었다. 권신들이 정권을 잡자 자신의 호위병으
> 로 만들고 녹봉을 후하게 주었다. 사사로이 혜택을 베풀거나 또 죄인의
> 재산을 몰수하여 나누어 주었다.[104]

위의 기록에서 보듯이 권신들이 삼별초를 자신들의 호위병으로 만
들고 녹봉을 후하게 지급한 것으로 되어 있다. 그런데 실제 녹봉의 지
급대상에 삼별초의 지휘부인 장교층은 물론 하층 군사까지 모두 포함
되었는지 분명하지 않다.

---

102) "元冲甲原州人 短小精悍 眼有電光 能臨難忘身 以鄕貢進士 隷本州別抄"(『高
    麗史』권104, 열전17, 元冲甲)
103) "扶寧別抄醫業擧人全公烈 伏兵於高闌寺山路 邀擊蒙兵二十騎 殺二人 取兵
    仗及馬二十餘匹 賞公烈聽本業入仕"(『高麗史』권23, 세가 高宗23년 10월 계축)
104) "其軍甚衆 遂分爲左右 又以國人 自蒙古逃還者 爲一部 號神義 是爲三別抄
    權臣執柄 以爲爪牙 厚其俸祿 或施私惠 又籍罪人之財 而給之"(『高麗史』권
    81, 兵1, 兵制, 연혁 元宗11년 5월)

고려 녹봉제 역사상 하층군사가 녹봉의 지급대상이 되었던 경우가
없었던 것으로 볼 때 녹봉의 지급은 삼별초 지휘부인 장교층에게 국한
되었던 것으로 생각된다.[105] 더구나 강화도로 천도한 이후에는 국가의
재정이 극히 어려워 양반관료들에게 조차 녹봉을 제대로 지급할 수 없
는 상황이었으므로 삼별초의 하층군사까지 녹봉의 지급대상에 포함시
키는 것은 불가능한 일이었을 것이다.

그리고 다음 기록을 통해 삼별초에게 전정(田丁)이라는 토지가 지급
되었음을 알 수 있다.

○ 사면령을 내리기를 " … 제주에서 방수하다가 전사한 장군 고여림,
   영광부사 김수 및 역적 토벌에 종군하였던 경외별초의 아들에게는
   품계를 올려 관직을 상으로 주고, 아들이 없는 자는 그의 부모와 처
   의 부역을 면제시켜 주라. 적중에서 귀순하여 온 자로서 관직이 있
   는 자는 직전(職田)을 돌려주고, 군인에게는 전정(田丁)을 돌려주며, 잡
   류인(雜類人)은 원에 따라 특별히 우대하고 돌보아 주도록 하라."[106]

○ 전지하기를 "지난번 탐라를 토벌할 때 경외별초(京外別抄)들 중에
   서 도망자가 아주 많아 징벌하지 않을 수 없다. 그 때문에 일찍이
   죄상의 경중에 따라 은을 징수하고 전정(田丁)을 회수하였다. 지금
   국가에 어려운 일이 많고 천문의 괴변이 여러 번 나타나니 내가 덕
   을 닦아서 재앙을 그치게 하려고 한다. 이미 징수한 백은 이외에 거
   두어들인 전정은 모두 돌려주게 하라" 고 하였다.[107]

---

105) 金潤坤, 1993「삼별초의 조직」『한국사』18, 국사편찬위원회
106) "赦曰 … 戍濟州戰死將軍高汝霖 靈光副使金須 及從討逆賊 京外別抄之子 超
    資賞職 無子者 復其父母及妻 其自賊中歸順人 有職者還職田 軍人還田丁 雜
    類人從願 特加優恤"(『高麗史』권27, 世家 元宗12년 10월 丁酉)
107) "傳旨曰 向者討耽羅 京外別抄 亡命者甚多 不可不懲 故曾以罪狀輕重 徵銀收
    其田丁 今國家多難 天文屢變 欲修德弭災 其已徵白銀外 其所收田丁 悉令還
    之"(『高麗史』권27, 世家 元宗14년 10월 신미)

위의 자료를 통해 중앙의 삼별초와 지방별초를 의미하는 경외별초에게 관직자의 직전과 구분되는 전정이 지급되었음을 알 수 있다. 삼별초가 조직되었던 무신집권기에는 이미 토지분급제가 붕괴되어 군역에 대한 반대급부로서의 토지지급은 제대로 이루어지지 못하였다. 그뿐만 아니라 군역의 징발에서도 전기와 같은 체계적이고 상비적인 징발체계는 붕괴된 상태에서 군역의 부담능력을 고려하지 않고 종군 가능한 자를 수시로 초모하여 삼별초에 충원하였으므로 군역을 감당하기 위한 경제적 기반이 보장되지 않으면 안 되었을 것이다.

물론 삼별초에 초모된 군인 가운데는 토지를 소유한 자도 포함되었을 것이지만 당시의 상황으로 보아 대부분은 경제력을 갖추지 못하였을 것으로 생각된다. 따라서 군역을 감당할 경제력이 없는 삼별초에게는 타인 소유토지에 대한 수조권을 지급하는 형태로 토지가 지급되었을 것이다.

토지분급제가 붕괴되어 토지지급이 어려운 상황이었지만 무신집권기 이후에도 선군(選軍)과 관련된 기록이 계속 나타나는 것으로 보아[108] 선군급전제(選軍給田制)가 완전히 붕괴된 것은 아니었던 것으로 보인다. 또한 무신정권은 자신의 정권유지와 대몽전쟁 수행을 위한 최소한의 군사력 유지를 위해 삼별초에 대한 경제적 보장책으로서 토지지급을 위해 노력하였을 것이다.

삼별초에 대한 경제적 보장책으로서 녹봉과 전정이 지급되었는데, 녹봉은 주로 지유나 도령 등 지휘부인 장교층에게 지급되었고, 대부분의 일반군사들에게는 전정이 지급된 것으로 보인다. 이처럼 삼별초는 전정의 지급을 통해 안정적인 경제기반을 보장받음으로써 무신집권기에 중심적인 군사력으로서 무신정권에 절대적으로 충성하였고, 대몽전쟁에서도 커다란 활약을 하였으며, 나아가 무신정권과 함께 운명을 같이할 수 있었던 것이다.

---

108) 張東翼, 1986「高麗前期의 選軍」『高麗史의 諸問題』삼영사

5) 삼별초의 성격

삼별초의 조직 동기는 반무신정권적인 세력들을 억압하고 이들을 감시·통제하는 것이었다. 즉 무신정권 성립 후 전국적으로 확대되는 반정권적인 세력들의 반발을 진압하는 것이 삼별초의 주된 임무였다. 이미 도방과 같은 사병조직이 존재하였지만 이것만으로는 정권의 안정과 유지를 위한 전국적인 통제가 어려웠다. 이러한 상황에 대처하기 위해 조직된 것이 삼별초였고, 따라서 무신정권의 안정과 유지가 삼별초의 주된 기능이었다.

그러나 몽골과의 전쟁이 장기화됨에 따라 기존의 군사조직이 붕괴된 상황에서 삼별초는 이전의 중앙군과 같은 역할을 하게 되었다. 즉 삼별초는 국왕의 행차 시에 경호를 담당하였고[109], 반란이 일어났을 때에는 토벌군으로 파견되어 난을 진압하였으며[110], 외적의 침입이 있을 때에는 출정군으로서 나아가 적을 방어하였다.[111]

이러한 기능들은 종래 2군6위가 담당하던 것이었으나 이제는 삼별초가 그 역할을 수행하게 되었는데, 이는 몽골과의 전쟁이 계속된 무신집권기라는 특수한 상황에서 비롯된 현상이라 생각된다.

삼별초는 기존의 지방 주현군과 중앙 2군6위의 관계처럼 지방 별초군의 번상에 의해 삼별초가 구성되었던 것은 아니었다. 양자는 별개의 기반과 조직을 가지고 있었으며, 또한 지휘체계도 달랐다. 삼별초의 지휘체계는 하층군사와 중간 지휘자인 지유(指諭), 그리고 최고 지휘자인

---

109) "王渡江 迎于昇天新闕 夜別抄八十人 衷甲以從"(『高麗史』 권24, 世家 高宗40
    년 11월 辛卯)
    "幸王輪寺 各番都房夜別抄神義軍書房殿前 擁駕而行 觀者感泣"(『高麗史』 권
    24, 世家 高宗45년 4월 辛卯)
110) 『高麗史節要』 권16, 高宗19년 7월 을유
111) 『高麗史』 권23, 世家 高宗22년 10월 辛亥 및 『高麗史』 권24, 世家 高宗45년
    4월 辛丑

도령(都領)의 체제로 되어 있었는데 장교층은 기존 2군6위의 직제를 그대로 따랐다. 무신집권기에 출현하여 무신정권과 운명을 같이한 삼별초는 무신집권기의 특수한 군사조직이었다. 도방이 무신집정의 순수한 사적 무력기반이었다면 삼별초는 무신정권의 안정과 유지를 위한 공적인 무력기반이라 할 수 있다.

삼별초는 기존의 징병체계에 의한 군사동원이 불가능하게 된 상황에서 종군 가능한 모든 계층을 대상으로, 필요에 따라 수시로 징발하여 조직된 군사조직이었다. 따라서 처음에는 임시적인 조직으로 출발하였으나 몽골과의 전쟁이 장기화 되고 기존 중앙군조직이 붕괴된 상황에서 삼별초는 점차 상비군화 하여 이전의 중앙군과 같은 역할을 하였던 것이다.

5. 맺음말

무신정변은 이전부터 진행되어 오던 고려사회의 변화를 가속화시키는 역할을 하였는데 군사적 측면에서도 예외는 아니어서 군사조직은 물론 군역제도에도 큰 변화를 가져왔다. 12세기 이래 농업생산력의 발전과 대토지소유의 확대는 농민층 분해를 심화시켰고, 장기간에 걸친 농민항쟁은 군역 담당층의 감소를 가져와 주현군을 병력의 원천으로 삼던 중앙군이나 양계 방수군체제가 흔들리게 되었다. 또한 무신정변에 의한 정치적 지배세력의 변동은 정권유지의 무력 기반인 군사제도의 변화에 큰 영향을 미쳤으며 그 중에서도 정치권력과 보다 밀착된 중앙군제에 더 많은 영향을 미쳤다.

무신정변 직후 독자적 무력기반을 갖추지 못한 무신집정은 정권쟁탈의 도구로 순검군이나 견룡군 등 국왕의 친위군, 즉 궁성숙위군을 주로 이용하였다. 이는 무신집정들이 바로 친위군 출신이었으므로 그 지휘나 군사력의 동원이 용이하였기 때문이다. 또한 전업군인으로 구성된 친위군이 농민 의무병으로 구성된 시위군에 비해 훨씬 정예군이었으며, 조직규모도 작아 그 지휘권의 장악이나 병력동원이 쉬웠기 때문이다. 그러나 최충헌집권 이후 사병이 본격적으로 조직되면서 기존의 친위군조직은 크게 약화되었다.

그 결과 기존의 여러 친위부대 가운데 일부만이 명목상으로나마 존속하였다. 무신집권 초기에 가장 빈번한 활동을 보이던 순검군은 고종 초 이후 자취를 감추게 되는데 이는 야별초가 조직되어 그 기능을 대신하였기 때문으로 보인다. 또 국왕의 최측근 친위부대인 견룡군은 이후에도 존속하지만 친위군으로서의 기능은 크게 약화되었고, 중금·도지·백갑 등 의장부대적 성격의 친위군은 무신집권기 이후에도 한동안 존속하였으나 충렬왕대에 원의 숙위제가 수용되면서 대부분 이에 흡수되거나 해체된 것으로 추측된다.

한편 전기의 시위군제는 무신정변을 전후하여 해체되거나 변질되는 것으로 이해되어 왔다. 물론 무신정변 전후 군역의 주된 담당계층인 농민층이 몰락하거나 유망함으로써 이전과 같은 번상시위가 제대로 이루어지지 못하였다. 따라서 기존의 시위군은 규정된 군액을 채우지 못하는 경우가 많았다. 그러나 몽골과의 전쟁이 본격화되기 전까지는 외형상으로나마 그 조직이나 기능이 유지되어 각종 반란이나 외적의 침입 시에 출정군으로 동원되었다.

그러나 몽골의 2차 침입 이후가 되면 중앙군을 중심으로 하는 방어군의 편성이 이루어지지 못하고, 대신 지방에 방호별감이 파견되어 요새지를 거점으로 적에 대응하는 방어체제로 전환하였다. 이처럼 지방군의 번상체제가 붕괴됨에 따라 중앙의 시위군은 대정과 교위 등 하급 장교와 개경에서 징발된 소수의 군인들을 중심으로 운영되었고, 대신 삼별초가 조직되어 중앙군과 같은 역할을 하게 되었다.

무신집권기에 출현하여 무신정권과 운명을 같이한 삼별초는 무신집권기의 특수한 군사조직이었다. 도방이 무신집정의 순수한 사적 무력 기반이었다면 삼별초는 무신정권의 안정과 유지를 위한 공적인 무력 기반이었다. 삼별초는 기존의 징병체제에 의한 군사동원이 불가능하게 된 상황에서 종군 가능한 모든 계층을 징발하여 조직된 새로운 군사조 직이었다. 처음에는 임시적인 조직으로 출발하였으나 기존 2군6위체제 가 붕괴되고 몽골과의 전쟁이 장기화 되는 상황에서 점차 상비군화 하 였다.

제2절 지방군제의 변화

1. 머리말

그동안 무신집권기의 군제 연구에서 무신정변을 계기로 2군6위 중심의 기존 군사조직이 유명무실해지고 병권은 무신에 의해 장악되어 사병이 발달한다고 이해되어 왔다. 그런데 이처럼 무신집권기에 들어와 국가의 공병체제가 붕괴되어 기존의 군사조직이 유명무실한 상태가 되었다면, 당시에 고려가 거란 유종의 침입을 격퇴하고, 이어서 몽골의 침입에 대항하여 한동안 저항할 수 있었는지에 대한 설명이 어렵다.

이에 대해 몽골의 침략초기에 주공격 방향이 고려가 아니었기[112]), 육지에서 자발적이고 애국적인 일반민의 항쟁이 있었기 때문이라든가[113], 혹은 몽골에 끝까지 저항하려 했던 무신정권의 자주적인 무사정신 또는 강렬한 투쟁의식이 있었기 때문이다[114])는 등으로 설명하기도 한다.

그러나 이러한 설명들은 고려가 당시 세계 최강의 군사력을 보유하

---

112) 전쟁초기에 몽골의 주공격 방향이 金이나 南宋 등이었고 고려에 대한 공략은 南宋 정복전쟁의 일환으로 수행된 것이었기 때문에 정복전쟁에서 차지하는 비중이 낮았다는 견해이다.(周采赫, 1989「몽골-고려사 연구의 재검토」『애산학보』8)

113) 姜晉哲, 1973「蒙古의 侵入에 대한 抗爭」『한국사』7, 국사편찬위원회
金潤坤, 1979「抗蒙戰에 참여한 草賊에 대하여」『東洋文化』19
尹龍爀, 1991『高麗對蒙抗爭史硏究』일지사

114) 최씨정권의 대몽항쟁의 태도를 고려무인의 전통적인 氣習과 對外精神, 그리고 고려 무사 사이에 흐르고 있던 불굴의 정신으로 설명하거나 (金庠基, 1948「三別抄와 그 亂에 대하여」,『東方文化交流史論攷』) 고려가 몽골제국을 상대로 30여 년간 싸워온 것은 고려무인의 감투정신과 대외적으로 강한 주체성 때문이었다고 하였다.(閔丙河, 1973「崔氏政權의 支配機構」『한국사』3, 국사편찬위원회)

고 있던 몽골에 대항해서 항전할 수 있었던 것에 대한 대답으로 부족
하다. 적어도 군사적인 면에서 볼 때 무신집권기 이전에 비해 크게 약
화되었지만 전쟁초기까지는 군사조직이나 동원체제, 그리고 군사력 등
이 어느 정도 유지되었기 때문에 가능하였던 것으로 생각된다. 고려의
군사조직과 군사력이 결정적으로 붕괴된 것은 조선 초 인물인 이선제
의 지적처럼 몽골군과의 여러 차례 대결을 거치면서였다.[115]

몽골과의 전쟁에서 초기에는 3군 또는 5군의 방어군을 조직하여[116]
몽골군과 정면대결을 벌이기도 하였으나 모두 패배하고 말았다. 최씨
정권이 수도를 강화로 옮긴 이후부터는 몽골과의 정면대결을 피하고
대신 산성 등의 요새를 중심으로 하는 소극적인 방어전으로 전술을 변
화시켰다.

이에 따라 이후의 전쟁과정에서 보다 중요한 역할을 수행한 것은 양
계 주진의 제성군이나 남도의 주현군, 그리고 새로 조직된 별초군이었
다. 따라서 지방군이 큰 피해를 입었고, 지방군제에 큰 변화가 나타날
수밖에 없었던 것이다. 여기서는 무신정변 이후 정치적·사회적 변화에
따른 군사제도의 변화를 양계와 남도의 지방군을 중심으로 살펴보고
자 한다.

---

115) 조선 초기 관료인 李先齊는 양계지역에 한정된 것이기는 하지만 "1城 내에는
    … 防戍將軍과 中郞將·郞將·校尉·隊正이 있는데 이는 軍務를 다스리는 직책
    으로 각기 統屬이 있어 部伍가 엄정하였습니다. 일이 있으면 將帥에게 명해
    出師하게 하고 적이 쳐들어 오면 각기 邑城을 지켜 敗沒함이 드물었습니다.
    (그러나) 元兵이 누차 침입한 이후에는 버티지 못해 士卒이 거의 다 살륙당해
    없어졌고 말기에는 紅賊의 난입으로 王이 播遷하고 中外가 잔멸하기에 이르
    렀습니다"라고 하여 고려 군제의 붕괴시점을 蒙古침략 이후로 보았다.(『文宗
    實錄』 권4, 문종즉위년 10월 庚辰 藝文館提學 李先齊上書)
116) "宰相會崔瑀第 議出三軍 以禦蒙兵 以大將軍蔡松年 爲北界兵馬使 又徵諸道
    兵"(『高麗史節要』 권16, 高宗18년 9월)
    "加發五軍兵馬 以禦蒙兵"(『高麗史節要』 권16, 高宗18년 11월)

2. 양계의 방수군과 주진군

양계는 남도의 일반 행정구역과는 달리 군사적 역할이 특히 중요한 국경지역이었다. 따라서 양계는 남도와는 다른 특수한 행정조직과 군사조직을 갖추고 있었다.[117] 행정조직상 남도지역은 일반 주·군·현이 설치되었는데 비하여 양계지역은 방어주(防禦州)와 진(鎭)이 설치되어 군사적인 주진체제로 편성되었다.

또한 남도지역은 계수관(界首官)이 있는 하나의 주목(州牧)을 중심으로 일반 수령이 파견된 몇 개의 영군(領郡)과 지방관이 없는 속군현(屬郡縣)이 여기에 관령(管領) 또는 예속되는 지방조직을 갖추고 있었는데 반해 양계지역은 주목과 영군이 일원적인 영속(領屬)관계를 이루는 한편 극히 일부지역을 제외한 대부분의 지역에 지방관이 파견되었다.[118]

이와 같이 군사적인 주진체제로 편성된 양계지역에는 지배기구로서 남도의 안찰사(按察使)와는 달리 병마사(兵馬使)가 설치되었다. 이러한 행정조직상의 특징은 양계지역의 군사적인 중요성에서 비롯된 것으로 특히 군사적인 면에서도 이러한 지역적인 차이가 크게 나타나고 있다.[119]

---

117) 양계의 지배조직에 대해서는 다음의 논문들이 있다.
邊太燮, 1971「高麗 兩界의 支配組織」『高麗政治制度史硏究』일조각
末松保和, 1956「高麗兵馬使考」『東洋學報』39-1
李基白, 1968「高麗 兩界의 州鎭軍」『高麗兵制史硏究』일조각
金南奎, 1969「高麗 兩界兵馬使에 대하여」『李弘稙回甲紀念韓國史學論叢』신구문화사
小見山春生, 1983「高麗前期 兵馬使機構에 관한 一考察」『朝鮮史硏究會論文集』20
118) 邊太燮, 1971「高麗兩界의 支配組織」『高麗政治制度史硏究』일조각
119)『高麗史』兵志에 의하면 남도지역의 주현군은 단순히 保勝·精勇·一品으로 병종이 구분되어 군액이 파악되어 있는데 반해 양계지역의 주진군은 지휘관인 장교들의 군액은 물론 하층군인의 군액도 상세히 파악되어 있고, 병종도 남도 주현군보다 자세히 구분되어 있다. 또한 군사조직에서도 남도지역의 主

지금까지 고려전기 양계 주진의 군사조직을 이해하는 데에는 두개의 다른 견해가 있다. 하나는 양계 주진에 대한 방수(防戍)를 위해 중앙에서 파견된 군인과 주진에 토착해 사는 주민, 그리고 원주지인 본관에 가족을 남겨두고 주진에 입거한 군인이 모두 주진군 내에 소속되어 하나의 조직을 이루고 있었다는 견해120)이고, 또 하나는 지휘계통이 다른 두개의 군사조직, 즉 주진장상장교의 지휘를 받는 주진군과 중앙에서 파견되는 방수장군이 지휘하는 방수군이 서로 조직을 달리하는 구성이었다는 견해121)이다.122)

1) 병마사제의 변화

(1) 병마사 기구 구성의 변화

남방의 도제와는 달리 서북면·동북면 또는 북계·동계라 불리는 특수한 행정구역이 설치된 양계지역에는 그 장관으로서 남도의 안찰사에 비견되는 병마사가 파견되었다. 양계병마사는 기록상 성종8년에 처음 설치된 것으로 나타난다.123) 원래 병마사기구는 병마사 1인, 지병마사 1인, 병마부사 2인, 병마판관 3인, 병마녹사 4인 등으로 구성되었고124), 이들 병마사직에는 문신들이 모두 임명되었다.125)

縣 중심의 군사도(軍目道) 편성과는 달리 양계지역은 모든 주진이 주진군의 편성의 단위가 되고 있다. 이러한 사실들은 양계 주진군이 남도 주현군에 비해 보다 조직적으로 편성되고 파악되었음을 보여주는 것이다.(『高麗史』 권83, 兵3, 州縣軍)

120) 李基白, 1968 「高麗 兩界의 州鎭軍」 『高麗兵制史研究』 일조각
121) 趙仁成, 1983 「高麗 兩界의 國防體制」 『高麗軍制史』 육군본부
122) 필자는 양계 주진의 군사조직이 주진의 토착주민들로 조직된 주진군과 중앙에서 파견된 방수군이 별개로 구성되었다는 후자의 견해가 타당하다고 생각한다.
123) 『高麗史節要』 권2, 成宗8년 3월

그러나 실제로는 병마사기구의 구성원이 모두 임명되지 않았다. 예컨대 문종대에는 병마사, 지병마사, 병마부사의 3직 가운데 1직 만이 임명되었는데, 이는 3직이 동시에 모두 임명되어 병마사기구를 구성한 것이 아니었음을 의미하는 것이다. 또한 예종대가 되면 서북면에는 병마사 또는 지병마사가 파견되고 동북면에는 병마부사가 파견되어, 관품이 높은 병마사직이 파견되는 서북면이 보다 중요시 되었음을 알 수 있다.[126]

무신집권기 이후가 되면 종래 문관직이 독점하였던 병마사직에 무관직이 임명되는 변화가 나타났다. 그러나 병마사직을 무관직에서 완전히 독점한 것은 아니었다. 병마사직을 임명할 때에 동북면과 서북면 사이에 문관직과 무관직이 교차로 임명되었고, 같은 계내의 병마사직을 임명할 때에도 상·하직 간에도 문무교차제가 실시되었다.

먼저 병마사직 임명 사례를 통해 서북면과 동북면 사이에 문무교차제의 실시 상황을 살펴보기로 한다.

○ 상장군 권절평을 서북면병마사, 상서우승 송단을 동북면병마사로 삼았다.[127]

○ 상장군 백존유를 서북면지병마사, 태부경 문후식을 동북면지병마사로 임명하였다.[128]

○ 전추밀원사 조충을 서북면병마사로 임명하였다. (대장군) 오수기를

---

124) 병마사기구의 구성원으로 兵馬使(3品) 1인, 知兵馬使(3品) 1인, 兵馬副使(4품) 2인, 兵馬判官(5,6품) 3인, 兵馬錄事(參外權務) 4인이 설치되고 있다.(『高麗史』 권77, 百官2, 外職 兵馬使)

125) 邊太燮, 1961 「高麗朝의 文班과 武班」『史學硏究』 11; 1971 『高麗政治制度史硏究』 일조각

126) 邊太燮, 1971 「高麗兩界의 支配組織」『高麗政治制度史硏究』 일조각

127) 『高麗史節要』 권12, 明宗12년 3월

128) 『高麗史』 권21, 世家 神宗원년 정월

동북면병마사에 임명하였다.129)

○ 판사재사(判司宰事) 이윤함을 서북면병마사로, 대호군 금휘를 동북
면병마사로 임명하였다.130)

○ 판장작감사(判將作監事) 김변을 동북면병마사, 대장군 태집성을 서
북면병마사로 각각 임명하였다.131)

○ 대장군 박돈보를 동북면병마사, 우간의 유준공을 서북면병마사, 최
임수를 지서경유수로 삼았다.132)

위에 열거한 기록은 무신집권기 동안 서북면과 동북면의 병마사가
동시에 임명되는 사례들을 정리한 것인데 예외 없이 양계 사이에 문무
교차제가 지켜지고 있는 것을 볼 수 있다. 즉 어느 한 쪽에 문관직이
임명되면 다른 쪽에는 반드시 무관직이 임명되었다.

또한 이전에는 동북면보다 서북면에 높은 관품의 병마사직이 임명
되었으나 무신집권기 이후가 되면 양계 모두 병마사 기구의 최고직인
병마사 또는 지병마사가 동등하게 임명되었다. 이러한 변화는 계속되
는 전란으로 인해 서북면에 못지않게 동북면의 중요성이 커졌기 때문
일 것으로 추정된다.

다음은 동일 계내에서 문무교차제가 실시된 사례들이다.

ⓓ 동북면병마사 간의대부 김보당이 동계에서 군사를 발동하여 정중
부와 이의방 등을 토벌하고 전왕(의종)을 복위시키려 하니 동북면
지병마사 한언국이 군사를 이끌고 이에 호응하였다. 장순석 등을
거제로 보내 전왕을 모셔다가 계림에 있게 하였다.133)

129) 『高麗史』 권22, 世家 高宗4년 7월, 9월
130) 『高麗史』 권22, 世家 高宗12년 7월
131) 『高麗史』 권22, 世家 高宗15년 정월
132) 『高麗史』 권23, 世家 高宗19년 정월

ⓔ 고종13년 정월에 서북면병마부사 장군 김희제, 병마판관예부원외랑
손습명, 감찰어사 손국첨 등이 (金을 토벌하기 위해) 보병과 기병 1
만여 명을 뽑았다. 김희제는 중군을 거느리고, 손습경은 좌군을 거
느렸으며, 송국첨은 우군을 거느렸다.134)

위의 기록은 동북면과 서북면의 동일 계내에서 동시에 2인 이상의
병마사직이 임명되고 있는 사례들이다. 먼저 ⓓ의 동북면의 경우 병마
사 김보당은 간의대부로서 문관임을 알 수 있으나 지병마사인 한언국
이 문관인지 무관인지 나타나 있지 않다. 이 보다 1년 전인 명종2년 7
월에 한언국이 우간의로서 동지공거가 되어 진사를 선발한 사실이 있
는 것으로 보아135) 한언국 역시 문관이었음을 알 수 있다. ⓓ의 사건이
일어난 명종3년 8월까지만 하더라도 무신들이 아직 외관직을 차지하
지 못한 상태였기 때문에 동북면병마사직에는 모두 문신들이 임명되
고 있었다.

그러나 ⓔ의 경우 서북면병마부사에는 무관이, 판관에는 문관이 임
명되어 문무교차제가 실시되고 있음을 알 수 있다. 이는 명종3년 10월
에 모든 외관직에 무신을 병용하게 한 조처 때문이라 생각된다.136) 정
권을 장악한 무신들이 병마사직을 독점하지 않고 문무교차제를 실시
한 이유는 외관의 기능상 무관이 감당할 수 없는 직무가 있었기 때문
일 것이다.

이처럼 무신집권기 이후에는 그동안 문관만이 임명되던 양계병마사
직의 구성에 변화가 일어나 양계 간이나 동일 계내의 병마사직에서
문·무가 교차로 임명되었는데, 이는 무신의 권력 장악과 세력 확장으

133) 『高麗史』 권19, 世家 명종3년 8월
134) 『高麗史節要』 권15, 고종13년 정월
135) 『高麗史』 권73, 選擧1, 選場 명종2년 7월
136) "制 自三京四都護八牧 以至郡縣館驛之任 竝用武人"(『高麗史節要』 권12, 明
宗3년 10월)

로 인해 나타난 변화로 이해할 수 있을 것이다.

(2) 병마사 기능의 변화

양계병마사의 기능은 서북면과 동북면을 행정적으로 통치하는 것뿐만 아니라 군사적으로 국경을 방위하는 것이었다. 그리고 이 두 기능 중 양계의 지역적 특성상 군사적 기능이 보다 중요시 되었다는 것이 종래 병마사 기능에 대한 일반적인 이해이다.[137) 그러나 이에 대해 무신집권 이전까지는 병마사의 군사상 기능에서 일반 외관과 근본적인 차이가 없었다는 견해도 있다.[138)

실제로 무신집권기 이전의 기록들에 나타나는 병마사의 활동 상황을 볼 때 군사적인 면에서 일반 외관과 구별되는 특별한 기능을 찾기 어렵다. 그러나 무신집권기 이후가 되면 병마사기구 구성원의 변화와 함께 병마사의 적극적인 군사행동이 나타나기 시작한다.

즉 양계 병마사의 관할 하에 있는 관원의 공과에 대한 포상이나 처벌의 주청, 외교문서의 수발, 외적의 침입이나 지방민의 봉기 등 변방의 급보를 중앙에 보고하는 통상적인 기능 이외에 주민의 봉기나 외적의 침입에 대해 병마사가 직접 군대를 지휘하여 전투에 참여하는 모습들이 보인다. 예컨대 조위총 여중(餘衆)의 봉기 시에는 서북면병마사가

---

137) 末松保和, 1956「高麗兵馬使考」『東洋學報』39-1
　　 邊太燮, 1971「高麗兩界의 支配組織」『高麗政治制度史研究』일조각
138) 무신집권 이전의 병마사 기능을 보면 일반 외관과 차이가 없으나 명종 대부터 남도 안찰사도 군사적의 직무를 수행하는 사례가 자주 보이기 때문에 비록 연대의 흐름에 따라 그 기능의 변화가 인정되기는 하나 직접적인 군사행위의 면에서는 양계의 병마사와 남도의 안찰사는 그 병력 차이에 상응할 만한 본질적인 차이는 찾아보기 어렵다. 그러므로 양계병마사의 가장 중요한 기능은 중앙 정부에 대해 극히 위협적인 존재가 될 수 있는 지방군사력의 집중지인 양계주진에 대한 감독과 감시였다고 본다.(金南奎, 1969「高麗 兩界 兵馬使에 대하여」『李弘稙回甲紀念韓國史學論叢』신구문화사)

군사를 동원하여 봉기 진압에 참여하였고[139], 또 거란·여진·몽골 등의
침입 시에도 병마사가 제성군(諸城軍)을 모아 싸우거나[140] 직접 방어군
을 조직하여 전투에 참가하였다.[141]

　이처럼 무신집권기 이후가 되면 이전과는 달리 양계 병마사의 적극
적인 군사행동이 많이 나타나고 있다. 양계의 경우 병마사가의 군사적
기능이 중요한 지역임에도 불구하고 전기에는 병마사에 의한 군사행
동을 거의 찾아볼 수 없는데, 이는 후기에서처럼 이민족의 침입이나
지역민의 봉기 등이 빈번하지 않았던 이유도 있지만, 아울러 병마사직
에 모두 문신이 임명되었기 때문이라 생각된다. 그러나 무신집권 이후
가 되면 병마사직에 문관과 무관이 교차로 임명됨으로써 병마사직의
군사적인 활동이 많이 나타나게 된 것이다.

2) 양계 방수체제의 붕괴

(1) 방수장군의 기능 강화

　양계 주진에는 토착주민으로 조직된 주진군 이외에 남도로부터 번
상한 방수군(진수군)이 주둔하였다. 방수군은 방수장군의 지휘 하에 양
계 주진에 들어와 국경을 방수하는 임무를 수행하였다. "대장군 오수
기를 보내 보졸 수천으로 동계를 방수하게 하고 아울러 그 계(界)의 제
군을 거느리게 하였다."[142]라는 기록에서 볼 수 있는 것처럼 중앙에서
파견된 방수장군은 거느리고 간 방수군은 물론 그 계 내의 주진군까지

---

139) 『高麗史節要』 권12, 明宗9년 4월
140) 『高麗史節要』 권15, 高宗3년 10월, 고종5년 11월. 권16, 고종18년 9월. 권17, 고
　　종43년 4월 등
141) 『高麗史節要』 권15, 高宗13년 정월
142) "遣大將軍吳壽祺 以步卒數千 防守東界 兼領東界諸軍"(『高麗史節要』 권15,
　　고종4년 정월)

지휘하였다.

주진군의 최고 지휘관인 도령(都領)이 중낭장 또는 낭장이었으므로
이들은 중앙에서 파견되는 방수장군의 지휘 하에 있었다.『고려사』병
지에 기록된 양계 주진의 장교구성을 보면 중낭장 이하 대정까지만 있
고 장군급 지휘관은 없는데, 이는 방수장군이 주진의 토착민 출신 지
휘관이 아니라 중앙에서 파견된 지휘관임을 말해주는 것이다.143)

방수장군이 양계의 모든 주진에 파견되었는지는 알 수 없다. 조선
초 인물인 이선제가 「고려식목형지안(高麗式目形止案)」에 있는 고려 전
성기 때 양계 제성의 방어제도를 소개한 것을 보면 북계의 경우 모든
성에 방수장군이 배치되었던 것처럼 설명하고 있다.

> 지금 「고려식목형지안」에서 제성의 방어제도를 살펴보니 중국 제위의
> 법에 약간 부합합니다. 우선 몇 읍의 군제를 들어 아뢰겠습니다. … 1성
> 내에는 사·부사·판관·법조가 있는데 이는 민사를 다스리는 관직이고, 방
> 수장군과 중낭장·낭장·교위·대정이 있는데 이는 군무를 다스리는 직임
> 으로 각기 통속이 있어 부오(部伍)가 엄정하였습니다. 일이 있으면 장수
> 에게 명해 출사(出師)하게 하고 적이 쳐들어오면 각기 읍성을 지켜 패몰
> 함이 드물었습니다.144)

이선제는 고려시대의 북계 제성에는 방수장군을 비롯해 중낭장 이
하 대정까지의 지휘관이 있었던 것처럼 설명하고 있다. 이선제의 설명
과 같이 모든 성에 방수장군이 배치되었다면 서북면의 경우 주진의 수
가 40여 개이므로 적어도 40명 이상의 방수장군이 파견되어야 할 것이
다. 그러나 방수장군으로 파견될 수 있는 중앙의 장군급 무관직은 60여
직에 불과하므로145) 동계를 포함한 양계의 모든 주진에 방수장군을 파

143) 趙仁成, 1983「高麗 兩界의 國防體制」『高麗軍制史』육군본부
144)『文宗實錄』권4, 文宗 즉위년 10월 庚辰 藝文館提學 李先齊上書
145) 중앙의 2軍6衛에 소속된 將軍이상 上장군과 大將軍의 수는 60여 인이다.

견한다는 것은 불가능한 일이다.[146)]

　따라서 방수장군은 양계의 특정 주진에만 파견되었을 것으로 생각
된다. 실제 기록을 통해 볼 때 방수장군이 파견되지 않은 주진을 많이
찾을 수 있다. 예컨대 조위총 난 당시 유일하게 조위총 군에 호응하지
않았던 연주(延州)의 경우 주진군 최고지휘관인 도령이나 주장(州將)[147)]
이외에 방수장군의 존재는 전혀 보이지 않는데[148)] 이는 방수장군이 파
견되지 않았기 때문이라 생각된다. 당시 여러 기록들을 통해 방수장군
의 존재를 확인할 수 있는 주진은 의주(義州)[149)], 인주(麟州)[150)], 정주(靜
州)[151)], 선주(宣州)[152)], 삭주(朔州)와 창주(昌州)[153)], 정주(定州)[154)] 등이다.

　방수장군은 무신정변 이후 무신의 지위 상승에 따라 그 동안 문신이
독점하던 병마판관직을 겸하고, 아울러 병마판관이 겸하던 분도원까지
도 겸하여 분도장군으로도 불리었다.

　　○ 옛 제도에 의주는 두 나라의 관문이 되는 곳으로 무릇 사신의 내주
　　(來住)와 문첩의 출입이 여기에서부터 시작되었다. 그러므로 문신

---

146) 防戍將軍이 4품 품계의 將軍職 이상만을 의미하는 것이 아니라 州鎭軍의 최
　　고지휘자의 의미로 사용되었을 가능성도 있다. 예컨대 양계지역에 파견된 병
　　마사 이외에 지병마사나 병마부사도 모두 병마사로 통칭되었던 것처럼, 방수
　　장군이 파견된 州를 제외한 소규모의 주진에는 장군급 이하의 中郎將이나 郎
　　將 등이 파견되어 이들도 방수장군이라 불리었을 가능성도 있다. 그러나 대부
　　분의 州鎭에는 중낭장·낭장 등 토착의 지휘관이 있었기 때문에 중앙에서 동
　　급의 지휘관이 파견된다면 지휘체계에 혼란이 나타날 수 있을 것이다.
147) 州鎭軍의 將校를 가리키는 것이라 생각된다.
148) 『高麗史節要』 권12, 明宗4년 9월
149) 『高麗史節要』 권12, 明宗9년 6월, 명종11년 3월. 권15, 高宗6년 10월, 고종10년
　　5월. 권16, 고종18년 8월
150) 『高麗史節要』 권12, 明宗6년 3월 및 권15, 高宗9년 정월
151) 『高麗史節要』 권15, 高宗9년 7월 및 권16, 고종18년 9월
152) 『高麗史節要』 권15, 高宗4년 12월
153) 『高麗史節要』 권12, 明宗11년 3월. 권14, 高宗3년 8월. 권16, 고종18년 9월
154) 『高麗史節要』 권15, 高宗4년 2월

을 뽑아 맡아보게 하고 그 분도원도 또한 상참관(常參官)으로 명망
이 있는 자를 보냈다. 그런데 경인년 이후 무신이 정권을 잡아 변방
을 방수하는 장군으로 하여금 모두 병마의 임무를 띠게 하고 분도
로 삼았다. 때문에 창주와 삭주의 두 성은 모두 장군에게 맡기고,
의주는 문서의 주고받음이 있는 곳으로서 문·무 2인을 겸치하여 주
인(州人)이 공급하는 비용 때문에 괴로움을 당하였다. 송저가 병마
사가 되자 (州人이) 호소하기를 "우리 읍은 본래 북변의 잔향(殘鄕)
인데 문·무 분도가 항시 한 성에 거주하니 공급하는 비용이 부족하
여 몇 년 되지 않아 폐허가 될 것입니다. 속히 아뢰어 편의에 따라
몇 개의 성을 나누어 관장하게 하기를 청합니다."라고 하니 송저도
옳게 여겨 문관은 의주분도로 삼아 영주(靈州)와 위원진을 (이에)
예속시키고, 무관은 정주(靜州)분도로 삼아 인주와 용주를 (이에)
예속시키자고 아뢰니 제(制)를 내려 이에 따랐다.155)

○ 양계의 병마판관을 승격하여 부사로 하고 방수중낭장에게 각(角)이
있는 복두(幞頭)를 쓰게 허락하였다. 처음에 방수장군은 병마(사)의
직무를 띠지 않았으나 경인년 이후에 비로소 병마판관을 겸하게 하
고 이때에 승격시켜 부사로 하였다. 방수중낭장은 사명(使命)이 아
니어서 각이 없었는데 이때 와서 아울러 각을 허락하였다.156)

위의 두 기록을 통해 볼 때 원래 분도는 서북면의 경우 의주·삭주·
창주 등 관문에만 설치된 것으로, 하나의 큰 주(州)를 중심으로 하여 주
위에 있는 몇 개의 주진을 예속시킨 것임을 알 수 있다.157) 무신집권
이전에는 병마사기구를 구성하는 문관 출신인 3인의 병마판관158)이 분

---

155) 『高麗史節要』 권12, 명종11년 윤3월
156) 『高麗史節要』 권14, 신종원년 5월
157) 邊太燮, 1971 「高麗 兩界의 支配組織」 『高麗政治制度史硏究』 일조각
　　　小見山春生, 1983 「高麗前期 兵馬使機構에 관한 一考察」 『朝鮮史研究會論
　　　文集』 20
158) "成宗八年置於東西北面兵馬使一人三品 玉帶紫襟 親授斧鉞赴鎭 專制閫外
　　　知兵馬事一人 亦三品 兵馬副使二人四品 兵馬判官三人五六品 兵馬錄事四
　　　人"(『高麗史』 권77, 백관2, 外職 兵馬使)

도원을 맡고 있었고, 또한 분도에는 방수장군이 파견되었다.

그러나 무신집권 이후에는 종래 문관이 임명되던 병마판관직을 방수장군이 겸하게 되고 동시에 분도원도 겸하게 되었다. 그런데 분도 가운데 의주는 사신과 문서의 왕래가 시작되는 곳이기 때문에 문·무 2인의 분도원이 임명되었는데 경비가 과다하게 소요되어 주민에게 그 폐해가 컸다. 때문에 문관 1인을 의주분도로 삼고 나머지 1인의 무관(방수장군)은 정주분도로 삼게 하여 분도 하나가 새로 설치된 셈이다.

전기의 기록에는 서북면에서 의주·삭주·창주 3개의 분도만이 발견되고[159], 또한 3명의 병마판관이 분도원을 겸하고 있었던 사실로 미루어 볼 때 무신집권기 이전에는 3개의 분도가 있었던 것이 아닌가 한다. 따라서 정주(靜州)는 무신집권 이후 의주분도에 임명되었던 2인의 문·무관을 의주와 정주에 각각 나누어 분장시키는 과정에서 새로이 분도가 된 것을 알 수 있다.

그리고 신종원년에는 방수장군이 겸임한 병마판관직이 병마부사로 승격되었다. 이는 방수장군이 병마판관직을 겸임한 이후 4품의 방수장군과 5·6품의 병마판관 간의 품계가 서로 일치하지 않던 모순을 이때에 와서 해결한 것이라 생각된다.

이처럼 양계 주진에 파견된 무신출신의 방수장군이 종래 문신들이 독점하던 병마사직을 겸할 뿐만 아니라 아울러 문관 상참관(常參官) 이상이 임명되던 분도원까지 겸하게 됨으로써 방수장군의 기능은 한층 강화되었다. 이는 병마사기구의 변화와 함께 무신집권 이후 정치세력의 변동과 양계지역의 군사적 중요성이 그만큼 커진 당시의 상황을 배경으로 한 것이라 생각된다.

159) 小見山春生, 1983 「高麗前期 兵馬使機構에 관한 一考察」『朝鮮史硏究會論文集』 20

(2) 양계 번상체제의 붕괴

양계 주진의 군사력은 주진군과 방수군으로 구성되어 있었다. 주진
군은 주진의 토착주민들로 조직된 군대로서 역시 토착인 출신의 지휘
관인 주진장상장교(州鎭將相將校)의 지휘를 받았다. 한편 방수군은 남
도의 각 주현에서 개경으로 번상하여 6위를 구성한 보승·정용 중의 일
부가 교대로 방수장군의 지휘하에 양계 주진에 들어가 방수의 임무를
담당하였으며 주진입거군인(州鎭入居軍人)이라고도 불리었다.

다음은 중앙군 중 일부가 방수장군의 지휘 하에 변방의 방수에 동원
되는 사실을 보여주는 자료이다.

  (문장필은) 경인년(의종24년)에 □□ 임금이 번저로부터 들어와 즉위하
 자 중랑장으로 발탁되었다가 상서공부낭중으로 □(옮기고?) 어(御)□□행
 (行)□□이 되었다. 왕태자부지유로 옮겼다가 몇 년 되지 않아 금오위정
 용차장군겸어사잡단□□부사(金吾衛精勇借將軍兼御史雜端□□副使)로서
 본군을 거느리고 북변을 방수하였는데 창주를 분도하였다.[160]

문장필은 명종 초 금오위 소속 정용군의 차장군(借將軍)으로서 휘하
의 본군을 거느리고 북변을 방수하였는데 창주를 분도하였다. 여기서
본군이란 6위를 구성하는 영(領)의 최고 지휘자인 장군 휘하의 군사를
뜻하는 것으로[161] 본령군(本領軍)이라고도 불리었다.[162] 창주에 파견된
방수군은 금오위에 소속된 6령의 정용 가운데 1령이었을 것으로 생각
된다.

---

160) "庚寅歲 □□上由藩邸 入卽大位 擢授中郞將 □尙書工部郎中 爲御□□行□
    □ 移王太子府指諭 未數歲 以金吾衛精勇借將軍兼御史雜端□□副使 領本軍
    防□北邊 分道昌州"(김용선 편저, 2006『고려묘지명집성』한림대출판부)
161)『高麗史節要』권15, 高宗5년 5월
162) "(振威縣人 叛亂時) 遣將軍奇允偉 率本領軍及神騎二班 與忠淸按察使 追捕
    南賊"(『高麗史節要』권15, 高宗4년 정월)

또한 문장필이 북변을 방수할 때 창주를 분도하였다고 하였는데 이 것은 창주 분도장군을 겸하였다는 의미이다. 이처럼 주현에서 개경으 로 번상하여 6위를 구성한 보승·정용의 38령 중에서 일부가 교대로 방 수에 동원되었고, 휘하의 군대를 거느리고 입진한 장군이 분도장군을 겸하였던 것이다.

앞에서 살펴보았듯이 방수장군이 모든 주진에 파견된 것이 아니었 던 것처럼 방수군도 일부 주진에만 파견되었을 것이다. 방수장군이 배 치되었던 의주·삭주·창주·정주(靜州)·인주·선주·정주(定州) 등이 곧 방 수군이 파견된 주진이었다. 이들 주진은 대부분 대륙에서 한반도로 통 하는 관문에 위치하는 군사적 요충지로서, 국방상 최전선에 해당되는 곳이며 외적이 침입하는 입구가 되었다. 거란이나 몽골의 침입도 바로 이들 주진의 공격으로부터 시작되었다.[163]

무신집권기 이후 방수장군과 방수군의 파견이나 활동상을 전하는 기록은 대체로 몽골 침입초기까지 보이고 강화천도 이후에는 찾을 수 없다. 무신집권 초기인 명종대[164]와 고종초 거란 침입 시[165], 그리고 한순·다지 여당의 봉기나 금나라 침입시[166]에도 방수군의 파견이나 방 수장군의 활동 모습을 볼 수 있다. 그러나 몽골의 1차 침입시의 활동을 마지막으로[167] 이후에는 방수군에 관한 기록을 전혀 찾을 수 없는데 이는 양계지역으로 방수군의 번상이 더 이상 이루어지지 않았기 때문 이라 생각된다.

이처럼 방수군의 번상체제가 붕괴된 원인은 군역 담당층인 농민층 의 몰락과 함께 계속된 몽골의 침략으로 국경의 방어체제가 붕괴되었

---

163) 6차례에 걸친 몽골의 침입도 대부분 이곳 주진들을 통해 이루어졌다.
164) 『韓國金石文追補』 申甫純 墓誌 및 文章弼 墓誌. 『高麗史』 권100, 열전, 陳俊.
　　『高麗史節要』 권12, 明宗11년 3월 및 권14, 神宗원년 5월 등
165) 『高麗史節要』 권14, 高宗3년 8월·9월. 권15, 고종4년 정월·5월
166) 『高麗史節要』 권15, 高宗9년 7월, 고종10년 5월, 고종13년 정월, 고종16년 5월
167) 『高麗史節要』 高宗18년 8월·9월

고, 강화천도 이후에는 대몽전술이 지방의 산성이나 요새를 중심으로
한 방어위주의 전술로 전환하였기 때문이다.

3) 주진군의 해체

(1) 주민의 봉기와 주진군

무신집권 이후 서북면지역에서는 조위총 난을 시작으로 한동안 주
민들의 봉기가 계속되었다. 조위총 난에 앞서서 창주·철주·성주 등지
에서 수령에 대한 불만이 폭발하여 주민이 봉기하였으나 서북면병마
사가 이를 제지하지 못한 일도 있었다.[168] 명종4년에 일어난 서경유수
조위총의 거병은 무신정권에 대한 문신 지배체제를 회복하기 위한 것
으로서 기본적으로는 지배계급 내부의 권력쟁탈전의 성격을 띠었다.

여기에는 서경은 물론 안북도호부 등 자비령 이북 40여 성의 주민이
가담하였는데, 봉기군의 지휘부는 조위총을 우두머리로 하는 북계 제
성의 도령이고 주력군은 제성의 도령이 지휘하는 주진군이었다.

상층 지휘부를 구성한 도령이하 주진군 장교는 조위총과는 달리 이
지방의 토착세력으로서 분도원·방수장군·방어사 등 중앙에서 파견된
관리들과 알력이 심하였던 것으로 보인다. 건국 초 독자적인 세력기반
이 미약하였던 고려 왕실은 세력기반을 확보하기 위해 서경경영에 주
력하면서 서경세력을 육성하였다.

그 결과 국초 왕권의 정비과정에서 왕권이 위협을 받을 경우 서경세
력의 도움으로 위기를 모면하기도 하였다. 이처럼 서경세력은 왕실의
보호와 지지에 의해 육성되었고, 역대 국왕은 수시로 서경에 행차하면
서 서경을 중시하였다.

---

168) 『高麗史節要』 권12, 明宗2년 6월

그러나 무신정변 이후 무신에 의해 정권이 장악되면서 국왕의 서경 행차가 중단되었다. 이것은 서경세력이 왕실의 보호와 지원으로부터 소외당함을 의미하는 것으로서 그동안 왕실에 의해 육성되었던 서경 세력은 당연히 정통성을 갖지 못하는 무신정권에 반발할 수밖에 없었 던 것이다.169) 이처럼 반무신정권적 성향을 가진 서북면지역의 지방 세력은 중앙정부의 통제력 이완을 틈타 독자적인 세력으로 성장하 였다.170)

이들 지방세력에 대해 중앙에서는 한편으로 회유하고 한편으로 통 제하는 정책을 실시하였다. 무신집권 이후 무신출신의 방수장군으로 하여금 병마판관과 분도원의 직을 겸하게 한 것은 바로 양계 주진에 대한 통제를 강화하기 위한 방책이었다고 생각된다. 그리하여 조위총 난 이후 서북면 지역의 계속된 봉기에서 방수장군과 분도원이 수령과 함께 지방 토착세력의 공격대상이 되었던 것이다.171)

한편 농민층으로 구성된 주진군172)의 봉기는 지휘부의 의도와는 달 리 반봉건 항쟁의 성격을 띠었다. 무신정권 성립 후 국가의 과중한 수 취와 지방관들의 불법적인 수탈이 농민출신 하층군인을 봉기에 가담 하게 한 근본적인 원인이었다. 특히 양계지역은 남도와 달리 복잡한 지배구조로 되어 있어서 병마사·감창사·분도원·수령 등에 의한 중복 수탈이 행해졌던 것이다.

예컨대 고종6년 10월에 의주별장 한순과 낭장 다지 등이 방수장군과 수령을 죽이고 봉기한 일이 있었는데, 이 때 중앙에서 파견된 선유사

---

169) 河炫綱, 1988 「高麗時代의 西京」『韓國中世史研究』일조각
170) 金南奎, 1989 「明宗代 兩界 都領의 性格과 活動」『高麗兩界地方史研究』새 문사
171) 明宗6년 3월에도 麟州人들이 防戍將軍과 義州分道·防禦判官을 죽이고 조위 총에게 호응한 일이 있었다.(『高麗史節要』권12, 명종6년 3월)
172) 양계지역은 변경이라는 지역적 특성상 주민의 대부분이 州鎭軍에 편입되어 행정적·군사적으로 통제를 받았고, 따라서 양계지역에서의 주민봉기는 대부 분 주진군조직과 연결되어 있었다.

(宣諭使)가 봉기의 원인을 변성(邊城) 수령들의 탐학 때문이라고 보고하자, 최우는 분도(分道)·분대(分臺)·감창사(監倉使) 등을 귀양시키거나 좌천한 일이 있었는데[173], 이러한 사실을 통해 당시 이 지역에서 일어난 봉기의 원인을 짐작할 수 있다.

또한 이 지역은 사행(使行)의 통로였고, 특히 서경은 중앙으로부터 고위관리들이 자주 왕래하는 곳이어서 타 지역에 비해 수탈이 심하였던 곳이다. 무신정권은 봉기군에 대해 여러 차례의 토벌군을 파견하였으나 쉽게 진압하지 못하였고, 회유와 지휘부에 대한 분열공작을 통해 겨우 진압할 수 있었다. 봉기가 진압된 후 국가는 이 지역에 대한 중앙정부의 통제를 강화하는 한편 지방세력에 대해서 타협하고 회유하는 이중정책을 실시하였다.

먼저 서경에 대한 중앙의 통제를 강화하기 위한 방법으로 서경의 관제를 개편하였다. 부유수와 판관 등 서경 유수관직에 임명되는 관원의 품계를 올려 부유수는 종래의 4품 이상에서 정3품으로, 판관은 6품 이상에서 5~6품으로 하였다.[174] 또 서경인에 대한 감시를 위해 녹사 4인 중 2인과 의조(儀曹)·호조(戶曹)·병조(兵曹)·보조(寶曹)·창조(倉曹)·공조(工曹) 등 6조의 사(史) 2인 중 1인은 반드시 상경인(上京人)으로 임명하게 하였다.[175]

또한 관제의 개편과 함께 서경의 경제기반이 되는 서경식록미(食祿米)를 개정하여 서경의 경제기반을 약화시켰다. 종래 서경의 대창(大倉)에서 받아들이던 세량(稅糧) 중에 서경에 필요한 최소한의 경비만 남기고 나머지는 모두 상경창(上京倉)으로 이납(移納)하게 하였다.[176] 이 밖

---

173) 『高麗史節要』 권12, 明宗6년 10월, 7년 정월
174) "明宗八年更定 副留守一人正三品 判官二人五六品 司錄一人七品"(『高麗史』 권77, 百官2, 西京留守官)
175) "明宗八年更定 … 錄事四人 二差上京人"(『高麗史』 권77, 百官2, 外職 西京留守官)
　　 "明宗八年 更定官制 儀曹令丞各一人 文武交差 史二人 一差上京人 … 工曹貝吏 亦同上"(『高麗史』 권77, 百官2, 外職 西京留守官 屬官)
176) "明宗八年四月 更定 食祿米一年納一萬三千一百三十六石 幷移納上京倉 轉

에도 청사와 공수전(公須田)도 개정하였는데[177] 자세한 내용은 알 수
없으나 대체로 이전에 비해 축소 조정되었을 것으로 생각된다. 이러한
조치들은 서경에 대한 중앙정부의 통제 강화를 의미하는 것으로 그 결
과 서경의 독립성은 약화되고 반면 중앙에 대한 예속성이 크게 강화되
었다.[178]

서경에 대한 중앙정부의 통제 강화와 함께 토착세력들에 대한 회유
정책을 실시하였다. 즉 항복한 봉기군의 우두머리들에게 관직을 제수
하기도 하고[179] 국왕이 양계 제성의 상호장(上戶長)과 도령(都領)을 친
히 불러 물품을 하사하기도 하였다.[180] 당시 정부의 힘으로는 이 지역
토착세력에 대한 완전한 제압이 현실적으로 불가능한 상황이었으므로
이러한 회유정책을 쓰지 않으면 안 되었던 것이다.[181]

봉기 실패 후 서경을 중심으로 한 서북면지역은 큰 타격을 받았을
것이나 국가의 회유와 타협정책에 의해 지방세력과 봉기에 가담했던
주진군의 군사력은 상당 정도 보존되었을 것으로 생각된다. 특히 봉기
의 주력군이 주민들로 구성된 주진군조직이었음에도 불구하고 서북면
은 국경지역이라는 군사적 특성 때문에 국방력의 약화를 우려하여 정
부는 봉기세력에 대해 강경한 조치를 취할 수 없었을 것이다.[182] 그리

米稅租 幷一萬三千一百三十六石十三斗三升 除六曹令丞 及別將校尉隊正 歲
給祿六百二十石 燃燈八關齋祭客使等 年內用度 都計四千三百二十一石二斗
及年內別齋祭等 不虞之備 一千五百石 外幷移納上京倉"(『高麗史』 권80, 食
貨3, 西京官祿)
177) "更定西京公廨田有差"(『高麗史』 卷78, 食貨1, 田制 公廨田柴 明宗8년 4월)
178) 河炫綱, 1988「高麗時代의 西京」『韓國中世史硏究』 일조각
179) 『高麗史節要』 권12, 明宗8년 10월
180) "御便殿 引見東西兩界諸城上長都領 賜上長匹段 都領錦衣金帶馬一匹 以平
西之後 盜賊頻起 慮復動搖 有此賜 識者嘆其姑息"(『高麗史節要』 권12, 明宗8
년 11월)
181) "西北面兵馬使崔遇淸 斬靜州都領純夫 郞將金崇純夫等 屢謀逆 國家姑息不
討 至是遇淸 誘州人殺之 王下詔褒之"(『高麗史節要』 권12, 明宗7년 12월)
182) 金南奎, 1989「武臣執權期 兩界 地方勢力의 政治的 動向」『高麗兩界地方史

하여 이후 서북면지역에서 거란의 침입을 격퇴하고, 또 몽골 침입 시에 강하게 저항할 수 있는 군사력이 유지될 수 있었던 것이다.

(2) 몽골의 침략과 주진군

주진군이 가담한 서북면지역에서의 계속된 봉기에도 불구하고 주진 군조직은 대체로 유지되고 있었다. 그러나 몽골 침략 이후 대부분의 주진이 함락됨으로써 주진의 군사력은 큰 타격을 입었다. 특히 고종18년에 있었던 몽골의 1차 침입 시에 가장 큰 피해를 당한 서북면지역의 주진군은 결정적으로 붕괴되었던 것으로 보인다.

몽골의 1차 침입 시에 서북면의 주진은 귀주(龜州)와 자주(慈州) 등 몇 개를 제외하고는 거의 대부분이 몽골군에 의해 함락되었는데, 당시 서북면 주진의 피해 상황은 다음과 같다.

○ 함신진(咸新鎭,의주): 고려 국경의 관문으로서 고종8년 반역하였다는 이유로 함신이라 불렀는데 몽골군은 이곳을 통해 침입하였다.[183] 당시 방수장군으로 수성의 책임을 맡고 있던 조숙창은 의주 부사 전간과 함께 별 저항 없이 성을 들어 항복하였다. 이로써 의주의 주진군은 몽골군에 의해 해체당하고 나아가 몽골의 이이제이(以夷制夷) 정책에 따라 북계 제성의 공격에 이용당하였다.[184]

○ 인주(麟州): 압록강 하구에 위치한 북계의 대표적인 진성으로서 도령이었던 홍복원이 편민 1,500호를 거느리고 항복하였다. 이로써 홍복원 휘하에 있던 인주 주진군 병력의 거의 전부가 전쟁초기에 적에게 넘어가게 되었다.[185]

研究』새문사

183)『高麗史』권56, 志12, 地理3

184)『高麗史節要』권16, 高宗18년 8월 및『高麗史』권130, 列傳 趙叔昌

185) 周采赫, 1974「洪福源 一家와 麗元關係」『史學研究』24

○ 철주성(鐵州城)[186]: 의주를 거쳐 내려온 몽골군은 함신진에서 이미 항복한 고려의 관원과 주민을 이용하여 철주성을 공격하였다. 이에 철주방어사 이원정, 판관 이희적의 지휘하에 철주성에 입보한 철주민은 몽골 정예군에 보름간 저항하다 식량이 다하고 구원의 희망이 없자 처자들을 죽이고 자결함으로써 함락되었다. 오랜 저항 후 함락된 철주성은 저항에 대한 보복으로 철저하게 유린당하였다.[187]

○ 창주(昌州): 고종18년에 몽골군의 침략으로 성읍이 파괴되어 폐허가 되었다.[188]

○ 정주(靜州): 고종18년 9월에 몽골군이 철주를 함락시킨 후 정주를 침략하자 정주분도장군 김경손이 결사대 12명을 거느리고 귀주로 도망하였다.[189]

○ 삭주(朔州): 고종18년 9월에 몽골군이 철주를 함락한 후 정주(靜州)를 침범하자 삭주분도장군 김중온은 성을 버리고 귀주로 모였다.[190]

○ 용주(龍州): 고종18년 9월에 몽골군이 용주를 포위하니 항복을 청해 용주부사 위소가 생포되었다.[191]

○ 선주(宣州)와 곽주(郭州): 모두 고종18년 9월에 몽골군에 함락당하였다.[192]

---

186) 철주성은 成宗代에 강동 6주의 하나로 고려영토에 편입된 후 현종대에 방어 설비가 완성되었다. 鐵州城의 병력은 中郎將 1인, 郎將 1인, 別將 4인, 校尉 16인, 隊正 32인, 行軍 870명, 白丁 62隊로 구성되어 있었다.(『高麗史』 권83, 兵3, 州縣軍)
187) 『高麗史節要』 권16, 高宗18년 8월 및 『高麗史』 권121, 列傳 文大
188) 『高麗史』 권56, 志12, 地理3
189) 『高麗史節要』 권16, 高宗18년 9월
190) 위와 같음
191) 위와 같음
192) 위와 같음

○ 평주(平州): 고종18년 11월에 평주에서 몽골 첩자를 가두자 몽골이
이에 대한 보복으로 주의 관리를 죽이고 성을 도륙하였다.[193]

○ 안북도호부: 중앙에서 파견된 3군으로 편성된 방어군이 안북부에
입성하여 살례탑의 몽골군을 맞아 싸우다가 대패하였다.[194]

이밖에 영덕진(寧德鎭)·서창진(瑞昌鎭)·정종진(定從鎭)·영삭진(寧朔鎭)
·안의진(安義鎭)·가주(嘉州)·박주(博州)·위주(渭州)·태주(泰州)·운주(雲
州) 등 몽골군이 거쳐간 주진도 모두 몽골군에 의해 유린당하거나 함
락되었다.[195] 이처럼 몽골의 1차 침입 시에 가장 치열했던 전투지역인
서북면지역에서는 주진의 거의 대부분이 함락되었고, 그 결과 주진군
도 결정적인 피해를 입었다.

뿐만 아니라 화의가 성립된 후에는 왕경과 북계 제성에 다루가치(達
魯花赤)가 설치되고[196], 탐마적군(探馬赤軍)이 파견되어[197] 40여 성이
몽골의 영향권 안에 들어가게 되었다.[198] 또 고종19년 3월에는 몽골의
요구에 따라 서경 도령과 전 정주부사로 하여금 배 30척과 수수(水手)
3천을 거느리고 몽골에 가게 하였다.[199] 이에 따라 고려의 국경 방어군

---

193) 『高麗史節要』 권16, 高宗18년 11월
194) 『高麗史』 권18, 세가 高宗18년 10월 및 『高麗史節要』 권16, 高宗18년 10월
195) 尹龍爀, 1991 「蒙古의 高麗 來侵」 『高麗對蒙抗爭史研究』 일지사
196) "北界龍岡宣州 蒙古達魯花赤四人來"(『高麗史節要』 권16, 高宗19년 5월)
　　 "上命將撒里塔火里赤 領兵爭討 國人洪福源 迎軍投降 附近州郡 亦有來歸者
　　 撒里塔火里赤 卽與福源 攻未附州郡 撒里塔火里赤 又差阿兒禿 與福源 赴其
　　 王京 招其主王睰 睰遣弟懷安公請和 隨置王京及諸州郡 達魯花赤七十二人鎭
　　 撫 卽班師"(『元高麗紀事』 太宗3년 신묘 9월)
197) "太宗三年十二月 蒙古軍分屯王京城外 閔曦夏來犒 札剌亦儿台遣使持牒入城
　　 諭降 王睰使弟倎獻方物 札敕亦儿台夏征賄 王睰又獻國賜 且遣使上表自陳 札
　　 剌亦儿台遂承制 置京府及州縣達魯花赤七十二人 以也速迭儿帥探馬赤軍 留鎭
　　 之"(『新元史』 권132, 札剌亦兒台豁兒赤 列傳)
198) 周采爀, 1970 「初期 麗元戰爭과 北界 40餘城 問題」 『史學會志』 16
199) "遣西京都領鄭應卿 前靜州副使朴得芬 押船三十艘 水手三千人赴蒙古 從其

인 주진군은 유지될 수 없었고, 이후 더 이상의 항전이 불가능하게 되었다.[200]

이처럼 몽골군의 침략으로 대부분의 주진이 함락되었을 뿐만 아니라 또한 주민들은 해도나 산성으로 입보하거나 남쪽으로 이사하여 주진 사이에 병속이 이루어지기도 하였다. 당시 최씨정권은 몽골군에 대한 대응전략으로 산성해도입보책을 실시하였는데 북계지역에서는 몽골의 1차 침입 때부터 입보책이 실시되었다.

몽골의 1차 침입 당시 양계 주진의 해도입보와 주진간의 병속(倂屬) 상황은 다음과 같다.[201]

○ 선주: 고종18년에 몽골병을 피해 자연도에 들어갔다가 원종2년에 출륙하였다.

○ 운주: 고종18년에 몽골병을 피해 해도에 들어갔다. 원종2년에 출륙하여 가산 서촌에 우거하면서 연산부에 예속되었다가 공민왕20년에 군이 되었다.

○ 박주: 고종18년에 몽골병을 피해 해도에 들어갔다. 원종2년에 출륙하여 가주에 속하였다가 공민왕20년에 군의 명칭을 회복하였다.

○ 가주: 고종18년에 몽골병을 피해 해도로 들어갔다. 원종2년에 출륙하여 태주·박주·무주·위주 등을 모두 본군에 소속시켜 5성을 겸관하였다. 뒤에 태주·무주·위주 3주는 따로 설치하고 오직 박주만 그대로 소속시켰다가 공민왕20년에 박주도 따로 설치하였다.

○ 곽주: 고종18년에 몽골군을 피해 해도로 들어갔다. 원종2년 출륙하여 수주에 예속되었다가 공민왕21년에 군의 명칭을 회복하였다.

請也"(『高麗史節要』 권16, 高宗19년 3월)
200) 尹龍爀, 1991 「蒙古의 高麗 來侵」『高麗對蒙抗爭史研究』 일지사
201) 『高麗史』 地理志에 의거해 작성하였으므로 일일이 전거를 밝히지 않음.

○ 맹주: 고종18년에 몽골군을 피해 해도에 들어갔다가 고종44년에 은주에 병합되었다. 원종2년에 출륙하여 안주 속현이 되었다가 공양왕3년에 따로 현령을 두었다.

○ 덕주: 원종원년에 몽골군을 피해 안주의 노도에 들어간 후 5번이나 옮겼다. 충렬왕6년에 옛 땅을 회복하여 성주에 소속되었다가 공민왕20년에 분리되어 지주사가 되었다.

○ 무주: 고종18년에 몽골군을 피해 해도에 들어갔다. 원종2년에 출륙하여 옛 위주성에 있으면서 가주에 속하였다가 공민왕18년에 태주에 이속되었다. 공양왕3년에 따로 감무를 두었다.

○ 태주: 고종18년에 몽골군을 피해 해도로 들어갔다가 원종2년에 출륙하여 가주에 소속되었다.공민왕15년에 무주와 위주를 본군에 소속시켜 지태주사를 삼았다가 우왕7년에 나누어서 무주와 위주의 2주를 설치하였다.

○ 은주: 고종18년에 몽골군을 피해 해도로 들어갔다. 후에 출륙하여 성주의 속현이 되었다가 공양왕3년에 감무를 두었다.

○ 수주: 고종18년에 창주가 몽골군에 함락될 때 주민이 자연도로 들어갔다가 원종2년에 출륙하여 곽주 해변에 우거하였다. 창주 주민이 땅을 상실했으므로 곽주 동쪽 16촌과 곽주 소속의 안의진을 떼어 주어 지수주사라 칭하고 그대로 곽주를 겸임하게 했는데 공민왕20년에 다시 나누어서 따로 곽주를 설치하였다.

○ 창주: 고종18년에 몽골군의 침략으로 성읍이 파괴되어 폐허가 되었다. 주민은 남쪽 인주 소속의 자연도로 입보했다가, 고종37년에 서해도 안악현으로 이사하였으며, 그 후 다시 해도로 피난하였다가 원종2년에 출륙하였다. 출륙 후에도 원읍으로 돌아가지 못하고 곽주 해안에 우거하다가 지수주사라 칭하고 곽주를 겸하였다.

○ 함신진: (몽골에 항복했던) 함신진부사 전간이 고종18년 10월에 이
   민을 거느리고 보신도로 입보하였다.

○ 안변도호부: 고종 때에 정평 이남의 제성이 몽골의 침입으로 강릉
   도 양주로 옮겼다가 다시 간성으로 옮겼다. 거의 40년이나 있다가
   충렬왕24년에 각기 본래의 성으로 돌아왔다.

위의 여러 사례들에서 보는 것처럼 몽골군의 침략으로 양계 주진의
대부분이 몽골군에 함락되거나 해도로 입보하였고, 출륙 후에는 주진
간에 병속이 이루어짐으로써 양계의 주진체제는 유지되지 못하였다.
이처럼 주진체제가 붕괴됨으로써 그에 기반을 두었던 주진군 조직도
당연히 붕괴되지 않을 수 없었을 것이다. 몽골의 2차 침입 이후부터 양
계 주진에서 전투상황을 전하는 기록을 찾아보기 어렵고, 또한 몽골군
이 별다른 저항을 받지 않고 단기간에 남부지역 깊이까지 침투할 수
있게 된 것은 바로 양계지역의 방어체제가 붕괴했기 때문이라 생각된다.
몽골의 3차 침입 직전의 양계 주진의 상황을 보면 의주와 정주의 경
우 인물이 소모되고 주민이 섬으로 옮겨 농사를 짓지 못하니 관리를
둘 필요가 없어서 정주부사로 하여금 의주를 겸해 다스리게 하는 형편
이었다.[202]

한편 서경에서는 고종20년 5월에 필현보[203], 홍복원[204]이 중앙에서
파견한 선유사(宣諭使)를 죽이고 반란을 일으키자[205], 최우는 가병(家

---

202) "詔 義靜二州 人物凋殘 且移入水內不得耕種 不宜各置官吏 其以靜州副使 兼
   理義州"(『高麗史節要』 권16, 高宗22년 3월)
203) 畢賢甫는 서경에 세력기반을 가진 將校로서 홍복원과 연결하여 서경에서 자
   신의 세력확대를 꾀했던 인물로 추측되고 있다.(尹龍爀, 1991 「蒙古의 高麗
   來侵」 『高麗對蒙抗爭史硏究』 일지사)
204) 麟州 都領이었던 홍복원은 몽골의 1차 침입시 編民 1500戶를 거느리고 항복
   하였는데 이후 몽골침략의 앞잡이 노릇을 하면서 몽골세력을 등에 업고 북계
   지역에서 강력한 권력을 행사하였다.(周采赫, 1974 「洪福源 一家와 麗元關係」
   『史學硏究』 24)

兵) 3천을 보내 북계병마사와 함께 이들을 토벌하게 하여 필현보는 사로잡았으나 홍복원이 몽골로 도망하자 그의 일가를 사로잡고 나머지 주민은 해도로 옮겼다.206)

이후 서경은 고종39년 10월에 다시 서경유수관이 설치될 때까지 폐허로 남게 되었다.207) 이 반란의 결과 서경유수관이 폐지되었을 뿐만 아니라 서경의 주진군조직도 완전히 무너지게 되었을 것이다. 그 결과 3차 침입 당시 몽골군은 열흘 정도의 짧은 기간에 북계 제성을 점령하면서 서해도까지 진출할 수 있었던 것이다.208)

3차 침략군이 철수하는 고종26년 이후 34년까지 몽골의 침략이 멈춘 시기가 있었는데 이 기간 동안 고려정부는 양계지역에서의 대비책을 전혀 마련하지 않았다. 다만 고종30년 2월에 각 도에 순문사(巡問使)를 파견하고, 방어태세를 갖추기 위해 37인의 산성권농별감(山城勸農別監)을 파견하였으며209), 4차 침략이 시작되기 직전인 고종34년에 삼남지방을 중심으로 진무사(鎭撫使)를 파견하였을 뿐이다.210)

그 결과 몽골의 침략이 재개되었을 때 양계 주진에서는 저항다운 저항 한번 해보지 못하고 곧바로 해도로 입보하는 상황이었다. 이러한 사실은 양계 주진이 몽골침략에 대한 방어진지로서의 기능을 상실하였음을 의미하는 것이다.

4차 침입이후인 고종37년을 전후해서 북계의 여러 주진이 남방의 서경기와 서해도로 집단적으로 이사를 하였는데211) 이는 더 이상 자체적으로 주진을 유지할 수 없는 상황이 되었기 때문이다. 고종38년 정월에

---

205) 『高麗史節要』 권16, 高宗20년 5월
206) 『高麗史節要』 권16, 高宗20년 12월
207) 『高麗史節要』 권17, 高宗39년 10월
208) 尹龍爀, 1991 「蒙古의 高麗 來侵」 『高麗對蒙抗爭史硏究』 일지사
209) 『高麗史』 권79, 食貨2, 農桑
210) "丁未春 國家因胡寇備禦 以三品官爲鎭撫使 分遣三方"(『補閑集』 下)
211) "北界昌州 請入近地 許之 移于安岳縣 先是威州 亦遷于殷栗縣 自此 北界州民 皆內徙西京畿內 及西海道"(『高麗史節要』 권16, 高宗37년 3월)

강화에 온 몽골 사신이 "나라의 북변이 심하게 파괴되어 울타리가 없는 것 같다"[212]고 한 것은 당시 북계지역 방어체제의 피폐한 상황을 잘 표현한 것이라 할 수 있다.

5차 침략 이후가 되면 양계지역에는 별초군 이외에 주진군이나 방수군의 활동은 전혀 보이지 않는다. 이것은 몽골의 침략시마다 공격 통로가 되었을 뿐만 아니라 몽골군의 활동이나 주둔기간이 길었던 양계지역의 방어체제가 완전히 붕괴되어 더 이상의 저항이 불가능하게 되었음을 말해주는 것이다. 이후 양계지역에는 동녕부와 쌍성총관부가 설치되어 원의 직접 지배하로 들어가게 되었다.

3. 남도 주현군의 붕괴와 주현별초의 설치

1) 주현군의 붕괴

양계지역 이외의 남부의 5도와 경기지역에는 군사도인 군목도(軍目道)를 단위로 주현군이 조직되었다. 『고려사』 병지에는 지방관이 파견된 주현(主縣)을 단위로 군목도를 설정하고 주현군의 군액을 기록하였지만 실제로는 주현이 아닌 속현에도 주현군이 설치되었다.[213]

주현군의 가장 중요한 기능은 수도 개경으로의 번상시위(番上侍衛)[214]와 양계지역으로의 입진방수(入鎭防戍)였는데, 이 임무는 주현군

---

212) "高伊曰 國之北鄙 殘破已甚 如家無藩籬"(『高麗史節要』 권17, 高宗38년 정월)
213) 李基白, 1965 「高麗 州縣軍考」『歷史學報』 29
214) ① 州縣軍의 番上에 대해 府兵制의 입장에서는 주현군의 개경으로의 교대 번상을 인정한다.
　　末松保和, 1959 「高麗의 42都府에 대하여」『朝鮮學報』 14
　　姜晉哲, 1963 「高麗 初期의 軍人田」『淑明女大論文集』 3
　　李佑成, 1965 「高麗의 永業田」『歷史學報』 28

의 보승군과 정용군이 담당하였다. 주현군 기능의 또 하나는 자신이 거주하는 향토의 방위와 치안유지, 즉 지방관아·창고·성곽 등의 경비와 포도·순찰 등이었는데 이러한 임무는 주현군의 일부가 교대로 주현의 치소(治所)에 번상하여 수행하였을 것으로 생각된다.215)

외적의 방어나 반란의 진압을 위해 동원되는 것 역시 주현군의 중요한 임무였다. 이때는 보승과 정용군만이 아니라 일품군도 포함한 대부분의 주현군이 동원되었고, 특히 대규모 출정시에는 일반민까지도 동원대상이 되었을 것이다.216) 이 밖에도 주현군은 중앙이나 지방의 노역에도 동원되었다. 특히 노역의 전담부대로서 일품군이 있었으나 보승군과 정용군도 평시에는 군사적인 노역에 많이 동원되었다.217)

무신집권 이후 주현군은 크게 약화되었지만 대체로 대몽전쟁 이전까지 외형상 조직은 유지되었던 것으로 보인다. 그러나 몽골과의 전쟁이 본격화 하면서 주현군은 결정적으로 붕괴하였다. 그 결과 전쟁후기가 되면 주현군의 존재는 점차 기록에 보이지 않고 대신 별초군이라는 새로운 군사조직의 활동이 나타난다.

---

② 軍班制의 입장에서는 주현군 중의 保勝·精勇은 중앙정부의 직접적인 지휘계통 속에 놓여 있었고, 또 중앙군의 편제상에 존재했을 가능성은 있다고 하면서도 이들의 번상은 인정하지 않는다.
　李基白, 1965「高麗 州縣軍考」『歷史學報』29
③ 軍班制의 입장에 있으면서 中央軍을 구성하는 保勝·精勇은 주현군 중의 保勝·精勇이 番上한 것이라는 견해도 있다.
　金塘澤, 1983「高麗 初期 地方軍의 形成과 構造」『高麗軍制史』陸軍本部
215) 고려가 모범으로 삼은 당나라의 경우 부병은 주현의 치소로 번상(州上)하여 성문이나 창고·軍坊·馬坊·長行坊·館驛 등의 경비를 담당하였다.(菊池英夫, 1970「府兵制度의 전개」『世界歷史』5)
216) 唐의 府兵制에서도 대규모 출정시에 부병만으로 출정군 편성이 불가능했기 때문에 18세 이상의 中男까지도 모두 徵發대상이 되었다.(菊池英夫, 970「府兵制度의 전개」『世界歷史』5)
217) 李基白, 1965「高麗 州縣軍考」『歷史學報』29; 1968『高麗兵制史研究』일조각

그러면 대몽전쟁이 시작되기 이전시기와 이후시기로 나누어 주현군의 활동 상황과 변화 모습을 살펴보기로 한다. 무신집권 초기의 주현군은 이전과 다름없이 외형상으로는 기존의 조직을 유지하였고, 그 활동에도 별다른 변화가 보이지 않는다. 외적의 침입이 없었던 무신집권 초기에는 주로 노역이나 봉기의 진압에 동원되었고, 특히 노역 동원이 많았다.

ⓕ 우리의 성상(明宗)이 즉위하여 난적을 제거하고 여러 가지 법도를 정돈하며 오로지 선정을 새롭게 함에 이르러 (先覺)국사의 법손인 운암사 주지 중대사 지문이란 자가 (비 세우는 일)를 대사씨에게 아뢰어 마침내 왕의 허락을 얻었다. 광양현의 공강(貢紅)을 불러 돌을 싣고 옥룡사로 운반하였다. 왕은 이에 내시 양온서승 박봉균을 보내어 그 일을 맡기고 대사 설호정 이양정에게 그 땅을 살펴보게 하였다. 석공으로 화엄사 승려들을 부르고, 역부로 광양과 구례 2현의 군인을 징발하였다. 감무원인 장사랑위위주부 한언방과 장사랑위위주부 강림서가 그 역사를 감독하고 주지 지문이 실제로 그 일을 총괄하였다. 며칠 되지 않아 일을 마쳤는데 당이 3간이 되었다. 대정12년(명종2년) 임진 10월 19일에 비를 세웠다.[218]

ⓖ 처음에 전주사록 진대유가 자못 청렴한 것을 자부하여 형벌 사용이 심히 혹독하니 백성들이 이를 몹시 고통스럽게 여겼다. 국가에서 정용·보승군을 보내어 관선을 제조하게 하니 대유와 상호장 이택민등이 일을 독촉함이 심히 가혹하였다. 이에 기두(旗頭) 죽동 등 6인이 난을 일으켜 관노와 불령자(不逞者)들을 불러 모아 대유를 산사로 내쫓고 택민 등 10여 가를 불태우니 이(吏)가 모두 도망가 숨었다. 판관 고효승을 위협하여 주리를 바꾸게 하니 효승은 단지 인장을 줄 뿐이었다. 안찰사 박유보가 주에 들어오자 적은 군대의 대오를 성대히 베풀고 대유의 불법을 열거하며 호소하였다. 안찰사는 부득이 대유에게 칼을 씌워 서울로 보내고 화복으로 적들을 효유했으나 듣지 않자 이에 도내병을 모두

---

218) 『朝鮮金石總覽』 上, 「光陽玉龍寺先覺國師證聖慧燈塔碑」 先覺國師碑陰記

징발하여 토벌하였다.[219)

ⓗ 외방 역군을 나누어 3번으로 하였다. 옛 제도에 여러 주의 일품군은 2
번으로 나누어 가을에 교대하여 순환하였는데 근래에 영조(營造) 때문
에 합쳐서 사역하다가 지금 나누었다.[220)

ⓕ는 명종2년에 광양현의 옥룡사에 선각국사비를 세운 과정을 기록
한 비문의 일부이다. 원래 명종 이전에 최유청 등이 선각국사의 비를
세우려 하였으나 이 일을 추진하던 인물들이 유배를 당하거나 관직에
서 쫓겨남으로써 뜻을 이루지 못하였다. 그러나 명종이 즉위하면서 선
각국사의 법손인 지문이 왕의 허락을 얻어 다시 일을 추진할 수 있게
되었다. 그리하여 그동안 국청사에 방치되어 있던 비석 만들 돌을 운
반하기 위해 광양의 공물 운반선을 동원하였고, 광양과 구례 2현의 군
인들을 역부로 징발하였다. 광양은 승평군의 속현이고, 구례는 남원부
의 속현으로 이 두 현은 각기 서로 다른 군목도에 속해 있었다. 여기서
감무[221)가 감독한 군인들은 광양과 구례에서 징발된 일품군이었을 것
이다.[222)

ⓖ는 국가에서 보승과 정용을 관선 제조에 동원한 기록이다. 이 때
전주의 사록과 상호장이 사역을 감독한 것으로 보아 보승과 정용은 군
목도인 전주도 내의 주현군이었을 것으로 생각된다.[223) ⓗ는 주현군
중 일품군이 노동부대로서 2번으로 나뉘어 교대로 노역에 동원되었음

219) 『高麗史』 권20, 世家 明宗12년 3월
220) 『高麗史節要』 권13, 明宗21년 8월
221) 『高麗史』 地理志에 의하면 求禮는 仁宗21년에 감무가 설치되었지만 光陽은
    감무의 설치시기가 不明이다.
222) 「淨兜寺五層石塔造成形止記」에서도 一品軍이 석탑 조성을 위한 役夫로 동원되
    고 있는 것을 볼 수 있다.(『韓國金石文追補』 「淨兜寺五層石塔造成形止記」)
223) 全州界內의 保勝과 精勇의 군액은 각각 150인과 1,214인이었는데, 관선제조에
    동원된 보승과 정용은 이들 가운데서 징발되었을 것으로 생각된다.(『高麗史』
    권83, 兵3, 州縣軍)

을 보여주는 기록으로 일품군은 역군(役軍)으로도 불리었음을 알 수 있다.

이처럼 무신집권기 초기에 주현군은 이전과 마찬가지로 중앙 또는 지방의 노역에 역부로 징발되어 사역되었다. 전시가 아닌 평시의 경우 주현군은 군사적인 활동보다는 노역에 더 많이 동원되었을 것으로 생각된다. 즉 농민 출신인 주현군은 비번시에는 요역이나 공역의 형태로, 당번시에는 군역의 형태로 역역(力役)에 동원된 것이다.

다음으로 이 시기에 보이는 주현군의 주된 활동은 당시 빈번하게 일어나고 있던 지방민의 봉기 진압에 동원되는 것이었다. 대규모 봉기의 경우는 대부분 중앙에서 토벌군이 편성되어 파견되었고, 소규모 봉기 시에는 주현군이 주로 동원되었다.

예컨대 명종4년에 일어난 조위총 난 때에는 중앙에서 3군으로 편성된 토벌군이 파견되었고[224], 명종6년의 망이·망소이 봉기 때에는 중앙에서 장사 3천을 불러 모아 토벌하게 하였다.[225] 또한 명종7년 이후 계속된 조위총 여중의 봉기 때에도 중앙에서 토벌군을 파견하였다.[226]

그러나 소규모 봉기가 일어나거나 여러 곳에서 동시 다발로 발생하여 중앙으로부터 토벌군 파견이 어려울 때는 주현군을 동원하였다. 명종7년 2월에 서해도에 도적이 일어났을 때는 호부원외랑을 보내 주현군을 징발하여 토벌하게 하였고[227] 명종12년에 전주에서 기두 죽동 등이 봉기를 일으켰을 때에도 안찰사로 하여금 도내병(道內兵)을 징발하여 토벌하게 하였다.[228] 명종23년에는 동남로안찰부사가 동경 등지에

---

224) "遣中書侍郎平章事尹鱗瞻 率三軍以擊位寵"(『高麗史節要』 권12, 明宗4년 10월)
225) "公州鳴鶴所民 亡伊亡所伊等 嘯聚黨與 自稱山行兵馬使 攻陷公州 遣祗候蔡元富 郎將朴剛壽等 宣諭 賊不從 二月 召募壯士三千 命大將軍丁黃載 將軍張博仁等 討之"(『高麗史節要』 권12, 明宗6년 2월)
226) "遣五軍別號 討西賊"(『高麗史節要』 권12, 明宗7년 8월)
　　"發五領軍 往捕西賊"(『高麗史節要』 권12, 明宗8년 4월)
227) "盜起西海道 遣戶部員外郎朴紹 發州縣兵 討之"(『高麗史節要』 권12, 明宗7년 2월)
228) "全州旗頭竹同等作亂 … 竹同等六人 嘯聚官奴及群不逞者 … 於是 發道內兵

서 일어난 봉기의 진압에 실패하자 경군의 파견을 요청하여[229] 중앙에서 토벌군이 파견되었는데[230] 아마도 진압에 실패한 초기에는 주현군이 동원되었던 것으로 보인다.

이처럼 무신집권기에도 지방에서 봉기가 일어났을 경우 그 규모에 따라 중앙군 또는 지방군이 진압에 동원되었는데, 특히 반란의 규모가 작거나 중앙에서 토벌군의 파견이 어려울 때에는 주현군이 주로 동원되었음을 알 수 있다.

한편 이 시기에 일어난 지방민의 봉기와 관련된 특징의 하나는 군인들이 주도하거나 참여한 봉기가 많이 발생하고 있다는 점이다. 먼저 명종4년에 일어난 조위총 난은 기본적으로 무신정권에 대한 문신관료의 권력회복이라는 지배계급 내부의 정권쟁탈전의 성격을 갖는 것이지만, 도령의 지휘하에 농민으로 조직된 주진군이 가담하여 반봉건 항쟁의 성격도 지니고 있었다.

이것은 무신정권 성립 후 서북면 지역의 독특한 통치구조, 즉 남도와는 달리 병마사·감창사·분도장군·수령 등의 복잡한 지배기구[231]에 의한 중복된 수탈과 사행의 통로라는 요인에 의해 농민이자 주진군인이 지역 주민에 대한 부담이 가중되었기 때문이다.

다음 명종12년 3월에 일어난 전주 군인 기두 죽동 등의 봉기[232]는 군인들에 대한 가혹한 역역(力役) 징발에서 비롯된 것이었다. 봉기한 군인들의 타도 대상이 된 것은 상호장을 비롯한 주리(州吏)와 사록(司祿) 등이었다. 향리들은 지방사회에서 농민들에 대한 조세징수와 역역징발 등의 행정실무를 일선에서 수행하였으며, 특히 상호장은 주현군의 장

討之 賊閉城固守"(『高麗史節要』 권12, 明宗12년 3월)

229) "東南路按察副使金光濟 討賊不克 請遣京兵"(『高麗史節要』 권13, 明宗23년 2월)

230) "以上將軍崔仁 爲南路捉賊兵馬使 大將軍高湧之 都知兵馬事 率將軍金存仁 史良柱 朴公襲 白富公 陳光卿 往討之"(『高麗史節要』 권13, 明宗23년 11월)

231) 邊太燮, 1971「高麗 兩界의 支配組織」『高麗政治制度史研究』 일조각

232) 『高麗史』 권20, 世家 明宗12년 3월

교를 겸하는 위치에 있었다.

사록은 사록참군사(司祿參軍事)로도 불리는데 지방에서 향리들을 지휘·감독하여 중앙정부의 민에 대한 수취를 원활하게 하는 임무를 띠고 있는[233] 동시에 향리를 교체할 수 있는 권한도 가지고 있었다.[234] 따라서 사록은 외관 관속층 가운데 향리층과 가장 밀접하게 관련을 맺고 있었고, 또한 주민들과도 가장 접촉이 많은 위치에 있었다.

그리하여 이들은 농민봉기 시에 일선에서 조세징수나 역역징발 등 대민업무를 직접 수행하는 향리층과 함께 농민들의 공격대상이 되었던 것이다. 기본적으로 농민층으로 구성된 군인봉기 역시 이 시기 다른 농민봉기와 마찬가지로 국가의 과중한 수취와 역역동원에 반발해서 일어난 것이었다.

다음 기록에 보이는 경주별초군의 봉기도 또한 별초라는 군인층이 주도한 것이었다.

경주별초군이 영주와 본래 원한이 있어서 이 달에 운문의 적과 부인사와 동화사의 승도를 이끌고 영주를 공격하였다. 영주사람 이극인·견수 등이 정예병을 거느리고 갑자기 성을 나와 싸우니, 경주 사람들이 패하여 달아났다. 최충헌이 이 소식을 듣고 재상과 여러 장수들을 대관전에 모아 의논하기를, "경주 사람들이 불의를 자행하고, 이제 또 무리를 모아 이웃 고을을 공격하니, 마땅히 군사를 내어 토벌해야 될 것이다."라고 하였다.[235]

---

233) 朴宗基, 1992「高麗時代 外官 屬官層에 관한 硏究」『震檀學報』
234) 尹京鎭, 1990「高麗 郡縣制의 變動과 朝鮮初 郡縣運營體系의 改編」서울대 석사학위논문
235) "慶州別抄軍 與永州素有隙 是月 乃引雲門賊 及符仁桐華兩寺僧徒 攻永州 永州人李克仁堅守等 率精銳 突出城與戰 慶州人敗走 忠獻聞之 會宰相諸將於大觀殿 議曰 慶州人恣行不義 今又聚黨 攻伐隣邑 宜發兵討之"(『高麗史節要』권14, 神宗5년 10월)

경주별초군이 영주를 공격한 원인에 대해서는, 이 사건이 일어나기 이전인 고종20년에 경주에서 봉기가 일어났을 때 이웃 영주의 공격을 받아[236] 실패한 것에 대한 보복이라는 설명이 있고[237], 또 영역간의 계서적 지배구조 속에서 맺어졌던 주현과 속현간의 관계가 변동되면서 생긴 이해관계의 대립 때문이라는 설명이 있다.[238]

당시 군현제의 전반적인 변동과 관련하여 주현과 속현 사이의 이해관계 대립에 의한 충돌을 예상할 수 있을 것이다. 그러나 경주와 영주 사이의 충돌은 일반 주민이 아닌 별초의 주도하에 도적이나 승려 등의 특정계층이 참여하였고, 또 이전부터 경주지역에서는 주민들의 봉기가 계속되고 있는 상황이었으므로 양자 간의 직접적인 충돌 원인에 대해서는 당시의 이러한 특수한 사정들이 고려되어야 할 것이다.

특히 별초가 봉기를 주도했다는 점을 주목할 때 다음 사례에서 볼 수 있듯이 당시 지방 군현에서 군인의 징발을 둘러싸고 군현 간에 벌어진 이해관계의 대립을 원인으로 지적할 수 있다.

수령이 된 자는 백성의 안락과 근심을 잘 알아서 송사를 결단하고 부역을 공평하게 함으로써 백성의 부모 노릇을 하는 것이 그들의 직책입니다. 순문사나 안렴사가 주·군에서 군사를 뽑을 때에 그 고을 수령에게 책임을 지우면 그들은 호구의 다과와 장정의 건장하고 약함을 알고 있으므로 정예한 군사를 뽑을 수 있습니다. (그러나) 지금은 순문사나 안렴사가 매년 군사를 뽑을 때 수령들이 자기 고을을 편애할까 염려하여 남쪽 고

---

236) 高宗20년에 慶州에서 봉기가 일어났을 때 중앙에서 토벌군이 파견되었는데 이때에도 토벌군이 永州城에 들어가 이곳을 근거로 하였음이 주목된다.(『高麗史節要』권16, 高宗20년 5월·6월)

237) 金錫亨은 이 사건 이전에 別抄軍을 중심으로 한 경주 폭동군이 봉기했을 때 개경으로부터 토벌군의 파견이 없었음에도 불구하고 봉기군이 저절로 와해되었는데 이는 이웃 永川의 공격을 받아 패주한 때문이며 경주 별초군의 공격은 이에 대한 보복이라고 보았다.(1960『봉건지배계급에 반대한 농민들의 투쟁』고려편)

238) 채웅석, 1990「12,13세기 향촌사회의 변동과 민의 대응」『역사와 현실』3

을의 군사를 뽑으려면 반드시 북쪽 고을 수령에게 그 임무를 맡깁니다.
북쪽 고을 수령이 남쪽 고을에 가서는 생소한 곳이므로 기만을 당할까
두려워하여 먼저 매질을 가한 후에 군사를 뽑습니다. 북쪽 고을의 문서가
남쪽 고을에 이르면 남쪽 고을의 수령이 소매를 걷어붙이고 일어나 곧
북쪽 고을로 달려가 수레에서 내리기도 전에 먼저 사람들에게 형벌을 가
해 그들의 부모를 얽어매고 그들의 처자에게 매질을 합니다. 군사를 뽑는
일에 그치는 것이 아니라 무릇 호구를 조사하거나 군수 물자를 수송할
때에도 온갖 방법으로 징수를 독촉하는 것이 끝이 없습니다. 이에 두 고
을이 서로 원망하고 마침내 원수가 되어 서로 보복하고 사랑하는 마음이
없게 되니 백성들은 고통을 견디지 못하고 호구는 텅 비게 됩니다.[239]

위의 기록은 고려 말 우왕대의 상황을 전하는 것이다. 당시에 군인
을 징발할 때 수령들의 부정을 염려하여 순문사나 안렴사가 수령들로
하여금 서로 군을 바꾸어서 징발하게 하였는데 이때 수령은 자신의 관
할이 아닌 타군의 사정에 밝지 못하므로 여러 가지 가혹한 방법을 동
원하여 군인을 징발하였다는 것이다.

이러한 사정은 이미 그 이전부터 존재하였을 것이다. 주민들은 군인
징발 시 가혹했던 타군에 대해서 많은 불만을 갖게 되었을 것이고, 이
것이 군현 간에 무력충돌을 일으키는 원인으로 작용했던 것이 아닌가
한다.

군인봉기는 이후에도 계속되고 있는데[240] 봉기의 근본적인 원인은

239) "爲守令者 察民休戚 斷獄訟 均賦役 父母斯民 其職也 巡問按廉 如調兵州郡
也 責辦其宰 則戶口之多寡 丁夫之壯弱 其所知也 兵必得其精 今也巡問按廉
每所徵發 慮守令私其邑也 調南郡之兵 則必命北郡之宰 北郡之宰 至於南郡
也 以未經之耳目 恐其欺妄 先施鞭撻 俄而調兵 北郡之牒 至南郡 南郡之宰
投袂而起 直趨北郡 未下車 而先刑人 繫累其父母 鞭撻其妻子 非止調兵而然
也 凡戶口之點檢 軍須之轉輸 徵督百端 無有紀極 於是 兩郡相怨 遂成仇讐
互相報復 莫有仁愛 民不堪苦 戶口蕭然"(『高麗史』 권84, 刑法1, 職制 禑王14
년 7월 司憲府上書)
240) 高宗3년 12월에 일어난 全州 군인의 봉기, 고종4년 5월에 일어난 西京 군인
최광수의 봉기, 그리고 고종6년에서 9년 사이에 일어난 義州民 別將韓恂·郎

대부분 무신정변 이후 더욱 확대되는 권세가들의 토지겸병과 농민층
에 대한 과중한 수취, 그리고 통치체제의 이완을 틈탄 지배층의 불법
적인 수탈 등이었다. 무신집권 이후 가속화되는 농민층의 몰락과 유망
은 군역 담당층의 감소를 가져왔고, 군인 징발을 둘러싸고 군현 간 또
는 군현 내에서 지방관이나 향리들에 의해 여러 불법이 자행되었다.
대부분의 군인봉기에서 지방관이나 향리들이 타도대상이 되었던 것은
군인 징발 시에 부장호(富壯戶)는 면제되고 대신 능력이 없는 빈약호가
징발되는 등 이들이 행한 불법행위 때문이었다.

　이처럼 무신집권 초기까지 주현군은 이전과 비교하여 그 조직이나
활동에서 별다른 변화를 찾아볼 수 없으나, 이 시기가 되면 일반민과
함께 군인들에 의한 봉기가 빈번히 발생하고 있다는 것이 특징이라 할
수 있다.

　무신집권기 후반에도 주민들의 봉기가 이어지는데 대부분의 봉기는
외적의 침입을 틈타 일어났다. 먼저 고종4년에 일어난 진위현인의 봉
기는 거란 침입 시에 일어난 것으로 영동정(令同正) 이장대와 직장동정
(直長同正) 이당필 등이 같은 현 사람인 별장동정(別將同正) 김례와 더
불어 무리를 모아 현령241)의 부인(符印)을 겁탈하고 자신들을 정국병마
사(靖國兵馬使), 그들의 군대를 의병(義兵)이라 칭하는 등 규모가 큰 것
이었다.242)

　대규모 반란이었음에도 불구하고 당시 정부는 중앙에서 토벌군을
파견하지 못하고 낭장과 산원 등을 보내 안찰사와 함께 광주와 수주의
주현군을 동원해 토벌하게 하였다.243) 거란의 침입으로 모든 중앙군이

　　將多智의 봉기 등이 있다.
241)　振威縣은 水州의 屬縣이었는데 明宗2년에 監務가 파견되고 후에 縣令官으로
　　　승격되었다.
242)　"振威縣人 令同正李將太 直長同正李唐必 乘國家有事 乃與同縣人 別將同正
　　　金禮 謀不軌 嘯聚徒衆 劫奪縣令符印 發倉賑貸 村落飢民多附 移牒旁郡 自稱
　　　靖國兵馬使 號義兵"(『高麗史節要』 권15, 高宗4년 정월)

거란 방어에 동원된 상태였으므로 중앙군의 파견이 어려웠기 때문이라 생각된다. 그러나 광주와 수주의 군사력만으로 진압이 불가능하자 충주·청주·양주도의 병력까지 징발하였고[244], 이어 중앙에서 장군 기윤위로 하여금 본령군(本領軍)과 신기(神騎) 2반을 거느리고 충청안찰사와 함께 진압하게 하였다.[245]

다음 고종24년에 전라도에서 일어난 봉기도 몽골의 3차 침입을 틈타 일어난 것이었다. 전라도 초적(草賊) 이연년이 원률과 담양[246] 등 여러 고을의 무뢰배를 모아 해양 등 주현을 공격하자 전라도지휘사 김경손이 별초를 모집하여 이들을 토벌하였는데[247], 이때의 별초는 김경손이 지휘한 주현군 가운데서 선발된 정예군이었을 것이다. 별초가 조직되었던 것은 당시 주현군이 무력한 상태에 있었거나, 또는 농민층으로 조직된 주현군 중에는 봉기군에 가담하거나 동조한 자들이 있어서 주현군을 그대로 동원할 수 없었기 때문이라 생각된다.

주현군의 붕괴 조짐은 거란과의 전쟁으로 민의 유망이 심화되면서 그 단서가 나타나기 시작하였다.[248] 그러나 이후 몽골의 침략 초기에 주현군이 방어군에 편성되고, 또 지방 곳곳에서 활동 모습이 나타나는 것으로 보아, 적어도 몽골의 침입 초기까지 주현군은 어느 정도 유지되었던 것으로 보인다.

---

243) "王遣郎將權得材 散員金光啓等 與按察使崔博 發廣水二州軍 討之"(『高麗史節要』 권15, 高宗4년 정월)
244) "不勝 更徵忠淸楊州道兵 攻之"(『高麗史節要』 권15, 高宗4년 정월)
245) 『高麗史節要』 권15, 高宗4년 정월
246) 原栗과 潭陽은 모두 羅州牧의 屬縣이었다.(『高麗史』 권57, 地理2, 全羅道)
247) "全羅道指揮使金慶孫 討草賊李延年平之 時延年兄弟 嘯聚原栗潭陽諸郡無賴之徒 擊下海陽等州縣 賊聞慶孫入羅州 圍州城 賊徒如林 慶孫曰 賊雖衆皆芒屬村民耳 卽募可爲別抄者 三十餘人"(『高麗史節要』 권16, 高宗24년 春)
248) "宰樞會崔瑀第 議發南方州郡精勇保勝軍 城宜州和州鐵關等要害之地 以備蒙古 知奏事金仲龜曰 比來州郡被丹兵侵掠 民皆流亡 今無警急 而遽又徵發 以勞其力 則邦本不固 將若之何 瑀竟不聽"(『高麗史節要』 권15, 高宗8년 윤12월)

고종 초에 대규모의 거란군이 침입하자 고려정부는 중앙군과 지방
군을 망라하여 조직되는 5군의 방어군을 편성하여 대응하였다. 즉 고
종3년 8월에 중군·우군·후군으로 편성된 방어군을 파견하였고[249], 이
어 중군의 요청에 의해 전군과 좌군의 2군을 추가하여 5군의 방어군을
편성하였다.[250] 또 고종4년 4월에 거란군 5천이 개경 부근 금교역에 이
르자[251] 5군을 재편성하여 방어하게 하였다.[252] 11월에는 퇴각하던 거
란군이 다시 모여 고주(高州)와 화주(和州)에 재침하자 중군과 후군의 2
군과 가발병(加發兵)으로 조직한 군대로 막게 하였다가[253], 곧이어 5군
과 가발병을 폐하고 3군을 설치하였다.[254]

한편 소규모 외적의 침입 시에는 중앙으로부터 출정군이 파견되지
않고 주현군이 동원되었다. 고종13~14년 무렵에 경상도 해안 일대에 왜
적의 침입이 빈번하였는데 이때에는 수령[255]·방호별감[256]·주현군의

249) "乙丑 契丹將鵝兒乞奴 引兵數萬 渡鴨綠江 侵寧朔定戎之境 先是 丹兵來攻大
夫營 … 己巳 以上將軍盧元純 爲中軍兵馬使 知御史臺事白守貞 知兵馬事 左
諫議大夫金蘊珠 爲副使 上將軍吳應富 爲右軍兵馬使 崔宗俊 知兵馬事 侍郞
庾世謙 爲副使 大將軍金就礪 爲後軍兵馬使 崔正華 知兵馬事 陳淑 爲副使
以禦之"(『高麗史節要』 권14, 高宗3년 8월)

250) "以左承宣車倜 爲前軍兵馬使 大將軍李傅 知兵馬事 禮部侍郞金君綏 爲副使
上將軍宋臣卿 爲左軍兵馬使 將軍崔愈恭 知兵馬事 刑部侍郞李實椿 爲副使
從中軍之請也"(『高麗史節要』 권14, 高宗3년 8월)

251) "丹兵五千餘人 至金郊驛"(『高麗史節要』 권15, 高宗4년 4월)

252) "更閱五軍 以上將軍吳應夫 爲中軍兵馬使 大將軍李茂功知兵馬事 少府監權
湜爲副使 上將軍崔元世 爲前軍兵馬使 郭公儀知兵馬事 戶部侍郞金奕興爲副
使 借上將軍貢天源爲左軍兵馬使 前司宰卿崔義知兵馬事 將作監李績爲副使
借上將軍吳仁永爲右軍兵馬使 借衛尉卿宋安國知兵馬事 侍郞秦世儀爲副使
上將軍柳敦植爲後軍兵馬使 司宰卿崔宗峻知兵馬事 將作監陳淑爲副使 各率
師 出崇仁門 以禦之"(『高麗史節要』 권15, 高宗4년 4월)

253) "丹兵復聚寇高州和州 以上將軍文漢卿爲中軍兵馬使 大將軍柳敦植爲後軍兵
馬使 大將軍奇允偉爲加發兵馬使 禦之"(『高麗史節要』 권15, 高宗4년 11월)

254) "罷五軍及加發兵 置三軍 以文漢卿爲中軍兵馬使 李實椿知兵馬事 李得喬爲
副使 貢天源爲左軍兵馬使 宋安國知兵馬事 金奕興爲副使 李茂功爲右軍兵馬
使 權湜知兵馬事 金沿亮爲副使"(『高麗史節要』 권15, 高宗4년 11월)

장교[257] 등이 주현군을 동원하여 격퇴하였다.

고종18년부터 30여 년간에 걸쳐 몽골의 침략이 이어지는데 침략 초기에는 중앙에서 3군의 방어군이 조직되어 정면 대결을 하였다.[258] 그러나 2차 침입 이후부터는 방어군이 편성되지 못하고, 대신 각 지방에 방호별감이 파견되어 산성 등 요새를 중심으로 항전하였다.[259] 이는 정면대결로는 승산이 없었기 때문에 산성이나 해도로의 입보를 통한 방어로 전환하여 희생을 최소화 하려는 전술의 변화 때문이었다. 이후의 대몽항전은 방호별감이나 지방관의 지휘하에 주현군과 지방민이 참여하는 형태로 전개되었다.

예컨대 몽골의 3차 침입 시에 죽주에서는 방호별감의 지휘 하에 성중의 군사가 동원되어 항몽전을 수행하였다.[260] 죽주는 광주(廣州)의 속현으로[261] 『고려사』 병지 주현군조에는 죽주의 군액이 명시되어 있지 않지만 죽주 자체적으로 주현군조직을 가지고 있었을 것이며[262] 항

---

255) "倭寇慶尙道沿海州郡 巨濟縣令陳龍甲 以舟師 戰于沙島 斬二級 賊夜遁"(『高麗史節要』 권15, 高宗13년 정월)

256) "倭寇金州 防護別監盧旦發兵 捕賊船二艘 斬三十餘級 且獻所獲兵仗"(『高麗史節要』 권15, 고종14년 4월)
　　防護別監은 高宗23년 이후 몽골군에 대한 대응전술이 정면대결에서 지방 요지를 중심으로 하는 방어전술로 전환하면서 山城 등지에 파견되었는데 이미 그 이전부터 지방의 군사요지에 파견되고 있었음을 알 수 있다.

257) "倭寇熊神縣 別將鄭金億等 潛伏山間突出 斬七級 賊遁"(『高麗史節要』 권15, 고종14년 5월)

258) "宰相會崔瑀第 議出三軍 以禦蒙兵 以大將軍蔡松年爲北界兵馬使 又徵諸道兵"(『高麗史節要』 권16, 고종18년 9월)
　　"蒙兵攻龜州 破城廊二百餘間 … 州人殊死戰 大敗之 三軍屯安北城 蒙兵至城下挑戰 三軍不欲出戰 後軍陣主大集成强之 三軍出陣于城外 陣主知兵馬事皆不出 登城望之 集成亦還入城 三軍乃與戰(『高麗史節要』 권16, 高宗18년 10월)

259) 『高麗史節要』 권16, 高宗23년 6월. 『高麗史節要』 권17, 高宗39년 7월 및 高宗44년 5월

260) 『高麗史節要』 권16, 高宗23년 9월

261) 廣州의 속현으로 明宗2년에 監務를 설치하였다.(『高麗史』 卷56, 地理1)

몽전에 참여한 성중의 군사는 바로 죽주에 소속된 주현군도 포함되었을 것이다.

몽골의 5차 침입 시에 동주의 주민은 이웃 고을인 금화군263)과 금성현264)의 주민들과 함께 동주산성에 입보하여 산성방호별감을 중심으로 동주부사와 판관, 그리고 금화감무와 금성현령 등의 지휘 하에 몽골군에 대응하였다.265) 이 때 방호별감이 동원한 정예군은 동주산성에 입보해 있던 여러 군현의 주현군 중에서 선발되었을 것이라 생각된다.

또 5차 침입 당시 치열한 항몽전을 벌였던 충주성의 경우도 방호별감의 지휘 하에 주현군은 물론 관노(官奴)와 백정(白丁) 등의 주민이 모두 동원되었다.266) 즉 충주의 주현군은 물론 성중에 피난해 있던 모든 계층의 주민이 참전하여 충주성을 방어하는데 성공하였던 것이다. 그 결과 지휘자인 산성방호별감은 승진을 하였고, 나머지 군공을 세운 자와 관노·백정까지 모두 국가로부터 관작을 받았다.267)

이처럼 몽골군의 침략 초기에는 중앙에서 방어군을 편성하여 정면으로 대응하였고, 방어군에는 주현군도 포함되었다. 그러나 강화로 천도한 이후에는 몽골군에 대응하는 전술이 지역요새 중심의 방어체제로 전환하면서 주현군은 중앙에서 파견된 방호별감이나 지방관의 지휘 하에서 산성 등의 요새지를 중심으로 주민과 함께 지역방어에 주력하게 되었던 것이다.

---

262) 『高麗史』 兵志 州縣軍條의 軍額은 지방관이 파견된 主縣, 즉 軍目道 만의 군액이 아니라 군목도 관내 속군현을 포함한 모든 군현의 군액을 종합한 숫자이다.

263) 東州의 속현으로 仁宗21년에 監務를 두었다.(『高麗史』 권58, 地理3)

264) 交州의 屬縣으로 睿宗원년에 監務를 두었다가 후에 縣令을 두었으며 高宗41년에 다시 낮추어 監務로 하였다.(『高麗史』 권58, 地理3)

265) 『高麗史節要』 권17, 高宗40년 8월

266) 『高麗史節要』 권17, 高宗40년 12월

267) "以鄭準崔坪林景弼 並爲樞密院副使 以忠州山城別監郞將金允侯 爲監門衛攝上將軍 其餘有軍功者 及官奴白丁 亦賜爵有差"(『高麗史節要』 권17, 高宗41년 2월)

고종40년 이후가 되면 주현군의 활동 모습은 점차 찾아보기 어렵게
되고 대신 삼별초를 비롯한 지방별초의 활동이 두드러지게 나타나는
데, 이는 장기간에 걸친 대몽항전 과정에서 기존의 주현군조직이 붕괴
하면서 나타난 변화로 보인다.

2) 지방별초의 설치

(1) 별초의 조직 배경

지방별초에 관한 최초의 기록은 신종5년의 경주별초이다.[268] 따라서
신종5년 이전부터 이미 지방별초는 조직되었음을 알 수 있다. 지방별
초가 비교적 일찍부터 등장하는 지역은 지방민의 봉기가 특히 심하였
던 서북면·충청도·경상도 등의 지방 요지였다.

무신집권 이후 이전보다 더 심한 억압과 수탈을 당한 농민층은 무신
정권에 대해 강한 불만을 가지고 있었고[269], 또한 국왕의 전통적 권위
가 최고로 받들어지는 왕조체제하에서 불법적인 정변을 통해 집권한
무신정권은 정당성을 인정받기 어려웠다. 이에 따라 무신집권기에 들
어오면서 전국적으로 빈번하게 봉기가 발생하는데 이 시기 봉기의 주
력은 농민들이었다. 따라서 당시의 무신정권은 반정권적 세력인 농민
들로 조직된 기존의 군대를 신뢰할 수 없었고, 오히려 정권에 위협적
인 존재로 간주하였을 것이다.

무신정권 성립 이후 가장 먼저 무신정권에 반대하는 투쟁이 전개된

---

268) "慶州別抄軍 與永州素有隙"(『高麗史節要』 권14, 神宗5년 10월)
　　　『高麗史』 지리지에는 慶州別抄가 東京夜別抄로 표기되어 있다.(『高麗史』 권
　　　57, 地理2, 東京, 神宗5년 5월조 및 安東府 神宗7년도 참조)
269) 邊太燮, 1977 「農民 賤民의 亂」『한국사』 7, 국사편찬위원회
　　　尹龍爀, 1986 「高麗 對蒙抗爭期의 民亂에 대하여」『史叢』 30

곳은 서북면지역이었다. 조위총 난을 계기로 한동안 계속되었던 서북
면지역 봉기의 주력은 주민들이었고, 지도부는 주진군의 지휘자인 도
령(都領)들이었다.[270] 안북도호부·위주·태주 등의 주진에서 일찍부터
별초군의 존재가 확인되는데[271], 이들 주진의 대부분은 청천강과 대
동강 유역의 산곡 간에 위치하여 봉기군의 주 활동무대가 되었던 곳
이다.[272]

서북면지역은 변경이라는 지역적 특성상 봉기에 가담했던 주민의
대부분이 주진군조직에 편입되어 있었다. 그 때문에 무신정권의 입장
에서는 반정권적인 성향이 강한 기존의 주진군조직을 신뢰할 수 없었
고, 그에 대한 대응책으로 무신정권의 무력기반이 되는 별초군을 새로
이 조직하였던 것으로 생각된다.

남도지방에서도 군인들이 주도하거나 가담한 봉기가 빈번하게 발생
하였다. 이러한 상황에서 무신정권은 반정권적인 세력들을 진압하고
통제하기 위한 새로운 군사적 기반이 필요하였을 것이다. 지방민들의
봉기가 절정에 달하는 무신집권기에 들어와 지방의 요지를 중심으로
별초군이 조직되기 시작한 것은 바로 그런 배경에서 이해할 수 있다.

그 후 별초군은 대몽전쟁이 본격화하는 과정에서 전국적으로 확대
되었다. 앞에서 살펴본 것처럼 양계 주진군은 몽골의 1차 침입 시에 결
정적인 피해를 입어 그 기능을 상실한 상황이었고, 남도의 주현군 역
시 몽골과의 오랜 전쟁으로 파괴되어 더 이상 유지가 불가능하였다.

이에 따라 대몽전쟁 이전부터 일부 지방 요지를 중심으로 조직되기
시작한 지방별초는 점차 전국으로 확대된 것으로 보인다. 고종40년 이
후가 되면 주진군이나 주현군의 존재는 기록상에서 사라지고 대신 별
초군의 활동만이 나타나게 되는데 이는 별초군이 대몽전쟁의 주력군

---

270) 金南奎, 1989「明宗代 兩界 都領의 性格과 活動」및「武臣執權期 兩界 地方
    勢力의 政治的 動向」『高麗兩界地方史研究』
271) 『高麗史節要』권16, 高宗18년 9월
272) 김석형, 1960『봉건지배계급에 반대한 농민들의 투쟁』고려편

이 되었음을 의미하는 것이다.

(2) 별초의 활동과 성격

무신집권기에 지방별초가 조직된 초기의 목적은 지방에서 반정권적인 세력을 통제하기 위한 새로운 무력기반을 마련하기 위한 것이었다. 도방(都房)과 같은 무신정권의 사병집단은 중앙에서 무신정권을 수호하기 위한 무력기반의 역할을 하였지만 전국적으로 일어나는 봉기를 진압하고 정권을 안정시키기에는 역부족이었다.

그리하여 전국적인 통제를 위한 무신정권의 공적인 무력기반으로 지방에서 조직된 것이 지방별초였다. 도방이 무신정권의 사적 무력기반이었다면 중앙의 삼별초와 지방별초는 공적 무력기반이었다고 할 수 있다.

한편 대몽전쟁이 시작되면서 지방별초는 몽골군에 대항하는 주된 군사력으로 활약하게 된다. 지방별초가 최초로 대몽전에 참여한 것은 몽골의 1차 침입 당시 귀주성 전투에서이다. 이 때 서북면병마사 박서의 총지휘하에 안북도호별초와 위주·태주·정주별초 등 여러 성의 별초가 활약하였다.[273]

몽골의 침입 이후 양계의 방어체제가 와해되면서 이 지역 주진군의 활동은 자취를 감추고 대신 별초군의 활동만이 나타나는데, 특히 경별초(京別抄)의 활동이 많이 보인다.[274] 이것은 최전선이 되었던 양계지

---

273) 『高麗史節要』 권16, 高宗18년 9월
274) 양계지역에서 활동한 別抄軍 가운데 地方別抄로 생각되는 것은 登州別抄 뿐이고,(『高麗史節要』 권17, 高宗42년 2월) 价州의 京別抄(『高麗史節要』 권16, 高宗23년 7월), 博州를 鎭撫한 別抄(『高麗史節要』 권17, 고종45년 5월), 成州 岐巖城에서 활약한 夜別抄와 金剛城을 구원한 別抄 3千(『高麗史節要』 권17, 고종46년 정월), 寒溪城에서 蒙古兵을 섬멸한 夜別抄(『高麗史節要』 권17, 고종46년 2월) 등은 중앙에서 파견한 별초로 보인다.

역의 피해가 특히 심하여 지방별초를 조직할 기반이 무너졌을 뿐만 아
니라 계속된 전쟁으로 별초를 조직할 시간적 여유도 없었기 때문으로
보인다.

　한편 남도지방은 전쟁초기부터 주현군과 함께 지방별초가 대몽전에
서 활약하는 모습이 나타난다. 이후 전쟁이 장기화되면서 주현군의 활
동은 점차 사라지고, 대신 별초군의 활약이 두드러지게 된다. 남도에서
지방별초가 활약한 최초의 기록은 고종19년 정월의 충주별초인데[275],
당시 충주에는 양반별초와 노군·잡류별초가 조직되어 있었다.[276]

　지방별초의 주된 전술은 산성이나 주성(州城)을 거점으로 이곳에 입
보한 지방민과 함께 주현 사이를 오가며 기습이나 유격전을 전개하는
것으로[277], 이는 이전의 주현군이 방어 위주의 소극적인 전술을 전개
한 것과는 다른 모습이었다. 남도지역에도 중앙에서 파견된 경별초의
활약이 보이지만 양계지역에 비해 지방별초의 활약이 많은 편이다. 이
는 남도지역이 양계지역에 비해 전쟁의 피해를 덜 받아 지방별초를 조
직할 수 있는 기반과 시간적 여유가 있었기 때문인 것으로 보인다.

(3) 별초군의 구성과 지휘

　주현별초는 기존의 군목도와 관계없이 군현을 단위로 조직되었고,
섬을 단위로 조직된 경우도 있었다.[278] 지방별초가 일부 주현에만 조
직되었는지 아니면 모든 주현에서 조직되었는지 알 수 없다. 기록상으

---

275) 『高麗史節要』 권16, 高宗19년 정월
276) 忠州에서 兩班奴軍雜類別抄 이외에 농민으로 구성된 別抄가 보이지 않는 것
　　은 군역 담당층인 농민들은 州縣軍으로 동원되었기 때문이라 생각된다.
277) 『高麗史節要』 권16, 高宗36년 9월. 권17, 고종40년 11월, 고종43년 4월, 고종45
　　년 10월
278) 仁州의 屬郡인 唐城郡에 속한 섬인 大部島別抄의 경우이다.(『高麗史節要』 권
　　17, 高宗43년 4월 및 『高麗史』 권56, 地理志 仁州)

로는 별초군의 존재가 전국적으로 발견되기는 하지만[279] 모든 주현에
서 조직되었던 것은 아닌 것으로 보인다. 즉 지방별초는 일부 주현에
서만 조직되었고, 또 그 규모도 수십에서 수백 정도의 소규모 병력이
었던 것으로 추정된다.

별초가 처음 출현할 당시의 사례에서 볼 수 있듯이[280] 지방별초 역
시 초기에는 기존의 주현군 가운데에서 정예병을 선발하여 조직하였
을 것이다. 그러나 몽골과의 전쟁이 장기화되어 주현군의 피해가 커지
고 군역의 담당계층인 농민층이 몰락하면서, 모든 계층을 대상으로 종
군 가능한 자를 초모(招募)하여 별초군을 조직하게 되었다. 그 결과 양
인농민층 이외에 군역대상에서 제외되었던 양반·노비·잡류층까지 징
발대상이 확대되어 양반별초·노군잡류별초 등 다양한 신분으로 조직
된 별초가 등장하기에 이르렀던 것이다.[281]

대몽전쟁 과정에서 활약하는 지방별초의 지휘관은 중앙에서 파견한
중앙군 장교, 지방관, 지방사회의 유력계층 등 다양하게 나타나고 있
다. 첫째 중앙에서 파견된 지휘관, 즉 중앙군의 장교가 지휘하는 경우
이다.

> ① 교위 대금취가 우봉별초 30여 명을 거느리고 금교역과 홍의역 사이
> 에서 몽골군과 싸워서 적군 여러 명의 목을 베고 말·활·모피·갖옷
> 등 물품을 노획하였다.[282]

---

279) 기록에서 地方別抄의 존재가 확인되는 곳은 安北都護府·渭州·泰州·靜州·慶
州(東京)·忠州·扶寧·牛峯·喬桐·登州·大府島·北界 등이지만 이밖에 많은 주
현에서 지방별초가 조직되었을 것으로 생각된다.

280) 明宗4년 趙位寵 亂 당시 조직된 戰鋒別抄의 경우(『高麗史』 권129, 列傳, 崔忠
獻;『朝鮮金石總覽』上, 崔忠獻 墓誌), 고종3년의 거란 遺種 침입 시에 편성된
3군 중에서 선발한 별초의 경우(『高麗史』 권103, 열전16, 김취려)

281) 忠州의 兩班別抄와 奴軍雜類別抄의 경우(『高麗史節要』 권16, 高宗19년 정월)

282) "校尉大金就 率牛峯別抄三十餘人 與蒙古兵戰 于金郊興義間 斬首數級 獲馬
弓矢氈裘等物"(『高麗史節要』 권17, 高宗40년 8월 癸丑)

ⓙ 교동별초가 평주성 밖에 복병했다가 밤에 몽골군의 진에 들어가서 죽인 것이 매우 많았다. 교위 장자방은 짧은 칼로 둔장 20여 명을 죽였다.[283] 몽골의 척후 기병이 괴주성 밑에 진을 치자 산원 장자방이 별초를 거느리고 그를 쳐부수었다.[284]

ⓘ는 고종40년 8월에 교위 대금취가 우봉별초를 거느리고 몽골군과 전투를 벌였다는 기록이다. 이때 우봉별초를 지휘한 교위 대금취가 우봉군이 속한 군목도의 장교인지 중앙군의 장교인지 알 수 없으나 원종 즉위년 12월에 몽골군이 송도에 쳐들어왔을 때 대금취가 별장으로서 강안전을 지키고 있었던 사실을 통해 볼 때[285] 중앙군 장교로서 지방에 파견되어 우봉별초를 지휘했던 것으로 추측된다.

ⓙ는 고종40년 11월에 교위 장자방이 교동별초를 지휘하여 몽골군 둔장(屯長)을 살해하고, 다음해 8월에는 산원으로 괴주별초를 거느리고 몽골병을 격파하였다는 기록이다. 이처럼 장자방이 고종40년에는 교위직, 41년에 산원직을 가지고 서로 거리가 멀리 떨어진 교동과 괴주에서 각각 그 지방의 별초를 지휘한 사실을 볼 때 주현군에 속한 장교가 아니라 중앙에서 파견된 중앙군 소속의 장교임을 알 수 있다.

둘째, 수령이나 속관(屬官) 등 지방관이 지휘하는 경우이다.

ⓚ 충주 관노가 난을 일으키자 재추가 최우의 집에 모여 군사의 동원 문제를 의논했다. … 이보다 앞서 주의 부사 우종주가 매번 문서 처리에서 (판관) 홍익과 틈이 있었는데, 몽골군이 장차 이를 것이라는 소식을 듣고, 성을 지킬 것을 의논하는데 의견이 달랐다. 종주는 양반별초를, 홍익은 노군잡류별초를 거느리고 서로 시기하였는데, 몽

---

283) "喬桐別抄 伏兵平州城外 夜入蒙古屯 擊殺甚衆 校尉張子邦持短兵 手殺屯長 二十餘人"(『高麗史節要』 권17, 高宗40년 11월)
284) "蒙兵候騎屯槐州 散員張子邦 牽別抄擊破之"(『高麗史節要』 권17, 高宗41년 8월)
285) "蒙兵入松都 驅掠康安殿 守者別將大金就 擊走之 奪俘而還"(『高麗史』 권25, 세가 원종즉위년 12월 庚戌)

골군이 이르자 종주·홍익과 양반 등은 모두 성을 버리고 달아났다. 오직 노군잡류가 합력하여 몽골군을 물리쳤다.286)

ⓛ 서해도안찰사가 "몽골 병선 6척이 창린도에 침입했을 때에 옹진현령 이수송이 별초군을 거느리고 그를 격퇴하였다"고 보고하였다. 수송에게 7품으로 관직을 올려주었다.287)

ⓚ의 기록을 통해 고종18년 당시 충주에는 양반으로 조직된 양반별초와 노군·잡류로 조직된 노군잡류별초가 있었는데, 충주의 부사(副使)가 양반별초를 지휘하였고, 판관(判官)은 노군잡류별초를 지휘하였음을 알 수 있다.

고려시대에 도호부(都護府)와 목(牧)에 파견되는 지방관은 3품 이상이 임명되는 사(使)와 4품이 임명되는 부사(副使), 그리고 6품이 임명되는 판관(判官)을 비롯한 속관(屬官)들이 있었고, 주·부·군에 파견되는 지방관은 5품의 사와 6품의 부사, 그리고 7품의 판관이 있었는데288), 보통 수령은 사 또는 부사 중 1인만 파견되었다.

목에 해당되는 고을인 충주에는 수령으로 4품직의 부사와 함께 6품직의 판관이 속관으로 파견되어 별초군을 지휘하였음을 알 수 있다. ⓛ는 고종44년에 창린도에 침입한 몽골군을 옹진현령이 별초를 거느리고 물리쳤다는 기록으로 수령인 옹진현령이 별초를 지휘했음을 보여주는 자료이다.

셋째, 지방사회의 유력계층이 지휘하는 경우이다.

---

286) "忠州官奴作亂 宰樞會崔瑀第 議發兵 … 先是 州副使于宗柱 每於薄書間 與洪翼有隙 聞蒙兵將至 議城守 有異同 宗柱帥兩班別抄 洪翼率奴軍雜類別抄 互相猜忌 及蒙兵至 宗柱洪翼與兩班等 皆棄城走 唯奴軍雜類 合力擊逐之"(『高麗史節要』권16, 高宗19년 정월)

287) "西海道按察使報 蒙兵六船 侵昌麟島 瓮津縣令李壽松 率別抄擊却之 加壽松七品"(『高麗史』권24, 세가 고종44년 9월 己巳)

288) 『高麗史』권77, 百官2, 外職

Ⓥ 부령별초로서 의업에 합격한 전공렬이 고란사 산길에 복병했다가 몽골 기병 20명을 공격하여 두 사람을 죽이고, 병기와 말 20여 필을 노획했다. 때문에 공렬에게 상을 주고, 본업(本業)으로 벼슬하게 했다.[289]

Ⓦ 합단이 원주에 주둔하면서, 50명의 기병이 치악성 아래에 이르러 소와 말을 약탈해 갔다. 원주별초 향공진사 원충갑이 보병 6명을 인솔하고 이를 추격하여 적의 말 8필을 빼앗아 돌아왔다.[290]

Ⓥ은 고종23년에 의업거인(醫業擧人)으로 부령별초에 속해있던 전공렬이 몽골병을 유격하여 전공을 세운 사실인데, 이때 전공렬이 거느렸던 군사는 부령별초였을 것이다. Ⓦ은 향공진사(鄕貢進士)로서 원주별초에 속해 있던 원충갑이 충렬왕 때에 합단적이 원주에 침입하자 이를 물리쳤다는 내용인데, 이때 원충갑이 거느린 보졸은 원주 별초군에 속한 군사의 일부였을 것으로 생각된다. 이처럼 향공진사나 의업거인 등 지방사회의 유력계층도 주현별초에 속하였고, 또 이들은 지휘관으로서 별초군을 거느리고 전투에 참여하였던 것이다.

4. 맺음말

지금까지 무신집권기 군사제도 연구에서는 무신정변 후 기존의 군제가 붕괴되거나 형해화 하고, 그에 대신하여 사병이나 별초군이 등장하는 것으로 이해하였다. 물론 이 시기에 대토지소유의 발달, 국가의 과중한 수취와 지배층의 불법적인 수탈 등에 의한 농민층의 몰락으로 군역 담당층이 감소하였고, 또 새로이 무신이 정권을 장악함으로써 기

---

289) "扶寧別抄醫業擧人全公烈 伏兵於高蘭寺山路 邀擊蒙兵二十騎 殺二人 取兵仗及馬二十餘匹 賞公烈 聽本業入仕"(『高麗史節要』 권16, 高宗23년 10월)

290) "哈丹屯原州 有五十騎 到雉岳城下 剽掠牛馬 原州別抄鄕貢進士元冲甲 率步卒六人逐之 奪賊馬八匹而還"(『高麗史節要』 권21, 충렬왕17년 정월 갑인)

존의 군제가 위기를 맞이하였다.

그러나 실제로는 무신정변 이후에도 2군6위의 중앙군이나 주현군, 주진군 등 기존의 군사조직은 어느 정도 그 형태를 유지하고 있었다. 무신이 정권을 장악한 이후에도 국왕과 왕조지배체제가 부정되지 않고 그대로 유지되었기 때문에 기존의 군사조직은 국왕의 군대, 왕조의 군대로서 존속하였던 것이다.

만약 기존의 군사조직이 붕괴되거나 형해화 하였다면 지휘관의 임명이나 선군(選軍) 등이 계속될 수 없었고, 또 외적의 침입이나 지방민의 봉기가 일어났을 때 중앙군이나 지방군의 동원이 불가능하였을 것이다. 그러나 실제로 무신정변 이후 몽골과의 전쟁이 본격화되기 전까지는 기존의 군사조직이 일정 정도 유지되면서 그 기능을 수행하고 있었다.

양계지역의 경우 몽골의 침략으로 결정적인 피해를 당하기 전까지 중앙으로부터 방수장군과 방수군이 파견되어 방수의 임무를 수행하였고, 토착민들로 조직된 주진군도 국경방어라는 본래의 기능을 수행하고 있었다. 남도 주현군 역시 지방민의 봉기 진압에 동원되는 등 이전과 같이 제 기능을 수행하였다.

그러나 몽골의 침입이 본격화하면서 기존의 군사조직은 결정적으로 무너지기 시작하였다. 몽골의 1차 침입 이후 양계 주진의 경우 토착민들로 조직된 주진군이 붕괴되었고, 중앙으로부터 방수군의 입진도 중단되었다. 남도의 주현군도 계속된 농민봉기와 몽골과의 전쟁으로 군역 담당층이 감소하면서 종래의 동원체제는 더 이상 유지할 수 없게 되었다.

그 결과 무신정권 초기부터 임시적 군사조직으로 나타나기 시작한 별초군이 점차 상비군화 하여 전국으로 확대되었다. 별초군은 종래와 같은 징발방식에 의한 군사동원이 불가능하게 된 상황에서 모든 계층을 대상으로 종군가능한 자들을 초모하여 조직된 새로운 군사조직이었다. 그리하여 고종40년 이후가 되면 별초군이 기존의 군사조직을 대신하여 대몽항쟁에서 주도적인 역할을 하게 되었던 것이다.

V. 원의 간섭과 군사제도의 변화

1. 머리말

몽골과의 강화가 이루어진 고종 말부터 대대적인 반원운동(反元運動)이 시작되는 공민왕대 초까지 고려는 독립국으로서의 지위는 유지하였지만 원으로부터 강한 정치적 지배와 간섭을 받았고, 또한 경제적인 수탈을 당하였다. 특히 30여 년간에 걸친 정복전쟁을 통해서도 쉽게 고려를 굴복시키지 못했던 원은 고려의 군사력에 대해 강한 경계심을 가지지 않을 수 없었다. 따라서 양국간에 강화가 성립된 이후에도 원은 고려의 군사력에 대한 감시와 통제를 소홀히 하지 않았다.

2군6위를 중심으로 하는 중앙군과 양계지역의 주진군, 남도지역의 주현군 체제로 되어 있는 고려 군사조직의 기본 골격은 대체로 대몽전쟁 이전까지는 그대로 유지되는 것으로 보인다.[1] 그러나 몽골의 1차 침입시의 정면대결 이후 고려의 군사력은 결정적으로 파괴되었고 강화 이후 원의 강력한 군사력 통제정책에 의해 고려의 군사력은 회복되지 못하였다. 그 결과 고려 군사조직의 기간을 이루었던 2군6위의 하층 군사력은 유명무실해졌고, 상층 지휘부만 관직체제의 일부분으로 존속하였을 뿐 이전과 같은 중앙 군사력으로서의 기능은 상실하였다.

그동안 원 간섭기 고려의 군사제도에 대한 연구는 고려정권의 독자성 상실로 고려 병제가 거의 거세당한 상태에서 몽골병제가 이식되어 다만 숙위제가 명목을 유지하는 정도라거나[2] 군제의 기반이 되는 군

---

1) 權寧國, 1992「武臣執權期 地方軍制의 변화」『國史館論叢』31, 국사편찬위원회
2) 內藤雋輔, 1934「高麗兵制管見」『靑丘學叢』15·16; 1961『朝鮮史硏究』京都大

반씨족의 몰락으로 형식상 2군6위가 존재했으나 유명무실하여 병제상 공백상태였다고 이해되어 왔다.[3]

그리하여 이 시기 고려의 정규적인 상비군의 존재는 완전히 부정되거나 설사 인정된다 하더라도 형식상 명목만 유지되는 정도로 파악되고 있다. 여기서는 원 간섭기에 군사적인 측면에서 고려에 대한 원의 지배력이 어떤 방법을 통해서 어느 정도로 관철되었으며, 그에 따라 고려의 군사조직은 어떻게 변화했는가를 검토하고자 한다.

2. 원의 고려 군사력 통제

1) 원 군대의 주둔

고려에 대한 안정적인 지배 장치를 갖추지 못한 원 간섭기 초기에 원은 군대를 직접 주둔시키거나 다루가치(達魯花赤)를 파견하여 고려 조정과 군사력을 감시하고 통제하였다. 특히 원 군대의 주둔은 원의 국내적인 사정과 일본원정 계획, 그리고 고려와의 관계 등에 따라 시기별로 변화하였다. 삼별초 난을 계기로 본격화된 원 군대의 주둔은 일본원정이 포기되고 경상·전라 등지에 진변만호부가 설치되어 고려에 대한 군사적인 통제장치가 마련될 때까지 계속 되었다.

몽골은 고종40년의 5차 침입이후부터 본격적으로 군대를 주둔시키고 다루가치를 파견하려 하였다.[4] 이는 고려가 이전부터 몽골이 요구

東洋史研究會

白南雲, 1937「第11篇 高麗의 兵制」『朝鮮封建社會經濟史』上

3) 李基白, 1977「韓國의 傳統社會와 兵制」『韓國學報』6; 1978『韓國史學의 方向』一潮閣

4) "也窟遣人來 欲置達魯花赤 又令毁城 王致書答曰 前者金寶鼎還 大王諭以若能出迎使者 卽當回軍 … 今承明敎 欲留兵一萬 置達魯花赤 若果如此 安得保其

해 왔던 출륙환도(出陸還都)와 친조(親朝)의 약속을 제대로 지키지 않고 오히려 강도의 방어시설을 강화하는 등 몽골에 대한 적극적인 항전자 세를 보인 때문이었다. 그러나 몽골이 고려에 군대를 주둔시키려는 이 때의 시도는 실현되지 못하였다.

고종41년부터 6년간에 걸쳐 계속된 몽골의 침략은 고려로 하여금 더 이상의 항전을 불가능하게 할 정도로 혹심한 피해를 입혔다. 이에 고 려는 출륙환도와 태자의 입조(入朝) 등 몽골의 모든 요구를 받아들이기 로 하고 강화를 성립시켰다. 이때 몽골에서는 서경과 의주 등지에 군 대를 주둔시키고 둔전(屯田)을 개간하면서 고려정부의 약속 이행과 고 려군의 감시를 위해 장기간 주둔할 계획을 하였다.5)

그리고 바로 이 기간 중에 몽골은 고려군으로 하여금 강도의 방어시 설인 내성(內城)과 외성(外城)을 헐게 하였다.6) 그러나 원 세조가 즉위 하면서 고려정부가 백성의 생업 안정을 이유로 원군의 철수를 요청하자7) 원은 이를 받아들여 서경에 주둔하고 있던 원의 군대를 철수시켰다.8)

고려에서 일단 철수한 원의 군대는 10여 년 후에 다시 고려에 파견 되었다. 즉 원종10년에 반란을 일으켜 원에 귀부한 서북면병마사 기관

無患 復都舊京耶 請寢其事 以惠東民"(『高麗史節要』권17, 高宗40년 11월)

5) "時王萬戶 率軍十領 修築西京古城 又造戰艦 開屯田 爲久留計"(『高麗史節要』 권17, 高宗46년 2월)

6) "松吉曰 王京猶在島中 何可罷兵 太子曰 大王嘗言 太子入朝則罷兵 故今我來 耳 兵若不罷 小民畏懼逃竄 後雖敦諭 誰肯聽從 大王之言其可信乎 松吉等然之 駐兵不發 乃遣周者陶高等來 壞城郭 遂壞江都內城 周者等督役甚急 諸領府兵 不堪其苦 泣曰 若知如此 不如不城 城廊摧折 聲如疾雷 街童巷婦 皆爲之悲泣 周者等曰 外城猶在 可謂誠服乎 盡壞乃還 卽令都房 壞外城 時人以謂內外城盡 壞 必有以也 爭買船 船價湧貴"(『高麗史節要』권17, 高宗46년 6월)

7) "希實具陳表意 仍奏請罷西京義州屯兵 令民安業 帝曰 爾等旣欲與我同心 何憚 我兵駐爾境 且西京以外 嘗爲我兵駐處 爾國若速出島 第勿令侵擾耳"(『高麗史 節要』권17, 高宗46년 8월)

8) "校尉李寅 自蒙古來云 忽必烈大王 以三月二十日卽皇帝位 詔還西京屯兵 是謂 世祖皇帝"(『高麗史節要』권18, 元宗원년 4월)

(記官) 최탄 등이 반란의 진압을 위해 개경에서 파견되는 경군(京軍)에 대항한다는 명분으로 원에 군대의 파송을 요구하였고, 이에 따라 원 세조는 동경(遼陽)에 주둔하고 있던 2천명의 군대를 파견하게 하였다.9) 그 결과 이듬해 정월에 몽가도(蒙哥都)가 고려안무사(高麗按撫使)로서 군대를 거느리고 와서 서경에 주둔하였다.10) 원의 군대가 주둔한 것은 최탄의 반란세력을 비호해주는 동시에 당시의 무신집정인 임연에게 압력을 가하려는 것이 목적이었다.11)

또한 원종11년 2월에 원은 임연을 제거하고 고려의 출륙환도를 돕는다는 명분으로 동경행성장관(東京行省長官) 두연가(頭輦哥)로 하여금 원 군을 거느리고 환국하는 원종을 따라가게 하였다.12) 이때 원종을 따라온 두연가 군대는 수도 개경에 인접한 백주(白州)에 주둔하면서13) 휘하 장수 아해(阿海)의 군대 1,500으로 하여금 안무사란 명목으로 개경에 진주하여 고려조정을 사찰하게 하고14), 또 한편으로 홍다구를 시켜 전라·경상·동계의 정황을 살피게 하였다.15)

이렇게 고려에 파견되기 시작한 원군은 원종11년 6월에 일어난 삼별초 난을 계기로 본격적으로 파견되어16) 적극적으로 그 세력을 고려에

---

9) "簽王綧 洪茶丘軍三千人 往定高麗 高麗西京都統李延齡乞益兵 遣忙哥都率兵 二千赴之"(『元史』 권6, 本紀 世祖 至元6년 11월 丁未)

10) "以蒙哥都爲安撫高麗使 佩虎符 率兵戍其西境"(『元史』 권6, 本紀 世祖 至元7년 丁巳)

11) 金庠基, 1961「제4장 對元關係와 國內의 動態」『高麗時代史』 서울대출판부

12) "帝賜王金線走絲 及色絹二百匹 馬四匹 弓矢等物 且令東京行省國王頭輦哥率兵 偕往高麗"(『高麗史節要』 권18, 元宗11년 2월)

13) "幸頭輦哥屯所"(『高麗史』 권26, 世家 元宗11년 6월 을해)
"幸白州 宴頭輦哥"(『高麗史』 권26, 世家 元宗11년 7월 병인)

14) "丞相安童等奉 頭輦哥等 遣大託忙古解來言 令阿海領軍一千五百 屯王京 伺察 其國中"(『元高麗紀事』 中統(至元?)7년 7월 20일)

15) "頭輦哥遣摠管洪茶丘 巡視全羅慶尙東界三道"(『高麗史』 권26, 世家 元宗11년 7월 辛亥)

16) "以金方慶爲逆賊追討使 領軍六十餘人 同蒙古宋萬戶等 軍一千餘人 追討三別

침투시켰다. 이때부터 원의 군대는 왕경을 비롯해 그 부근인 해서지방에 집중적으로 주둔하면서 고려의 조정과 군대를 감시하였고, 또 경상·전라의 연해 요충지에도 진수군을 주둔시켜 삼별초와 일본원정에 대비하였다.[17)]

더욱이 황주·봉주·염주·백주·금주에는 둔전을 설치하여 장기주둔을 위한 물적 기반도 확보하였다.[18)] 둔전의 명분은 일본원정에 필요한 군량의 준비에 있었지만 실제로는 고려조정과 군대를 감시하기 위한 목적이 더 중요하였던 것으로 보인다. 제주의 삼별초 정벌 후에는 제주에도 500명의 원군을 주둔시켰고[19)], 또 제1차 일본원정 직후에는 일본의 보복 침략에 대비하기 위해 원군을 증파하기도 하였다.[20)]

삼별초 난을 계기로 고려에 주둔하였던 원군은 충렬왕4년에 고려의

抄"(『高麗史節要』권18, 元宗11년 6월)

17) "萬戶高乙麻 領兵二百 戍南方 以備三別抄"(『高麗史節要』권18, 元宗11년 윤11월)
   "窄梁防戍蒙古兵 入大部島 侵奪居民 民甚怨之 及聞崇謙等起 遂殺蒙古兵以叛" 및 "脫朶兒告王曰 我兵之戍南方者 侵掠州郡 民不聊生 宜遣使諸道安撫 於是 遣張鎰于慶尙 朱悅于全羅 郭汝弼于忠淸道"(『高麗史節要』권18, 元宗12년 2월)

18) "小邦 今已欽奉詔旨 所諭資糧事 已遣諸道勸農使 盡力措辦 伏望善爲敷奏 以遏姦人屯田之請"(『高麗史節要』권19, 元宗12년 정월)
   "遣將軍印公秀 如蒙古 請罷屯田"(『高麗史節要』권19, 元宗12년 2월)
   "又中書省移文曰 欽奉帝旨 以忻都史樞 行經略司於鳳州等處 營軍屯田 所有屯田 牛六千頭 除東京等處 起遣一半 餘三千頭 令經略司 受直王國和市外 農器種子蒭秣之類 及接秋軍糧 一就供給 無致闕乏"(『高麗史節要』권19, 元宗12년 3월)
   "分遣諸道農務別監 督納農牛 農器于黃鳳州"(高麗史節要』권19, 元宗12년 3월)

19) "金方慶與忻都等 以兵一萬 戰艦百六十艘 次楸子島 候風至耽羅 … 只斬金元允等六人 分處降者一千三百餘人于諸船 其元住耽羅者 按堵如故 於是 忻都留蒙古軍五百 方慶亦使將軍宋甫演等 領軍一千 留鎭而還"(『高麗史節要』권19, 元宗14년 4월)

20) "元遣蠻子軍一千四百人來 分處海鹽白三州"(『高麗史節要』권19, 충렬왕원년 2월)

사신 파견과 친조를 통한 철군 요청으로 다시 철수하였다.[21] 고려 측
에서는 원군에 대한 경비조달의 과중함과 주둔군의 작폐 등을 이유로
철수를 요청하면서 대신 일본원정에 자발적인 참여를 약속하였다. 이
에 세조는 고려의 요구를 받아들여 고려에 주둔하고 있던 모든 원군과
다루가치를 철수시키게 하였다.[22]

　　이는 충렬왕 즉위 이후 계속된 고려 왕실의 친원정책에 대한 원의
신임에서 비롯된 것으로 군대의 주둔을 통한 직접적인 감시나 통제가
이제 더 이상 필요하지 않게 된 것을 의미하는 것이다.[23] 이를 계기로
원 군대의 주둔과 다루가치를 통한 직접적인 지배방식이 고려 국왕을
통한 간접적인 지배방식으로 전환하게 되었다.

　　이 무렵을 전후하여 고려 국왕과 원 사신과의 관계에서 고려 국왕의
지위가 상승하였고, 아울러 충렬왕에게 부마국왕인(駙馬國王印)이 사여
되어[24] 고려 왕실과 원 황실이 확고한 친선관계를 정립하게 되었다.
또 이와 함께 충렬왕6년 이후에는 정동행성(征東行省)[25]과 진변만호부
(鎭邊萬戶府)[26]가 설치됨으로써 고려에 대한 원의 안정적인 통제장치가
갖추어지게 된 것으로 보인다.

---

21) "元使平章哈伯副樞李剌諭王曰 … 又命罷忻都茶丘軍 種田軍 合浦鎭戌軍 皆
　　還"(『高麗史』 권28, 世家 忠烈王4년 7월 戊戌)
22) "王又奏曰 日本一島夷耳 恃險不庭 敢抗王師 臣自念無以報德 願更造船積穀
　　聲罪致討 蔑不濟矣 … 又奏曰 … 然茶丘在焉 臣之爲國 不亦難哉 如茶丘者
　　只宜理會軍事 至於國家之事 皆欲擅斷 其置達魯花赤於南方 亦非臣所知也 上
　　國必欲置軍於小邦 寧以韃靼漢兒軍 無論多小而遣之 如茶丘之軍 惟望召還 帝
　　曰 此易事耳"(『高麗史』 권28, 世家 忠烈王4년 7월 甲申)
23) 李益柱, 1988「고려 忠烈王代의 政治狀況과 政治勢力」『韓國史論』18, 서울대
　　국사학과
24) "帝賜王 海東靑一連 駙馬金印鞍馬"(『高麗史』 권28, 世家 忠烈王4년 7월 壬寅)
25) "征東行省遣者毛兒 闞備粮餉軍器 僉發士卒 差定頭目"(『高麗史』 권29, 世家
　　忠烈王6년 10월 정유)
26) "元勅 於本國金州等處 置鎭邊萬戶府 以印侯爲侶勇大將軍鎭邊萬戶 賜虎符及
　　印 張舜龍爲宣武將軍鎭邊管軍摠管"(『高麗史』 권29, 世家 忠烈王7년 10월 기해)

제2차 일본원정 이후에도 원의 군대가 일시적으로 고려에 주둔한 적이 있었지만 주둔목적이 고려 조정이나 군대를 감시하기 위한 것이 아니라 일본의 침략에 대비하기 위한 것이었고, 따라서 주둔 병력도 왕경보다 합포가 훨씬 많았다.[27] 이처럼 개경에 왕경등처관군만호부(王京等處管軍萬戸府), 변방에 진변만호부 등이 설치되어 고려에 대한 원의 군사적인 통제장치가 갖추어지고 일본원정이 포기되면서 합포에 주둔하던 원군도 완전히 철수하였다.[28]

2) 원의 고려 병권 장악

고려에 주둔했던 원군이 철수한 이후에도 원은 고려의 병권을 장악하여 마음대로 행사하였다. 강화 직후부터 고려에 대한 지배력을 상실하는 공민왕대에 이르기까지 원은 필요에 따라 수시로 고려 군대의 징발을 명하거나 직접 징발하기도 하였고, 또 그들이 설치한 만호부 등 군사조직의 주요 지휘관을 임명하는 방법을 통해 실질적으로 고려의 병권을 장악하였다.

예컨대 삼별초 토벌 시를 비롯하여[29] 두 차례에 걸친 일본원정 시[30], 내안대왕(乃顏大王) 반란 시[31], 해도병(海都兵) 반란 시[32], 그리고

---

27) “元遣不八思馮元吉 來勘兵糧 又以東征軍敗 遣兵三百四十 戍合浦 六十守王京 以備不虞”(『高麗史節要』 권20, 충렬왕8년 4월)

28) “合浦戍軍 還元”(『高麗史節要』 권21, 忠烈王13년 3월)

29) “蒙古遣周夫介來詔曰 據忻都奏請 添見軍馬 比及署雨前 討平逆賊 朕以爲署雨之前 軍馬未能到彼 卿宜於旁近 簽軍六千人 分附攻取珍島”(『高麗史節要』 권19, 元宗12년 4월)
   “洪茶丘領兵 討珍島賊 其族屬及無賴之徒 多從之 是日脫朶兒與宰樞 閱兵于郊 凡五百餘人 ⋯ 脫朶兒 以宰樞子弟 無從軍者 乃令宰樞 各出馬給官軍 加發京軍及忠淸·慶尙兩道軍 以濟師”(『高麗史節要』 권19, 元宗12년 5월)
   “元以討三別抄 詔王簽軍六千 水手三千”(『高麗史節要』 권19, 元宗13년 12월)

30) “元遣經略使王總管 來命發軍五千 助征日本”(『高麗史』 권27, 세가 元宗15년 3

홍건적 토벌 시[33] 등에 원군을 돕게 한다는 명분으로 원 황제가 조서를 내리거나 다루가치 등 사신을 보내 고려로 하여금 군대를 동원하게 하였다. 이처럼 원은 필요에 따라 언제든지 고려의 군대를 징발·동원하거나 해산시키기도 하는 등[34] 실질적으로 고려의 병권을 마음대로 행사하였다.

또한 군대뿐만 아니라 고려의 무기까지도 원의 철저한 통제 하에 두어 원의 지배력 행사나 치안유지에 대한 위협적인 요소를 제거하고자 하였다. 원은 고려인들로 하여금 병기 및 마필의 무역이나[35] 무기의 소지 및 휴대를 엄격히 금하였고[36], 또한 수시로 이를 점검하였다.[37]

월 丙戌)

　　"元遣日本征討元帥忽敦 來令加發京軍四百五十八人"(『高麗史』 권28, 世家 忠烈王 즉위년 8월 己酉)

　　"征東行省遣者毛兒闌 備糧餉軍器 簽發士卒 差定頭目"(『高麗史』 권29, 世家 忠烈王6년 10월 丁酉)

31) "元右丞塔出遣人 請發兵五千及軍糧赴建州"(『高麗史』 권30, 世家 忠烈王14년 4월 庚午)

　　"吳仁永還自元 帝命除建州運糧 以助征兵 移戍鐵嶺 國王宜留鎭本國"(『高麗史』 권30, 世家 忠烈王14년 5월 壬子)

32) "帝以海都兵犯邊 將欲親征 遣阿旦不花 來徵兵(『高麗史』 권30, 세가 충렬왕15년 7월 계묘)

33) "元遣吏部郎中哈刺那海等來 脫脫丞相 以帝命 召柳濯廉悌臣權謙 … 等 四十餘人 及西京水軍三百 且募驍勇 期以八月十日 集燕京 將以討高郵賊張士誠"(『高麗史節要』 권26, 恭愍王3년 6월)

34) "以譜元者皆籍 叛人江華 故命罷船兵"(『高麗史』 권28, 世家 忠烈王4년 3월 壬辰)"帝命罷助征軍"(『高麗史』 권30, 세가 충렬왕15년 10월 경신)

35) "蒙古中書省移文 禁國人貿易上國兵器及馬"(『高麗史』 권27, 世家 元宗12년 3월 丁丑)

36) "副達魯花赤焦天翼曰 兵器不可畜於私家 收國人攻珍島兵仗 悉輸于鹽州屯所"(『高麗史』 권27, 世家 元宗12년 10월 甲辰)

　　"達魯花赤黑赤 禁人挾弓矢"(『高麗史』 권28, 世家 忠烈王원년 5월 壬辰)"達魯花赤張榜 國人軍士外 禁持弓箭兵器"(『高麗史』 권28, 世家 忠烈王2년 11월 丙辰) "元勅漢南高麗人 不得臓軍器 除官員 存留馬匹外 其餘盡力拘刷 於是 百官皆不視事 征東省 世祖皇帝不改土風之詔 奏于帝 請臓兵器 令百官騎馬 從

그 뿐만 아니라 원은 사신을 파견하여 전함이나 무기의 제작을 지시하
거나 감독하였고[38], 원의 장인을 보내어 직접 무기를 제작하기도 하였
으며[39] 무기의 공급 역시 원의 지시에 따라 이루어졌다.[40]

아울러 축성 등 군사시설의 정비나 수축도 원의 허락이 없이는 불가
능하였다.[41] 무기와 전함, 축성 등 군사시설에 대한 통제는 주로 일본
원정의 준비와 관련하여 실시된 측면이 많았지만 일본원정이 포기된
이후에도 고려의 병기에 대한 통제는 계속되었다.[42]

이처럼 원은 마음대로 고려군을 징발하거나 해산시키고, 만호부의
만호와 부만호 등 주요 지휘자를 임명하였으며, 무기와 군사시설에 대
한 통제권까지도 장악하여 고려의 군사력 전반에 걸쳐 철저한 지배력
을 관철시켰던 것이다.

之"(『高麗史節要』 권25, 忠肅王후6년 5월)

37) "將軍金伯均與元使金宗義 如慶尙道 點軍器"(『高麗史』 권29, 世家 忠烈王5년
8월 辛丑)

"元遣摠管金之茂 來閱兵器"(『高麗史』 권30, 世家 忠烈王14년 7월 丁亥)

"元尙書省及樞密院 差官來閱 東征日本時 合浦兵器"(『高麗史』 권30, 世家 忠
烈王15년 윤10월 己丑)

"元遣使 來閱軍器所弓箭都監及江華軍器"(『高麗史』 권34, 世家 忠肅王4년 3월
癸未)

38) "元遣使來作軍器 以起居郞金磾 偕往慶尙全羅道 斂民箭羽鏃鐵"(『高麗史』 권
28, 世家 忠烈王원년 11월 癸巳)

"帝命除造戰船及箭鏃"(『高麗史』 권28, 世家 忠烈王2년 정월 丙子)

"元遣劉弘忽奴來 王命李臟茂 偕往忠州 鑄環刀一千"(『高麗史』 권28, 世家 忠
烈王3년 4월 丁卯)

39) "元遣箭匠十人來"(『高麗史』 권30, 世家 忠烈王11년 12월 甲寅)

40) "勑軍器監 給兵仗 付高麗沿海等郡"(『元史』 本紀11, 世祖 至元18년 11월 己巳)

41) "高麗國王請 完濱海城 防日本 不允"(『元史』 本紀11, 世祖 至元18년 11월 己巳)

42) 『高麗史』 권34, 世家 忠肅王4년 3월 및 忠肅후6년 5월·12월조 참조

3. 군사조직의 변화

1) 원 숙위제의 수용

고려시대 중앙군은 기능에 따라 국왕을 경호하고 왕실과 궁성을 시위하는 친위군인 궁성숙위군과 수도 개경의 경비와 치안은 물론 출정과 방수의 임무를 수행하는 도성시위군으로 구분되었다.

이미 앞장에서 언급한 바와 같이 공학·견룡·내순검·중금·도지·백갑 등의 부대가 이른바 숙위군에 해당되는데, 이들 숙위군은 무신정변 이후 정권을 둘러싼 무신들의 대립 과정에서 정권쟁탈의 도구로 이용되었고, 또한 무신집정이 사병을 조직하면서 상당부분은 사병조직에 흡수되어 숙위군으로서의 기능을 제대로 수행하지 못하였다.[43]

원 간섭기에 들어와 원의 숙위제인 겁설제가 수용되었지만 그 이후에도 견룡군 등 기존 숙위군의 일부는 한동안 존속하였다.[44] 그러나 이 시기에 숙위군에는 하층 군사의 충원이 제대로 이루어지지 못하였기 때문에 장교층은 군대의 지휘라는 본래의 기능과는 관계없는 단순한 무관직으로 존속하였을 뿐이었다.[45] 더욱이 매관매직 등 관직제수의 문란에 의해[46] 기존 숙위군의 질이 크게 저하되었고, 이에 대응하

---

43) "毅明以後 權臣執命 兵柄下移 捍將勁卒 皆屬私家 國有方張之寇 而公無一旅之師"(『高麗史』 권81, 兵1, 兵制, 序)

44) "以達達人 分屬忽赤三番 依中朝體例 令各番三宿而代 牽龍等諸宿衛 亦然"(『高麗史』 권82, 兵2, 宿衛 忠烈王8년 5월)

45) 『고려사』 열전이나 墓誌銘 등을 통해 무신집권기 이후 많은 인물들이 二軍六衛의 장교직에 임명되는 기록들이 있지만 武官職으로서의 군대의 지휘와 관련된 활동은 찾아보기 어렵다.(閔賢九, 1983 「高麗後期의 軍制」 『高麗軍制史』 육군본부)

46) "都兵馬使 以國用不足 令人納銀拜官 白身望初仕者白銀三斤 … 軍人望隊正 隊正望校尉者三斤 校尉望散員者四斤 散員望別將者二斤 別將望郎將者四斤"(『高麗史』 권80, 食貨3, 納粟補官之制 忠烈王원년 12월)

여 홀치(忽赤)·우달치(迂達赤) 등 원나라식 숙위군이 조직되었다.[47]

장교층에게는 전시과제도와 녹봉제도에 의해 토지와 녹봉이 지급되도록 규정되어 있었지만 전시과체제가 이미 붕괴된 이 시기에 토지지급은 제대로 이루어지지 못하였고, 녹봉이 거의 유일한 경제기반이 되었다. 그러나 녹봉 역시 정액이 지급되지 못하거나 아예 지급되지 못하는 경우가 많았다.[48] 그리하여 녹과전제(祿科田制)가 실시되기도 했으나 제대로 성과를 거두지 못하였다.

또한 토지를 매개로 군역을 부과하던 기존의 군역제가 기능을 상실함에 따라 하층 군인층 역시 제대로 충원되지 못하였다. 그리하여 기존의 숙위군은 녹봉을 지급받는 장교층 중심으로 운영될 수밖에 없었고[49], 그나마 제위(諸衛)의 직은 대부분 유약자제(幼弱子弟)나 공상천예(工商賤隷)들이 차지하여 군사력으로서의 역할을 기대할 수 없었다.[50]

한편 원 간섭기에는 원의 숙위군제의 일부인 겁설제(怯薛制)가 수용되었다. 징기스칸이 몽골고원을 통일하고 몽골제국을 건설했을 때 그와 함께 나라를 건설한 사람들을 천명씩 나누어 96개의 천호와 그 하

───

이 밖에『高麗史』권84, 刑法1, 職制 忠烈王24년 정월 및 忠宣王 卽位敎書 참조

47) "兵曹奉宣旨 罷鷹揚衛 高麗事元以來 府衛之職 皆近習請托 不肯任職 乃置忽赤迂達赤等 成衆愛馬 以備宿衛 國初悉罷之 上王始置鷹揚衛四番 至是又罷之"(『世宗實錄』권3, 世宗원년 2월 기해)

48) "忠宣王 卽位敎曰 本朝三品之階 貳於宰相 未嘗輕授 雖至四品 容有年滿 而未拜者 近來 或以五品 超授致仕受祿者 倍於顯官 各領校尉以下 困於國役 而有終年 未受祿者 誠爲未便 其以五品超授者 有司論罷"(『高麗史』권75, 選擧3, 銓注, 選法 忠烈王24년 정월)

49) 閔賢九, 1983「高麗後期의 軍制」『高麗軍制史』육군본부

50) "憲司上疏 一府兵領於八衛 八衛統於軍簿 四十二都府之兵 十有二萬 而隊有正伍有尉 以至上將 以相統屬 所以嚴禁衛 禦外侮也 自事元以來 昇平日久 文恬武嬉 禁衛無人 乃於近侍忠勇 皆設護軍以下等官 以代禁衛之任而祿之 於是祖宗八衛之制 皆爲虛設 徒費天祿 以迂達赤速古赤別保等各愛馬 寒署夙夜 勤勞甚矣 而不得食斗升之祿 四十二都府 五員十將尉正之祿者 非幼弱子弟 卽工商賤隷 或食其祿而曠其職 或謹於王事而不得食 豈祖宗忠臣重祿之意哉"(『高麗史』권81, 兵1, 兵制, 연혁 恭讓王원년 12월)

위조직인 백호와 십호를 조직하고 천호제를 편성하면서 천호장·백
호장·십호장의 자제들로 친위대를 구성하였는데 이를 겁설이라 하
였다.[51]

겁설은 4반으로 나뉘어 교대로 근무하였기 때문에 흔히 4겁설로 불
리었다. Keshigten(怯薛歹, 은총을 받은 사람)으로 불린 친위대는 징기스
칸에 의해 천호장보다 높은 지위를 부여받았고, 또한 지휘관이 이들을
처벌할 때는 그의 승인을 받도록 하였다. 이처럼 징기스칸은 이들에게
특별한 지위와 의미를 부여하여 군주에 대한 개인적인 충성을 강화시
켰다.[52]

원 간섭기 이후 등장하는 홀치나 우달치 등이 원으로부터 수용된 숙
위기구들이다. 이 가운데서 중심적인 역할을 하였던 것은 홀치였다. 홀
치는 충렬왕을 따라 원에 가서 독로화(禿魯花)가 된 의관자제(衣冠子弟)
들을 중심으로 충렬왕 즉위 직후 원에서 조직되어[53] 충렬왕과 함께 귀
국하였다.[54] 원종10년 이후 즉위 시까지 원에 머물렀던 충렬왕은 국내
의 기반이 취약하였으므로 원에서 자신을 시종한 인물들을 중심으로
세력기반을 구축하였다.

홀치는 바로 국왕 측근세력의 하나로서 충렬왕을 호위하는 무력기
반의 확보를 위한 것으로, 이는 당시의 왕권강화가 공적기구의 장악을
통해 이루어지는 것이 아니라 사적기반의 확충을 통해 파행적으로 이
루어졌던 것과도 깊은 관련이 있는 것이었다.[55]

---

51) 怯薛(=Keshig)은 은혜·은총을 의미하는 말이다.(箭內亘, 1916「元朝怯薛考」
『東洋學報』 6-3)
52) 箭內亘, 1916「元朝怯薛考」『東洋學報』 6-3
53) "以衣冠子弟 嘗從王爲禿魯花者 分番宿衛 號曰忽赤"(『高麗史節要』권19, 元宗
15년 8월)
54) 元에 있던 忠烈王이 元宗 死後 즉위하여 귀국할 때 忽赤 康允紹 등과 함께 귀
국한 사실을 통해 유추할 수 있다.(『高麗史節要』권19, 元宗15년 11월 및 『高麗
史』권28, 세가 충렬왕 즉위년 11월 신묘)
55) 李益柱, 1988「高麗 忠烈王代의 政治狀況과 政治勢力의 性格」『韓國史論』18,

무신집권기 이후 중앙의 군사력은 집권무신들에게 장악되어 사실상 국왕의 숙위군은 크게 약화되었고[56], 왕정복고가 이루어진 이후에도 회복되지 못한 상황이었다. 더욱이 원 간섭기에 들어와서는 부원세력(附元勢力)과 같이 원과 연결되어 왕권을 견제하는 정치세력이 존재하였기 때문에 국왕의 입장에서는 왕권을 뒷받침해 줄 수 있는 무력기반이 필요하였다.

이 시기에 국왕의 측근세력이 정치적 기반이었다면 홀치 등 겁설조직은 무력기반의 한 부분을 이루었다고 할 수 있다. 숙위의 중심 역할을 한 홀치의 조직개편이 주로 왕위 교체시에 이루어지고 있는 사실은[57] 바로 홀치의 그러한 성격을 뒷받침하는 것이라 생각된다.

충렬왕이 원의 겁설제를 수용하였던 것은 원의 군사적 견제가 계속되는 상황에서 기존 숙위군을 정비하거나 강화하는 것이 불가능한 일이었고, 또 한편으로 오랜 재원생활을 통해 원의 겁설제에 익숙하였기 때문인 것으로 보인다. 원의 친위군제인 겁설제는 천호장·백호장·십호장의 자제들로 구성된 일종의 질자군(質子軍)의 성격을 지닌 것으로서 군주는 이를 통해 천호장 이하 각 수령들을 견제할 수 있었고, 또한 이들 친위병들에게 특별한 지위와 의미를 부여함으로써 군주에 대한 개인적인 충성을 강화시킬 수 있는 제도였다.[58]

고려의 홀치 역시 원에 독로화로 갔던 의관자제들로 조직되어 왕은

서울대국사학과

한편 元 怯薛制에서 皇帝와 怯薛歹는 私的인 주종관계로 결합되었는데 그 관계는 怯薛歹가 入官한 이후부터 발생하는 公的인 관료제적 관계보다 우위에 있었다.(片山共夫, 1982 「元朝의 昔寶赤에 대하여」 『東洋史論集』 10)

56) "(方慶)入爲牽龍行首 時禁衛爭附權門 宿衛甚懈"(『高麗史』 권104, 列傳, 金方慶 元宗4년 12월)

57) "以忽赤四番爲三番"(『高麗史』 권82, 兵2, 宿衛 忠烈王원년 정월)
　　"復分忽赤爲四番"(『高麗史』 권82, 兵2, 宿衛 忠宣王원년 6월)

58) 金浩東, 1989 「蒙古帝國의 形成과 展開」 『講座中國史』 3
　　箭內亘, 1916 「元朝怯薛考」 『東洋學報』 6-3

홀치를 자제로 둔 고위관료들을 견제할 수 있고, 또 한편으로 이들을 국왕의 세력기반으로 육성하여 자신에 대한 충성을 강화시키고자 하였을 것이다. 당시 고려가 겁설을 조직하는 것에 대해 원의 특별한 개입이나 간섭은 없었는데, 이는 겁설의 군사력이 순수한 국왕 신변의 호위병력 수준에 불과하였으므로 군사적으로 원의 경계나 견제의 대상이 되지 못하였기 때문이다. 또한 당시 원은 고려의 효과적인 지배를 위해 고려국왕을 후원하는 입장에 있었다.

겁설의 구성원인 번사(番士), 즉 겁설알(怯薛歹)의 직무는 원제에서와 마찬가지로 주야로 전중(殿中)을 호위하고 내정(內庭)에서 왕의 시중을 드는 것이었다고 생각된다. 원에서 번사의 직무는 황제의 호위가 중심이었으며, 그 밖에 황제 신변의 관복·궁시·음식·문사(文史)·거마·여장(廬帳)·의약·복축(卜祝) 등에 관해 봉사하는 것이었다.[59] 이에 비해 같은 중앙군단 소속인 위사(衛士)의 직무는 궁성 전체의 경호와 경성의 경비, 경성 내외의 공역(供役), 조운의 관리, 그리고 대도(大都)와 상도(上都) 인근의 경찰업무였다.[60]

고려의 겁설은 원의 그것에 비해 비록 규모는 작았지만 역시 같은

---

59) 구체적인 겁설 집사의 종류는 다음과 같다.(『元史』 권99, 兵2, 宿衛)
　　① 황제 일상의 기거·음식·의복 등을 관장하는 것; 博爾赤(飮食), 荅剌赤(酒), 速古兒赤(冠服), 燭剌赤(殿庭의 燈燭張設), 阿察赤(房舍設營), 玉烈赤(王宮縫線), 虎兒赤(奏樂), 玉典赤(戶口警衛), 八剌哈赤(門禁), 札撒忽赤(朝儀) 등
　　② 武器를 소지하고 황제를 護衛하는 것; 火兒赤(弓矢), 云都赤(環刀와 骨朶), 拔都兒(勇士) 등
　　③ 황제의 文書사무를 취급하는 것; 必闍赤(文史), 札里赤(聖旨書寫), 掌錢穀計簿者 등
　　④ 황실의 家畜이나 飛禽의 사육을 담당하는 것; 昔寶赤(鷹鶻) 怯憐赤(鷹) 阿塔赤(牧馬) 阿黑達赤(騸馬) 帖麥赤(駱駝) 火爾赤(羊) 忽客臣(牛) 莫倫赤(馬) 哈剌赤(色淸味美 上等黑色 馬乳酒) 怯憐口, 媵臣(家童,婢僕) 兀剌赤(車) 忽剌罕赤(捕盜) 闊端赤(從僕) 등
60) 箭內亘, 1916「元朝怯薛考」『東洋學報』 6-3
　　片山共夫, 1982「元朝의 昔寶赤에 대하여」『東洋史論集』 10

기능을 수행하였고, 겁설 중 홀치는 국왕뿐만 아니라 왕비나 세자에게
도 소속되어 그들의 경호임무를 담당하였다.[61] 겁설은 원에서와 마찬
가지로 국왕에게 직속되어 국왕으로부터 직접 지휘를 받는 핵심적인
친위군으로서 역할을 하였던 것으로 보인다.[62] 특히 겁설 가운데서 군
사적으로 가장 중요한 비중을 차지하였던 홀치[63]는 국왕의 행차 시에
수행하는 것[64] 뿐만 아니라 비상시에는 외적의 방어를 위해 차출되어
전장에 파견되기도 하였고[65], 또 경우에 따라서는 사법적 기능도 수행
하였다.[66]

홀치 이외의 겁설조직 가운데는 국왕의 좌우에서 여러 가지 일의 시
중을 드는 번사들로 보이는 아차치(阿車赤)[67], 우달치(迂達赤)[68], 필도치
(必闍赤)[69], 속고치(速古赤)[70], 파오치(波吾赤)[71], 조라치(詔羅赤)[72], 발가

---

61) "大殿忽赤 三番 世子府忽赤 三番"(『高麗史』 권79, 食貨2, 科斂 忠烈王15년 3월)
   한편 元의 경우에는 太祖 이후 4朝(太宗·定宗·憲宗의 漠北時代) 동안에는 天
   子의 궁전에만 설치되었으나 世祖 이후에는 累朝의 行帳(斡耳朶), 皇太子, 皇
   子의 宮邸에도 설치되었다.(箭內亘, 1916「元朝怯薛考」『東洋學報』6-3)

62) 원의 겁설은 천자에게 직접 예속되거나 천자가 명한 대신에게 예속된 친군 중
   의 친군이었다.(箭內亘, 1916「元朝怯薛考」『東洋學報』6-3)

63) 원 겁설제에서 궁시와 매를 주관하는 火兒赤에 해당하는 것이다.(『元史』권99,
   兵2, 宿衛)

64) "王與公主獵于德水縣 縣東北有馬提山 王嘗命構草屋數間 及是 率忽赤鷹房各
   五十人 往獵其地"(『高麗史節要』권19, 忠烈王2년 8월)

65) "倭賊入固城漆浦 遣大將軍韓希愈 防守海島 又選忽赤巡馬諸領府二百人 分守
   于慶尙全羅道"(『高麗史節要』권20, 忠烈王6년 5월)
   이 밖에『高麗史』권81, 兵1, 兵制, 沿革 忠烈王9년 5월 및 恭愍王7년 5월. 권
   38, 世家 恭愍王원년 3월 己未 참조

66) "郎舍以無功有世累者 多拜官 不署告身 王屢命署之 不從 王怒命忽赤崔崇 逮
   司議大夫白文節"(『高麗史』권28, 世家 忠烈王4년 4월 己未)

67) 忠烈王24년 정월 忠宣王 卽位下敎에 처음 보이는데(『高麗史』권84, 刑法1, 職
   制) 恭愍王代 기록에 나타나는 阿加赤와 같은 존재라 생각된다.(『高麗史』권81
   兵1, 兵制, 연혁 恭愍王7년 5월 참조)

68) 恭愍王代 기록에 처음 그 존재가 보이지만 이미 그 이전 원 겁설제가 도입될
   때 설치되었던 것으로 보인다(『高麗史』권124, 列傳 金興慶 참조)

치(八加赤)[73] 등이 있었는데 이들이 구체적으로 어떠한 기능을 수행하였는지는 알 수 없다.[74]

겁설은 숙위군으로서 군사적인 성격을 지니고 있었지만 그 구성이나 기능면에서는 기존 숙위군과 큰 차이가 있었다. 즉 겁설은 주로 의관자제(衣冠子弟)나 문신관료들로 구성된 데 반해[75] 견룡군(牽龍軍) 등 기존 숙위군은 무신과 군인층으로 구성되었다. 물론 겁설 가운데 홀치는 국왕의 친위군으로서의 성격이 강하였지만 나머지는 친위군이라기보다는 국왕의 좌우에서 여러 잡무를 시중드는 근시기구(近侍機構)로서의 성격이 강하였다. 이렇게 볼 때 겁설은 근시기구와 숙위군으로서의 성격을 아울러 가진 숙위조직이었다고 할 수 있을 것이다.

겁설에 대한 대우는 원의 경우 천호(千戶)보다 상위자로서의 대우를 받았고, 파격적인 승진으로 문무대관이 되었으며 경제적으로는 때에 따라 차이가 있었지만 세사(歲賜)로서 1인당 초(鈔) 20~30정(錠) 내지 70~80정을 받았다.[76] 고려 겁설의 경우 어떤 대우를 받았는지 알 수 없으나 대부분이 권귀자제(權貴子弟) 출신이었으므로 정치적으로는 원의

---

69) "新置必闍赤及申聞色"(『高麗史』 권28, 世家 忠烈王4년 10월 辛未)

70) "除目下 頭裏速古赤及子弟衛 皆超遷 擇卿大夫子弟 年少美壯者 常侍禁中 號頭裏速古赤 與子弟衛 皆有寵."(『高麗史』 권44, 世家 恭愍王22년 정월 乙丑)

71) "整理都監狀 … 行省三所忽只巡軍波吾赤投屬 成黨橫行者 推考 收取差帖 還本定役"(『高麗史』 권85, 刑法2, 禁令, 判例 忠穆王元年 5月)

72) "罷內乘鷹坊會 入仕者七品以下九品以上 分屬忽只四番 隊正散職 分屬詔羅赤八加赤巡軍四番.(『高麗史』 권81, 병1, 병제, 연혁 忠惠王후5년 5월)

73) 위와 같음.

74) 우달치는 왕의 측근에서 호위하는 숙위병의 일종, 필도치는 왕의 문사(文史)를 주관, 속고치는 왕의 의복을 관장, 아가치는 왕의 거처(住者)를 관장, 파오치는 왕의 여행을 관장, 그 밖에 조라치는 복역자(服役者)·하복(下僕)을 의미하는 것, 발가치는 관군적(管軍的)·관성적(管城的) 의미를 갖는 것이라는 해석이 있다.(內藤雋輔, 1961 「제4장 高麗兵制管見」『朝鮮史研究』)

75) "罷內乘鷹坊會 入仕者七品以下 九品以上 分屬忽赤四番"(『高麗史』 권81, 병1, 병제, 연혁 忠惠王후5년 5월)

76) 箭內亘, 1916 「元朝怯薛考」『東洋學報』 6-3

겁설과 비슷한 대우를 받았을 것으로 생각된다.

홀치에게 토지가 사급(賜給)되고[77] 촌락이 분속된 사실을 볼 수 있는데[78], 이들 촌락과 토지 등이 홀치의 경제기반이 되었을 것이다. 토지의 경우 공적인 분급제에 의해 지급된 것이 아니라 대개의 경우 국왕의 자의에 의해 지급되거나 홀치 스스로의 권력에 의해 확보한 측면이 강하였다. 이는 국왕측근세력의 하나로서 홀치의 성격과 밀접하게 관련이 있는 것이다. 즉 토지분급제가 붕괴된 당시 국왕은 자신의 측근세력들에게 경제적 보장책으로서 사급전(賜給田)을 지급하였는데[79] 홀치에 소속된 토지도 역시 국왕의 자의에 의해 지급된 토지였을 것이다.

2) 만호부의 설치

(1) 개경의 순군만호부

수도 개경을 방위하는 도성시위군의 근간을 이룬 것은 2군6위의 병력 중 지방 주현으로부터 번상하는 보승과 정용이었다. 모두 38령으로 구성된 이들의 군액은 편제상으로는 3만 8천명이었으나 무신집권기와 대몽전쟁기를 거치면서 크게 파괴되어 그 액수를 채우지 못하였고, 또한 지방으로부터의 번상시위체제가 무너져 사실상 유명무실한 상태였다.

도성시위군의 가장 중요한 기능은 수도 개경을 경비하는 것이었고,

---

77) "賜三番忽赤畿縣田 號放牧所"(『高麗史節要』 권20, 忠烈王9년 2월)
78) "嘉林縣人告達魯花赤曰 縣之村落 分屬元成殿及貞和院將軍房忽赤巡軍 唯金所一村在耳"(『高麗史節要』 권20, 忠烈王4년 4월)
79) 李景植, 1983「高麗末期의 私田問題」『東方學志』40; 1986『朝鮮前期土地制度史研究』일조각

그 중 일부는 교대로 양계 주진에 들어가 토착의 주진군과 함께 변방을 방수(防戍)하는 것이었다. 그러나 원 간섭기에는 번상체제의 붕괴와 원의 군사적 통제로 인해 2군6위의 하층 군사력은 유명무실한 상태였고, 지휘관인 장교직만 관직의 일부로 존속하는 상황이었다. 이미 대몽전쟁 직후부터 중앙군은 대정과 교위 등 하급장교를 주로 동원하는 체제로 운영되어 이들의 직무는 고역(苦役)으로 간주되기도 하였다.[80]

강력한 군사적 통제를 통해 고려의 군사력을 무력화시키고자 하였던 원은 파괴된 고려 군사력의 복구나 정비를 허용하지 않았다. 다만 수도 개경에는 원의 군제인 순군만호부(巡軍萬戶府)를 설치하여 치안과 경찰을 위한 최소한의 군사력을 유지하게 하였을 뿐이었다.

순군만호부는 충렬왕대 초 다루가치가 몽골의 제도에 따라 민간의 감시통제와 치안유지를 위해 개경에 설치했던 순마소(巡馬所)[81]가 그 후 관군만호부(管軍萬戶府)와 통합되어 순군만호부로 개편된 것으로 보인다.

관군만호부의 설치시기와 기능이 무엇이었는지 구체적으로 알 수 없지만[82], 원의 직접 지배하에 있던 중국에서는 점령지의 군정을 장악하는 기구였던 것으로 보아[83], 고려의 관군만호부 역시 비슷한 기능을 가진 기구였을 것으로 생각된다. 관군만호부가 설치된 시기는 2차 일본원정이 끝난 충렬왕7년 이후일 것으로 추측되는데[84], 그 동안 동정

---

80) "議以品祿減少 分給文武官 京畿田有差 以近地給校尉隊正 盖爲苦役也"(『高麗史』권78, 食貨1, 田制 祿科田 元宗13년 정월)

81) "時達魯花赤 依蒙古制 置巡馬所 每夜巡行 禁人夜作"(『高麗史節要』권20, 忠烈王4년 7월)

82) 管軍萬戶府의 기능을 元의 東征에 필요한 자원조달의 후방기지 및 동정군의 총본부기지 확보를 위한 것이었다고 보는 견해도 있다.(崔根成, 1988「高麗萬戶府制에 관한 研究」『關東史學』3)

83) 沼田勅雄·中村治兵衛編, 1943「元의 中國統治」『異民族의 支那統治史』

84) 巡軍萬戶府가 설치되기 이전에 管軍千戶·管軍上萬戶 등의 임명기록이 나타나는 것으로 보아, 2차 日本遠征 직후 鎭邊萬戶府가 설치되던 무렵에 설치되

고려군을 관할하던 정동원수부가 고려에 관군만호부를 설치하면서 고려군에 대한 관할권을 이곳으로 이양한 것이 아닌가 한다.

이처럼 기능을 달리하는 별개의 기구로 설치되었던 순마소와 관군만호부는 한동안 병존하였으나 일본원정이 포기되고 고려에 대한 원의 군사적 지배권이 확립되면서 그 후 어느 시기[85]에 두 기구가 통합되어 순군만호부로 개편된 것이다. 그에 따라 순군만호부는 관군만호부의 군사적인 기능과 함께 순마소가 수행하던 경찰·치안의 기능을 아울러 가지게 되었던 것으로 보인다.

순군만호부의 주요 기능이 개경의 치안과 경찰이었다는 점에서 무신집권기의 순검군이나 야별초와 같은 성격의 기구라고 할 수 있다. 그러나 당시 개경을 경비하는 시위군이 사실상 유명무실한 상태에서 도성의 치안과 경찰 업무를 담당한 순군만호부는 종래 시위군이 담당하던 수도경비의 기능까지도 수행하여 실질적인 시위군의 역할도 하였을 것으로 생각된다.

이와 같은 순군만호부의 군사적 비중 때문에 원 간섭기에 국왕들은 순군만호부를 장악하기 위해 노력하였다. 예컨대 충렬왕은 자신의 측근인물인 내료를 순군만호부의 요직에 임명하여 순군만호부의 병권을 장악하려 하였고[86], 원에서 무종 옹립에 성공하고 복위하게 된 충선왕도 복위 전에 먼저 자신의 측근을 보내 순군만호부부터 장악하였던 것이다.[87]

었던 것으로 추측된다. 충렬왕17년에 劉碩이 忠顯校衛管軍千戶로 임명되었고 (『高麗史』 권30, 世家 忠烈王17년 9월), 또 羅益禧의 부 羅裕가 忠烈王代 元으로부터 받은 懷遠大將軍管軍上萬戶의 직을 가지고 있었다.(『朝鮮金石總覽』 上, 羅益禧 墓誌)

85) 忠烈王 26년에서 33년 사이로 추정하는 연구들도 있다.(韓㳓劤, 1961 「麗末鮮初 巡軍研究」 『震檀學報』 22 및 崔根成, 1988 「高麗 萬戶府制에 관한 研究」 『關東史學』 3)

86) "以內僚別將金呂 爲巡馬指揮 內僚兼巡馬始此"(『高麗史』 권30, 世家 忠烈王19년 6월 丙戌)

(2) 경상·전라의 진변만호부

고종18년 이후 계속된 몽골군의 침입으로 인해 양계 주진들의 해도 입보와 이사, 그리고 출륙 후 주진 사이의 병속(倂屬) 등으로 주진체제 는 붕괴되었다. 게다가 서북면 주민들의 잇단 반란과 만주지역으로의 집단적인 이주, 그리고 동녕부와 쌍성총관부의 설치로 이 지역이 몽골 의 직접 지배 하로 들어가면서 주진군조직 역시 해체된 상태였다.

고려와 원 사이에 특수한 친선관계가 성립되고, 또한 원의 직할지인 동녕부와 쌍성총관부를 매개로 접경을 이룸으로써 이 지역에 고려 군 대의 배치는 불필요하게 되었다. 뿐만 아니라 고려에 대해 강력한 군 사적 견제와 통제를 가하고 있던 원의 입장에서는 원과의 접경지역에 고려 군대의 주둔은 허용하지 않았을 것이다. 그리하여 원 간섭기 동안 양계지역에서 방어체제의 복구는 불가능한 일이었다.[88]

동녕부(東寧府)가 설치된 서북면지역은 충렬왕16년 3월에 원의 황제 가 동녕부를 파하고 서북 제성을 고려에 환부함으로써 다시 고려의 지 배 하로 들어오게 되었다. 이에 충렬왕은 동녕부총관이었던 한신과 계 문비를 대장군으로, 나공언과 이한을 장군으로 임명하여 동녕부 관할 하에 있던 병력의 지휘권을 그대로 인정하였다.[89] 그리하여 합단적 침 입시에 한신이 지휘하는 서경병이 방어군으로 동원되었고[90], 이어 충 렬왕16년 7월에는 서북 제성에 다시 수령이 배치되고 서경유수가 임명 되었다.[91]

---

87) "前王遣同知密直司事金文衍 上將軍金儒 來夜入巡軍府 宣批判 … 自是王拱手 而國政歸于前王"(『高麗史』 권32, 世家 忠烈王33년 3월 辛卯)

88) 元 간섭기 중에 있었던 哈丹賊의 침입시 국경지방의 주진군이나 중앙 파견의 防戍軍(鎭戍軍)의 활동 모습은 전혀 보이지 않는다.

89) "帝詔罷東寧府 復歸我西北諸城 王拜其摠管韓愼桂文庇爲大將軍 玄元烈爲大 僕尹 羅公彦李翰爲將軍"(『高麗史』 권30, 世家 忠烈王16년 3월 丁卯)

90) "命大將軍韓愼 將西京兵 禦哈丹于東界"(『高麗史』 권30, 世家 忠烈王16년 6월 甲戌)

그리고 충렬왕19년 6월에 원이 합포등처진변만호부(合浦等處鎭邊萬戶府)와 함께 서경등처관수수만호부(西京等處管水手萬戶府)의 부만호를 임명하는 것으로 보아92), 이 무렵을 전후하여 서경에도 만호부가 설치된 것으로 보인다. 원은 동녕부를 고려에 반환하는 대신 동녕부 관할하의 서경병을 중심으로 만호부를 설치하게 하고 서북면 지역의 군사력을 통제하려 하였던 것으로 보인다. 즉 남방 진변만호부의 경우에서와 마찬가지로 서경만호부도 만호와 부만호 등의 임명권을 원이 장악하여 서북면지역의 군사력을 원의 통제하에 두고자 하였던 것이다.

한편 동북면지역은 쌍성총관부(雙城摠管府)가 설치된 이후 그 관할하로 편입된 지역을 제외한 나머지 동계지역에는 중앙으로부터 병마사가 파견되었다.93) 그러나 이전의 주진군과 같은 상비군 조직의 정비나 방수군의 파견은 없었던 것으로 보인다. 그리하여 해도적(海都賊)이나 합단적이 동계를 침입했을 때에는 중앙에서 관리를 파견하여 동계를 방수할 군대를 징발하거나94) 중앙에서 3군의 방어군을 편성하여 파견하였다.95)

원 간섭기에는 양계지역에 대신해서 남방의 해안지역이 군사상 변방이 되었다. 일본원정 실패 후에는 남도지역에 진변만호부(鎭邊萬戶府)를 설치하고, 이를 중심으로 진수군을 배치하여 대일본 방어전선을

---

91) "復置西北諸城守令 以將軍鄭復均 爲西京留守"(『高麗史』 권30, 世家 忠烈王16년 7월 壬寅)
92) "元以趙仁規爲嘉議大夫王府斷事官 李之氐爲奉直大夫合浦等處鎭邊萬戶府副萬戶行中書省副鎭撫 金延壽爲武德將軍西京等處管水手萬戶府副萬戶 皆賜虎符"(『高麗史』 권30, 世家 충렬왕19년 6월 甲寅)
93) "以判三司使朴之亮爲東北面兵馬使 大將軍金德之知兵馬事"(『高麗史』 권30, 世家 忠烈王14년 4월 丁卯)
94) "遣知密直司使金忻 同知密直司使羅裕 調東界防戍軍"(『高麗史』 권30, 世家 忠烈王15년 12월 癸巳)
95) "遣中軍萬戶鄭守琪 屯禁忌山洞 左軍萬戶朴之亮 屯伊川 韓希愈屯雙城 右軍萬戶金忻 屯豢猳 羅裕屯通川 以備丹賊"(『高麗史』 권30, 世家 忠烈王16년 2월)

형성하였다. 고려의 만호부는 일본 원정 시에 설치된 중군·좌군·우군
의 삼군만호부를 비롯해서 그 후 증치된 순군만호부·합포만호부·전라
만호부·탐라만호부·서경만호부 등이 있었는데, 이들 만호부는 고려가
원의 지배에서 벗어나는 공민왕대 초까지 유지되었다.[96]

진변만호부는 2차 일본원정 직후인 충렬왕7년 10월에 고려국왕과 정
동행성(征東行省)의 요청에 의해[97] 설치되었다. 합포는 일본으로 향하
는 교통의 요지로서 일본 원정 시에는 원정업무를 관할하기 위한 정동
행성이 설치되었던 곳이고, 삼별초 토벌 시에는 원의 군대가 주둔했던
곳이며, 또한 왜구가 고려로 향하는 길목이기도 하였다. 따라서 충렬왕
7년에 합포에 가장 먼저 진변만호부가 설치되었고[98], 이어서 16년에
전라만호부가 설치되었으며[99], 27년에 탐라만호부가 설치되었다.[100]

진변만호부를 설치하게 된 직접적인 동기는 여원연합군의 일본원정
에 대한 일본의 보복 침략에 대비하기 위한 것이었다.[101] 만호부 설치

---

96) "政堂文學李仁復如元上表曰 … 世皇東征日本時 所置萬戶 中軍左軍右軍耳
   其後增置巡軍合浦全羅耽羅西京等萬戶府 幷無所領軍 徒佩金符 以夸宣命 召
   誘平民 妄稱戶計 勒令州縣 不敢差發 甚爲未便 如蒙欽依世祖皇帝舊制 除三
   萬戶鎭戍日本外 其餘增置五萬戶府 及都鎭撫司 乞皆革罷"(『高麗史』 권39,
   世家 恭愍王5년 10월 戊午)
97) "高麗王幷行省皆言 金州合浦固城全羅州道等處 沿海上下 與日本正當衝要
   宜設立鎭邊萬戶府屯鎭 從之"(『元史』 兵2, 鎭戍 世祖 至元18년 10월)
98) "金州等處置鎭邊萬戶府 以控制日本"(『元史』 列傳, 外夷 高麗, 世祖 至元18
   년 11월)
99) "立全羅州道萬戶府"(『元史』 本紀, 世祖 至元27년 2월)
100) 元은 충렬왕26년에 耽羅總管府를 설치하여(『元史』 권20, 大德4년 6월 甲子)
    원의 추밀원이 직접 耽羅를 관할하였는데, 충렬왕27년 5월에 고려에서 耽羅
    總管府를 파하고 이를 고려에 예속시켜 萬戶府를 설치하기를 청하는 表를 올
    려 원으로부터 裁可를 받았다.(『高麗史』 권32, 충렬왕27년 5월 庚戌) 그 결과
    2개월 후인 7월에 耽羅軍民萬戶府가 설치되었다.(『元史』 권20, 大德5년 7월
    戊申)
101) "高麗國金州等處 置鎭邊萬戶府 以控制日本"(『元史』 本紀, 世祖 至元18년 11
    월 己巳)

이전에 충렬왕은 일본의 침략에 대비하기 위해 금주(金州)에 몽골군의 주둔을 요청하였고[102], 특히 1차 일본원정 후에는 본국으로 귀환하지 않고 합포에 남아있던 원의 진수군을 그대로 머물러 두기를 요청하기도 하였다.[103]

그런데 이때에는 원 진수군의 주둔 대신에 만호부의 설치를 요구하였는데, 그 이유는 원 군대의 주둔에 따른 고려민의 피해가 막심하였기 때문이다. 이미 원종 대부터 원 진수군에 대한 군수비 지출이 과다할 뿐 아니라 사졸들의 징구(徵求)함이 많아 고을을 소란하게 하는 등의 많은 폐해가 있었다.[104] 이에 다루가치의 건의로 경상·전라·충청도에 안무사가 파견되었던 일도 있었다.[105] 따라서 고려 측에서는 가능한 고려에 주둔하고 있는 원군의 철수를 바라고 있었음은 당연한 일이었다.

한편으로 대몽전쟁 이후 원의 강력한 군사적 견제 하에서 변방의 진수를 원군에 의존하고 있던 고려로서는 독자적인 군사조직의 정비가 절실하였을 것이다. 일본원정에 실패한 직후 충렬왕은 일본의 보복 침략에 대한 대비를 구실로 원의 군제인 만호부 설치를 요청함으로써 원측의 경계를 받지 않으면서 군사력의 재건을 꾀할 수 있었던 것이라 생각된다.

또한 원의 입장에서도 많은 부담이 따르는 원군의 주둔보다는 만호부를 설치하여 그 병권을 장악하는 것이 보다 효과적이라고 판단하였을 것이다. 즉 원은 그들의 군사조직인 만호부를 설치하고, 그 지휘권

102) "睶(忠烈王)以日本寇其邊海郡邑 燒居室掠子女而去 請發闍梨帖木兒麾下蒙古軍五百人戍金州 又從之"(『元史』 列傳, 外夷 高麗, 世祖 至元19년 正月
103) "王曰 小邦亦請依上國法點戶 又請留合浦鎭戍軍 以備倭寇 帝曰何必留之 其能無害於汝民乎 汝可自用汝國人 鎭戍倭寇 不足畏也"(『高麗史』 권28, 世家 忠烈王4년 7월 戊戌)
104) 『高麗史』 권28, 世家 忠烈王3년 2월 丁卯, 4년 7월 甲申, 4년 9월 丙戌 참조.
105) "脫朶兒告王曰 我兵之戍南方者 侵掠州縣 民不聊生 宜遣使安撫 於是遣張鎰于慶尙道 朱悅于全羅道 郭汝弼于忠淸道"(『高麗史』 권27, 世家 元宗12년 2월 辛亥)

을 장악함으로써 고려의 군사력을 효과적으로 통제하려 하였던 것이
다. 이처럼 만호부는 고려와 원 양국의 이해관계가 일치하여 설치된
것이었다.

진변만호부의 병력은 모두 고려의 주민들로 구성되었다. 즉 만호부
를 구성한 진수군은 만호부에 소속된 주변 군현들로부터 징발되었다.

> 합포등처의 진수군인이 군현의 크기에 따라 그 수가 고르지 않으니 앞
> 으로는 순무진변사(巡撫鎭邊使)가 군현의 성하고 쇠함을 참작하여 수를
> 고쳐 정할 것이며, 무릇 영진(營鎭)을 침탈하여 사욕을 채우는 자는 엄격
> 히 금지하라.106)

위 기록은 충숙왕이 내린 왕명의 일부분인데, 합포만호부에 소속된
진수군은 합포만호부에 예속된 주변의 군현으로부터 징발되었으며, 주
현의 크기에 따라 그 군액이 정해져 있었음을 알 수 있다. 그러나 실제
로는 군현의 크기에 따른 진수군의 징발이 제대로 지켜지지 못하는 형
편이었다.

당시 진수군이 어떤 방식으로 징발되었는지는 자료의 결핍으로 확
인할 수 없으나, 같은 시기 원에서 한족을 대상으로 실시한 한군만호
부(漢軍萬戶府)의 군호제(軍戶制)가 참고가 될 수 있을 것이라 생각된다.

원이 중원을 평정한 후 한족을 대상으로 조직한 한군만호부의 경우
특수한 형태의 군호제를 실시하였다. 즉 호의 빈부에 따라 1호가 독립
하여 1인의 군정을 내는 독군호제(獨軍戶制)를 원칙으로 하면서, 아울
러 2~3호가 공동으로 1인의 군정을 내는 정군호(正軍戶)·첩군호제(貼軍
戶制)를 실시하였다. 원대 초기에는 독군호를 원칙으로 하였으나 대남
송전으로 많은 병력이 필요하게 되고, 징발대상이 되는 군호의 경제력

---

106) "下旨 合浦等處鎭戍軍人 大小郡縣 數目不均 今後巡撫鎭邊使 斟酌殘盛 改定
　　數目 凡侵擾營鎭 以濟私欲者 嚴加禁恤"(『高麗史』 권82, 兵2, 鎭戍 忠肅王12
　　년 10월)

에는 한계가 있어 독군호제의 원칙은 적용할 수 없게 되었다. 그 결과
몇 개의 호로부터 1인의 병사를 징발하는 정군호·첩군호제가 본격적
으로 시행되기에 이르렀던 것이다.[107]

　원의 만호부제를 받아들인 고려의 진변만호부도 종래의 군역제가
이미 붕괴되고 독립적으로 군역을 수행할 수 있는 능력을 갖춘 군역
부담층이 부족한 상황에서 정군호·첩군호제와 같은 군호제가 시행되
었을 가능성이 크다. 공민왕대 초에 이른바 3가1호의 군호편성 원칙이
확립되는 것도 이미 원 간섭기 실시되었던 정군호·첩군호제의 경험을
바탕으로 한 것이었다고 생각된다.

　다음 기록에서 보는 것처럼 각 군현에서 징발된 진수군은 진변만호
부의 소재지를 중심으로 연해의 군사요지에 나누어 배치되었다.

　　또 중서성에 올리는 글에 이르기를 … 지원18년부터 대군이 바다를 건
　너 출정한 이후 지원20년에 세조황제의 성지를 받들어 행정동성사(行征
　東省事)의 직무를 위임받아 변경을 진무하고 있습니다. 현재 설치된 경상
　도 합포 등처와 전라도 양처의 진변만호부를 관령(管領)하여 본국의 군관
　과 군인을 찾아내 합포·가덕·동래·울주·죽림·거제·각산·내례량 등 요해
　처와 탐라 등지에 나누어 배치하였습니다.[108]

　위 기록을 통해 합포만호부의 경우 가덕·동래·울주·죽림·거제·각
산·내례량 등의 요해처에 진수군이 배치되었음을 알 수 있는데, 이들
지역은 만호부를 구성하는 천호소 또는 백호소에 해당하는 것으로 추
측된다. 원 만호부에서 몽골인만호부는 1만의 병력을 낼 수 있는 1만의

107) 大葉昇一, 1980 「蒙古帝國=元朝의 軍隊組織」『史滴』 창간호
108) "又上中書省書曰 … 自於至元十八年 大軍過海 征進之後 至元二十年 欽奉世
　　祖皇帝聖旨 委付當職行征東省事 威鎭邊面 管領見設慶尙道合浦等處 幷全羅
　　道兩處 鎭邊萬戶府 摘撥本國軍官軍人 見於合浦加德東萊蔚州竹林巨濟角山
　　內禮梁等所 把隘口去處 及耽羅等處 分俵置"(『高麗史』 권32, 世家 忠烈王28
　　년 12월)

오로(奧魯)집단[109])으로 조직되었지만[110), 고려 만호부의 경우 1만의 병력
으로 조직되었는지 의문이다. 여러 개의 주현을 묶어 만호부에 소속시켰
을 것으로 추정되지만 농민층의 유망이나 몰락이 심하였던 당시 사정
으로 보아 1만의 병력은 거의 충원되지 못하였을 것으로 생각된다.[111)
　만호부에는 집정관(執政官)인 다루가치가 설치되었고, 고려인 출신
의 만호와 천호 등의 지휘관이 임명되었다.[112) 원의 다루가치는 중급
이하의 지방관청, 즉 행성(行省)-도(道)-로(路)-부(府)-주(州)-현(縣)으로 된
지방행정체계에서 로(路) 이하에 파견되어 행정을 지휘하거나 감독할

---

109) 오로(奧魯)는 여러 개의 天幕으로 이루어지는 가족집단을 의미하는데, (大葉
　　昇一, 1980「蒙古帝國=元朝의 軍隊組織」『史滴』 창간호) 대개의 경우 2~5인
　　정도의 핵가족인 경우가 많았다.(後藤富男, 1968『內陸아시아 遊牧民社會의
　　硏究』)
110) 元 萬戶府 가운데 蒙古人萬戶府는 1만의 奧魯집단으로 조직되었으며 각 奧
　　魯에는 군사가 될 수 있는 1人의 성인 남자가 존재하였다. 모든 성인 남자는
　　각자가 1戶를 이루고 동시에 자신은 군사가 되는 것이 원칙이었다. 따라서
　　몽골에서는 1丁으로 1戶를 이루고 1人의 군사를 제공하였다.(村上正二, 1943
　　「元朝兵制史上のおける奧魯について」『東洋學報』 30-3)
111) 軍戶의 경제력이 낮아 독립적으로 軍丁을 내는 것이 곤란하여 그 대책으로 만
　　들어진 正軍戶·貼軍戶制에서는 3戶 가운데서 1戶를 正軍戶로 하고 나머지 2
　　戶를 貼軍戶로 하기 때문에 萬戶의 편성에서 7,000호 정도가 貼軍戶가 되고
　　가동 병력은 3,000정 정도에 불과하게 된다. 그 결과 각 편성단위의 군사 동원
　　력이 규정액에 미치지 못하는 경우가 많아 軍戶를 십진법에 따라 편성하는 원
　　칙이 붕괴되고, 正軍戶와 貼軍戶를 합한 수로 10진법에 따른 규정수를 지키는
　　것이 원칙이 되었다.(大葉昇一, 1980「蒙古帝國=元朝의 軍隊組織」『史滴』 창
　　간호)
　　漢軍萬戶府에서 상·중·하로 등급의 차이가 발생하게 된 것도 戶數는 10진법
　　에 따라 편성되었지만 실제 군사 동원력에 다과의 차이가 있었기 때문이다.
　　예컨대 7,000인 이상의 동원력을 갖는 만호부는 上萬戶府. 5,000인 이상은 中
　　萬戶府, 3,000 이상은 下萬戶府로 구분되었다.(『元史』 권91, 百官, 諸萬戶府)
112) "元遣洪重慶 授王爲征東行中書省左丞相 以印侯鎭邊萬戶府達魯花赤 宋玢爲
　　宣武將軍鎭邊萬戶 劉碩爲忠顯校尉管軍千戶 皆賜金牌"(『高麗史』 권30, 世家
　　忠烈王17년 9월 己亥)

뿐 아니라 해당관청의 모든 사무에 대해 최고의 결정권을 행사하였으나 몽골인 내지 색목인(色目人)이 임명된 한인만호부의 다루가치는 만호부의 행정사무를 관할하였다.[113] 따라서 고려 만호부에 설치된 다루가치도 한인만호부의 그것과 같은 기능을 가졌던 것으로 생각된다.

원래 만호부는 제도상 행중서성 도진무사의 지휘를 받게 되어 있었으므로[114] 고려의 진변만호부도 정동행성 도진무사의 지휘 하에 있었을 것으로 생각된다. 그러나 진변만호부가 실제 군사적 활동에서 정동행성 도진무사로부터 직접적인 지휘를 받았던 사례는 찾을 수 없다. 그 이유는 원 간섭기 동안 진변만호부가 정동행성 도진무사로부터 군사적인 지휘를 받을만한 군사적 활동이 없었기 때문인지 아니면 실제 지휘계통이 달랐기 때문인지는 알 수 없다.

그러나 당시 고려국왕이 정동행성의 최고직인 좌승상(左丞相)에 임명되었기 때문에 정동행성장의 자격으로 만호부에 대한 지휘권을 행사할 수 있었을 것이라 생각되지만 승상직이란 원래 실권이 수반되지 않는 명목상·형식상의 직이었기 때문에 어느 정도의 군사적인 실권을 행사할 수 있었는지는 의문이다.[115]

충렬왕7년에 합포진변만호부가 처음 설치된 이후 만호직은 원이 직접 임명하거나[116], 고려 국왕이 임명하였는데[117], 특히 주목되는 사실

---

113) 沼田勒雄·中村治兵衛, 1934『異民族の支那統治史』
114) 元에서 都鎭撫司는 行省의 지방 軍政기관으로 萬戶府는 行中書省 都鎭撫司의 관할하에 있었다.(沼田勒雄·中村治兵衛, 1934『異民族の支那統治史』)
115) 高柄翊, 1961·1962「麗代 征東行省 硏究」『歷史學報』14·19
116) "元勅於本國金州等處 置鎭邊萬戶府 以印侯爲昭勇大將軍鎭邊萬戶 賜虎符及印 張舜龍爲宣武將軍鎭邊管軍摠官"(『高麗史』권29, 世家 忠烈王7년 10월 己亥)
      "元遣洪重慶 授王爲征東行中書省左丞相職 以印侯鎭邊萬戶府達魯花赤 宋玢爲宣武將軍鎭邊萬戶 劉碩爲忠顯校尉管軍千戶 皆賜金牌"(『高麗史』권30, 世家 忠烈王17년 9월 己亥)
      "元以趙仁規爲嘉議大夫王府斷事官李之抵爲奉直大夫合浦等處鎭邊萬戶府副萬戶行中書省副鎭撫 金延壽爲武德將軍西京等處管水手萬戶府副萬戶 皆賜金符"(『高麗史』권30, 世家 忠烈王19년 6월 甲寅)

은 고려 국왕이 임명할 경우에는 반드시 원으로부터 이미 만호의 직위
를 받은 인물 가운데에서 선발한다는 점이다. 예컨대 충렬왕10년 5월
에 진변만호로 임명된 김주정118)은 충렬왕6년 12월에119), 충렬왕10년
12월에 진변만호에 임명된 인후120)는 충렬왕7년 10월에121), 충렬왕18년
7월에 진변만호에 임명된 한희유122)는 충렬왕14년 정월 이전에123) 원
으로부터 받은 만호 직위를 가지고 있었다.

　원으로부터 만호의 직위을 받은 자는 대체로 고려의 재추급 관료와
장군 이상의 무관이었는데 고려에 진변만호부·순군만호부·삼군만호
부 등의 제만호부가 설치되기 이전에는 고려인에게 주어진 만호직이
일종의 영예직으로서의 성격을 지니고 있었던 것으로 보인다.

　즉 원 황제로부터 호두금패(虎頭金牌)와 함께 만호의 직위를 받음으
로써 고려에 파견된 원의 지휘관들과 대등한 지위가 보장되고 아울러
대등한 자격으로 동정원수부(東征元帥府)에도 참여할 수 있었던 것이
다. 그러나 고려에 제만호부가 설치된 이후부터는 원으로부터 이미 만

　　"癸亥 又如京進奉帝所 泰定甲子加中正大夫司僕正 明年奏授宣武將軍合浦鎭
　　邊萬戶府萬戶 蓋世職也"(『朝鮮金石總覽』上, 權廉墓誌)
　　"元以柳濯爲合浦萬戶 舊萬戶僉議商議楊之秀 不肯受代 久而乃出遊于道內
　　莫有問者"(『高麗史』권36, 世家 忠惠王후5년 정월)
117) "以判密直金周鼎爲鎭邊萬戶"(『高麗史』권29, 世家 忠烈王10년 5월 庚戌)
　　"以印侯爲鎭邊萬戶"(『高麗史』권30, 世家 忠烈王10년 12월 甲辰)
　　"鎭邊萬戶宋玢免 以韓希愈代之 玢務爲聚斂 大興工役 又令邊卒運米 市於女
　　眞 民甚苦之 爲東界按集使劾免"(『高麗史節要』권21, 忠烈王18년 7월)
　　"流萬戶知都僉議司事韓希愈 于祖月島 先時 … 王怒命巡馬縛致之 仍收所帶
　　虎符 希愈性强且廉 自度無罪 終不屈 故流之"(『高麗史節要』권21, 忠烈王21
　　년 8월)
118) 『高麗史』권29, 世家 忠烈王10년 5월 庚戌
119) 『高麗史』권29, 世家 忠烈王6년 12월
120) 『高麗史』권30, 世家 忠烈王10년 12월 甲辰
121) 『高麗史』권29, 世家 忠烈王7년 10월
122) 『高麗史節要』권21, 忠烈王18년 7월
123) 『高麗史』권29, 世家 忠烈王14년 정월

호의 직위를 수여 받은 자들만이 만호직에 임명될 수 있는 자격을 갖게 된 것이라 생각된다.

이러한 사실을 통해 볼 때 진변만호직의 임명에서 고려국왕의 권한은 그만큼 원에 의해 제약을 받고 있었음을 알 수 있다. 이처럼 원은 고려의 핵심적인 군사력인 진변만호부의 최고 지휘자인 만호와 천호 등의 임명권을 장악하여 직접 또는 간접으로 행사함으로써 고려의 군사력을 통제할 수 있었던 것이다.

4. 맺음말

40여 년간의 전쟁을 계속했던 고려와 몽골 양국은 마침내 1259년에 전쟁을 끝내고 강화를 맺었다. 강화는 고려의 일방적인 굴복에서 이루어진 것이라기보다 양국 간의 양보와 타협을 전제로 한 면이 강하였고, 따라서 그러한 사실은 이후 원의 고려 지배방식에도 일정한 영향을 미쳤다. 즉 원은 고려를 그들의 직접적인 지배하에 두는 대신에 고려의 정치적 독립을 인정하면서 왕실간의 혼인관계 등을 통해 고려 국왕과 지배세력을 장악하고 이들을 통해 간접적으로 고려를 지배하는 방식을 택하였다.

그러나 막강한 군사력으로도 쉽게 고려를 굴복시키지 못했던 원은 고려의 군사력에 대해 경계심을 가지지 않을 수 없었고, 양국 간에 친선관계가 성립된 이후에도 고려 군사력에 대한 감시와 통제를 소홀히 하지 않았다. 원 간섭기 동안 고려 군사력에 대한 원의 통제 방식을 보면 초기에는 원 군대의 직접적인 주둔을 통해 이루어졌으나 양국 간에 친선관계가 성립되고 만호부 설치 등 고려 군사력에 대한 안정적인 통제장치가 갖추어지면서 원의 군대는 철수하였다.

원의 주둔군이 철수한 이후에도 원은 고려의 병권을 장악하여 필요시에는 마음대로 고려 군대의 징발을 명하거나 직접 징발·동원하였고, 고려의 병기까지도 철저히 그들의 통제 하에 두었다. 또한 고려에 설치한 만호부의 최고 지휘관인 만호와 부만호 등의 임명권까지 장악하여 고려 군대의 지휘권까지도 직·간접적으로 행사하였다. 이처럼 군사적인 측면에서 고려는 원 간섭기 내내 원의 강력한 군사적 통제를 받았다고 할 수 있다.

고려에 대한 원의 군사적 지배는 고려의 군사조직에도 큰 영향을 미쳤다. 몽골과의 오랜 전쟁으로 2군6위의 중앙군과 주현군, 주진군 등 고려의 군사력은 사실상 붕괴된 상태였다. 왕실과 궁성을 숙위하고 개경을 시위하는 중앙군인 2군6위는 명목만 존재할 뿐이었다. 즉 하층군인의 충원이 제대로 이루어지지 못하였고, 대정 이상의 장교층은 무관직으로서 관직체계의 일부를 구성할 뿐 군사지휘관으로서의 기능은 기대할 수 없었다.

원 간섭기에는 홀치 등 원의 겁설제가 수용되어 국왕과 왕실을 호위하는 숙위군의 역할을 하였다. 개경을 경비하는 도성시위군은 복구되지 못하였고, 대신 순군만호부가 설치되어 개경의 경찰과 치안은 물론 도성의 시위도 담당하였다.

동녕부와 쌍성총관부가 설치되어 원의 직할령이 된 양계지역은 이전과 같은 방어체제의 정비가 불가능하였다. 동녕부 반환 이후 서경에는 서경등처관수수군만호부가 설치되었는데 원은 동녕부를 고려에 반환하는 대신 그 관할하의 병력을 중심으로 만호부를 설치하고 남방의 진변만호부와 마찬가지로 서북면지역의 군사력을 통제하였다.

원 간섭기 이후 중요한 변방이 된 경상·전라지역에는 진변만호부가 설치되어 일본의 침략에 대비하는 지방군사력으로서의 역할을 하였다. 원은 고려에 원의 군대를 주둔시켜 직접적인 군사적 지배를 하는 대신에 그들의 군사조직인 만호부를 설치하고 그 지휘권을 비롯한 병권을 장악하여 고려의 군사력을 효과적으로 통제하였던 것이다.

VI. 고려 말의 군사제도

제1절 중앙 군사제도의 정비

1. 머리말

원의 간섭 하에서 고려의 군사제도는 원의 강력한 군사적 감시와 통제에 의해 왜곡되거나 변질되었고, 고려의 독자적인 군사력 유지는 불가능한 상태였다. 뿐만 아니라 오래 동안 유지된 원과의 친선관계로 인해 대몽전쟁으로 파괴된 군사조직의 복구나 정비를 불가능하였다. 그리하여 중앙에는 2군6위가 조직상·명목상으로만 존재하였고, 원의 숙위제를 받아들여 홀치 등 겁설기구가 설치되었다.

14세기 후반 국제정세의 급격한 변화 속에서 개혁지향적인 공민왕이 즉위하고, 그를 뒷받침할 수 있는 정치세력이 성장함으로써 원의 간섭으로부터 벗어남과 동시에 그동안 고려내부에 누적되어온 모순을 극복하기 위한 개혁이 시도되었다.[1] 특히 원에 대항하여 고려의 자주

---

1) 공민왕대 개혁정치에 대해서는 다음의 연구들이 있다.
   민현구, 1989「高麗 恭愍王의 反元的 改革政治에 대한 一考察」『震檀學報』68
   洪榮義, 1990「恭愍王 初期 改革政治와 政治勢力의 推移(상)」『史學研究』42
   민현구, 1992「高麗 恭愍王代 反元的 改革政治의 展開過程」『擇窩許善道先生 停年紀念韓國史學論叢』
   김기덕, 1994「14세기 후반 개혁정치의 내용과 그 성격」『14세기 고려의 정치와 사회』민음사
   이익주, 1995「공민왕대 개혁의 추이와 신흥유신의 성장」『역사와 현실』15
   김당택, 1995「원 간섭기말의 반원적 분위기와 고려 정치사의 전개」『역사학보』146

권을 회복하기 위해서는 독자적인 무력기반을 확보하여야 하였다. 따라서 그동안 왜곡된 군사제도를 바로잡고 약화된 군사력을 강화시키지 않으면 안 되었다. 게다가 빈번해지는 이민족의 침입에 대응하기 위해서도 군사제도의 정비와 군사력 강화는 시급한 과제였다.

사실상 명목만 남은 2군6위의 중앙군은 군사력으로서의 기능을 상실하였고, 그 결과 국방은 점차 지방군 중심으로 옮겨갔다. 이러한 변화는 이미 12세기 이래 점진적으로 진행되어 왔지만 대몽전쟁과 원 간섭기, 그리고 공민왕대 이후의 급격한 사회변동 속에서 더욱 가속화되었다. 공민왕5년의 반원운동과 개혁정치는 군사제도를 재편하는 중대한 전기가 되었다.

즉 원을 궁극적인 정치권력의 발원으로 삼던 체제와 관념을 부정하고 새로이 고려국왕을 정점으로 하는 권력체계와 권위를 세우기 위해서는 우선적으로 국왕의 숙위군을 중심으로 하는 중앙군제를 개편·정비하는 것이 필요하였던 것이다.2)

공민왕대 군제정비의 방향은 관제를 비롯한 다른 제도의 개혁에서와 마찬가지로 원 간섭기를 거치면서 붕괴되고 왜곡된 것을 이전의 병제, 즉 이상적인 군제로 생각했던 전기의 부병제로 복구하려는 것이었다. 그러나 부병제의 실시를 가능하게 했던 제반 사회경제적 토대가 변화한 상태였으므로 부병제를 복구하려는 시도는 성공을 거두지 못하였다. 이 절에서는 고려말의 사회변동 속에서 중앙의 숙위군제와 시위군제의 정비와 변화 상황을 정리하고, 특히 변화의 성격을 구명하고자 한다.

---

2) 閔賢九, 1983 「高麗後期의 軍制」 『高麗軍制史』 육군본부

2. 숙위군제의 개편과 충용위 설치

1) 숙위군제의 개편

충렬왕대 이후 2군6위가 그 직이 청탁에 의해 채워지고 숙위임무를 수행하지 않아 허설화된 상태에서3) 홀치(忽赤)와 우달치(迂達赤) 등의 원나라식 숙위기구를 새로 설치하여 숙위에 대비하게 하였는데4), 공민왕대의 반원개혁 이후에도 원 간섭기에 설치되었던 숙위기구들은 그대로 유지되었다.

반원개혁을 추진한 공민왕대에는 관제를 비롯한 모든 제도를 원 간섭기 이전의 것으로 복구하려 하였다. 그럼에도 불구하고 숙위군제를 비롯한 일부 군제는 원 간섭기의 제도가 그대로 유지되었다. 이는 이전과 같은 군사제도를 뒷받침할 수 있는 정치·경제·사회 등 제기반이 크게 변화한 상태에서, 원 간섭기의 오랜 기간에 걸쳐 정착된 제도를 이전의 제도로 복구하는 것은 현실적으로 불가능하였기 때문이다.

공민왕대 이후에는 홀치 등 군사적 성격이 강한 숙위기구와 내시(內侍)·다방(茶房) 등 근시(近侍)기구들이 통틀어 성중애마(成衆愛馬)로 호칭되었다.5) 이미 전기부터 내시와 다방 등 문반소속의 근시직은 성중관(成衆官)이라 불리었으나 원 간섭기에 원나라식 숙위기구인 홀치·우달치·별보(別保) 등의 애마(愛馬)가 설치되면서 이전의 성중관과 합쳐

---

3) "判義興三軍府事鄭道傳等 上書曰 … 自忠烈王事元以來 每因中朝宦寺婦女奉使者之請 官爵汎濫 皆以所托之人 除衛職 恃勢驕蹇 莫肯宿衛 由是府衛始毀 始置忽赤忠勇等愛馬 姑備宿衛 及僞朝法制大毀 凡受府衛之職者 徒食天祿 不事其事 遂至失國 此殿下之所親見"(『太祖實錄』 권5, 태조3년 2월 기해)

4) "兵曹奉宣旨 罷鷹揚衛 高麗事元以來 府衛之職 皆以近習請托 不肯任職 乃置忽赤迂達赤等 成衆愛馬 以備宿衛 國初悉罷之 上王始置鷹揚衛四番 至是又罷之"(『世宗實錄』 권3, 世宗원년 2월 기해)

5)『高麗史』 권75, 選擧3, 銓注, 成衆官選補之法 恭讓王3년 4월

성중애마라 불리게 되었다.6) 즉 성중애마는 원 간섭기 이후 국왕의 숙
위와 근시의 임무를 담당하는 문무 관인층을 통칭하는 용어로 사용된
것이다.7)

원래 성중애마 중에서 군사적인 숙위임무를 맡은 기구와 국왕을 보
좌하고 시중드는 근시임무를 맡은 기구의 구별이 있었던 것으로 보인
다. 예컨대 기록상에 보이는 홀치(忽赤)·아가치(阿加赤)·파오치(波吾赤)·
우달치(迂達赤)·속고치(速古赤)·별보(別保)·조라치(詔羅赤)·발가치(八加
赤) 등이 전자에 속하고, 내시·다방·사순(司楯)·사의(司衣)·사이(司彛)·
사막(司幕)·사옹(司饔) 등이 후자에 속하였던 것으로 생각된다.

그러나 숙위병력이 절대적으로 부족하였던 여말의 비상시국에서 근
시의 임무를 맡은 숙위기구까지도 점차 무장을 하여 숙위군으로서의
역할을 하게 되었다. 그 결과 종래의 성중관과 애마의 구별이 모호해
져 성중관·성중애마·애마 등의 명칭으로 혼용된 것이 아닌가 한다.8)

성중애마는 군사적인 성격이 강한 숙위기구이지만 일반 숙위군과는
성격이 다른 일종의 하부 관료조직을 이루고 있었다.

> Ⓐ 이조에서 또 아뢰기를 "내시(內侍)·다방(茶房)·사순(司楯)·사의(司
> 衣)·사이(司彛) 등 성중아마(成衆阿幕)는 숙위와 근시의 임무에 대
> 비하는 것으로 잘 선택하지 않을 수 없습니다. 그것을 처음 시작할
> 때는 반드시 그 세적(世籍)·재예(才藝)·용모(容貌)를 심사하여 소속
> 하는 것을 허락하였는데 근래에는 군역 피하기를 꾀하는 자들이 서
> 로 다투어 투속하는 것을 받아들이니 세적이 분명하지 않고 용모가
> 완전하지 못하며 재주가 없는 사람이 간혹 섞여 있습니다. 그리고
> 임기가 차면 현부를 따지지 않고 다만 도목(都目)에 의거하여 관직
> 을 수여하므로 조관(朝官)에 임명된 자가 간혹 적임자가 아니거나

---

6) 金昌洙, 1966「成衆愛馬考」『東國史學』9·10합
　韓永愚, 1971「朝鮮初期의 上級胥吏 成衆官」『東亞文化』10
7) 金昌洙, 1966「成衆愛馬考」『東國史學』9·10합
8) 韓永愚, 1983「朝鮮初期 上級胥吏와 그 地位」『朝鮮前期社會經濟研究』

수령에 임명에 된 자가 간혹 백성을 해치는 일이 있으니 이는 작은 문제가 아닙니다. 그러므로 입속자는 신중히 선택하지 않을 수 없습니다. 바라건대 지금부터는 본조에서 반드시 호적을 조사하고 처음 벼슬하여 왕에게 사은할 때에 용모를 살피며 이어 그 재주를 시험하여 서(書)·산(算)·사(射)·어(御) 가운데 하나라도 능통한 자는 입속하는 것을 허락하고 비록 예전에 입속한 자라도 모두 조사하십시오. 또 내시(內侍)·다방(茶房)은 그 수가 이미 정해져 있으나 사순(司楯)·사의(司衣)·사이(司彝)는 아직 정액이 없어 입속하는 무리들이 끝이 없으니 정원을 줄여 사순 4번은 각 50인, 사의 4번은 각 40인, 사이 4번은 각 30인으로 정하십시오"라고 하니 이에 따랐다.9)

Ⓑ 도당이 아뢰기를 "3년마다 관리들의 성적을 심사하는데 3번 심사하여 출척하는 것은 고금의 공통된 법규입니다. 우리나라의 관리 선발 제도에서 서울과 지방의 관원은 30개월, 이원(吏員)은 90개월이 이미 찬자는 관직을 옮기는 것을 허락하였는데, 원을 섬긴 이래 관제가 문란하고 사람을 쓰는 것에 법도가 없어 자주 서로 교체하였습니다. 이로 인해 성과는 나타나지 못하고 직무는 태만하니 도당과 이조·병조·상서사(尙瑞司)로 하여금 옛 것과 지금 것을 참작하여 관리 선발 방법을 정하게 하되 아직은 옛 제도에 의거하여 경외관(京外官)은 3년이 찬 자, 성중애마별차(成衆愛馬別差)와 각사인리(各司人吏)는 9년이 찬자를 녹용(錄用)하기 바랍니다"라고 하니 이에 따랐다.10)

Ⓐ에서 보는 것처럼 우선 성중애마는 그 선발에서 출신·재주·용모 등이 중시되어, 무예나 신체조건 등 무적 능력을 특히 중요시하는 순수한 숙위군과는 일단 차이가 있었다. 그러나 서(書)·산(算)과 사(射)·어(御)의 재주가 성중애마의 선발에 중요한 기준이 되는 것으로 보아 숙위군은 이속직과도 그 성격이 비슷하였음을 알 수 있다.

또한 Ⓑ를 통해 볼 수 있듯이 인사에서 일반 관리와는 구분되고, 각

---

 9)『高麗史』권75, 選擧3, 銓注, 成衆官選補之法 恭讓王3년 4월
10)『高麗史』권75, 選擧3, 銓注, 選法 恭讓王3년 11월

사(各司) 인리(人吏)와 같은 대우를 받고 있어 인리와 유사한 성격과 기능을 가진 관료조직의 하부에 위치한 관인신분이었던 것으로 보인다.[11] 더구나 성중애마로 복무한 후에는 다른 관직에 녹용(錄用)이 허락되고 있는 사실은 하급관인으로서의 성중애마의 성격을 더욱 분명히 해준다고 하겠다.

성중애마의 본래 임무는 국왕의 근시와 숙위 등이었으나[12] 공민왕대 이후 홍건적과 왜구의 침입이 계속되는 전란 속에서 부족한 군사력을 보충하기 위해 5군의 출정군(出征軍)에 분속되거나[13] 강화의 방수군(防戍軍)에 충당되기도 하였다.[14] 이들 성중애마는 일종의 하부 관료기구로서 녹봉이 지급되었고[15] 요역이 면제되었다.[16] 그러나 여말의 만성적 재정난으로 인해 녹봉은 정상적인 지급이 이루어지지 못하였다.[17]

---

11) "自諸君宰樞 至成衆愛馬 令納布匹給鹽"(『高麗史』 권79, 食貨, 鹽法 恭愍王11년 10월)
    → 이 기록을 통해서도 하급관인으로서의 성중애마의 지위를 짐작할 수 있다.

12) "命成衆愛馬 勿論番次 皆入直 又以所乘馬 置紫門 以備不虞"(『高麗史』 권82, 兵2, 宿衛 辛禑3년 12월)
    "憲府劾 入直辭韓福卿 及各成衆愛馬 薛里別監 皆不侍從 致使上獨遊閭里 禑不悅"(『高麗史』 권135, 列傳 辛禑9년 9월)
    "禑令各司及成衆官 宿衛壺串"(『高麗史』 권136, 列傳 辛禑13년 8월)

13) "各司各愛馬 五部閑良品官 皆分屬五軍 旗幟衣服 隨方色有別"(『高麗史』 권81, 兵1, 兵制, 연혁 恭愍王18년 12월)
    "命成衆愛馬 及五部坊里人 分隸五軍"(『高麗史』 권81, 兵1, 兵制, 연혁 恭愍王21년 10월)

14) "判三司事崔瑩至行省 調諸元帥從事各十人 及各愛馬宮司倉庫人 爲江華防戍之軍"(『高麗史』 권81, 兵1, 兵制, 연혁 辛禑3년 3월)

15) "減定成衆各司給科"(『高麗史』 권80, 食貨, 祿俸 恭愍王11년)

16) "敎曰 閑散之人 托名各愛馬 稱爲通糧 規避徭役 致使齊民 勞逸不均 今後 司憲府巡問按廉所在官司 盡行推刷 以當差役"(『高麗史』 권85, 刑法2, 禁令 辛禑원년 2월)

17) "憲司上疏 … 於是 祖宗八衛之制 皆爲虛設 徒費天祿 而其迂達赤速古赤別保 等 各愛馬 寒暑夙夜 勤勞甚矣 而不得食斗升之祿"(『高麗史』 권81, 兵1, 兵制, 연혁 恭讓王원년 12월)

　　한편 원 간섭기에 수용된 원식(元式) 숙위제와 원식 명칭으로 개칭되었던 고려 본래의 근시기구인 6국(局)은 공민왕대 이후 다시 한식(漢式) 명칭으로 개칭되거나 다른 조직에 통합되는 등의 변화를 겪었다. 6국 가운데 그 변천과정이 확인되는 것은 다음과 같다.[18]

　　○ 尙食局(목종대) → 司膳署(충렬34) → 尙食局(공민5) → 司膳署(공민11) → 尙食局(공민18) → 司膳署(공민21)

　　○ 尙藥局(목종대) → 掌醫署(충선2) → 奉醫署 → 尙藥局(공민5) → 奉醫署(공민11) → 尙衣局(공민18) → 奉醫署(공민21) → 典醫寺에 합병(공양3)

　　○ 尙衣局(목종대) → 掌服署(충선2) → 尙衣局(공민5) → 掌服署(공민11) → 尙衣局(공민18) → 掌服署(공민21) → 工曹에 병합(공양3)

　　○ 尙舍局(목종대) → 司設署(충렬34) → 尙舍署(공민5) → 司設署(공민11) → 尙舍署(공민18) → 司設署(공민21)

　　○ 尙乘局(목종대) → 奉車署(충선2) → 尙乘局(공민5) → 奉車署(공민11) → 尙乘局(공민18) → 奉車署(공민21) → 重房에 합병(공양3)

　　공민왕대의 관제개편 과정에서 6국이 복구되면서 원 간섭기에 새로 조직된 사막(司幕)과 사옹(司饔) 등 일부 근시기구는 6국의 사설(司設)·사선(司膳)[19]과 그 기능이 중복되었으므로, 사설·사선은 본래의 제 기능을 수행하면서도 녹봉을 받지 못하였고 반대로 사막·사옹 등은 녹은 받으면서 그 직을 폐한 상태가 되었다.[20] 이에 공양왕원년에 기능이

---

18) 『高麗史』권77, 백관2, 署倉庫
19) 고려전기의 6局 중 司設과 司膳만이 고려 말까지 그대로 존속하였던 것으로 보인다.
20) "司幕古之尙舍 而今之司設也 司饔古之尙食 而今之司膳也 今則司設食其祿 而

중복되는 원식 숙위기구들을 6국에 병합하여 전기의 근시기구를 복구하고 그 기능을 회복하려 하였던 것이다.

근시기구와 함께 숙위군도 정비되어 대표적 숙위군인 홀치 4번(番)이 우왕4년 10월에 근시 4위(衛)로 개편되었다.[21] 그러나 이때 이후 조선 초까지도 홀치란 명칭이 그대로 사용된 것으로 보아, 홀치의 개편 역시 다른 숙위기구들과 마찬가지로 숙위군제의 전면적 개편이라기보다는 단순히 그 명칭을 한식으로 고친 것에 불과한 것이었다고 생각된다.

한편 공양왕대에는 원 간섭기에 새로 조직되었던 원식 숙위기구들을 정리하여 8위 중심의 숙위제를 복구하려는 시도가 나타났다.

헌사가 상소하기를 "부병은 8위에서 거느리고 8위는 군부사(軍簿司)에서 통솔하며 42도부(都府) 병사는 12만 명이었습니다. 대(隊)에는 정(正)이 있고 오(伍)에는 위(尉)가 있어 상장군에 이르기까지 서로 통속되었는데 이는 금위(禁衛)를 엄히 하고 외침을 막기 위한 것이었습니다. 원을 섬긴 이래로 태평한 세월이 오래됨에 따라 문무가 안일에 빠져 금위에 사람이 없어지게 되었습니다. 그리하여 근시(近侍)와 충용위(忠勇衛)에 모두 호군(護軍)이하의 관리를 설치하여 금위의 임무를 대신하게 하고 녹을 주었습니다. 이에 조종(祖宗)의 8위제는 모두 허설이 되어 한갓 녹만을 축낼 뿐이지만 우달치·속고치·별보 등 각 애마는 추울 때나 더울 때나 밤이나 낮이나 성실하게 일하는데 한 되의 녹도 받지 못합니다. 그리고 42도부의 5원·10장·위정(尉正)으로 녹을 먹는 자는 유약자제가 아니면 공상천예이니 어떤 자는 녹을 먹으면서 그 직을 수행하지 않고 어떤 자는 왕사(王事)에 충실하나 녹을 먹지 못하니 이것이 어찌 조종에서 충신들에게 녹을 많이 주던 뜻이겠습니까. 바라건대 근시(近侍)는 좌우위(左右衛)에, 사문(司門)은 감문위(監門衛)에, 사순(司楯)은 비순위(備巡衛)에, 충용위(忠勇衛)는 신호

廢其職 司幕勤其事 而不食祿 司饔以下之職 亦然 願以司幕司饔等愛馬 併於六局 以復先王之舊 以革近代之弊 則名實相稱 而職事立矣"(『高麗史節要』 권34, 恭讓王원년 12월)

21) "改忽赤四番 爲近侍左右前後衛 置四品以下祿官"(『高麗史』 권82, 兵2, 宿衛 辛禑4년 10월)

위(神虎衛)에 합치고 그 나머지 각 애마도 그 종류에 따라 제위에 병합하여
이들로 하여금 날마다 교대로 입직하게 하고 그 근면하고 태만함을 살펴
각기 그 위내의 호군이하 위정(尉正)의 직에 이르기까지 품에 따라 등용하
여 그들로 하여금 녹을 먹고 그 직에 충실하게 하면 사람들은 즐겁게 벼슬
을 하고 국용은 절약되며 금위는 엄격해지고 군비는 확장될 것입니다"라
고 하였다.[22]

위의 기록에서 보는 바와 같이 원 간섭기 이후에 8위제, 즉 2군6위제
는 허설이 되어 유약자제(幼弱子弟)나 공상천예(工商賤隸)들이 그 직을
차지하여 한갓 녹봉만 허비하고 있을 뿐이었고, 실제 숙위임무는 우달
치(迂達赤)·속고치(速古赤)·별보(別保) 등이 담당하고 있었다.

이에 근시(近侍)를 좌우위(左右衛)에, 사문(司門)을 감문위(監門衛)에,
사순(司楯)을 비순위(備巡衛)에, 그리고 공민왕대에 설치된 충용위(忠勇
衛)를 신호위(神虎衛)에, 기타 애마(愛馬)를 제위에 분속시켜 8위 중심의
숙위제도를 복구하고자 하였던 것이다.

그러나 이후에도 원식 숙위기구들이 그대로 존속하고 있는 것으로
보아 이러한 시도는 제대로 실현되지 못했던 것으로 보인다. 그 후 성
중애마는 조선왕조에 들어와서도 한동안 유지되었으나 선초 중앙군인
5위(衛)의 정비과정에서 사순(司楯)·사의(司衣) 등 일부는 혁파되고, 별
시위(別侍衛)가 신설되는 등의 변화를 겪으면서[23] 점차 소멸되어 세종
대 이후에는 기록에서 자취를 감추게 되었다.[24]

---

22) 『高麗史』 권81, 兵1, 兵制, 연혁 恭讓王원년 12월
23) "初置別侍衛 革司楯司衣等 一千三百人 以別牌朝士 代司楯之任 以內侍向上
    代司衣之任 初判三軍府事李茂 請罷司楯司衣 屬三軍府 選子弟有武才者 號別
    侍衛 分爲左右 三分入直 上坐正殿 佩弓矢 分立左右"(『定宗實錄』 권6, 定宗2
    년 12월 己酉)
24) 金昌洙, 1966「成衆愛馬考」『東國史學』 9·10 합집
    尹薰杓, 1993「朝鮮初期 別侍衛 硏究」『國史館論叢』 43

2) 충용위의 설치

충용위(忠勇衛)가 처음 조직된 것은 공민왕5년 7월로서[25], 이때는 공민왕의 반원개혁이 어느 정도 성공을 거둔 시기였다. 즉 공민왕5년 5월에 왕권에 가장 위협적인 세력이었던 기철 일파를 기습적으로 제거한 공민왕은 동시에 부원세력의 거점인 정동행성이문소(征東行省理問所)를 폐지하고[26], 동·서북면지역에 병마사를 파견하여 압록강 이서와 쌍성(雙城)지역에 대한 공격을 명하였으며[27], 이어 원이 설치한 만호부의 지휘자인 만호(萬戶)·진무(鎭撫)·천호(千戶)·백호(百戶) 등의 패(牌)를 회수하였다.[28]

이렇게 반원개혁이 시작된 지 40여 일 후에는 원의 연호 사용을 정지하고 개혁교서를 발표하였으며[29], 관제를 문종대의 상태로 복구하였다.[30] 이러한 일련의 조치는 원의 간섭으로부터 벗어나 고려의 자주성을 회복하는 동시에 원에 의해 왜곡되고 변질된 고려사회를 바로잡으려는 것이었다.[31]

이처럼 고려의 자주성 회복을 목표로 전격적인 방법으로 반원개혁을 추진해온 공민왕은 당시 가장 시급한 과제였던 원과의 단절이 어느

---

25) "置忠勇四衛"(『高麗史』 권39, 世家 공민왕5년 7월 을유)

26) "罷征東行中書省理問所"(『高麗史』 권39, 世家 공민왕5년 5월 정유)

27) "以評理印瑠 同知密直司事姜仲卿 爲西北面兵馬使 司尹辛珣兪洪 前大護軍崔瑩 前副正崔夫介 爲副使 攻鴨江以西八站 以密直副使柳仁雨 爲東北面兵馬使 前大護軍貢天甫 前宗簿令金元鳳 爲副使 收復雙城等地"(『高麗史』 권39, 世家 恭愍王5년 5월 정유)

28) "命收諸軍萬戶鎭撫千戶百戶牌"(『高麗史』 권39, 世家 恭愍王5년 5월 임인)

29) 『高麗史』 권39, 世家 恭愍王5년 6월 을해

30) "復改官制 以洪彥博爲門下侍中 尹桓守門下侍中 柳濯爲門下侍郎同中書門下平章事"(『高麗史』 권39, 世家 恭愍王5년 7월 丁亥)

31) 閔賢九, 1992 「高麗 恭愍王代 反元的 改革政治의 展開過程」 『擇窩許善道先生 停年紀念 韓國史學論叢』

정도 달성되었다고 판단하고 자신의 지속적인 개혁을 뒷받침하기 위한 무력기반의 확보를 서두르게 되었다. 그 결과 조직된 것이 충용위(忠勇衛)였다. 이미 기철과 그 일족을 비롯한 핵심적인 부원세력이 제거되기는 하였지만 아직도 국내에는 많은 부원세력과 공민왕의 개혁에 반대하는 보수세력이 존재하고 있었다.

기철 일파가 제거된 이후에도 공민왕5년 6월에는 전정승 손수경 등이 충혜왕의 서자 석기를 받들어 모역을 시도하다 처형당하였고[32], 이어 8월에는 전정승 채하중이 모역 혐의로 주살당하였다.[33] 이 밖에도 부원세력에 대한 처형이 공민왕11년까지 계속되고 있는 것으로 보아 당시 부원세력의 존재가 만만치 않았음을 알 수 있다.

본래 2군6위가 금위와 외적 방어의 임무를 담당하였으나 이미 원 간섭기 이후 그 기능을 제대로 수행하지 못하였다. 즉 하층 군사력의 충원이 이루어지지 못하였고, 상층 장교직은 본래 군사지휘자로서의 기능과 관계없이 관직체계의 일부로 전락하여 국가의 녹만 허비하는 상황이었다.[34] 원 간섭기에는 원의 숙위제인 홀치(忽赤) 등 겁설(怯薛)이 조직되어 숙위군의 역할을 수행하였으나[35], 이는 고려왕실의 숙위에 필요한 최소한의 군사력에 불과하였다.

따라서 원의 외압을 물리치고 그 동안 누적된 고려사회 내부 모순을 척결하려는 개혁에 반대하는 보수세력을 억제하여 왕권강화를 시도하는 공민왕의 무력기반은 미약하였다. 이에 공민왕은 자신의 무력기반이 될 수 있는 친위군을 강화하고자 충용위(忠勇衛)를 조직하였던 것이

---

32) 『高麗史節要』 권26, 공민왕5년 6월
33) 『高麗史節要』 권26, 공민왕5년 8월
34) "憲司上疏 一府兵領於八衛 八衛統於軍簿 四十二都府之兵十有二萬 而隊有正伍有尉 以至上將 以相統屬 所以嚴禁衛 禦外侮也 自事元以來 昇平日久 文恬武嬉 禁衛無人 乃於近侍忠勇 皆設護軍以下等官 以代禁衛之任 而祿之 於是祖宗八衛之制 皆爲虛設 徒費天祿"(『高麗史』 권81, 兵1, 兵制, 연혁 恭讓王원년 12월)
35) 권영국, 1994 「원 간섭기 고려군제의 변화」 『14세기 고려의 정치와 사회』 민음사

다. 이미 허설이 된 2군6위, 즉 8위를 복구하는 것은 어려운 일이었으므로 그와 유사한 소규모의 조직체계를 갖춘 충용위를 새로이 조직하게 된 것으로 보인다.

충용위는 4개의 위로 조직되었고[36], 각 위는 장군 1인, 중낭장과 낭장 각 2인, 별장과 산원 각 5인, 위장 20인, 대정 40인 등으로 구성되었는데[37], 이들은 8위의 장교와 마찬가지로 녹봉을 지급받았다.[38] 편제상 1대의 병력이 25인이므로 1위의 병력은 1,000인, 따라서 4위로 조직된 충용위의 편제상 전체 병력은 4,000인 정도였다고 할 수 있다. 그러나 당시의 상황으로 볼 때 충용위의 4위가 모두 규정된 액수의 병력을 충원하였는지는 의문이다.

충용위는 친위군으로서 국왕과 왕실을 경호하는 것이 그 임무였으나.[39] 공민왕대에 전란이 계속되는 급박한 상황에서 외적방어를 위해 홀치 등과 함께 전투에 동원되는 일도 많았다.[40] 공민왕5년에 조직된 충용위는 불과 5년 만인 공민왕10년에 홍건적의 침입으로 남행할 때에 국왕을 호위한 충용위의 군사가 1인도 없었다고 할 정도로 이미 허설화 된 상태에 있었고, 이에 충용위를 혁파하여 제위에 분속시키자는 건의가 나오기도 하였다.[41] 그러나 이후에도 충용위는 혁파되지 않고 조선 초까지 계속 유지되었다.[42]

---

36) "置忠勇四衛"(『高麗史』 권39, 세가 공민왕5년 7월 을유)

37) "置忠勇衛 衛各置將軍一人 中郎將·郎將各二人 別將·散員各五人 尉長二十人 隊正四十人"(『高麗史』 권81, 兵1, 兵制, 연혁 恭愍王5년 11월)

38) "初置忠勇衛 祿其將士 同於八衛者 盖欲效民 於倉卒也"(『高麗史』 권81, 병1, 兵制, 연혁 공민왕11년 6월)

39) 『高麗史』 권81, 兵1, 兵制, 연혁 恭讓王원년 12월

40) 『高麗史』 권81, 兵1, 兵制, 연혁 恭愍王7년 5월

41) "初置忠勇衛 祿其將士 同於八衛者 盖欲效民於倉卒也 南幸之際 未有一人扈駕者 誠爲虛設 徒費廩祿 請罷之 分屬諸衛 收其俸祿 以補國用"(『高麗史』 권81, 兵1, 兵制, 연혁 공민왕11년 6월)

42) "簡內甲士非係東北面人者 罷之凡五十餘人 以忽赤.忠勇衛代之"(『定宗實錄』 권4, 定宗2년 5월 임신)

3. 도성시위군의 정비

1) 8위 번상체제의 복구시도

중앙의 2군6위는 공민왕대 이후가 되면 8위로 불리게 되었는데[43], 이러한 변화는 단순한 명칭상의 변화라기보다 2군과 6위의 기능이 차이가 없어진 때문이 아닌가 한다. 즉 원 간섭기 이후 2군6위는 상층 장교층만이 무관직의 형태로 유지될 뿐 하층 군사력은 유명무실한 상태에서[44] 2군과 6위 사이의 기능상의 차이가 없어졌기 때문이다.

2군6위에서 수도 개경의 경비임무를 담당했던 주력은 보승과 정용이었는데[45], 이들은 지방의 각 주현에서 교대로 번상하는 의무군인이었다. 지방으로부터의 번상체제는 무신집권기 이후 대몽전쟁을 거치면서 대부분 붕괴되었고, 원 간섭기 중에는 고려 군사력에 대한 원의 견제로 복구되지 못하였다.[46] 공민왕대 초에 8위를 구성하는 영병(領兵)의 존재가 보이지만[47] 각 영은 규정된 군액을 채우지 못하였고, 군사의 징발 범위도 수도 개경을 벗어나지 못하였던 것으로 보인다.

---

43) 百官志에는 恭讓王 때 이르러 2軍6衛를 8衛로 병칭하였다고 되어 있으나(『高麗史』 권77, 百官2, 西班) 8衛라는 명칭은 이미 공민왕 대부터 나타나고 있다. (『高麗史』 권81, 兵1, 兵制, 연혁 공민왕11년 6월 및 『高麗史節要』 권28, 공민왕14년 12월)

44) 閔賢九, 1983「高麗後期의 軍制」『高麗軍制史』 육군본부
   권영국, 1994「원 간섭기 고려군제의 변화」『14세기 고려의 정치와 사회』 민음사

45) 洪元基, 1990「高麗 二軍六衛制의 性格」『韓國史研究』 68
   鄭景鉉, 1992『高麗前期 二軍六衛制 研究』 서울대박사학위논문

46) 권영국, 1993「원 간섭기 고려군제의 변화」『14세기 고려의 정치와 사회』 민음사

47) "倭船大至 金輝南兵少不能敵 退次西江告急 調發諸領兵及忽赤 分遣西江甲山喬桐 以備之"(『高麗史節要』 권26, 공민왕원년 3월)
   "倭賊至窄梁 以樞密院副使李春富 爲防禦使 尋發諸領兵 赴東西江"(『高麗史』 권39, 세가 공민왕7년 5월 庚子)

공민왕5년의 개혁은 외세의 간섭과 영향에서 벗어난 점에서는 일단 성공하였으나 이후 홍건적의 침입으로 정세는 다시 일변하였다. 홍건적을 견제하기 위해 적극적인 대원통교(對元通交)의 자세를 취하게 되면서 원의 영향력이 다시 증대되는 결과를 초래하였던 것이다.

또한 홍건적의 격퇴 과정에서 전공을 세운 일부 무장세력의 지위가 향상됨으로써 공민왕을 정점으로 하는 권력관계에도 변화가 나타났다. 즉 공민왕5년의 반원개혁으로 어느 정도 달성되었던 권력집중 상태가 붕괴되면서 흥왕사의 난을 당하기에 이르렀던 것이다. 특히 홍언박이 피살당함으로써 공민왕5년의 개혁을 주도했던 친왕세력은 거의 제거되었고[48], 그 공백을 메운 것은 새로 대두하는 무장세력이었다.[49]

특히 공민왕12년 5월부터 시작된 원의 공민왕 폐립과 덕흥군의 침입은 무장세력을 더욱 강화시키는 결과를 가져왔다. 이는 곧 왕권의 약화를 의미하는 것으로서 공민왕의 입장에서는 약화된 지위를 회복하고 개혁과 상반되는 이해관계에 있는 무장세력을 견제하기 위한 새로운 조치가 필요하였다. 이러한 상황 속에서 나타난 것이 바로 다음 기록에 보이는 시위군제의 정비 시도였다.

> 제도의 양가자제를 선발하여 8위에 보충하고 번갈아 숙위하게 하였다. 양광도의 8,500인, 전라도의 5,500인, 경상도의 9,000인, 교주도의 3,000인, 강릉도의 1,000인을 5군에 분속하여 경성 각문에 주둔시켰다. 강릉도 자제는 본도에 주둔시켜 동북지방을 방비하게 하였다.[50]

위 기록을 통해 알 수 있듯이 시위군의 선발대상은 제도의 양가자제였다. 상경시위의 임무는 당시의 여러 형태의 군역 가운데서 가장 힘든 것으로서 이 역을 담당한 양가자제는 양인농민 가운데서 비교적 부

---

48) 당시 洪彦博은 府兵을 장악하고 있었다.(『高麗史節要』권27, 恭愍王11년 8월)
49) 閔賢九, 1968「辛旽의 執權과 그 政治的 性格 上」『歷史學報』38
50) 『高麗史』권82, 兵2, 宿衛 恭愍王13년 7월

유한 농민층이었을 것으로 생각된다.[51] 기록에 나타나는 각 도별 병력
수가 정수(定數)인 것으로 보아 이는 당시에 실제로 징발된 액수라기보
다는 각 도를 단위로 할당한 액수가 아니었나 한다. 공민왕은 이러한
시위군제의 정비를 배경으로 새로운 정치적 변혁을 시도한 것이라 생각
된다.

이들 시위군의 지휘는 각 도마다 임명된 3명의 원수(元帥)에게 맡겼
으며[52] 이들을 경성 각문에 배치하여 개경의 시위임무를 담당하게 하
였다. 그러나 이후의 사료에서 시위군들의 활동 모습이 거의 보이지
않는 것으로 보아, 이들의 상경시위는 계속되지 못했던 것 같다. 고려
말에는 하삼도를 중심으로 하는 남도지역이 왜적의 주된 침략 대상지
가 되면서 도를 단위로 하는 국방체제가 갖추어지기 때문에 지방으로
부터의 번상시위가 어려워지게 된 것이다.

그 후 공민왕22년에 전국적 규모의 군적 작성이 이루어지고[53],또 우
왕2년에는 각 도별로 점병(點兵)이 실시되었으며[54],동왕14년에는 제도
의 양반·백성·향리·역리를 군적에 올려 군사로 삼는[55] 등 또다시 시위
군체제를 정비하려는 시도가 있었던 것으로 보인다. 그러나 다음 기록
에서 보는 것처럼 각도에 파견되어 시위군의 동원과 통솔을 담당한 절

---

51) 良家子弟를 농민상층부로 보거나(閔賢九, 1983 「高麗後期의 軍制」『高麗軍制
　　史研究』) 또는 良人家戶 중에서 부유층으로 본다.(李基白, 1963『高麗史兵志譯
　　註』) 전기의 군역징발체계인 丁戶制가 이미 무너진 상황이었지만 전기의 丁戶
　　層과 같이 군역을 감당할 수 있을 정도의 경제력을 갖춘 상층농민이었을 것으
　　로 생각된다.
52) "諫官上疏曰 興師動衆 不能無弊 故遣將帥 宜有節制 國家已於各道 置三元帥
　　一道之任 宜專委三元帥"(『高麗史』권81, 兵1, 兵制, 연혁 辛禑6년 6월)
53) "以贊成事崔瑩 爲六道都巡察使 黜陟將帥守令 籍軍戶造戰艦 有罪者 皆令直
　　斷"(『高麗史節要』권29, 恭愍王22년 10월)
54) "遣使諸道點兵 時聞定遼衛 乘秋來侵 故閱兵備之"(『高麗史節要』권30, 辛禑2
　　년 8월)
55) "籍諸道兩班百姓鄕驛吏爲兵 令無事力農 有事徵發"(『高麗史節要』권33, 辛禑
　　14년 2월)

제사들의 부정에 의해 많은 폐해가 나타나고 있었다.

　헌사가 장(狀)을 올려 "우리나라 백성은 일이 있으면 군인이 되고 일이
없으면 농민이 되기 때문에 군과 민이 일치합니다. 최근에 각도의 절제사
가 다투어 먼저 첩을 내려 보내 도내 군현과 경기농민으로 하여금 비록
일이 없을 때라도 여러 날 동안 경성에 머무르게 하니 인마가 피곤하여
백성의 원망이 심합니다. 비단 공부(貢賦)백성만이 아니라 향사이장(鄕士
里長)에 이르기까지 모두 예속되니 나라에도 불리하고 백성에게도 불편
합니다. 앞으로는 재주와 지혜를 겸한 자를 택해 절제사로 삼고 그 액수
를 정해 중외군사를 통솔하게 하며 그 나머지 절제사는 모두 혁파합시다.
(그리고) 지방과 경기 군현의 군민도 모두 돌려보내 농사를 권장하고
생업에 안주하게 하여 나라의 근본을 확고히 합시다"라고 하니 이에 따
랐다.[56]

　본래는 유사시에 한해 각 도의 최고 지휘자인 절제사가 지방 군현과
경기의 농민들을 동원하여 거경시위하게 하는 것이 원칙이었으나, 유
사시가 아닐 때에도 지방의 농민들을 여러 달 동안 경성에 머무르게
하여 원성이 심하였고, 또한 군역 담당층인 공부백성(貢賦百姓) 뿐만 아
니라 향사이장(鄕士里長)까지지도 모두 상경시위군에 속하게 하여 그 폐
해가 많았음을 알 수 있다.

　2) 방리군의 조직

　공민왕대에 들어와 왜적의 침략이 수도 개경까지 위협하는 상황이
되면서 개경 방리(坊里)의 정(丁)을 군인으로 동원하기 시작하였다.[57]
즉 지방으로부터의 번상체제가 복구되지 못하는 상황에서 도성시위군

---

56) 『高麗史』 권81, 兵1, 兵制, 연혁 恭讓王2년 12월
57) "倭焚喬桐 京城戒嚴 發坊里丁爲戰卒"(『高麗史』 권39, 世家 恭愍王7년 5월 辛亥)

의 역할을 대신할 새로운 군사조직이 필요하였던 것이다.

처음에는 유사시에 한해 임시적으로 방리인을 징발하였으나 계속되는 외침으로 방리군(坊里軍)은 점차 상비군화 하였다. 그리고 공민왕22년에 방리군의 관장기구인 도총도감(都摠都監)이 설치되면서[58] 방리군이 정착한 것으로 보인다. 원래 도감은 필요시에 임시로 설치되는 기구인데, 도총도감 역시 방리군의 징발[59]이나 군기 점검[60] 등을 위해 임시로 설치된 기구였던 것으로 생각된다.

다음의 기록을 통해 방리군은 호의 대소로 구분된 호등(戶等)을 기준으로 징발되었음을 알 수 있다.

　　ⓒ 왜구가 용성 등 10여 현에 침략하자 유탁을 경기도통사로 삼고 방
　　　리인을 찾아내어 군인으로 삼았다. 대호는 2인, 소호는 1인씩 내게
　　　하여 동·서강에 주둔시켰다.[61]

　　ⓓ 교서를 내려 "백성을 사역할 때에는 너그러운 규정에 따르도록 힘
　　　써야 한다. 지금부터 지방 각처의 민호는 경중(京中)에서 현재 시행
　　　하는 법과 똑같이 대·중·소 3등으로 나누어, 중호는 두 집을 하나
　　　로, 소호는 세 집을 하나로 하여 무릇 징발할 때에는 힘을 합쳐 서
　　　로 돕게 함으로써 실업하지 않도록 하라."고 하였다.[62]

ⓒ는 개경의 방리인을 군인으로 징발할 때 호의 대소에 따라 내는

---

58) "立都摠都監 點坊里軍"(『高麗史』 권44, 世家 恭愍王22년 5월 병진)
59) "立都摠都監 括城中諸戶 大中戶幷五爲一 小戶幷十爲一 各僉一人 中東部赴東
　　 江 南西北部赴西江防倭"(『高麗史』 권82, 兵2, 鎭戍 恭愍王22년 윤11월)
60) "五部都摠都監 坐興國寺 點各領 及坊里軍器"(『高麗史』 권81, 兵1, 兵制, 연혁
　　 辛禑원년 정월)
61) 『高麗史』 권81, 兵1, 兵制, 연혁 恭愍王9년 5월
62) "敎曰 使民之道 務從優典 今後 外方各處民戶 一依京中見行之法 分揀大中小
　　 三等 其中戶 以二爲一 小戶 以三爲一 凡所差發 同力相助 無致失所"(『高麗
　　 史』 권84, 刑法1, 戶婚 辛禑원년 2월)

군인의 수를 다르게 하였다는 기록이고, ⓓ는 지방에서 민을 사역할 때 개경에서와 같이 민호를 대·중·소 3등으로 구분하여 인력을 동원하게 하였다는 기록인데, 군역이나 요역 징발 시 호의 크기를 기준으로 하였음을 보여준다. 그러나 호등을 나눈 기준이 무엇이었는지는 밝혀져 있지 않다.

다음 기록에서 보는 것과 같이 우왕 대에는 가옥의 간수(間數)를 기준으로 군정을 징발하였다.

> ○ 도성(都城) 5부(部)의 호수를 새로 정하였는데 무릇 가옥의 간수(間數) 20 이상을 1호로 하여 군인 1정을 내게 하고, 간수가 적으면 다섯 집을 합치거나 서너 집을 합쳐 1호로 하였다.63)

> ○ 5부 거리의 호수를 점검하여 가옥의 크기가 30간은 군정 3인, 20간은 2인, 13간은 1인 내게 하고 9간 이하는 종군자의 군사 장비를 내게 하였다.64)

요컨대 군정(軍丁)을 징발하는 기준이 된 것은 호 내의 인정 수나 토지 결수가 아니라 가옥의 크기, 즉 간수(間數)였음을 알 수 있다. 이처럼 가옥의 크기가 군정을 징발하는 기준이 되었던 것은 도시로서의 개경이 갖는 특수한 사정에 기인한 것으로 보인다. 즉 개경에서는 가옥의 크기가 곧 군역의 부담능력을 측정할 수 기준이 되었기 때문일 것이다.

가옥의 크기에 의한 군정의 징발기준은 점차 강화되어 가는 추세를 보인다. 즉 공민왕대에는 단순히 대호·중호·소호의 구분에 의해 징발하다가65) 방리군 제도가 정착되는 우왕 대에 이르면, 처음에는 가옥의

---

63) 『高麗史』 권81, 兵1, 兵制, 연혁 辛禑원년 8월
64) 『高麗史』 권81, 兵1, 兵制, 연혁 辛禑3년 4월
65) 『高麗史』 권82, 兵2, 鎭戍 恭愍王22년 윤11월

간수를 기준으로 호등을 구분하여 20간 이상 1정을 내게 하다가66) 후
에는 30간에 3정, 20간에 2정, 13간에 1정, 그리고 9간 이하는 종군자의
군구(軍具)를 내게 하여67) 군정을 내는 기준이 보다 강화되고 있음을
알 수 있다.

이처럼 가옥의 크기를 기준으로 한 호의 대소가 군정을 징발하는 기
준이 됨에 따라 큰 가옥을 소유한 양반층도 당연히 징발대상에 포함되
었을 것이다. 그러나 실제의 군역은 양반이 소유하는 노비로 대역시켰
을 것이기 때문에 방리군 가운데에는 상당수의 노비가 포함되었을 것
으로 보인다.

이처럼 방리군의 징발이 가옥의 크기를 기준으로 하게 되면서 양반
층도 군역의 대상에 포함되었는데, 이러한 변화는 고려 말 전함관(前銜
官)이나 첨설관(添設官) 등의 한산관(閑散官)과 함께 군역이 양반층으로
확대되어 감을 의미하는 것이었다.

방리군의 주된 기능은 종래 시위군이 담당하던 도성의 경비와 방어
였으며68), 비상시에는 5군의 출정군에 분속되어 전투에 동원되었고69),
또 축성을 비롯한 각종 사역에도 동원되었다.70) 이렇게 방리군이 군역
에 동원되었지만 군인전과 같은 대가의 지급은 전혀 보이지 않는데,
그 이유는 방리군이 상비적인 군사조직이 아니라 유사시에 일시적으

---

66) "改定都城五部戶數 凡屋間架二十以上 爲一戶 出軍一丁 間架小 則或倂五家
　　或倂三四家 爲一戶"(『高麗史』 권81, 兵1, 兵制, 연혁 辛禑원년 8월)
67) "點五部街里戶數 以屋三十間 出丁三人 二十間出丁二人 十三間 出丁一人 九
　　間以下 出從軍者軍具"(『高麗史』 권81, 兵1, 兵制, 연혁 辛禑3년 4월)
68) "都評議使出榜 使守城元帥 領坊里軍守四門 又令百官率下屬 鎭沿海 不與防禦
　　者 唯門下省司憲府內侍茶房知製敎藝文春秋兩館及各司城上而已 訛言倭將寇
　　都城 夜半發坊里軍守城"(『高麗史』 권82, 兵2, 鎭戍 辛禑2년 7월)
　　"都城諸門 皆置元帥 分領五部坊里軍 以備之"(『高麗史』 권81, 兵1, 兵制, 연혁
　　辛禑3년 3월)
69) "王以各司成衆愛馬 及五部坊里人 分隷五軍 親率五軍 出次昇平府"(『高麗史節
　　要』 권29, 恭愍王21년 10월)
70) "發京城坊里軍 修黃陽重興城"(『高麗史節要』 권33, 辛禑14년 2월)

로 동원되는 임시조직이었으므로 항구적인 경제기반이 고려되지 않았
기 때문이라 생각된다.

그러나 군역에 동원되는 기간 중에는 국가로부터 군량이 지급되었
고[71],또 조역자(助役者)에 의해 무기 등의 군수품이 공급되었다. 조역자
는 집의 크기가 군인의 징발 기준에 미달하는 자로서 선초의 봉족(奉
足)과 같이 경제력이 미약하여 종군하는 대신 종군자의 군구(軍具)를
부담하였다.[72] 이처럼 개경의 방리군은 원 간섭기 이후 지방으로부터
의 번상체제가 붕괴된 상황에 대응하여 나타난 임시적 군사조직이었
으나 점차 상비군화 하였다.

3) 한산군의 조직

공민왕대 이후에는 전함관(前銜官)·산관(散官)·한산관(閑散官)·한량품관
(閑良品官) 등으로 불리는 계층이 군역에 동원되기 시작하면서, 마침내
한산군(閑散軍)이라는 새로운 군사조직이 등장하였다. 여말선초 한산관
이란 전함관·첨설관(添設官)·검교관(檢校官)·동정관(同正官) 등을 가리
키는 말이지만 실제 군역을 부담한 주된 부류는 전함관과 첨설관이었
던 것으로 추측되고 있다.[73] 전함관은 벼슬을 그만둔 사람에게 붙여지
는 일반적인 칭호로서 전함관이면 누구나 한량인 또는 한산관으로 불
리었으며 전함관 뿐만 아니라 첨설관도 한량으로 호칭되었다.[74]

---

71) "辛亥 倭焚喬桐 京城戒嚴 發坊里丁爲戰卒 以李春富爲西江兵馬使 安祐爲東江
　　兵馬使 前護軍李元琳 爲喬桐倭賊追捕副使 壬戌 以軍餉不繼 召安祐李春富
　　還"(『高麗史』 권39, 世家 恭愍王7년 5월)

72) "點五部街里戶數 以屋三十間 出丁三人 二十間 出丁二人 十三間 出丁一人 九
　　間以下 令出從軍者軍具"(『高麗史』 권81, 兵1, 兵制, 연혁 辛禑3년 4월)

73) 李喜寬, 1987「高麗末·朝鮮初 前銜官·添設官에 대한 土地分給과 軍役賦課」
　　『高麗末·朝鮮初 土地制度史의 諸問題』서강대 인문과학연구소

74) 韓永愚, 1983「麗末鮮初 閑良과 그 地位」『朝鮮前期社會經濟研究』

산직자들은 이미 숙종대의 별무반(別武班) 조직 때나[75] 충렬왕대의
일본원정 시[76], 그리고 원 간섭기 중에 진변별초(鎭邊別抄)로서 군역에
동원된 사례가 있었다.[77] 그러나 당시는 비상시이거나 특별한 경우로
서 한산관의 군역동원이 일반적인 것은 아니었다.[78] 그 후 공민왕대
들어오면서 본격적으로 한산관이 군역에 동원되기 시작하였다. 처음에
는 비상시에 한해 개경의 3품 이하 전함관이 동원되다가[79] 점차 외방
의 한산관으로 확대되었고[80], 마침내 한산군이라는 군사조직으로 발전
하였다.[81]

　이러한 변화의 배경에는 당시 절대적으로 부족한 군사력의 확보라
는 절박한 사정이 있었다. 계속되는 전란과 주된 군역 대상층인 농민
층의 몰락으로 군액이 감소하는 상황에서 부족한 군사력을 보충하기
위해 방리군이나 연호군 등과 같이 여러 가지 군사력 확보책이 모색되
었는데, 한산관의 군역동원도 바로 이러한 군사력 확보 방법 중의 하
나였다고 생각된다.

　특히 고려 말에는 양인농민층의 몰락과 부호층의 피역으로 마군(馬

---

75) "尹瓘奏 始置別武班 自文武散官吏胥 至于商賈僕隷 及州府郡縣 凡有馬者爲神
　　騎 無馬者爲神步跳盪梗弓精弩發火等軍"(『高麗史』 권81, 兵1, 兵制, 연혁 肅宗
　　9년 12월)

76) "僉東征軍 各領府爭捕東班散職人 及白丁以告 或誤捕私奴者"(『高麗史』 권81,
　　兵1, 兵制, 연혁 元宗15년 5월)
　　"始閱東西班時散官 能赴征者"(『高麗史』 권81, 兵1, 兵制, 연혁 忠烈王6년 10월)

77) "判 鎭邊別抄 本以前銜散職 及在京兩班 輪番赴防 近年以來 主掌官吏 看循面
　　情 以人吏百姓代之 … 自今 復以前銜散職 在京兩班窮推 輪番赴防"(『高麗史』
　　권82, 兵2, 鎭戍 忠肅王5년 4월)

78) 閔賢九, 1983 「高麗後期의 軍制」『高麗軍制史』 육군본부

79) "都評議使奏 前銜三品以下 各以坊里點數 有變則四面都監官員 先以一里一人
　　率領赴防 從之"(『高麗史』 권81, 兵1, 兵制, 연혁 공민왕7년 7월)

80) "以諸道閑散官 隷五軍 尋罷之"(『高麗史』 권81, 兵1, 兵制, 연혁 공민왕16년 2월)

81) "都評議使 閱各道所調閑散軍 先是 各道抄軍使等 抄閑散子弟"(『高麗史』 권81,
　　兵1, 兵制, 연혁 辛禑3년 6월)

軍)과 같이 기동력을 갖춘 정예군대를 확보하지 못해 외적방어에 어려움을 겪는 상황이었으므로 비교적 부실한 경제력을 갖춘 한산관을 마군으로 동원하기에 이르렀던 것이다.[82]

또한 한산관의 군역동원은 공민왕3년 이후 배출된 수많은 첨설관을 효율적으로 통제하기 위한 대책와도 깊은 관련이 있었다.[83] 공민왕3년에 첨설직제도가 실시되면서 군공(軍功)에 의한 첨설직이 남발되어 한산관의 수가 크게 증가하였다.[84] 따라서 증가하는 한산관을 국가의 통제 하에 두려는 노력이 공민왕대 이후 계속되었다.

다음은 고려 말에 증가하는 된 첨설직과 산관 등 한산관에 대한 국가의 대응책을 단적으로 보여주는 자료이다.

왕이 정도전에게 "위조(僞朝)의 첨설직을 폐지하는 데에 어떤 방법이 있겠느냐"라고 물으니 대답하기를 "옛날에 인재를 쓰는 법은 4가지가 있었는데 문학·무과·이과·문음이 그것입니다. 이 4과로 선발하여 합당하면 등용하고 부당하면 쓰지 않았으니 누가 원망하겠습니까"라고 하였다. 또 "관질(官秩)이 높은 자들을 어떻게 처리할 것인가"라고 물으니, 대답하기를 "옛날 중국 송나라 때에 산관(散官)을 위해 대단관(大丹館)과 복원궁(福源宮)을 설치하여 혹은 제조(提調)를 제수하고 혹은 제거(提擧)를 제수하였습니다. 지금도 이를 본받아 따로 궁성숙위부(宮城宿衛府)를 설치하여 직위가 밀직(密直)·봉익(奉翊)인 자는 제조궁성숙위사로 삼고, 3·4품은 제거궁성숙위사로 삼으면 정치가 마땅함을 얻고 체통이 엄하게 설 것입

---

82) "都評議使 閉各道所調閑散軍 先是 各道抄軍使等 抄閑散子弟 慶尙道六百 全羅道一千三百四十 楊廣道七百 無馬者畏刑 至有鬻子易馬 盡賣家産 又賣已耘之田 以求馬匹 雖名閑散 其實農民及戍邊鎭者居半 至是 皆令放歸"(『高麗史』 권81, 兵1, 兵制, 연혁 辛禑3년 6월)

83) 閔賢九, 1968「辛旽의 執權과 그 政治的 性格」下『歷史學報』40
   韓永愚, 1983「麗末鮮初 閑良과 그 地位」『朝鮮前期社會經濟研究』

84) 鄭杜熙, 1977「高麗末期의 添設職」『震檀學報』44
   _____, 1990「高麗末 新興武人勢力의 成長과 添設職의 設置」『李載龒博士還曆紀念韓國史學論叢』

니다"라고 하였다. 또 외방 거주자의 처리 방법을 물으니 대답하기를 "경성거주자의 처우를 이와 같이 하면 외방거주자가 다투어 와서 왕실을 숙위할 것이니 그런 후에 관질의 고하로써 혹은 제조를 삼고 혹은 제거를 삼으십시오"라고 하니 이에 따랐다.[85]

위의 기록은 공양왕이 정도전에게 첨설직의 혁파방법과 관품이 높은 산관들의 처리방법을 물은 것에 대해 그 해결책을 제시한 것이다. 첫째로 첨설직의 혁파에 대해서는 문과·무과·이과·잡과 등 과거로 인재를 선발하여 합당한 인물을 등용하자는 방법을 제시하였고, 둘째로 품질이 높은 산관의 처리에 대해서는 궁성숙위부(宮城宿衛府)를 설치하여 밀직·봉익자는 제조궁성숙위사(提調宮城宿衛事)로 삼고, 3·4품은 제거궁성숙위사(提擧宮城宿衛事)로 삼자는 방법을 제시하였으며, 셋째로 외방에 거주하는 한산관의 처리에 대해서는 경성에 나아가 왕실을 숙위하면 관질의 고하에 따라 거경시위자와 마찬가지의 대우를 해주자는 방법을 제시하였다.

이처럼 고려 말에 증가하는 한산관에 대한 대응책으로 국왕이나 개혁파 관료들은 이들에게 왕실숙위나 경성시위의 임무를 맡기려 하였고, 특히 지방에 거주하는 한산관을 중앙에 올라오게 하여 왕실을 숙위하게 함으로써 이들의 지방 산재를 막고 중앙정권하에 직속시키고자 하였던 것이다.[86]

이들 한산군은 대부분 양반 사족층으로 구성되었다. 한산관 가운데

---

85) "王謂鄭道傳曰 罷僞朝添設職 其術何如 對曰 古之用人之法 有四 曰文學 曰武科 曰吏科 曰門蔭 以此四科擧之當則用之 否則舍之 其誰有怨 又問 秩高者 處之何如 對曰 昔趙宋時 爲散官 設大丹館‥福源宮 或授提調 或授提擧 今亦効此 別置宮城宿衛府 而位密直奉翊者 爲提調宮城宿衛事 三四品 提擧宮城宿衛事 然則政得其宜 體統嚴矣 又問 居外者 處之何如 對曰 居京城者 處之如此 則在外者 爭來赴衛王室矣 然後以秩高下 或爲提調 或爲提擧 從之"(『高麗史』권75, 選擧3, 銓注, 添設職 恭讓王2년 정월)
86) 韓永愚, 1983「麗末鮮初 閑良과 그 地位」『朝鮮前期社會經濟硏究』

전직관리였던 전함관의 신분은 말할 것도 없이 양반층이었으나, 첨설 관의 경우는 그 신분이 다양하였다. 즉 고려 말 첨설직 지급대상자 가 운데는 사인(士人)이나 향리를 비롯하여 농민과 공상천예(工商賤隷)에 이르기까지 다양한 계층이 포함되어 있었으므로 첨설관으로 조직된 한산군 역시 다양한 계층이 망라되어 있었을 것이다. 그러나 그 가운 데서도 근간을 이룬 것은 무예가 뛰어난 사인과 향리들이었다. 이들은 일반농민보다 우월한 지위에 있는 지방의 유력층으로서[87] 고려 말에 새로이 성장한 신진무인세력으로 이해되고 있다.[88]

한산관은 양반신분층으로서 그동안 군역의 의무를 지지 않았으나 여말에 이르러 점차 군역체계 속으로 편입되기에 이르렀다. 한산관들 을 군역체계 속에 끌어들이려는 국가의 적극적인 정책에 대응하여 이 들은 지방에서 학생들을 가르치는 등의 방법으로 군역의 회피를 꾀하 기도 하였다.[89]

특히 지방사족 중 관직 진출이 어려운 층은 군역을 피하기 위해 호 적 등재를 기피하는 경우도 많았다.[90] 조선초기에도 양인개병제(良人 皆兵制)가 강화되는 과정에서 군역을 불법적으로 모면하려는 자들 가

---

87) "都評議使 閱各道所調閑散軍 先是 各道抄軍使等 抄閑散子弟 … 無馬者畏刑 至有鬻子易馬 盡賣家產 又賣已耘之田 以求馬匹 雖名閑散 其實農民 及成邊鎭 者居半 至是 皆令放歸"(『高麗史』 권81, 兵1, 兵制, 연혁 辛禑3년 6월) → 고려 말 한산군에 조직된 한량자제는 농민이나 成鎭邊者와는 구별되는 보다 상위 신분층으로 나타나고 있다.

88) 鄭杜熙, 1990「高麗末 新興武人勢力의 成長과 添設職의 設置」『李載龒博士還 曆紀念韓國史學論叢』

89) "大司憲趙浚等上書曰 … 鄕愿之托儒名 避軍役者 至五六月間集童子 讀唐宋絶 句 … 又以外方閑居業儒者 爲本官敎導"(『高麗史』 권74, 選擧2, 學校 恭讓王원 년 12월)

90) 조선초기의 경우 閑良은 軍籍에 등재되어 있지 않고 戶籍에도 올라있지 않은 존재로 나타나고 있다. 따라서 그들은 군역을 지고 있지 않으며 그렇기 때문에 국가에서는 그들을 군역에 충당시키려 하였다.(『世宗實錄』 권76, 世宗19년 3월 辛卯)

운데는 호적이 없는 사족의 자제, 즉 한량자제들이 많았으며 또한 이
들은 대체로 사족들의 관직 진출이 부진한 지방에 많았던 것으로 알려
지고 있다.[91]

국가에서는 중앙이나 지방에 거주하는 한산관을 모두 5군에 분속시
켜[92] 개경의 시위와 왕실의 숙위 등에 동원하였고[93], 공양왕 대에는
삼군총제부(三軍摠制府)[94]와 궁성숙위부(宮城宿衛府)에 소속시켜 왕실
을 숙위하게 하였다.[95] 한산군에게는 군역의 대가로 토지 지급과 같은
혜택이 주어졌을 것으로 추측되지만 구체적인 자료는 찾을 수 없다. 그
러나 고려 말에 제정된 과전법의 다음 규정이 참고가 된다.

외방은 왕실의 울타리이니 마땅히 군전(軍田)을 설치하여 군사를 길러
야 한다. 동서 양계는 예전대로 군수에 충당하고 6도의 한량(閑良)관리는
자품(資品)의 높고 낮음을 가리지 말고 그 본전(本田)의 다소에 따라 각기
군전(軍田)을 지급하는데 10결 또는 5결로 한다.[96]

위의 과전법 규정에서 볼 수 있는 것처럼 한량관리들에게는 본전(本
田)의 다소에 따라 10결 또는 5결의 토지가 군전으로 지급되었다. 이 규
정으로 미루어 볼 때 고려 말 한산군에게도 군역의 대가로 자신이 소

---

91) 韓永愚, 1983「麗末鮮初의 閑良과 그 地位」『朝鮮前期社會經濟研究』
92) "以諸道閑散官 隷五軍 尋罷之"(『高麗史』권81, 兵1, 兵制, 연혁 恭愍王16년 2월)
     "各司各愛馬 五部閑良品官 皆分屬五軍 旗幟衣服 隨方色 有別"(『高麗史』권
     81, 兵1, 兵制, 연혁 恭愍王18년 12월)
93) "令諸道散官 赴京宿衛"(『高麗史』권82, 兵2, 宿衛 恭愍王16년 8월)
94) 위화도 회군 이후 이성계는 군사권을 완전히 장악하기 위해 제원수의 인장을
     거두어들이는 한편 5軍을 3軍으로 하고 都摠制府로 하여금 중앙과 지방의 군
     사를 통솔하게 하였다.
95) "王謂鄭道傳曰 罷僞朝添設職 其術何如 對曰 … 別置宮城宿衛府 而位密直奉
     翊者 爲提調宮城宿衛事 三四品 提擧宮城宿衛事 然則政得其宜 體統嚴矣"(『高
     麗史』권75, 選擧3, 銓注, 添設職 恭讓王2년 정월)
96) 『高麗史』권78, 食貨1, 田制, 科田法 恭讓王3년 5월

유한 토지의 다과에 따라 일정 면적의 토지에 대해 조세를 면제해 주
는 혜택을 주었을 것으로 생각된다.

　고려 말 전제개혁 과정에서 일반 농민은 군역의 대가로 토지, 즉 군
인전을 지급받지 못했지만 한산군은 군전이라는 이름으로 토지를 지
급받았다. 요컨대 한산관은 고려 말 사회변동 속에서 군역에 동원되었
지만 어디까지나 양반신분층으로서 일반농민과는 구별되는 대우를 받
았던 것이다.

　이처럼 한산관은 공민왕대에 들어와 처음에는 임시적이고 제한적으
로 군역에 동원되기 시작하다가 이후 본격적으로 군역에 동원되었다.
고려 말 한산군의 조직은 양반 사족층까지 군역부과가 확대되었음을
의미하는 것이었다. 즉 전기에는 한인이 하급지배층으로 유사시에 한
해 군인으로 징발되었지만 공민왕대 이후에는 사족층으로서 관직이
없는 한산관에게 군역을 부과하는 것이 일반화·상례화 하였다. 그러나
이들이 지는 군역은 순수하게 군사적인 것이라기보다는 정치적인 성
격을 아울러 지니는 것이었다.[97]

4) 순군만호부의 변화

　원 간섭기에 설치되어 수도 개경의 치안유지는 물론 도성시위의 기
능까지 수행하였던 순군만호부는 공민왕대의 반원개혁과 이후 정치상
황의 변동에 따라 많은 변화를 겪었다. 공민왕5년에 반원개혁이 시작
됨과 함께 원 간섭기 동안 개편되었던 여러 제도나 기구들이 고려전기
제도로 환원되거나 복구되었다. 이 때 고려정부는 원이 설치한 여러
만호부의 만호·진무·천호·백호 등의 패를 회수하였고[98], 다음의 기록

---

97) 韓永愚, 1969 「麗末鮮初 閑良과 그 地位」『韓國史硏究』4; 1983 『朝鮮前期社
　　會經濟硏究』
98) "命收諸軍萬戶鎭撫千戶百戶牌"(『高麗史』권39, 세가 공민왕5년 5월 壬寅)

에서 보는 것처럼 원에 대해 이들 만호부의 혁파를 요청하였다.

　　정당문학 이인복을 원에 파견하여 상서하기를 "… 세조 황제께서 일본을 원정할 때 설치한 만호는 중군·좌군·우군 뿐 이었습니다. 그 후 증치한 순군·합포·전라·탐라·서경 등 만호부는 모두 거느리는 군사도 없이 제멋대로 금부(金符)를 차고 선명(宣命)을 과시하며 백성들을 유인하여 망령되이 호계(戶計)라 칭하면서 주현으로 하여금 감히 차발(差發)하지 못하게 하니 몹시 불편합니다. 만약 당신이 허락한다면 세조 황제의 구제에 의거하여 일본을 진수하는 3만호부를 제외하고 그 나머지 증치한 5만호부와 도진무사(都鎭撫司)는 모두 혁파하기 바랍니다"라고 하였다.99)

　　원 간섭기 동안에 일본원정을 위해 세조가 설치하였던 중·좌·우군의 3만호부 이외에 순군·합포·전라·탐라·서경 등 만호부가 증치되었는데, 이들은 모두 거느리는 군사도 없이 주현에 폐만 끼치고 있었다. 이를 이유로 고려에서는 원에 대해 일본을 진수하는 3만호부 이외에 증치한 5만호부의 혁파를 요구하였다. 공민왕8년 이후에 원이 설치했던 만호부의 존재가 전혀 기록에 나타나지 않는 것으로 보아, 당시에 이들 만호부는 혁파되었던 것으로 보인다.

　　공민왕5년에 반원개혁과 함께 원 간섭기의 여러 제도들이 이전의 제도로 복구되었으나 공민왕8년과 10년의 2차례에 걸쳐 홍건적의 침략을 받아 위기에 처한 고려정부는 다시 원과 가까워지게 되었고, 그에 따라 동왕11년에는 복구되었던 관제들이 다시 원 간섭하의 관제로 개편되었다. 순군만호부도 이러한 관제개편과 함께 변화를 겪었다.

　　공민왕대에 이르러 순군만호부의 직제에 순군제조(提調)100)·순군제

---

99) "遣政堂文學李仁復如元 … 又上書曰 … 世皇東征日本時 所置萬戶 中軍右軍
　　左軍耳 其後增置巡軍合浦全羅耽羅西京等萬戶府 並無所領軍 徒佩金符以夸宣
　　命 召誘平民 妄稱戶計 勒令州縣 不敢差發 深爲未便 如蒙欽依世祖皇帝舊制
　　除三萬戶鎭守日本外 其餘增置五萬戶府 及都鎭撫司 乞皆革罷"(『高麗史』 권
　　39, 世家 恭愍王5년 10월 戊午)

공(提控)[101]·순군경력(經歷)[102) 등의 새로운 직함이 나타나는 것으로 보
아 직제상에 변화가 있었던 것으로 추측된다. 그 후 순군만호부는 공
민왕18년에 사평순위부(司平巡衛府)로 명칭이 바뀌었고 제조(提調) 1명,
판사(判事) 3명, 참상관(叅詳官) 4명, 순위관(巡衛官) 6명, 평사관(評事官)
5명 등의 관원이 설치되었다.[103) 이는 공민왕11년에 원 간섭기의 제도
로 복구되었던 관제들이 다시 공민왕5년 개혁시의 제도로 환원된 것과
그 궤를 같이 하는 것이라 생각된다.

이처럼 순군만호부는 명칭이나 관원구성 등에 변화가 있었지만 그
와 함께 기능에도 많은 변화가 나타났다. 그 가운데서도 가장 큰 변화
는 원 간섭기에 활발했던 군사적 기능이 약화되고 대신 사법과 경찰기
능이 주가 된 것이다.

즉 사평순위부로 명칭이 바뀐 공민왕대 이후에는 도성의 시위는 물
론 외적 침입 시에 출정기록 등이 거의 보이지 않는 것으로 보아 군사
적인 기능은 크게 약화되었고, 반면 범죄인의 구금과 치죄,[104) 순찰[105),
그리고 흥왕사 난을 비롯한 각종 모역이나 반란사건의 진압에 동원되
는 등[106) 치안유지와 정권안보의 기능은 그대로 유지되었다. 이후 사
평순위부는 우왕 때에 다시 순군만호부로 개칭되었고[107), 도만호·상만

---

100) "以贊成事金鏞 提調巡軍"(『高麗史節要』 권27, 공민왕12년 2월)
101) "遂釋鄭之祥 爲巡軍提控 仍許侍衛"(『高麗史節要』 권26, 공민왕5년 5월)
102) "遍照分遣其黨 上護軍李得林 巡軍經歷吳季南 鞫問崔瑩李龜壽梁伯益石文成
朴椿等"(『高麗史節要』 권28, 공민왕14년 7월)
103) "恭愍王十八年 改爲司平巡衛府 置提調一人 判事三人 叅詳官四人 巡衛官六
人 評事官五人"(『高麗史』 권77, 百官2, 諸司都監各色 巡軍萬戶府)
104) 『高麗史節要』 권27, 공민왕7년 4월. 권28, 공민왕14년 7월. 권29, 공민왕21년
6월 및 22년 2월 등
105) 『高麗史節要』 권31, 신우7년 11월
106) 『高麗史節要』 권27, 공민왕12년 윤3월. 『高麗史』 권131, 列傳 盧頙. 『高麗史』
권44, 세가 공민왕23년 9월 辛巳·壬午. 『高麗史』 권131, 列傳 洪倫. 『高麗史』
권91, 列傳 宗室2 辛禑원년 등
107) 『高麗史』 권77, 百官2, 諸司都監各色 巡軍萬戶府

호·부만호 등의 관직에 임명 기록이 나타나지만[108] 그 기능상에는 별
다른 변화가 없는 것으로 보인다.

이처럼 군사적 성격이 강했던 순군만호부가 순수한 치안·경찰기구
로 변모한 것은 사실상 순군만호부가 거느리던 병력이 없어졌을 뿐 아
니라[109] 원의 간섭에서 벗어남으로써 고려 조정과 군사력의 감시라는
종래 순군만호부의 기능[110]이 변하였기 때문이라 생각된다. 또한 공민
왕대 이후 방리군이나 한산군 등 도성 경비를 위한 새로운 군사조직이
등장함으로써 순군만호부의 기능은 경찰과 치안 중심으로 변질되었던
것이다.

이처럼 순군만호부는 원의 영향에서 벗어나는 공민왕대 이후 관원
의 구성이나 기능, 그리고 명칭상의 많은 변화를 겪었지만 이후에도
혁파되지 않고 선초까지 존속하였다. 그러나 선초에 관제 개편이 이루
어지면서 순군만호부의 기능이 형조와 중복되자 형법·소송·국문 등
사법기능은 형조가 담당하고, 순찰·포도·금란 등 치안·경찰기능은 순
군이 담당하게 되었다.[111]

---

108) "丙子朔 廉興邦勸禑下令 購捕趙畔甚急 鄭子喬獲畔繫巡軍 時興邦爲巡軍上
　　萬戶 興邦及都萬戶王福海 副萬戶都吉敷 李光甫 委官尹珍 姜淮伯 與臺諫典
　　法雜訊癸未 … 巡軍不究治興邦等罪 禑大怒 以前評理王安德 爲都萬戶 知門
　　下李居仁 爲上萬戶 我恭靖王爲副萬戶 命更鞫之"(『高麗史節要』 권33, 신우
　　14년 춘정월)

109) "世皇東征日本時 所置萬戶中軍右軍左軍耳 其後增置巡軍合浦全羅耽羅西京
　　等萬戶府 並無所領軍 徒佩金符 以夸宣命"(『高麗史』 권39, 世家 恭愍王5년
　　10월)

110) 권영국, 1994 「원 간섭기 고려 군제의 변화」, 『14세기 고려의 정치와 사회』 민음사

111) "敎中外大小臣僚閑良耆老軍民 … 一前朝之季 律無定制 刑曹巡軍街衢 各執
　　所見 刑不得中 自今刑曹掌刑法聽訟鞫詰 巡軍掌巡綽捕盜禁亂"(『太祖實錄』
　　권1, 태조원년 7월 정미)

4. 맺음말

14세기 후반 개혁지향적인 공민왕이 즉위하고 그를 뒷받침할 수 있는 정치세력이 성장함으로써 원의 간섭으로부터 벗어남과 동시에 그동안 고려 내부에 누적되어온 모순을 극복하기 위한 개혁이 시도되었다. 특히 원에 대항하여 고려의 자주권을 회복하기 위해서는 그동안 왜곡된 군사제도를 바로잡고 약화된 군사력을 정비하지 않으면 안 되었다.

원 간섭기의 대표적 숙위군제인 겁설제는 공민왕대 이후 숙위와 근시의 구분이 모호해지면서 양자를 통틀어 성중애마로 칭하는 변화가 나타났다. 이는 숙위병력이 절대적으로 부족하였던 비상시국에서 근시의 임무를 맡은 기구들까지 무장을 하여 숙위군의 기능을 하게 함으로써 나타난 변화였다.

먼저 근시기구의 경우 원 간섭기에 원식(元式) 명칭으로 개칭되었던 6국이 다시 한식(漢式) 명칭으로 개칭되거나 다른 조직에 통합되었는데, 이 과정에서 6국과 서로 기능이 중복되는 원식 숙위기구들을 6국에 병합시켜 이전의 숙위제도를 복구하고 그 기능을 회복시키려 하였다.

근시기구의 정비와 함께 숙위군의 정비도 이루어져 홀치 4번이 우왕 4년에 근시 4위로 개편되었다. 홀치의 개편 역시 다른 숙위기구들과 마찬가지로 숙위군 체제의 전면적 개편이라기보다는 단순히 그 명칭을 한식으로 고친 것에 불과한 것이었다. 공양왕대에는 원식 숙위기구들을 정리하여 2군6위 중심의 숙위군 제도를 복구하고자 하였다. 그러나 이후에도 성중애마는 계속 유지되다가 조선 초에 중앙군인 5위의 정비 과정에서 점차 소멸되어 세종대 이후에는 기록에서 자취를 감추었다.

반원개혁을 추진해온 공민왕이 원과의 단절이 어느 정도 달성되었다고 판단하고 지속적인 개혁을 뒷받침하기 위한 무력기반으로 조직한 것이 충용위였다. 홀치 등 겁설조직은 왕실의 숙위에 필요한 최소한의 군사력에 불과하였기 때문에 공민왕은 자신의 무력기반이 될 수 있는 친위군을 강화하고자 2군6위와 유사한 체계를 갖춘 충용위를 조직하였다. 충용위는 국왕 친위군이었으나 전란이 계속되는 상황에서 홀치 등과 함께 외적 방어에 동원되기도 하였다. 그러나 조직 후 5년이 지나지 않은 공민왕10년에 홍건적의 침입을 피해 피난할 때에 국왕을 호위할 군사가 1인도 없을 정도였다.

한편 도성시위군의 정비는 시위의 주력이었던 2군6위의 번상체제를 복구하는 한편 당시 실정에 맞도록 시위체제를 강화하는 방향으로 진행되었다. 2군과 6위는 공민왕대 이후 8위라고 불리었는데 이는 원 간섭기 이후 하층 군사력은 거의 붕괴되고, 지휘부인 장교층만 유지되는 상황에서 2군과 6위 사이에 기능상 차이가 없어졌기 때문이다.

공민왕은 흥왕사 난을 진압한 직후인 공민왕13년에 이르러 시위군의 정비를 위해 지방의 양가자제를 대상으로 한 번상체제의 복구를 시도하였다. 그러나 이후에도 시위군의 활동모습을 찾기 어려운 것으로 보아 번상체제는 정비되지 못한 것으로 보인다. 그 이유는 왜적의 주된 침략지가 된 남도를 중심으로 하는 지방 중심의 국방체제가 갖추어지는 것과 관련이 있는 것으로 생각된다. 그 후에도 시위군제의 정비가 시도되었으나 그때에도 번상체제는 갖추어지지 못하였고, 다만 유사시에 한해 각 도 절제사의 지휘 하에 지방군현과 경기의 농민들이 거경시위를 수행하는 정도였다.

시위군제의 복구가 여의치 못한 상황에서 도성의 시위를 위해 방리군이나 한산군과 같은 새로운 군사조직들이 등장하였다. 공민왕대 이후 왜적의 침략이 수도 개경까지 위협하는 상황이 되면서 개경주민들을 방리군이라는 명목으로 동원하기 시작하였다.

방리군은 가옥의 크기를 기준으로 징발되었는데, 이처럼 가옥의 대소가 군정징발의 기준이 됨에 따라 큰 집을 소유한 양반층도 군역의 징발대상에 포함되었다. 이러한 변화는 고려 말 한산관의 군역동원과 함께 군역의 징발대상이 양반층으로 확대됨을 의미하는 것이었다.

또한 공민왕대 이후에는 한산군이라는 군사조직이 등장하였는데, 이는 당시 절대적으로 부족한 군사력의 확보라는 절박한 사정과 함께 공민왕대 이후 배출된 수많은 첨설관에 대한 효율적인 통제 문제와도 깊은 관련이 있는 것이었다.

국가는 군공에 의한 첨설직이 남발로 크게 증가한 한산관에 대한 대응책으로 이들에게 왕실숙위나 경성시위의 임무를 맡기려 하였고, 특히 외방에 거주하는 한산관을 중앙에 올라오게 하여 왕실을 숙위하도록 함으로써 이들의 지방산재를 막고 중앙정권하에 직속시키고자 하였다. 이들 한산관은 양반신분층으로서 지금까지는 사실상 군역을 지지 않았으나 여말에 이르러 군역체계에 편입되기에 이르렀던 것이다.

원 간섭기에 설치되어 고려 조정의 감시와 개경의 치안유지는 물론 도성의 시위까지 수행하였던 순군만호부는 공민왕대의 반원개혁과 이후 정치상황의 변동에 따라 많은 변화를 겪었다. 기구상의 변화와 함께 기능에도 변화가 나타났는데 가장 중요한 것은 원 간섭기에 활발했던 군사적 기능이 약화되고 대신 사법·경찰기능이 주가 되었다.

요컨대 고려 말 중앙군제의 정비 방향은 그 동안 지방 군사력에 기반을 두었던 중앙 군사력이 점차 지방군으로부터 분리·독립되는 경향을 보인다는 점이다. 이러한 변화는 전기와 같은 번상체제가 정비되지 못하고, 또한 국방체제가 지방군 중심으로 전환되면서 나타난 것이었다. 그리고 이러한 변화의 추세는 선초에 정비되는 중앙군의 구성에서 지방으로부터 번상하는 시위군의 비중이 감소하고 반면에 직업적 성격의 군사력이 증가하고 있는 것에서도 확인할 수 있다.

제2절 지방군제의 개편

1. 머리말

14세기 후반 국제정세의 급격한 변화 속에서 즉위한 공민왕은 원의 간섭으로부터 벗어남과 동시에 그동안 고려내부에 누적되어온 모순을 극복하기 위한 개혁을 시도하였다.[112] 특히 원에 대항하여 고려의 자주권을 회복하기 위해서는 독자적인 무력기반을 확보해야 하였다. 게다가 점차 본격화되고 있는 이민족의 침입에 대응하기 위해서도 군사제도의 정비와 군사력 강화가 시급하였다.

공민왕대 군제정비의 방향은 원 간섭기를 거치면서 파괴되고 왜곡된 군제를 정비하여 전기의 군제, 즉 부병제를 복구하려는 것이었다. 그러나 부병제가 기반으로 했던 제반 사회경제적 토대가 이미 변화한 상태에서 부병제를 복구하려는 시도는 성공을 거두지 못하였다.

고려 말 지방군제에 나타난 중요한 변화는 지방군이 점차 국방의 주력으로 자리 잡게 된 점이다. 특히 일본원정이 실패한 이후 새로이 중요한 변방이 된 경상도와 전라도지역에 진변만호부가 설치되고, 하삼도를 중심으로 왜구의 침입이 본격화 하면서 군사력의 중심이 중앙군에서 지방군으로 옮겨갔다. 이 절에서는 고려 말 전반적인 국방체제의 변화 속에서 점차 국방의 주력이 되는 지방군의 정비 상황을 살펴보

---

112) 공민왕대 개혁정치에 대해서는 다음의 글들이 있다.
  閔賢九, 1981 「高麗 恭愍王의 卽位背景」『韓㳓劤博士停年紀念史學論叢』
  _____, 1989 「高麗 恭愍王의 反元的 改革政治에 대한 一考察」『震檀學報』68
  _____, 1992 「高麗 恭愍王代 反元的 改革政治의 展開過程」『擇窩許善道先生停年紀念韓國史學論叢』
  洪榮義, 1990 「恭愍王 初期 改革政治와 政治勢力의 推移」『史學研究』42·43·44합집

고, 그 변화의 성격을 구명하고자 한다.

2. 양계 군사조직의 정비

1) 병마사제의 복구

대몽전쟁 이후 동녕부(東寧府)와 쌍성총관부(雙城摠管府)가 설치되면
서 원과 국경을 접하게 된 양계지역은 원의 군사적 견제와 장기간 계
속된 원과의 친선관계로 사실상 방어체제가 전무한 상태였다. 그러나
공민왕대에 들어와 원에 대항하여 자주성을 회복하려는 고려는 원과
의 군사적 대결을 피할 수 없게 되었고, 공민왕5년 9월에는 염제신을
서북면도원수로 파견하여 원과의 충돌에 대비하기도 하였다.[113]

이에 따라 원 간섭기 동안 소멸되었던 병마사제와 방수군제가 일시
적으로나마 복구되었고, 이어서 새로운 군사조직으로 만호부가 조직되
는 등 양계지역의 방어체제를 정비하고 군사력을 강화하기 위한 대책
이 마련되었다.

공민왕대 이후 양계지역은 이전에 사용되던 여러 명칭 가운데 동북
면과 서북면이란 칭호가 복구되어 가장 널리 사용되었다. 특히 동계의
경우에는 공민왕5년에 강릉삭방도(江陵朔方道), 쌍성수복 후에는 동북
면, 공민왕9년에는 강릉삭방도 등 여러 명칭으로 개칭되었으나[114] 대체
로 고려 말에는 동북면이란 칭호가 일반적으로 사용되었다.

---

113) "以廉悌臣 爲西北面都元帥 金之順柳淵等副之 賜貂裘金帶有差 授鉞遣之"
(『高麗史節要』 권26, 공민왕5년 9월)

114) "恭愍王五年 稱江陵朔方道 七月遣樞密院副使柳仁雨 攻破雙城 於是按地圖
收復和登定長預高文宜州 … 沒于元 凡九十九年 至是始復之 以壽春君李壽
山 爲都巡問使 定疆域 復號東北面 九年稱朔方江陵道"(『高麗史』 권58, 地理
3, 東界)

양계 명칭의 변화와 함께 영역에도 변화가 있었다. 먼저 서북면지역은 황주·안악·철화·장명진 등 서북면에 속해 있던 남쪽의 일부 주현이 우왕14년에 서해도에 소속되었고[115], 동북면지역은 원래 철령을 경계로 그 이북의 삭방도와 이남의 강릉도로 구분되었으나 고려 말에는 철령 이북지역만을 동북면이라 칭하였다.[116]

양계지역은 원종11년 이후 원의 직접 지배하로 들어가면서 주진제는 물론 그 지배기구인 병마사제와 분도제가 해체되었다. 즉 동북면에 쌍성총관부, 서북면에 동녕부가 설치되면서 병마사를 비롯해 감창사·분도장군·분사어사 등 그 하부 지배기구들이 소멸되었다. 그러나 쌍성총관부 관할 하로 편입되지 않은 동계의 일부지역은 그대로 존속하여 그 장관으로 병마사에 대신해서 안집사(安集使)가 파견되었다.[117]

그 후 충렬왕16년에 동녕부가 반환되면서 서북면이 회복되었다. 이에 따라 서북면의 제주진에 수령이 다시 설치되고, 서북면의 장관으로 서북면도지휘사(都指揮使)가 파견되어 변형된 형태로나마 양계가 복구되었다. 그 결과 동북면에는 안집사, 서북면에는 도지휘사가 장관이 되어 양계의 장관제는 불균형한 상태가 되었다. 그러나 충선왕 복위 후 실시된 관제개편에서 양계의 장관으로 서북면에는 평양도존무사(存撫使), 동북면에는 강릉도존무사가 설치되어 종래의 불균형한 상태가 시정되었다.[118]

그리고 공민왕5년에는 무력으로 쌍성지역을 수복함으로써 양계는 완전히 복구되었다.

평리 인당과 동지밀직사사 강중경을 서북면병마사로, 사윤(司尹) 신순

---

115) "肅宗七年 又稱西北面 後以黃州安岳鐵和長命鎮來屬 辛禑十四年 復屬西海道"(『高麗史』 권58, 地理3, 北界)

116) 吳宗祿, 1991 「高麗後期의 軍事 指揮體系」『國史館論叢』 24

117) 邊太燮, 1971 「高麗兩界의 支配組織」『高麗政治制度史研究』

118) 위와 같음

과 유홍, 전대호군 최영, 전부정(前副正) 최부개를 부사로 삼아 압록강 서
쪽의 8참(站)을 공격하게 하고, 밀직부사 유인우를 동북면병마사, 전대호
군 공천보와 전종부령 김원봉을 부사로 삼아 쌍성 등지를 수복하게 하
였다.119)

위의 자료에서 보는 것처럼 공민왕5년 5월에는 서북면에 2인, 동북
면에 1인의 병마사를 임명하여 각각의 임무를 수행하게 하였다. 이 때
파견된 병마사를 원정(遠征)을 위해 조직된 출정군의 지휘부로 보는 견
해도 있으나120), 공민왕5년 이후에도 서북면과 동북면에 병마사의 임
명이나 활동에 관한 기록이 계속 나타나고 있으므로121), 공민왕5년에
양계병마사제가 부활되어 한동안 존속했던 것으로 볼 수 있다.

새로 복구된 병마사제는 이전과 비교할 때 몇 가지 변화가 나타나고
있다. 먼저 병마사기구 구성상의 변화로서 서북면지역에는 병마사 2인
과 병마부사122) 4인이, 동북면지역에는 병마사 1인과 병마부사 2인이

---

119) "以評理印璫 同知密直司事姜仲卿 爲西北面兵馬使 司尹辛珣兪洪 前大護軍
崔瑩 前副正崔夫介 爲副使 攻鴨江以西八站 以密直副使柳仁雨 爲東北面兵
馬使 前大護軍貢天甫 前宗簿令金元鳳 爲副使 收復雙城等地"(『高麗史』권
39, 世家 恭愍王5년 5월 丁酉)

120) 吳宗祿, 1991「高麗後期의 軍事 指揮體系」『國史館論叢』24

121) "元使直省舍人 齋奇轍太司徒宣命印章而來 西北面兵馬副使辛珣 遇諸道 奪
宣命印章 囚舍人 殺傔從三人 舍人夜逃"(『高麗史』권39, 世家 恭愍王5년 6월
癸亥

"元囚本國節日使金龜年于遼陽省 聲言發八十萬兵來討 西北面兵馬使印璫 請
濟師以備"(『高麗史』권39, 世家 恭愍王5년 6월 乙亥)

"東北面兵馬使獻俘女眞女二十人 分屬各司爲婢"(『高麗史』권39, 世家 恭愍
王5년 9월 己丑)

"以密直副使李龜壽 爲全羅道鎭邊使 典理判書崔瑩 爲楊廣道鎭邊使 我太祖
以上護軍 爲東北面兵馬使"(『高麗史』권40, 世家 恭愍王11년 4월 丙申)

"下西北面都兵馬使丁贊獄 憂憤而卒"(『高麗史』권40, 世家 恭愍王13년 2월
己亥)

122) 武臣執權 이후 兵馬判官이 兵馬副使로 승격하였다.(權寧國, 1992「武臣執權
期 地方軍制의 變化」『國史館論叢』31)

임명되고 있어 서북면지역의 병마사와 병마부사의 정원이 이전에 비해 2배로 증가되었음을 볼 수 있다.

또한 병마사와 부사의 품계도 이전의 3~4품에서 2~3품으로 승격하였으며[123], 무신정변 이후 실시되었던 문무교차제도 없어졌다.[124] 이처럼 공민왕대 이후 병마사 기구가 확대되고 병마사의 품계가 높아진 것은 영토 문제를 둘러싼 원·명과의 갈등 속에서 동·서북면 지역의 중요성이 그만큼 커졌음을 의미하는 것이라 생각된다.

공민왕5년에 부활된 병마사의 기능은 이전과 마찬가지로 양계지역의 일반 행정과 군정을 총괄한 것으로 보이며[125], 특히 임명과 동시에 쌍성과 동녕부 정벌의 군사적 임무를 부여받는 등 군사적 기능이 보다 강화된 느낌을 준다.[126]

그러나 현실적으로 양계지역의 일반 행정 구역화가 진행되고, 지배기구 역시 남도와 같아지는 과정에서 이미 이전부터 임시사행으로 파견되고 있던 도순문사와 병마사가 기능면에서 서로 중복되는 모순을

---

123) 고려전기의 兵馬使 품계는 3품, 兵馬副使는 4품이었으나 공민왕대 이후 부활된 兵馬使制에서 兵馬使에 임명된 인물의 관직과 품계는 密直副使(정3) 判將作監事(종3) 知樞密院使(종2) 吏部尙書(정3) 上護軍(정4) 評理(종2) 同知密直司事(종2) 判衛尉寺事(정3) 등이고, 副使는 前大護軍(종3) 前宗簿令(종3) 前副正(종4) 등이다.

124) 양계의 兵馬使와 副使가 동시에 임명되었던 공민왕5년 5월의 경우 西北面兵馬使에 임명된 인물의 관직은 評理知密直司事, 兵馬副使는 司尹前大護軍前副正이며 東北面兵馬使는 密直副使, 兵馬副使는 前大護軍前宗簿令으로서 문·무관직이 고루 임명되고 있지만 무신집권기에서처럼 동일 界內의 병마사와 부사 사이에는 물론 兩界 사이에서도 文武交差制가 철저하게 지켜지지 않음을 볼 수 있다.

125) ① 고려전기 兵馬使의 기능에 대해서 軍事的인 기능을 강조하는 견해
　　　邊太燮, 1971「高麗兩界의 支配組織」『高麗政治制度史硏究』
　　　李基白, 1968「高麗兩界의 州鎭軍」『高麗兵制史硏究』
　　② 군사력 집중지인 兩界 州鎭에 대한 감독과 감시 기능을 중요시 하는 견해
　　　金南奎, 1989「兩界의 兵馬使와 그 기능」『高麗兩界地方史硏究』

126) 金南奎, 1989「兩界의 兵馬使와 그 機能」『高麗兩界地方史硏究』

빚게 되었다. 그에 따라 병마사제는 계속 유지되지 못하고 곧 폐지되었으며 대신 그 기능이 도순문사(都巡問使)와 새로 조직된 만호부로 이양된 것으로 보인다.

그 결과 공민왕20년 이후 동·서북면의 도순문사는 군사행정만을 담당하는 남도의 도순문사와는 달리 도내의 일반 행정과 군사행정의 두 부문을 총괄하는 장관의 직책을 수행하였고[127], 직접적인 군사지휘권은 만호가 담당하였다. 이후 공양왕원년에는 도순문사가 도절제사(都節制使)로 개편되고 전임관이 되었으며[128], 공양왕2년에는 서북면도관찰출척사(都觀察黜陟使)가 병마도절제사(兵馬都節制使)를 겸함으로써[129] 남도와 같은 일반 행정구역이 되었다.

2) 방수군제의 정비와 만호부의 설치

(1) 방수군제의 정비

대몽전쟁 이후 중단되었던 양계지역으로의 방수군(防戍軍) 파견이 공민왕5년에 반원운동의 시작과 함께 원과의 무력충돌에 대비하여 재개되었다. 이 때 방수군이 파견되었던 곳은 압록강지역과 쌍성지역이었는데, 당시 원과의 군사적 대결에 대비하고 있던 고려 측에서 이들 지역이 동녕부와 쌍성총관부를 견제하는데 중요한 방수처라고 판단했기 때문일 것이다.

고려 전기에도 방수군이 파견되었던 곳은 양계의 전 지역이 아니라

---

127) 吳宗祿, 1986 「高麗末의 都巡問使」 『震檀學報』 62
128) "恭讓王元年 改都巡問使 爲都節制使 元帥爲節制使 或帶州府之任 先是 巡問元帥 皆以京官口傳 至是 始用除授 以專其任 置經歷都事"(『高麗史』 권77, 백관2, 外職 節制使)
129) "以韓尙質 爲西北面都觀察黜陟使兼兵馬都節制使"(『高麗史』 권45, 세가 恭讓王2년 12월 계미)

일부지역, 즉 군사적 분도(分道)가 설치되어 방수장군이 파견되었던 곳
이었다. 기록을 통해 확인할 수 있는 곳은 서북면의 의주·삭주·창주·
정주(靜州)·인주·선주·정주(定州)와 동북면의 정주(定州) 등으로 대륙에
서 한반도로 통하는 교통의 요지이며 군사적 요충지에 해당하는 주진
들이었다.130)

　　공민왕 5년 6월에 교시하기를 "이제부터는 연해 군민은 모두 방수에
충당하고 요역을 면제해 주며, 먼 지방민에게 대신 요역을 부담시키고 방
수에는 나아가지 않게 하면 양쪽이 모두 편할 것이다. 또 사람들이 고향
을 그리워함은 습속이 원래 그러한 것이니 마땅히 동계와 교주의 군사는
쌍성을 방수하고, 북계와 서해의 군사는 압록강을 방수하고, 양광·전라·
경상도의 군사는 왜적의 방어를 맡게 하되 재주가 있는 사람은 뽑아서
쓰는 것이 무방하다."고 하였다.131)

　　위의 기록에서 볼 수 있듯이 양계의 방수군은 남도, 특히 그 중에서
도 양계지역과 가까운 지역 출신의 군인들로 충당되었다. 즉 쌍성지역
은 동계와 교주도의 군사가, 압록강지역은 북계와 서해도의 군사가 방
수를 담당하게 하였는데 이는 이동에 많은 시일이 소요되는 먼 지역으
로부터의 방수가 군인들에게 불편할 뿐 아니라 국가의 입장에서도 비
효율적이기 때문이었을 것이다.
　　이성계가 우왕에게 올린 다음의 안변책에서 볼 수 있듯이 원칙적으
로 3가를 1군호로 편호하여 군인 1정을 방수군으로 징발하였다.

　　우리 태조가 안변책(安邊策)을 올리기를, … 군민이 서로 연결되어 있

---

130) 權寧國, 1992 「武臣執權期 地方軍制의 變化」『國史館論叢』31
131) "教 … 其令沿海軍民 悉充防戍 仍蠲徭役 遠地之民 代供其役 勿令赴防 兩得
　　　其便 且人之懷土 習俗固然 宜令東界交州之軍 以戍雙城 北界西海 以戍鴨江
　　　楊廣全羅慶尙 委以禦倭 其材用者 選用無方"(『高麗史』권82, 兵2, 鎭戍 恭愍
　　　王5년 6월)

지 않아서 위급할 때에 서로 돕기가 어렵습니다. 이 때문에 선왕이 병신
년 교서에서 3가를 1호로 하고 100호의 통주(統主)를 수영(帥營)에 예속시
켜, 일이 없을 때에는 3가가 교대로 나오고 유사시에는 모두 나오게 하며,
위급할 때에는 가내의 장정들을 모두 징발하게 하였으니 참으로 좋은 법
이었습니다.[132]

즉 공민왕5년에 마련된 군호제에 의하면 3가를 1군호로 편성하여 무
사할 때는 3가가 교대로 번상하고, 유사시에는 3가가 모두 군인으로 나
아가며 위급할 때에는 가내의 정을 모두 징발하도록 하였다.

그러나 실제로는 쌍정(雙丁)에서 1정을 징발하는 것은 물론 단정(單
丁)까지도 군역에 동원되는 형편이었다.[133] 또한 지방관이나 향리들의
농간에 의해 부호(富戶)는 면제되고 빈호(貧戶)만 차정(差丁)되는 등의
폐단도 많았다.[134] 이에 국가에서는 부득이 단정을 징발하였을 때는
조역(助役)을 지급하여 실업하지 않도록 하였고[135], 또 군인징발 시에
지방관의 농간을 피하기 위해 주현 간에 서로 수령을 바꾸어 징발하게
하기도 하였다.[136]

염제신(廉悌臣)이 공민왕에게 올린 다음의 상서에서 볼 수 있듯이 방
수군의 복무기간은 1년이었다.

---

132) "我太祖獻安邊之策曰 … 一軍民非有統屬 緩急難以相保 是以先王丙申之教
以三家爲一戶 以百戶統主 隷於帥營 無事則三家番上 有事則俱出 事急則悉
發家丁 誠爲良法"(『高麗史』 권81, 兵1, 兵制, 연혁 辛禑9년 8월)

133) "下教曰 … 一征戍之卒 雙丁僉一丁 亦非得已 單丁可愍 勿使從軍"(『高麗史』
권81, 兵1, 兵制, 연혁 恭愍王5년 6월)

134) "下教 陣亡軍戶 蠲雜役 優加存恤 州縣之吏 發兵防戍 免富差貧 以逞其欲 所
在官司 痛行禁理"(『高麗史』 권81, 兵1, 兵制, 연혁 恭愍王12년 5월)

135) "教曰 單丁從役 自丙申年 已在禁限 官吏役使如初 尤可憐憫 須給助役 毋令
失業 年滿六十 免役"(『高麗史』 권84, 刑法1, 戶婚 恭愍王20년)

136) "司憲府上書曰 爲守令者 察民休戚 斷獄訟 均賦役 父母斯民 其職也 … 今也
巡問按廉 每所徵發 慮守令私其邑也 調南郡之兵 則必命北郡之宰 北郡之宰
至於南郡也"(『高麗史』 권84, 刑法1, 職制 辛禑14년 7월)

서북면도원수 염제신이 글을 올려 "변경을 방수하는 법에는 때에 맞추어 교대하기로 되어 있습니다. 지금 군사들이 한여름에 북방에 와서 겨울까지 머물러 입을 옷이 없으니 어떻게 추위를 막을 수 있겠습니까? 설사 억지로 전쟁터에 몰아넣는다고 해도 어찌 힘을 다하겠습니까? 반년을 1기로 삼아 교대시키기를 청합니다"라고 하였다.[137]

공민왕5년 당시 서북면도원수였던 염제신이 방수군의 교대기간을 반년으로 할 것을 제의한 것으로 보아 원래의 교대기간은 1년이었음을 알 수 있다. 방수기간이 1년이기 때문에 여름에 진(鎭)에 들어온 방수군이 동복을 준비해야 하는 어려움과 사기저하 등의 문제가 있는 것을 고려하여 방수기간을 반년으로 줄이자는 건의를 하게 된 것이다.

또한 방수군인과 군관의 교대가 일시에 이루어져 방수에 공백이 생기고 농사에 방해가 되는 등의 문제가 발생하였다.

도평의사가 청하기를 "지금 동서북면에 방수하는 병졸들은 2월에 교대하고 군관은 8월에 교대하는데, 군관과 병졸이 일시에 교대하므로 방수가 비게 됩니다. 마땅히 2월·3월과 8월·9월로 선후를 정하여 차례로 방수를 교대하되 3월에 교대하는 것은 반드시 상순에 하여 농사에 방해가 되지 않도록 하십시오."라고 하였다.[138]

즉 방수군의 교대시기가 군인은 2월이고 군관은 8월인데, 일시에 교대하도록 되어 있었기 때문에 방수에 공백이 생길 뿐만 아니라 농사에도 방해가 되었다. 이에 도평의사사에서 군인은 2월과 3월, 군관은 8월과 9월의 2번으로 나누어 차례로 교대하게 하여 방수의 공백을 막는 한

---

137) "西北面都元帥廉悌臣上箋 戍邊之法 以時而代 今軍士盛夏北來 淹至冬月 無衣無褐 何以禦寒 設使驅而納諸矢石之間 豈竭其力乎 請以半年爲一期 更代"(『高麗史』 권81, 兵1, 兵制, 연혁 恭愍王5년 11월)
138) "都評議使請 今東西北面戍卒 二月遞代 軍官則八月遞代 軍官與卒 一時更代 防戍空虛 宜以二月三月 八月九月爲先後番 以次更戍 其三月遞代 須及上旬 勿令妨農"(『高麗史』 권82, 兵2, 鎭戍 恭愍王6년 정월)

편 농사에도 방해가 되지 않도록 하자는 건의를 한 것이다.

이처럼 동·서북면의 방수군은 반원운동이 본격적으로 시작되는 공민왕5년부터 파견되기 시작하였으나 계속 유지되지 못하였다. 특히 전 해안에 걸친 왜구의 침입으로 국방체제가 도(道) 단위의 방위체제로 전환하면서[139] 방수군의 번상은 불가능하게 된 것이다. 이에 따라 동·서북면에서도 나름대로의 방위체제를 갖추지 않으면 안 되었고, 그 대응책으로 나타난 것이 만호부의 설치였다.[140]

(2) 동·서북면 만호부의 설치

원과의 군사적 충돌에 대비해 공민왕5년부터 동·서북면에는 인근지방에서 징발된 방수군이 파견되었다. 그러나 계속적인 방수군의 파견이 어려운 상황에서 새로운 군사조직의 정비를 서두르게 되었고 그 결과 서북면과 동북면의 군사 요지를 중심으로 만호가 파견되거나 만호부가 설치되기 시작하였다.

먼저 공민왕5년에는 옛 영토를 수복한 북청주에 안북천호방어소를 설치했다가 동왕21년에 만호부로 고쳤다.[141] 또한 같은 해에 옛 영토를 수복한 함주는 지함주사로 하였다가 곧 만호부로 고치고, 강릉·경상·전라 등지에서 군마를 모아 방수하게 하였다.[142] 공민왕6년에는 본래

---

139) 閔賢九, 1983『朝鮮初期 軍事制度와 政治』
　　　吳宗祿, 1986「高麗末의 都巡問使」『震檀學報』62
140) 공민왕대 이후 萬戶府에 대해서는 다음의 논문들이 있다.
　　　內藤雋輔, 1934「高麗兵制管見」『靑丘學叢』15·16; 1961『朝鮮史研究』
　　　閔賢九, 1983「鎭管體制의 確立과 朝鮮初期 地方軍制의 成立」『朝鮮初期의 軍事制度와 政治』
　　　崔壹聖, 1985「高麗의 萬戶」『淸大史林』4·5합집
　　　崔根成, 1988「高麗 萬戶府制에 관한 研究」『關東史學』3
141) "恭愍王五年 收復舊疆 置安北千戶防禦所 二十一年 改今名爲萬戶府"(『高麗史』권58, 지리3, 北靑州府)

여진이 거주하던 임토와 벽단에 이성만호 김진 등을 보내어 여진족을 쫓아내고 남쪽지방에서 인호를 뽑아다가 채웠으며, 그 후 이성만호부를 설치하였다.[143]

그리고 공민왕6년에 서북면의 상만호와 부만호를 임명하고[144], 7년에는 서경군민만호부·안주군민만호부·삭방도군민만호부 등의 만호와 부만호를 임명하였으며[145], 9년에는 안주군민만호부의 도만호·상만호·부만호 등을 임명하였다.[146] 강계는 공민왕10년에 독로강만호라 칭하다가 18년에 강계만호부로 고쳤다.[147]

이처럼 공민왕5년 이후 서경·안주·삭방도·강계·북청주 등지에는 만호부나 천호소 등을 설치하였고, 이성 등 일부 지역에는 만호를 파견하여 대몽전쟁 이후 파괴된 방어체제를 복구하려 하였다. 그러나 이때 설치된 만호나 만호부는 공민왕8년과 10년의 2차례에 걸친 홍건적의 침입으로 곧 폐지되었다가, 그 후 공민왕18년에 원과의 관계 단절을 위

---

142) "恭愍王五年 收復舊疆 爲知咸州事 尋改萬戶府置營 聚江陵慶尙全羅等道軍馬防守"(『高麗史』 권58, 지리3, 咸州大都護府)

143) "恭愍王十八年 置泥城萬戶府[林土碧團 本皆女眞所居 恭愍王六年 遣泥城萬戶金進等 擊走之 改林土爲陰潼 以碧團隷焉 抄南界人戶 以實之]"(『高麗史』 권58, 지리3, 安北大都府 泥城府)

144) "以樞密院直學士金得培 爲西北面都巡問使兼西京尹上萬戶 前戶部尙書金元鳳 爲西北面紅頭軍倭賊防禦指揮兼副萬戶"(『高麗史』 권39, 세가 공민왕6년 11월 庚申)

145) "以叅知政事慶千興爲西京軍民萬戶府萬戶 樞密院直學士金得培副之 叅知政事安祐爲安州軍民萬戶府萬戶 樞密院副使金元鳳副之 樞密院副使鄭暉爲朔方道軍民萬戶府萬戶 上將軍韓方信副之"(『高麗史』 권39, 세가 공민왕7년 6월 癸未)

146) "以安祐爲安州軍民萬戶府都萬戶 李芳實爲上萬戶 金於珍爲副萬戶"(『高麗史』 권39, 세가 공민왕9년 정월 乙卯) 공민왕7년에는 만호와 부만호가 임명되었는데 이때는 도만호·상만호·부만호가 임명되어 만호직이 늘어나고 있음을 알 수 있다.

147) "恭愍王十年 稱禿魯江萬戶 十八年 改今名爲萬戶府"(『高麗史』 권58, 지리3, 安北大都府 江界府)

한 동녕부 정벌 등을 앞두고 다시 설치된 것으로 보인다.

공민왕17년에 원나라의 황제가 상도(上都)로 도망하였고[148], 이어 18년 4월에는 명 태조가 고려에 사신을 보내왔다.[149] 그리고 동왕18년 5월에는 원의 연호사용을 중지하였고[150], 명 황제의 등극을 하례하기 위해 사신을 파견하였으며[151] 6월에는 공민왕5년에 행한 개혁으로 되돌아가는 관제개혁을 실시하는[152] 등 국내외의 정세가 급변하였다.

이러한 정세 하에서 공민왕18년 8월에는 서경·의주·정주·이성·강계 등 동서북면의 요해처에 만호·천호를 설치하고[153], 11월에는 서경만호부의 10군, 안주만호부의 8군, 의주만호부의 4군, 이성만호부의 4군, 강계만호부의 4군에 모두 상·부만호를 두었다.[154] 이는 홍건적 침입으로 폐지되었던 만호부 조직을 재건하기 위한 조치였던 것으로 생각된다.[155]

당시에 만호부가 설치된 지역으로 확인되는 곳은 서북면의 경우 이전의 서경·안주·의주·이성·강계 등에서 정주가 추가되었고[156], 동북면

---

148) "王聞元帝奔上都 會百官 議通使大明 可否"(『高麗史節要』 권28, 공민왕17년 9월)

149) "大明太祖高皇帝 遣符寶郞俔斯 賜璽書及紗羅段匹 王率百官 出迎于崇仁門外"(『高麗史節要』 권28, 공민왕18년 4월)

150) "停至正年號"(『高麗史節要』 권28, 공민왕18년 5월)

151) "遺禮部尙書洪尙載 監門衛上護軍李夏生 奉表如京師 賀登極 仍謝恩"(『高麗史節要』 권28, 공민왕18년 5월)

152) "(恭愍王)十八年 復用五年官制"(『高麗史』 권76, 백관1, 尙書省 典校寺)

153) "置萬戶千戶 于西京義州靜州泥城江界等處"(『高麗史』 권41, 세가 공민왕18년 8월 을축)
"自秋以來 東西北面要害多置萬戶千戶 又遣元帥 將擊東寧府 以絶北元"(『高麗史』 권41, 세가 공민왕18년 11월)

154) 『高麗史』 권81, 兵1, 兵制, 연혁 恭愍王18년 11월

155) 崔根成, 1988 「高麗 萬戶府制에 관한 硏究」 『關東史學』 3.
李基白교수는 공민왕18년 8월에 처음 翼軍(만호부)이 설치된 것으로 파악한다.(李基白, 1990 「高麗末期의 翼軍」 『高麗貴族社會의 形成』 일조각)

156) "置萬戶千戶 于西京義州靜州泥城江界等處"(『高麗史』 권41, 세가 공민왕18년

의 경우는 이전에 설치되었던 함주 이외에 북청157)·길주158)·갑산159)
등지에 새로운 만호부가 설치되었다. 이러한 변화는 쌍성총관부 정벌
이후 동북면지역에서 북방으로 영토가 계속 확장되고 있었던 사실을
반영하는 것이라 생각된다.

　만호부는 몇 개의 군(軍) 또는 익(翼)으로 구성되었다.160) 즉 군사상·
행정상 요지인 큰 주를 중심으로 그 주변에 있는 주진들을 익으로 하
여, 여기에 예속시켜 만호부를 조직하였던 것이다. 예컨대 길주만호부
의 경우는 영주·선화진 등 길주 주변의 주진들이 익이 되어 길주만호
부에 소속되었다.161) 만호부는 기본적으로 원의 제도를 받아들인 것이
나 고려전기에 양계지역에서 실시되었던 군사적 분도제(分道制)와 유
사한 군사조직이었다.162)

　분도제는 양계지역에서 이웃의 여러 주진이 대주(大州)에 예속되어
이루어진 방어체제로 서북면지역에서는 의주·정주(靜州)·창주·삭주·
연주·선주 등이, 동북면지역에서는 정주(定州) 등이 중심이 되어 분도
제가 갖추어졌으며 남도로부터 번상한 방수군은 이 분도를 단위로 배
치되었던 것으로 추측된다.163)

　　8월 을축)
157) "恭愍王五年收復舊疆 置安北千戶防禦所 二十一年改今名爲萬戶府"(『高麗史』
　　　권58, 지리3, 北靑州府)
158) "恭愍王時收復舊疆 恭讓王二年置雄吉州等處管軍民萬戶府"(『高麗史』 권58,
　　　지리3, 吉州)
159) "恭讓王三年始稱甲州 置萬戶府"(『高麗史』 권58, 지리3, 甲州府)
160) 종래 恭愍王代 이후 고려말 동서북면의 군제를 翼軍制라고 불러왔다. 翼이란
　　　萬戶府를 구성하는 하부단위를 의미하는 것이고, 당시 기록에 여러 개의 익
　　　(또는 군)으로 구성된 상위 조직은 만호부라 불리었으므로 여기서는 익군제
　　　또는 萬戶府制라는 용어를 사용하기로 한다.
161) "恭愍王時收復 恭讓王二年 置吉州等處管軍民萬戶府 以英州及宣化等鎭 皆
　　　屬于州"(『新增東國輿地勝覽』 권50, 吉城縣)
162) 閔賢九, 1983 「高麗後期의 軍制」『高麗軍制史』 육군본부
163) 權寧國, 1992 「武臣執權期 地方軍制의 변화」『國史館論叢』 31

이처럼 만호부는 원의 제도를 받아들여 설치된 군사조직이었지만 고려전기에 양계지역에 실시된 분도제와 유사한 군사조직이었으므로 원 세력이 물러난 이후에도 쉽게 받아들여질 수 있었던 것으로 생각된다. 요컨대 고려전기의 양계지역 방어체제의 특수성은 공민왕대 이후 회복되는 동·서북면의 지방군조직에도 그대로 반영되었던 것이다.[164]

원 간섭기에 설치되었던 만호부의 지휘체계가 도만호를 정점으로 상만호-만호-부만호 등의 최고 지휘부와 익의 지휘자인 천호 등으로 이루어졌던 것처럼[165] 고려 말에 설치된 동·서북면 만호부도 이와 비슷한 지휘체계를 갖고 있었을 것으로 추측된다.

최고 지휘자인 만호는 주로 중앙의 고관 가운데서 지방사정에 밝은 그 지방 출신자가 임명되었고[166], 만호부를 구성하는 각 군, 즉 익 또는 천호소의 지휘자인 천호와 그 이하 하급지휘관은 대체로 동·서북면의 유력자인 토착세력가들로 임명되었다.[167]

한편 우왕대 이후에 동·서북면에는 만호와 별개로 중앙에서 상원수·원수·부원수 등의 지휘관이 파견되었다.[168] 지휘계통상 만호와 원수가 어떤 관계에 있었는지 분명하지 않다. 원수의 임명과 함께 제도

---

164) 閔賢九, 1968 「近世朝鮮前期 軍事制度의 成立」『韓國軍制史』 조선전기편
165) "有都萬戶上萬戶萬戶副萬戶鎭撫千戶提控"(『高麗史』 권77, 百官2, 諸司都監 各色, 巡軍萬戶府)
166) "以張思吉爲密直副使 義州地接遼東 往來相繼 而思吉以土人 代父侶爲萬戶 悉諳情勢 特加褒奬 以慰邊民"(『高麗史』 권137, 列傳, 辛昌즉위년 6월 辛亥)
167) "一 西北一方 以團鍊使 代爲千戶 又爲副千戶 爲十戶者 撫軍驍勇 世居其方 民之情僞 軍之壯弱 備詳知之 是以將卒相保 素無苟且之風 願自今 令千戶之 後 世襲其職 繼述祖父之事"(『太宗實錄』 권14, 太宗7년 10월 己丑)
168) "泥城萬戶飛報 審王母子 率金義及進奉使金潊 以到信州 中外洶懼 以知門下 府事林堅味 爲西京上元帥 密直副使商議慶補兼都巡問使 門下評理商議楊伯 淵 爲安州上元帥 同知密直李元桂 爲元帥 贊成事池奫爲西北面都體察使 密 直副使羅世 爲西海道上元帥兼都巡問使 密直副使朴普老 爲副元帥兼都體察 使 密直副使趙仁璧爲東北面元帥 門下評理邊安烈爲副元帥 又徵諸道兵"(『高 麗史』 권133, 列傳46, 辛禑원년 8월)

병(諸道兵)이 징발되는 것으로 보아 원수는 만호부의 병력과는 별개로 남방 각 도에서 징발한 병력을 지휘한 것이 아닌가 한다.

요컨대 만호는 동·서북면의 토착민들로 조직된 만호부의 병력을 지휘하였던데 반해, 대규모 외침 등의 비상시에 만호부의 군사력만으로 대처하기 어려울 때에는 중앙에서 이를 지원하기 위해 지원군을 파견하였는데, 이때 파견군의 지휘관이 원수였다고 생각된다.

이처럼 동·서북면의 원수는 유사시에 임시로 파견되는 지휘관이었으나 고려말의 계속되는 전란 속에서 점차 상설화하였던 것으로 보이며, 또한 다음의 지료에서 보듯이 중앙의 권력자들은 원수와 만호의 수를 늘려 파견함으로써 큰 폐단을 일으키기도 하였다.

헌사에서 상소하기를 "서북 일면은 나라의 울타리입니다. 최근에 간사하고 흉악한 무리들이 나라를 제 마음대로 하면서 사인(私人)을 널리 설치하여 원수와 만호가 예전의 수보다 증가하니 주군의 공급 비용이 한이 없어 백성들이 감당하지 못하고 서로 유망합니다. 바라건대 지금부터는 문무를 겸비하고 위신과 명망이 높은 사람을 골라서 한 도에 원수 1인, 상·부만호는 각 1인으로 하고 나머지는 모두 폐지하십시오."라고 하였다.169)

당시에 중앙에서 권력을 농단하던 세력들이 서북면의 원수와 만호를 본래의 수보다 늘려 파견함으로써 주현민들이 공급하는 비용을 감당하지 못해 유망하는 폐단을 일으켰고, 그 결과 헌사에서 1도에 원수와 상·부만호의 수를 1인씩으로 제한하고 나머지를 모두 혁파하자는 건의를 하기에 이르렀던 것이다.

만호부의 병력은 동·서북면 주진의 주민을 중심으로 충원되었는데

---

169) "憲司上疏曰 西北一面 國之藩屛 頃者奸凶擅國 廣置私人 元帥萬戶加於舊額 州郡供億不訾 民不堪命 相與流亡 願自今擇文武兼備 威望宿著者 一道元帥 一人 上副萬戶各一人 餘皆罷之"(『高麗史』권81, 兵1, 兵制, 연혁 辛禑14년 8월)

만호부가 설치되는 초기에는 병력자원이 부족하여 강릉·경상·전라 등
남도지역의 주민을 이주시키기도 하였다.[170] 이 시기에 활발히 추진되
는 사민정책은 동·서북면 지역의 개척과 영토 확장에 따라 이 지역으
로 인력과 병력을 보충하기 위한 것이었다고 생각된다. 그러나 이후 남
도로부터의 계속적인 인력 충원이 어려워지면서 만호부의 병력은 동·서북
면의 토착주민만으로 충당하게 된 것으로 보인다.

　　대사헌 남재 등이 상언하여 "서북면은 나라의 변방 울타리이므로 평양
　에 10익, 안주에 10익, 의주에 4익을 설치하고 적임자를 택하여 매 익마다
　천호 1인을 두어 이들로 하여금 사졸을 훈련시키고 기계를 갖추며 무사
　할 때에는 귀농하고 유사시에는 출격하게 하였습니다."[171]

　위의 기록은 고려 말의 제도를 그대로 계승했던 조선 초의 상황을
보여주는 것으로서[172] 고려말 서북면의 방어체제의 일면을 살필 수 있
다. 즉 서북면의 평양·안주·의주 등의 만호부에 각기 익을 설치하고,
매 익에는 천호를 두어 사졸들을 훈련시키게 하였는데, 사졸들은 평시
에는 농사를 짓고 유사시에는 출격하였다.
　이러한 사실을 통해 만호부에 속한 군사력은 그 지역의 토착주민으로
충원되었음을 알 수 있다. 또한 동·서북면에서는 전 주민이 만호부조직

---

170) "恭愍王十八年 置泥城萬戶府[林土碧團 本皆女眞所居 恭愍王6年 遣泥城萬戶
　　金進等 擊走之 改林土爲陰漳 以碧團隷焉 抄南界人戶 以實之]"(『高麗史』 권
　　58, 地理3, 泥城府)
　　"恭愍五年 收復舊疆 爲知咸州事 尋改萬戶府置營 聚江陵慶尙全羅等道軍馬
　　防戍"(『高麗史』 권58, 지리3, 咸州)
171) "西北面 國之蕃屛 故於平壤置十翼 安州置十翼 義州置四翼 爲之擇人 每翼置
　　千戶一人 使之鍊士卒 備器械 無事則歸農 有事則出擊"(『太祖實錄』 권2, 太祖
　　원년 9월 己亥)
172) 고려말 동·서북면의 만호부제는 근본적인 변화 없이 조선 건국 때까지 그대
　　로 계승되었다.(閔賢九, 1968 「近世朝鮮前期 軍事制度의 成立」 『韓國軍制史』
　　조선전기편)

에 편입되어 군역에 복무하였고, 그 대가로 공부의 부담이 일체 면제되었으며, 또한 전조도 중앙에 상납하지 않고 그대로 군량에 충당하였다.[173]

이처럼 고려말에 이르러 동·서북면에 설치된 만호부는 남도 주현으로부터의 번상병이 아닌 토착주민들로 조직된 독자적인 군사조직이 됨으로써 양계지역의 변경군은 남도의 지방군과 그 군사적 기반을 달리하게 되었다. 이러한 사실은 중앙군·지방군·변경군이 등질의 기반위에서 통일적으로 운영되던 고려 군제의 특징, 즉 부병제로서의 특성[174]이 상실됨을 의미하는 것이라 생각된다.

3. 남도 군사조직의 정비

1) 진수군의 정비

원 간섭기에 경상·전라의 진변만호부를 중심으로 하는 남도의 진수군체제는 공민왕5년의 반원운동 과정에서 만호·천호·진무 등 원에서 제수한 패를 회수함으로써 사실상 혁파되었지만[175] 이미 그 이전부터 원이 설치하였던 제만호부는 허설이 되어 거느리는 군대가 거의 없는 상태였다.[176]

그러나 충정왕대 이후에 왜구의 침입이 본격화하면서 진변만호부가 설치되었던 지역을 중심으로 한 연해 요지에는 수(戍)·방호소(防護所)·

173) "若西北面 則全委軍務 貢賦一皆蠲免 特置各翼 收其田租 悉充軍餉 以故軍政無缺"(『高麗史』 권81, 兵1, 兵制, 연혁 辛禑5년 윤5월)
174) 菊池英夫, 1970 「府兵制度의 展開」『암파강좌 世界歷史』 5
175) "命收諸軍萬戶鎭撫千戶百戶牌"(『高麗史』 권39, 世家 恭愍王5년 5월 壬寅)
176) "遣政堂文學李仁復 如元 … 又上書曰 世祖東征時 所置萬戶 中軍右軍左軍耳 其後增置巡軍合浦全羅耽羅西京等萬戶府 并無所領軍 徒佩金符 以誇宣命"(『高麗史』 권39, 世家, 恭愍王5년 10월 戊午)

영(營)·진(鎭) 등으로 불리는 방수처가 늘어나고[177], 이를 중심으로 진수군을 배치하기 시작하여 공민왕대 이후에는 진수군이 지방 군사력의 일부분을 차지하게 되었다.

수(戍)나 수졸(戍卒)의 파악이 도를 단위로 이루어지고 있는 것으로 보아 진수군은 도를 단위로 각 주현에서 징발된 양인 장정들로 조직되었으며, 이들은 도내의 방수처에 교대로 번상한 것으로 보인다. 진수군의 징발기준 역시 동·서북면 방수군과 마찬가지로 3가를 1군호로 하여 군인 1정을 징발하는 것이었으나[178] 실제로는 쌍정호(雙丁戶)는 물론 노약자나 단정호(單丁戶)까지도 징발하는 형편이었다.[179]

진수군에게는 군역의 대가로 토지를 지급하도록 하였으나[180], 이미 토지분급제가 붕괴된 상황에서 토지의 지급은 현실적으로 불가능하였다.[181] 따라서 진수군에게는 재역기간 중에 요역면제 등의 혜택이 주어졌던 것으로 보인다.

    Ⓔ 각처에서 추가로 정한 별초는 노약자와 단정(單丁)을 가리지 않고 억지로 먼 곳에서 방수하게 하니 왕래하는데 피곤하여 서로 도피한

---

177) 車勇杰, 1984「高麗末 倭寇防戍策으로서의 鎭戍와 築城」『史學硏究』38
178) "我太祖獻安邊之策曰 … 一軍民非有統屬 緩急難以相保 是以先王丙申之敎 以三家爲一戶 以百戶統主 隷於帥營 無事則三家番上 有事則俱出 事急則悉 發家丁 誠爲良法 近來法廢 無所維繫 每至徵發 散居之民 逃竄山谷 難以招 集"(『高麗史』권81, 兵1, 兵制, 연혁 辛禑9년 8월)
179) "下敎曰 一征戍之卒 雙丁僉一丁 亦非得已 單丁可恕 勿使從軍"(『高麗史』권 81, 兵1, 兵制, 연혁 恭愍王5년 6월)
180) "下敎曰 一 國家以田十七結 爲一足丁 給軍一丁 古者田賦之遺法也 凡軍戶所 素連立 爲人所奪者 許陳告還給 又奸詐之徒 雖無兒息 妄稱閑人 連立土田 無 有限極 仰選軍別監 根究推刷 以募戍卒 其逆賊之田 計結爲丁 亦給募卒"(『高 麗史』권81, 兵1, 兵制, 연혁 공민왕5년 6월)
181) "敎曰 選軍給田 已有成法 近年田制紊亂 府兵不得受田 殊失募軍之意 其復舊 制 兵興以來 戰亡將士 悉加襃贈 官其子孫 卒伍則存恤其家"(『高麗史』권81, 兵1, 兵制, 연혁 공민왕20년 12월)

다. (그러니) 연해 군민을 모두 방수에 충당하고 요역을 면제하며 먼 곳에 사는 주민으로 하여금 그 역을 대신하게 하여 방수에 나아가지 않게 하면 양 쪽이 모두 편리함을 얻을 것이다.182)

Ⓕ 왜선 350척이 합포에 침입하여 군영과 병선을 불태웠다. 죽은 사졸이 50여 인이었다. 도순문사 김횡을 죽이라고 명하였다. … (횡)은 권세가에게 뇌물을 바쳐 1년 만에 포왜사가 되고 또 도순어사(都巡禦使)가 되어 백성들을 수탈하니 전라도가 고통을 당하였다. … 또 소관군졸에게 지급하는 관량(官糧)을 줄여 단지 반만 지급하였으며, 또 여러 주의 녹전선(祿轉船)에서 세를 거두어 모두 집으로 운반하였다.183)

Ⓔ는 공민왕5년의 군제정비 시에 연해 군민의 방수역(防戍役) 동원과정에 나타난 문제점을 개선하기 위해 나온 조처이다. 즉 연해에서 먼 곳의 주민들을 방수에 동원하지 않는 대신 연해 군민을 모두 방수에 충당하고 대신 방수에 나아가지 않는 다른 지역의 주민으로 하여금 그 요역(徭役)을 대신하게 한 것이다. 이 조처를 통해서 진수군은 군역을 지는 대가로 요역을 면제받았음을 알 수 있다.

Ⓕ는 지방에 파견된 관리들의 수탈 상황을 전하는 사례인데 이 기록을 통해 당시 지방의 진수군졸들은 관으로부터 군량을 지급받고 있었음을 알 수 있다. 이처럼 연해지방의 진수군만이 아니라 당시 여러 병종의 군인들이 군역에 동원되었을 때는 그에 대한 반대급부로서 재역기간 중에 요역을 면제받거나 군량을 지급받았던 것이다.

진수군의 역할은 2개월 마다 교대로 연해 요충지에 설치된 방수처에

---

182) "各處加定別抄 不論老弱單丁 勒令遠戍 往來疲頓 轉相避逃 其令沿海軍民 悉充防戍 仍蠲徭役 遠地之民 代供其役 勿令赴防 兩得其便"(『高麗史』 권82, 兵 2, 鎭戍 恭愍王5년 6월 敎)

183) "倭船三百五十艘 寇合浦 燒軍營兵船 士卒死者 五十餘人 命誅都巡問使金鈜 … 納賂權要 歲爲捕倭使 又爲都巡禦使 剝民掊克 全羅苦之 … 又刻減所管軍卒官糧 只給其半 又稅諸州祿轉船 皆輸于家"(『高麗史節要』 권29, 恭愍王23년 4월)

서[184] 육지에 상륙하는 왜구를 방어하는 것이었고, 평시에는 둔전(屯田) 경작에도 동원되었다.[185] 그러나 왜구를 방비하는 군사력으로서 큰 실효는 얻지 못하였던 것으로 보인다.

(설장수가 상서하기를) "일찍이 진양의 수령으로 1년간 있을 때 자못 백성들의 고통을 알았는데 왜구의 방수가 가장 긴급합니다. 적선은 아무 때나 출몰하니 백성들의 안위를 예측할 수 없으며 연해의 방수는 비록 그 명목만 있을 뿐 도움이 되지 못합니다. 대개 진수하는 병졸은 모두 오합지중으로서 평소 훈련이 엄하지 않고 무기와 갑옷도 견고하거나 예리하지 못합니다. 또 영루가 없기 때문에 보루로 삼을 수 없고 다만 초옥과 나무 울타리로 겨우 비바람을 막을 뿐입니다. 그러므로 일단 외적이 오면 멀리서 바라만 보고도 흩어지니 비록 염파(廉頗)와 이목(李牧)을 장수로 삼는다 할지라도 역시 이를 호령할 수가 없습니다. 방수처는 먼 것은 서로 50여 리가 떨어져 있고 가까운 것도 20~30리가 넘으니 적은 이 사이로 쳐들어옵니다. 연해 군현의 촌락민은 혹은 성글게 혹은 조밀하게 살고 있는데 사방으로 흩어져 도망합니다. 적은 많으면 천 수백명이 무리를 이루고 적으면 15~6명이 대를 이루며 그 음모와 계략은 말로 다할 수 없습니다. 대낮에는 적이 오는 것을 살펴 그 다소를 알아서 경비할 수 있으나 한밤중에는 먼 곳까지 관측이 어렵기 때문에 자주 불시에 우리를 기습하여 제멋대로 날뜁니다. 수가 많으면 허장성세하여 서쪽으로 가는 척 하면서 동쪽으로 향하여 우리의 병세가 서로 나누어지는 것을 살펴 몰래 습격합니다. 어떤 때는 방수처를 지나 바로 주민을 치기도 하고 어떤 때는 주민을 그대로 두고 먼저 방수처를 치기도 합니다. 수가 적으면 미리 간첩을 보내 부유한 집을 살폈다가 몰래 들어가 약탈합니다. 관병이 이를 알고 추격하면 적은 이미 가득히 싣고 멀리 숨어 버립니다. 이에 남정을

---

184) "河崙序 … 庚午(恭讓王2년)春 將適蔚州 … 蔚州則孤城 去海不滿十里 賴有 戰艦 分泊浦口 以備不虞耳 其戍卒率兩月一更代"(『東國輿地勝覽』권21, 慶州, 驛院 惠利院)

185) "下旨 屯田之法 役以戍兵閑民 擇其曠地 量宜屯種 以省漕輓之費 今戶給種子 不論豊歉 收入無法 民甚苦之 仰都評議使 行移各道 家戶屯田 一皆禁止 其餘 屯田 亦從優典 量力屯種 以補糧餉"(『高麗史』권82, 兵2, 屯田 辛禑원년 2월)

추가로 징발하면 백성들은 이미 적에게 해를 당하였고 도적은 벌써 가버
렸습니다. 그리하여 징발한 남정을 돌려보내면 도적은 다시 오니 백성들
은 쉴 틈이 없고 군대는 쓸 만한 힘이 없습니다."라고 하였다.[186]

위의 상서에서 언급된 진양의 사례에서 볼 수 있듯이 진수군의 병졸
은 오합지졸로서 훈련도 엄하지 못하였고, 성곽이나 영루와 같은 방어
시설이나 무기도 제대로 갖추지 못하였으며, 또한 방수처 간의 간격이
멀어서 침입하는 왜적을 막는데 허점이 많았다. 게다가 진수군을 징발
할 때에 부유한 자는 면제받고 가난한 자가 선발되는 폐단[187]과 지휘
관들의 탐학과 수탈[188] 등으로 인해 진수군의 전투력은 더욱 약화되었
던 것으로 보인다.

진수군의 지휘는 아직 진수군제도가 제대로 정비되지 못했을 때인
공민왕대 초에는 지방관이 직접 지휘를 맡기도 했으나[189] 진수군제가
점차 정비됨에 따라 방수처에는 군관[190] 또는 군장(軍將)[191], 방어대소
원관(防禦大小員官)[192] 등으로 불리는 지휘관이 배치되었고, 도 단위 지

---

186) 『高麗史』 권112, 列傳, 偰遜付 偰長壽
187) "下教 陣亡軍戶 蠲雜役 優加存恤 州縣之吏 發兵防戍 免富差貧 以逞其欲 所
　　在官司 痛行禁理 七十以上 與免戍役 庚寅以來 防戍有功者 存撫·按廉·體察
　　申聞錄用"(『高麗史』 권81, 兵1, 兵制, 연혁 공민왕12년 5월)
188) "全羅道按廉使田祿生啓曰 州縣之弊 防倭爲大 自庚寅以來 道內之戍 歲益增
　　置 至十·八所 其軍官虐州郡以立威 致其凋弊 役戍卒以濟私 使之逋逃"(『高麗
　　史節要』 권27, 恭愍王10년 5월)
189) "倭寇全羅道茅頭梁 知益州事金輝 領舟師擊之 不克 沃溝監務鄭子龍 坐逗留
　　不進 杖配突山烽卒"(『高麗史』 권38, 世家 恭愍王원년 6월 丙寅)
　　"教曰 沿海守令 職兼防禦 誠難其人 自奉翊以下 代言以上 各舉淸白有武才者
　　二人"(『高麗史』 권75, 選擧3, 銓注, 選用守令 공민왕3년 12월)
190) "憲司上疏曰 … 且各鎭軍官 因軍人小錯 贖罰太重 以致失業流移 今後軍人
　　隨所犯輕重 依例斷罪 毋得贖罰"(『高麗史』 권84, 刑法1, 職制 우왕4년 12월)
191) "遷殿中侍御史 出按全羅道奏曰 自有倭寇以來 一道置戍 多至十·八所 軍將虐
　　州郡 以立威 役戍卒 以濟私"(『高麗史』 권112, 列傳 田祿生)
192) "教曰 屯田之法 有益軍需 仰都評議使 行移各道防禦大小員官 相其地利 役以

휘관으로 도순문사(都巡問使)가 파견되었다.[193]

원래 임시 사행이던 도순문사는 공민왕대에 진변만호부의 폐지와 함께 진변만호가 수행하던 직임을 계승한 것으로서 이후 도순문사 중심의 지방군 지휘체계가 수립되었다.[194] 그 후 우왕대가 되면 도순문사 이외에 각 도별로 원수가 파견되고 이들이 도순문사에 대신하여 도 내 육수군의 지휘를 담당하게 되는데, 이는 우왕대 이후 왜적의 침입이 전 해안으로 확대되고 동시 다발화 하는 상황에서 나타난 변화라 생각된다.

즉 전선이 전국적으로 확대되어 종래처럼 각 지방군을 동원하여 대규모로 편성하는 방어군의 파견이 어렵게 되자 각 도별로 원수를 파견하여 이들로 하여금 관할도의 병력을 직접 징발하여 방어를 맡게 하였다.

그리하여 원래의 원수는 유사시에 중앙에서 편성되는 출정군의 지휘자였으나, 고려말에 이르러 원수의 지방 파견이 상설화하면서 마침내 도 단위 육수군의 지휘자가 되었던 것이다.[195] 이처럼 고려후기에 원수는 전기와 같은 전국 단위의 출정군조직이 불가능해진 상황에서 각 도를 단위로 파견되었다. 원수는 관할도의 병력을 징발하고 지휘하였는데, 이 때 원수가 지휘한 군사는 도를 중심으로 지역방어에 동원되는 진수군 등의 지방군이었다.

물론 개경이 위기에 처하는 비상시에는 지방으로부터 상경시위가 이루어져 원수가 그 지휘를 맡기도 했으나 남도 전 지역이 전장화 된 상황에서 사실상 상경시위는 기대하기 어려웠다. 따라서 원수는 상경

軍人耕種 以省漕輓之費"(『高麗史』 권82, 兵2, 屯田 공민왕20년 12월)

193) 閔賢九, 1983 『朝鮮初期의 軍事制度와 政治』 한국연구원
　　　吳宗祿, 1986 「高麗末의 都巡問使」 『震檀學報』 62

194) 吳宗祿, 1986 「高麗末의 都巡問使」 『震檀學報』 62

195) 한편 우왕대 이후 도 단위로 파견된 원수를 지방에서 상경시위하는 각 도별 시위군의 최고지휘자로 보는 견해도 있다.(閔賢九, 1983 「高麗後期의 軍制」 『高麗軍制史研究』 및 吳宗祿, 1991 「高麗後期의 軍事 指揮體系」 『國史館論叢』 24)

시위군의 지휘보다는 관할 도에서의 지방군의 지휘에 더 큰 비중을 두었다고 생각된다. 바로 이러한 변화에 따라 고려 말에는 지방군이 점차 국방의 주력으로 자리잡아 가게된 것이다.

이에 따라 도순문사는 지방군의 지휘보다 도내의 전반적인 군사행정을 담당하는 도 단위 최고 군정 책임자가 되었고[196], 또한 도의 하부단위인 군목도에는 병마사가 임명되어 도순문사와 원수의 지휘 하에서 각기 관할구역 내의 군대를 지휘하였던 것으로 생각된다.[197] 왜구의 침입을 계기로 강화되기 시작한 진수군은 육수군으로서 고려말에 강화되는 수군과 함께 국방의 주력으로서 역할을 수행하였다.

2) 연호군의 조직

고려 말에 왜적의 침입에 대비하기 위한 지방군으로서 진수군 이외에 연호군(煙戶軍)이란 군사조직이 개경[198]과 지방[199]에 등장하였다.

---

196) 元帥가 도 단위 지방군(陸守軍)의 지휘자가 된 이후에도 비상시에는 都巡問使가 도내의 군사력을 지휘하여 전투에 참여하기도 하였다.

197) "以全普門爲慶尙道都巡問使 全以道爲安東道兵馬使 安克仁爲東京道兵馬使 柳濡爲尙州道兵馬使 林堅味爲晉州道兵馬使 安楫爲全州道兵馬使 成元揆爲羅州道兵馬使 金漢貴爲廣州道兵馬使 張天志爲富平水原道兵馬使 權禧爲洪州道兵馬使 趙思敏爲公州道兵馬使 成元完爲淸州道兵馬使 玉天柱爲忠州道兵馬使 權長壽爲交州道兵馬使 調兵"(『高麗史』 권40, 세가 恭愍王12년)

198) "都評議使懼倭賊犯京 令街里烟戶軍 約束部伍 劃地以守之 失劃地者斬 乃以崔瑩趙敏修治兵甲"(『高麗史』兵1, 兵制, 연혁 辛禑3년 5월)

199) 全羅道와 交州道에서 烟戶軍의 존재를 확인할 수 있다.
"全羅道按廉使 田祿生啓曰 "州縣之弊 防倭爲大 自庚寅年以來 道內之戌 歲益增置 至十八所 其軍官虐州郡以立威 致其凋弊 役戌卒以濟私 使之逋逃 及寇至 徵兵州郡 謂之煙戶軍 雖置戌所 不聞禦敵 祗見害民 不若罷諸戌所 令州郡 槿烽燧 嚴斥候 以應其變"(『高麗史節要』 권27, 恭愍王10년 5월)
"江陵道助戰元帥報 交州道簽兵 皆羸弱不可用 其步兵今已放遣 請除烟戶軍先簽閑散官 且令朔方道騎兵二百 來助 從之"(『高麗史』 권134, 列傳 辛禑7년

진수군이 왜적의 주 침략지인 해안 요해처를 중심으로 배치된 데 따른
약점을 보완하기 위해 각 주현별로 조직된 군대가 연호군이었던 것으
로 보인다.[200]

공민왕10년에 그 존재가 나타나는 것으로 보아[201] 연호군의 조직 시
기는 공민왕대 초인 것으로 생각된다. 연호군은 병력이 몹시 부족한
상황에서 군역부담에서 제외된 자들로 조직되었다.

> 도당(都堂)에서 군익(軍翼)의 설치와 각도 계점원수(計點元帥)의 파견에
> 대하여 논의하니 왕이 명하기를 "왜적의 침범이 끝날 때까지 서북면의
> 예에 의하여 각 도에 군익을 설치하고, … 양반·백성·재인·화척은 군인
> 으로 하고, 인리(人吏)·역자(驛子)·관시창고궁사노(官寺倉庫宮司奴)·사노
> 는 연호군으로 하여 두목(頭目)을 정하고 그들의 자원에 따라 활·창·칼
> 중에서 한 가지를 갖추게 하라."고 하였다.[202]

위의 기록에서 보는 것처럼 우왕4년 12월에 서북면지역에서 실시되
고 있던 익군제, 즉 만호부제를 왜구의 침입이 종식될 때까지 남도에
도 확대하여 실시하자는 논의가 있었는데, 이때에 익군을 구성하는 병
력을 양반·백성·재인·화척은 군인으로 하고, 인리·역자·관시창고궁사
노·사노는 연호군으로 구분하였다.

요컨대 익군조직에서 연호군이 일반 군인과 구별되는 것은 연호군
을 구성하는 인리·역자·관시창고궁사노·사노 등은 국가나 개인에 대

3월 무술)

200) 烟戶軍의 징발이 州郡 단위로 이루어지고 있는 것으로 보아 그 조직이나 활
동지역도 출신 州郡을 단위로 하였을 것이라 생각된다.("全羅道按廉使田祿生
啓曰 州縣之弊 防倭爲大 … 及寇至 徵兵州郡 謂之煙戶軍"『高麗史節要』권
27, 恭愍王10년 5월)

201) 『高麗史節要』권27, 恭愍王10년 5월

202) "都堂議置軍翼 遣各道計點元帥 下旨 限倭寇寢息 依西北面例 各道皆置軍翼
… 以兩班百姓才人禾尺爲軍人 人吏驛子官寺倉庫宮司奴私奴爲烟戶軍 定頭
目 聽自願備弓箭槍劍中一物"(『高麗史』권81, 兵1, 兵制, 五軍 辛禑4년 12월)

해 일정한 역을 지고 있는 계층이었기 때문이다.203)

　이들은 역을 지고 있었기 때문에 정상적인 군역의 징발대상이 될 수 없었다. 따라서 연호군은 유사시에 병력을 동원하기 위해 일정한 역이 있는 자를 대상으로 한 일종의 예비군으로 볼 수 있다. 또한 연호군에는 원래 군역의 주된 담당층이지만 군역 부담에 필요한 신체적 조건이나 경제적 능력을 갖추지 못해 군역부담에서 제외된 농민들도 포함되었을 것으로 보인다.

　따라서 연호군은 다음 기록에서 볼 수 있는 것처럼 임시로 징발되는 예비군적 성격의 군사조직이었다.

　　체복사 곽선이 전라도로부터 돌아와서 아뢰기를 "원수가 원정별초(元定別抄) 이외에 연호군을 뽑고, 또 별군(別軍)을 뽑으니 백성들이 장차 실농할 것입니다. 곧 연호군과 별군을 파하여 귀농 시키십시오" 라고 하였다.204)

　이 기록을 통해 연호군은 정규군인 원정별초 이외의 농민들을 임시로 징발한 예비군적 성격의 군사조직이었음을 알 수 있다.205) 그리고 이들은 출신지를 떠나 다른 지역으로의 전투나 방수에 동원되지 않고 각기 자신들의 출신지를 방위하는 군대였다.206)

　이처럼 연호군은 비상시를 대비하여 편제만 갖추었을 뿐 실제로 유사시 실전에서의 군사적 기능은 기대하기 어려운 군사조직으로서207)

---

203) 烟戶軍과 일반군인의 차이를 신분적인 차이로 보는 견해도 있다.(白南雲, 1937「兵權回收 단계에서 兵制의 독자화」,『朝鮮封建社會經濟史』)
204) "體覆使郭璇 還自全羅道奏曰 元帥於原定別抄外 又抄煙戶軍 又抄別軍 民將失農 乃罷煙戶軍與別軍 歸農"(『高麗史』권81, 兵1, 兵制, 연혁 辛禑2년 5월)
205) 內藤雋輔, 1934「麗末에 있어서 蒙古風 이외의 兵制에 대하여」『靑丘學叢』15·16; 1960『朝鮮史硏究』에 訂補)
206) "都評議使懼倭賊犯京 令街里烟戶軍 約束部伍 劃地以守之 失劃地者斬 乃以崔瑩趙敏 修治兵甲"(『高麗史』권81, 兵1, 兵制, 연혁 辛禑3년 5월)
207) "全羅道按廉使 田祿生啓曰 … 及寇至 徵兵州郡 謂之煙戶軍 雖置戍所 不聞

조선초기의 잡색군과 비슷한 성격의 군대로 이해된다.

3) 익군제의 실시

우왕 대에 이르러 동·서북면에 실시되고 있던 익군제(翼軍制)가 남
도지역에까지 확대 실시되었다.[208] 익군제가 남도지역으로 확대되는
배경은 우왕 대 이후 더욱 극심해진 왜구에 대한 효과적인 대응을 위
해서였다.

충정왕 대부터 시작되어 거의 단절됨이 없이 계속되던 왜구의 침략
은 우왕 대에 들어와 극에 달하여 월 평균 4~5회의 침략과 약탈행위가
있었다. 그리고 3천여 명의 대부대를 형성하여 고려의 주력군과 접전
을 벌일 정도로 그 규모가 커졌고, 또한 침략대상지도 경상·전라·양광
도는 물론 경기·서해·교주·동서북면 등에 이르기까지 전 지역으로 확
대되었다.[209]

그 결과 우왕 대에는 도성을 내륙 깊숙이 있는 철원으로 옮기자는
천도론이 제기될 정도로 위기감이 팽배하였으나 최영의 반대로 천도
론은 실천에 옮겨지지 못하였다.[210] 이처럼 고려말에 왜구의 침입이

禦敵 秪見害民"(『高麗史節要』 권27, 공민왕10년 5월)

208) 익군제는 큰 고을(大州)을 중심으로 주변의 군현들을 翼(軍 또는 千戶所)으로
   편제하는 지역 단위 방어체제, 즉 만호부제와 같은 것으로 이 글에서는 익군
   제 또는 만호부제(천호제)라는 용어를 혼용하였다.

209) 고려말 각 王代別 왜구의 침입회수를 보면 忠定王代에 10회, 恭愍王代에 74
   회, 禑王代에 378회, 昌王代에 5회, 恭讓王代에 4회로서 禑王代에 왜구의 침
   입이 최고조에 달했음을 알 수 있다.(李鉉淙, 1984 「倭寇」 『한국사』 8 국사편
   찬위원회)

210) "以京城濱海 倭寇不測 欲遷都內地 會耆老尹桓等 書動止二字 議可否 衆雖心
   不肯 恐後有變禍將及己 皆占動字書名 唯崔瑩否 慶復興瑩等 詣太祖眞殿卜
   之 得止字 禑曰 倭寇密邇 可從卜耶 遣政堂文學權仲和 相宅于鐵原 瑩諫之
   事遂寢"(『高麗史』 권133, 列傳 辛禑3년 5월 癸未)

극에 달해 종묘사직이 위기에 처하게 되자 여러 가지 대응책이 마련되었다. 군사적 대응책의 하나로 이미 공민왕대 이후 남도 연해의 진수군을 정비하고, 수군을 강화하였지만 점점 심각해지는 왜구의 침입을 막아낼 수는 없었다. 따라서 왜적의 방어에 보다 효과적인 새로운 방어체제가 필요하게 되었다.

그 결과 제시된 것이 다음 자료에서 볼 수 있는 것처럼 당시 동·서북면에서 실시되고 있던 익군제를 남도지역으로 확대 실시하는 방안이었다.

개성부에서 올린 장(狀)에 이르기를 "각 도의 각 관에 동·서북면의 예에 따라 각 익을 설립하는 일을 말하자면, 선왕의 제도를 가벼이 변경하는 것은 옳지 않은 듯합니다. 그러나 무지한 백성이 사직의 안위를 생각하지 않고 출정을 면하려고 서로 유리하니 군액이 날로 감소합니다. 바로 이러한 이유 때문에 마땅히 강약을 분간하여 군적을 작성해야 합니다" 라고 하였다.[211]

개성부에서 문서를 올린 시기가 우왕3년 7월이므로 남도에 익을 설치하자는 논의가 처음 있었던 것은 그 이전이었음을 알 수 있다. 익군 설치가 논의되던 당시에는 백성이 군역을 피하고자 서로 유리하여 날로 군액이 감소하는 상황이었다. 따라서 모든 인정을 군역체계 속에 편입시켜 동원하는 익군제 실시를 논의하게 되었던 것이다.

그 결과 우왕4년 12월에 제도에 사신을 파견하여 호구를 점검하고 서북면의 예에 따라 좌·우익군을 설치하였다.[212] 이 때 제도에 파견된 사신은 동북면에 유만수, 전라도에 오계남, 양광도에 안익, 강릉도에 남좌시, 서해도에 왕안덕, 교주도에 경보, 그리고 경상도에 배극렴 등이었다.[213] 이들은 계점원수의 직함을 띠고 파견되어[214] 각 도의 호구

---

211) 『高麗史』권81, 兵1, 兵制, 연혁 辛禑3년 7월
212) "遣使諸道 計點戶口 依西北例 置左右翼軍"(『高麗史節要』권30, 辛禑4년 12월)

를 점검하고 이를 바탕으로 익군설치를 위한 군적을 작성하였을 것으로 판단된다.

우왕4년에 국왕이 내린 조서에 의거하여 남도에 실시된 익군제에 대해 살펴보기로 한다.

도당이 군익 설치와 각도 계점원수 파견에 대해 논의하였다. 지를 내리기를 "왜구가 그칠 때까지 서북면의 예에 의해 각 도에 모두 군익을 설치하는데 청백하고 활쏘기와 말타기에 능한 자를 골라 봉익에서 4품까지는 천호를 삼고, 5·6품은 백호를 삼으며, 참외는 통주로 삼아 천호는 1000명을, 백호는 100명을, 통주는 10명을 통솔하게 하고 군적에 올린다. 그 나머지 3품에서 6품까지는 각 익에 분속시켜 군기와 의갑을 갖추게 한다. 양반·백성·재인·화척은 군인으로 삼고, 인리·역자·관시창고궁사노·사노는 연호군으로 삼아 두목을 정하되 각기 원하는 대로 궁·전·창·검 중 하나를 갖추게 하고, 5인 마다 노아(爐兒) 1, 부(斧) 3, 겸(鎌) 2개를 갖추게 한다. 각기 그 관이 인솔하여 전투를 익히게 하되 원수부와 군목장관으로 하여금 점검하게 한다. 일이 없을 때는 돌아가 농사를 짓게 하고 변이 있으면 인솔하여 정벌에 나아간다. 어기는 자는 군법으로 다스리는데 유이자의 괴수와 유인하여 이를 받아들이는 자도 모두 군법으로 논죄한다"고 하였다.215)

먼저 남도에 처음 군익을 설치할 때 그 존속시기를 왜구의 침략이 그칠 때까지로 한정하였다. 원래 익군제는 국역 대상층을 일반 공부(貢賦)를 부담하는 공호(貢戶)와 군역을 지는 군호로 구분함이 없이 모두를 익군조직 속에 편입시켜 군역을 부과하고 그 대가로 공부의 부담을 일체 면제하는 제도였다.

이처럼 익군제에서는 공부를 부담해야 하는 공호도 모두 군역에 동원되었기 때문에 국가재정의 측면에서 볼 때 항구적인 군사조직으로

213) 『高麗史』 권133, 列傳 辛禑4년 12월
214) "都堂議置軍翼 遣各道計點元帥"(『高麗史』 권81, 병1, 병제, 연혁 辛禑4년 12월)
215) 『高麗史』 권81, 兵1, 兵制, 연혁 辛禑4년 12월

운영하기 어려운 제도였다. 따라서 익군제는 국경과 같은 특수한 지역이나 비상시와 같은 특정한 시기에 한정하여 제한적으로 실시할 수밖에 없었던 것이다.

다음 남도의 익군은 서북면의 예에 의거하여 실시하는 것으로 되어있다. 서북면에서는 큰 고을(大州)를 중심으로 주변의 주와 진을 이에 예속시켜 익군을 조직하였다. 그러나 남도의 익군은 그 최고 지휘자가 천호인 것으로 보아 그 조직이 서북면과 같은 만호부체제가 아니라 그 하위조직인 천호소체제였을 것으로 생각된다. 따라서 남도에서는 천호소가 설치된 주현을 중심으로 주변의 중소 군현을 이에 예속시키는 형태의 익군제, 즉 천호제(千戶制)를 실시하였을 것이다.

따라서 익군의 지휘체계는 최상위 천호를 정점으로 하여 백호-통주의 계통으로 이루어졌다. 천호는 천호소, 즉 익의 최고지휘자로서 1,000명의 병력을 통솔하고, 백호는 익을 구성하는 중소 군현 단위의 지휘자로서 100명의 병력을 지휘하며, 촌락단위의 지휘자로 추측되는 통주는 10명의 병력을 지휘하는 것이 원칙이었으나 실제 규정된 군액을 채울 수 있었는지는 의문이다.

이들 천호·백호·통주 등 지휘자는 모두 유직자(有職者) 가운데에서 청백하고 활쏘기에 능한 자를 임명하도록 되어 있었으며, 천호는 2품인 봉익(奉翊)에서 4품, 백호는 5~6품, 통주는 참외를 임명하였는데, 만약 유직자가 있으면 거주지의 원근에 관계없이 임명하였으므로 먼 거리를 왕래하는데 따르는 폐해가 막심하였다.[216] 또한 익군 지휘자에 임명되지 못한 나머지 3품 이하 6품도 모두 익군조직 속에 편입시켰다.

익군의 구성은 양반·백성·재인·화척은 군인으로 삼고, 인리·역자·관사창고궁사노·사노는 연호군으로 삼는 이원적 체제였다. 여기서 군

---

216) "憲司上疏 論五道新置翼軍之弊曰 … 且各翼頭目 必差有職者 故不論所居程途遠近 如得有職人 則定爲頭目 或三四日 或五六日 齎粮往還 其弊不可勝言"(『高麗史』 권81, 兵1, 兵制, 연혁 辛禑5년 윤5월)

인과 연호군의 구분을 신분적인 차이에 의한 것으로 보는 견해도 있으나[217] 향리와 노비가 같은 연호군에 속하는 것으로 볼 때 신분의 차이에 의한 구분이 아닌 것은 분명하다. 오히려 양자의 구분은 그들이 지고 있는 역의 유무에 의한 것이었다고 생각된다.

대체로 군인은 특정한 역이 없는 계층으로 구성된 반면 연호군은 특정한 역을 지고 있는 계층으로 구성되었다. 연호군은 익군이 조직되기 이전부터 이미 개경과 지방에 존재하였는데, 익군 설치 시에 특정 역을 지고 있어 정규군에 편성되기 어려운 계층을 연호군에 편입시켜, 비상시에 한해 동원하는 예비군으로 활용하고자 하였던 것이라 생각된다.

익군은 공부(貢賦)의 부담을 지는 공호(貢戶)와 군호의 구별이 없이 모든 농민층이 군역을 지는 병농일치적인 군사조직이었다.[218] 요컨대 국역 담당층 가운데 일부분이 군역을 지고 나머지는 공부의 부담을 지는 것이 아니라 국역 담당층 모두가 익군에 편성되어 군역을 지는 일종의 비상 동원체제의 성격을 지니고 있었다. 따라서 국경과 같은 특정지역이나 비상시에 한정하여 실시할 수 있는 제도였던 것이다.

남도의 익군은 설치된 후 1년도 지나지 않아 여러 가지 폐단이 나타나면서 곧 혁파되고 말았다. 익군의 혁파를 가져온 폐단은 당시 헌사에서 올린 다음의 상소에 잘 나타나 있다.

헌사에서 상소하여 5도에 새로 설치한 익군의 폐단에 대해 "지금 각도에 원수를 나누어 보내 호구를 헤아려 징발하여 군적을 작성하고 서북면의 예에 의해 익에 두목을 설치하였습니다. 수령은 대체를 돌보지 않고 집집마다 다니며 잔인하고 각박하게 굴어 단정(單丁)·과부에 이르기까지 자손을 내게 하여 협거(俠居)하게 합니다. … 비단 현재 살아있는 자손만이 아니라 이미 죽은 지 오래된 자와 벼슬하다 멀리 유배간 자도 모두 군

---

217) 白南雲, 1937 「高麗의 兵制」『朝鮮封建社會經濟史』
218) 閔賢九, 1968 「近世朝鮮前期 軍事制度의 成立」『韓國軍制史』 조선전기편

적에 올렸다가 점고(點考)할 때 군액에 충당하기를 독촉합니다. 바야흐로 농사철을 맞이하여 옥에 갇힌 자가 수만 명이니 누가 농사를 짓겠습니까. 이에 재산을 모두 팔아서 그 죄를 면하고자 하니 마침내 생업을 잃고 구렁텅이에 빠집니다. 또 각 익의 두목은 반드시 직이 있는 사람을 임명하기 때문에 사는 거리의 원근을 따지지 않고 만약 직이 있는 자가 있으면 두목으로 정하니 혹은 3~4일 혹은 5~6일치 양식을 가지고 오가니 그 폐가 이루 말할 수 없습니다. 또 두목이 된 자는 비록 일이 없을 때라도 군사를 풀어 귀농시키지 않고 항상 사냥에 거느리고 다니며 노예처럼 부리는데 만약 나가지 못하고 빠지는 날이 있으면 포 3~4필을 징수하고 포가 없으면 가산·의복·기물을 모두 징수하여 돌려주지 않기 때문에 백성은 고통을 참지 못하고 점점 도망하여 흩어지니 근심이 됩니다.

　서북면 같으면 전부 군무를 맡겨 공부는 모두 면제하고 특별히 각 익을 설치하여 그 전조를 거두어 모두 군량에 충당하기 때문에 군정이 부족함이 없습니다. 다른 도는 그렇지 않아서 크고 작은 공부와 차역이 모두 농민으로부터 나오는데 여기에 익군의 역을 더하니 농민이 실업하고 전야가 황폐해져 군량이 부족하게 되고 국세가 날로 곤궁해집니다."라고 하니 신우가 그 글을 도당에 내려 의논하게 하고 이를 혁파하였다.[219]

위의 상소에 의하면 익군의 혁파를 건의하게 된 근본적인 이유는 농민층의 실업·유망과 토지의 황폐, 그리고 그로 인한 국가 재정수입의 감소였다. 먼저 군정의 징발과정에서 나타나는 폐단으로 인한 농민의 실업유망이다. 즉 군정의 징발을 담당한 수령이 대체를 살피지 않고 군역대상이 될 수 없는 단정이나 과부의 자손은 물론 이미 죽은 자, 유배간 자까지도 군적에 올려 군액에 충당하였다. 이로 인해 농민들은 생업을 잃고 유리하였고, 전야는 황폐해졌으며 국가 재정은 곤궁해졌던 것이다.

또한 익군 두목의 임명에 따르는 폐해도 많았다. 각 익의 두목은 반드시 직이 있는 자를 임명하도록 되어 있었기 때문에 거주지의 원근에

---

219) 『高麗史』 권81, 兵1, 兵制, 연혁 辛禑5년 윤5월

관계없이 유직자를 임명하였으므로 먼 거리를 왕래하게 되어 그 폐단
이 많았다. 뿐만 아니라 군인에 대한 익군 두목의 수탈과 횡포도 심하
여 일이 없을 때에는 군사를 방환하여 귀농시켜야 하는데도 불구하고
사냥에 거느리고 다니면서 노예처럼 사역시키고 이에 응하지 못할 때
에는 포(布)를 징수하거나 재물을 수탈하였다.

이처럼 익군제 실시에 따른 여러 폐단이 드러났지만 그 중에서도 가
장 심각한 폐단은 과중한 역 부담에 따른 농민층의 도산이었다. 이미
앞에서 언급한 바와 같이 본래 익군제는 모든 호를 익군조직에 편입시
켜 총동원하는 제도로서 익군에 충당된 농민에게는 군역의 대가로 공
부 등 일체의 부담이 면제되었다.

그러나 남도에서 시행된 익군제는 공부나 차역의 부담은 그대로 둔
채 또다시 군역을 부과하여 과중한 부담을 견디지 못한 농민들이 실업
유망하게 된 것이다. 그 결과 남도의 익군제는 우왕4년 12월에 처음 실
시된 이후 6개월여 만인 우왕5년 윤5월에 혁파되고 말았다.[220]

4) 수군의 강화

고려 말 지방군제의 변화 가운데서 가장 중요한 것은 수군[221]의 재
건과 강화이다. 충정왕대 이후 왜적의 침입이 점차 본격화하고 그에
따른 피해가 심화됨에 따라 그동안 연해 진수군 중심의 소극적이고 수
세적이었던 육지에서의 방어에 대한 비판이 일어남과 함께 수군에 의
한 적극적이고 효과적인 해상에서의 방어 필요성이 제기되었다.

이미 공민왕대 초에 이색은 상소를 통해 왜적을 방어하기 위한 방책
으로 육지에서의 진수와 해전의 2가지를 들고, 특히 해전의 중요성과

---

220) "憲府上疏 論五道新置翼軍之弊 禑令都堂議罷之"(『高麗史節要』 권31, 신우5
년 5월)
221) 船軍 또는 騎船軍으로도 불리었다.

수군의 동원 대책을 제시하였다.

　　근년에 왜적이 우리 강토를 침범해 전하께서 끊임없이 걱정하시게 됩니다. … 오늘의 대책으로는 두 가지 밖에 없으니 그 하나는 육지에서의 수비요 또 하나는 해상의 전투입니다. … 해전의 방책을 말한다면 제 생각으로는 우리나라는 3면이 바다를 끼고 있으니 섬주민이 무려 백만은 될 것인데 바야흐로 헤엄치는 것이 그들의 장기입니다. 또한 그들은 농사를 짓지 않고 어로와 제염을 생업으로 삼고 있습니다. 그런데 그들은 근래에 왜적 때문에 살 곳을 떠나서 이익을 잃게 되었으므로 적을 원망하는 마음이 육지 사람에 비해 어찌 십 배에 그치겠습니까. 급히 사람을 보내 확실한 법규를 받들어 연안에서 초모하고 반드시 상을 주면 하루아침에 수천의 무리를 얻을 수 있을 것입니다. 그 장기로서 원망하는 자들에게 대적하게 하면 어찌하여 이기지 못하겠습니까. 하물며 적을 무찌르고 상을 받는 것이 어염의 이익보다 못하지 않을 것입니다. 또 추포사(追捕使)로 하여금 그들을 거느리고 항상 배 위에 있게 하면 주군은 편안할 것이고 도적은 패퇴할 것입니다.[222]

　　즉 육지에서의 피해를 줄이기 위해 왜적의 침입으로 어염의 이익을 잃은 섬 주민을 수군으로 징발하여 물에 익숙한 장기와 왜적에 대한 적개심을 이용하면 왜적방어에 큰 효과를 얻을 수 있을 것이라고 하였다.

　　그러나 이러한 이색의 제안은 당시 정책에 제대로 반영되지 못하였다. 그 후 왜구의 피해가 더욱 극심해지는 공민왕대 말에 이르면 또 다시 수군에 의한 왜구방어책이 강력하게 등장하였다. 먼저 공민왕22년에는 우현보 등에 의해 수전의 필요성이 제기되었다.

---

222) "近年倭寇侵彊 至貽聖上 … 今之爲計 不過有二 曰陸守 曰海戰 … 海戰之術 則臣以爲 本國三邊控海 島居之民 無慮百萬 方之泳之 是其長技 其人又不以 耕桑爲事 而以漁鹽爲利 比因此賊 離其居 失其利 怨之之心 比之陸居 豈止十 倍 馳一騎奉條畫 沿江召募 必其賞齎 數千之衆 一朝可得 以其所長之技 敵其 所怨之人 豈有不勝者乎 況殺敵得賞 不猶愈於漁鹽之利乎 又以追捕使領之 常在船上 則州郡得便 盜賊可敗矣"(『高麗史』 권115, 列傳, 李穡)

간관 우현보 등이 상소하기를 "사람들이 말하기를 '적이 배를 잘 타므로 수전에서는 불리한데, 만약 전함을 만든다면 이것은 우리 백성들을 거듭 괴롭게 하는 것이다' 고 하지만 그렇지 않습니다. 바다의 적을 육지에서 공격할 수 없는 것은 지극히 분명한 일입니다. 또 적을 물리치고 적의 폭행을 막는 것은 본래 백성을 위하고자 함인데 백성들에게 작은 폐해가 되는 것을 염려하여 나라에 큰 걱정을 끼칠 수 있겠습니까? 지금 동·서강에 모두 방수군을 설치하였지만 적이 바다에서 의기양양하게 와도 우리 군사들은 해안에서 팔짱만 끼고 있을 뿐이니 비록 정예한 군사가 백만이 있다 해도 물에서는 어찌하겠습니까? 그러니 마땅히 함선을 만들고 무기를 잘 갖추어 물길을 따라 나아가며 쫓아내고 요충지를 지킨다면 적이 비록 수전에 능하다 해도 바다를 날아서 건너지는 못할 것입니다. 이리하여 형세가 유리할 때에 적을 소탕하는 것이 또한 필요할 것입니다." 라고 하였다.223)

당시 여론은 수전으로는 배타기에 익숙한 왜적에 승산이 없다고 보았으나 우현보 등은 바다의 적은 육지에서는 공격할 수 없기 때문에 아무리 육지에서 지키는 방수군이 많아도 배를 타고 있는 왜적을 막을 수 없으니 보다 적극적인 방법으로 병선을 건조하고 무기를 장비한 후 해상을 왕래하며 요충을 방어하자는 왜적방어책을 제시한 것이다.

그리고 이어서 공민왕23년 정월에는 무관인 이희와 정준제 등이 당시 수전에서 매번 패전하는 원인을 분석하고 그 대책을 제시하였다.

검교중랑장 이희가 상서하기를 "지금 왜구의 침입이 치열해 지는데 배를 조종할 줄 모르는 연호민을 몰아 수전을 하게 하므로 매번 패패하게 됩니다. 제가 바닷가에서 자랐으므로 일찍이 수전을 익혔습니다. 바라

---

223) "諫官禹玄寶等上疏曰 議者以爲 賊善舟楫 不可以水戰 若造戰艦 是重困吾民 是不然 水賊不可 以陸攻 其勢明甚 且攘賊禁暴 本欲念爲民 其可念小弊於民 而貽大患於國乎 今東西江 並置防守 賊泛海揚揚而來 我軍臨岸 拱手而已 雖精百萬 其如水何哉 宜作舟艦 嚴備器仗 順流長驅 塞其要衝 賊雖善水 安能飛渡 儻得勢便 擒捷掃蕩 亦可必也"(『高麗史』 권83, 兵3, 船軍 恭愍王22년 5월)

건대 섬 출신 주민과 스스로 지원한 자로서 배 조종에 익숙한 자들과 함
께 적을 친다면 5년 이내에 영원히 바다길이 깨끗해 질 것입니다” 라고
하였다. 또 중랑장 정준제가 글을 올려 왜구 방어 대책을 말하니 왕이 크게
기뻐하여 이희를 양광도안무사로 임명하고 정준제를 전라도안무사겸왜인
추포만호(全羅道安撫使兼倭人追捕萬戶)로 삼았다.[224]

즉 검교중랑장 이희는 당시 수전에서 매번 패전하는 원인을 배에 익
숙하지 않은 연호민을 수전에 동원하기 때문이라고 보고 그 대책으로
서 물과 배에 익숙한 해도민과 스스로 수군에 자원한 자로서 배 조종
에 익숙한 자들을 이용하는 방안을 제시하였다. 중랑장 정준제가 올린
방어 대책의 내용은 기록의 미비로 알 수 없으나 아마도 이희가 제시
한 대책과 비슷한 내용이었을 것으로 추측된다.

이처럼 공민왕대에 들어와 왜적에 대한 대비책으로 수군의 필요성
이 강력하게 대두되었고, 이를 계기로 공민왕20년대 이후에는 수군이
왜적 방어의 중요한 군사력이 되었다. 이에 따라 지금까지 구분이 애
매하던 육수군과 수군의 분리가 이루어져 전문적으로 수전을 담당하
는 명실상부한 수군이 재건되기에 이르렀던 것이다.

이렇게 재건된 수군은 만호부체제로 조직되었던 것으로 보인다.[225]
수군만호부의 설치시기에 대해 자세한 것은 알 수 없으나 공민왕대 말
경으로 추정된다. 왜냐하면 공민왕23년에 왕에게 수군의 정비 대책을
올렸던 이희와 정지 등이 처음으로 왜인추포만호에 임명되고, 또 밀직

---

224) “檢校中郎將李禧上書曰 今倭寇方熾 乃驅烟戶之民 不習舟楫者 使之水戰 毎
　　至敗績 臣生長海邊 曾習水戰 願率海島出居民及自募人 慣於操舟者 與之擊
　　賊 期以五年 永淸海道 中郎將鄭准提 亦上書獻策 王大悅 以禧爲楊廣道安撫
　　使 准提爲全羅道安撫使兼倭人追捕萬戶”(『高麗史』권83, 兵3, 船軍 恭愍王23
　　년 정월)
225) “憲司上疏曰 … 沃野數千里之稻田 陷于倭奴 蒹葭際天 倭奴之來 前無橫草
　　出入山郡 如蹈無人之地 國家旣失 諸島漁鹽畜牧之利 … 專仰水軍萬戶府 修
　　立城堡 屯其老弱 遠斥候 謹烽燧”(『高麗史』권82, 兵2, 屯田 辛禑14년 8월)

사에 의해 천호나 백호 등의 공명첩이 지급되었는데226), 아마도 이때
를 전후하여 수군은 만호부체제로 정비된 것이 아닌가 한다.

　　박인우를 양광좌우도수군도만호로 삼고 지를 내리기를 "도내의 병선
을 거느리는 만호·천호·영선두목인 등의 능부를 살펴서 능력이 없는 자
가 있으면 재간과 위망이 있는 자를 택해 대신하게 하고 미리 기계를 갖
추게 하여 왜적을 추포하게 하라. 만약 각 병선의 만호 등이 마음대로 방
군하여 사리를 꾀하거나 깊은 포구에 은밀히 정박하여 변에 대응하지 못
하는 경우는 각 병선의 대소 군관과 도만호를 군법에 따라 단죄하라"고
하였다.227)

　　위의 기록에서 보듯이 양광도의 경우 수군만호부의 최고지휘자인
도만호가 도를 단위로 임명된 것으로 보아 만호부는 도를 단위로 설치
되었고, 그 지휘계통은 도만호를 비롯하여 만호-천호-영선두목인 등의
체계로 되어 있었음을 알 수 있다.
　　도만호는 최고지휘자로서 도내의 전 수군과 병선을 지휘하였고, 또
한 만호·천호·영선두목인 등의 인사권도 행사하였다. 만호와 천호는
도내의 포구를 중심으로 한 요해처에 배치된 수군과 병선을 지휘하였
는데, 만호가 선단의 최고지휘자이고 영선두목인은 각 병선의 지휘자였
던 것으로 생각된다.
　　한편 우왕 대 이후에는 수군의 지휘계통에 만호 이외에 해도(海道)도
원수·원수·부원수 등 새로운 직함의 지휘관이 등장하였다.228) 수군의

---

226) "又令密直司 畫給空名千戶牒二十 百戶牒二百 初六道都巡察使崔瑩造船二千
　　欲以六道軍騎船捕倭 百姓畏懼 破家逃役者 十常五六 及准提等建議 事遂寢"
　　(『高麗史』권83, 兵3, 船軍 恭愍王23년 정월)
227) "以朴麟祐 爲楊廣左右道水軍都萬戶 下旨曰 領道內兵船 察其萬戶千戶領船
　　頭目人等能否 有不能者 擇有才幹威望者代之 令預備器械 追捕倭賊 若各船
　　萬戶等 擅自放軍 以營己私 隱泊深浦 不及應變者 各船大小軍官 及都萬戶 依
　　軍法斷罪"(『高麗史』권83, 兵3, 船軍 恭讓王원년 10월)
228) "遣海道元帥羅世沈德符崔茂宣 以戰艦百艘 追捕倭賊"(『高麗史』권134, 列傳

지휘계통상 해도원수와 만호의 관계가 어떠하였는지는 알 수 없으나 아마도 동·서북면에서의 만호와 원수의 관계와 같은 것으로 생각된다.[229]

수군은 만호부 소재지를 중심으로 이에 속한 양(梁)·진(津)·포(浦)·도(島) 등 연해 요해처에 배치되었다.[230] 수군은 기능은 상륙한 왜적을 육지에서 격퇴하는 진수군과는 달리 해상에서 왜적을 방어하여 상륙을 저지함으로써 육지에서의 피해를 최소화하는 것이었다. 수군이 재건된 초기에는 배타기에 익숙하지 못한 연호민을 그대로 수군에 충당하여 매번 패배하는 수모를 당하였고, 그 결과 그에 대한 대책으로 해도민과 스스로 수군에 응모하는 자들 중 배타기에 익숙한 자를 뽑아 수군에 충당하자는 방안이 제시되었다.[231]

이후 수군은 계속 증강되어 우왕 대에는 왜구의 본거지인 일본을 직

辛禑6년 8월)

　"以密直鄭地 爲海道元帥"(『高麗史』 권134, 列傳 辛禑7년 6월)

　"以柳曼殊爲慶尙道元帥兼合浦都巡問使羅世爲海道元帥"(『高麗史』 권135, 列傳 辛禑9년 2월)

　"以慶尙道副元帥密直副使尹可觀 仍爲都巡問使 鄭地爲海道都元帥楊廣全羅慶尙江陵道都指揮處置使"(『高麗史』 권135, 列傳 辛禑9년 12월)

　"海道副元帥前開城尹曹彥擊倭于汝走島 獲一艘 擒三人 禑賜白金五十兩"(『高麗史』 권135, 列傳 辛禑11년 정월)

　"全羅道海道元帥陳元瑞 捕倭二十餘人"(『高麗史』 권135, 列傳 辛禑11년 8월)

　"鷄林府尹裴元龍 斬倭四級 海道元帥朴子安 斬倭二級"(『高麗史』 권135, 列傳 辛禑11년 11월) 등 참조

229) 동서북면에서 만호는 토착민들로 조직된 만호부의 병력을 지휘하였던데 반해, 대규모 외침 등 비상시에 만호부의 병력만으로 대처하기 어려울 때에는 이를 지원하기 위해 중앙에서 지원군을 편성하여 파견하였는데 이 때 파견군의 지휘관이 원수였던 것으로 생각된다.

230) 『世宗實錄』 지리지의 각 도별 水軍 배치처 참조

231) "檢校中郎將李禧上書曰 今倭寇方熾 乃驅烟戶之民 不習舟楫者 使之水戰 每至敗績 臣生長海邊 曾習水戰 願率海島出居民 及自募人 慣於操舟者 與之擊賊 期以五年 永淸海島"(『高麗史』 권83, 兵3, 船軍 공민왕23년 정월)

접 정벌하자는 건의가 나올 정도로 수군의 군사력은 크게 강화되었다. 우왕13년에 해도원수였던 정지가 당시에 우리 수군이 수전에 능숙하여 신사년의 일본정벌 때 몽한군이 배에 익숙하지 못했던 것과는 비교할 바가 아니라고 하였는데232), 이를 통해 당시 수군의 군사력과 전투력이 크게 향상된 상태에 있었음을 알 수 있다.

그러나 이 당시까지도 수군의 충원에 일정한 원칙이 없이 육수군이나 시전상인 등을 임의로 충당하기도 하였다.233) 그 후 공양왕3년에 이르러 연해주민을 3정1호로 편성하여 수군으로 동원하는 한편, 제도의 빈해전(濱海田)에서 조세를 거두지 말고 이를 수군 처자의 양육비용으로 충당하자는 방안이 마련되었다.234) 그러나 실제로 3정을 1호로 하여 수군 1명을 징발하는 원칙은 제대로 실시되지 못하였던 것으로 보인다.

> 왕이 양부(兩府)에서 올린 글을 열람하니, … 그 대략은 이러하였다. … 외방의 수군은 처음에 군액을 정할 때 아버지가 좌령이 되면 아들은 우령이 되고, 형이 좌령이 되면 동생은 우령이 되었습니다. 또 1정이 있으면 다른 사람에게 주어 여정(餘丁)으로 삼으니 백성들이 이를 몹시 괴로워합니다. 혹은 왜적에게 포로가 되거나 혹은 조운(漕運)하다가 배가 침몰하거나 혹은 장기간 배타는 것으로 인해 그 역을 감당하지 못하여 도망하고 흩어지니 군액이 날로 감소합니다. 주군으로 하여금 기일을 정해 수를 채우게 하는 등 온갖 방법으로 침해하니 주군이 떠들썩합니다. 주현으로 하여금 그 액수 내의 시립군(時立軍)과 관군의 신접인(新接人) 등으로 액

---

232) "(辛禑)十三年 地上書 自請東征曰 … 今之水軍 皆善水戰 非辛巳東征蒙漢兵 不習舟楫之比 若順時候風而動 則易以成功 但船久則朽 師老則疲 且今船卒 困於徭賦 日思逃散 宜乘此機 決策湯平 不可遲疑"(『高麗史』 권113, 列傳 鄭地)

233) "出市纏商賈 以充海島之軍"(『高麗史』 권83, 兵3, 船軍 辛禑3년 10월)
　　 "僉京圻左右道軍人 爲騎船軍 以防東西江倭寇"(『高麗史』 권83, 兵3, 船軍 辛禑13년 4월)

234) "都堂啓曰 召募海邊人民 三丁爲一戶 定爲水軍 諸道濱海之田 不收租稅 以養 水軍妻子 從之"(『高麗史』 권83, 兵3, 船軍 공양왕3년)

수를 충당하여 군적을 고치게 하고, 그 주에서 액수를 다 채우지 못하는 경우에는 원래의 수를 줄이게 하며, 또 1호 내에 2~3명의 정이 있으면 1명만 군에 보내고 4~5명의 정이 있으면 좌우 2명을 군에 보내 차례로 상정하되 비록 여정이 있더라도 타인에게 지급하지 못하게 하면 백성의 힘을 펴게 할 수 있을 것입니다."라고 하였다.[235)]

위 기록은 조선 태조7년에 지중추원사 이지가 양부에 올린 글의 일부로, 조선 초 수군의 징발상황을 보여주는 자료이다. 물론 이 기록이 고려 말의 상황을 전하는 것은 아니지만 일단 조선 초에는 여말의 군사제도가 그대로 계승되었기 때문에 이 자료를 통해 고려 말의 상황을 유추해 볼 수 있을 것이다.

선초에는 전체 수군이 좌·우령으로 나뉘어 교대로 복무하였는데 1호 내의 부자형제가 모두 수군으로 징발되었고, 또 나머지 정까지도 타인에게 지급하여 여정으로 삼게 하였다. 적어도 2~3정에서 1명 내지 3~4정에서 2명의 수군을 징발하는 것이 원칙이었으나 실제 운영은 호 내의 거의 모든 정이 수군의 역을 지거나 혹은 여정으로 징발되고 있었다. 군역의 징발에서 3정1호를 원칙으로 하였던 여말의 상황도 이와 비슷하였을 것이라 생각된다.

이처럼 고려 말 왜적을 격퇴하는 과정을 거치면서 양적으로 확대되고 질적으로 성장한 수군은 조선 초가 되면 남부 6도 전체 군사력의 7할을 차지할 정도로 크게 강화되었다.[236)]

---

235) "上閱兩府所上書 … 其略曰 一 鍊軍額 外方水軍 初定軍額 父爲左領 子爲右領 兄爲左領 弟爲右領 又有一丁 則給他人爲餘丁 故民甚苦之 或被擄於倭賊 或敗船於漕轉 或因長番騎船 不堪其役 逃潰相續 軍額日減 令其州郡 剋期充數 侵擾百端 州郡驪然 願令州縣 其額數內 時立軍及官軍新接人等 充其額數 改鍊軍籍 其州未盡充額者 減其元數 又一戶內 有二三其丁者 立軍一名 四五其丁者 左右二名 以次詳定 雖有餘丁 莫給他人 則庶可寬民力矣"(『太祖實錄』권14, 태조7년 윤5월 병술)

236) 李載龒, 1984「朝鮮初期의 水軍」『朝鮮初期社會構造研究』일조각
方相鉉, 1991『朝鮮初期 水軍制度』민족문화사

4. 맺음말

공민왕대 이후 지방군제의 정비 방향은 원 간섭기 동안 왜곡되고 변질되었던 군제를 복구하여 기본적으로는 부병제를 재건하려는 것이었다. 그러나 군제의 기반이 되는 사회경제적 상황이 변화된 상태에서 부병제를 기반으로 하는 전기의 군제를 복구하려는 시도는 실현이 불가능하였다. 그리하여 군제 역시 다른 제도와 마찬가지로 새로운 사회 변화에 대응하여 개편·정비되는 방향으로 나아갔다.

그 결과 고려후기의 군제는 중앙·지방·변경의 군대를 등질의 기반 위에서 통일적으로 운영하려고 하는 부병제의 중요한 특징이 붕괴되면서 중앙군·지방군·변경군의 분리 독립화가 진행되어 마침내 부병제적 요소는 상실되어 갔다. 그리하여 지방군은 남도와 양계가 서로 다른 계보를 가진 군사조직으로 발전하였다.

먼저 동·서북면 지역에는 남도로부터 방수군의 입진이 중단되고 토착민으로 조직된 익군제(만호부제) 중심의 독자적인 방위체제가 갖추어졌다. 이러한 변화는 고려후기의 지방군의 번상체제가 붕괴되고, 왜구의 침입이 계속되어 남도 전 지역이 전장화함으로써 종래와는 달리 도를 중심으로 방위체제가 전환된 상황과도 밀접한 관련이 있었다. 그 결과 국방상 새로운 변경이 된 남도지역에는 진수군과 수군이 강화되었고, 또한 부족한 군사력을 보충하기 위한 예비군적인 성격의 군대로서 연호군이 조직되었다.

요컨대 고려 말 군제의 정비 과정에서 조선 초 군사제도의 원형이 배태되고 그 형태가 갖추어져, 지방군의 경우 여말의 진수군은 선초의 영진군으로, 연호군은 잡색군으로, 그리고 수군은 육수군에서 분리되어 하나의 독립된 병종으로 자리를 잡아 갔던 것이다.

제3절 후기 군역제도의 변화

1. 머리말

고려전기 2군6위를 구성하는 군인의 신분에 대해 이를 농민층으로 보는 부병제론과 군반씨족이라는 특수한 계층으로 보는 군반제론, 그리고 부병제론과 군반제론을 절충한 이른바 '이원적 구성론'이 제시되었다. 이원적 구성론이란 2군6위를 구성하는 군인은 농민층이나 군반씨족층의 어느 한 요소로만 이루어진 것이 아니라 두 요소가 모두 포함된 것으로 보는 견해이다.

이원적 구성론에서도 군인의 구분 기준이나 그 구체적인 내용에서는 다소 차이가 있지만 기본적으로 두 요소로 구성되었다고 파악하는 점에서는 서로 공통적이다. 한편 이러한 이원적 구성론에 대해 군반제론을 지지하는 연구자들의 반론이 제기되기도 하지만 최근에는 이원적 구성론이 많은 지지를 얻고 있다.

고려시대의 군인은 직업군적 성격의 전업군인과 의무군인으로 구성되었고 군역 역시 전업군인의 군역과 의무군인의 군역으로 나눌 수 있다. 의무군인의 군역은 양인으로서 국가에 대해 마땅히 부담해야 할 의무로서 신역의 일종이었다. 신역이란 모든 양인층을 대상으로 무차별적으로 부과되는 역이다.[237]

---

237) 劉承源 교수는 身役은 有身則有役이라는 표현과 같이 모든 개인에게 무차별적으로 부과되는 役이며, 職役은 토지지급을 매개로 특정부류에게만 부과되는 의무로서 고려시대의 직역에서 조선시대의 身役으로 國役에 대한 호칭의 변화가 나타나는 것은 보편적인 의무체계의 성립과 관련이 있다고 하였다. 또한 고려후기 국역체계에서 3丁 1戶의 편호원칙이 수립된 것은 田丁과 國役을 결합시킨 직역체계의 와해를 기정사실로 하여 이에 대치할 보편적 의무체계를 시도하였다는 점에서 신역부과의 무차별성을 보여 주는 것으로 보았다.(1994

그러나 고려시대 의무군인의 군역은 모든 양인층을 대상으로 무차
별적으로 부과된 것은 아니고 양인층 가운데서도 상층농민에게만 부
과되었다. 한편 전업군인의 군역은 신역으로서의 성격을 지니고 있지
만 관료의 관직과 같은 성격도 있었다.

두 형태의 군역은 국가로부터 군인전이라는 명목으로 토지가 지급
되었으므로[238) 모두 직역의 범주에 포함되는 것이다.[239) 고려시대의
직역이란 양반의 관직을 비롯해 잡직·서리·향리·공장·군인 등이 지는
역을 합쳐서 일컫는 것으로 국가로부터 토지나 녹봉 등의 대가가 주어
졌고, 따라서 토지나 녹봉 등의 대가가 주어지지 않는 일반농민의 요
역은 직역에 포함되지 않았던 것으로 생각된다.[240)

「양인」,『한국사』25, 국사편찬위원회)

238) 전업군인의 군인전은 職田계열의 군인전으로, 의무군인의 군인전은 田丁계열
    의 군인전으로 구분되었던 것으로 생각된다.
239) 職役의 개념과 범위에 대해서는 다양한 견해가 제시되고 있다.
    ① 官職을 제외한 雜職·胥吏·工匠·鄕吏·軍人 등의 役으로 보는 견해
        李基白, 1977「高麗 軍班制下의 軍人」『高麗兵制史硏究』)
    ② 職役은 토지지급을 매개로 특정부류에게만 부과되는 의무이며 身役은 모
        든 개인에게 무차별적으로 부과되는 役이라는 견해
        劉承源, 1994「양인」『한국사』25 국사편찬위원회』
    ③ 軍人·吏屬·雜職·胥吏 등이 부담하는 특수한 身役으로 보면서 광의로는
        官職도 포함시키는 견해
        姜晋哲, 1980『高麗土地制度史硏究』
        吳一純, 1993「高麗時代 役制構造와 雜色役」『國史館論叢』46
    ④ 職役은 곧 身役이라 하여 軍役·鄕役 뿐만 아니라 徭役·官職까지 포괄하
        는 견해
        許興植, 1981「國寶戶籍으로 본 高麗의 社會構造」『高麗社會史硏究』
240) "高麗祿俸之制 至文宗大備 以左倉歲入米粟麥 摠十三萬九千七百三十六石十
    三斗 隨科准給 內而妃主宗室百官 外而三京州府郡縣 莫不有祿 以養廉恥 而
    以至雜職胥史工匠 凡有職役者 亦皆有常俸 以代其耕(『高麗史』권80, 食貨3,
    祿俸) → 비주·종실·백관·지방관을 비롯해 잡직·서리·공장 등을 직역자로 표
    현하였고 직역의 대가로 이들은 모두 국가로부터 녹봉을 받았다.
    "是年正月 忠宣王卽位下敎曰 … 一州府郡縣 鄕吏百姓 依投權勢 多授軍不領

이 절에서는 직역의 하나인 의무군인의 군역을 중심으로 하여 고려 후기에 변화된 군역 징발의 대상과 기준, 그리고 군역의 경제적 토대 등의 문제를 검토하고자 한다.

2. 군역 부담층의 확대

1) 양인농민 군역층의 확대

고려전기 군역징발의 기본 대상은 국가에 대해 봉공의 의무를 지닌 양인 농민층이었다. 군역의 징발에서는 신체적 조건뿐만 아니라 경제적 능력이 중요한 조건이었다. 따라서 양인 농민층 내에서도 군역을 감당할 수 있는 경제적 능력, 즉 일정규모 이상의 토지를 소유한 이른바 정호층만이 군역의 대상이 되었다.

이처럼 고려전기에 신역의 특수형태인 직역으로서 의무군인의 군역은 양인 농민층의 일부만이 부담하였으며 군역을 지지 않는 농민층, 이른바 백정층도 광범히 존재하였다. 이러한 사실은 군역의 불균등성을 반영하는 것으로 군역에서 양인 농민층 일반에 대한 보편적인 의무체계가 성립되지 못하고 있었음을 의미하는 것이었다.[241]

그러나 정호층만으로 군역 부담층이 부족할 경우 백정층도 군역에 동원하였다. 예컨대 정종(靖宗) 때의 거란침입 시에 영(領)의 군인이 부족하자 양반과 백정의 자를 뽑아 충보하였고[242], 예종 때에 여진정벌

散員 或入仕上典 侵漁百姓 陵冒官員 宜令按廉使及所在官 收職牒 充本役 又 領府隊尉隊正 無功超授軍不領散員 謀避本領職役"(『高麗史』 권84, 형법1, 職制 判例) → 향리·대정·교위 등이 담당한 역을 직역으로 표현하였다.

241) 劉承源, 1987 「良賤制의 沿革」 『朝鮮初期身分制研究』 을유문화사

242) "今國家大平 人物如古 宜令一領 各補一二百名 京中五部坊里 除各司從公令 史主事記官有蔭品官子有役賤口外 其餘兩班及內外白丁人子 十五歲以上五

을 위해 조직된 별무반에도 백정이 동원되었다.243) 이처럼 경제력이
미약한 백정을 부득이 군역에 동원하는 경우에는 이들에게 토지를
지급하여 군역을 질 수 있는 경제적 토대를 마련해 주고 정호로 삼
았다.244)

이러한 군역체제는 고려후기로 가면서 변화하여 무신 집권기와 원
간섭기의 격심한 사회변동을 거치면서 백정층도 점차 군역의 징발대
상이 되었다. 대몽전쟁기인 고종39년에는 충실도감(充實都監)을 설치하
여 한인(閑人)이나 백정을 뽑아 2군6위 각 영에 충보하였고245), 원종12
년의 삼별초 토벌 시에는 부위병이 부족하자 문무산직과 백정·잡색·
승도를 뽑아 충당하였다.246) 또한 대몽전쟁 이후 일본원정에 동원되는
동정군(東征軍)을 뽑을 때에도 산직인과 학생·백정 등이 충군 대상이
되었다.247)

위의 사례들은 유사시의 특수한 경우이지만 본래의 군역 대상인 정
호층이 부족한 상황에서 산직인이나 한인 등과 함께 백정층이 징발 대
상이 되었음을 알 수 있다. 이러한 변화는 백정층이 점차 보편적인 군
역대상층으로 포섭되어 가는 추세를 반영하는 것이라 생각된다.

그러나 원의 간섭에서 벗어나는 공민왕대 이후가 되면 다음의 징병
사례들에서 보는 것처럼 충군 대상 가운데에서 백정의 존재는 보이지

十歲以下 選出充補"(『高麗史』 권81, 兵1, 兵制, 연혁 靖宗11년 5월)
243) "神步班屬諸白丁 願受內外族親田地者 田雖在他邑 名隸本邑者 許令充補 樂
工及犯奸盜者 良賤未辨者 勿許"(『高麗史』 권81, 兵1, 兵制, 연혁 睿宗4년 判)
244) "白丁給公田 爲丁戶"(『高麗史節要』 권2, 成宗9년 9월 敎)
245) "設充實都監 點閑閑人白丁 充補各領軍隊"(高麗史』권81, 兵1, 兵制, 五軍 高
宗39년 8월)
246) "司空田份 左僕射尹君正等 閱府衛兵 不滿其額 乃幷閱文武散職白丁雜色及
僧徒 以充之"(高麗史』권81, 兵1, 兵制, 연혁 元宗12년 4월)
247) "僉東征軍 各領府爭捕東班散職人及白丁以告 或誤捕私奴者"(『高麗史』 권81,
兵1, 兵制, 연혁 元宗15년 5월)
"重房調散職學生白丁 充東征軍 往往有徹屋而逃 重房請奪田丁 以與從軍者"
(『高麗史』 권81, 兵1, 兵制, 연혁 忠烈王9년 3월)

않는다.

ⓖ 우왕이 말하기를 "사방에서 도적이 그치지 않으니 지금 가장 급한
것은 군정이다 … 대소 품관과 그 자제·한산양반·백성·제궁사창고
사노한(諸宮司倉庫私奴漢)·재인·화척·승인·향리 가운데서 궁마에
익숙한 자를 택하여 각기 병기·동의(冬衣)·융의(戎衣)와 두 달 분의
미수가루와 마른밥을 준비하여 대기하게 하였다가 만약 급한 사태
가 있으면 원수와 각 군목도병마사는 기일에 맞춰 모이도록 하라"
고 하였다.[248]

ⓗ 개성부에서 올린 문서에 이르기를 … "정료위의 군마와 대적하는
일을 말하자면 기계를 엄히 하고 봉수를 신중히 하며 마병과 보졸
은 각기 능숙한 군기를 가지고 군사훈련을 하면서 조용히 지키다가
만약 적이 침입하면 양반·백성·공사천예·승속을 가리지 말고 모두
조발하여 힘껏 싸우게 하십시오"라고 하였다.[249]

ⓘ 도당이 군익의 설치를 의논하였다 … "양반·백성·재인·화척은 군
인으로 삼고 인리·역자·관시창고궁사노·사노는 연호군으로 삼아
두목을 정하되 각기 원하는 대로 궁·전·창·검 중 하나를 갖추게 한
다."고 하였다.[250]

ⓙ 제도의 양반·백성·향리·역리를 군적에 올려 병사로 삼아 일이 없
을 때는 농사에 힘쓰게 하고 일이 있으면 징발하게 하였다.[251]

ⓚ 개성부에서 이르기를 … "둘째, 각 도의 각 관에 동서북면의 예에

---

248) "禑曰 四方盜賊未息 軍政當時所急 … 大小品官幷及子弟 閑散兩班百姓諸宮
司倉庫私奴漢才人禾尺僧人鄕吏中 擇便弓馬者 各備兵器及冬衣戎衣 二朔料
麨末乾飯以待 如有緩急 元帥各軍目道兵馬使 及期來會"(『高麗史』 권81, 兵1,
兵制, 연혁 辛禑2년 7월)
249) 『高麗史』 권81, 兵1, 兵制, 연혁 辛禑3년 7월
250) 『高麗史』 권81, 兵1, 兵制, 연혁 辛禑4년 12월
251) 『高麗史』 권81, 兵1, 兵制, 연혁 辛禑14년 2월

따라 각 익(翼)을 설립하는 일을 말하자면 선왕의 제도를 가벼이 변경하는 것은 옳지 않은 듯합니다. 그러나 무지한 백성(無知之民)이 사직의 안위를 생각하지 않고 출정을 면하려고 서로 유리하니 군액이 날로 감소합니다. 바로 이러한 이유 때문에 마땅히 강약을 분간하여 군적을 작성해야 합니다. 셋째, 5부의 원수가 규례를 정하는 일을 말하자면 성내의 환과고독(鰥寡孤獨)이 다소 많으니 남정이 없는 각 호 외에 연호남정을 조발하여 군인으로 나아가게 하십시오"라고 하였다.252)

위의 여러 징병 사례들을 보면 우왕대 이후에는 백정이란 용어는 전혀 보이지 않고 대신 일반민 또는 일반농민을 의미하는 백성(ⓖⓗⓘ ⓙ), 무지지민(無知之民)·연호남정(烟戶男丁)(ⓚ) 등이 군역의 징발대상으로 등장하고 있다. 특히 그 가운데서도 백성이란 용어가 가장 많이 사용되고 있다. 이러한 변화는 농민층 내에서 정호층과 백정층의 구분이 없어지면서 모든 농민층이 군역의 대상이 됨에 따라 나타난 결과로 생각된다.

공민왕대에 3정(가)1호의 군호제가 실시되는데 이것은 모든 양인 농민층이 군역의 대상이 된 것을 전제로 할 때 가능한 것으로, 이는 보편적인 군역체계의 출현을 시사하는 것이다. 양인 일반에 대한 보편적인 의무군역체계가 성립되지 못했던 전기와 달리 새롭게 변화된 조건에서 가능한 것이었다. 즉 양인 일반에 대한 군역의 보편화는 군역의 불균등성이 극복될 수 있는 양인층의 등질화라는 기반 위에서 이루어질 수 있었던 것이다.253)

이러한 변화는 생산력의 발전에 따라 전반적으로 농민층의 자립도가 향상되어 농민층 내부에 국역부담의 차별이 없어지게 된 결과 나타난 것이었다. 고려 중기 이래 농업생산력의 발전254)과 그에 따른 계층

---

252) 『高麗史』 권81, 兵1, 兵制, 연혁 辛禑3년 7월
253) 劉承源교수는 고려전기 職役체계의 와해를 非奴婢層의 등질화의 한 측면으로 이해하였다.(1987, 「良賤制의 沿革」 『朝鮮初期身分制研究』 을유문화사)

구조의 변화는 군역과 토지의 결합관계를 분리시켜 전기의 군역징발 체계인 정호제를 해체시켰다.

즉 농지의 상경화를 배경으로 하는 생산력 발전은 소토지 소유농민의 자립도를 향상시켰고, 군역 부담층이었던 정호층은 물론 백정층 역시 분해가 촉진되면서 군역체계와 관련하여 정호제의 존재의의가 상실되었던 것이다.[255] 요컨대 군역부담에서 양인층 내의 차별성이 약화된 것이다.

그러나 여전히 군역을 감당하기에는 경제적으로 열악한 조건의 농민층이 폭넓게 존재하였을 것으로 생각된다. 따라서 이러한 농민층은 3정1호로 편호된 군호제에서 군역에 직접 복무하는 대신에 군인의 재정적인 부담을 지는 조역(助役)으로서 간접적인 군역을 지게 된 것이다. 이로써 고려 말에는 농민층의 대부분이 직접 군역을 지는 형태로 또는 조역이라는 간접적인 형태로 일단 군역체계 속에 포함되기에 이르렀다고 할 수 있다.

2) 양반층의 군역 부담

(1) 한산군과 양반층의 군역 동원

고려후기에는 그 동안 군역에서 사실상 제외되어 있던 양반층의 상당 부분이 직접 군역에 동원되거나 간접적인 형태로 군역을 지게 되었다. 양반층은 이전에도 유음기광군(有蔭奇光軍)과 같은 특수한 군사조

---

254) 고려시대 농업생산력에 관해서는 다음의 연구들이 있다.
　　金基燮, 1994 「고려전기 농업생산력과 전시과 체제」『한국사』 5, 한길사
　　安秉佑, 1994 「고려후기 농장의 발달과 사전개혁」『한국사』 5, 한길사
　　위은숙, 1998 『고려후기 농업경제 연구』혜안
　　권영국, 1999 「고려시대 농업생산력 연구사 검토」『사학연구』 58·9합집
255) 金基燮, 1993 『高麗前期 田丁制 硏究』부산대박사학위논문

직에 편입되거나256) 하급 장교로 진출하여 관직의 형태로 군역에 동원
되는 것이 일반적이었다. 따라서 이러한 형태의 군사적인 역은 일반민
이 지는 고된 신역으로서의 군역과는 구별되는 것으로 넓은 의미에서
의 군역으로 볼 수 있을 것이다.

그러나 고려후기로 가면서 양반들이 군역에 동원되는 일이 점차 빈
번해졌다. 먼저 양반층 가운데서 전함(前銜)·산관(散官)·한산관(閑散官)·
한량품관(閑良品官) 등으로 불리는 계층이 공민왕대 이후 군역에 동원
되기 시작하였다. 공민왕7년에는 개경의 3품 이하 전함관을 각 방리별
로 인원수를 점검하여 유사시에 사면도감(四面都監) 관원이 1리(里)에 1
인씩 거느리고 방수(防戍)에 나아가게 하였으며257), 공민왕16년에는 제
도의 한산관을 5군에 예속시키기도 하였다.258) 마침내 우왕 대에는 경
상·전라·양광의 3도에서 한산관의 자제를 뽑아 조직한 한산군(閑散軍)
이라는 군사조직이 등장하였다.259)

계속되는 전란과 군역의 주된 담당층인 농민층의 몰락으로 군액이
감소하는 상황에서 부족한 군사력을 보충하기 위해 여러 가지 군액 확
보책이 모색되고 있었는데 한산관의 군역동원도 이러한 군액확보 방
법 중의 하나였다. 특히 고려 말에는 마군(馬軍)과 같이 기동력을 갖춘
정예군대를 확보하지 못해 외적방어에 어려움을 겪고 있었는데 이에
비교적 부실한 경제력을 갖춘 한산관을 마군으로 동원하기에 이르렀
던 것이다.260)

---

256) "有蔭奇光軍 以文武七品以上之子 五品之孫 京職大常以上之子 爲之"(『高麗
史』 권81, 兵1, 兵制, 연혁 文宗5년 判)
257) "都評議使奏 前銜三品以下 各以坊里點數 有變則四面都監官員 先以一里一
人 率領赴防 從之"(『高麗史』 권81, 兵1, 兵制, 연혁 恭愍王7년 7월)
258) "以諸道閑散官隷五軍 尋罷之"(『高麗史』 권81, 兵1, 兵制, 연혁 恭愍王16년 2월)
259) "都評議使閱各道所調閑散軍 先是各道抄閑散子弟 慶尚道六百 全
羅道一千三百四十 楊廣道七百"(『高麗史』 권81, 병1, 兵制, 연혁 辛禑3년 6월)
260) "都評議使 閱各道所調閑散軍 先是 各道抄軍使等 抄閑散子弟 … 無馬者畏刑
至有鬻子易馬 盡賣家產 又賣已耘之田 以求馬匹 雖名閑散 其實農民 及戍邊

한산군은 대부분 양반층으로 구성되었다. 한산관 가운데 전직관리였던 전함관의 신분은 말할 것도 없이 양반층이었으나 첨설관의 경우는 그 신분이 다양하였다. 고려 말에 첨설직이 지급되는 대상자 중에는 사인(士人)이나 향리를 비롯하여 공상천예(工商賤隸)와 농민에 이르기까지 여러 계층이 포함되어 있었으므로, 첨설관으로 조직된 한산군역시 다양한 계층이 망라되어 있었을 것이다.

그러나 그 가운데서도 근간을 이룬 것은 무예에 뛰어난 사인과 향리들이었다. 이들은 일반농민보다 우월한 지위에 있는 지방의 유력층으로서 고려말 새로이 성장해 가는 신진무인세력으로 이해되고 있다.[261]

이처럼 공민왕대 이후 한산관은 본격적으로 한산군에 편입되었는데, 이는 양인개병제(良人皆兵制)의 강화에 따라 양반 사족층까지 군역이 확대되었음을 의미하는 것이었다. 즉 고려전기에는 하급지배층인 한인(閑人)이 유사시에 군인으로 징발되는 경우가 있었지만, 공민왕대 이후에는 한산관에게 군역을 부과하는 것이 일반화되면서 군역의 대상이 사족층까지 확대되었던 것이다.

한산관의 군역은 초기에는 벼슬과 군역, 즉 반관반군(半官半軍)의 성격을 가진 것이었으나 조선왕조 성립이후 중앙집권화 과정에서 정병(正兵)으로서의 군역으로 일원화되어 갔다.[262]

(2) 방리군과 양반층의 군역 부담

공민왕대 들어와 왜구의 침략이 수도 개경까지 위협하는 절박한 상황이 되면서 방리(坊里)의 장정을 징발하여 전졸(戰卒)로 동원하였다.[263] 즉 지방으로부터의 번상이 이루어지지 못하는 상황에서 도성의

鎭者 居半 至是皆令放歸"(『高麗史』권81, 병1, 兵制, 연혁 辛禑3년 6월)

261) 鄭杜熙, 1990「高麗末 新興武人勢力의 成長과 添設職의 設置」『李載龒博士還曆紀念論文集』

262) 韓永愚, 1983「麗末鮮初 閑良과 그 地位」『朝鮮前期社會經濟研究』

방어를 위해 비교적 징발이 쉬운 개경의 주민을 동원하였던 것이다.

처음에는 유사시에 한해 임시적으로 방리인을 징발하였으나 계속되는 외침으로 방리군은 점차 상비군화 하였고, 공민왕22년에 방리군의 관장기구인 도총도감(都摠都監)이 설치되면서264) 방리군 조직이 정착된 것으로 보인다.

공민왕대에는 호의 대소를 기준으로 하여 방리군의 수를 정하였는데265), 당시 호의 대소를 구분한 기준이 무엇이었는지는 알 수 없다. 이후 우왕 대에 이르면 가옥의 크기를 기준으로 군정을 징발하였다.266)

이처럼 개경에서 징발하는 방리군의 경우에 가옥의 크기가 징발의 기준이 되었다. 즉 호구나 토지의 파악이 어려웠던 당시에 개경과 같은 도시에서는 비교적 쉽게 파악할 수 있는 가옥의 크기가 호의 경제력을 나타낼 수 있는 기준이 되었기 때문일 것이다.

가옥의 대소에 의한 군정의 징발기준은 점차 강화되어, 공민왕대 초기에는 단순히 대호와 소호의 구분으로 징발하였으나, 이후 방리군제도가 점차 정착되는 우왕 대에 이르면 그 구분이 보다 구체화되고 세분화되었다.

가옥의 크기를 기준으로 한 호의 대소가 군정 징발의 기준이 됨에 따라 큰 가옥을 소유한 양반층도 당연히 징발대상에 포함되었을 것이다. 그러나 실제의 군역부담은 양반이 소유하는 노비로 대역시켰을 것

---

263) "倭焚喬桐 京城戒嚴 發坊里丁 爲戰卒"(『高麗史』 권39, 世家 恭愍王7년 5월 辛亥)
264) "立都摠都監 點坊里軍"(『高麗史』 권44, 世家 恭愍王22년 5월 병진)
265) "倭寇龍城等十餘縣 以柳濯爲京畿都統使 括坊里人爲軍 大戶二人 小戶一人 屯東西江"(『高麗史』 권81, 兵1, 兵制, 연혁 恭愍王9년 5월)
266) "改定都城五部戶數 凡屋間架二十以上 爲一戶 出軍一丁 間架小則 或併五家 或併三四家爲一戶"(『高麗史』 권81, 兵1, 兵制, 연혁 辛禑원년 8월)
"點五部街里戶數 以屋三十間出三人 二十間出二人 十三*間出丁一人 九間以下令出從軍者軍具"(『高麗史』 권81, 兵1, 兵制, 연혁 辛禑3년 4월)

이기 때문에 방리군 가운데에는 상당수의 노비가 포함되었을 것으로 보인다.

이처럼 방리군의 징발이 가옥의 크기를 기준으로 하게 되면서 양반 층도 군역 대상에 포함되었는데, 이러한 변화는 고려 말에 전함관이나 첨설관 등 한산관층의 군역동원과 함께 군역 부담이 양반층으로까지 확대되어 감을 의미하는 것이었다.

3) 노비의 군역 동원

양천 신분제에서 천인에 속하는 노비는 국가에 대해 일체의 의무가 없는 대신 사환권(仕宦權)을 비롯한 일체의 권리도 행사할 수 없는 존 재였다. 따라서 노비에게는 당연히 군역의 의무가 부과되지 않았다. 그 런데 고려전기에 노비가 군역에 동원된 유일한 사례가 있는데 그것은 예종대의 여진 정벌 시에 별무반(別武班)에 편성된 경우였다. 당시에는 문무산관(文武散官)과 서리(胥吏)를 비롯해 상인과 노비에 이르기까지 다양한 계층이 별무반에 편성되었다.[267]

그러나 고려 후기가 되면 노비의 군역동원이 점차 많아지는 추세이 다. 고종4년의 거란 침략 시에 5군으로 편성된 출정군이 패하자 동남도 가발병마사(東南道加發兵馬使)가 개경의 공·사노예를 선발하여 군인에 충당한 일이 있었고[268], 대몽 전쟁 중에는 노비로 편성된 별초군(別抄 軍)이 등장하기도 하였다.[269] 고종18년 몽골의 1차 침략 시에 노군잡류

---

267) "尹瓘奏 始置別武班 自文武散官吏胥 至于商賈僕隷 及州府郡縣 凡有馬者爲 神騎 無馬者爲神步 跳盪梗弓精弩發火等軍"(『高麗史』권81, 兵1, 兵制, 연혁 肅宗9년 12월)
268) "以大將軍任輔 爲東南道加發兵馬使 選城中公私隷 充部伍 以遣之"(『高麗史』 권81, 兵1, 兵制, 연혁 고종4년 5월)
269) "忠州官奴作亂 宰樞會崔瑀第議發兵 州判官庾洪翼 請遣使撫諭 … 先是 州副 使于宗柱 每於薄書間 與洪翼有隙 聞蒙兵將至 議城守 有異同 宗柱帥兩班別

별초(奴軍雜類別抄)라는 이름으로 노비가 잡류와 함께 충주성 전투에서 활약하였는데, 이는 관청에서 사역하던 관노비를 무장시킨 임시적인 조직이었을 것으로 생각된다. 이처럼 노비는 비상시에 한해 일시적으로 전투에 동원된 경우가 있었으나 노비층만으로 조직된 군사조직은 출현하지 않았다.

그러나 고려 말에 이르면 노비의 군역 동원이 잦아지고 마침내 노비층으로 구성된 군사조직이 등장하였다. 공민왕10년에 침입한 홍건적을 격퇴하기 위해 군사를 모집할 때 공·사노비가 포함되었고.[270] 또한 우왕 대에 왜구의 침입이 격화되면서 수시로 군인을 징발할 때에도 양반·백성과 함께 제궁사창고노(諸宮司倉庫奴), 사노(私奴), 공사천예(公私賤隸) 등 공·사노비가 중요한 징발대상이 되었다.[271]

이처럼 고려 말에 계속되는 비상시국에서 노비의 군역동원이 점차 일상화되었고, 마침내 노비층으로 편성된 군사조직이 등장하기에 이르렀다. 즉 공민왕대에 개경과 지방에서 연호군(烟戶軍)이란 새로운 군사조직이 출현하는데[272] 바로 노비층이 주요 구성원이 되었다.

연호군은 국가나 개인에 대해 일정한 역을 지고 있는 인리(人吏)·역자(驛子)·관시창고궁사노(官寺倉庫宮司奴)·사노(私奴) 등으로 구성된 군사조직이었다.[273] 즉 고려 말 병력자원이 부족한 상황에서 그 동안 군역부담에서 제외된 자들을 중심으로 조직된 것이다.

이처럼 연호군에는 향리나 역자 등도 포함되었으나 주된 계층은 공·사노비였다. 노비층은 비상시에 별초군이나 연호군과 같은 예비군

抄 洪翼率奴軍雜類別抄"(『高麗史節要』권16, 高宗19년 정월)
270) "募兵 凡應募者 除私賤外 士人鄕吏官之 宮司奴隸良之 或賞錢帛 聽其自願" (『高麗史』권81, 兵1, 兵制, 연혁 恭愍王10년 10월)
271) 『高麗史』권81, 兵1, 兵制, 연혁 辛禑2년 7월 및 辛禑3년 7월
272) "全羅道按廉使田祿生啓曰 州縣之弊 防倭爲大 自庚寅以來 道內之戍 歲益增 置 至十八所 其軍官 虐州郡以立威 致其凋弊 役戍卒以濟私 使之逋逃 及寇至 徵兵州郡 謂之煙戶軍"(『高麗史節要』권27, 恭愍王10년 5월)
273) 『高麗史』권81, 兵1, 兵制, 五軍 辛禑4년 12월

의 형태로 군역에 동원되었지만, 고려말 병력이 부족한 상황에서 점차 군역체계 속에 포함되었다. 이후 연호군은 조선 초에 잡색군(雜色軍)으로 재정비되어 세종 대에 이르러서는 하나의 병종으로 파악되었다.[274]

3. 3정1호 군호제와 조역제의 성립

1) 3정1호 군호제의 성립

개별 인신에 대한 노동력 지배로서 인두적 징발의 성격이 강한 군역의 대상은 16세에서 59세에 이르는 성인 남자, 즉 정남(丁男)이었다. 군역의 징발은 시대와 사회가 처한 사회경제적 조건에 따라 차이가 있었지만 보통 인정과 토지의 다과 등이 징발기준이 되었다.

고려시대에 군역의 징발기준이 어떠했는가를 보여주는 구체적인 자료는 찾을 수 없다. 그러나 국역의 징발과 호등의 편제방식을 보여주는 다음의 자료들이 주목된다.

> Ⓛ 국가의 제도에 백성의 나이 16세가 되면 정(丁)으로 삼아 비로소 국역에 복무하게 하고, 60세가 되면 노(老)로 삼아 역을 면제시켰다. 주군은 매년 호구를 조사하여 호적에 올리고 호부에 보고하였는데 무릇 징병(徵兵)과 조역(調役)은 호적으로써 초정하였다.[275]

> Ⓜ 편호(編戶)는 인정의 다과로서 9등으로 나누고 그 부역(賦役)을 정하였다.[276]

---

274) 閔賢九, 1968 「鎭管體制의 確立과 地方軍制의 成立」『韓國軍制史』육군본부
275) "國制民年十六爲丁 始服國役 六十爲老而免役 州郡每歲計口籍民 貢于戶部 凡徵兵調役 以戶籍抄定"(『高麗史』 권79, 食貨2, 戶口 序文)
276) "編戶 以人丁多寡 分爲九等 定其賦役"(『高麗史』 권84, 刑法1, 戶婚)

ⓛ은 국역 징발대상의 연령층과 징발방식을 보여주는 자료이다. 이
기록을 통해 고려시대의 징병과 조역의 대상 연령층은 16세에서 59세
까지의 성인 남자였고[277], 또 징병과 조역은 매년 주·군에서 작성하여
호부에 보고한 호적을 바탕으로 이루어졌음을 알 수 있다. 군인의 초
정(抄定)이 호적에 의거하고 있었던 만큼[278] 군역징발의 기준이 되었던
것은 호 내의 인정 수였을 것은 분명하다.

ⓜ은 그 연대를 알 수 없는 고려시대의 호등제에 관한 기록으로, 인
정의 다과를 기준으로 9등호로 편호하여 부역을 정한다는 편호의 기준
을 보여주고 있다. 고려시대 9등호제의 실시에 대해서 임시적이고 과
도적인 것으로 보는 견해도 있으나[279] 대체로 9등호제의 존재나 실시
를 인정하고 있다.[280]

한편 부역의 내용에 대해서도 견해가 일치하지 않으나[281] 그것이 인
정의 다과를 기준으로 정해진 만큼 당연히 인신적 수취의 성격을 지닌
역역(力役)이나 군역이 포함되었을 것이다. 따라서 고려시대 군역 징
발의 기준 역시 인정수의 다과였음을 추정할 수 있다.[282]

---

277) 이는 당시 중국측의 기록에서도 확인된다.
　　“其制 民十六以上 充軍役 其六軍上衛 常留官府”(『高麗圖經』 권11, 仗衛 序)
　　“國無私田 民計口授業 十六以上則充軍 六軍三衛 常留官府 三歲以選”(『宋史』
　　권487, 高麗傳)
278) 실제로 군역의 징발은 호적을 바탕으로 작성된 군적에 의거해서 행해졌을 것
　　이다.
279) 金基興, 1990 『三國 및 統一新羅期 稅制의 硏究』 서울대박사학위논문
280) 姜晋哲, 1980 「農民의 負擔」 『高麗土地制度史硏究』
　　李貞熙, 1993 「高麗前期 徭役의 賦課方式」 『韓國文化硏究』 6
281) 賦役을 貢賦와 力役으로 보는 견해(姜晋哲, 1980 「農民의 負擔」 『高麗土地制
　　度史硏究』)와 徭役으로 보는 견해(李貞熙, 1993 「高麗前期 徭役의 賦課方式」
　　『韓國文化硏究』 6) 등이 있다.
282) 그러나 군역징발의 기준으로 군인 1丁을 내는 인정수에 대해서는 구체적인
　　내용을 알 수 없다. 통일신라시대에 6人 정도의 인정수를 기준으로 군인 1丁
　　이 징발되었다는 견해(李仁哲, 1986 「新羅統一期의 村落支配와 計烟」 『韓國
　　史硏究』 54; 1993 『新羅政治制度史硏究』)를 참고한다면 고려초기에도 그와

이처럼 인정수의 다과를 징발기준으로 하였다 하더라도 군역수행에 필요한 일체의 비용을 군인 스스로가 마련해야 했던 당시에 국가는 군역부담자의 경제적 능력을 고려하지 않으면 안 되었을 것이다. 농업경영이 불안정한 농민층이 광범하게 존재하였던 당시의 생산력 수준에서 개별 호의 경제력을 고려하지 않고서 안정적인 군역층의 확보가 어려웠기 때문이다.

따라서 국가는 군역의 징발과정에서 인정수와 함께 경제력, 즉 군역을 감당할 수 있을 일정규모 이상의 토지소유를 중요한 기준으로 삼았던 것이다. 통일신라시대에 1군정을 내는 1계연(計烟)의 토지소유 규모를 18결 내지 24결 정도로 추정하는 것으로 볼 때[283], 아마 고려전기에도 이와 비슷한 규모의 토지가 군역의 부담 능력을 가늠하는 기준이 되었을 것으로 생각된다.

9등호제[284]에 입각하여 군역이나 역역의 징발이 이루어졌을 것으로

비슷한 정도의 인정수가 군역징발의 기준이 되지 않았을까 추측할 수 있다. 이와 관련하여 군역부담층인 足丁戶를 17結의 토지와 6丁의 결합으로 보는 견해도 있다.(尹漢宅, 1989「高麗 田柴科體制下에서의 農民身分」『泰東古典研究』5 및 金基燮, 1987「高麗前期 農民의 土地所有와 田柴科의 性格」『韓國史論』17)

283) ① 18결로 보는 견해
  李仁哲, 1986「新羅統一期의 村落支配와 計烟」『韓國史研究』54; 1993 『新羅政治制度史研究』
  ② 24결로 보는 견해
  이인재, 1991「신라통일 전후기 조세제도의 변동」『역사와 현실』4
  李貞熙, 1993「高麗前期 徭役의 賦課方式」『韓國文化研究』6
284) (1) 戶等의 구분기준에 대한 제 견해
  ① 人丁의 多寡라는 견해
  旗田巍, 1972「新羅의 村落」『朝鮮中世社會史의 研究』
  ② 토지 또는 재산(일차적 기준은 土地이지만 그 외에 牛馬와 奴婢의 數도 포함)의 다과라는 견해
  李仁哲, 1986「新羅 統一期의 村落支配와 計烟」『韓國史研究』54
  金基興, 1989「新羅 村落文書에 대한 新考察」『韓國史研究』64

추정하는 통일신라시대의 군역징발에 대해 각 공연마다 균일한 군역
의 징발이 이루어졌다는 견해[285]와 개별호의 경제력이나 인정수를 기
준으로 군역을 징발하였다는 견해[286]가 있다.

전자는 촌락문서에 보이는 4개 촌 가운데 하나인 살하지촌(薩下知村)
에 법당군단(法幢軍團)의 병졸로 추측되는 여자(余子)·법사(法私)[287] 등
이 호등에 관계없이 매 공연(孔烟)마다 1명씩 징발되고 있는 사실[288],
그리고 설씨 녀의 설화에서 1인의 남정 밖에 없는 설씨 가에 설씨 녀의
아버지가 군역징발의 대상이 되었던 사실[289] 등을 근거로 들고 있다.

---

③ 人丁과 土地 모두를 참작한 것이라는 견해
　李泰鎭, 1979「新羅統一期의 村落支配와 孔烟」『韓國史研究』 25
　李貞熙, 1993「高麗前期 徭役의 賦課方式」『韓國文化研究』 6
(2) 戶等制의 기능에 대한 제 견해
① 力役징발을 위한 것이라는 견해
　旗田巍, 1972「新羅의 村落」『朝鮮中世社會史의 研究』
② 軍役을 비롯한 租·庸·調 등 賦稅 전반의 수취와 관련이 있다는 견해
　李泰鎭, 1979「新羅統一期의 村落支配와 孔烟」『韓國史研究』 25
　李仁哲, 1986「新羅統一期의 村落支配와 計烟」『韓國史研究』 54
　李貞熙, 1993「高麗前期 徭役의 賦課方式」『韓國文化研究』 6
285) 蔡雄錫, 1986「高麗前期 社會構造와 本貫制」『高麗史의 諸問題』
　金基興, 1990『三國 및 統一新羅期 稅制의 研究』 서울대박사학위논문
286) 李仁哲, 1986「新羅統一期의 村落支配와 計烟」『韓國史研究』 54;『新羅政治
制度史研究』 일조각
287) 余子와 法私가 法幢軍團과 관련이 있을 것으로 추측하는 견해로 다음의 논문
이 있다.
　旗田巍, 1958·59「新羅의 村落」『歷史學研究』; 1972『朝鮮中世社會史의 研
究』 법정대출판국
　李基白, 1974『新羅政治社會史研究』 일조각
288) 薩下知村의 孔烟에 관한 사항은 다음과 같다.
　"合孔烟十五 計烟四 餘分二 此中仲下烟一余子 下上烟二余子 下仲烟五竝余
子 下下烟六 以余子五 法私一"
　薩下知村의 15개의 孔烟에 매 孔烟마다 戶等에 관계없이 余子 1명씩이 징발
되고, 또 下下烟 중 하나에서는 法私가 1명 징발되고 있다.
289)『三國史記』권48, 薛氏女傳 이 사례는 비상시 군역징발의 경우로서 일반적인

이처럼 재산이나 인정수를 기준으로 편성된 호등에 관계없이 무차별 적으로 1공연에 1인씩의 군정이 징발되었다는 것은 군역이 본래 인신 에 대한 수취로서 인두적 징발의 성격이 강하였기 때문이라는 것이 다.[290] 즉 군정으로 징발할 수 있는 정남이 있는 호는 모두 징발대상이 되었다고 하였다.

한편 후자는 촌락문서의 분석을 통해 18결의 토지와 6인의 정남을 단위로 편성된 1계연에서 1인의 군정을 징발했을 것으로 추정하였 다.[291] 두 주장은 모두 추측에 불과할 뿐 확실한 근거에서 나온 결론은 아니다.

그러나 이 가운데서 후자가 더 설득력을 지닌 것으로 생각된다. 왜 냐하면 아무리 인신적 징발의 성격이 강한 군역이라 할지라도 군역 담 당자의 경제적 능력을 고려하지 않고[292] 각 공연에 대해 균등하게 군 역을 징발했다고 보기 어렵기 때문이다. 고려시대 군역의 대가로 군인 1정에게 지급된 1족정(足丁)의 면적 17결[293]이 통일신라시대 1계연의 소유토지 18결과 그 크기가 비슷한 것은 결코 우연이 아닐 것이다.

고려시대의 군역징발체제는 양인 농민층을 정호층과 백정층으로 구 분하고 정호층에게 군역을 부과하는 것이었다. 지금까지의 연구에서 정호와 백정에 대해 견해의 차이가 많은데, 먼저 정호와 백정을 구분 하는 대상에 대해서는 첫째, 전체 인민을 대상으로 했다는 견해[294], 둘

군역징발의 기준을 보여주는 例로서는 적합하지 않은 것으로 보인다.

290) 金基興, 1990 『三國 및 統一新羅期 稅制의 연구』 서울대박사학위논문

291) 李仁哲, 1986 「新羅統一期의 村落支配와 計烟」 『韓國史硏究』 54; 『新羅政治 制度史硏究』 일조각

292) 물론 전자의 주장에서도 下下烟의 경우는 개별호의 자립성이 낮은 몇 개의 自 然戶를 編戶한 것으로 본다.(金基興, 1990 『三國 및 統一新羅期 稅制의 硏究』 서울대박사학위논문)

293) “下敎曰 … 一國家以田十七結 爲一足丁 給軍一丁 古者田賦之遺法也”(『高麗 史』 권81, 兵1, 兵制, 연혁 恭愍王5년 6월)

294) 金基燮, 1993 『高麗前期의 田丁制 硏究』 부산대박사학위논문

째, 양반관료층을 제외한 일반민을 대상으로 했다는 견해295) 셋째, 일
반 농민층을 대상로 했다는 견해296) 등으로 구분된다.

다음으로 구분의 기준에 대해서는 일반적으로 경제력, 즉 토지소유
규모의 차이에 따라 구분되는 것으로 이해되고 있다. 일정한 경제력을
갖춘 정호층은 국가가 차정한 특정한 직역을 부담하였지만, 그렇지 못
한 백정층은 요역과 기타 부담 이외에 직역 부담은 지지 않았고, 이 때
직역은 일반적으로 군인호, 향리호, 기인호, 역호 등이 부담하는 역을
가리키는 것으로 본다.

또한 정호와 백정의 신분에 대해서도 양자 모두를 농민층으로 파악
하되 그 가운데에는 양인과 천인이 모두 포함된다는 견해, 즉 정호 가
운데 역호(驛戶)는 천민으로, 백정 가운데 일반 군현민이 아닌 역민(驛
民)이나 도민(島民)은 천민으로 보는 견해와 정호는 지배계층의 하한인
중간계층으로, 백정은 피지배층으로 파악하는 견해로 나뉘어 있다. 그
런데 후자의 경우에서 지배층으로 파악한 역정호는 일반적으로 천신
분으로 이해한다.

요컨대 정호층과 백정층의 구분은 토지소유의 차이에 의한 경제력
차이를 반영한 것으로 자립도의 차이와 관련이 있었다. 즉 백정에게
공전을 지급하여 정호로 삼았다는 사실을 통해 볼 때297) 백정과 정호

---

295) 旗田巍, 1959「高麗時代의 白丁-身分·職役·土地-」『朝鮮學報』14; 1972『朝
   鮮中世社會史의 硏究』강진철, 1980『고려토지제도사연구』고려대출판부
   채웅석, 1995「고려시대 향촌지배질서와 신분제」『한국사』6, 한길사
   오일순, 2000「제1장 고려전기의 신분구성과 역제」『고려시대 역제와 신분제
   변동』혜안
296) 이우성, 1974「고려 전시과제도하의 한인·백정」『고려사회제계층의 연구』
297) "敎曰 凡一國之本 莫過於孝 … 其咸富等 竝令旌表門閭 免其徭役 白丁給公
   田爲丁戶 車達三人 咸富等四人 免出驛島 隨其所願 編籍州縣"(『高麗史』권3,
   世家 成宗9년 9월)
   "判令諸道州縣 每年桑苗 丁戶二十根 白丁十五根 田頭種植 以供蠶事"(『高麗
   史』권79, 食貨2, 農桑 顯宗19년 정월)

의 구분은 토지소유의 다과가 기준이 되었음을 알 수 있다. 결국 양
자의 구분은 국가의 입장에서 볼 때 국역의 수행능력과 직결된 것이
었다.

고려전기에는 안정적인 군역 담당층을 확보하기 위해 전정연립제
(田丁連立制)를 실시하였다. 국가는 군역부담자에게 전정, 즉 군인전을
지급하고 그 전정과 군역을 자손이나 친족에게 계승시키는 방법을 통
해 군역 담당층을 안정적으로 확보하려 하였다. 이처럼 고려전기에는
인정과 토지소유의 다과가 동시에 군역징발의 기준이 되었다. 대다수
농민층의 경영이 불안정한 상태였기 때문에 인정의 다과만을 군역징
발의 절대적인 기준으로 삼을 수 없었던 것이다.

따라서 일반적인 국역징발에서와 마찬가지로 군역부담자의 경제력
이 또한 징발의 기준이 되었다. 또한 군역징발에서 토지와 인정의 결
합은 국가의 미약한 집권력과도 관계가 있는 것이었다. 즉 국가의 집
권력이 미약한 단계에서는 경제적으로 자립이 가능한 계층을 대상으
로 하여 역제와 전제를 결합시킨 군역징발이 훨씬 용이한 방식이기 때
문이었다.[298)

전기의 군역징발체계는 12세기 이후 개별 호의 분화와 함께 점차 붕
괴되어 갔다. 이러한 변화의 직접적인 원인은 농업생산력 발전을 배경
으로 한 계층구조의 변화에서 찾을 수 있다. 생산력의 발전으로 호의
분화가 일어나고 그로 인해 정호층의 분해가 촉진되었고, 백정층 역시
빈부의 차이가 확대되면서 상승농민과 몰락농민으로 분화되었다.[299)

뿐만 아니라 군인전이 권세가들의 침탈대상이 되어 군역의 경제적
기반이 무너지기 시작하였다.[300) 그 결과 정호층과 백정층간의 계층적

---

298) 이인재, 1989「신라통일 전후기 조세제도의 변동」『역사와 현실』
299) 김기섭, 1993『高麗前期의 田丁制 研究』부산대박사학위논문
300) "凡州縣 各有京外兩班軍人家田永業田 乃有姦黠吏民 欲托權要 妄稱閑地 記
    付其家 有權勢者 又稱爲我田 要取公牒 卽遣使喚 通書屬托 其州貟僚 不避
    干請 差人徵取 一田之徵 乃至二三 民不堪苦 赴訴無處 寃忿衝天 灾沴間作

인 구분은 의미를 잃게 되었다. 즉 군역이 천역으로 인식되고[301] 군인
전도 제대로 지급하지 못하는 상황에서 군인호인 정호와 백정호 간의
계층적인 구분은 의미를 상실하게 되었던 것이다.

녹과전(祿科田)을 제정할 때 반정(半丁)이 혁파의 대상이 되었던
것[302]도 정호제의 해체에 따라 그 의미를 상실하게 된 반정호의 토지
를 녹과전에 충당하려고 한 때문이었다. 즉 역호(役戶)로서 반정호가
그 기능을 상실하면서 면조(免租)의 형태로 수조권을 지급하였던 토지
를 양반수조지로 전환시키고자 하였다.[303] 역과 토지의 결합 편성으로
고려전기의 계층구조를 반영하였던 정호제는 역과 토지의 결합이 분
리되면서 해체되어 갔던 것이다.[304]

이처럼 군역과 결합되었던 토지가 역과 분리되면서 군역징발의 기
준에도 변화가 나타나게 되었다. 이러한 변화가 나타나는 초기에는 군
역징발에 일정한 기준이 확립되지 못하여 인정의 다과가 기준이 되기
도 하고, 집의 크기가 기준이 되기도 하였으며, 또한 토지의 다과를 기
준으로 하자는 주장이 제시되기도 하였다. 그러나 대체적인 추세는 인
정의 다과를 기준으로 하는 것이었다.

우왕9년에 이성계가 올린 다음의 안변책(安邊策)은 고려 말 군역의
징발기준과 관련하여 중요한 자료이다.

禍源在此 捕此使噢 枷械申京 記付吏民 窮極推罪"(『高麗史』권78, 食貨1, 田
制, 口分田永業田 明宗18년 3월 下制)

301) 이미 靖宗代 丁人의 役이 賤役視 되어 서로 피하는 현상이 나타나고 있음을
볼 수 있다.(『高麗史』권81, 兵1, 兵制, 연혁 靖宗11년 5월 揭榜)

302) "都評議使司言 先王設官制祿 一二品三百六十餘石 隨品差等 以至伍尉隊正
莫不准科數以給 故衣食足給 一切奉公 其後 再因兵亂 田野荒廢 貢賦欠乏 倉
庫虛竭 宰相之祿 不過三十石 於是罷畿縣兩班祖業田外半丁 置祿科田 隨科
折給"(『高麗史』 권78, 食貨1, 田制 祿科田 忠穆王원년 8월)

303) 金基燮, 1993 『高麗前期 田丁制研究』부산대박사학위논문
오일순, 1994 「고려후기 토지분급제의 변동과 祿科田」 『14세기 고려의 정치
와 사회』민음사

304) 閔賢九, 1972 「高麗의 祿科田」 『歷史學報』 53·54합집

군과 민이 통속됨이 없으면 비상시에 서로 보전하기 어렵습니다. 이 때문에 선왕이 병신년 교서에서 3가를 1호로 하고 백호·통주를 원수영에 예속시켜 무사할 때는 3가가 번상하고 유사시는 모두 나아가게 하며 일이 급할 때는 집안의 정을 모두 징발하게 하였으니 참으로 좋은 법이었습니다.[305]

위의 기록에서 보는 것처럼 군역제의 정비를 시도한 공민왕5년에 3가를 1호로 편호하여 무사할 때에는 3가가 교대로 번상하고 유사시에는 가내의 정을 모두 징발하는, 즉 인정수를 기준으로 한 징발원칙이 만들어졌음을 알 수 있다.

다음 기록에서 보는 것처럼 이러한 징발원칙은 이미 원 간섭기 초부터 나타나고 있었다.

원나라에서 경략사 왕총관(王總管)을 파견하여 군사 5천 명을 징발하여 일본정벌을 도우라고 명령하였다. … 왕은 요역이 번거롭고 수송하는 폐단이 많아서 농사일을 방해하는 것을 근심하여 상장군 이분희(李汾禧)를 홍다구에게 보내 그를 설득하여 백성의 절반을 귀농시키자고 요청하였다. 홍다구가 이를 받아들여 배 1척마다 쌍정(雙丁) 50인을 남기고, 나머지 단정(單丁)은 모두 귀농하게 하였다.[306]

즉 원종13년에 원나라에서 일본원정에 필요한 전함을 제조하기 위해 고려에서 역도(役徒)를 동원하였는데 고려 국왕이 농사에 방해됨을 이유로 동원된 백성 가운데 반을 돌려보내기를 청하자 쌍정(雙丁)을 남기고 나머지 단정(單丁)은 모두 귀농하게 하였다는 것이다. 이러한 사실을 통해 요역이나 군역 등 역역 징발의 경우 적어도 쌍정 이상에서

---

305) 『高麗史』 권81, 兵1, 兵制, 연혁 辛禑9년 8월
306) "元遣經略司王總管來命 發軍五千 助征日本 … 王患徭役之煩 轉輸之弊 有防農務 遣上將軍李汾禧 往說茶丘 請令分半歸農 茶丘頗然之 每一船留雙丁五十人 其餘單丁 悉放歸農"(『高麗史』 권27, 世家 元宗15년 3월 경술)

1정을 징발하는 원칙이 있었음을 추정할 수 있다.

공민왕 당시 군호 편성의 원칙이 3가1호[307] 또는 3정1호[308] 등으로 표현되어 가(家)와 정(丁)이 혼용되고 있는 현상을 볼 수 있는데, 이것은 1가가 1정으로 간주되었기 때문이라 생각된다. 즉 당시의 3정1호 편호방식은 1가에 1정씩만을 인정하여 군호에 편제하고 가내의 나머지 정은 무시하는 것이었다. 인정수가 징병의 기준이 된 초기에는 호내의 정수 파악이 불완전하여 1가를 1정으로 간주하였던 것이다. 그러나 조선 초 집권화가 진행됨에 따라 개별 가의 인정수가 파악되고 이것이 징병기준이 되었다.[309]

3가1호 또는 3정1호의 군호 편성원칙에 따라 3가에서 1정을 징발하는 것이 원칙이었지만 실제로는 쌍정에서 1정을 징발하는 것은 물론[310] 단정까지 징발하는 경우가 많았다.[311] 다만 단정을 징발하는 경우에는 조역(助役)을 지급하도록 하였는데[312] 조역의 지급은 3정1호의 군호편성에서와 마찬가지로 군역에 징발된 군정(軍丁)의 재정적 지원을 위한 것이었다.[313]

---

307) "我太祖獻安邊之策曰 … 又軍民非有統屬 緩急難以相保 是以先王丙申之敎 以三家爲一戶 統以百戶統主 隷於帥營 無事則三家番上 有事則俱出 事急則 悉發家丁 誠爲良法"(『高麗史』권135, 열전 辛禑9년 8월)

308) "都堂啓曰 召募海邊人民 三丁爲一戶 定爲水軍 諸道濱海之田 不收租稅 以養 水軍妻子 從之"(『高麗史』권83, 兵3, 船軍 恭讓王3년)

309) 李成茂, 1980「兩班과 軍役編制」『朝鮮初期 兩班研究』

310) "下敎曰 … 一征戍之卒 雙丁僉一丁 亦非得已 單丁可愍 勿使從軍"(『高麗史』 권81, 兵1, 兵制, 연혁 恭愍王5년 6월)

311) "各處加定別抄 不論老弱單丁 勒令遠戍 往來疲頓 轉相避逃 其令沿海軍民 悉 充防戍 仍蠲徭役 遠地之民 代供其役 勿令赴防 兩得其便"(『高麗史』권82, 兵 2, 鎭戍 恭愍王5년 6월 敎)

312) "敎曰 單丁從役 自丙申年 已在禁限 官吏役使如初 尤可憐憫 須給助役 毋令 失業 年滿六十免役."(『高麗史』권84, 刑法1, 戶婚 恭愍王20년 12월)

313) 3丁1戶의 군호편성에서 軍役에 직접 징발되지 않는 나머지 2丁은 助役의 역 할을 하였을 것이다.

고려후기에 3가1호 군호편성 원칙이 출현한 것은 원 군호제의 영향
으로 추측된다. 원이 중원을 평정한 후 한족을 대상으로 시행한 군호
제에서 호의 빈부에 따라 1호가 독립적으로 1인의 군정을 낼 수 있는
호를 독호군(獨戶軍)라 하고, 2~3호가 공동으로 1인의 군정을 내는 경우
에 군정을 내는 호를 정군호(正軍戶), 나머지 호를 첩군호(貼軍戶)라 하
였다.314)

원대 초기의 군호편성은 독호군을 원칙으로 하였다. 그러나 이후 대
남송전의 수행으로 많은 병력이 필요함에 따라 1호에서 1인의 군사를
징발하는 독호군제의 원칙은 적용하기 어렵게 되었고, 그 결과 몇 개
의 호를 합병하여 1인의 병사를 징발하는 정군호·첩군호제가 본격적
으로 시행되었는데315) 이는 징발대상이 되는 군호의 경제력에 한계가
있었기 때문이다.

정군호·첩군호제는 첩군호가 정군호에게 할당되어 정군호의 군사비
와 생활비를 부담하는 제도로서316) 군호의 부담 능력을 고려하던 전기
의 군역징발체제가 붕괴된 고려후기 사회에 적합한 제도였다. 이미 원
간섭기에 진변만호부의 진수군 징발 시에도 3가1호의 군호편성 원칙
이 적용되었던 것으로 생각된다. 인신적 지배의 성격이 강한 호구의
다과, 즉 인정의 다과를 기준으로 한 3가1호 군호제는 군역제의 정비가

---

314) "旣平中原 發民爲卒 是爲漢軍 或以貧富爲甲乙 戶出一人 曰獨戶軍 合二三而
出一人 則爲正軍戶 餘爲貼軍戶 或以男丁論 嘗以二十丁出一卒 至元七年 十
丁出一卒 或以戶論 二十戶出一卒 而限年二十以上者充 士卒之家 爲富商大
賈 則又取一人 曰餘丁軍 至十五年免"(『元史』 권98, 兵1, 序文)

315) 大葉昇一, 1986「蒙古帝國=元朝의 軍隊組織」『史學雜誌』95-7

316) 沼田勒雄·中村治兵衛, 1943『異民族의 支那統治史』; 서병국옮김, 1991『이민
족의 중국통치사』대륙연구소 출판부
한편 정군호와 첩군호의 관계에 대해서 일정한 전토를 정군호와 첩군호가 공
동소유하고 정군호 아래 첩군호가 예속됨으로써 양자 사이에는 일종의 가부
장적이고 봉건적인 지배관계가 성립되었다는 견해도 있다.(南相克, 1977「元
朝의 千戶制와 宿衛 鎭戍軍制度」『史學志』11)

본격적으로 시도되는 공민왕대에 이르러 제도화 되었고, 이후 조선 초의 봉족제(奉足制)로 이어진 것으로 보인다.

한편 개경에서는 호등에 의한 군역징발이 이루어지기도 하였다. 원간섭기까지도 일반 민호의 호등 구분은 나타나지 않았다. 원종11년에 몽골 군마의 마료(馬料)를 징수할 때에 경중(京中)의 호에 대해 일률적으로 2석씩 거두어 호등의 구분을 볼 수 없으며317), 충렬왕 원년에 반전색(盤纏色)에서 은을 징수할 때에도 방리의 호등을 구분함이 없이 2호마다 일률적으로 1냥씩 징수하였다.318)

그러나 상인호(商人戶)의 경우는 3등으로 호등이 구분되었다. 즉 충렬왕9년에 군량을 거둘 때 상인호를 대호·중호·소호의 3등으로 나누어 각기 징수량에 차별을 두었고319), 충렬왕15년에 요동의 기근으로 원의 군량 10만석을 마련하기 위해 쌀을 거둘 때에도 3등의 호등으로 구분하였다.320) 아마 농민과 달리 상인호는 토지가 아닌 집의 크기가 경제력을 나타내는 기준이 되었기 때문이라 생각된다.

그러나 공민왕대 이후가 되면 일반 민호에서도 호등의 구분이 나타나 동왕11년에 무단미(無端米)를 징수할 때에 대호·중호·소호의 구분에 따라 미두를 징수하였다.321) 그리고 공민왕대 말부터는 호등에 의해 군인을 징발하기 시작하여, 공민왕22년에 설립된 도총도감(都摠都

---

317) "以蒙古軍馬久留 府庫置竭 供給不支 斂馬料于京中戶二石 民多逃散 乃減一石"(『高麗史』 권79, 食貨2, 科斂 元宗12년 11월)

318) "置盤纏色 斂銀諸王宰樞承宣班主一斤 宰樞致仕者正三品十三兩 從三品十一兩 以至權務尉正 各出有差 坊里二戶幷一兩"(『高麗史』 권79, 食貨2, 科斂 忠烈王원년 12월)

319) "令諸王百官 及工商奴隸僧徒 出軍糧有差 … 賈人大戶七石 中戶五石 小戶三石 唯年七十以上男女勿斂"(『高麗史』 권82, 兵2, 屯田 忠烈王9년 3월)

320) "遼東饑 元遣張守智等 令本國措辦軍粮十萬石 轉于遼東 王命群臣出米有差 … 軍官百姓公私奴婢 以五斗三斗爲差 富商大戶三石 中戶二石 小戶一石 各道輸米有差 唯除東界平壤二道"(『高麗史』 권79, 食貨2, 科斂 忠烈王15년 2월)

321) "以調度不給 增斂於民 大戶米豆各一石 中戶米豆各十斗 小戶米豆各五斗 名之曰無端米 民甚苦之"(『高麗史』 권79, 食貨2, 科斂 恭愍王11년 9월)

監)에서 방수군을 뽑을 때 대·중·소로 구분된 호등에 따라 군인의 수를 정하였고[322], 우왕대에는 도성에서 간가(間架)의 대소에 따라 호를 편성하고 이를 기준으로 군정을 징발하였다.[323]

이처럼 집의 크기를 기준으로 하는 군정의 징발기준은 개경에서 뿐만 아니라 지방의 민호에도 적용되었다.[324] 정을 내는 기준이 처음에는 20간 이상에서 1정을 징발하다가[325] 이후에는 30간에서 3정, 20간에서 2정, 10간에서 1정으로 점차 강화되었으며, 한편 집이 작아 군정을 낼 수 없는 경우에는 종군자(從軍者)의 군구(軍具)를 부담하게 하였다.[326] 인정수를 징발기준으로 할 때와 마찬가지로 조역제가 실시되었음을 알 수 있다.

선초에 실시된 봉족제는 고려 말의 3정1호 군호제와 조역제에서 그 직접적인 단서를 찾을 수 있을 것이다. 이처럼 집의 크기, 즉 경제력을 기준으로 하는 군역징발의 기준은 개경과 같은 도시지역을 중심으로 하여 한정적으로 적용되었을 것이라 생각된다.

한편 다음 자료에서 보는 것과 같이 여말에는 개혁론자들에 의해 소경전(所耕田)의 다과를 군역징발의 기준으로 하자는 주장이 제시되기도 하였다.

지금 양전(量田)하는 때를 맞이하여 그 경작지를 조사하여 소경(所耕)

---

322) "立都摠都監 括城中諸戶 大中戶幷五爲一 小戶幷十爲一 各僉一人 中東部赴東江 南西北部赴西江 防倭"(『高麗史』 권82, 兵2, 鎭戍 恭愍王22년 윤11월)
323) "改定都城五部戶數 凡屋間架 二十以上爲一戶 出軍一丁 間架小則 或倂五家 或倂三四家爲一戶"(『高麗史』 권81, 兵1, 兵制 辛禑원년 8월)
324) "敎曰 使民之道 務從優典 今後外方各處民戶 一依京中見行之法 分揀大中小三等 其中戶以二爲一 小戶以三爲一 凡所差發 同力相助 毋致失所"(『高麗史』 권84, 刑法1, 戶婚 辛禑원년 2월)
325) 『高麗史』 권81, 兵1, 兵制 辛禑원년 8월
326) "點五部街里戶數 以屋三十間 出丁三人 二十間出丁二人 十三間出丁一人 九間以下 令出從軍者軍具"(『高麗史』권81, 兵1, 兵制, 沿革 辛禑3년 4월)

의 다과로써 그 호를 상·중·하 3등으로 정하고 양천생구(良賤生口)를 분
간하여 호적을 작성하게 하십시오. 수령은 안렴사에게 바치고 안렴사는
판도사(版圖司)에게 바치면 조정에서는 군인을 징발하거나 부역을 동원
할 때 근거로 하는 바가 있어 제 때에 보낼 수 있을 것입니다. 수령과 안
렴사로서 법을 어기는 자가 있으면 법으로 다스리십시오.327)

위의 기록은 우왕14년에 개혁파 관료인 조준이 양전할 때에 경작지
의 다과로써 3등의 호등을 정해 징병과 조역의 기준을 만들자는 건의
의 일부이다. 이것은 인정의 다과에 의한 3가1호제와는 다른 방식으로
서 토지소유의 불균등이 심각하였던 고려 말의 상황에서는 인정보다
는 토지소유의 다과가 징병이나 조역의 적합한 기준이었음을 반영하
는 것이기도 하였다.

이미 앞에서 본 바와 같이 3가1호를 기준으로 하는 이른바 계정법
(計丁法)에 의한 군역징발은 군역수행에 중요한 토대가 되는 경제적 능
력은 제대로 고려하지 않은 불합리한 것이었다. 즉 군역부담자의 경제
적 토대가 마련되지 않는 군역징발은 군정의 도망이나 피역을 가져와
군사력의 부실화를 초래할 뿐이었다. 따라서 이러한 모순을 시정하기
위한 개혁파의 건의가 바로 우왕14년에 조준의 상소로 나타난 것이라
생각된다.

그러나 다음 기록에서 보는 것처럼 토지소유의 다과를 기준으로 하
는 군역의 징발은 고려말은 물론 조선 건국 이후에도 실행에 옮겨지지
못하였던 것으로 보인다.

　　Ⓝ 도당이 올린 글에 "바닷가 인민을 불러 모아 3정을 1호로 하여 수군
　　으로 삼고 제도의 바닷가 토지는 조세를 거두지 말고 수군의 처자

---

327) "今當量田 審其耕作之田 以所耕多寡 定其戶上中下三等 良賤生口 分揀成籍
　　守令貢于按廉 按廉貢于版圖 朝廷凡徵兵調役 有所憑依 及時發遣 而守令按
　　廉 如有違法者 輒繩以理"(『高麗史』 권79, 食貨2, 戶口 辛禑14년 8월 趙浚上書)

를 부양하게 하십시오"라고 하니 이에 따랐다.328)

◎ 민정은 16세부터 60세에 이르기까지 국역에 충당하는데 10정 이상
은 대호, 5정 이상은 중호, 4정 이하는 소호로 하여, 정의 수를 헤아
려 호적에 올린다. 만약 요역에 동원할 일이 있으면 대호에서는 1명
을 내게 하고, 중호는 둘이 아울러 1명을 내게 하며, 소호는 셋이 아
울러 1명을 내게 하여 그 역을 균등하게 한다.329)

Ⓝ은 공양왕대에 도당에서 수군을 징발하고 양성하기 위한 방법을
제시한 것으로, 인정의 다과에 의한 3정1호의 수군호가 편성되었음을
볼 수 있다. Ⓞ는 태조원년에 요역 징발을 위해 편호법을 제정한 기록
인데330) 이때에도 인정수를 기준으로 대·중·소 3등의 호등을 정해 요
역을 징발하고자 하였다.

태조원년에 제정된 편호법(編戶法)은 원칙적으로 10정에서 1정을 징
발하는 것으로서 공민왕5년의 3정1호제와 비슷한 것이었다. 그러나 공
민왕대의 3정1호제에 비해 가내의 정수가 어느 정도 파악된 기반 위에
서 실시할 수 있는 편호법으로331) 여말에 행해진 호구조사가 뒷받침 된
것이라 할 수 있다.332)

여말선초에 3정1호제와 같이 경제력이 배제된 인정 중심의 징발기

---

328) "堂啓曰 召募海邊人民 三丁爲一戶 定爲水軍 諸道濱海之田 不收租稅 以養水
軍妻子 從之"(『高麗史』 권83, 兵3, 船軍 恭讓王3년)

329) "民丁 自十六歲至六十歲當役 十丁以上爲大戶 五丁以上爲中戶 四丁以下爲
小戶 計丁籍民 如有徭役 大戶出一名 中戶幷二出一名 小戶幷三出一名 以均
其役"(『太祖實錄』 권2, 太祖원년 9월 壬寅)

330) 이는 徭役의 징발기준이었지만 軍役의 징발에서도 비슷한 원칙이 적용되었을
것이라 생각된다.

331) 李成茂, 1980「兩班과 軍役編制」『朝鮮初期 兩班研究』 일조각

332) "大司憲趙浚上疏曰 近來戶籍法壞 守令不知其州之戶口 按廉不知一道之戶口
… 願今當量田 審其耕作之田 以所耕多寡 定其戶上中下三等 良賤生口 分揀
成籍 守令貢于按廉 按廉貢于版圖 朝廷凡徵兵調役 有所憑依 及時發遣 而守
令按廉 如有違法者 輒繩以理."(『高麗史』 권79, 食貨2, 戶口 辛禑14년 8월)

준이 성립되는 것에 대해서 국가지배력이 낮은 단계였던 고려전기에
는 이동성이 강하고 누락되기 쉬운 인정보다 파악이 쉬운 토지가 우선
적인 파악대상이 되었지만 여말선초에 이르러 국가지배력이 발전함으
로써 호구의 파악이 강화되었기 때문이라고 설명하는 견해가 있기도
하다.[333] 그러나 통일신라시대의 촌락문서에서도 이미 각 촌내의 호별
인구수는 물론 그 이동상황까지도 상세히 파악되고 있어 그러한 설명
은 설득력이 약한 것으로 보인다.

이처럼 여말선초에 군역의 징발기준에 일정한 원칙이 확립되지 못
하였던 것은 토지와 인정의 결합된 전기의 군역징발체제가 해체되면
서 나타난 현상, 즉 군역징발에서 인정수와 토지의 다과 모두를 기준
으로 하던 단계에서 점차 인정수를 기준으로 하는 단계로 나아가는 과
정에서 나타난 과도기적 현상으로서, 이러한 변화의 배경에는 국역의
주요 담당계층인 농민층의 성장이 있었던 것이다.

2) 조역제의 실시

균전제가 실시되지 않은 고려에서는 의무병인 농민의 군역수행을
위한 경제적 기반으로서 군인전이란 명목의 토지를 지급하였다. 군인
전은 관료나 전업군인에게 지급된 전시과의 직전(職田)과는 별개의 계
열로 취급되어 전정(田丁)이라 불리었다.[334] 이 전정계열의 군인전은

---

333) 李榮薰, 1992 「朝鮮時代의 社會經濟史 硏究에 있어서 몇가지 基礎的 難題들」
    『國史館論叢』 37
334) 고려전기의 軍制를 軍班氏族制로 이해하는 閔賢九교수는 田柴科로 지급되는
    토지를 職田계열(兩班 職田)과 田丁계열(軍人田, 閑人田)로 나누고, 2군6위의
    중앙군을 구성하는 모든 군인은 田丁계열의 군인전을 받은 것으로 보았다.(閔
    賢九, 1971 「高麗의 祿科田」 『歷史學報』 53·54합집)
    한편으로 고려전기에 두 계열의 토지가 존재했었다는 점에서는 의견을 같이
    하지만 田丁계열의 토지를 전시과와 별개의 계열로 파악하는 견해도 있다. 즉

군역부담자 자신이나 족친의 소유 토지에 대해 면조(免租)의 혜택을 준 토지로서335) 직전계열의 군인전336)과는 달리 실제로 군역을 지는 번상 (番上) 기간 중에만 조세가 면제되었던 것으로 생각된다.

이처럼 군역의 반대급부로 군인전을 지급한 것은 전제(田制)와 역제 (役制)를 결합시켜 군역과 그에 대한 경제적 보장을 동시에 해결하려는 것으로서 이미 통일신라시대의 군역운영체계에서 비롯된 것으로 이해 하는 연구가 있어 주목된다. 즉 6세기에 삼국간의 통일전쟁과정에서 국가총동원체제로 전환함에 따라 일반민을 군역에 동원하게 되었는데 이때 가장 중요한 징발대상과 군역의 대가 문제를 신라에서는 역제와 전제를 결합시키는 정책을 수립하여 해결하려고 하였다는 것이다.337)

한편으로 군역부담자 자신의 소유토지에 면조권을 지급하는 것과 다른 형태의 군인전도 존재하였을 것으로 생각된다. 즉 군역을 부담해 야 할 자가 소유한 토지가 부족하거나 없는 경우에 타인이 소유한 토 지에 대해 수조권을 지급하는 형태의 군인전이 그것이다.

따라서 고려시대의 선군급전(選軍給田)이란 두 가지 의미로 해석될 수 있다. 하나는 군역의 대가로 자기의 소유토지에 대해 면조권을 지 급받는 것과 또 하나는 타인의 소유지에 대해 수조권을 지급받는 것이 다. 이들 2가지 형태의 군인전 가운데 자신의 소유토지에 대한 면조권

일부 군인전을 포함하는 토지를 田柴科와는 별개의 계열로 파악하고 그것을 田丁계열의 토지로 보는 것이다.(吳一純, 1993「高麗時代의 役制構造와 雜色 役」『國史館論叢』46 및 1994「고려후기 토지분급제의 변동과 祿科田」『14세 기 고려의 정치와 사회』민음사)

고려전기의 중앙군을 소수의 전업적 성격의 군인과 대다수 농민 츨신의 의무병 군인으로 구성되었다고 이해하는 필자는 기본적으로 후자의 견해에 동의한다.

335) 吳一純, 1985「高麗前期 部曲民에 관한 一試論」『學林』7
    金基燮, 1993『高麗前期 田丁制 研究』부산대박사학위논문
336) 직업군적 성격의 專業軍人에게 지급된 군인전은 퇴직 시까지 군인자신이나 친족의 토지에 대해 免租權이 주어지거나 타인의 토지에 收租權이 주어진 것 이라 생각된다.
337) 이인재, 1990「신라통일 전후기 조세제도의 변동」『역사와 현실』4

지급이 군역의 징발과 그에 대한 경제적 토대를 동시에 해결할 수 있는 이상적인 제도였다.

이처럼 고려전기의 군역징발은 토지를 매개로 하였으며 이렇게 역과 토지가 결합된 국역체계338)가 이른바 정호제(丁戶制)였던 것이다. 국가는 군역을 감당하는데 필요한 표준적인 토지규모를 설정하여 이를 기준으로 군역부담자의 토지를 그 충족여부에 따라 족정(足丁)과 반정(半丁)으로 구분하고, 그에 따라 군역의 내용을 정하였다. 예컨대 보승·정용군과 1·2·3품군 등의 구분은 바로 족정·반정 등 경제력과 연령이나 신체적 조건 등의 차이에 따른 구분이었다고 생각된다.

정호제가 제 기능을 유지하던 초기에는 두 가지 형태의 군인전 가운데서 전자의 비중이 우세하였으나 점차 후자의 비중이 커졌다. 정종(靖宗)대 이후 빈번히 나타나는 선군급전 기록은 주로 후자의 군인전 지급을 가리키는 것으로서 이는 정호제가 붕괴되어 가는 추세를 반영하는 것으로 볼 수 있다.

국역부담자가 소유한 토지를 기초로 한 전제(田制)와 역제(役制)의 결합으로서의 정호제는 다음의 자료에서 보는 것처럼 전정연립(田丁連立)의 원리에 따라 운영되었다.

○ 고려의 토지제도는 대개 당의 제도를 모방하여 … 문무백관으로부터 부병(府兵)·한인(閑人)에 이르기까지 토지를 지급하지 않음이 없었고, 또 과에 따라 초채지(樵採地)를 지급하였는데 이를 전시과(田柴科)라 하였다. 자신이 죽으면 모두 관에 납부하였는데 오직 부병만은 나이 20세에 처음으로 받고 60세에 반환하였다. 자손이나 친척이 있으면 전정을 체립(遞立)하고 없는 자는 감문위(監門衛)에 적을 올렸다가 70세에 구분전(口分田)을 지급하고 나머지는 거두어들이며 후손이 없이 죽는 자와 전쟁에서 죽은 자의 아내에게는 역시 모두 구분전(口分田)을 지급하였다.339)

---

338) 민현구, 1972 「高麗의 祿科田」 『歷史學報』 53·54 합집

○ 군인으로서 늙고 병이 있는 자는 자손이나 친족으로 하여금 대신하
게 하는 것을 허락하고 자손이나 친족이 없는 자는 나이가 70세가
될 때까지는 감문위에 속하게 하였다가 70세 이후에는 다만 구분전
5결만을 지급하고 나머지 토지는 거두어들이며 해군에 있어서도
역시 이 예에 의거한다.[340]

위의 자료들에서 보듯이 군역의 연립(連立)은 자손과 친족을 대상으
로 하였으며, 연립 시기는 군인이 연로(年老)하거나 신병(身病)이 있어
서 군역을 감당할 수 없을 때였다. 만약 자손이나 친족이 없어 연립이
불가능한 경우에는 70세까지는 감문위(監門衛)에 소속시키고, 그 후에
는 구분전(口分田) 5결만을 지급하고 나머지 토지는 거두어 들였다.

양반 과전의 경우 연립대상은 그 자손에 한정되었고[341], 연립 시기
는 사망 후인 것과는 달리 군인전은 연립대상이 자손과 친족이었으며,
연립 시기는 군역을 감당할 수 있는 조건을 상실한 때였다. 이러한 전
정연립제의 운영목적은 직역수행의 경제적 토대가 되는 전정과 직역
의 연립을 통해서 안정적으로 직역 부담층을 확보하기 위한 것이었다.

토지를 매개로 한 군역징발 방식인 정호제는 녹과전제(祿科田制) 실
시를 계기로 완전히 해체되었다. 녹과전은 녹봉조차 제대로 지급받지
못하는 관리들에 대한 생활보장책으로 마련된 제도로서 의무군인에게
지급하였던 전정(田丁)계열의 토지를 혁파하고[342], 그 토지에 대한 수
조권을 관리들에게 지급한 것이었다.[343] 이처럼 녹과전제는 양반관리

---

339) 『高麗史』 권78, 食貨1, 田制, 序
340) 『高麗史』 권78. 食貨1, 田制, 田柴科 文宗23년 10월 判
341) 『高麗史』 권78, 食貨1, 田制, 田柴科 文宗원년 2월 判
342) 祿科田 제정 초기에는 경기 8縣의 田丁계열의 토지 중 兩班祖業田을 제외한
    半丁만 罷하였으나 이후 忠宣王이 복위하면서 경기 8현의 田丁계열의 토지
    가운데 兩班祖業田 이외의 모든 半丁과 足丁을 파하고 祿科田을 지급하였던
    것으로 추측되고 있다.(오일순, 1994 「고려후기 토지분급제의 변동과 녹과전」
    『14세기 고려의 정치와 사회』 민음사) 이러한 변화의 추세는 경기 8현에서 뿐
    만 아니라 나머지 지역에서도 마찬가지였을 것으로 생각된다.

를 위한 토지분급제도였으므로 군인이나 한인(閑人)을 대상으로 하는 토지지급은 전혀 고려되지 못하였다.

그러나 공민왕5년 6월의 교서에서 보는 것처럼 고려후기에도 국가는 군역에 대한 이상적인 경제적 보장책으로서 군인전제도를 유지하려고 노력하였다. 즉 공민왕은 17결의 토지를 1족정(足丁)으로 삼아 군인에게 1정을 주던 선군급전제(選軍給田制)에 의한 군인전 지급이 불가능하게 된 상황에서 역적의 토지를 몰수하거나 권세가가 불법으로 탈점한 토지를 회수하여 군역부담자에게 지급하게 하였다.344) 그러나 이러한 조치는 일시적인 것으로서 항구적인 제도적 보장책은 되지 못하였다.

또한 대토지소유의 발달과 농민층 분해로 토지소유의 불균등이 심화된 상태에서 군역부과와 토지지급이 제대로 이루어질 수 없었다.345) 다음 사례들을 통해 볼 수 있는 것처럼 공민왕대 이후 선군급전제가 이상적인 제도로서 거론되고 있었지만 현실적으로는 군인이 전혀 토지를 지급받지 못하는 것이 일반적인 현상이 되었다.

○ 예전에는 군인을 선발하고 토지를 지급하였기 때문에 군인들이 모

---

343) 吳一純, 1994 「고려후기 토지분급제의 변동과 祿科田」 『14세기 고려의 정치와 사회』 민음사

344) "下教曰 … 國家以田十七結爲一足丁 給軍一丁 古者田賦之遺法也 凡軍戶素所連立 爲人所奪者 許陳告還給 又奸詐之徒 雖無兒息妄稱閑人 連立土田 無有限極 仰選軍別監 根究推刷 以募戌卒 其逆賊之田 計結爲丁 亦給募卒"(『高麗史』 권81, 兵1, 兵制, 연혁 恭愍王5년 6월)

345) 한편 軍人田制度의 유지와 관련하여 당시의 현실적 대응으로 나타난 것이 단위토지로 丁을 만들어 軍戶에게 지급하는 방식인 作丁制였다는 견해도 있다. 즉 元宗10년(己巳年)의 貢賦更正이 作丁制의 출현과 밀접한 관련을 갖는 것이며 과전법에서는 作丁과 함께 字丁制를 실시함으로써 고려전기 戶別差定에 의한 職役의 부과방식은 사라지게 된 것이라 본다.(金基燮, 1993 『高麗前期 田丁制研究』 부산대박사학위논문) 그러나 科田法에서의 作丁制는 의무군인의 軍役의 대가로서의 기능과는 전혀 관계가 없는 것이었다.

두 생활이 풍족하여 정역(征役)을 꺼리지 않았습니다. 근래에는 호세가가 겸병하는 토지가 천백 결에 이르니 1무(畝)의 토지도 군인에게는 미치지 못합니다. 군인을 징발하여 출정할 때는 모두 해체되어 버리니 어찌 적개심을 기대할 수 있겠습니까.346)

○ 교서에 이르기를 "선군급전은 이미 성법(成法)이 있는데 근년에 토지제도가 문란하여 부병이 토지를 받을 수 없어 거의 모군(募軍)의 의미를 잃었으니 예전의 제도를 복구하라"고 하였다.347)

○ 전법판서 조인옥 등이 또한 상소하기를 … "42도부(都府)의 4만 2천 군사에게 모두 토지를 준 것은 무비를 중시한 때문입니다.…(근래에 와서) 부전(府田)이 없어지니 부병도 또한 없어졌습니다. 무뢰배들은 편히 집안에 앉아서 정역의 어려움도 알지 못하면서 그 선조가 사사로이 전수한 토지를 가지고 조업전(祖業田)이라 일컬으며 먹는 토지가 천백 결이나 되는데 그것을 국가의 토지라고 생각하지 않고 부모의 덕으로 여기니 조금도 나라에 보답하려는 마음이 없습니다. 그러나 종군하는 군사들은 몸과 생명을 잊고 화살과 돌을 무릅쓰면서 여러 번 싸움에 참가하면서도 도리어 1무(畝)의 땅도 받지 못합니다. … 대사헌 조준 등이 상서하기를 … "지금은 군사와 토지가 모두 없어져 매번 위급한 때를 당하면 농부를 몰아 군대에 보충하기 때문에 군대는 약해져 적의 먹이가 되고 농부의 양식을 잘라 군사를 기르기 때문에 호가 줄어들어 읍(邑)이 망하게 되었습니다."348)

위 사례들에서 보는 것처럼 예전에는 선군급전법이 있어서 군인들이 모두 토지를 지급받아 병식이 족했으나 근래에는 호세가나 무뢰배들의 겸병으로 인해 전제(田制)가 문란해져 군인은 1무의 땅도 지급받지 못하였고, 그 결과 고려 말에는 군인과 토지가 모두 없어져 비상시

---

346) 『高麗史』 권111, 列傳 金續命
347) 『高麗史』 권81, 兵1, 兵制, 연혁 恭愍王20년 12월
348) 『高麗史』 권78, 食貨1, 祿科田 辛昌즉위년

에는 농부를 몰아 군인에 보충하는 형편이었다.

이처럼 고려 말에는 군역에 대한 경제적 보장책으로서 토지지급이
불가능한 상태였다. 그리하여 군역징발은 점차 토지지급과 관계없이
방향으로 나아갔고[349], 군인은 군역을 감당하지 못하여 피역하거나 도
산하였다.[350] 이에 따라 군역부과에 대한 새로운 방식의 경제적 보장
책이 마련되지 않으면 안 되었다. 그리하여 공민왕대에는 토지지급과
관계없이 3정1호의 군호 편성을 통한 조역의 지급방식으로 군역에 대
한 경제적 토대를 마련해 준 것으로 보인다.

즉 공민왕5년에 3가를 1호로 하는 군호제가 마련되어, 무사할 때는
3가가 교대로 번상하고 유사시는 3가가 모두 군역에 복무하도록 하였
는데[351], 이로써 군역의 반대급부가 군인전의 지급에서 조역의 지급으
로 변화하게 되었다.[352] 3정1호로 편성된 군호에서 직접 군역에 나아가
는 1정 이외에 나머지 2정은 조역으로서, 군인의 복무기간 동안에 필요
한 군량이나 무기 등의 군수비용과 군호의 생계비를 부담하는 역할을
하였을 것으로 생각된다.

다음은 조역의 기능을 추정할 수 있게 하는 자료들이다.

⑫ 교서에 이르기를 "단정(單丁)을 사역시키는 것은 병신년 이래로 이
미 금지하였는데 관리들의 사역함이 예전과 같으니 더욱 불쌍하고
애처롭다. 반드시 조역을 지급하여 실업하지 않도록 하고 나이가
60세가 되면 역을 면제시켜라"고 하였다.[353]

⑬ 교서에 이르기를 "백성을 사역시키는 방법은 가능한 후하게 하도록
힘써야 한다. 앞으로 지방 각 처의 민호도 모두 서울에서 현재 시행

---

349) 閔賢九, 1983 「高麗後期의 軍制」『高麗軍制史』육군본부
350) 『高麗史』 권111, 列傳 金續命 恭愍王11년
351) 『高麗史』 권81, 兵1, 兵制, 연혁 辛禑9년 8월
352) 閔賢九, 1983 「高麗後期의 軍制」『高麗軍制史』육군본부
353) 『高麗史』 권84, 刑法1, 戸婚 恭愍王20년

중인 법에 의거하여 대·중·소 3등으로 나누고, 중호는 2호를 1호로
하고, 소호는 3호를 1호로 하며 무릇 역을 징발할 때는 서로 힘을
합치고 도와서 실업하지 않도록 하라"고 하였다.[354]

Ⓟ는 단정을 사역시키는 것은 원칙적으로 금지된 것인데 만약 단정
을 사역할 때에는 반드시 조역을 지급하도록 하라는 교서이다. 병신년
인 공민왕5년에 마련된 3가1호의 역호제(役戶制)에서 직접 역을 부담하
지 않는 나머지 정은 당연히 조역의 역할을 하였다는 의미로 생각된
다. Ⓠ는 당시 개경에서 시행하던 역호제를 지방으로 확대 시행하라는
교서인데, 이 역시 2~3호로 편호된 역호 내에서 직접 역에 동원되지 않
는 나머지 호는 조역의 역할을 하였을 것이다.

고려전기에도 복무중인 군인에게는 양호(養戶)라는 일종의 조역이
지급되었다. 양호는 군인의 복무기간 중에 군호의 토지를 경작하여 군
역 수행에 필요한 군량이나 군수품 등을 제공하는 것은 물론 군호의
생계유지를 돕는 역할을 하였다.[355]

한편 고려후기의 조역은 군인의 재역기간 중에 필요한 생계비와 군
수비용 등 재정적 부담을 지는 존재였다는 점에서 전기의 양호와 같지
만, 군호를 구성하는 일부로서 군역체계 내에 포함된 점에서는 차이가 있
었던 것으로 생각된다.

3정1호의 군호제는 군역에 대한 반대급부인 토지 지급을 포기한 것
으로 이전부터 진행되어 오던 군역과 토지의 분리를 현실적으로 인정
한 것이었다.[356] 이로써 통일신라시대 이래 직역의 대가로 지급되던

---

354)『高麗史』 권84, 刑法1, 戶婚 辛禑원년 2월
355) 다음은 養戶의 역할을 보여주는 자료들이다.
　　"近來州縣官 祇以宮院朝家田 令人耕種 其軍人田 雖膏腴之壤 不用心勸嫁 亦
　　不令養戶輸粮 因此軍人飢寒逃散 自今先以軍人田 各定佃戶 勸稼輸粮之事
　　所司委曲奏哉"(『高麗史』 권79, 食貨2, 農桑 睿宗3년 2월 制)
　　"命州鎭入居軍人 例給本貫養戶二人"(『高麗史』 권81, 兵1, 兵制, 연혁 文宗27
　　년 3월)

전정계열의 토지는 소멸되어 갔던 것이다. 이처럼 고려후기에 이르러 군역에 대한 반대급부의 내용이 변화하게 된 배경으로 농민층의 성장을 들 수 있다.

12세기 이래 진행된 농업생산력의 발전은 한편으로 부농과 빈농으로의 농민층 분화를 심화시켰지만, 다른 한편으로는 농민층의 농업경영을 전반적으로 안정시켰다.[357] 따라서 일정규모 이상의 토지소유 여부가 군역징발의 절대적인 기준이 될 수 없었고, 그 결과 정호층과 같은 특정 계층만을 군역의 대상으로 삼을 필요가 없었다.

요컨대 군역에 대한 대가의 변화는 정호제와 같이 토지 지급을 매개로 하지 않더라도 대부분의 양인 농민층을 대상으로 군역을 징발할 수 있을 정도로 농민층의 경영이 전반적으로 성장한 것을 배경으로 한 것이었다.

이처럼 고려후기는 국역체계상에서 특수형태의 신역(身役)이었던 직역체계가 보편적인 신역체계로 변화되어 가는 시기로서, 직역에 대한 반대급부로서 토지지급이 완전히 소멸되고, 그 결과 과전법체제에서는 관직에 대한 복무대가로서의 토지지급만이 남게 되었다.

즉 과전법에서 외방의 한량(閑良)관리에게 주어진 군전(軍田)은 고려시대 의무군인에게 주어졌던 군인전과 같은 직역으로서의 군역에 대한 대가는 아니었다. 과전법에서는 군역과 관련하여 한량관리에게 지급된 군전 이외의 어떤 토지도 분급되지 않았으므로 군역의 대가로 존재했던 전정계열의 군인전은 완전히 소멸된 셈이다.[358]

---

356) 閔賢九, 1972 「高麗의 祿科田」『歷史學報』 53·54 합집
      오일순, 1994 「고려후기 토지분급제의 변동과 祿科田」『14세기 고려의 정치와 사회』민음사
357) 魏恩淑, 1994 『高麗後期 農業經營에 대한 硏究』부산대박사학위논문
358) 閔賢九, 1972 「高麗의 祿科田」『歷史學報』 53·54 합집

4. 맺음말

고려전기 신역의 특수형태인 군역은 부담능력이 있는 정호층만을 대상으로 하였다. 따라서 정호층 이외에 군역을 지지 않는 백정층이 광범하게 존재하여 보편적인 의무체계가 성립되지 못하였다. 그러나 12~13세기 이래 농업생산력의 발전은 정호층은 물론 백정층의 분해를 촉진시키고, 농민층의 자립도을 향상시켜 종래 군역징발체제인 정호제의 존재 의의를 상실하게 하였다. 공민왕대에 성립되는 3정1호의 군호제는 모든 양인 농민층이 군역의 대상이 된 것을 전제로 했을 때 가능한 것으로, 보편적인 군역체계의 출현을 의미하는 것이었다.

고려후기에는 그 동안 군역에서 사실상 제외되어 있던 양반층은 물론 노비층도 군역에 동원되었다. 양반층은 이전에도 군사적인 역에 동원되는 경우가 있었으나 특수한 군사조직에 편입되거나 관직의 형태로 동원되는 것이 일반적이었다.

그러나 후기에는 양반층의 상당부분이 직접 또는 간접적인 형태로 군역을 부담하게 되었다. 그 결과 양반층 가운데서 전직자나 산직자를 중심으로 조직된 한산군이라는 새로운 군사조직이 등장하였다. 한편 전기에는 거의 군역에 동원되지 않던 노비층도 후기에 이르러 노군별초나 연호군과 같은 군사조직 속에 편입되었다.

군인전을 매개로 한 전기의 군역징발 방식은 녹과전제 실시를 전후하여 완전히 해체되었다. 즉 녹과전에서는 일반 군인들을 대상으로 하는 토지지급이 전혀 고려되지 않아 고려후기에는 군인이 군인전을 지급받지 못하는 것이 일반적인 현상이 되었던 것이다.

그 결과 공민왕대에는 군인전을 지급함이 없이 3가를 1군호로 편성하는 원칙이 성립되었다. 이는 군역 수행을 위한 경제적 토대로서의 군인전 지급을 포기한 것으로 이전부터 진행되어 오던 군역과 토지 지급의 분리를 현실적으로 인정한 것이었다. 이로써 통일신라시대 이래 직역의 대가로 지급되던 군인전을 비롯한 전정계열의 토지는 소멸되었다.

이러한 변화의 배경에는 농업생산력 발전을 기반으로 한 농민층의 성장이 있었다. 12세기 이래 진행된 농업생산력의 발전은 한편으로 부농과 빈농으로의 농민층 분화를 심화시켰지만, 또 다른 한편으로 전기에 비해 농민층의 농업경영을 전반적으로 안정시켰다. 따라서 정호층과 같은 특정 계층에 대한 토지 지급를 매개로 하지 않더라도 대부분의 양인 농민층을 대상으로 한 군역징발이 가능하게 되었다.

요컨대 고려후기는 국역체계상에서 과거 특수형태의 신역이었던 직역체계가 보편적인 신역체계로 대체되어 가는 시기로서 국가의 토지분급체계에서 전기 이래의 직역에 대한 토지분급이 완전히 소멸되고, 그 결과 과전법체제에서는 관직 복무에 대한 대가로서의 토지지급만이 남게 되었던 것이다.

Ⅶ. 보론

일제 식민사학자의 고려시대 동북면의
국경·영토 인식

1. 머리말

발해 멸망 이후 만주가 우리민족의 역사무대에서 벗어남으로써 한국사의 영역은 한반도로 축소되었다. 우리 역사상 압록강과 두만강을 경계로 하는 영역의 형성은 고려시대에 그 기원을 두고 있다. 후삼국을 통합한 직후 고려의 국경은 대동강과 원산만을 경계로 하여 북으로 거란·여진 등과 접하는 상황이었다. 그러나 국초부터 북으로 꾸준히 영토의 확장을 추진한 결과 고려 중기에 이르러 서북면은 압록강 유역까지, 동북면은 원산만 이북의 함흥평야까지, 그리고 여말선초에는 오늘날의 국경과 같은 두만강유역까지 이르게 되었다.

근대적 역사연구 방법에 의한 우리의 국경이나 영토문제에 관한 연구는 일제시기 일본인 연구자들에 의해 먼저 시작되었다. 물론 근대 이전인 조선 초에 압록강 유역의 4군(郡)과 두만강 유역의 6진(鎭)을 개척하는 과정에서 영토문제를 둘러싸고 여진과 갈등을 빚을 때 윤관이 설치한 길주나 공험진(公嶮鎭)의 위치를 비롯한 고려시대의 북쪽 경계에 대해 높은 관심을 가진 적이 있었다. 그러나 당시에는 국정의 최고 위치에 있는 국왕이나 대신들조차도 고려시대 동북면의 국경에 대해 정확하게 파악하지 못하는 형편이었다.[1]

조선후기 역사지리를 연구한 한백겸·유형원·신경준·정약용·김정희 등 실학자들도 고려시대의 국경이나 영토 문제에 관심이 많았다. 특히 고려 예종대에 설치한 9성과 관련하여 최북단에 위치한 것으로 알려진 공험진이나 공험진비가 축조된 선춘령(先春嶺)의 위치에 관해『고려사』지리지와『동국여지승람』의 기록이『고려사』세가 및 열전의 기록과 맞지 않는다는 의문을 제기하면서 지리고증학적 방법의 연구를 통해 9성의 설치 범위를 길주 이남으로 비정하였다. 또한 공험진과 선춘령은 길주 이남에 있고, 공험진비는 마운령(磨雲嶺) 고비(古碑)의 유적이라고 하면서『고려사』지리지 등에 기록된 '두만강 북쪽 700리에 소재하는 공험진'은 여말선초 지리지 작성자가 조작한 것으로 이해하였다.[2]

일제 식민사학자들은 한국사의 다른 부분과 마찬가지로 우리의 영토 문제 역시 식민사관의 관점에서 이해하려 한 것으로 인식되고 있다. 19세기 말부터 일제강점기에 이르는 시기에 조선사연구는 조선사연구의 창시자로 평가받는 임태보(林泰補)를 비롯하여 백조고길(白鳥庫吉)·진전좌우길(津田左右吉)·금서룡(今西龍)·지내굉(池內宏)·말송보화(末松保和)·삼품창영(三品彰英) 등 일본인 연구자들에 의해 수행되었다. 이들 가운데 조선의 지리와 영토·국경문제 등에 특별히 관심을 가지

---

1) 세종이 함길도도절제사 김종서에게 "동북지방은 공험진으로 경계를 삼았다고 전해지는데 오래되어 어느 곳인지 모르겠다. …『高麗史』에 윤관이 공험진에 비를 세워 경계로 삼아 지금까지 이르렀고, 先春站에 그 비가 있다고 들었는데 本鎭이 선춘참의 어느 쪽에 있는가. 그 비문을 찾을 수 있는지, 그 비는 지금 어떻게 되어 있는지, 만약 길이 막혀 쉽게 사람을 시킬 수 없다면 폐해가 없이 찾을 수 있는 방법을 연구해서 보고하라"(『世宗實錄』권86, 세종21년 8월 임오)고 했다던가 "윤관이 설치한 주 가운데 길주가 있는데 지금의 길주와 같은 것인가"(『世宗實錄』권59, 세종15년 3월 계유)라는 질문을 통해 당시 세종은 공험진과 선춘참의 위치, 윤관이 설치한 9성 중 하나인 길주의 위치에 대해 많은 관심을 가지고 있었으나 동북지방의 국경에 대해 정확하게 파악하지 못하고 있었음을 알 수 있다.

2) 방동인, 1997「고려의 동북계」,『한국의 국경획정연구』일조각

고 연구한 인물은 비교언어학적 방법론을 바탕으로 조선사를 연구한
백조고길, 만주지역의 역사를 전공하면서 만선사관을 주창하고 '만선
역사지리조사부'에서 활동했던 도엽암길(稻葉岩吉), 역시 '만선역사지
리조사부'에서 활동하면서『조선역사지리』를 집필한 진전좌우길, 만주
와 한반도의 고·중세사연구를 중심으로『만선사연구』를 저술한 지내
굉 등이 대표적 인물이다.[3]

　이들이 주로 활동한 '만선역사지리조사부'는 남만주의 경제적 관리
와 한국의 보호·개발을 위해 전문적인 지식과 정보를 얻기 위해 설치
된 기구로서 백조고길의 주재하에 만주 및 조선지역의 지리와 역사를
연구하였다. 백조고길은 도엽암길·전내긍(箭內亘)·송정등(松井等)·지내
굉·진전좌우길 등의 연구자를 인솔하여 역사의 근저로 인식한 역사지
리 문제의 검토에 착수하여『만주역사지리』2권,『부도(附圖)』1권,『조
선역사지리』2권을 완성하였다. 이들 책은 만주와 조선의 전 왕조, 전
국토에 걸쳐 학술적으로 그 역사지리를 밝힌 것이다.[4]

　이 글에서는 우리의 영토와 국경 문제에 대해 저술을 남긴 일제 식
민사학자들의 연구를 중심으로 먼저 그들이 조선의 지리와 국경·영토
문제에 관심을 가지고 연구하게 된 배경을 살피고 나아가 고려시대 동
북면지역의 영토와 국경에 대한 인식, 그리고 그들의 연구와 후대 연
구와의 차이 등을 비교 검토하고자 한다.

2. 일제 식민사학자의 국경·영토 연구의 배경

러일전쟁 직후인 1905년에 내등호남(內藤湖南)[5]이 일본 외무성의 위

---

3) 박한민, 2010「稻葉岩吉의 조선사 인식」한국교원대 석사논문
4) 白鳥庫吉, 1913『조선역사지리』2, 서문
5) 內藤湖南은 明治말기 大阪朝日新聞의 논설위원에서 경도대학 문과대학 동양
　사 제일강좌 교수로 轉身하여 수많은 중국관련 전문서적을 저술한 戰前의 대

촉을 받아 당시 일본과 청나라 사이에 표면화되어 있던 간도문제에 관해 참모본부와 외무성에 조사서를 제출한 일이 있었는데[6] 일본은 이미 이때부터 만주와 조선의 영토와 국경에 대해 관심을 갖고 본격적인 연구를 시작하게 된 것으로 보인다.

일본이 한·중간의 간도영유권 문제에 본격적으로 개입하는 것은 러일전쟁을 통해서였다. 러일전쟁이 발발하면서 간도지역의 정세가 변화하자 중국은 간도에서 러시아의 지배력이 약화된 것을 계기로 간도영유권 문제를 해결하려 하였고, 대한제국은 간도의 한인에 대한 중국정부의 압박문제를 해결하려 하였다. 고종은 1904년 5월에 이 문제에 대해 하야시 주한일본공사에게 자문을 구하였는데 이것이 일본이 간도문제에 공식적으로 개입하게 되는 최초의 단서가 되었다.[7]

러일전쟁을 통해 간도문제에 개입하게 된 일본은 전쟁 후에는 대외정책적 관점에서 간도문제에 적극 개입하였다. 전쟁 후 일본이 대외적으로 직면한 문제는 러시아의 복수전에 대비하는 것과 포츠머드조약을 통해 열강으로부터 승인받은 한국 및 만주에 대한 우월적 권익을 구체적으로 실현하는 것이었다. 간도는 지리적으로 한국·중국·러시아와 국경을 접하는 지대에 있으면서 정치적으로는 한국과 중국 사이에 영유권이 확정되지 않은 지역이었으므로 당시 일본의 군부와 통감부는 간도의 가치를 매우 중요하게 인식하였다.[8]

따라서 러일전쟁 직후인 1906년 1월에 일본의 육군참모본부는 내등호남(內藤湖南)에게 간도영유권 조사를 의뢰하였다. 내등호남이 간도문제에 관해 작성한 문서는 1906년에 참모본부에 제출한 『간도문제조사

표적인 동양사학자 중의 한사람이었다.(名和悅子, 2003 「內藤湖南의 근대 동아시아에 대한 시각-간도문제에 대한 통찰-」『중국사연구』제22)

6) 名和悅子(일본 岡山大), 2003 「內藤湖南의 근대 동아시아에 대한 시각-간도문제에 대한 통찰-」『중국사연구』제22

7) 이성환, 2005 「을사조약과 간도문제」『백산학보』71

8) 위와 같음

서』, 1907년에 외무성에 제출한『간도문제조사서』, 그리고 1907년에 탈고한『한국동북강계고략』의 3종류였다. 특히 그는 1906년 2월 19일에 제출한「조사서」에서 "간도를 한국의 영토로 하는 것은 당연한 일로서 속히 지방관을 설치하고 수비병을 파견해야 한다"고 주장하였다.[9]

이 보고서는 일본인에 의한 최초의 본격적인 간도영유권 문제에 대한 조사로서 육군과 통감부의 간도 진출에 큰 영향을 미쳤다.[10] 이처럼 내등호남이 조사를 의뢰받고 조사서를 제출하기까지 걸린 시간은 1년도 채 되지 못하는 짧은 기간이었다. 따라서 간도의 영유권을 둘러싼 조선의 영토와 국경에 관한 제대로 된 연구는 불가능했을 것이다.[11] 바로 이러한 사정이 이후 조선과 만주지역의 영토와 국경, 그리고 지리연구의 중요한 계기로 작용했을 것으로 생각된다.

그 후 일제강점기에 들어오면서 조선과 만주지역의 영토와 국경문제를 비롯한 본격적인 한국사 연구는 대부분 일본인 연구자들에 의해 이루어졌다. 그들의 연구는 일본의 조선 침략이라는 시대적 배경과 무관하지 않았고, 일제의 침략 이데올로기를 제공하는 역할도 했기 때문에 식민사관이라는 평가를 받고 있다. 그러나 한편으로 그들은 당시 서구로부터 받아들인 근대 역사학을 바탕으로 조선사를 연구하였고, 그들의 연구가 한국 근대역사학의 확립에 일정 부분 영향을 주었다는 점도 사실이다.[12]

동양사학의 개척자로 평가받는 백조고길은 만철조사부를 기반으로 만선사·중국사·서역사·일본사 등 여러 분야에서 연구 활동을 전개하

---

9) 위와 같음

10) 西 重信, 1987「북조선론과 조선인의 간도이주」『경제논집』제37권 4호, 關西大學

11) 內藤湖南이 간도문제에 관해 작성한 문서는 모두 9세기 신라와 발해로부터 20세기 초에 이르는 한청국경관계사를 康熙定界와 康熙定界 이전, 간도문제, 地志의 고증 등으로 나누어 개략적으로 서술하였다.(名和悅子, 2003「內藤湖南의 근대 동아시아에 대한 시각-간도문제에 대한 통찰-」『중국사연구』제22)

12) 박한민, 2010「稻葉岩吉의 조선사 인식」한국교원대 석사논문

였다. 황국 일본의 팽창에 따라 연구 대상이 일본에서 한반도·만주·서역으로 확대되어 갔으며, 그의 한국사인식은 만선사라는 개념에서 볼수 있듯이 타율성과 정체성을 강조하는 것이었다. 그는 '만선역사지리조사부'를 주재하면서 고대사를 중심으로 만주 및 조선지역의 지리와역사에 관해 연구하였고, 다른 연구자들에게 연구 주제를 할당하여 개개인이 치밀하면서도 정확한 연구를 할 수 있게 해주었다.13)

백조고길이 제시한 만선사 연구의 배경은 다음 자료에서 보는 것처럼 두 가지였다.

"만주역사지리의 간행에 즈음하여 남만주철도회사의 위촉을 받아 만한사(滿韓史)연구를 하기에 이른 유래와 그 사업의 경과를 약술한다. 러일전쟁 국면에서 남만주의 경제적 경영이 일본 국민에 의해 착수되고 조선에 대한 보호와 개발의 임무가 또 일본 국민 앞에 주어진 이때 학술상으로 만한지방에 관한 근본적 연구를 할 급무가 있다. 그 의미는 대개 2가지인데 하나는 만한경영에 관한 실제적 필요에 의한 것이고 다른 하나는 순수한 학술적 견지에 의한 것이다. 이 지방에 대한 일본 국민의 학술적 연구는 유치한 상황에 있고 실제적 사업의 지침이 되기에 부족한 것이 많다. 내가 전공하는 사학의 관점에서 보아도 그 정치사, 그 민족적 경쟁의 사적조차 아직 밝혀지지 않은 것이 많고, 여러 민족이 그 흥망성쇠의 자취를 남긴 백산흑수(白山黑水)는 어둠 속에 있는 느낌이다. 반도국이 일본에 대하여 밀접한 관계에 있는 것은 지금이나 옛날이나 다름이 없고, 반도에 있어서 풍운의 동요가 항상 만주의 광야로부터 일어남에 따라 만주도 또 바로 일본 국운의 소장(消長)과 관계가 있는 것은 옛날이나 지금이나 같은 것을 생각하면 이 사이에 있어서 민족적 경쟁의 진상을 구명하여 현재 형세의 유래를 모두 밝히는 것은 경세가가 결코 등한시할 수 없는 것으로, 이것이 내가 만한에 관한 학술적 연구의 급무를 주장하는 이유의 하나이다. 다음 이를 학술상으로 보아도 종래 비밀의 장막에 가리워져 있던 만한 땅이 새로이 일본 국민 앞에 개방된 것은 학계가 풍부한 연구의 제재(題材)를 공급받게 된 것으로 새로운 연구를 시도할 수

---

13) 青柳純一, 2000 「일본 동양사학의 한국인식」『釜大史學』 24

있는 절호의 기회이다. … 우리들의 임무가 만한사 연구에 있지만 역사의
기초는 지리에 있다. 이 지방의 역사적 지리에 대해서는 아직 우리 학자
들이 염두에 두지 않고, 중국인과 조선인의 편자(編者)도 신뢰하기에 부
족함이 많아 우리들이 먼저 이를 밝힐 필요가 있다고 생각한다."14)

하나는 만한경영에 관한 실제적 필요에 의한 것이고, 다른 하나는
순수한 학술적 견지에 의한 것이었다. 러일전쟁 국면에서 일본 국민에
의해 남만주의 경제적 경영이 시작되고, 조선에 대한 보호와 개발의
임무가 일본 국민 앞에 주어진 당시 학술상으로 만한지방에 관한 근본
적 연구를 할 필요가 있다고 보았다.

또한 반도의 변화는 만주로부터 비롯되고, 그것은 곧 일본과 밀접한
관계가 있는 것이므로 민족적 경쟁의 진상을 구명하여 현재 형세의 유
래를 밝히는 것이 만한에 관한 학술적 연구의 급무라고 주장하였다.

특히 조선사연구의 배경에 대해서는 『조선역사지리』 서문에서 다음
과 같이 말하였다.

"만선사의 조사를 하게 된 연유와 조선반도 연구에 관한 한두 가지 감
상을 서술하고자 한다. 일본 판도에 들어온 조선 반도는 고래(古來)로 일
본과 밀접한 관계를 가질 뿐 아니라 그 땅과 인접하여 그 언어와 문자를
이해하기 용이하기 때문에 일본인은 조선과 그 국민에 관하여 풍부한 지
식을 갖지 않을 수 없지만 실은 그와 반대로 일본 국민이 이에 대하여 아
는 것이 극히 빈약하다. 외국 문물을 배우는 데에 익숙한 일본 국민은 취
하여 배울 문화를 가지고 있는 이웃나라에 대해서는 그에 관한 제반 지
식을 구하지만 우리 문화를 다른 국민 사이에 부식시키는 것이 없고 나
아가 이웃 국가의 사정을 알려는 생각을 갖지 않으며, 또한 그것을 알지
않으면 안된다는 실제상의 요구도 느끼지 못한다. … 지금은 형세가 크게
변하여 반도는 일본에 병합되어 그 땅에 있어서 제반 경영과 그 국민에
대한 보호와 유도가 일본 국민의 임무가 됨에 이르러 반도의 과거와 현

---

14) 白鳥庫吉, 1940 『만주역사지리』 제1권, 서문

재의 사정에 관하여 확실하고 정밀한 지식을 필요로 하는 것이 절실함과
동시에 정치적 위치의 변화에 수반하여 종래 비각(祕閣)에 묶여있던 그
땅의 도서도 점차 세상에 나옴에 이르러 반도에 관한 학술적 연구도 점
차 발전할 것이며, 특히 사적의 기록에 의거한 많은 역사적 연구도 시작
될 수 있을 것이다. 이 사업은 학술적 연구의 기운을 촉진하는 데 일조할
것으로 기대되며, 동시에 반도의 실제적 경영에 대하여 학술상으로 다소
의 참고 자료를 기여하려는 것이다."15)

즉 병합된 조선반도의 경영을 위해 반도의 사정에 대한 확실하고 정
밀한 지식이 필요한 상황에서, 종래 비각에 묶여 알려지지 않았던 사
적들이 공개되어 학술적 연구가 가능하게 됨으로써 반도의 실제적 경
영에 필요한 학술상 참고자료를 제공하기 위해서라고 하였다.

다음 도엽암길은 이른바 만선사학의 대표적 연구자로서 주목받는
인물이다. 그는 '조선사편수회'에서 중추적 역할을 담당하였다. 만주국
건국 이래 만주건국대학 교수로 부임하여 확대되는 제국일본의 영역
을 따라가며 연구를 진행하였고, 만선사의 체계화를 시도하였다. 그는
백조고길의 주도하에 1908년에 성립된 '만선역사지리조사부'에서 1914
년까지 연구 활동을 수행하였다. 그 후 1922년에 내등호남의 추천을 받
아 조선총독부 '조선사편찬위원회' 간사로 부임한 이후 편수회의 수사
(修史) 사업을 주관하며 만선사와 한국사 연구를 계속하였다.16)

1910년 이후 백조고길이 만한경영을 주장하면서 이 두 지역이 연구
대상이 되기 시작하였고, 도엽암길도 만주와 조선의 관계에 대해서 연
구하였다. 만선사는 일본의 대륙진출이라는 시대적 상황에 부합하는
성격이 강하여, 그의 역사연구도 전반적으로 만주와 조선을 연결시키
려는 의도를 내포하고 있었다. 따라서 만주와 조선에 관한 그의 연구
는 주로 두 지역의 역사적 관련성을 강조하는 형태로 나타났다.17) 특

15) 白鳥庫吉, 1913 『조선역사지리』 2, 서문
16) 鄭尙雨, 2010 「稻葉岩吉의 만선사체계와 조선의 재구성」 『역사교육』 116

히 그는 현실문제에 민감하였기 때문에 대부분의 연구도 당시의 시대
정황과 밀착하여 진행하였고, 따라서 순수한 학술논문 이외에 많은 시
사적인 글이나 강연문 등을 남기기도 하였다.[18]

그가 국경문제에 관심을 갖게 된 배경은 다음의 자료를 통해 알 수
있다.

"조선에서 국경수비의 문제는 현재 가장 중요시되는 사건이다. 일본은
국경이라 칭하는 것이 없었기 때문에 국경의 실질과 그 성질이 산출하는
사정에 대하여 이해가 결여되어 있다. 일본은 해상 민족이라 주위는 양양
한 해수이다. 근세 해군이 발달하기 이전은 무릉도원이었다고 해도 좋다.
단지 상고 조선의 신라 해적에게 위협받은 산음인(山陰人)은 일본 해안에
상응한 시설을 갖추었는데 그것은 신불(神佛)의 가호에 의존하는 것이었
기 때문에 큰 문제도 아니었다. 또 백제 멸망시 구주(九州) 방면의 방비의
위험을 감지했을 때 대마도까지 진출하여 축성한 것이 있었지만 그것은
일시적인 것이었다. 이러한 경우 국경문제로부터 일어나는 국민적 위협
이라 칭할 수 있는 것이 우리의 과거에는 없었다. 일한병합의 당연한 결
과로서 장대하고 복잡한 만주와의 국경 문제가 절박하게 우리들의 양 어
깨에 지어지게 되었다."[19]

요컨대 조선 병합의 결과 장대하고 복잡한 만주와의 절박한 국경 문
제와 조선의 국경 수비 문제 때문이라고 하였다. 그리고 국경문제의
역사적 연구에서 우선적으로 해결해야 할 과제로서 국경을 맞대고 있
는 두 민족이 국경을 어떻게 취급하였는가, 역사적으로 만선 국경이
어떻게 성립하였는가 등의 문제를 제시하였다.[20] 조선 국경의 역사에

---

17) 박한민, 2010「稻葉岩吉의 조선사 인식」한국교원대 석사논문
18) 稻葉君山이라는 필명으로 쓴 일련의 강연문들도 그러한 배경에서 나온 것으로
    보인다.(稻葉君山, 1926「조선국경의 사적 고찰」『조선사학』3호~7호까지 연재)
19) 稻葉君山, 1926「조선 국경의 사적 고찰, 序言」(一)『조선사학』朝鮮史學同攷會
20) "국경문제의 역사를 연구하는 데에 선결문제로서 국경의 양측면에 있었던 민
    족이 국경 그 자체를 어떻게 취급하였는가, 다음으로 국경선의 역사로서 오늘

대한 그의 연구는 만주와 조선 두 지역 영토의 관련을 밝히기 위한 것
으로 볼 수 있다.

도엽암길은 조선민족의 영토가 처음 확립된 것은 신라가 삼국을 통
일하면서부터라고 보았다.[21] 그리고 신라의 삼국통일 이후 형성되기
시작한 국경이 고려시대에 이르러 압록강 및 두만강 방면으로 진출하
는 과정에 주목하였다. 압록강 방면의 개척은 서희와 강감찬 같은 인
물이 있어서 가능하였고, 여진족의 근거지인 동북면의 경우 진전이 쉽
지 않았지만 윤관의 활약 덕분에 함흥평야 지역을 탈취할 수 있었던
것이라 하였다.[22] 그리고 전주 이씨가 간도지방에서 일어나 그 지역을
기반으로 확보한 군사력이 함경도지역을 쉽게 얻을 수 있는 원인이 된
것으로 파악하였다.[23]

도엽암길이 국경연구를 한 목적은 조선의 영토가 옛날부터 두만강
과 압록강을 경계로 하였다는 그동안의 인식이 잘못되었다는 것을 밝
히려는 것이었다. 즉 그는 압록강과 두만강이 조선의 국경이 된 것은
조선시대에 이르러서이며 그 이전에는 이 지역에 국경이 있었던 때가
없었다고 주장하였다.[24] 이처럼 그의 연구는 조선국경의 역사가 오래
되지 않았고 그 이전에는 이 지역에 조선민족과 만주의 여러 민족이
혼재되어 살고 있었음을 밝히는 것이었다.

또한 그는 고조선·한(漢)·고구려·당·원 등의 국가가 동방을 지배했

날 鮮滿 국경선이 어떻게 성립하였는가를 음미해야 한다. 그리고 이것들이 서
로 얽혀 오늘날 국경문제의 모든 것을 구성하였다는 점을 이해하지 않으면 안
된다."(稻葉君山, 1926「조선 국경의 사적 고찰, 序言」(一)『조선사학』朝鮮史
學同攷會)

21) 稻葉岩吉, 1927「조선의 영토민족문제와 선만문화관계에 대하여 (2)」『조선』
149, 조선총독부
22) 稻葉岩吉, 1926「조선국경의 사적 고찰」『조선사학』4, 朝鮮史學同考會, 경성
23) 稻葉岩吉, 1927「조선의 영토민족문제와 鮮滿문화관계에 대하여 (1)」『조선』
148, 조선총독부
24) 위와 같음

을 때 모두가 만주에서 한반도에 걸친 지역을 지배했으므로 압록강이
나 두만강은 아무런 경계가 되지 않았고, 이 두 강이 조선과 만주의 국
경이 된 것은 역사적으로 보아 불합리한 것이라 하였다.[25]

만선사관의 시각에서 볼 때 두 지역의 국경은 만주와 조선을 하나로
묶는 데에 장애물이 될 수 있는 것이었고, 따라서 두 지역 사이의 국경
의 역사가 오랜 된 것이 아니므로 국경이 큰 의미가 없다는 것을 역사
적으로 밝히는 것이 반드시 필요한 작업이었을 것이다.

진전좌우길은 백조고길의 고대사 연구의 맥을 이은 학자이다. 1895
년에 상경하여 백조고길로부터 생활과 학문에서 도움을 받는 관계를
맺었고, 1907년에 만철 산하의 '만선역사지리조사실'의 연구원이 되어
본격적으로 한국사를 연구하였다.[26] 그의 학문적 업적은 문헌고증학적
연구, 일본 고전의 비판적 연구, 국민 사상사연구, 중국 고대사상사 연
구 등 4분야로 구분된다.[27]

그는 '만선역사지리조사실'에서 조선역사지리를 담당하면서 본격적
으로 역사연구에 매진하게 되었다. '만선역사지리조사실'에 소속됨으
로써 시작된 그의 한국사연구는 역사지리 고증에 대한 연구로부터 비
롯되었으며, 조선의 영토·국경과 관련된 그의 연구 성과는 이러한 배
경하에서 산출된 것이었다.

특히 만주와 조선의 역사지리적인 문헌고증학 연구에 몰두하였고,
그 결과 1910년에는 『조선역사지리』를 간행하였다.[28] 『조선역사지리』
는 조선반도의 역사지리에 관한 고증을 찬집한 것으로 계통적으로 지
리상의 연혁을 서술했을 뿐만 아니라 통일신라시대 이후의 사적 및 군
현의 위치와 구획 등을 『삼국사기』 및 『고려사』 지리지, 『동국여지승

---

25) 稻葉岩吉, 1922 「鮮滿 불가분의 사적 고찰」 『支那社會史研究』 大鐙閣
26) 조현설 역, 2003 『일본 단일민족신화의 기원』 (오구마에이지 저) 소명출판사
27) 芳賀登, 1974 『비판 근대일본사학사상사』 栢書房
28) 박현숙, 2009 「津田左右吉의 단일민족설과 고대 한일민족관계 인식」 『동북아
역사논총』 26

람』등을 통해 구명하여[29], 고려시대의 국경과 영토에 관해 가장 많은
연구 성과를 담고 있는 책이다.

지내굉도 진전좌우길과 함께 만철조사실에서 백조고길의 지도를 받
았으며 1916년에 동경제대 조교수로 부임하여 조선사 강좌를 담당하면
서 25년 가까이 만선사학의 발전에 주도적인 역할을 하였다. 그의 학풍
은 제국사관과 같은 정치색을 배제하고 실증사학에 역점을 둔 것으로
평가받고 있지만 한국사의 타율성과 정체성을 당연한 것으로 인정하
는 것이었다.[30]

지금까지 살펴본 것처럼 일제시기 일본인 연구자들이 만선의 역사
지리를 연구한 배경은 한마디로 만주와 조선 경영에 필요한 자료를 얻
기 위한 것이었다. 이미 러일전쟁 때부터 간도문제에 개입하기 시작한
일본의 남만주 경영이 시작되었고, 이후 병합된 조선반도의 경영을 위
해서 확실하고 정밀한 지식이 필요한 상황에서 만한에 관한 학술적 연
구가 급무라고 보았기 때문이다.

특히 조선의 국경과 영토문제에 대한 연구는 조선 병합의 결과 직면
하게 된 만주와의 국경 문제와 조선의 국경 수비 문제 때문에 더욱 필
요하였다. 만선사관의 시각에서 볼 때 만주와 조선의 국경은 두 지역
을 하나로 묶는 데에 장애물이 될 수 있는 것이었으므로, 두 지역 사이
의 국경이 큰 의미가 없다는 것을 역사적으로 밝히는 것이 연구의 중
요한 목적이었던 것이다.

3. 고려 초의 북진정책 추진기

고려초 동북면지역의 개척과 영토 확장에 가장 노력을 기울인 시기

---

29) 津田左右吉, 1913『조선역사지리』2, 例言
30) 靑柳純一, 2000「일본 동양사학의 한국인식」『釜大史學』24

는 현종대부터 문종대까지였다. 윤관의 여진 정벌 이전시기 동북면의 영토와 국경에 관한 일제시기 일본인의 본격적인 연구는 진전좌우길의 연구가 거의 유일하다.[31] 여기에서는 진전좌우길, 도엽암길, 송정등 등의 연구를 중심으로 고려 초 동북면지역의 영토와 국경 문제에 대한 그들의 인식을 살펴보기로 한다.

진전좌우길은 『고려사』 지리지에 등주(登州)·의주(宜州)·화주(和州) 등 여러 주가 고려 초부터 이미 고려에 귀속된 것처럼 서술되어 있는 것에 대해, 특히 화주가 등주·의주와 함께 국초부터 고려에 영유되었는지 의문을 제기하였다. 그는 『고려사』 병지의 축성기록 연대는 그 땅의 영유시기를 나타내는 것이 아니기 때문에 화주·고주(高州)·문주(文州)의 3주 및 그 부근 제주진의 경영은 고려 국초가 아니라 광종 말년부터 처음으로 착수되는 것으로 이해하였다.[32]

현종 대에 동여진과의 교섭이 화주에서 행해졌으므로 당시의 북경(北境)은 화주를 한계로 하였고, 그 후 유소(柳韶)가 요덕(耀德)·정변(靜邊)·화주(和州) 등 3성에 관방을 축조하는 덕종 대에도, 그리고 관방 축조로부터 10년 후인 정종(靖宗)9년에도 화주가 동북면의 북경이었다고 하였다.

그리고 『동국여지승람』 정평조(定平條)에 정평의 장성이 도련포(都連浦)와 접하는 것으로 기술되어 있는 것에 대해, 도련포 방면은 장성 축조 이후 비로소 고려 영토에 편입되었으므로 이 견해는 오류라고 지적하였다. 이는 『동국여지승람』의 찬자가 정평 설치 후 그 북방에 축조되는 관방과 유소가 축조한 관방을 혼동하였기 때문이며, 정주 설치

---

31) 津田左右吉, 1913 「제16장 고려 東北境의 개척」『조선역사지리』 2, 동만주철도 주식회사; 1964 『津田左右吉全集』 11

32) 그 지역은 신라시대부터 蕃人이 점거하고 있었는데, 고려가 그 사이로 진출하여 영토를 개척함에 이르러 먼저 兵略的 방비를 갖추는 것은 당연한 일이므로 병지의 축성 연대를 곧 영토의 점유시기로 보는 것은 큰 잘못이라고 지적하였다.(津田左右吉, 위의 논문)

이후 유소가 쌓은 관방은 폐기되고 장성은 이름만 남게 되었다는 것이다.[33]

그리고 정종10년에 장주(長州)와 정주(定州) 2주 및 원흥진성(元興鎭城)이 축조됨으로써 고려의 세력 범위는 약간 북방으로 확대되어, 이후 동여진과의 교섭 지역은 정주로 이동한 것으로 보았다. 덕종 때에 화주 북쪽에 축조된 관방도 정주의 설치와 함께 북으로 이동하여 평로(平虜)·영원(寧遠)지방과 연결되는 장성은 이때부터 장주·정주의 북쪽에 설치되어 고려의 북경이 여기서 정해진 것으로 파악하였다.[34]

다음 도엽암길은 고려초 동북면지역에서 여진과의 국경은 영흥(永興;和州) 부근에 한정된 것으로 보았다. 함흥평야는 여진인이 일대 집락을 이룬 곳이었는데, 고려에서는 덕종2년에 여진의 남하를 막기 위해 가장 좋은 방법인 장성을 완성함으로써 동북면지역의 국경은 화주 부근에서 함흥 남쪽의 도련포에 이르렀다고 하여 진전좌우길과 같은 견해를 보였다.[35]

한편 송정등은 조선의 영토와 국경문제를 전적으로 연구한 것은 아니지만 만주의 역사지리, 특히 요와 금의 강역을 연구하면서 요·금과 관련되는 고려의 국경과 영토문제를 언급하였다. 고려초 동북면의 북쪽 경계는 도련포인데 여기에 장성을 축조하여 정주(定州)·선덕(宣德)·원흥(元興)의 3관문을 설치하였다거나, 혹은 고려의 북계는 철령이었다거나, 혹은 안변 이북은 고려의 세력이 미치지 않은 곳이었다고 하는 기존의 설들에 대해, 『고려사』 세가의 여러 기록들[36]에 근거하여 비판하였다.

---

33) 津田左右吉, 1913「제16장 고려 동북경의 개척」『조선역사지리』 2, 동만주철도주식회사; 1964『津田左右吉全集』 11
34) 위와 같음
35) 稻葉岩吉, 1926「조선국경의 사적 고찰」『조선사학』 4, 朝鮮史學同考會, 경성
36)『高麗史』 권6, 세가 정종10년. 권7, 세가 문종6년. 권12, 세가 숙종9년. 권19, 세가 명종7년 등

그리고 덕종2년 이전에 이미 정주가 고려 동북의 관문으로 여진과 경계를 접한 곳이 분명하다고 하여 정종7년 이후 정주를 동북면의 관문으로 보는 진전좌우길과는 다른 견해를 제시하였다.[37]

덕종2년에 북변에 축조된 장성의 동쪽 끝도 정주 동쪽의 도련포에 미치는데, 이 장성은 압록강 입구에서 시작하여 동으로 지금의 의주(宜州)·정주(定州) 북방으로부터 청천강 중류를 가로질러 영원(寧遠)을 지나 동남으로 정평의 동쪽 바다까지 고려의 북계를 획정한 것이라 하였다.[38] 요컨대 지금의 정평이 고려 동북계의 관문이며, 관문 이북은 여진인의 거주지였던 이상 정평의 동쪽에 가까운 도련포로서 고려와 여진의 경계로 삼는 것은 잘못이라는 것이다.

오늘날의 연구 역시 일제시기 일본인 연구자들과 비슷한 견해를 보이고 있다. 방동인은 『고려사』 지리지 동계조에 "성종2년에 정평(定平)에 천정만호부(千丁萬戶府)[39]를 설치하였다"는 기록을 근거로 성종 초에 정평이 동계의 최동단이 되었고, 그 후 덕종2년에 유소가 천리장성을 축조하고 정종7년에 정주에 관문을 설치함으로써 고려 강계로서의 계한(界限)을 이루었다고 하여 고려초 동북면의 국경, 즉 여진과의 경계를 성종대부터 정주라고 하였는데[40], 이는 송정등과 같은 견해이다.

한편 최규성은 고려가 동번 여진과 교섭을 벌였던 최일선 거점이 현종 이래 화주였으나 정종10년에 이르러 정주가 대여진 교섭창구로 바뀌었다고 하여 진전좌우길과 같은 견해이다. 고려의 영토가 북으로 확장되면서 동북면의 북경이 화주에서 정주로 북상하였으며, 문종대에서

---

37) 松井等, 1940 「제1편 만주에 있어서 遼의 강역, 제3편 만주에 있어서 金의 강역」 『만주역사지리』 2, 남만주철도주식회사

38) 松井等, 1940 「제3편 만주에 있어서 金의 강역」 『만주역사지리』 2, 남만주철도주식회사.

39) 만호부는 원나라의 군제로서 고려에서는 원 간섭기 이후에 비로소 나타나는데 국초인 성종대에 만호부를 설치하였다는 것은 잘못된 기록으로 보인다.

40) 방동인, 1997 「고려의 동북계」 『한국의 국경획정연구』 일조각

예종대에는 고려에 귀부해 오는 장성 밖 여진족 거주지에 고려식 주군을 설치하는 기미주 확대정책을 시행하여 사실상 천리장성 너머로의 영토확장이 이루어졌다는 것이다.41)

이처럼 고려초 동북면의 국경과 영토에 관한 오늘날의 연구 역시 일제시기 일본인 연구자의 그것과 큰 차이가 없음을 알 수 있다. 대체로 통일신라시대에 등주(안변)가 여진족과의 북경이었으나 고려 건국 이래 동북면지역의 축성과 개척이 진행되어 화주(영흥)까지 영토가 확대되었고, 그 결과 현종대 이후 정종7년까지는 화주가 여진과의 교섭창구가 되었으며, 그 후 정종7년에 정주·의주·원흥진 등에 축성이 이루어지고 관문이 설치됨으로써 이후 동북면의 북경은 정주로 확대된 것으로 이해하고 있다.

4. 여진 정벌과 9성 설치기

이 시기는 일본인 연구자들의 연구가 가장 집중된 곳이다. 윤관이 여진을 정벌하고 축조한 9성의 위치와 설치 범위, 특히 가장 북쪽에 위치했다는 공험진의 위치 등이 주요 연구 대상이 되었다.

1910년대에서 1940년대에 걸쳐 지내굉·진전좌우길·송정등·도엽암길 등은 만주와 조선의 전 왕조와 전 국토에 걸쳐 학술적으로 그 역사지리를 밝힌 『조선역사지리』『만주역사지리』 등을 집필하였는데, 조선의 지리·영토문제와 관련하여 지내굉은 주로 조선시대를, 진전좌우길은 고려시대 이전을 분담하였다.42)

특히 지내굉과 진전좌우길은 고려의 여진 정벌 배경과 과정, 그리고 점령지에 축조한 9성의 위치를 역사지리적 관점에서 정밀하게 연구하

---

41) 최규성, 1995「북방민족과의 관계」『신편한국사』15
42) 白鳥庫吉, 1913『조선역사지리』2, 서문

였다. 이들은 당시 현지를 답사하고 치밀하게 고증하여 9성의 설치 지역을 길주 이남 또는 함관령(咸關嶺) 이남 정평 이북의 광의의 함흥평야 일대로 비정하였다. 이들의 연구는 기본적으로 식민사관의 입장에서 이루어진 것이므로 9성의 범위를 가능한 좁히고자 하였다는 의심을 받고 있다.

여기에서는 이 분야에서 많은 연구를 한 진전좌우길·지내굉·도엽암길 등의 연구 성과를 중심으로 9성의 설치 범위, 공험진의 위치 등과 관련하여 그들이 당시 동북면의 영역과 북경(北境) 문제를 어떻게 인식하였는가를 살피고, 아울러 식민사관의 관점에서 9성의 범위를 의도적으로 축소하려 한 것인지 등의 문제도 검토하기로 한다.

진전좌우길은 먼저 윤관이 설치한 9성의 수에 대해서 의문을 제기하였다. 『고려사』 윤관전에는 예종2년에 영주(英州)·웅주(雄州)·복주(福州)·길주성(吉州城)을, 3년에 함주(咸州)·공험진(公嶮鎭)을, 이어 의주(宜州)·통태(通泰)·평융(平戎) 3진을 축조하여 9성을 이루었다고 하였는데, 세가 예종4년의 9성 철폐기사에 보이는 숭녕(崇寧)·통태(通泰)·진양(眞陽)·선화(宣化) 등 제진에 5주 및 공험진을 더하면 10성이 되고, 다시 평융진을 더하면 11성이 되므로, 9성이라 칭하는 유래는 분명하지 않다고 하였다.[43]

다음 9성의 위치에 대해서 함주는 지금의 함흥 부근, 영주는 점령지의 서쪽 경계로 정평에서 멀지 않은 황초령(黃草嶺) 부근, 웅주는 점령지의 북쪽 경계로 북청 동쪽 끝의 거산(居山), 길주는 점령지의 동쪽 경계로 북청 북쪽 끝의 자항원(慈航院), 복주는 웅주와 길주 2주 및 공험진의 남방에 있는 것으로 보아 함주와 길주 또는 웅주의 중간 지점 혹은 홍원(洪原)지방. 공험진은 웅주와 길주의 중간에 위치하여 그 연결점이 되고 2주·1진의 3방어사가 서로 호응하여 북경의 수비를 견고하게 할 수 있는 북청평야의 중앙에 위치하였을 것으로 추정하였다. 그

---

43) 津田左右吉, 1913 「尹瓘征略地域考」『朝鮮歷史地理』2, 남만주철도주식회사

리고 기타 제진 중 통태진은 해변에 위치한 것으로, 숭녕진은 길주 부근으로, 진양·선화·평융 3진은 함주와 공험진의 중간 지점으로 추정하였다.44)

그리고 9성의 설치 범위에 대해서는 성보의 수45), 점령지의 반환 이유46), 제성 사이의 거리47), 임언(林彦)의 「영주청벽기(英州廳壁記)」48), 『금사』의 기록49), 고려의 침입에 대한 금의 태도50), 윤관의 출정 목적51), 제

---

44) 위와 같음

45) 9~10개의 적은 수의 성보로 수비할 수 있는 지역이 넓지 않다고 보고 신점령지의 구역이 길주 북방에 미치는 것으로 추정할 수 없다고 하였다.(陳田左右吉, 1913「尹瓘征略地域考」『朝鮮歷史地理』2, 남만주철도주식회사)

46) 9성의 반환은 주로 길주에서의 패전이 동기인데, 만약 길주가 지금의 길주라면 그 성이 함락되어도 험준한 마천령 때문에 적군의 남진을 방어하기 용이했을 것이나 길주에서의 패배가 고려군을 괴멸로 이끌어 급히 강화를 요청한 것은 그 지역이 결코 지금의 길주와 같이 북방에 있는 것이 아님을 보여주는 것이라 하였다.(津田左右吉, 위의 논문)

47) 여진 정벌시 여러 장수들이 단시일 내에 각지를 왕복한 사실을 보면 그 사이의 거리가 멀지 않음을 의미하는 것이라 하였다.(津田左右吉, 위의 논문)

48) 윤관의 참모인 林彦이 쓴 「英州廳壁記」에 점령지역을 지방 300里라 하였는데 정평과 길주 간의 거리가 약 600里이므로 당시의 점령지역은 지금의 길주에 미치지 못한 것이 명확하며, 따라서 임언의 기록으로 추측할 수 있는 점령지의 북단은 북청이나 이원 부근이었을 것으로 추측하였다.(津田左右吉, 위의 논문)

49) 『金史』에는 9성 지역을 曷懶甸에 있는 것으로 기록하였는데, 曷懶甸이 마천령 이남이라면 마천령 이북인 길주지방에는 도달하지 않았던 것으로 추측하였다. (津田左右吉, 위의 논문)

50) 고려의 침입에 대해 금나라는 "咸曰不可擧兵"이라고 할 정도로 사태를 중요시하지 않았다. 만약 고려군이 마천령을 넘어 길주 부근으로 진격한다면 여기서부터 곧바로 두만강방면에 이르는 것이 용이하여 統門水 지방의 경영에 많은 노력을 기울인 금이 이를 좌시하지 않았을 것이고. 따라서 9성의 설치 지역은 금과의 이해관계가 적은 마천령 南端이었음을 보여주는 것이라고 하였다.(津田左右吉, 위의 논문)

51) 윤관의 출정은 정주 관외의 속령을 빼앗긴 갑신년의 치욕을 설욕하기 위한 것이므로 출정의 목적은 처음부터 속령을 회복하는 것이며. 그 속령이 북청평야 이남이라면 윤관의 점령지도 이 지역과 크게 차이가 없을 것으로 보았다.(津田左右吉, 위의 논문)

주진의 철폐 순서[52], 제 주진의 위치[53], 지세[54] 등 여러 측면에서 치밀하게 고증하여 마운령 이남에 비정하였다.

그리고 이상의 고증이 크게 잘못이 없다는 가정 하에 『고려사』지리지의 오류를 지적하였다.[55] 지리지가 거짓을 전한 이유에 대해서는 정주 이남 화주 이북이 원에 귀속된 후 공민왕 5년에 고려가 이 지역을 회복할 때 승세를 타고 함주 이북 북청 이남을 점령하고 원에 대하여 그 할양을 요구하는 상표(上表)에서 실제 사실과 달리 쌍성(화주)·삼살(三撒;북청)은 원래 고려의 영토, 즉 북청 이남을 고려의 구강(舊疆)이라고 보고하였기 때문이라고 보았다.[56]

---

52) 州鎭의 철폐는 1차로 崇寧鎭과 通泰鎭, 2차로 英州와 福州, 3차로 咸州·雄州·宣化鎭의 순서로 진행되었는데 먼 곳부터 먼저 철수했다면, 길주와 공험진이 이미 金軍에 점령된 상태이므로 웅주는 길주보다 남방에 있어 아직 고려의 수중에 있었던 것이 되고. 통태진은 웅주 남방에 위치하므로 철폐 순서는 성보의 위치를 나태내는 것이 아니다. 길주 함락 이후 승세를 탄 金軍이 남방으로 진격하여 함주 이북의 제성은 당시 모두 적군에 점령당했다고 한다면 9성 철폐 기사는 사실이 아니며, 그 철폐 시일이 임술에서 갑자, 을축으로 연속되는 것으로 보아 실제 철폐시기가 아닌 공허한 기록에 불과한 것이라 하였다.(津田左右吉, 1913「尹瓘征略地域考」『朝鮮歷史地理』2, 남만주철도주식회사)
53) 정주와 웅주 사이는 250리이고, 정주와 길주 사이는 220리이므로 임언이 말한 그 지방 300리는 매우 과장된 것으로 보았다.(津田左右吉, 위의 논문)
54) 정평· 함흥평야와 북청평야는 그 사이의 홍원부근에 다소의 구릉이 있을 뿐 거의 동일한 구역이다. 서쪽은 성천강 상류의 험준한 황초령, 북쪽은 대천 상류에 厚峙嶺, 동쪽은 해안으로 蔓嶺을 지나 비로소 利原지방으로 통할 수 있다. 그렇다면 정평지방에 근거를 갖는 고려가 동일구역에 포함되는 함흥 및 북청지방을 영유하는 것은 자연스러운 형세이며, 이 한계를 넘어 그 세력을 신장시키는 것은 용이한 일이 아니다. 따라서 윤관의 점령지가 이 사이에 한정되는 것은 자연스러운 것이라 하였다.(津田左右吉, 위의 논문)
55) 이밖에도 『高麗史』세가의 기록에 9성은 예종4년에 철폐되었다고 하였는데, 지리지에는 예종6년에 길주와 공험진에 축성이 있었던 것으로 되어 있고, 吳延寵傳에는 공험진이 길주 남쪽에 있는 것으로 되어 있는데 지리지에는 두만강방면에 있다고 하는 등의 예를 추가하여 지리지의 거짓이 심하다고 하였다.(津田左右吉, 위의 논문)
56) 津田左右吉, 1913「尹瓘征略地域考」『朝鮮歷史地理』2, 남만주철도주식회사.

이처럼 진전좌우길은 9성의 설치범위를 마운령 이남에 비정하여,
『고려사』지리지의 기록은 고려말의 문서와 「용비어천가」 등의 기록
과 비교해 보면 잘못된 것이고, 공험진입비(公嶮鎭立碑)의 두만강 재북
설도 조작된 것이라 하였다. 그리고 여진족 가운데 고려에 귀부하여
기미주 관계에 있던 지역은 함흥·홍원·북청이라고 하였는데 이는 뒷
날 지내굉이 주장하는 함흥평야설의 토대가 되었다.[57]

지내굉은 진전좌우길이 주장한 마운령 이남설[58]을 수정하였다. 즉 9
성의 설치 범위는 함관령 이남의 광의의 함흥평야에 해당한다고 주장
하여[59] 윤관의 정벌지역을 축소하였다. 그 역시 진전좌우길과 마찬가
지로 관련 사료를 망라하여 세밀하게 검토했을 뿐만 아니라, 함흥 부
근 일대의 고성지를 직접 답사해서 9성의 범위를 지금의 성천강이 흐
르는 함흥평야 일대에 불과하다는 결론을 내렸다. 그는『고려사』에 기
록된 윤관 정략지역의 지형과 함흥평야 부근의 지형이 서로 유사하다
는 점을 지적하면서 갈라전(曷懶甸)지역을 함흥평야로 추정하였고, 고
려의 기미주였던 여진족의 거주지역을 갈라전지역에 대비시켜 함흥평
야에 한정된다고 하였다.[60]

다음 9성의 위치에 대해 점령지의 동계인 웅주는 퇴조만(退潮灣)에
가까이 있는 성동리(城東里)산성에, 점령지의 중추성인 함주는 함흥에,
9성 중 최북단에 위치한 길주성은 함흥에서 동북쪽으로 성천강의 지류
인 호련천(瑚璉川)을 따라 약 50리를 간 지점, 즉 함흥군과 홍원군의 경

---

57) 위와 같음
58) 일명 '북청평야설'이라고도 한다.
59) 池內宏, 1919「公嶮鎭과 蘇下江」,『동양학보』9-1, 동양협회 학술조사부.
    池內宏, 1922「함경남도 함흥군에 있어서 고려시대의 고성지」,『고적조사보고』
    1, 조선총독부
    地內宏, 1923「完顏氏의 曷懶甸경략과 尹瓘의 9城役」,『滿鮮地理歷史硏究報告』
    9, 동경제대 문학부; 1937『만선사연구』중세2, 길천홍문관
60) 池內宏, 1922「함경남도 함흥군에 있어서 고려시대의 古城趾」,『大正8년 고적
    조사보고』제1책

계를 이루는 함관령의 서쪽에 있는 덕산면(德山面) 상대리(上埭里) 고성
(古城)에, 공험진은 그 서남쪽에 있는 덕산면 대덕리(大德里) 산성에 비
정하고[61],『고려사』세가의 윤관 칭하조(稱賀條) 및 윤관전에 모두 "입
비우공험진이위계(立碑于公嶮鎭以爲界)"라 한 것은 후세의 속전(俗傳)에
근거한 것으로 가치가 없는 기사라고 평가절하 하였다.[62]

9성 중 함주·영주·복주·웅주·길주·공험진에 더하여 숭녕(崇寧)·통태
(通泰)·진양(眞陽)의 3진성이 축조되었는데, 통태진은 정주와 웅주 사이
에 위치하는 성이므로 호련천 하구에 가까운 운성리(雲城里) 폐성에, 숭
녕진은 정평과 복주성지 중간에 있는 운흥리(雲興里)의 중봉산성(中峰山
城)에, 진양진은 오로리(五老里)의 금반산성(金盤山城)에 비정하고[63], 이
들 3성의 이름이 윤관의 하표(賀表)에 보이지 않는 것은 6성 후에 성립되
었기 때문으로 보았다.[64]

이처럼 지내굉은 함흥평야 일대의 고성지를 실제로 답사하여 9성의
위치를 비정하였다. 특히 여말선초 지리지 등에 두만강 북쪽에 있었다
고 알려진 공험진을 조선인이 조작한 위공험진(僞公嶮鎭)이라고 일축
하고 공험진 주위를 흐르던 소하강(蘇下江)을 공상의 강이라 단정하였
으며 공험진의 선춘령비를 부정하였다.[65]

치밀한 고증과 정연한 이론, 그리고 당시 총독부 촉탁이라는 배경을
바탕으로 한 그의 주장은 쉽게 학계에 수용되었다. 이러한 주장은 오
늘날의 학계에서 일부 연구자들로부터 비판받는 부분도 있으나[66] 여

---

61) 위와 같음
62) 池內宏, 1923「完顏氏의 曷懶甸 경략과 윤관의 九城役」『만선지리역사연구보
　　고』9; 1937『만선사연구』중세2)
63) 철폐되는 성 중에 보이는 宣化鎭은 9성 이외의 것으로 정평에 가까운 鳳坮里
　　古城에 비정하였다.
64) 池內宏, 1923「完顏氏의 曷懶甸 경략과 윤관의 九城役」『만선지리역사연구보
　　고』9; 1937『만선사연구』중세2)
65) 池內宏, 1919「공험진과 蘇下江」『동양학보』9-1, 동양협회 학술조사부
66) 윤무병의 비판; 당시 윤관은 공험진에 석비를 세워 여진과의 경계로 삼았다고

전히 정설의 위치를 차지하고 있는 실정이다.

한편 1920년대 후반부터 고려의 영토와 국경문제를 연구한 도엽암길은 9성 가운데 영주성과 웅주성의 위치에 대해 새로운 견해를 제시하였다.[67] 영주성과 웅주성의 유지를 중심으로 9성의 설치 범위를 파악하였는데, 화곶령(火串嶺)의 화곶이라는 지명에 주목하여 그것이 여진어의 학의 음역으로 보아 홍원에 있는 학산에 비정하여 웅주성을 지금의 홍원으로 단정하였다.

또 임언의 「영주청벽기」에 기록된 고비를 황초령비로 추정하여 영주성을 황초령 근처로, 공험진을 홍원의 대문령으로. 9성의 설치 범위를 함관령 이동 마운령 이남이라 하여 진전좌우길의 주장을 약간 수정하였다.[68] 당시 윤관의 여진정벌 의도가 함흥평야를 점령하는 것에 있었

했으므로 공험진은 길주보다 동쪽에 위치해야 하는데 池內宏은 오히려 고려의 본토에 가까운 대덕리산성에 비정한 것은 문제가 있다. 또 당시 9성이 설치된 州鎭에 1,000여 정호에서 500정호를 사민했다고 하였는데 공험진 성지로 비정한 대덕리산성은 사방 500m도 못되는 소규모 산성에 불과하여 수백 丁戶도 수용할 수 없다. 稻葉岩吉은 火串嶺의 火串이라는 지명에 주목하여 그것이 여진어의 鶴의 音譯으로 보아 洪原에 있는 鶴山에 비정하여 웅주성을 지금의 홍원으로 단정했는데 火串嶺은 池內宏이 웅주로 비정한 退潮面의 城洞古城 서쪽 15리 지점에 있는 草高台嶺에 비정하는 것이 타당하다. 서울대 중앙도서관에 소장된 8도 지도 병풍에 草高嶺으로 표기된 것이 그 근거이다. 초고령 즉 火串嶺은 함흥에서 정동쪽으로 南州東面의 계곡을 따라 退潮灣에 이르는 가장 중요한 지름길이므로 이를 지키기 위해 吉州城이 그 嶺下에 축조된 것이라 하였다.(1958「길주성과 공험진」『역사학보』10)

방동인의 비판; 당시 고려의 북경을 정평 관문으로 본 것, 고려와 완안부 여진 사이에 있던 함경도 일대의 散居 여진족을 완안부 여진과 구분하지 않고 동일한 것으로 취급한 것, 조선 초기 지리지의 기록을 과소평가하거나 도외시 한 것, 기록을 무시하고 현지 답사를 통해 지형적 유사성만을 근거로 9성의 절대 위치를 밝힐 수 있다는 것 등을 문제로 지적하였다.(1997「고려의 동북계」『한국의 국경획정연구』일조각)

67) 稻葉岩吉, 1931「高麗尹瓘九城考-특히 英雄二州의 遺址에 대하여」(상·하)『史林』16-1·2

68) 稻葉君山, 1926「조선 국경의 사적 고찰」(一)-(五)『조선사학』朝鮮史學同攷會

던 것으로 보아 축성은 평야 주위에 이루어졌을 것으로 추정한 것이다.

공험진의 선춘령 입비사실에 대해서는 두만강북 입비설은 와전된 것으로, 여말선초 조선 정부의 교묘한 외교수단이 되었으며, 그것이 『세종실록』지리지에서 선춘현으로 기재된 것으로 보았다.[69] 또한 후세에 영토관념이 발전하여 윤관의 동정전(東征傳)이 상징화하면서 공험진은 한층 북진하여 두만강 이북에 설치되기에 이르렀는데 그것은 사실과 거리가 먼 것이라는 것이다.[70]

일본인 연구자 중 가장 늦은 시기인 1940년대에 윤관의 9성 연구를 발표한 송정등은 먼저 9성을 영주·웅주·길주·공험진·복주·의주·함주·통태진·평융진으로 확정하고, 그 위치를 고증하였다. 『고려사』『동국여지승람』『금사』『북로기략(北路紀要)』『북관지(北關志)』『대한강역고』 등 사서의 기록은 물론 지명의 조선어 발음 등을 고증하여 영주는 함북 경성 주변, 웅주는 함북 경흥 남방, 9성 중 최북단에 위치한 길주는 함북 경원 북방, 공험진은 경흥 남쪽의 아오지보(阿吾地堡), 복주는 함남 단천, 의주는 함남 덕원, 함주는 함흥에 비정하고, 통태진과 평융진는 불명이라 하였다.[71]

이처럼 송정등은 9성의 설치 범위를 경흥에서 아오지를 거쳐 경원을 잇는 두만강 유역 이남으로 비정하여 길주이남설의 진전좌우길, 함흥 평야설의 지내굉과는 다른 연구결과를 제시하였다. 한편 갈라전의 위치에 대해서는 진전좌우길이 마천령 이남 정주 이북 지역으로 한정한 것[72]에 대해서 송정등은 막연히 정주 관문 이북 지방이라 하였다.[73]

69) 稻葉岩吉, 1931「高麗尹瓘九城考-특히 英雄二州의 遺址에 대하여」(상·하)『史林』16-1·2
70) 稻葉君山, 1926「조선 국경의 사적 고찰」(一)-(五)『조선사학』朝鮮史學同攷會
71) 松井等, 1940「제1편 만주에 있어서 遼의 강역-四, 補遺 윤관의 9성」『만주역사지리』제2권
72) 『金史』에서 乙離骨嶺(摩天嶺山脈) 남방의 고려 北境에 근접한 지역을 曷懶甸이라 칭하였는데, 당시 고려의 北境이 定州의 舊長城이므로 마천령 이남 정주 이북지역을 총칭하여 曷懶甸이라 하였다.(津田左右吉, 1913「尹瓘征略地域考」

해방 이후 한국인 연구자 가운데 일본인 연구자들의 연구와 거의 같은 결과를 제시한 연구도 있다. 즉 길주성과 공험진에 위치 비정에 대한 지내굉의 견해를 약간 수정하여 길주성을 지금의 홍원군 학천면의 천학봉 산성에, 공험진은 함주군 덕산면의 상대리 산성으로 고쳐 비정하였고, 공험진입비계지설(公嶮鎭立碑界至說)에 관해서는 고려의 동북경은 공험진으로 경계를 삼았다는 전언과 두만강 북쪽 여진족 거주지역의 선춘령에 윤관이 세운 석비가 남아있다는 소전에 따라 『팔도지리지』 찬자인 윤회가 선춘령을 공험진에 결부시키려는 의도에서 꾸민 조작으로 보았다.[74]

여말에 명나라와 사이에 있었던 동북 국경문제에서 고려 정부가 공험진계지설을 주장함으로써 이후 널리 전파되기에 이르렀고, 선춘령입비설은 여진지역에서 그러한 소문이 전래되어 일반에 널리 유포됨에 따라 일부 식자 가운데 공험진과 선춘령은 동일한 지점이어야 한다는 생각을 갖고 양자를 결부시키게 되면서 『세종실록』 지리지에 기록된 소하강변 공험진 소재설이 나오고, 한편으로 공험진입비계지설도 『고려사』에 실리게 된 것으로 추측하였다.[75]

요컨대 공험진으로써 동북경을 삼았다는 소전은 여말의 영토문제와 관련해서 철령위(鐵嶺衛)를 설치하려는 명나라에 대한 항의에서 비롯되었다는 것이다. 그러나 공험진과 윤관의 입비에 관한 소전이 어떤 와전이나 잘못에 기인하였다 하더라도 결코 일본인 연구자들이 주장하는 것과 같이 날조된 가공의 설화는 아니라고 한 점에서 차이를 보

『朝鮮歷史地理』 2, 남만주철도주식회사)

73) 定州 관문 이북의 지방을 合懶路 또는 曷懶甸이라 부르며, 금 태조 天輔 3년에 고려가 曷懶甸의 장성을 증축하자 금이 항의하는 것으로 보아(『金史』 권2, 太祖 天輔3년) 장성의 북방은 금의 領地인 갈라전이다.(松井等, 1940 「제3편 만주에 있어서 金의 강역」, 『만주역사지리』 2, 남만주철도주식회사)

74) 尹武炳, 1958 「吉州城과 公嶮鎭」 『역사학보』 10

75) 위와 같음

이고 있다.

한편 최근에 우리측 연구자들에 의해 당시 동북면의 영역과 관련하여 공험진과 선춘령의 위치에 대한 많은 연구 결과들이 발표되고 있다.76) 이들 대부분은『고려사』『조선왕조실록』등 조선초 기록과「조선팔도지도」등 고지도를 이용함은 물론, 만주의 현지답사를 통해 공험진과 선춘령의 위치를 추적하여, 대체로 두만강 이북의 만주지역에 비정하고 있는데 구체적인 위치에서는 서로 차이를 보인다.77)

그리고 9성 환부 이후 동북면의 북경(北境)에 대해서는『고려사』세가의 기록들을 근거로78) 정주 북쪽의 관방, 즉 함주와 정주의 중간 지점으로 추정하였다.79)

---

76) 최규성, 2002「선춘령과 공험진비에 대한 신고찰」,『한국사론』34, 국사편찬위원회
　　안주섭·이부오·이영화, 2006『영토한국사』소나무
　　최창국, 2007「선춘현과 공험진」,『안보문화와 미래』창간호
　　이상태, 2009「선춘령과 공험진의 위치에 관한 연구」,『안보문화와 미래』제2호
　　윤일영, 2009「선춘령과 공험진의 위치」,『안보문화와 미래』제2호
77) 공험진과 선춘령비의 위치 비정에 대한 연구는 다음과 같다.
　　① 연길 시내 북쪽의 北臺古城
　　　　최규성, 2002「선춘령과 공험진비에 대한 신고찰」,『한국사론』34, 국사편찬위원회
　　② 선춘령은 간도의 수분하 상류 노송령
　　　　안주섭·이부오·이영화, 2006『영토한국사』소나무
　　③ 선춘령은 왕청현 부근, 공험진은 연길시
　　　　이상태, 2009「선춘령과 공험진의 위치에 관한 연구」,『안보문화와 미래』제2
　　④ 선춘령은 노송령, 공험진은 안도현 장흥촌의 오봉산성
　　　　윤일영, 2009「선춘령과 공험진의 위치」,『안보문화와 미래』제2호
　　⑤ 공험진은 왕청현 춘양진 일대, 선춘령은 두만강 이북 복흥진 북쪽에 위치한 향진계 고개
　　　　최창국, 2007「선춘현과 공험진」,『안보문화와 미래』창간호
78)『高麗史』권22, 세가 고종11년 정월 戊申, 고종14년 9월 壬午, 고종16년 2월 壬子
79) 방동인 역시 같은 견해이다. 즉 동일한 자료들을 근거로 예종 때에 윤관 등에 의해 개척된 9성 지역을 여진족에게 환부한 이래 고려의 동북경은 정주 이북의

진전좌우길은 동진국과 고려의 국경 무역장으로서 고려의 정주에 대하여 동진국이 북청을 든 것을 지리상으로 의문이라 하였고[80], 또 동여진이 함주에 이르러 화친을 청했다는 기록에 대해서는 이 무렵 두 나라의 경계가 함주와 정주의 중간이었다고 보았다. 그리고 화주 이북 이 원에 속할 때 정주와 장주 2주인이 해도로 도피하였다는 기록을 근 거로 이때까지 정주·장주가 고려의 영토임이 분명하다고 하였다.[81]

지금까지 살펴본 것처럼 일제시기 식민사학자들의 연구에 대해 '당 시 고려의 북경(北境)을 정주 관문으로 본 것, 고려와 완안부 여진 사이 에 있던 함경도 일대의 산거 여진족을 완안부 여진과 구분하지 않고 동일한 것으로 취급한 것, 조선 초기 지리지의 기록을 과소평가하거나 도외시 한 것, 기록을 무시하고 현지답사를 통해 지형적 유사성만을 근거로 9성의 절대위치를 밝힌 것' 등을 문제점으로 지적하는 연구자 도 있지만[82] 그들의 연구에서 당시 윤관의 여진 정벌이나 9성 설치와 관련하여 특별히 사실을 왜곡하거나 조작하려는 흔적은 보이지 않는 것으로 생각된다.[83]

장성이 한계이며, 함주와 정주 사이에 국경이 놓여 있었다고 한다.(방동인, 1990 「여원관계의 재검토-쌍성총관부와 동녕부를 중심으로」『국사관논총』 17 및 1997 「쌍성총관부 치폐고」『한국의 국경획정 연구』 일조각)

80) 북청과 정주가 각각 고려와 여진의 경계라고 하기에 지리적으로 너무 멀고 그 사이에 함주가 위치하는 문제에 대해 의문을 제기한 것으로 보인다.

81) 津田左右吉, 1913 「제19 원대에 있어서 고려의 동북경」『조선역사지리』 2

82) 방동인, 1997 「고려의 동북계」『한국의 국경획정연구』 일조각

83) 그러나 고려의 여진 정벌 사실을 폄하거나 과소평가하려는 모습은 보인다. 예컨대 윤관이 쉽게 여진을 정벌한 사실에 대해 津田左右吉은 "예종2년에 윤 관 등이 출병하여 쉽게 여진 부락 135촌을 점령하였는데, 이때 금은 아직 曷懶 甸 지방에 많은 수비군을 배치하지 않아 고려군에 저항한 것은 토착 여진뿐이 었기 때문이다"고 평가하였고, (津田左右吉, 1913 「윤관정략지역고」『조선역사 지리』 2) 稻葉岩吉은 "당시 여진의 금국은 장차 크게 일어나 거란을 멸망시키 고 북송을 병탄하여 중국의 과반을 점령하기 전신의 적이었기 때문에 고려가 기습적으로 여진 정벌에 성공했지만 그 지위가 언제까지 유지되는 지는 의문 이다"고 하였다.(稻葉君山, 1926 「조선 국경의 사적 고찰」(一)-(五)『조선사학』

5. 대몽전쟁과 쌍성총관부 설치기

고종18년에 몽골은 금을 정복하는 과정에서 처음 고려를 침입한 이후 30여 년간 6차례에 걸쳐 침략하였다. 이 기간 중인 고종45년 12월에 철령 이북의 동북면 지방은 반란을 일으킨 지방세력이 몽골에 투항하여 원의 요양행성 개원로에 편입되고 화주에 쌍성총관부가 설치됨으로써 역사상 처음으로 고려의 영토가 축소되었다. 여기에서는 이 분야에 연구를 남긴 진전좌우길의 연구를 중심으로, 특히 문제가 되는 쌍성총관부의 관할 범위를 둘러싼 동북면지역의 국경과 영토에 관한 그의 인식을 검토하고자 한다.

진전좌우길은 쌍성총관부의 관할 범위와 관련하여 『고려사』 세가 공민왕 5년조에 "유인우가 쌍성을 함락시키고 화주·등주·정주·장주·예주·고주·문주·의주 및 선덕·원흥·영인·요덕·정변 등 진을 수복하여 함주 이북이 고종 무오년에 원에 몰입된 이후 지금 모두 회복하였다."고 한 기록에 대해, 당시에 등주 이북의 제주진이 모두 원에 속하여 고려의 영토는 철령 이남에 한정되었으므로 여기서 함주 이북이라 한 것은 오류라고 지적하였다.[84]

이러한 오류는 조휘가 원나라 군대의 후원을 얻어 이 지역을 점령했을 때 그 세력이 철령 이북을 풍미하다가 원병이 철수한 후 그 세력을 상실하고 겨우 본거지인 화주 이북을 보지(保持)했을 뿐. 실제로 고려의 치하를 벗어난 것은 화주 이북에 불과하였으므로 그러한 상황을 후대인이 기록했기 때문이라고 해석하였다. 즉 그는 원의 쌍성총관부 지배가 중국 정부가 여진부락을 통치할 때 그 추장에게 공명(空名)의 관직을 수여하고 이를 기미(羈縻)하는 것과 같이 조휘 등이 원의 이름에 의탁하여 그 땅을 영유한 것에 불과하였던 것으로 본 것이다.[85]

朝鮮史學同攷會)
84) 津田左右吉, 1913 「제19 원대에 있어서 고려의 동북경」 『조선역사지리』 2

그리고 등주·의주 등이 본성으로 돌아온 후 雙城(화주) 이북은 그대로 원의 영토였지만 그 지역에는 많은 고려인이 거주하여 일종의 세력을 형성하였고, 그 거주민의 수장으로서 세력을 가진 것이 이성계 집안이었다고 하여 쌍성총관부에 대한 원의 직접적인 지배력은 매우 느슨하였던 것으로 보았다.[86]

쌍성총관부의 관할 범위와 관련한 오늘날 연구자들의 연구도 진전 좌우길의 그것과 큰 차이는 없다. 다만 등주 이북 화주 이남 지역에 대한 원의 지배력이나 고려의 영향력을 둘러싸고 견해 차이를 보이는 정도이다.

방동인은 쌍성총관부의 관할지역은 초기에는 정주 이남 등주 이북지역이었으나 충렬왕24년의 '각환본성(各還本城)'을 계기로 정주 이남 화주 이북 지역으로 축소되었고, 화주 이남 등주 이북은 고려의 군사지대를 형성하여 고려의 영향력은 쌍성지역에까지 미치게 된 것으로 보았다.[87] 즉 쌍성총관부의 치소가 있는 화주 이남은 충렬왕24년 무렵부터 고려의 통치권이 회복되어 고려의 군사지대로 편제되었고, 화주 이북 지역에도 고려의 통치권이 일정하게 작용하였다는 것이다.

이처럼 충렬왕대 들어와 쌍성총관부의 관할지역이 축소된 것은 내안(乃顔)과 합단적의 반란으로 고려군이 원군과 함께 쌍성 등 처에 진주하게 됨으로써 고려의 영향력이 증대하였기 때문이며, 그 결과 화주 이남 등주 이북 지방은 고려의 군사지대(mlitary zone) 형태를 이루게 되었고 이로써 쌍성총관부의 관할 범위도 축소되었다고 본다.[88]

---

85) 원의 수비병조차도 항상 주재한 것이 아니고 특별히 필요할 때에 파견하거나 고려의 군사로 하여금 이 땅을 鎭戍하게 했다고 하였다.(津田左右吉, 위의 논문)
86) 津田左右吉, 위의 논문
87) 방동인, 1990 「여원관계의 재검토-쌍성총관부와 동녕부를 중심으로」『국사관논총』 17 및 1997 「쌍성총관부 치폐고」『한국의 국경획정 연구』 일조각
   김구진도 방동인과 같은 견해이다.(1989 「여원의 영토분쟁과 그 귀속문제」『국사관논총』 7)
88) 방동인, 위의 논문

그러나 이러한 주장에 대해 비판적인 견해도 있다. 즉 고려가 쌍성총관부의 치소가 있던 화주를 무력으로 수복하려던 공민왕5년 당시 고려군이 심한 저항을 받아 결국 원의 천호직을 세습하던 함흥의 지방세력인 이자춘의 내응으로 영토를 수복할 수 있었는데, 만약 충렬왕 대부터 화주 이남 지역을 수복하고 군사지대화 했다면 이 지역을 수복할 때 쌍성 총관·천호 등의 심한 저항이 있었던 이유를 설명하기 곤란하다는 것이다.[89]

6. 쌍성총관부의 수복과 동북면 확장기

고려말 동북면지역의 영토 확장은 공민왕5년의 쌍성총관부 수복에서 시작되었다. 반원정책의 추진과 함께 동북면병마사가 무력으로 쌍성총관부를 공파함으로써 고려는 99년 만에 동북면지역의 영토를 회복하였다.

이어 공민왕11년에는 동북면지역에 침입한 나하추와 홍건적을 격파하고, 13년에는 여진족인 삼선(三善)·삼개(三介)를 대파함으로써 동북면지역의 영토는 이판령(伊板嶺;磨天嶺)을 넘어 해양(海陽;吉州)지방까지 이르게 되었다. 그리고 공양왕2년에는 길주에 변경의 전초기지 역할을 하는 만호부를 설치하여 동북면 영토의 경계선으로 삼았고, 길주 이북으로는 미한정 경계지역으로서의 군사지역을 확대해 갔다.

여기서는 공민왕대의 반원운동, 동녕부 정벌, 원명교체기 고려-원, 고려-명과의 관계를 연구한 지내굉, 고려말 쌍성총관부의 수복과 동북면지역의 영토 확장, 철령위의 위치 등의 문제를 연구한 진전좌우길과 도엽암길 등의 논저를 중심으로 당시 동북면지역의 영역과 국경에 대

---

89) 김순자, 2003 「고려의 북방경영과 영토 정책」『한중관계사 연구의 성과와 과제』
국사편찬위원회

한 그들의 인식을 살펴보고자 한다.

진전좌우길은 먼저 화주 이북과 북청 이남 영토의 수복에 대한『고려사』기록, 즉 세가와 지리지에 '공민왕5년에 쌍성총관부를 공격하여 수복한 지역은 화주(和州)·등주(登州)·정주(定州)·장주(長州)·예주(豫州)·고주(高州)·문주(文州)·의주(宜州) 및 선덕(宣德)·원흥(元興)·영인(寧仁)·요덕(耀德)·정변(靜邊) 등 제진이다'고 한 기록의 문제점을 지적하였다.

즉 공민왕5년보다 앞선 시기인 충렬왕24년에 화주 이남의 문주·등주 등의 주치가 고지로 돌아갔다는 기록이 있으므로 공민왕5년에 새로 회복한 지역은 쌍성 이북이어야 하는데 쌍성 이남의 제진도 포함되어 있으므로 앞뒤가 서로 모순된다는 것이다.[90]

또한『고려사』지리지와 조돈(趙暾) 열전,「용비어천가」등에 '안지도수복(按地圖收復)'이라고 한 기록에 대해서도 새로운 해석을 시도하였다. 이는 제주(諸州)의 지도를 살핀 후에 점령하였다는 의미가 아니라 후대 사가(史家)가 화주 이북의 수복과 함께 이들 제주진의 관구(管區)를 옛날의 지도에 의거해 획정한 사실을 기록한 것으로 추정하였다.[91] 다시 말해 쌍성지방을 원으로부터 수복함과 동시에 철령 이북 전반의 지방행정구역을 획정 정리할 필요가 있었기 때문에 지도를 살핀 것으로 본 것이다.

다음 함주 이북의 점령 기록, 즉 고려가 쌍성 공함 후 연속하여 함주 이북으로 진격하여 단천 이북 천수백리가 항복했다는 기록에 대하여 이는 크게 과장된 사실이라고 보았다. 고려는 이 공략 후 원에 대해 이 지역의 할양을 정식으로 요구하였는데, 이는 쌍성 이북에서 정주 이남의 회복에 이어 함주 이북으로 세력을 확장하였다는 것을 의미하는 것으로, 오기이거나 함주 이북의 할양을 원에게 요구하기 위하여 당시 고의로 이러한 거짓말을 하였다는 것이다. 함주 이북을 고종 때 원에

---

90) 津田左右吉, 1913「제21 고려말에 있어서 동북경의 개척」『조선역사지리』2
91) 위와 같음

게 빼앗겼다는 사실을 공민왕5~6년 및 신우14년에 원과 명에 보낸 상
표에서 모두 말하고 있는데 이는 영토 요구의 구실이 된 허구의 말이
일단 기록됨으로써 사실로 전해지기에 이른 것이라 하였다.[92]

『고려사』「용비어천가」『동국여지승람』 등의 기록을 통해 함주와 북
청 2곳에 행정관청 및 진수를 설치한 것으로 보아 당시 북청 이남은 고
려가 확실히 영유하였으나 북청의 북방인 이원(利原)이나 단천지방에
관한 기사가 없고, 납합출과 삼선·삼개의 침입에 대해서도 이원 이북
에서 방어하는 형적을 인정하기 어려우며, 이 지방에 고려의 관원이
주재하거나 군사적 방어기관이 설치된 것도 아니므로 고려의 영토로
편입되었다고 추정할 수 없다고 하였다.[93] 따라서 쌍성 회복에 이어
고려 영토에 추가된 곳은 북청 이남에 한정되고, 고려정부가 원에게
점령의 승인을 요구한 것도 역시 북청이남 지역이라는 것이다.

한편 점령지의 중심은 함주 이북에 있지 않고 정주 이남에 있었을
것으로 추정하였다. 납합출 침략시 이성계가 달단동 정벌 후 함주를
방어하지 않고 정주로 돌아와 전비를 갖춘 사실, 또 이 지방의 중심점
에 해당하는 화주에 쌍성총관부가 설치되었던 역사적 연유 등으로부
터 유추하였다.[94]

공민왕5년 이후 북청 북방의 길주와 갑산 방면의 여진부락도 점차
고려에 귀향하였고, 길주 남방인 단천지방의 주민도 이와 같은 추세를
따랐을 것이지만, 우왕 대에는 길주와 갑산지방에는 아직 고려의 관청
및 진수가 설치되지 않아 여진부락을 기미하는 것에 불과하였던 것으
로 파악하였다. 그 후 단천에 관헌을 설치하고, 공양왕 대에 이르러 마
천령 및 후치령(厚峙嶺)의 북방인 길주 및 갑주에 만호부를 설치한 이
후에도 갑산방면에서 고려의 세력범위는 갑주 부근을 벗어나지 않았

---

92) 위와 같음
93) 위와 같음
94) 위와 같음

고, 또 그 서북쪽의 강계지방과 중강(仲江)유역의 장진 부근도 아직 고려에 편입되지 않은 것으로 추정하였다. 길주 이북에 경성부 및 경흥부가 새로 설치되는 것은 조선에 들어온 후이며, 여말에는 두만강 내의 땅조차 아직 확실한 영토는 아니었다는 것이다.[95] 요컨대 고려말 강역은 길주지방이 북경을 이루는 상태였으며 공양왕 말년까지 고려의 위력은 결코 두만강 부근을 벗어나지 않았다는 주장이다.

다음 지내굉은 윤관이 설치한 9성 중 최북단에 위치한 공험진과 소하강에 대한 연구에서 고려말 동북면의 북쪽 경계에 대해 언급하였다. 즉 공민왕5년에 쌍성을 공취하고 삼살(북청)을 넘어 이판령 이남을 영유함으로써, 고려의 위력이 영동에 미치자 공민왕대 후반 해양(길주) 토추(土酋)들의 내투내속이 많아졌고, 우왕 대에는 이 지역에 대한 척식이 행해져 공양왕2년에 길주만호부가 지금의 임명역(臨溟驛)인 서지위참(西之委站)에 설치되었다고 하여, 고려말 동북면의 북경이 지금의 길주지방까지 이른 것으로 보았다.[96] 지내굉 역시 진전좌우길과 마찬가지로 고려말 동북면의 북쪽 경계를 길주지방으로 본 것이다.

윤관이 정략한 지역의 북계인 길주와 고려말의 길주에 대해서, 윤관 열전에는 예종시 윤관이 정략한 지역의 북계인 궁한이령(弓漢伊嶺)에 성을 축조하여 길주[97]라 칭하였는데, 고려말 만호부가 설치된 서지위의 길주는 우왕14년에 철령위 문제로 예종대의 사실을 거짓으로 명에 통고하여 항의한 고려정부가 윤관 정복지의 북계의 칭을 고려말 당시 경략의 한계인 해양에 적용한 것이라고 하였다. 그리고 『고려사』 지리지의 선춘령은 세가와 윤관 열전에는 보이지 않는데 이는 『고려사』 편자가 『세종실록』 지리지에 의거하여 조작한 기사라고 보았다.[98]

오늘날의 연구 역시 고려말 동북면의 북경을 길주지방으로 보고 있

---

95) 위와 같음
96) 池內宏, 1919 「公嶮鎭과 蘇下江」 『동양학보』 9-1, 동양협회 학술조사
97) 예종시의 길주는 津田左右吉의 연구에 의거하여 지금의 북청지방으로 추정하였다.
98) 池內宏, 1919 「公嶮鎭과 蘇下江」 『동양학보』 9-1, 동양협회 학술조사

다. 방동인은 공민왕5년 쌍성총관부 함락으로 함흥 이북까지 회복하였고, 공민왕13년에 삼선·삼개를 격파하여 동북지방의 영토가 이판령(마천령)을 넘어 해양(길주)지방까지 이르게 된 것으로 보았다. 특히 우왕8~9년에 길주평(吉州平)에서 호발도(胡拔都)를 대파한 사건은 동북지방 영토개척사에 매우 큰 의미를 갖는 것으로, 해양지방에 고려의 인구가 많이 이입하여 고려의 영토로 편입될 소지가 마련된 계기로 이해하였다. 공양왕2년에는 변경에서 전초기지적인 역할을 하는 군사중심지인 길주만호부가 서지위(臨溟驛)에 설치됨으로써 길주가 동북지방 영토의 계한을 이루었고, 길주 이북은 미한정 경계지역으로서의 군사지역이 확대되어 간 것으로 파악한 것이다.[99]

7. 맺음말

근대적 역사연구 방법에 의한 우리의 국경과 영토문제에 대한 연구는 일제시기 일본인 연구자들에 의해 먼저 시작되었다. 물론 근대 이전인 조선 초에 4군과 6진을 개척하는 과정에서 여진과 영토문제를 둘러싸고 갈등을 빚을 때 고려시대의 북경에 대해 높은 관심을 가진 적이 있었다.

조선후기 역사지리를 연구한 실학자들도 고려시대의 국경이나 영토문제에 관심이 많아 특히 공험진이나 선춘령의 위치에 관해『고려사』지리지의 기록이 세가 및 열전의 기록과 서로 맞지 않는다는 의문을 제기하면서 지리고증학적 방법의 연구를 통해 9성의 위치를 길주 이남에 비정하기도 하였다.

일제시기 일본인 연구자들이 조선의 국경과 영토문제를 연구한 배경은 우선 러일전쟁을 통해 간도문제에 개입하게 된 일본이 간도의 가

---

99) 방동인, 1997「조선초기의 북방 영토개척」『한국의 국경획정연구』

치를 매우 중요하게 인식하였기 때문이다. 당시 간도는 지리적으로 한
국·중국·러시아와 국경을 접하는 지대에 있으면서 정치적으로는 한중
사이에 영유권이 확정되지 않은 지역이었다.

러일전쟁 직후인 1906년 1월에 일본의 육군참모본부는 내등호남에
게 간도영유권 조사를 의뢰하였다. 그런데 1년도 채 되지 않는 짧은 기
간에 2편의 『간도문제조사서』가 작성되었다. 따라서 간도의 영유권을
둘러싼 한중간 국경과 영토 문제에 대해 제대로 된 연구가 불가능하였
을 것이고, 바로 이러한 사정이 이후 조선과 만주지역의 영토와 국경,
그리고 지리를 연구하는 중요한 계기가 되었을 것으로 생각된다.

다음 조선의 병합 결과 직면한 만주와의 절박한 국경 문제와 조선의
국경 수비 문제 때문이었다. 만선사관의 시각에서 볼 때 만주와 조선
의 국경은 두 지역을 하나로 묶는 데에 장애물이 될 수 있었으므로 역
사적으로 두 지역 사이의 국경이 큰 의미가 없다는 것을 밝히는 것이
연구의 중요한 목적이었다. 고려시대 동북면의 영토와 국경에 대한 일
제시기 일본인 연구자들의 연구 성과를 정리하면 다음과 같다.

통일신라시대에는 등주(안변)가 여진족과의 북경이었으나 고려 건
국 이후 동북면지역의 축성과 개척이 진행되어 화주(영흥)까지 영토가
확대되었고, 그 결과 현종대 이후 정종7년까지는 화주가 여진과의 교
섭창구가 되었다. 그 후 정종7년에 정주·의주·원흥진 등에 축성이 이
루어지고 관문이 설치됨으로써 이후 동북면의 북경은 정주로 확대되
었다. 고려초 동북면의 영토와 북경(北境)에 관한 오늘날의 연구 역시
일제시기 일본인 연구자의 그것과 큰 차이가 없다.

예종대 윤관의 여진 정벌과 9성 설치로 동북면 지역의 영역에 변화
가 나타났는데, 이와 관련하여 당시 설치된 9성의 범위, 특히 가장 북
쪽에 위치하여 경계비를 세웠다는 공험진과 선춘령의 위치를 둘러싸
고 많은 논란이 있었다. 그들은 각종 문헌자료들의 철저한 고증과 현
지답사를 통한 지리고증에 입각하여 역사적 사실이나 지리적 위치 등

을 밝히려 하였다.

특히 9성의 설치 범위에 대해서 진전좌우길은 길주 이남으로, 지내굉은 함흥평야 일대로 비정하였지만, 송정등은 두만강유역 남쪽으로 비정하여 연구자마다 서로 다른 견해를 제시하였다. 한편 최근에 우리 측 연구자들에 의해서도 공험진과 선춘령의 위치에 대한 많은 논문들이 발표되고 있는데 이들 대부분은 두만강 이북의 만주지역에 비정하고 있다.

원 간섭기에는 동북면지역에 雙城摠管府가 설치되어 원의 지배하에 들어감에 따라 이 시기 고려의 영토와 국경문제는 雙城摠管府의 관할 범위를 둘러싼 주제가 주된 연구 대상이 되었다. 雙城摠管府의 관할지역은 초기에는 정주 이남 등주 이북지역이었으나 충렬왕24년의 '각환본성'을 계기로 정주 이남 화주 이북지역으로 축소된 것으로 보았다. 그리고 雙城摠管府에 대한 원의 직접적인 지배력은 매우 느슨하였던 반면 등주 이북 화주 이남지역에 대한 고려의 영향력은 강했던 것으로 이해하였다.

공민왕대 雙城摠管府 수복 이후 동북면지역에서 영토와 국경문제는 새로이 확보한 영토의 북쪽 경계가 주요 연구 주제가 되었는데 대체로 길주를 동북면의 북경으로 보았다. 즉 공민왕5년에 雙城摠管府를 함락하여 함흥 이북까지 회복하였고, 공민왕13년에 삼선·삼개를 격파하여 이판령(마천령)을 넘어 해양(길주)지방까지 이르고 그곳에 만호부를 설치함으로써 길주가 동북면의 북경이 되었다는 것이다.

지금까지 살펴본 바와 같이 고려시대 동북면의 영토와 국경문제에 일본인 연구자들은 많은 관심을 가지고 많은 연구를 남겼다. 간도와 연결된 동북면지역의 국경 문제는 일찍이 '간도의 귀속 문제'를 둘러싸고 조선과 청나라 사이에도 문제가 되었고, 일본과 청의 간도협약 체결 과정에서도 문제가 되었다. 특히 일제 식민사학자들이 동북면지역의 국경에 주목한 이유는 1909년에 체결된 간도협약 이후 장차 다시

재기될 수 있는 중국과의 영토와 국경분쟁에 대비하기 위한 역사적·학
문적 근거를 확보하려는 의도도 있었던 것으로 보인다.

　고려시대 동북면의 영토와 국경문제를 둘러싼 일제시기 일본인 연
구자들의 연구와 오늘날 우리측 연구자들의 연구와의 사이에 대체로
큰 차이는 보이지 않는다. 다만 윤관이 설치한 9성의 위치와 최북단에
설치된 것으로 전해지는 공험진의 위치를 둘러싸고 견해 차이가 있을
뿐이다. 그동안 일본인 연구자들은 식민사관의 관점에서 9성의 범위를
고의적으로 축소하려 하였다는 의심을 받아 왔다. 그러나 그들은 당시
이용 가능한 관련 사료를 망라하여 세밀하게 검토했을 뿐만 아니라,
함흥 일대의 고성지를 직접 답사해서 9성의 지리적 위치를 고증하려
하였음을 볼 수 있다.

　그리고 9성의 설치 범위에 대한 연구 결과도 진전좌우길(津田左右吉)
은 길주이남, 지내굉은 함흥평야 일대, 송정등은 두만강유역 남쪽으로
각기 달리 비정하였다. 이러한 사실은 식민사관의 관점에서 그들이 의
도적으로 고려의 영토를 축소하거나 왜곡하려 하였던 것이 아님을 보
여주는 것이 아닌가 한다. 왜냐하면 당시 일본은 일본에 병합된 조선
을 일본 영토의 일부로 인식하게 된 상황에서 굳이 조선의 영토를 축
소할 이유가 없었기 때문일 것이다.

참고문헌

1. 자료

▶ 국내사료

『三國史記』『三國遺事』『高麗史』『高麗史節要』『高麗圖經』『朝鮮王朝實錄』(太祖~成宗)『朝鮮經國典』『新增東國輿地勝覽』『東文選』『武經總要前集』『圃隱集』『西河集』『東國李相國集』『牧隱集』『益齋亂稿』『櫟翁稗說』『稼亭集』『三峯集』『陽村集』

▶ 국외사료

『唐會要』『唐六典』『通典』『舊唐書』『新唐書』『唐律疏議』『舊五代史』『新五代史』『宋史』『宋刑統』『遼史』『金史』『元史』『新元史』『元高麗紀事』『文獻通考』『册府元龜』『資治通鑑』『續資治通鑑』

▶ 저서

강동원, 2007『한국 중세 무예활동 연구』보경문화사
강진철, 1980『고려토지제도사연구』고려대출판부
고병익, 1970『東亞交涉史의 硏究』서울대출판부
국방군사연구소, 1993『한민족전쟁통사Ⅱ-고려시대편-』국방부전사편찬위원회
국방부전사편찬위원회, 1988『대몽항쟁사』국방부전사편찬위원회
국방부전사편찬위원회, 1990『여요전쟁사』국방부전사편찬위원회
국방부전사편찬연구소, 1993『왜구토벌사』국방부전사편찬연구소
국방부군사편찬연구소, 2006『고려시대 군사전략』국방부군사편찬연구소
권영국, 1995『고려후기 군사제도 연구』서울대박사학위논문
김갑동, 2005『고려전기 정치사』일지사
김낙진, 2002『고려 禁軍 연구』서강대박사학위논문

김남규, 1989『고려양계지방사연구』새문사

김당택, 1999『고려의 무인정권』국학자료원

김상기, 1985『신편 고려시대사』서울대출판부

김순규 편역, 1997『몽골군의 전략·전술』국방군사연구소

김순자, 2000『여말선초 대원·명관계 연구』연세대박사학위논문

김용선, 1993『고려묘지명집성』한림대출판부

김위현, 1985『요금사연구』유풍출판사

김재만, 1999『거란 고려 관계사 연구』국학자료원

김재홍, 1963『원 침략자를 반대한 고려인민의 투쟁』과학원출판사

김한규, 1999『한중관계사』Ⅰ, 아르케

나종우, 1996『한국중세 대일교섭사연구』원광대출판부

노계현, 1994『고려외교사』갑인출판사

룩관텐, 1984『遊牧民族帝國史』민음사

閔丙河, 1990『高麗武臣政權研究』성균관대출판부

민현구, 1983『朝鮮初期의 軍事制度와 政治』한국연구원

朴龍雲, 2008『수정·증보판 高麗時代史』일지사

방동인, 1997『한국의 국경획정연구』일조각

방상현, 1991『朝鮮初期 水軍制度』민족문화사

백남운, 1937『朝鮮封建社會經濟史』개조사

변태섭, 1971『고려정치제도사연구』일조각

사회과학원 역사연구소, 1979·80『조선전사』6·7

송인주, 1997『高麗時代 禁軍研究』慶北大박사학위논문

송인주, 2007『고려시대 친위군 연구』일조각

안주섭, 2003『고려 거란 전쟁』경인문화사

오붕근 외, 1991『조선수군사』사회과학출판사

오종록, 1993『조선초기 양계의 군사제도와 국방체제』고려대박사학위논문

유재성, 1988『대몽항쟁사』국방부전사편찬위원회

육군군사연구소, 2007『고려-몽골전쟁사』육군본부

육군군사연구소, 2012『한국군사사』육군본부

육군본부 편, 1983『고려군제사』육군본부

육사한국군사연구실, 1968『한국군제사(조선전기편)』육군본부

윤용혁, 1991『고려대몽항쟁사연구』일지사

윤용혁, 2000『고려 삼별초의 대몽항쟁』일지사

윤훈표, 2000『여말선초 군제개혁연구』혜안
이기백, 1968『고려병제사연구』일조각
이기백, 1969『高麗史兵志譯註(一)』고려사연구회
이기백·김용선, 2011『고려사 병지 역주』일조각
이문기, 1997『신라병제사연구』일조각
이 영, 2007『잊혀진 전쟁 왜구』에피스테메
李佑成, 1991『韓國中世社會研究』일조각
李惠玉, 1984『高麗時代 稅制研究』이화여대박사학위논문
임용한, 2004『전쟁과 역사 2』혜안
임용한, 2008『전쟁과 역사 3』혜안
임원빈 외, 2004『고려시대 수군관련 사료집』신서원
張東翼, 1992『麗元關係史研究』부산대박사학위논문
전경숙, 2007『고려전기 군사기구 연구』숙명여대박사학위논문
정경현, 1992『고려전기 2군6위제 연구』서울대박사학위논문
정순태, 2007『여몽연합군의 일본정벌』김영사
차문섭, 1979『조선시대 군제연구』단국대출판부
차용걸, 1988『고려말 조선전기 대왜관방사 연구』충남대박사학위논문
천관우, 1979『近世朝鮮史研究』일조각
최종석, 2007『고려시대 치소성 연구』서울대박사학위논문
하현강, 1988『한국중세사연구』일조각
홍영의, 2005『고려말 정치사 연구』혜안
홍원기, 2001『고려전기군제연구』혜안
津田左右吉, 1913『조선역사지리』2, 남만주철도주식회사
津田左右吉, 1964『津田左右吉全集』11, 암파서점
池內宏, 1937『만선사연구』중세2, 길천홍문관

2. 연구 논문

▶ 국내논문

강성문, 1986「고려말 홍두적 침구에 관한 연구」『육사논문집』31
강재광, 2008「對蒙戰爭期 崔氏政權의 海島入保策과 戰略海島」『軍史』66

강진철, 1973「蒙古의 侵入에 대한 抗爭」『한국사』 7, 국사편찬위원회

고병익, 1961·1962「麗代 征東行省의 硏究(Ⅰ)(Ⅱ)」『歷史學報』 14·19

구산우, 1992「고려 성종대 대외관계의 전개와 그 정치적 성격」『한국사연구』 78

구산우, 2007「일본 원정, 왜구 침략과 경상도 지역의 동향」『한국중세사연구』 22

구종서, 2007「항몽전쟁 그 상세한 기록 1」『풍운천하』 살림

구종서, 2007「항몽전쟁 그 상세한 기록 2」『참혹한 산하』 살림

구종서, 2007「항몽전쟁 그 상세한 기록 3」『불안한 평화』 살림

권두규, 1998「高麗時代 足丁과 半丁의 規模」『한국중세사연구』 5

권두규, 1998「군역을 통해 본 호의 제유형」『안동사학』 3

권영국, 1992「무신집권기 지방군제의 변화」『국사관논총』 31

권영국, 1994「고려말 중앙군제의 변화」『사학연구』 48

권영국, 1994「고려말 지방군제의 변화」『한국중세사연구』 창간호

권영국, 1994「원 간섭기 고려군제의 변화」『14세기 고려의 정치와 사회』 민음사

권영국, 1996「고려후기 군역제의 변화」『사학연구』 52

권영국, 1997「무신집권기의 중앙군제」『숭실사학』 10

권영국, 1999「고려전기 軍役制의 성격과 운영」『國史館論叢』 87

권영국, 2006「고려초 순군부의 설치와 기능의 변화」『한국사연구』 135

권영국, 2007「고려초기 병부의 기능과 지위」『사학연구』 88

권영국, 2011「고려초기 장군직의 기능과 성격」『숭실사학』 27

권영국, 2013「고려전기 동북면과 동해안의 방어체제」『숭실사학』 30

권영국, 2014「일제시기 식민사학자의 고려시대 동북면의 국경·영토 인식」『사학
　　　　연구』 115

김갑동, 1996「고려시대의 都領」『한국중세사연구』 3

김경록, 2007「공민왕대 국제정세와 대외관계의 전개양상」『역사와 현실』 64

김광수, 1977「고려전기 대여진 교섭과 북방개척문제」『동양학』 7

김구진, 1976「공험진과 선춘령비」『백산학보』 21

김구진, 1977「尹瓘九城의 範圍와 朝鮮六鎭의 開拓」『사총』 21·22

김구진, 1986「원대 요동지방의 고려군민」『이원순교수화갑기념논총』

김구진, 1989「여·원의 영토분쟁과 그 귀속문제」『국사관논총』 7

김기섭, 1997「14세기 왜구의 동향과 고려의 대응」『한국민족문화』 9

김낙진, 1995「牽龍軍과 무인란」『고려무인정권연구』 서강대학교출판부

김낙진, 2000「고려시대 牽龍軍의 설치와 임무」『역사학보』 165

김낙진, 2002「고려초기 內軍과 禁軍」『역사학보』 176

김낙진, 2005「高麗時代 禁軍의 組織과 性格」『國史館論叢』 106

김남규, 1981「軍事制度」『韓國史論』 2, 국사편찬위원회

김남규, 1989「明宗代 兩界 都令의 性格과 活動」『高麗兩界地方史研究』 새문사

김남규, 1989「武臣執權期 兩界 地方勢力의 政治的 動向」『高麗兩界地方史研究』

김남규, 1989「兩界의 兵馬使와 그 機能」『高麗兩界地方史研究』 새문사

김남규, 1995「고려전기 양계지방의 원주내투 여진인에 대하여」『慶大史論』 8

김남규, 1995「고려전기의 여진관」『가라문화』 12

김남규, 1997「고려 예종대의 대여진정책」『慶大史論』 10

김당택, 1983「무신정권시대의 군제」『고려군제사』 육군본부

김당택, 1983「別武班의 設置와 軍制의 變化」『高麗軍制史』 육군본부

김당택, 1987「崔氏政權과 그 軍事的 基盤」『高麗武人政權研究』 새문사

김당택, 1987「崔忠獻政權과 武人」『斗溪李丙燾博士九旬記念韓國史學論叢』

김당택, 1996「고려 공민왕초의 무장세력」『한국사연구』 93

김대중, 1987「崔瑀政權의 武力基盤 解體와 沒落」『朴性鳳回甲紀念論叢』

김대중, 1990「고려 공민왕대 경군의 재건 시도」『군사』 21, 국방군사연구소

김대중, 1991「고려 무인정권기의 병제 운용」『학예지』 2, 육군사관학교박물관

김대중, 1993「고려 무인집권기 사병세력의 대두와 병권의 향방」『군사』 26

김대중, 1995「고려전기 重房 체제의 성립」『국사관논총』 61

김대중, 2002「高麗末·朝鮮初 火藥兵器의 현황과 과제」『學藝誌』 9, 육사

김대중, 2002「崔忠獻政權의 군사적 기반 -京軍·都房·別抄軍을 중심으로-」『軍史』 47

김보한, 2001「해양문화와 왜구의 소멸」『문화사학』 16, 한국문화사학회

김보한, 2004「일본사에서 본 왜구의 발생과 소멸 과정」『문화사학』 22

김보한, 2005「중세 여·일 관계와 왜구의 발생 원인」『왜구·위사문제와 한일관계』 경인문화사

김상기, 1939~1942「三別抄와 그 亂에 대하여」『震檀學報』 9·10·13; 1948『東方文化交流史論攷』

김상기, 1959「여진관계의 시말과 윤관의 北征」『국사상의 제문제』 4

김석형, 1941「李朝初期 國役編成의 基底」『震檀學報』 14

김석형, 1949「몽고 침략에 대한 인민의 항전」『력사제문제』 14

김선옥, 2002「고려시대 鄕吏의 武士的 性格」『青藍史學』 6, 韓國敎員大

김선호, 1996「14세기말 여원관계와 동북아 정세변화」『강원사학』 12

김수미, 1995「고려무인정권기의 야별초」『고려무인정권연구』 서강대출판부

김순자, 1987「高麗末 東北面의 支配勢力 硏究」연세대석사논문

김순자, 1992「원 간섭기 민의 동향」『역사와 현실』 7

김순자, 2003「고려의 북방경영과 영토정책」『한중관계사 연구의 성과와 과제』 국사편찬위원회

김순자, 2006「고려-원의 영토정책 인구정책 연구」『역사와 현실』 60

김순자, 2007「고려시대의 전쟁, 전염병과 인구」『梨花史學』 34

김순자, 2008「고려전기의 영토의식」『서희의 재발견과 21세기 한국외교』

김위현, 1989「여·원 일본원정군의 출정과 여원관계」『국사관논총』 9

김위현, 1998「거란 고려 간의 여진 문제」『명지사론』 9

김윤곤, 1978「강화천도의 배경에 대해서」『대구사학』 15·6합

김윤곤, 1981「三別抄의 對蒙抗戰과 地方郡縣民」『東洋文化』 20·21

김윤곤, 1993「별초군의 조직」『한국사』 18, 국사편찬위원회

김윤곤, 2004「삼별초정부의 대몽항전과 국내외 정세 변화」『한국중세사연구』 17

김인호, 2009「원충갑의 삶과 역사적 위상」『원주 충렬사 연구』 원주시

김재만, 1992「거란 성종의 고려 침략과 동북아세아 국제정세의 변추」『대동문화 연구』 27

김재명, 1995「고려시기의 군창」『한국사연구』 89

김정의, 1997「고려전기의 군사정책고」『죽당이현희교수화갑기념한국사학논총』

김종국, 1960「高麗 武臣政權의 特質에 관한 一考察」『朝鮮學報』 17

김종수, 1999「고려 조선초기의 부병」『역사교육』 69

김종수, 2000「高麗時期 府兵制의 運營과 그 原則」『歷史敎育』 73

김종수, 2004「삼국~고려시기 군제 연구동향」『군사』 53

김중식, 1957「삼별초의 항전」『력사과학』 1957-4

김창수, 1966「成衆愛馬考」『東國史學』 9·10합집

김철민, 1973「원의 일본정벌과 여·원관계」『건대사학』 3

김현라, 2004「고려후기 護軍의 地位와 構成員」『지역과 역사』 14, 부경역사연구소

김혜원, 1994「원 간섭기 立省論과 그 성격」『14세기 고려의 정치와 사회』 민음사

김호동, 1989「蒙古帝國의 形成과 展開」『講座 中國史』 3

나종우, 1986「고려 무인정권의 몰락과 삼별초의 천도항쟁」『원광사학』 4

나종우, 1994「홍건적과 왜구」『한국사』 20, 국사편찬위원회

남상선, 1977「元朝의 千戶制와 宿衛 鎭戌軍制度」『史學志』 11

남상선, 1980「元代 世祖時代의 軍制」『安養工業專門大學論文集』 3

남상선, 1983「한화과정에 있어서 몽고병제 및 추밀원」『김준엽교수환갑기념중국

학논총』

노계현, 1990 「고려의 자주외교노선과 영토정책」『방송통신대논문집』 11

노명호, 1998 「고려 지배층의 발해 유민에 대한 인식과 정책」『선운사학』 8

노명호, 2004 「고려시대 지역자위공동체」『한국고대중세 지방제도의 제문제』

류재춘, 2002 「中世 山城의 特徵的 類型과 變遷」『江原史學』 18

마종락, 1990 「高麗時代의 軍人과 軍人田」『白山學報』 36

문병우, 1986 「고려 후반기의 사병에 대하여」『력사과학』 1986-2

문병우, 1999 「고려 리조시기의 전업군인에 대한 고찰」『력사과학』 1999-1

문형진, 2006 「동국병감에 나타난 전투현황과 전술형태 분석」『 군사연구』 122

민병하, 1973 「崔氏政權의 支配機構」『한국사』 7, 국사편찬위원회

민현구, 1968 「近世朝鮮前期 軍事制度의 成立」『韓國軍制史』 조선전기편

민현구, 1968 「辛旽의 執權과 그 政治的 性格」上·下『歷史學報』 38·40

민현구, 1968 「鎭管體制의 確立과 地方軍制의 成立」『韓國軍制史』 조선전기편

민현구, 1983 「高麗後期의 軍制」『高麗軍制史』 육군본부

민현구, 1983 「鎭管體制의 確立과 朝鮮初期 地方軍制의 成立」『朝鮮初期의 軍
        事制度와 政治』

민현구, 1985 「高麗後期의 班主制」『千寬宇還曆紀念韓國史學論叢』

민현구, 1989 「高麗 恭愍王의 反元的 改革政治에 대한 一考察」『震檀學報』 68

민현구, 1991 「몽고군, 김방경, 삼별초」『한국사시민강좌』 8

민현구, 1992 「高麗 恭愍王代 反元的 改革政治의 展開過程」『擇窩許善道先生停
        年紀念韓國史學論叢』

박경안, 1991 「高麗時代 田丁連立의 構造와 存在形態」『韓國史研究』 75

朴 焞, 1985 「고려말 동녕부 정벌에 대하여」『중앙사론』 4

박옥걸, 1990 「고려의 군사력 확충에 관한 연구」『군사』 21

박종기, 1990 「12·13세기 農民抗爭의 原因에 대한 考察」『東方學志』 69

박종기, 1994 「고려시대의 대외관계」『한국사』 6, 한길사

박종기, 1998 「11세기 고려의 대외관계와 정국운영론의 추이」『역사와현실』 30

박종기, 2001 「경기북부지역 중세군현치소와 특수촌락 변화연구」『북악사론』 8

박종기, 2008 「고려 말 왜구와 지방사회」『한국중세사연구』 24

박진훈, 2002 「고려시대 개경 치안기구의 기능과 변천」『한국사론』 33, 국사편찬
        위원회

박한남, 1992 「12세기 고려의 대금정책논의에 대하여」『박영석교수화갑기념한국
        사학논총』

박한남, 1995「10~12세기 동아시아 정세」『한국사』15, 국사편찬위원회

박한남, 1995「거란 및 금과의 통교」『한국사』15, 국사편찬위원회

박한남, 1997「공민왕대 왜구침입과 우현보의 상공민왕소」『군사』34

박현서, 1974「북방민족과의 항쟁」『한국사』4, 국사편찬위원회

방동인, 1976「윤관 9성 재고」『백산학보』21

방동인, 1984「동녕부 치폐 소고」『관동사학』2

방동인, 1990「여·원관계의 재검토 -쌍성총관부와 동녕부를 중심으로」『국사관논
　　총』17

방동인, 1980「고려의 東北地方境域에 관한 연구-윤관의 九城設置範圍를 중심으
　　로-」『嶺東文化』1

백남운, 1937「第11篇 高麗의 兵制」『朝鮮封建社會經濟史』改造社

백종오, 2002「경기지역 고려성곽 연구」『사학지』35

변동명, 1989「高麗 忠烈王代의 萬戶」『歷史學報』121

변태섭, 1961「高麗朝의 文班과 武班」『史學研究』11

변태섭, 1971「고려 양계의 지배조직」『고려정치제도사연구』일조각

변태섭, 1971「高麗兩界의 支配組織」『高麗政治制度史研究』

변태섭, 1973「武臣亂과 崔氏政權의 成立」『한국사』7, 국사편찬위원회

변태섭, 1984「農民·賤民의 亂」『한국사』7, 국사편찬위원회

서성호, 1999「고려 태조대 대거란 정책의 추이와 성격」『역사와 현실』34

서일범, 2005「서희가 축성한 성곽과 청천강 이북 방어체계」『서희와 고려의 고
　　구려 계승의식』

서종태, 1987「고려후기 군수전에 대한 일고찰」『고려말 조선초 토지제도의 제문
　　제』서강대출판부

손홍렬, 1978「여말선초 대마도 정벌」『호서문학』6

손홍렬, 1981「충주노군의 난과 대몽항쟁」『호서문화연구』1

송용덕, 2005「高麗前期 國境地域의 州鎭城編制」『한국사론』51, 서울대국사학과

송용덕, 2009「高麗後期 邊境地域 변동과 鴨綠江 沿邊認識의 형성」『역사학보』201

송인주, 1991「원압제하 고려왕조의 군사조직과 그 성격」『역사교육논집』16

송인주, 1995「고려시대의 牽龍軍」『대구사학』49

송인주, 1996「고려시대의 禁軍」『한국중세사연구』3

송인주, 1997「고려 2군의 성립시기와 성격에 대한 재검토」『한국중세사연구』4

송인주, 1998「공민왕대 군제개혁의 실태와 그 한계」『한국중세사연구』5

송인주, 1999「고려시대의 금군과 추밀원」『한국중세사연구』7

송인주, 2002 「고려도경에 서술된 군제 관련 기사의 검토」『한국중세사연구』 12
송인주, 2004 「고려시대 친위군 연구의 현황과 문제점」『한국중세사연구』 16
송인주, 2004 「고려초기 시위군의 양상과 금군의 성립」『대구사학』 76
신안식, 1989 「高麗中期의 別抄軍」『建大史學』 7
신안식, 1992 「대몽항쟁기 민의 동향」『역사와 현실』 7
신안식, 2002 「高麗 元宗11年(1270) 三別抄抗爭의 背景」『明知史論』 13
신안식, 2005 「高麗前期 兩界制와 邊境」『한국중세사연구』 18
신안식, 2008 「고려시대 兩界의 성곽과 그 특징」『軍史』 66
신재현, 2006 「고려 강화천도기 항몽사적 교훈 분석」『군사연구』 122
안명수, 2001 「고려 부병제도의 몇가지 특징」『력사과학』 2001-1
안명수, 2001 「고려시기 선군급전제에 대한 고찰」『력사과학』 2001-3
안주섭·이부오·이영화, 2006 『영토한국사』 소나무
오영선, 1992 「고려전기 군인층의 구성과 위숙군의 성격」『한국사론』 28
오영선, 1995 「무신정권과 사병」『역사비평』 29
오영선, 1996 「고려 무신집권기 사병의 성격」『군사』 33
오일순, 1993 「고려시대의 역제구조와 잡색역」『국사관논총』 46
오일순, 1994 「고려후기 토지분급제의 변동과 祿科田」『14세기 고려의 정치와 사
     회』 민음사
오종록, 1986 「高麗末의 都巡問使」『震檀學報』 62
오종록, 1991 「高麗後期의 軍事 指揮體系」『國史館論叢』 24
오종록, 1992 「朝鮮初期 兩界의 翼軍體制와 國防」『朴泳錫華甲紀念論叢』
위은숙, 1988 「12세기 농업기술의 발전」『부대사학』 12
유경아, 1988 「高麗 高宗·元宗時代의 民亂의 性格」『梨大史苑』 23·24
유영철, 1994 「고려첩장 불심조조의 재검토」『한국중세사연구』 창간호
유재리, 1997 「고려말 조선초 사병연구」『한국사학회』 7, 숙명대한국학연구센터
유재춘, 2002 「中世 山城의 特徵的 類型과 變遷」『江原史學』 18
유창규, 1984 「이성계의 군사적 기반」『진단학보』 58
유창규, 1985 「崔氏 武人政權下의 都房의 設置와 그 向方」『東亞研究』 6
유창규, 1994 「고려말 최영세력의 형성과 요동공략」『역사학보』 143
윤경진, 2010 「고려 태조·광종대 북방개척과 州鎭 설치」『규장각』 37
윤무병, 1953 「고려북계지리고(상)(하)」『역사학보』 4·5
윤무병, 1958 「吉州城과 公嶮鎭」『역사학보』 10
윤용혁, 1977 「崔氏 武人政權의 對蒙抗戰姿勢」『史叢』 21·22합

윤용혁, 1982「고려의 해도입보책과 전략변화」『역사교육』32

윤용혁, 1991「高麗 對蒙抗爭期의 民亂」『高麗對蒙抗爭史研究』일지사

윤용혁, 1991「蒙古의 高麗 來侵」『高麗對蒙抗爭史研究』일지사

윤용혁, 1994「삼별초 항몽정권의 진도항전」『창해박병국정년논총』

윤용혁, 1994「삼별초의 봉기와 남천에 대하여」『이기백고희기념논총』상

윤용혁, 2005「고려 강화도성의 성곽 연구」『國史館論叢』106

윤용혁, 2006「여원군의 일본침입을 둘러싼 몇 문제」『島嶼文化』25, 목포대학교

윤일영, 2009「선춘령과 공험진의 위치」『안보문화와 미래』제2호

윤훈표, 1993「고려말 조선초기 병기의 제조 및 관리체계에 관한 연구」『동방학
　　지』77-79합

윤훈표, 1993「朝鮮初期 別侍衛 研究」『國史館論叢』43

윤훈표, 1997「고려 군제사 연구의 현황과 과제」『군사』34

윤훈표, 1997「高麗末 偰長壽의 築城論」『韓國思想』9

윤훈표, 2002「高麗時代 軍律의 構造와 그 性格」『史學研究』69

윤훈표, 2003「麗末鮮初 軍法의 運營體系와 改編案」『韓國思想』21

윤훈표, 2004「麗末鮮初 軍事訓鍊體系의 改編」『軍史』53

윤훈표, 2005「고려시대 관료·군조직에서 규율과 복종」『동방학지』129

이경희, 1993「고려말 왜구의 침입과 대외정책의 일단면」『부산여대사학』10·11

이근화, 1996「高麗 兩界州鎭軍의 軍事訓鍊과 軍需調達」『중산정덕기화갑기념
　　논총』

이기백, 1969「高麗末期의 翼軍」『李弘稙博士回甲紀念韓國史學論叢』

이기백, 1975「軍事組織」『한국사』5, 국사편찬위원회

이기백, 1977「韓國의 傳統社會와 兵制」『韓國學報』6; 1978『韓國史學의 方向』

이기백, 1980「고려의 북진정책과 鎭城」『군사』1

이기백, 1991「고려초기 오대와의 관계」『고려광종연구』

이명희·장세옥, 2008「고려말~조선중기 전함 개선과정에 관한 고찰」『군사연구』125

이상국, 2005「고려시대 군호의 편제와 본관제」『군사』56

이상태, 2009「선춘령과 공험진의 위치에 관한 연구」『안보문화와 미래』제2호

이석한, 1983「高麗 萬戶府에 대한 考察」전북대교육대학원석사논문

이성무, 1980「兩班과 軍役」『朝鮮初期 兩班研究』일조각

이승환, 1993「고려 숙종대 항마군 조직의 정치적 배경」『역사학보』139

이　영, 2000「경인년 왜구와 일본의 국내 정세」『국사관논총』92

이　영, 2007「14세기의 동아시아 국제 정세와 왜구」『韓日關係史研究』26

이　영, 2007『잊혀진 전쟁 왜구 - 그 역사의 현장을 찾아서』에피스테메

이　영, 2008「고려 말 왜구의 허상과 실상」『大丘史學』91

이영동, 1981「충용위고」『육사논문집』13

이영동, 1987「공민왕의 군제개혁에 대하여」『육군3사논문집』23

이용주, 1984「恭愍王代의 子弟衛에 관한 小硏究」『素軒南都泳博士華甲紀念論叢』

이우성, 1982「삼별초의 천도항몽운동과 대일통첩」『한국의 역사상』

이익주, 1988「高麗 忠烈王代의 政治狀況과 政治勢力」『韓國史論』18, 서울대국
　　　　사학과

이익주, 1994「고려후기 정치체제의 변동과 정치세력의 추이」『한국사』5, 한길사

이인철, 1995「고려전기 경군의 구성과 군인전의 지급대상」『정신문화연구』58

이재룡, 1984「朝鮮初期의 奉足制」『朝鮮初期社會構造硏究』

이재룡, 1984「朝鮮初期의 水軍」『朝鮮初期社會構造硏究』

이재룡, 1984「朝鮮初期의 翼軍」『朝鮮初期社會構造硏究』

이재범, 1998「고려전기의 군사제도」『한국군사사연구』1, 國防軍史硏究所

이재범, 1999「高麗前期의 地方軍制」『韓國軍事사연구』2, 國防軍史硏究所

이재범, 1999「麗遼戰爭과 高麗의 防禦體系」『韓國軍事사연구』3, 國防軍史硏究所

이재범, 1999「麗遼戰爭時 高麗와 遼의 軍事力 比較」『高句麗硏究會학술총서』2

이재범, 2003「麗元聯合軍의 日本征伐과 東方見聞錄」『軍史』50

이재범, 2006「고려말 조선전기의 왜구와 사천」『군사』58

이재범, 2009「여원연합군의 일본원정 경로에 대한 고찰」『군사연구』127

이정기, 2008「고려시기 양계 병마사의 성립과 기능」『한국중세사연구』24

이정기, 2011「고려 태조 대 북방 개척과 진두 파견」『군사』79

이정신, 1996「고려의 대외관계와 묘청의 난」『사총』46

이정신, 2001「원 간섭기 동녕부의 존재형태」『한국중세사회의 제문제- 김윤곤교
　　　　수정년기념논총』

이정신, 2004「江東 6州와 尹瓘의 九城을 통해 본 고려의 대외정책」『고려시대의
　　　　정치 변동과 대외정책』경인문화사

이정신, 2004「쌍성총관부의 성립과 그 성격」『한국사학보』18

이정훈, 2006「고려전기 중추원의 설치와 職掌의 변화」『동방학지』134

이정희, 1985「高麗後期 徭役收取의 實態와 變化」『釜大史學』9

이종하, 1969「奉足과 率丁」『朝鮮王朝의 勞動法制』

이진한, 1998「高麗時代 武班職의 地位와 構成」『軍史』37

이창섭, 2005「高麗 前期 水軍의 運營」『史叢』60

이철호, 1993「고려전반기 량계지방 방수군의 증가에 대하여」『력사과학』1993-1

이철호, 1994「고려전반기 량계지방에서 군둔전제의 발생 시기에 대하여」『력사과학』1994-1

이철호, 1999「고려시기 국둔전 관둔전에 대하여」『력사과학』1999-1

이태진, 1968「軍役의 變質과 納布制 實施」『韓國軍制史』조선전기편

이태진, 1972「예천 개심사 석탑기의 분석」『역사학보』53·54

이태진, 1983「高麗末.朝鮮初의 社會變化」『震檀學報』55

이현종, 1974「倭寇」『한국사』8, 국사편찬위원회

이혜옥, 1993「고려전기의 군역제」『국사관논총』46

이혜옥, 1994「고려후기 수취체제의 변화」『14세기 고려의 정치와 사회』민음사

이홍두, 2005「高麗 契丹戰爭과 騎兵戰術」『史學研究』80

이홍두, 2005「고려의 軍制와 僧軍」『백산보』72

이효형, 1998「홍요국의 성립과 대고려 구원 요청」『부대사학』22

이희관, 1987「高麗末.朝鮮初 前衛官.添設官에 대한 土地分給과 軍役賦課」『高麗末·朝鮮初 土地制度史의 諸問題』서강대인문과학연구소

임영정, 1980「여말선초의 사병」『한국사론』7, 국사편찬위원회

임용한, 2004「14-15세기 교동의 군사적 기능과 그 변화」『인천학연구』3

임용한, 2009「조선 건국기 수군개혁과 해상방어체제」『군사』72

장득진, 1996「고려말 왜구침략기 민의 동향」『국사관논총』71

전경숙, 2002「고려 초의 순군부」『한국중세사연구』12

전경숙, 2003「고려 전기의 兵部」『숙명한국사론』3

정경현, 1990「고려 軍事史 연구의 방법론적 반성」『군사』23

정경현, 1990「고려 태조의 일리천 전역」『한국사연구』68

정경현, 1990「고려전기 경군의 군영」『한국사론』23, 서울대국사학과

정경현, 1991「고려초기 경군의 통수체계」『한국학보』62

정경현, 1993「고려전기 중앙상군의 군역제도 소론」『학예지』3

정경현, 1993「고려 전기의 보승군과 정용군」『한국사연구』81

정두희, 1977「高麗 武臣執權期의 武士集團」『韓國學報』8

정두희, 1977「高麗末期의 添設職」『震檀學報』44

정두희, 1990「高麗末 新興武人勢力의 成長과 添設職의 設置」『李載龒博士還曆紀念論叢』

정영현, 2008「고려 우왕대 왜구의 동향과 성격 변화」『역사와 세계』33

정용범, 1993「고려전기 선군제의 운영과 변질」『부대사학』17

정하명, 1986 「한국 화기의 발달 과정」『군사』 13

조규태, 1995 「최씨무인정권과 교정도감체제」『고려무인정권연구』 서강대출판부

조인성, 1993 「고려 양계의 국방체제」『고려군제사』 육군본부

주채혁, 1970 「초기 여원전쟁과 북계 40여성 문제」『사학회지』 16

주채혁, 1974 「洪福源 一家와 麗元關係」『史學硏究』 24

주채혁, 1979 「초기 여몽전쟁 약찰」『청대사림』 3

주채혁, 1989 「몽골-고려사 연구의 재검토」『愛山學報』 8

진원영, 1994 「고려전기 校尉 隊正에 관한 일고찰」『사학지』 27

차용걸, 1984 「高麗末 倭寇防戍策으로서의 鎭戍와 築城」『史學硏究』 38

채웅석, 1990 「12·13세기 향촌사회의 변동과 민의 대응」『역사와 현실』 3

채웅석, 2002 「여말선초 향촌사회의 변화와 埋香활동」『역사학보』 173

천관우, 1956 「麗末鮮初의 閑良」『李丙燾博士華甲紀念論文集』

천관우, 1958 「閑人考」『社會科學』 2

천관우, 1962 「朝鮮初期 5衛의 形成」『歷史學報』 17·18

천관우, 1964 「5衛와 朝鮮初期의 國防體制」『李相佰博士華甲紀念論集』

최규성, 1993 「순군부고」『상명사학』 1

최규성, 1995 「거란 및 여진과의 전쟁」『한국사』 15, 국사편찬위원회

최규성, 1995 「고려의 북진정책」『한국사』 15, 국사편찬위원회

최규성, 2002 「선춘령과 공험진비에 대한 신고찰」『한국사론』 34, 국사편찬위원회

최근성, 1988 「高麗 萬戶府制에 관한 硏究」『關東史學』 3

최병무, 1950 「려말 홍두군」『력사제문제』 17

최일성, 1985 「高麗의 萬戶」『淸大史林』 4·5합

최재진, 1992 「원간섭 초기 북방정책의 성과」『사학지』 25

최재진, 1993 「고려말 동북면의 통치와 이성계세력 성장」『사학지』 26

최재진, 1995 「고려말 군제의 운용에 관하여」『동서사학』 창간호

최정환, 2002 「고려시대 5도양계의 성립」『고려 정치제도와 녹봉제 연구』 신서원

최종석, 2004 「나말여초 성주 장군의 정치적 위상과 성」『한국사론』 50, 서울대국
　　　　사학과

최종석, 2005 「고려시기 치소성의 분포와 공간적 특징」『역사교육』 95

최종석, 2006 「고려전기 築城의 특징과 治所城의 형성」『震檀學報』 102

최종석, 2008 「대몽항쟁·원간섭기 山城海島入保策의 시행과 治所城 위상의 변화」
　　　　『震檀學報』 105

최창국, 2007 「선춘현과 공험진」『안보문화와 미래』 창간호

추명엽, 2001 「11세기말~12세기초 여진정벌문제와 정국동향」『한국사론』45, 서울대국사학과

추명엽, 2005 「고려전기 蕃 인식과 東西蕃의 형성」『역사와 현실』43

하현강, 1962 「고려지방제도의 일 연구 (상·하)」『사학연구』13·14; 1988 『한국중세사연구』일조각

한규철, 1994 「고려 내투 내왕 여진인」『부산사학』25·26

한규철, 1997 「발해유민의 고려 투화」『부산사학』33

한문종, 2003 「고려말 조선초의 ‘倭萬戶’」『全北史學』26

한영우, 1969 「麗末鮮初 閑良과 그 地位」『韓國史研究』4; 1983 『朝鮮前期社會經濟研究』

한영우, 1971 「朝鮮初期 上級胥吏 成衆官」『東亞文化』10

한우근, 1958 「麗代足丁考」『歷史學報』10

한우근, 1961 「麗末鮮初 巡軍研究」『震檀學報』22

허선도, 1964 「여말선초 화기의 전래와 발달」『역사학보』24

허인욱, 2001 「고려 중기 동북계에 대한 고찰」『백산학보』59

허흥식, 1981 「國寶戶籍으로 본 高麗의 社會構造」『高麗社會史研究』

홍승기, 1982 「高麗 崔氏 武人政權과 崔氏家의 家奴」『震檀學報』53·54합

홍승기, 1994 「고려초기 경군의 이원적 구성론에 대하여」『이기백선생고희기념한국사학논총』

홍영의, 1990 「恭愍王 初期 改革政治와 政治勢力의 推移」『史學研究』42·43·44합

홍영의, 1991 「恭愍王代의 反元政策과 廉悌臣의 軍事活動」『軍史』23

홍영의, 1996 「고려말 신흥사대부의 군제인식」『군사』32

홍영의, 2002 「高麗末 軍制改編案의 基本方向과 性格」『軍史』45

홍원기, 1990 「고려 2군6위제의 성격」『한국사연구』68

홍원기, 1992 「軍班氏族制說에 대한 연구사 검토」『軍史』24

홍원기, 1993 「고려 경군내 상층군인의 검토」『동방학지』77·78·79합

홍원기, 1994 「고려초기 경군의 이원적 구성론에 대하여」『이기백교수고희기념국사학논총』

▶ 국외논문

江原正昭, 1963 「고려의 주현군에 대한 일고찰」『조선학보』28

菊池英夫, 1970 「府兵制度의 展開」『암파강좌 世界歷史』5

宮原兎一, 1963「李朝의 軍役制度 保의 成立」『朝鮮學報』28

旗田巍, 1977「高麗 武人崔氏의 家兵」『白初洪淳昶博士還曆紀念史學論叢』

旗田巍, 1978「高麗武人의 政權爭奪의 形態와 私兵의 形成」『古代東아시아史論集』上

旗田巍, 1980「몽고 내습과 고려, 일본」『일본속의 조선문화』46

內藤鑄輔, 1934「高麗兵制管見」『靑丘學叢』15·16; 1961『朝鮮史硏究』

內藤鑄輔, 1934「麗末에 있어서 蒙古風 이외의 兵制에 대하여」『靑丘學叢』15·16; 1960『朝鮮史硏究』

大葉昇一, 1986「蒙古帝國=元朝의 軍事組織」『史學雜誌』95-7

稻葉岩吉, 1931「고려 윤관9성고 -특히 英雄二州의 유지에 대하여」(상·하)『史林』16-1·2

末松保和, 1953「高麗初期의 兩班에 대하여」『東洋學報』36-2

末松保和, 1956「高麗兵馬使考」『東洋學報』39-1

武田行男, 1967「고려시대의 구분전과 영업전」『사회경제사학』33-5

北村明美, 1992「李朝初期 國役制度 保法의 成立에 대하여」『朝鮮史硏究會論文集』30

北村秀人, 1980「高麗時代의 貢戶에 대하여」『人文硏究』32-9

山口修, 1959「蒙古軍의 高麗侵入」『熊本大學法文論叢』9

松井等, 1940「만주에 있어서 요의 강역」『만주역사지리』2, 남만주철도주식회사

矢木毅, 1998「고려에 있어서 군령권의 구조와 그 변질」『동방학보』70, 경도동방문화학원경도연구소

王啓宗, 1966「元世祖招諭日本始末」『대륙잡지』32-5

王啓宗, 1966「元軍第1次征日考」『대륙잡지』32-7

王啓宗, 1968「元軍第2次征日考」『대륙잡지』35-4

原田一良, 1994「고려익군의 성립」『駿台史學』92, 명치대학 준태사학회

箭內恆, 1916「元朝怯薛考」『東洋學報』6-3

池內宏, 1918「고려 성종조에 있어서 여진 및 거란과의 관계」『만선지리역사연구보고』5, 동경제대문학부; 1937,『만선사연구』중세2, 길천홍문관

池內宏, 1918「고려 辛禑朝에 있어서 철령문제」『동양학보』8-1, 동양협회학술조사부

池內宏, 1919「공험진과 蘇下江」『동양학보』9-1, 동양협회학술조사부

池內宏, 1921「고려조에 있어서 동여진의 海寇」『만선지리역사연구보고』8, 동경제대문학부; 1937『만선사연구』중세2, 길천홍문관

池內宏, 1922「함경남도 함흥군에 있어서 고려시대의 고성지」『고적조사보고』
    조선총독부

池內宏, 1923「완안씨의 曷懶甸 경략과 윤관의 9城役」『만선지리역사연구보고』
    9, 동경제대문학부; 1937『만선사연구』중세2, 길천홍문관

池內宏, 1926「高麗의 三別抄에 대하여」『史學雜誌』37-9; 1963『滿鮮史硏究』
    中世篇 3

池內宏, 1937「골암성의 소재에 대하여」『만선사연구』중세2, 길천홍문관

津田左右吉, 1913「고려 동북경의 개척」『조선역사지리』2, 남만주철도주식회사;
    1964『津田左右吉全集』11, 암파서점

津田左右吉, 1913「고려말에 있어서 동북경의 개척」『조선역사지리』2, 남만주철
    도주식회사; 1964『津田左右吉全集』11, 암파서점

津田左右吉, 1913「元代에 있어서 고려의 동북경」『조선역사지리』2, 남만주철도
    주식회사

津田左右吉, 1913「윤관정략지역고」『조선역사지리』2, 남만주철도주식회사

村上正二, 1943「元朝 兵制史上에 있어서 奧魯制度」『東洋學報』30-3

太田弘毅, 1990「元寇時의 고려발진 함선대의 편성」『해양사연구』47, 일본해양
    사학회

片山共夫, 1982「元朝의 昔寶赤에 대하여」『東洋史論集』10

■ 본문의 출처

제1장
제1절 「고려 초 徇軍部의 설치와 기능의 변화」『한국사연구』 135, 2006.12
제2절 「고려 초기 兵部의 기능과 지위」『사학연구』 88, 2007.12
제3절 「고려 초기 장군직의 기능과 성격」『숭실사학』 27, 2011.12

제2장
제1절 「고려전기 군정·군령기구의 정비」『역사와 현실』 73, 2009.9
제2절 「고려전기 중앙군의 성격」『한국 전근대사의 주요 쟁점』 2002.9
제3절 「고려전기 州縣軍의 동원과 지휘」『사학연구』 64, 2001.12
제4절 「고려전기 동북면과 동해안의 방어체제」『숭실사학』 30, 2013.6

제3장
제1절 「고려전기 軍役制의 성격과 운영」『국사관논총』 87, 1999.12
제2절 「군대가는 사람 따로 있었다」『고려시대 사람들은 어떻게 살았을까』 1,
       1997.4

제4장
제1절 「武臣執權期의 中央軍制」『숭실사학』 10, 1997.2
제2절 「武臣執權期 地方軍制의 변화」『국사관논총』 31, 1992.6

제5장 「원 간섭기 고려 군제의 변화」『14세기 고려의 정치와 사회』 1994.3

제6장
제1절 「고려말 中央軍制의 변화」『사학연구』 48, 1994.12
제2절 「고려말 지방군제의 변화」『한국중세사연구』 창간호, 1994.2
제3절 「고려후기 군역제의 변화」『사학연구』 52, 1996.12

[보론]
「일제시기 식민사학자의 고려시대 동북면의 국경·영토 인식」『사학연구』 115, 2014.9

찾아보기

ㅊ

차견관(差遣官)   91

찬행   17

참지정사   94

창부(倉部)   22, 43, 44, 45, 77, 82,

권영국(權寧國/Kwon Young Kook)

서울대학교 인문대학 국사학과 졸업
서울대학교 인문대학 국사학과 석사 및 박사과정 졸업(문학박사)
국사편찬위원회 편사연구사 역임
현 숭실대학교 인문대학 사학과 교수

저서 및 주요 논문
『역주 고려사 식화지』 공저,『고려시대 사람들은 어떻게 살았을까』 공저,『14세기 고려의 정치와 사회』 공저,『한국역사입문』 공저,『한국사 길잡이』 공저,『한국 전근대사의 주요 쟁점』 공저,「14세기 権鹽制의 성립과 운용」,「14세기 전반 개혁정치의 내용과 그 성격」,「고려전기의 행직(行職)과 수직(守職)」,「고려전기 상서 6부의 判事·知事制」,「고려전기의 戶部와 三司 -당·송제도와의 비교-」,「고려시대의 三師와 三公」 外

고려시대 군사제도 연구

2019년 12월 31일 초판 1쇄
2020년 10월 7일 초판 2쇄

지 은 이   권영국
발 행 인   한정희
발 행 처   경인문화사
편 집 부   한주연 김지선 박지현 유지혜
마 케 팅   전병관 하재일 유인순
출 판 신 고   제406-1973-000003호
주   소   경기도 파주시 회동길 445-1 경인빌딩 B동 4층
대 표 전 화   031-955-9300   팩 스   031-955-9310
홈 페 이 지   http://www.kyunginp.co.kr
이 메 일   kyungin@kyunginp.co.kr

ISBN 978-89-499-4862-1   93910
값 38,000원